北欧学

構想と主題

——北欧神話研究の視点から——

NORDIC STUDIES: Concept and Subject by Kazuhiko Ozaki

尾崎和彦 著

北樹出版

妻・邦恵に

序

一般に「北欧学」という概念に対しては、「北欧を研究する学」という意味で「science of nordic study」、より簡単には「nordic study」というタームが適用され、さらに特にドイツ語圏では北欧語、北欧文学、北欧社会全般を扱う学の意味で「Skandinavistik」あるいは「Nordistik」が常用される。一方「Nordology」(Nordologi) というタームも存在しており、その厳密な定義乃至意味は、「北欧の政治的・社会的・文化的規範と価値を含む北欧諸国及び諸国民の研究」である。筆者自身はこの「Nordology」というタームを自分の構想する「北欧学」の概念に最も対応する欧語表現と考えている。しかし、その内包は厳密に「北欧人を北欧人たらしめる所以のもの」、「北欧人のアイデンティティ」、「北欧的心性」として規定するとともに、それらを総括して「北欧的なもの」(det Nordiske) として把握し、そのような「北欧的なもの」の根本的特質を探究する固有の学、これを筆者は端的に「北欧学」と呼びたいと考えている。

そして、本書『北欧学』の第一の特質は、基本的にこのような「北欧学」概念の観点に立っていることである。

本書の第二の特質は、「北欧学」の内実を構成する「北欧的なもの」の最古の原初的形態を古代・中世北ゲルマン民族の異教信仰、具体的にはその言語的・集約的表現としての「北欧神話」の中に探り、そこから以後北欧民族の精神史を貫いている根本的な論理と意識を確認する姿勢である。そのような論理としては宇宙論的な創成論・形態論・没落論・再生論が挙げられ、それに伴う最深の民族意識として原罪意識・没落意識・破滅意識・再生意識が想定されるが、もちろんこのように神話的・宗教的な論理と意識が北欧民族の歴史の中で常時顕在化しているわけではなく、隠蔽された形で代替的なさまざまな表象として浮上してくるのである。

本書の第三の特質は、北欧的な異教精神の到達する極点と一九世紀最大の北欧精神の具現者キェルケゴールの人生行路・著作家活動の最終局面とが、「ただ一人の宗教」の理念において一つに合体しうる事情を論証しようとする試みである。

ところで、北欧が政治経済的・社会的にはもちろん、自然的・風土的にもそれぞれ異なる立ち位置によって規定されていることは言うまでもない。そのかぎりそれぞれの国民の特性を無視して十把一絡げに「北欧的なもの」と称することは許されないかもしれない。事実、北欧共通の文化遺産である北欧神話の解釈においてすら、北欧各国の研究者の間には相当な違いが存在するからである。しかし、本書においては「北欧的なもの」をあくまで北欧全体を通して一体的なものとして把握し、「北欧的なもの」の抱える各国別の特殊性については留保した。もっとも筆者の構想する「北欧学」の視界内で見出しうる北欧各国の特性を本書で詳論することは不可能であったが、最終章で言及する「北欧的ヒューマニズム」の観点からは以下のように国別の多様性を指摘することができるであろう。

「個と連帯」「信と知」の理念を根底に据えつつ福祉論・信仰論の思想的深みに侵入することによって、固有の「北欧的ヒューマニズム」を実現したのはデンマーク人であり、徹底的に無神論的・価値ニヒリズム的なヒューマニズムの立場から有神論を徹底拒否したのはスウェーデンの現代ウプサラ学派の哲学であり、この哲学の影響下どこまでも内在的な「個の自由と尊厳」の理念に基づく宗教哲学と医療倫理を主張したのもスウェーデン人である。そして、一面では無神論的傾向を示しつつも、圧倒的に「自然への畏敬」を強調することによって、自然と人間との一体化を要請する「ディープ・エコロジー」思想を国際社会に提示したのはノルウェー人である。あまり喧伝はされないが、環境問題に立ち向かう真にノルウェー的な「北欧的ヒューマニズム」に対する国際社会の評価は極めて高い。しかし、これら「北欧的ヒューマニズム」の諸現象そのものの具体的検証は本書の視界を超えており、そのためには終章で挙げた筆者の他の著作に向かって頂かなければならない。

付論の「カッシーラー〈神話の哲学〉試論」は、筆者が意図しながらついに果たしえなかった「北欧神話の哲学」構想中の前哨的作業の一環である。しかし、この前哨的作業の主たる方向は本書等一章における北欧神話の世界観の考察を通して提示しえたと考えている。

目次

序章　「北欧学」の構想――「北欧神話」から「北欧学」へ

第一章　北欧神話の世界観――G・V・リュングの所論に負いつつ

第二章　北欧神話の中心問題――黄金時代・ラグナロク神話・改宗

第三章　ゲルマン初期王権の問題——北欧神話との接点

第五章　北欧神話・グルントヴィ・キェルケゴール

終　章　わたしの「北欧学」の構成――「北欧的ヒューマニズム」の探究

付論　カッシーラー「神話の哲学」試論

北欧学　構想と主題

――北欧神話研究の視点から――

序章

「北欧学」の構想

——「北欧神話」から「北欧学」へ

はじめに　「北欧学」への私的動機

中学生時代父親の書架にあった鈴木大拙（一八七〇–一九六六）の著書（一九一〇年）を通して筆者が最初に知った北欧の思想家は、スウェーデンの神秘主義者E・スウェーデンボルイ（Emanuel Swednborg, 1688–1772）であった。しかし、学生時代に日本思想界を席巻していた哲学思潮が実存主義であったことに影響されて、筆者が学部及び大学院で取り上げたのは、結局その実存主義の開祖として注目を浴びていた隣国デンマークの思想家セーレン・キェルケゴール（Søren Kierkegaard, 1813–55）であった。しかし、大学院修了後も引き続き彼の研究を継続してゆく中で気づいたのは、通俗的には「北欧の生んだ孤独憂愁の哲人」と称されながら、デンマーク本国を含め内外のキェルケゴール研究の中に、彼を厳密かつ積極的に「北欧デンマーク」に生まれ育った土着の思想家として把握しようとする方向が一向に垣間見られないという、筆者にとってはまことに不可思議な現象であった。

例えば、キェルケゴールと祖国を同じゅうするコペンハーゲン大学哲学教授ハーラル・ヘフディング（Harald Høffding, 1834–1931）は、いわゆる狭義のキェルケゴール研究者ではないものの、北欧内外の思想圏において大きな影響力を行使した実証主義の哲学者として、デンマークではキェルケゴールに次ぐ国際的な思想家であるが、少年時代に世俗と教会相手に格闘を繰り返すキェルケゴールの悲壮な姿をコペンハーゲンの街路上でたびたび目撃して、彼から非常な影響を受けたにもかかわらず、著作『哲学者としてのキェルケゴール』(*Søren Kierkegaard som filosof*)を発表したのは、すでに実証主義という自らの立場を確立し、キェルケゴールの感化から脱した後の一八九二年、彼四九歳の時であった[1]。そして、この書の第三章冒頭でヘフディングは、「キェルケゴールの個性」についてこのように述べている。

「ある特定の土地と一定の風土の中でのみ成長しうるような思想がある。セーレン・キェルケゴールの思想がこの種に属することは疑うべくもない。彼の思想は、丁度、溶岩質の土地にのみ成長しうるブドウのようなものである……特に価値ある思想はひとえにこのような特殊な事情のもとにのみ生まれうると言えるであろう[2]」。

引用文の語る「特定の土地と一定の風土」によって、われわれは、ヘフディングが「北欧デンマーク」という地域とそれ特有の自然的・精神的風土として把握しており、そこからキェルケゴールという芳醇極まりない「ブドウ」を育成した「溶岩質の土地」も広く北欧の、なかんずくデンマークの自然的・精神的土壌の特性を意味する名辞として用いていると解するのが自然であろう。そのかぎりにおいてはヘフディングもキェルケゴールを真に北欧デンマーク固有の土着的背景から生まれた独創的な思想家として把握しているのは間違いないと思われる。さらにヘフディングが、キェルケゴールの父ミカエルの出身地、デンマーク西ユラン(ユトランド)半島のセディング地方の人間について、彼らは根強い忍耐と怜悧さと諧謔を所有している反面、それらとともに少なからず「憂愁」と「生の倦怠」に陥る傾向を有していることを指摘した上で、キェルケゴールにとって父は「祖先の罪を子孫に降す神の観念を明確に脳裏に刻印させる威嚇的な象徴」としての役割を演じるとともに、息子セーレンの人格と著作家活動の発展に対して決定的意義を獲得することになる「憂愁」と「倦怠」が、まさに北欧デンマークの一地方特有の土着性に由来するものであることを証言している。ここには確かにキェルケゴールの人格と思想の中に北欧的・デンマーク的土着性・風土性を読み取ろうとする姿勢が見て取れる。

しかしながら、キェルケゴールの人格と思想の「土の匂い」に関するヘフディングのこの発言は、いまだ単なる示唆に留まっており、キェルケゴールの全体像の中に取り込んで、それの真に北欧的・デンマーク的特質を探り当てようとする営為にまでは到達しなかった。

「北欧デンマークの思想家」としてのキェルケゴールに関するこのような不徹底な探索状況は、ヘフディング以降も大幅に改善された兆しはなく、キェルケゴールを「国籍不明の思想家」に還元しかねない曖昧な研究姿勢・方向は、現在に到るも大きな進展は遂げてはいないように思われる。

一体キェルケゴールがデンマークという北欧の自然的・思想的風土の中に生誕し成長したという事実は、彼にとってはいかなる意味においても積極的な意義は持ちえないのか、もし持ちうるとすれば彼を北欧デンマークの思想家たらしめている固有の特質、彼の思想体系を貫く真に北欧的な要素、北欧的な心性、筆者のタームで言えばキェルケゴールにおける「北欧的なもの」(det nordiske) とは何なのか、キェルケゴール研究を継続する中にも、実はこういった疑問が常時筆者の脳裏から離れることはなかった。そして、キェルケゴールをも深く刻印していると思われる「北欧的なもの」とはそもそもどのようなものなのか、その実体を生成の源まで遡って見極めたいという強い願望に駆り立てられてあれこれ探索する過程で到達したのが「北欧神話」の世界であった。以後、筆者にとっては、キェルケゴール研究をひとまず中断して、「北欧神話」の中からキェルケゴールにも通じる「北欧的なもの」の原像を探り出すという作業が、むしろ研究生活の中心部分を形成するに到ったのである。

そして、さらにこの課題に立ち向かう過程で筆者の脳裏を掠めるようになったのは、キェルケゴール研究の視界から独立して、「北欧的なもの」自体を探究の対象とする「北欧学」なる固有の学問領域を構築しうるのではないかということである。本書は筆者のこのような発想の具体化を図ろうとする私案的試みの結果である。もっとも、各章を形成する論考は、基本的に「北欧的なもの」という主題を枢軸として回転はしているものの、必ずしも一貫した立場で一気呵成に書き上げたものではなく、また積極的にキェルケゴールを独立した固有の主題として取り上げたものでもなく、むしろキェルケゴールにおける「北欧的なもの」の問題からは一旦距離を置いて、「北欧的なもの」の概念自体の包摂する意味と問題点をさまざまな異なった視点、別個の切り口から探求しようとした試行錯誤の軌跡である。したがって、必然的にまた執筆した時期に関しても大きなばらつきがあり、こういった事情から本書は全体としての不統一な点は免れないものの、それにもかかわらず各論執筆中常に筆者の脳裏を占有していたのは、キェルケゴールに絶えず配慮しつつ「北欧的なものとは何か」を問い続けるという構えであった。

なお、「北欧的なもの」の基本理念を探索・確認する過程で常時筆者が背景乃至前提としてきたのは、拙著『北欧神話・宇宙論の基礎構造――〈巫女の予言〉の秘文を解く』（白凰社、一九九四年）における筆者の北欧神話理解である。しかしながら、前記のごとき不遜な発言にもかかわらず、以下の筆者の「北欧的なもの」の探索は、より広い自然風土的・土着的観点にまで踏み込むことはできず、せいぜい心情的・思想的風土の側面に留まったことを告白しておかなければならない。

注

（1）Hoffding, Harald, *Søren Kierkegaard som filosof.*　（2）*ibid.*, s. 28.

第一節　「北欧学」の基礎概念としての「北欧的なもの」

前記のように、現在筆者は北欧思想圏のさまざまな思惟と心情の根源的な形態を探究するという意味での「北欧学」(nordology, nordologi) なる新たな学問領域の構築を企図している。そして、当面筆者の思い描く「北欧学」なるものの暫定的な概念規定を示せば、このように思惟と心情の両面にわたって北欧人を真に北欧人たらしめている根本的な特性を考察する学、北欧的思惟・北欧的心性の何たるかを問う、いわば思惟的にも心情的にも北欧人の真のアイデンティティを追究する学、ということになるであろう。とはいえ、筆者自身にとっても、構想自体、いまの段階では、「北欧学」なるものの全体像を確立し、この学の詳細な体系構造と特質、さらにそれを構築するための明確な方法論といったものを十分な意味で提示しうる段階にはいまだ到っていない。そのために、以下に述べることは、本格的な「北欧学」構築に向かうための単なる模索的試行に過ぎず、あくまで現在筆者が抱いているかぎりでの「北欧学」なるものに関する若干の方法論的考察とそれが取り上げるべき主題・対象についての試論に留まっていることをお断りしなければならない。ただ、方法論的には、歴史を遡って現在のスカンディナヴィア諸国に分裂する以前の原北欧文化に到達し、そこから「北欧的なもの」の原型を探り出すとともに、以後スカンディナヴィア各国の歴史の中で通時的にこの原型がどのように分岐・発展していったかに注目するとともに、同時に変容したスカンディナヴィア各国文化に通底する共通要素を総括することによって体系的に「北欧的なもの」の何たるかを改めて最終的に規定するという方向で、「北欧学」構築の道筋を考えている。

最近筆者は、自分の専門分野を問われると、「宗教哲学・北欧学」と答えることにしているが、宗教の本質の哲学的解明を課題とする伝統的な「哲学」の一部門としての「宗教哲学」に比較すると、実際には「北欧学」といった分野はいまだ明確な理念体系・方法論を有する固有の学問領域として成立しているわけではない。それだけに、自分の専門分野の一つとして、そのような耳慣れない未成熟な学名を挙げるのはどうかと躊躇する思いもないわけではないが、それにもかかわらずやはり「北欧学」なるものを一定の方法論に支えられた具体的な一つの学問体系として独立させたいという密かな願いを抱いている筆者としては、たとえ叶わないまでも将来における「北欧学」の体系確立への願望を込めて、敢えて「北欧学専攻者」を名乗っているわけである。

なお、この点と関連して敢えて付言すれば、筆者の本来の研究分野である「宗教哲学」も、一般的にはともかく、筆者自身にとっては、いまだ未開拓の学としての「北欧学」と称するものの構想内容と密接に結びついている。その理由は、筆者自身が自分の宗教哲学的思索を基礎づけるための確かな拠点としてスウェーデンの「価値ニヒリズム」の哲学[1]を受容すると同時に、このラディカルな思潮を北欧的思惟の典型の一つとして「北欧学」の最重要構成契機の一端をなすものと考えているからである。

しかしながら、筆者の「北欧学」の構想そのものにとって最大の基幹的意味を有するのは「北欧神話[2]」である。なぜなら、ここにこそ筆者が「北欧学」の中枢概念としての「北欧的なもの」の最根源的形態を発見しうると考えるからである。次にその点について考えてみることにする。

注

（1）　スウェーデンの「価値ニヒリズム」の哲学については、拙著『スウェーデン・ウプサラ学派の宗教哲学――絶対観念論から価値ニヒリズムへ――』東海大学出版会、二〇〇二年を参照。

（2）　北欧神話については、拙著『北欧神話　宇宙論の基礎構造――〈巫女の予言〉の秘文を解く』白凰社、一九九四年を参照。

第二節　北欧神話における「北欧的なもの」

本書第三章第一節で改めて詳述するように、「北欧神話」の解読を通して、北欧精神史乃至思想史上最初に「北欧的なもの」の実体を、北欧人の生と精神を貫く共通の伝統的な民族意識という意味での「北欧民族精神」として把握し、さらにその本質を「戦いの精神」として規定したのは、キェルケゴールと同時代の詩人・宗教家N・F・S・グルントヴィ（Nikolaj Frederik Severin Grundtvig, 1783-1872）であった。彼は、「北欧神話」最大の雄編『巫女の予言』の中に、世界の終わりまで決して終結することのない神族と巨人族との戦いの場面を通して、北欧人の生全体を支配・統治する基本理念が、「戦いとしての生」であり、このような「戦いとしての生」を、まさに「普遍妥当的真理」にまで高めているのが、「北欧神話」全体に他ならないと見なすのである。例えば、次のように言っている、「北欧民族精神は神自身の霊と極めて多くの同等性を有しており、真理と虚偽、生と死、光と闇、それらの間に介在する巨大な戦いを凝視する。そしてこの戦いにおいて北欧民族精神は死とともに、死にまつわる虚偽と冷酷無情な心を克服する生の側に立つのだ[1]」。だが、同時にグルントヴィは、特に晩年においては、この「北欧民族精神」の限界をも認識していた。「北欧民族精神が夢見るもの、真理を北欧民族精神自身は実現する力がない。真理の実現はあくまでアース神の夢に留まるのである[2]」。なぜならアース神は、「ラグナロク」（ragnarök）において没落せざるをえないからである。『巫女の予言』の最終場面に登場するこの「ラグナロク」の表象は、まさに「ragna（神々の）-rok（運命・死）」という語義通り、アース神が「有限的なものと同化して、有限的なものの法に服従しなければならない。彼らは自らの永遠性を喪失せざるをえない[3]」という悲劇的事態を意味するからである。だが、同時にこの表象は、グルントヴィにとっては、それがキリスト教が登場するための決定的契機としての「時の充実」であり、いわばゲルマン異教信仰が新たなキリスト教信仰に転換移行するための無制約的前提であり条件なのである。グルントヴィは、ゲルマン異教とキリスト教との関係を断絶的にではなく、あくまで相互媒介的な連続性において把握する。彼が自らの立場を「北欧的‐キリスト教的立場」と称する所以である。

以上のような意味で、グルントヴィの場合、「北欧民族精神」の本質としての「戦いの精神」こそ「北欧的なもの」の実体であり、これは「ラグナロク」において自らの限界に到達せざるをえないゆえに、それ自体は「浄福を与えてくれるものではない」。だが、それにもかかわらずこの「北欧的なもの」が、「母国語の、民族生活の精神的な力を付与するものであって、さればわれわれ北欧人にとっては最良の教師、しかも間違いなくこの世で最も素晴らしい教師[4]」なのである。グルントヴィがデンマーク国教会の改革と国民教会及び国民高等学校の設立という偉業を果たしえた背景には、このような彼固有の「北欧的なもの」に対する熱烈な思いがある。北欧神話とグルントヴィの関係については、本書第三章において詳論する。

北欧神話全体を貫く「戦いの精神」を「北欧的なもの」の実体として把握し、この「北欧的なもの」の限界を「ラグナロク」の悲劇の中に発見したこの父の影響下、デンマークの口承伝説を収集して巨大な業績を挙げたのが、息子のスヴェン・グルントヴィ（Sven Grundtvig, 1824–83）であり、さらにその高弟が北欧神話研究史上最高の古典的名著の一つ『ラグナロク論』と『ラグナロク表象の起源』を完成したデンマークの民俗学者・神話学者・文学史家アクセル・オルリック（Axel Olrik, 1864–1917）である。いまに到るもラグナロク論においてそれに匹敵する、ましてや凌駕する業績は現れていない。二巻本のこの書において、オルリックは「ラグナロク」表象について、グルントヴィとは異なる見解を提出している。先ずオルリックは、この表象をグローバルな視界から仔細に考察することによって、

『巫女の予言』の告知するごとき巨大な宇宙論的破滅という「ラグナロク」表象は北欧の風土の中だけで孤立的に誕生したものでもなければ、かといってキリスト教的終末論に由来するものでもなく、あくまで全人類の魂の深層に潜む共通のイメージに発生源があり、より厳密には、「西方からのケルト的流れ」とタタール人やペルシァ人にまで及ぶ「東方からの流れ」という二つの流れの交差によって誕生したものが『巫女の予言』の「ラグナロク」表象であると主張する。とはいえ、そこにはこの表象の北欧的特性とも言うべきものが厳然と存在していることも明白な事実であって、オルリックはそれを「ラグナロク」表象が語られる際に前提乃至背景として提出される、「罪責意識」を意味する全存在の徹底的な暗さ・憂鬱さを挙げると同時に、「没落に到ることを承知している恐るべき戦いを凝視する沈着冷静な真摯」を指摘する。「運命の歩みに割って入り、倒れた父親オージンの復讐を果たす瞬間、全生涯を賭して虎視眈々と狙う沈黙のアース神ヴィーザルこそ北欧的である」、とオルリックは言う。しかし、それとともに彼は、「死の感情が極めて切迫したものであればこそ、北欧人はまた、生の火は何としても消してはならないという思いも、強烈に表現することができる」という意味において、北欧人は「再生意識」を、つまり「復活への希望を、純粋かつ大きなスケールで抱いていた」、と見る。オルリックによれば、オージンを呑み込んだフェンリルの狼に対するヴィーザルの復讐劇は、「大きく高い犠牲を払って得た生への勝利」を物語るのであるが、とはいえヴィーザルの戦闘を語る古代北欧人の脳裏に焼き付いていたのは、「至福の新世界」ではなく、あくまで「没落の中にあってなお最高に価値あるもの――生――を堅持する不屈の力」なのである。「北欧のラグナロクの基礎資料（『巫女の予言』）においては、死の不安が力を奪おうとするまさにその瞬間に、一転して生への信仰が全力を集中しつつ、開かれた死の口を引き裂く瞬間に直面する」、とオルリックは言う。

以上のように見てくると、いまやオルリックにとって「北欧的なもの」の何たるかが鮮明になってくると思われる。

彼は、異教信仰からキリスト教信仰への移行を必然的過程と見なすグルントヴィのように、「北欧的なもの」の消滅的契機を「ラグナロク」の悲劇の中に見るのではなく、むしろこの悲劇的出来事自体を「北欧的なもの」の決定的な表出の場面として把握するのである。だから、実は本質的に復讐劇に他ならない巨人族と神族との全面戦争の告知する暗欝な現存在全体・世界全体の秘儀を凝視しつつ、迫り来る死の運命を泰然と受け留める「沈着冷静な真摯さ」、そして同時に再生・復活への強烈な意志、オルリックの場合、これら二面が「ラグナロク」の悲劇的状況の中で露になる最も厳密な意味での「北欧的なもの」として了解されるのである。(5)

さて、こういったオルリックのラグナロク論の強烈な影響下、やはり『巫女の予言』を最重要資料とした上で、さらに拡大された視野から各種資料・文献を駆使することによって、「北方ゲルマン人の異教的世界没落論」の徹底検証を行ったのは、『古代ゲルマン宗教史』二巻（一九三五–三七年）他、ゲルマン神話学・宗教史学の分野において超人的な業績を挙げたオランダの碩学ヤン・デ・フリース（Jan de Vries, 1890–1964）である。彼は、『巫女の予言』が「真の芸術家」の手になる際立った詩編であるとしても、そこから北欧人全体がかつて抱いていた固有の「終末論的世界観」に対する証言を引き出すことは可能であるとして、その具体的内容を次のように明らかにしている。長さを厭わず引用することにする。

「『巫女の予言』の詩人の意図は、単に当時すでに知られていた神話的なラグナロク物語を扱うということではなく、それによって彼は世界観を語ろうとしたのである。彼にとって主要な課題は、ラグナロクがどのように生起するか、いかなる諸力がいま世界の現存在を脅かしているか、未来はどのように形成されるか、ということである。ラグナロクの事象は、オージンとその息子バルドルの対立において、頂点に到達する。没落に向う古い世界は、オージンの世界である。新世界はバルドルのものである。だから、『巫女の予言』の詩人は、バルドルを罪なくして死した神と見なす。この神は前時代の堕落には与からず、復活した世界では新しい支配者として君臨する。かくて『巫女の予言』の詩は、戦いと偽り、悪徳と罪の、悪しきこの世界からの救済を求める人間の未来像を含んでいるのである。しかし、詩人の思惟の跳躍が、彼をこのような高みにまで導くということは、罪の世界に対する勝利の意識を告白させる信仰を、彼がとっくに知っているということによってのみ説明がつく。だが、それにもかかわらず、詩人はキリスト者ではない。彼は、異教信仰の中に完全な再生の力を発見できることを確信していた敬虔な人物であった。『巫女の予言』は、二つの時代の狭間に生きる魂の感動的な告白である[6]」。

さらに、デ・フリースは、『巫女の予言』全体を貫く男性的心情の深さ、確固不動の信仰、道徳的自覚の真摯さ、よりよき世界に対する切なる憧憬と飛翔こそ、詩人を「古代ゲルマン最大の芸術家」たらしめた所以のものとしているが、こういったデ・フリースの見方が、先のオルリックのそれと軌を一にするものであることは言うまでもない。オルリックは、「ラグナロク」神話のことを、「徹底的に考え抜かれ、生き抜かれた北欧人の真摯さ」の典型的表現として受け留めるが、こういった見方を根拠に、デ・フリースはさらに、世界終末に関するさまざまな民俗的表象の結合点かつ頂点に到達したのが北欧の「ラグナロク」思想であって、ここにおいて「壮大な終末論的体系」が創造された、という結論を導く。そして、かく言う筆者は、彼らが特徴づけるこういった「ラグナロク」理解を通して、神々と世界の崩壊の終末論的世界観という一つの思想体系にまで構築されたこの「ラグナロク」表象乃至思想の中にこそ、まさに「北欧的なもの」の最深のエッセンスが凝縮されており、「ラグナロク」の理念こそ「北欧的なもの」そのものに他ならないと主張したいと考えるのである。

もとより「罪責意識・没落意識・再生意識」の異教的な三位一体論的構造を有する「ラグナロク」表象の抱懐する終末論的傾向が「北欧的なもの」の概念の唯一の内包であり、したがってこの内包によって「北欧的なもの」の概念の外延のすべてを覆い尽くすと語るのは困難であろう。仮に「北欧的なもの」の実体の在り処を北欧神話に見出すとしても、同じ北欧神話に主神オージンの箴言を集めた『高き者の言葉』（Hávamál）を原資料として推論すれば、一見終末論的な「ラグナロク」表象とは対立する現世主義的なプラグマティズムを「北欧的なもの」の実体と見なす立場も成立可能だからである。もっとも、まさしくこのような現世主義的なプラグマティズムの深い底流をなしているものこそゲルマン異教の三一論的構造に貫かれた北欧人の強烈な終末論的意識であるというのが筆者の立場である。

以上、筆者がオルリックとデ・フリースの「ラグナロク」論にこだわった理由は、冒頭で述べたように、いまに到るもキェルケゴール研究の抱えるブラックホール的間隙――彼における「北欧的なもの」――の実体を彼らの描く北欧神話の終末論的世界観を通して見極めようとしたからであるが、この「ラグナロク」表象が神話的な宇宙論や世界観の場から、実存する単独的な人間の主体的な立場へと内面化・人格化される時、それは独自のラディカルな実存的終末意識や破滅意識、そして強烈な再生願望へと凝縮され、かつそのようなものとして表現されることになるのは明らかである。そして、この意味における「北欧的なもの」の最も現代的・先鋭的な表出を、筆者は、キェルケゴールの「不安」や「絶望」の概念に見出しうると確信している。彼の『不安の概念』及び『死に到る病』は、私見によれば、まさに現代における実存哲学的「ラグナロク」論に他ならないのである。彼はキリスト教思想家である以前に、より根源的に北欧人であり、固有の終末論的没落意識に貫かれた北欧の土着的思想家なのである。実際、キェルケゴールの前記両著と『巫女の予言』との間に、論理的・心理的側面を含む思想上の著しい類似性・近親性が存在することは、一読容易に看取しうるであろう。もっとも、キェルケゴール自身は、北欧神話に冷笑を浴びせることによって、それに由来する「北欧的なもの」から意識的に距離を置こうとするが[7]、これにはグルントヴィやデンマークにおける最初の本格的な「ラグナロク」論を学位論文として完成したM・J・ハムメリック（1811-81）への激しい対抗意識も無関係ではなかったかもしれない[8]。

さて、オルリックやデ・フリースの所論に負いながら、「北欧的なもの」の実体を北欧神話の中に確認する作業の過程で、実は筆者は、彼らによっても『巫女の予言』の提出する北欧異教的終末論の重大な側面が指摘されていないという事実を発見した。それは、この終末論と世界創成論（cosmogony）との相関関係が十分な深みをもって指摘されていないということである。だが、これは容易ならざる問題を孕んでいる。北欧神話では、自然原理を意味する巨人族によって精神原理としてのアース神族が創造され、そのかぎり自然原理が精神原理に絶対的に優越するという秩序が確立されている。それにもかかわらず、この宇宙論的秩序が破壊されてアース神族が自らの創造主たる巨人族の祖を殺害するという尊属殺人的犯罪行為を犯し、つまり自らの母体たる自然に対する精神の破壊活動、そしてそれに伴う深刻な罪責意識を媒介として宇宙が形成されたという創成論が「ラグナロク」神話に先行し、それの無制約的前提となっているという点が、前記の世界的研究者によっても明確に指摘されていないのである。そもそも、「ラグナロク」の場面で登場する全面戦争というのは、本質的に、宇宙論的秩序を転倒・破壊した精神原理たるアース神族に対する、自然原理としての巨人族の「復讐」の攻撃に他ならないのである。しかし、そうなると、アース神族の王オージンを呑み込んだフェンリル狼に対する王子ヴィーザルの「復讐」は、基本的に「復讐」に対してのさらなる「報復」ということになる。復讐に次ぐ復讐、自然原理と精神原理とのこういった壮大な宇宙論的規模の報復の戦いの連鎖する世界に未来はないのであって、巨人族と神族、自然と精神は劫火に包まれながらともに崩壊の運命を辿らざるをえないのはそのためである。だが、それにもかかわらず「ラグナロク」の事象に象徴される北欧的終末論は、神々の犯罪行為に由来する深刻な罪責を前提とし、その結果としての巨人族と神族、自然と精神の断絶による宇宙の崩壊と破滅を不可避的な運命としながら、同時に最終的には両者の和解に基づいて、宇宙全体がふたたび復活するという

「予言」をも抱懐するのである。その意味において、神々乃至宇宙の破滅と没落を意味する北欧終末論としての「ラグナロク論」は、厳密にはその成立の最根源的契機として創成行為における原罪的側面を不可欠の制約としており、この制約が欠落した場合「ラグナロク」の表象は設立しえないのである。「ラグナロク論」はあくまで異教的次元での「創成・破滅・再生」の三一論的構造を独自の性格とするのである。とはいえ、「ラグナロク」のタームが既述のように「神々の運命・死」を原義とする以上、第二の「破滅」の契機に決定的なアクセントが置かれなければならないことは改めて指摘するまでもないであろう。「神々の没落が、北欧人の意識にとっては、ラグナロクの中心である(9)」、と言われる所以である。

かくて、結論的に言いうることは、こういった二極原理の狭間で演じられる矛盾と対立、和解と調和をめぐる戦いの過程で展開される前記の三一論的展開構造を内包する広義の「ラグナロク」表象こそ、最も厳密な意味における「北欧的なもの」の本質であり、キェルケゴールのみならず、多かれ少なかれ北欧人の魂の根底に潜み、北欧人の不動のアイデンティティを形成すると考えられるのである。キェルケゴールの人格と著作家生活の本質的契機として指摘される「憂愁」や「生の倦怠」の理念の根源を辿れば、まさに「北欧的なもの」の根源形態としての「ラグナロク」の理念にまで遡りうるのは確実であって、筆者は常々キェルケゴールの思想の本質を「現代におけるラグナロク論」と形容することもあながち不可能ではないと考えている。なお、この点については、本書第三章第三節の「北欧神話とキェルケゴール」の項においていま少し突っ込んだ考察が行われるであろう。

しかしながら、「北欧学」の成立根拠としての「北欧的なもの」の理念について付言しなければならない重要なポイントが残されている。それは、「北欧学」の根源的な成立契機として指摘した「北欧的なもの」が「破滅意識」「没落意識」を中核とする終末論的な「ラグナロク」表象に還元されるとしても、この表象はあくまで神話的・宗教的次元のものであって、北欧人の思想世界の全面に直接このような表象が顕現するということではない。そもそも「北欧的なもの」の何たるかを規定する立場自体にしても、もとより北欧神話、なかんずく『巫女の予言』の世界観に限定されるわけではなく、「北欧的なもの」の概念規定の仕方は極めて主体的たりうるのであって、観点の相違によって「北欧的なもの」の多種多様な定義を導き出すことも可能である。例えば、さらにこの宗教的・神話的な終末論的意識を、より普遍的な哲学的世界観の次元において受取り直せば、「現存在の有限性・崩壊性の意識」として把握しうるであろう。要は、北欧人の北欧人たる所以を証明するもの、真に北欧人のアイデンティティを形成すると見なしうるものであれば、いかなるものであろうと「北欧学」の無制約的成立要件としての「北欧的なもの」の実体と見なすことができるのである。

結論的に言えば、筆者自身にとっては、次章で紹介するカール・ローセンベーャの語る「異教的北欧人の信仰の核心はラグナロク神話である(10)」というテーゼこそ「北欧的なもの」の概念の内包を端的に表現するものであり、さらにこの内包を、「全北欧人の世界観・人生観の核心はラグナロク神話に淵源する」という普遍的テーゼに敷衍拡大することによって、これを「北欧的なもの」の本質を最高度に顕在化するものとして、筆者の構想する「北欧学」の最深の基本命題たらしめたいと考えている。筆者としては、この「ラグナロク」表象に由来する「北欧的なもの」の理念は、人文科学はもとより社会科学の分野まで巻き込んで、北欧思想世界全体に通底する根源的な規定性として受け留めている。その意味で、本書の第二章以下の章における主題は、何れもその根底に「ラグナロク的」世界観の抱懐する「北欧的なもの」の理念との深い繋がりを有しないものは一つとしてないと言わなければならない。

以下においては先ず、一九世紀北欧精神史と現代北欧文化史における「北欧的なもの」の理解を二つの文献を通して考察してみよう。

注

（1）Christiansen, C.O.P. og Kjaer, Holger, *Grundtvig, Norden og Goeteborg*, Kbh. 1942, s.37 より引用。
（2）*ibid.*, s.37.　（3）Grundtvig, N.F.S., *Nordens Mythologi*, Kbh. 1932, s.174.
（4）注（1）に同じ。
（5）なお、オルリックのラグナロク論第一部は、拙訳で『北欧神話の世界——神々の死と復活』として青土社から刊行されている。なお、文中のオルリックの発言は、本訳書二四九–二五七頁からである。
（6）de Vries, Jan, *Altgermanische Religionsgeschichte*, Bd.2 , 1970, S.396.
（7）この点については、本書第五章第三節「北欧神話とキェルケゴール」を参照。
（8）Hammerich, Martin, *Om Ragnarokmythen og dens Betydning i den oldnordiske Religion*, Kbh. 1836. 前掲「北欧神話とキェルケゴール」を参照。
（9）オルリック、前掲書、二〇七頁。
（10）Rosenberg, Carl, *Nordboernes Aandsliv fra Oldtiden til vores Dage*, Bd. 1, Kbh. 1878, s.480.

第三節　一九世紀北欧精神史における「北欧的なもの」

［I］「北欧的なもの」としての「北欧民族精神」

筆者は「北欧的なもの」の概念を北欧神話を代表する『巫女の予言』の異教的終末論から引き出したが、「北欧的なもの」を把握するこのような視点を「北欧精神史」という歴史的射程の中に設定するとともに、「北欧的なもの」を端的に「北欧民族精神」(den nordiske Folke-aand) というタームによって表現しようとした一人のデンマーク人研究者がいる。文化史学者カール・ローセンベーャ (Carl F.V.M. Rosenberg, 1829–85) である。残念ながら著者の道半ばでの病死により完結はしなかったものの、それでも総計一七六三頁に及ぶ三巻本の『北欧人の精神生活――古代から現代まで』(*Nordboerenes Aandsliv fra Oldtiden til vore Dage*, 1878–85) は、現代から見ればすでに古典的書籍に数えられる一九世紀の文献ではあるが、有体に言えば、「北欧精神史」という分野におけるほとんど唯一とも言うべき先駆的にして記念碑的著作であって、これに匹敵する、ましてそれを凌駕する業績は、その後現在に到るも北欧その他いかなる国にも出現していない (復刻版は別として)。デンマークの歴史家C・S・ペターセンも、この大著についてこのように述べている。

「ローセンベーャが何よりも力を注いだのは未完の大著『北欧人の精神生活』である。これは四つの北欧民族すべてに平等に配慮しつつ、異教時代と中世、さらに前ルター主義時代における宗教生活を取り上げており、稀に見る調和の取れた労作である。確かに外国からの文化的影響を一面的に断罪し、今日ではすでに古くなっている部分もあるにはあるが、それにもかかわらず特に第一巻に含まれているエッダ詩、スカルド詩の実に見事な翻訳は教示に富み、現代人を魅了してやまない[1]」。

すなわち、著者は、三巻本のそれぞれにおいて、デンマーク・スウェーデン・ノルウェー・アイスランドという北欧四国（ローセンベーヤはより厳密に〈スカンディナヴィア Skandinavia〉と表記して注意を促している）の異教時代・カトリックの時代・前期ルター主義時代を通して、彼が、「グルントヴィ寄りのキリスト教的ナショナリスト」と評される立場から、グルントヴィの基本理念を引き継いで、北欧精神史を貫く根源的理念としての「北欧民族精神」の横溢する文化現象を通時的・歴史的に辿りながら、それの現象形態をつぶさに追跡してゆくのである。そして、筆者にとっては、このように北欧精神史の深層底流をなす「北欧民族精神」を掘削・開陳する前掲書に強く吸引される所以は、ローセンベーヤ自身「北欧的なもの」というタームは一度も使用していないにもかかわらず、北欧人・スカンディナヴィア人のアイデンティティを形成し、北欧人を、スカンディナヴィア人を真にスカンディナヴィア人たらしめるものという意味において、筆者の「北欧的なもの」の概念とローセンベーヤの「北欧民族精神」の概念とは、内包的にこそ異なれ外延的には完全に一致する等価関係にあると言って差し支えなく、筆者が「北欧的なもの」と称するものをローセンベーヤはまさに「北欧民族精神」と呼んでいるのである。

それだけに、ローセンベーヤが前記のように異教時代・カトリックの時代・前期ルター主義の時代の三代にわたる北欧精神史の中に「北欧民族精神」の存在を探る上で不可欠の方法論的観点、及びその観点に基づいて「北欧民族精神」の痕跡を色濃く留める具体的な文化現象の策定は、筆者の構想する「北欧的なもの」の探究学としての「北欧学」の構築にとって、方法論的にも構造論的にも極めて有益な指標を提供してくれるものと期待されるのである。そこで、以下においては、先ず北欧精神史の中に「北欧民族精神」を探索するためのローセンベーヤの方法論的観点に注目し、次いで当の「北欧民族精神」の理念を根拠に、ローセンベーャによる北欧精神史の具体的な構成内容の問題に注目することにする。これはいわば、ローセンベーャによって行われる「北欧精神史における北欧的なもの」の確認作業に他ならない。

大著『北欧人の精神生活——古代から現代まで』は、第一巻「序論」において執筆の動機と目的を告知するローセンベーャの次のごとき宣言によって開始されている、

「それぞれの時代に北欧人（スカンディナヴィア人）の民族生活を支配していたのはいかなる感情・夢・思惟であったのか？　それらは外部からのいかなる影響の下に、内部からのいかなる反応の下に発生したのか？　それらには精神活動の産物によっていかなる表現が提供されたのか？　要するに、北欧人（スカンディナヴィア人）の**民族精神は移り行く時代の中でそれ独自の内容をどのように展開していったのか？**」（強調はローセンベーャ）[2]。

言うまでもなく、これは、ローセンベーャが自らの大部な北欧精神史執筆の最大の課題・目標が「感情・夢・思惟」の中に溶かし込まれた「北欧民族精神」の各時代における歴史的展開を跡付けるところにあることを明言したものである。ローセンベーャの指摘するこのような叙述対象としての「北欧民族精神」の潮流と、その展開過程の叙述手段としての北欧精神史との呼応関係に対する理解は、筆者にとって「北欧的なもの」と「北欧学」の関連を把握する上で極めて示唆的であると了解している。

さて、自らの北欧精神史執筆の出発に際し、ローセンベーャは先ず北欧精神史研究に「内的限界」（indre grænser）と「外的限界」（ydre grænser）という区分を設定する。前者は「北欧民族精神」の内容表現を第一義的目的とするか否かによって措定される限界のことであり、後者は北欧精神史研究を空間的・時間的に制約する限界のことである。先ずわれわれは北欧精神史研究の空間的という意味での「外的限界」の問題を、ローセンベーャが「北欧人」

(nordboer) や彼らの民族精神、「北欧民族精神」によって何を意味し、さらにこの「北欧民族精神」の探究はいかにして可能と考えているかを探ることから明らかにしてゆくことにする。

なお、ローセンベーャによれば、空間的意味での「外的限界」よりもはるかに設定困難な問題は、北欧精神史研究をどの時点の何から開始するかという、時間的意味での「外的限界」の問題である。ローセンベーャは詳細な論述の後、結局新石器時代及び青銅器時代（B.C.1500–400 原ゲルマン文化）の「岩盤刻画」に北欧民族の最初の精神生活の痕跡を発見し、北欧精神史探索はそこから開始すべきことを提唱していることを指摘するに留めておく。

ローセンベーャは、「北欧人」と「スカンディナヴィア人」(skandinaver) を等価概念と見なし、彼らを構成する「すべて同じ幹の四本の枝」として「デンマーク人」「ノルウェー人」「スウェーデン人」「アイスランド人」の四民族を挙げる。つまり、これら四民族に対する総称が「北欧人」であり「スカンディナヴィア人」なのである。そして、さらにローセンベーャは、彼ら全民族の精神生活を「北欧民族精神」という一つの総合的な視点の下に総括する方法論が是認されなければならないとするが、その根拠は、何よりも先ず彼ら四民族の有する「言語の根源的同一性」にある。と同時にまた、これら四民族の民が根源的に同一の言語を所有していたという原事実の背景に、ローセンベーャは、彼らの内に北欧人として同一の「民族精神」が存在することを躊躇なく肯定する。その理由として彼は、「言語はつねに民族精神の最も直接的な表現[3]」に他ならないと確信するからである。周知のように、北欧の四民族が前歴史的時代においてのみならず、歴史的時代に入ってからも相当長期間同一の「言葉」(tungemaal) を使用していたのは明確な歴史的事実であって、四民族はその後それぞれに分裂したが、しかしこの分裂は彼らの言語の根源的な同一性・共通性を破壊するほど決定的なものにはならなかった。特にアイスランド人を除く北欧三民族にあっては、根源的な共通語が並行しながら古代的な言語形式から現代的な言語形式へと発展した結果、デンマーク語 (Dansk)・ノルウェー語（Norsk）・スウェーデン語（Svensk）は、ローセンベーャの見解では、「現実には同一言語の主要な方言にすぎない」[4]のである。他方、主要三カ国から距離的に離れて発展した小国アイスランド人の言語・「アイスランド語」(Islandsk) は、だからこそ古代共通北欧語の原型式を留めており、それだけにアイスランド語ほど北欧四民族の言語の根源的な共通性・同一性を想起させるものはないのである。そして、北欧言語のこういった状況から、四民族の精神的発展は不断にいろんな仕方で各民族間の密接な相互影響下にあり、したがって北欧精神史の探索は、四民族の精神的営為をそれぞれ孤立させて考察するのではなく、四民族の精神的状況への全体的視野に立って行われなければならないことが判明するのである。

このように言語の根源的な共通性・同一性によって証明されるデンマーク人・ノルウェー人・スウェーデン人・アイスランド人という北欧・スカイディナヴィア四民族を貫通し、かつ包摂する彼ら独特の土着的精神・「北欧民族精神」が、彼らの生活のあらゆる場で息づき、活動していることは言うまでもない。確かに「北欧民族精神」がいわば可視的な姿で顕現するのは、いかなる民族の場合も、大いなる瞬間、決定的な歴史的転回点においてのみである。ローセンベーャによれば、民族精神なるものは、民族全体に浸透すると同時に、それによってまさしく民族の運命に関与するからである。しかし、民族が存続しているかぎり、常に隠れた形で民族精神が存在し、活動していることもまた疑いの余地はない。だからこそ、民族のあらゆる生命活動の中に、その民族の魂の奥底まで何が生起したかを明らかにし、彼らの精神的発展の歩みと方向を説明してくれる多くの事実を発見しうるのである。そして、筆者の構想する「北欧学」の対象も、まさにこのような意味での事実であることは言を俟たない。

とはいえ、ローセンベーャにとって、民族精神といえども常に同じ強度・同じ直接性をもって顕現・活動するわけではなく、民族の生活の場においてもさまざまな条件によって「精神」への関係の強弱・深度の違いが現れており、そのかぎり北欧精神史探究に際して当然対象とする領域・主題が限定されなければならず、そこには「内的限界」を設定せざるをえないことが判明する。ローセンベーャは、このような「内的限界」の外部に置かれ、したがって北欧精神史探究の対象から除外されるものとして、最初に北欧人の生活の「行為的側面」に関連する全体、例えば社会制度・国家制度・戦争・産業、要するに「外的・物質的文化」の全体を挙げる。ローセンベーャの理解では、こういったものの本来の目的は、時間的・此岸的欲求の充足であって、厳密な意味での北欧人の精神内容そのものの表現ではないからである。もとより時間的・此岸的欲求の中でも精神が活動し、時にはこの面から北欧民族の精神状態に強烈で決定的な光が投げかけられる場合があり、そのかぎりにおいては北欧人の一般的な社会や国家の歴史にも考慮が払われなければならないことになる。だが、それはあくまでそのかぎりにおいてであって、こういったものの歴史は、ローセンベーャの場合、本来的な意味においては北欧精神史探究の対象にはならないのである。

そして、ローセンベーャが北欧精神史探究の固有の対象として固執するのは、あくまで北欧人の「精神面」、彼独自の表現を用いれば、「彼らの精神的発展に貢献することを目標とし、精神自身の表現手段となるあらゆる活動[5]」の領域である。彼によれば、それは「絵・音・言葉」(billede, tone, ord)、換言すれば「芸術」(konst) と「文学」(literatur) の二者である。その理由についてローセンベーャはこのように考えている。

先ず「芸術」について言えば、「現実に国民精神に奉仕する[6]」のがその本質であり、「芸術」の課題は、人間の美意識に感覚的形象を与え、そうすることによって精神を揺り動かすことにある。だとすれば、それが民族精神に関わる可能性は実に大である。「芸術」が単に空虚な官能的喜びの手段に留まることなく、それ本来の課題を果たしうるなら、それは「芸術」が「民族の心」(folke-sind) の内なる多くの動きを開示しうるからに過ぎない。ローセンベーャによれば、この「民族の心」は「芸術」という手段によってのみ最も豊かに展開・表現しうるのであって、その意味では、「北欧精神史」の探究は、先ずもって北欧古代・中世における「芸術」のさまざまな傾向と最も重要な作品の検討から開始しなければならないというのが、北欧精神史構築に際しての彼の重要な方法論的要件である。

北欧人にとっても当然、精神の最も直接的な表現手段である「言葉」あるいは「言語」（sprog）は、形・色・音のように、感覚に対して直接存在するものではない。しかし、精神内容を開示しうるのでなければ、無意味な綴りでしかないのが「言葉」である。したがって、「北欧民族精神」を探るための題材は、なかんずく「言葉」を手段とする精神活動の中に求められなければならないことになる。この精神活動のことをローセンベーャは「リテラトゥア」（literatur）というタームで表現している。もとよりこのタームは第一義的には狭義の「文学」を意味することは言うまでもないが、ローセンベーャは「著作物」とでも把握すべきこの最広義の「リテラトゥア」の中に、精神生活の表現を「言葉」の使用の第一目的とせず、むしろ民族の実際生活の領域に属するもの、例えば、技術的著作物や政治的著作物のみならず、学問的著作物が「リテラトゥア」に数えられる理由についてこのように述べている。

「学問は間違いなく民族の精神生活に属しており、民族の精神生活の発展にとって不可欠である。学問的著作物はいろんな仕方で民族精神の中で蠢いているものを明らかにすることが可能であり、それゆえある時代を支配している精神の方向は、その時代にいかなる学問が尊重されたかを知ることによって大抵把握でき、そして民族は、その学問の成果の精神的拡大のために活動するのである。もっとも、学問の目的は民族精神を表現することではなく、普遍妥当的真理の何たるかを発見することである。しかし、この真理が追究される方法、特別関心が払われる領域、一般生活と学問との関係、そういったものを通して、民族精神の影響や時代精神の影響が知られるのである。その結果、学問的著作物がわれわれにとって意味を有するのはこの面からであって、われわれ（北欧精神史）の独立的な対象としてではない(7)」。

恐らく前記大著において中世北欧に属する「学問的著作物」についても総合的に考察し、その中に「北欧民族精神」の強烈な流れを洞察したことが、ローセンベーャの北欧精神史研究に対する最大の貢献の一つであろう。

しかしながら、ローセンベーャにとっては、さらに「北欧民族精神」の本質を最高度の豊穣さで内蔵し、その意味において北欧精神史の最重要な構成要素となるべき領域がある。彼が広義の「リテラトゥア」の最重要部分を構成すると見る「国民的リテラトゥア」（national literatur）という領域である。そして、彼はこの領域に属するものとして具体的に挙げるのは、「宗教的リテラトゥア」（den religiøse literatur）、「哲学的リテラトゥア」（den filosofiske literatur）、「歴史的リテラトゥア」（den historiske literatur）、「詩的リテラトゥア」（den poetiske literatur）の四つの著作類である。そして、ローセンベーャがこれら四領域のリテラトゥアを大著『北欧人の精神生活――古代から現代まで』を通して描く北欧精神史最大の探究課題として把握していたことは、以下の引用文からも明白である。

「神性の本質及び人間に対する関係についての民族の表象、現存在の根拠と内的連関についての民族の思索、父祖の活躍と運命についての民族の追憶、そして最後に民族の感情・情熱・美と道徳の模範（理想）、以上のものの表現として太古から存在しているもの、もしわれわれが北欧の民族精神が移り変わる時代を通してその内容をどのように展開して行ったかを知ろうとするなら、これらすべてがしっかりと探索されなければならない。ここに本研究固有の領域がある(8)」。

しかしながら、このように「異教時代・カトリックの時代・前期ルター主義時代」の時代区分に基づいて描く自らの壮大な北欧精神史の原資料を、前記のように「宗教的・哲学的・歴史的・詩的リテラトゥア」に限定しようとするローセンベーャの姿勢は、同時にまたそれら各時代の膨大な資料の中に、「北欧民族精神」の展開を特段に宗教的・哲学的・歴史的・詩的視座から考察しようとする彼の志向性を証明している。このような志向性は、「異教時代」「カトリックの時代」「前期ルター主義時代」の三時代に彼が見出す資料解釈の特性の中に一貫して読み取れるものである。

以上、筆者は、北欧人を北欧人たらしめ、真に北欧人のアイデンティティを形成するという意味での「北欧的なもの」を、ローセンベーャが北欧精神史を貫く「北欧民族精神」の理念の中に発見し、かつそれを発見・確認するための方法論的観点を明確にした。整理すれば以下のようになる。「北欧民族精神」の観点から最高度に強調されるのが、文字通りデンマーク・ノルウェー・スウェーデン・アイスランド四カ国の国民が前歴史的時代から根源的に同一の言語を使用することによって、すでに北欧人共通の民族精神に貫かれていたということである。したがって、これら四民族よりなる北欧人を一体的に結びつける共通の精神的特性を「北欧民族精神」として把握するローセンベーャの観点からすれば、このような特性を証明し、かつそれの「最も直接的な表現」こそ言語・言葉に他ならないのである。確かにローセンベーャは、民族精神に奉仕するところに本質があると見る「芸術」を、北欧精神史構成上の重要契機として高く評価するものの、しかし北欧精神史の中に「北欧民族精神」の最も充実した現象形態を探ろうとすれば、何よりも言語表現による創造物としての「文学」に向かわなければならないと主張する。なお、ローセンベーャはこの「文学」の領域に「技術」や「政治」、「学問」に関する「著作物」をも一応含めて考察するが、彼の見解では前二者やそれに類する領域の著作物は、基本的に時間的・此岸的欲望の充足を意図する「外的・物質的文化」に関わるものであって、北欧人の精神構造を深い次元において披瀝するものではない。また学問的著作物にとっての第一義的課題は「北欧的なもの」の地平を超えている、普遍妥当的真理の証明に他ならない。ローセンベーャにとって真に「北欧的なもの」としての「北欧民族精神」を開示することによって、本格的な意味で北欧精神史を形成する最重要契機は、まさに宗教的・哲学的・歴史的・詩的四領域に属する「国民的リテラトゥア」に限定されるのである(9)。

筆者のなすべき次なる課題は、この「国民的リテラトゥア」を構成する四領域の内、ローセンベーヤが「北欧民族精神」が横溢し、北欧人のアイデンティティを証明することによって、北欧精神史構築に寄与する具体的な個々の「北欧的なもの」について紹介を試みることである。

〔Ⅱ〕 ローセンベーヤにおける「北欧的なもの」の現象形態

ローセンベーヤが「北欧民族精神」の特別な横溢現象をどこに見出し、具体的にいかなる対象を取り上げることによって北欧精神史を構築するかは、三巻本『北欧人の精神生活』の目次からでも容易に見て取ることができる。これによっていわば「北欧精神史-北欧民族精神」の図式概念の外延的側面が明らかになるが、この側面に含まれるさまざまな対象は、もとより多くの点で筆者の「北欧学-北欧的なもの」の図式概念の外延面と重なることは言うまでもない。そこで、次にはローセンベーヤが北欧精神史の構成契機として注目する「北欧民族精神」の個々の現象形態の内、同時に筆者の「北欧学」の視点からも「北欧的なもの」の具体的顕現として重要視しうるものを提示し、それに関するローセンベーヤ自身のコメントにも簡単に触れておくことにする。なお、前期ルター主義時代については、北欧教会史・神学史の視点からすればともかく、「北欧的なもの」・「北欧民族精神」の展開に力点を置く一般的な北欧精神史の視座から見れば、当然とは言えキリスト教的側面にほぼ限定された叙述内容は大きな関心対象にはなりにくく、ここでは考察を省くことにする。

【異教時代】

ローセンベーヤが『北欧人の精神生活』第一巻において指摘する異教時代の精神史構成契機は、「岩盤刻画」「ルーネ文字」「異教的民族詩」「異教的芸術詩」の四つである。

a　「岩盤刻画」（Hællerristninger）はスカンディナヴィア半島の海岸地帯、特にスウェーデンの西海岸に集中して見られるもの。農業や交易の繁栄を確保しようとする魔術的象徴としての機能を有し、宗教的信仰に関係していると考えられている。

「岩盤刻画は北欧における最古の絵画芸術として、北欧民族精神の巨大な記念神殿の入口に、謎に満ちた告知板として立っている」[10]。

b　「ルーネ文字・碑文」（Runar, Runinskrifter）はラテン文字に先立って三世紀から一四世紀頃まで一〇〇〇年以上グリーンランドから黒海沿岸にかけてゲルマン諸語表記法として用いられ、基本的に碑文の形式を取っている。内容は呪術・祭祀など宗教的色彩のものが多い。

「ルーネ碑文、北欧最古の文献。これらの碑文はキリスト教時代にまで下って追跡可能であり、北欧民族の継続的発展を決定づけるものである。北欧語・ドイツ語・英語がいまだ分かれて存在していない時代があり、全ゲルマン人が単一の言語を有する単一の民族に発していることについては疑問の余地がないが、ゲルマン語が根源語の基幹から三つの語群にいつ・どこで・どのように分裂したかについては歴史的報告は皆無であり、そのためにわれわれが現に手元に所有している最古の言語記念碑がルーネ碑文である。これらは、一面では極めて古い段階の豊かではあるが洗練されていない形式でのゲルマン祖語を示し、他面では三語群相互の強い一致を証明している」[11]。

c　「異教的民族詩」（Hedensk Folkedigtning）とは、「北欧民族精神」・「北欧的なもの」両者の源泉としての北欧神話集『古エッダ』『新エッダ』に対するローセンベーヤの呼称。

「民族詩という言葉は、われわれの父祖の精神的産物の内最古のグループ、つまり比較的技巧を弄さず、無名の詩人によって詠われた歌について用いるのが正しい。時代はその中に宗教・道徳・記念碑などおのれの精神生活のすべてに対する表現を発見したのである。こうして北欧でも精神生活は詩をもって始まったのであり、民族の思惟や感情を動かしているものは最初から韻文形式を取っている。神々の詩・教訓詩・英雄詩[12]」。

d　**「異教的芸術詩」**（Hedensk Konstdigtning）、「スカルド詩」（Skald　古代スカンディナヴィアの宮廷詩人の作品）の総称。「芸術詩は異教時代における北欧文化の最後の萌芽であり、中世に入ってからも大輪の花を咲かし続けた。しかし、芸術詩には園芸の仕事と共通した要素がある。新しい生命を芽吹かせるわけではなく、古い民族詩の形式が新時代の精神内容を盛り込むように変えられただけなのである。一方、古代に存在し成長しつつあった別の萌芽が法やサガの物語として展開されることになる。新しいものはあらゆる点で古いものと緊密に結びついているが、法やサガにおける精神生活の表出は、南方の異文化の影響との関連で考察するのが正しく、原北欧的なものとの断絶が、北欧中世を特徴づけるものである[13]」。

【カトリックの時代】

a　**法**（Lov）、古代北欧法制史研究の第一人者ミュンヘン大学教授コンラート・マウラー（Konrad Maurer, 1823–1902）の発言、「一一〇〇年に著されたアイスランド国法典『グラーガース』（Grágás〈灰色の鵞鳥〉の意）は、独自の法意識と豊かな発展を遂げた法知識の透徹した表現として、古代ローマ文化の最高にしてほとんど唯一独創的とも言うべき創造物であるローマ法に十分匹敵しうるものである」を受けて、ローセンベーャはこのように発言している。「マウラーのこれらの言葉は、中世における北欧の法の精神史的意味を問うべき段階にわれわれを立たせる。北欧の法は、その最深の根拠においては、太古の根源的に共通ゲルマン的な表象及びそれらに関連した制度に基づいているばかりでない。それは、異教が終末を迎える以前に形成され始めたのみならず、すでに豊かな発展を遂げており、すぐ次の世紀には、古代文化の中に集約され、そこから引き継がれた生命力によって、本質的に成熟を迎えたのである」[14]。

b

「歴史記述」（Historiskrivning）。

「（歴史記述という）この重要な分野においても、この時代の最も際立った特徴は民族的なものと普遍－ヨーロッパ的なものとの対立である。前者が散文の母国語による歴史記述、サガ（Saga）と、後者が年代記（Krøniken）と呼びうるラテン語の歴史記述である。さらに前者は教会人が活躍する場合でも、完璧に一般大衆の父祖伝来の教養に基づいているが、後者は素材の一部を民間伝承から取りながらも、その叙述は教会によって広められた外来の教養によって刻印されている」[15]。

スノリ・ストゥルルソン（Snori Sturluson, 1179–1241）による歴史記述としてのサガの代表作『ヘイムスクリングラ』（Heimskringla）〈世界の輪〉の意。

「この〈王のサガ〉は、学問的・芸術的何れの視点から見ても、純粋の北欧文化が歴史記述の分野に何を提供しうるかを鮮明に告知している」[16]。

サクソ・グラマティクス（Saxo Grammaticus, 1150–1220）による『デンマーク人の事跡』（*Gesta Danorum*）。

「サガは民族の基盤から静かに、かつ広い範囲にわたって成長してゆき、ついにスノリ及び最も才能豊かな彼の同時代人、サクソ・グラマティクスにおいてその豊かさのすべてを展開してみせた。この発展の中には空洞も飛躍も存在しない」[17]。

「サクソの人生観・社会観の根本的特長に思いを集中するなら、何よりも先ず、古代歌謡やサガ類に劣らず、〈個性の自己主張〉が最高の人間的なもの、人生の本来の理想として立っており、それが特に豪胆さとして披瀝されるのもむべなるかなである。男性的行為、なかんずく死に対する軽蔑ほどサクソの感激を喚起するものはない。個人の栄誉がサクソにとっては人間の尊厳の中核である。しかし、サクソには圧倒的な力で独特の民族感情が噴出しており、彼の著作全体を感激の熱い流れとなって満たしているのは、デンマーク人の栄誉、デンマーク人の自由、デンマーク人の連帯意識である。サクソにおいては北欧民族精神が、一般キリスト教精神と同盟関係を結ぶことによって、最高・最善のものを、彼の人格性の理想、祖国感情、共同体概念を生む根拠となっている。サクソの著作はヴァルデマール王時代（I世 1157–82　II世 1202–41）にもなお北欧民族精神がデンマークをいかに強力に席巻したか、ローマ的‐ヨーロッパ的教養がいかなる力をもって北欧民族精神の生命表現を歪めたか、に関する壮大な証言である[18]」。

c　『王の鏡』（Konungs skuggsja）。カトリシズムの時代における北欧の最高の哲学的著作。

「中世の北欧人がいかに独自の総合的な世界観を形成・完成することができたかを知ろうとするなら、北欧において母国語が書き言葉として使用されている地域に赴かなければならない、つまりここノルウェーにおいて、われわれは、カトリシズムの時代北欧最高の哲学的労作、『王の鏡』（一二二〇‐三〇）に遭遇するのである。道徳に確固たる根拠を与えるためには、道徳心の根底としての宗教に立ち返らなければならない。全体が内的に神に結びついていることを理解するのが知恵というものである。これが包括的かつ独創的な『王の鏡』のプランである[19]」。

d　『啓示』（Revelationes）八巻。北欧中世最大の哲学的‐詩的天才、聖女ビルギッタ（St. Birgitta, 1303?–73）。

「彼女はダンテを、さらに遡っては古代の予言者たちを想起させる。彼女の精神状態は古代の予言者のそれと完全に一致するのである。そのかぎり、口伝にて意味深長な幻覚から民族精神を語るこの高貴な生まれの女予言者は、蘇った予言者に他ならない。間違いなく彼女においては民族精神とキリスト教精神の両方が強烈であるが、中世北欧における最大の哲学的-詩的天才であり、彼女の思索力はスノリよりも深く高度であり、構想力はサクソよりも豊かであって、両者がいわば分離し難く独自の仕方で結合されている。ビルギッタの天分は過去的には北欧神話における〈巫女の予言〉を指し示し、将来的にはグルントヴィやキェルケゴールを指し示している。事実、『啓示』はもはや思想陳述の詩的表現というべきであって、ドラマティックに構成されたエッダ歌謡を想起させることも稀ではない[20]」。

注

（1）Petersen, C.S., *Dansk Biografisk Leksikon*, XX.2.Udg., s.153.
（2）Rosenberg, Carl F.V.M., *Nordboernes Aandsliv fra ldtiden til vore dage*, 1878, Bd.I (Hedenold), s.1.
（3）*ibid.*, s.4.　（4）*ibid.*, s.4.　（5）*ibid.*, s.2.　（6）*ibid.*, s.2.　（7）*ibid.*, s.3.
（8）*ibid.*, s.3.　（9）*ibid.*, s.3.　（10）*ibid.*, s.20.　（11）*ibid.*, s.83.　（12）*ibid.*, s.141.
（13）*ibid.*, s.479.　（14）*ibid.*, Bd.II (den katolske Tid), s.67f..　（15）*ibid.*, s.174f..
（16）*ibid.*, s.254.　（17）*ibid.*, s.318f..　（18）*ibid.*, s.336f..　（19）*ibid.*, s.611f..　（20）*ibid.*, s.643f..

第四節　現代北欧文化史における「北欧的なもの」

〔Ｉ〕　文化の枠組みの表現としての「北欧的なもの」

ローセンベーャの『北欧人の精神生活』は一八七八年から八五年にかけて刊行された、現在からすれば一世紀をはるかに超え出る古典であるが、既述のように、これに比肩しうる、あるいはこれを超える北欧精神史研究は、現在に到るもまだ出現していない。しかし、一九九二年になってようやく、デンマーク・スウェーデン・ノルウェー・フィンランド・アイスランド・フェロー諸島の研究機関に属し、四人の文化人類学者、歴史学者、法制史家、民族誌学者、言語学者各一人、計八人の研究者の共同執筆になる二巻本の『北欧的世界』（*Den Nordiske Verden* Ⅰ・Ⅱ）（邦訳名は『北欧社会の基層と構造』三巻、一九九六年）が刊行された。[1] この文献は差し当たっては、純粋に精神史的性格の強いローセンベーャの著述と異なり、「文化人類学的」とも言うべき現代の新たな学問的方向に基づく北欧文化史研究の成果の一つと評価して間違いないであろう。したがって、『北欧的世界』と『北欧人の精神生活』の間には、方法論的にも内容的にも大きな差異があり、さらに何れの面からも前著は筆者の構想する「北欧学」からも大きく離れてはいるものの、編者Ｋ・ハストロプ女史が、第一巻序論において、筆者の「北欧学」の場合同様、真っ先に「北欧的なもの」（det nordiske）の概念を取り上げ、彼女の「北欧文化史」全体を貫くキーワードとして設定することによって、このキーワード自体の抱える問題に固有の立場から深く立ち入って論じている事実が、筆者の「北欧学」の構想にとっても極めて有益と思われるのである。

ハストロプ女史は、編著『北欧的世界』を「北欧史」（Nordenshistorie）ではなく、「北欧の歴史」（nordisk historie）であると主張する。[2] これは、より厳密に規定すれば、「北欧的なものの歴史」と解すべきであろう。これの意味するところは、『北欧的世界』が伝統的な歴史学の手法に基づいて、背景としての普遍ヨーロッパ的なものに配慮しつつ、北欧各国の個別史をクロノロジカルに構成し纏め上げた一般的な意味での歴史書ではなく、「特別北欧的なものを前面に出しての」、つまり「北欧的なもの」自体の展開を枢軸とした各国横断的歴史記述に他ならないということである。ハストロプ女史が「北欧文化史」というタームを口にする場合、彼女の念頭にあったのは、このような視点から叙述された「北欧の歴史」であったはずである。

さて、ハストロプ女史が『北欧的世界』という著作の基本構想と理念を獲得した背景には、真っ先に一八世紀から一九世紀にかけて活躍したノルウェー生まれのデンマークの劇作家・歴史家ルーズヴィ・ホルベーヤ（1684–1754）の北欧民族論への不満があった。その理由は、ホルベーヤが他民族の典型的な特性を指摘しながら、自分がその一員たる北欧人については、「極めて多様な人間の集合体[3]」という曖昧模糊とした指摘に留まっているからである。それに対抗してハストロプ女史が意図するのは、そもそも北欧人の背景を形成し、彼らの「歴史的・文化的空間」を根本的に規定しているものとしての「北欧的なもの」の何たるかを確認することである。この意図に基づいて目的設定が行われた『北欧的世界』という著作は、あくまで視点を現代に置いた上で、北欧の歴史の全体を俯瞰的に回顧しながら、「北欧世界を特徴づけている諸状況に関して広範な文化史的展望を与え」、「北欧人の世界を関連する一つの文化的総体として示す[4]」ことを目指すのである。そして、その際キーワードとして決定的な役割を演じるのが「北欧的なもの」（den nordiske）のカテゴリーである。

ハストロプ女史の視点の中核は、「北欧的なもの」が根本的に「特定の文化」、「特定の世界観」を表現するものだとする点である。その意味で、「北欧的なもの」の何たるかは、北欧人が思考・行動する枠組みとしての「文化」との関連で把握すべきであって、例えば筆者の構想する「北欧学」の枢軸概念としての「破滅意識」や、ローセンベーヤの北欧精神史の無制約的前提としての「北欧民族精神」のように、単独的にせよ複合的にせよ特定な概念で表記しうるようなものではないのである。ハストロプ女史にとっても、「北欧的なもの」が北欧的世界観を他の一切の世界観から区別する根拠となる特性のことを指すのは間違いないのであるが、しかしそれは北欧人の有する「ある特定な概念」といったものではなく、むしろ北欧人が思考し行動する際の「文化的な枠組み」のことであって、女史はこの点を、「北欧的なもの」とは根源的に「北欧文化を規定している概念パターンと行動パターン」[5]としても語っている。つまり、ハストロプ女史にとって「北欧的なもの」とは、北欧人の思考と行動を必然的に制約する北欧固有の文化的枠組みのことであって、この枠組みの内部で思考し行動するかぎり、概念の使用や行動の規範は北欧独自のパターンを取らざるをえないのである。

さらに、「北欧的なもの」がこのようなものであるとすれば、その本質を見極めようとするなら、特にヴァイキング時代以降の「北欧の歴史の具体的な諸相」を精査することによって、「際立って北欧的なもの」と称しうる北欧人共通の思惟と行動のパターンを引き出す以外に手段はない、というのがハストロプ女史の見解である。このような方法を女史は「歴史に対する戦略的なパースペクティヴ」乃至「北欧的パースペクティヴ」[6]と称し、北欧の歴史に取り組む際の文化人類学独自の方法論を表明している。つまり、文化人類学の立場からすれば、北欧精神史への最終的な関心の在り処は、さまざまな思潮自体にあるのではなく、こういった思潮が北欧においてどのように「地域的変貌」[7]を遂げているかを考察する点に存在するのである。

〔Ⅱ〕　現代北欧文化史の方法論と〔北欧的なもの〕の現象

ハストロプ女史の『北欧的世界』の基本的目論見を右のように総括する時、「北欧的なもの」の捉え方は、ローセンベーャの『北欧人の精神生活』や筆者の「北欧学」の場合とは大きく異なるのは明らかであるが、なかんずく『北欧的世界』の際立った特質は、「北欧的世界を特徴づけている諸特性を吟味する可能性[8]」を求めて歴史的資料を採択する場合の独特の方法論にある。それは、大事件や歴史的な変わり目を歴史記述の焦点に据えてきた従来の「クロノロジカルな歴史思考[9]」を放棄して、あくまで「北欧文化を規定している概念パターンや行動のパターン」を「北欧的なもの」として把握する一方、この「北欧的なもの」を単に北欧史上の大事件・大変革の中に見るのではなく、むしろそれを「歴史のさまざまな場面において」(på kryds og tværs i historien) 確認しつつ、「日常のディテール」においてその連続性を洞察するという方法論である[10]。まさしくここに、『北欧的世界』という著作の「北欧的なもの」をめぐる文化人類学的解釈学の独自性がある。

しかしながら、「北欧的なもの」のこういった文化人類学的認識の方法論は、『北欧的世界』において初めて登場したものではない。すでに一九世紀デンマークにこのような方法論の開拓者が存在していたのである。ハストロプ女史が挙げるのは、文化史家トロルス＝ルン (Troels Frederik Troels-Lund, 1840–1921) である[11]。前述のローセンベーャよりもほぼ二〇歳若いが、両者の生涯は四五年間重なり合っているので、何しろ小国デンマークだけに、国内の専門分野を同じくする学界人として両者間に親しい交流関係が存在したとしても不思議ではないが、現時点ではその事実については不明である。それはともかくとして、両者の歴史観が大きく異なることは明白であって、ハストロプ流に言えば、ローセンベーャの著書『北欧人の精神生活』の奉じる歴史観は、本質的に、非日常的な変革的事象を年代順に追跡する伝統的でオーソドックスな歴史思考法に由来しているが、このような思考法と手を切って、「庶民の日常生活や考え方を包摂し、権力関係や権力闘争よりも、むしろ人生観や生活状況を課題にしようとする歴史観[12]」の立場に立つのがトロルス＝ルンである。このようなトロルス＝ルンの歴史観の背後にあるものについて少し考えてみたい。

トロルス＝ルンの主著は一八七八年から一九〇一年にかけて刊行された『一六世紀北欧の日常生活』(*Dagligt liv i Norden i det sekstende Aarhundrede*) であるが、本来の目論見では本書のタイトルは、『一六世紀終わりにおけるデンマークとノルウェーの歴史』(*Danmarks og Norges Historie i Slutningen af det 16de Aarhundrede*) となるはずであった。伝統的な歴史記述の方法で一六世紀北欧の政治的・社会的状況を徹底的に精査することを意図していたからである。しかし、そのような意図に基づいて時代史を構築しようという執筆開始時の計画はその後消滅し、すでに第二巻においては現行通りの主要タイトル別に変更されたのである。このタイトル変更を著者に迫ったのは、国民の歴史においては「日常生活」こそ最も注目すべきもの・最重要なものという革新的な認識であった。以後、彼はどの巻においても、国土と国民、家屋、服装と食物といった外的風景、さらに北欧人の自然観、特に誕生・洗礼・婚約・結婚・死・埋葬といった人生の大事、要するに国民教育・文学・宗教的信仰を制約すると思われるもの一切を、日常的な観点から印象主義的な手法を用いて濃密に描出したのである。かくて、トロルス＝ルンにとっては、日常生活こそが「歴史の底流」となり、外的な政治社会的生活は単なる「泡」となったのである。その結果、彼は、『一六世紀北欧の日常生活』以前の伝統的な歴史記述の手法に基づく彼自身の一八七〇年代の著作の大部分を否定し、もっぱら市民階級のための歴史家として立つことになったのであるが、同時にこの大著によって、トロルス＝ルンは「デンマーク文化史の創設者[13]」にもなったのである。

そして、ハストロプ女史は、前記のごときトロルス＝ルンの歴史叙述の方法論的視点を、自らの編著『北欧的世界』

構成上の模範として高く評価する所以を、次のように披瀝している。
「トロルス＝ルンが一六世紀の日常生活に焦点を合わせる道を選んだ所以は、歴史を宮廷や国家の世界から個々の家庭に引きずり下ろすことが、彼にとっては格段に重要だったからである……（トロルス＝ルンが代弁者となった新しい歴史観は）普通の人間の日常生活と考え方を包摂し、権力構造や権力闘争よりもむしろ人生観や生活状況を問題にしようとする歴史観であった(14)」。

ハストロプ女史は、このようにトロルス＝ルンによって先鞭が付けられ、歴史的考察上の重点を宮廷や国家から一般庶民の家庭へと置き換え、アクセントを権力者の構造や闘争から庶民の日常生活に移すという革新的な歴史観に基づく歴史記述に対して「北欧文化史」(den nordiske kulturhistorie) の呼称を与え、『北欧的世界』の描く歴史像をこのような意味での「北欧文化史」の最前線に位置づけるのであるが、改めてトロルス＝ルンの大著から学びえた『北欧的世界』の編集・執筆上の基本方針を総括すれば、二点を挙げることができよう。

第一点は、あくまで「北欧的なもの」を意識的に歴史記述の前面に出すということである。これはトロルス＝ルンの大著以後、北欧の歴史記述が「北欧的なもの」という統一的視点を見失って、もっぱらデンマーク・スウェーデン・ノルウェーといった「個々の国民的視点」が強調されるようになったことへの、ハストロプ女史を中心とした『北欧的世界』の執筆者たちのプロテストであった。

第二に、ここ一〇年間に日常生活に対する強い関心が蘇ってきたこととも相俟って、トロルス＝ルンの歴史観を模範としてハストロプ女史が『北欧的世界』の編集・執筆の基本方針たらしめたのは、伝統的な歴史学の手法によって歴史を「権力の正道と横道に関する回顧録(15)」として把握するのではなく、まったく逆に、かつては沈黙を強いられていた「権力なき者たち」の日常生活の歴史の中にこそ、「北欧的なもの」という特別な文化的空間を形成する「北欧共通の経験世界」を発見するということである。

かくて、いまや『北欧的世界』が究極的に何を自らの本質的課題となすべきかが鮮明となる。それは、「歴史の主役」の座を、伝統的な従来の歴史観に則って王や英雄の中に設定するのではなく、その座を農民や一般庶民に委譲することによって、むしろ彼らこそ自らの行為と世界認識に基づいて歴史形成に独自の貢献を果たしてきたことを先ず容認し、次いで彼らを主役とする北欧人が歴史的時間を通して達成してきた諸経験を「一つの全体」として纏め上げるということである。ここにおいて初めて厳密な意味での「北欧的なもの」の概念成立の可能性が生まれるのである。

『北欧的世界』が包摂する歴史的時間は、ハストロプ女史の計画では、「ヴァイキング時代」、つまりほぼ紀元一〇〇〇年以降の「約三五世代」、即ち現代までであり、この間における北欧の庶民のさまざまな経験を一つの全体像として描き、それによって「北欧的なもの」の何たるかを叙述するというスケールの大きな試みを実現するために、ハストロプ女史は独自の歴史叙述法を採用する。「さまざまな時代を相互に対峙させながら記述する」という、彼女の所謂「対位法的歴史記述」(kontrapunktiskhistorieskrivning)[16]である。

「対位法」というのは本来音楽のみならず建築・文学・映画などの構成法を意味するタームであるが、音楽の場合各々独立して進行する多くの旋律を同時に結合させて楽曲を構成する技法であり、後の三つの分野でも二つ以上のまったく対照的な様式・発想などを組み合わせ統一することによって展開を図る構成法の謂いである。そして、こういった芸術創造上の技法を、ハストロプ女史は、歴史記述に応用しようとするわけである。その具体的な手続きは、前記の「さまざまな時代を対峙させながら記述する」という先の説明によってすでに示されているが、この説明の背後には、この歴史記述法をめぐる彼女のさらに突っ込んだ思索が存在している。

ハストロプ女史は、進行する歴史を「縦断面」(længdesnit)のカテゴリーで捉え、独立したさまざまな縦断面の非同時性を強調する一方、歴史というものを「縦断面から縦断面への変化」と見なすことによって歴史の関連性・連続性を強調し、そういった非同時性と連続性の対立契機を一体化しつつ、ヴァイキング時代から現代に到る歴史を年代順に考察・記述するところに、「北欧的なもの」の真相を暴く「対位法的歴史記述」の本質があるとする。しかし、この処置はあくまで「対位法的歴史記述」の第一歩に過ぎず、この段階では「北欧的なもの」の本質はいまだ露になっていない。ハストロプ女史が強調するように、「北欧文明の歴史は経験における一つの統一を形成している」。そのかぎり「縦断面」に留意しつつも、北欧の文明史を単に直線的・年代記的に考察したのみでは、北欧の歴史・北欧の文明を根本的に特徴づける「北欧的なもの」はいまだ見えてこないのである。その理由はこうである。

ハストロプ女史によれば、「北欧的なものはあらゆる時代に、また生活のすべての領域に同じようにはっきりと現象するわけではない(17)」、と言う。なぜなら、「北欧的なもの」が歴史的に明瞭な輪郭を伴って登場するのは、歴史を非同時的に遮断し、かつ連続的に関連付ける「縦断面」においてのみだからである。北欧の歴史を規定しているさまざまな「縦断面」において初めて、北欧人のもろもろの経験を明瞭に特徴づけうる「テーマ」を発見し、かつそのテーマに対処するための北欧人独自の考え方や行動の仕方を規定している「概念パターン」・「行動パターン」が鮮明になるのである。かくて、ハストロプ女史が「北欧的なもの」と呼ぶのは、第一義的にはまさしく北欧の歴史の非同時的かつ連続的な各種「縦断面」を規定している概念的及び行動的パターンのことであって、翻って言えば、これらのパターンこそ、北欧文化を特徴づけている確固たる枠組み、世界観としての「北欧的なもの」の第一理念に他ならないのである。

しかしながら、「対位法的歴史記述」を完璧に成し遂げ、十全の意味で「北欧的なもの」の本質を開示するためには、ヴァイキング時代から現代に到る各時代の縦断面のテーマをめぐって展開される思惟と行動のパターンを、それぞれの時代とともにさらに「相互に対峙させ」、比較・対照しながら考察・記述し、古代から現代に到る歴史を「一つの全体」として纏め上げる作業が不可欠である。これはいわば、古代から現代に到るまで「特殊な文化的空間」を形成し続けてきた「北欧共通の経験世界」を同時的・一体的に把握することを通して、「北欧的なもの」をあくまで総合的な文化概念・世界観として導き出す作業である。この作業を担うところに「対位法的歴史記述」の特性がある。[18]

さて、この「対位法的歴史記述」が、王や英雄のごとき伝統的な存在ではなく、むしろ農民や市民といった一般庶民、「権力なき者たち」を主役とする歴史の各時代の縦断面の比較・対照を行うことによって、彼らのさまざまな経験に通底する共通の概念パターン・行動パターンを確認し、そのことによって最終的に「北欧的なもの」の何たるかを洞察する上で最適の手段がある。それは、歴史のさまざまな縦断面に見出される固有のテーマに対して北欧の一般庶民が対峙する際の「概念と行為との狭間の緊張領域」を徹底的に考察・分析することを通して、「北欧的な経験世界がまったく特異なもの」であることを明らかにする遣り方である。それを通して初めて十全の意味で「北欧的なもの」の実体が姿を現すのである。そして、このように、「概念パターン」と「行動パターン」との間に緊張関係を齎すことによって「北欧的なもの」の本質を十全に開示しうるという意味で、ハストロプ女史がまさしく「何れも北欧的世界への鍵を内に含んでいる」と見なして注目・採択するテーマは、時間（Tiden）・風景（Landskabet）・パン（Brødet）・海（Havet）・言語（Sproget）・権力（Magten）・家（Huset）・民族（Folket）の八つである。[19]

しかしながら、もとよりこれら八個のテーマそれ自体が「北欧的なもの」の本質をなすわけではない。何れのテーマも極めてありふれた汎世界的・日常的性格のものであって、それらが直ちに「北欧的なもの」と呼ぶに値する北欧の一般庶民の日常生活の独自性・特殊性を形成するわけではないからである。問題は、北欧の歴史のさまざまな縦断面においてこれら八個のテーマについて北欧人がいかなる概念を用いて思惟し、具体的にそれらテーマに対していかなる行為・行動を取ったか、つまりそれぞれのテーマをめぐって彼らがどのような「概念パターン」と「行動パターン」を構成し、両者間にどのような緊張関係が齎らされたか、ということこそが「北欧文化を規定し」、「北欧的なもの」の何たるかを決定するというのがハストロプ女史の考え方である。

そして、女史は『北欧的世界』の末尾を以下の文章によって締めくくっている。

「北欧民族を束ねているのは、時間・空間・言語・食料・権力・名誉・家・家庭の歴史的経験であり、北欧人が共同で特殊な生活条件を経験することなしには、〈北欧的アイデンティティ〉(nordisk identitet) は存在しない。この生活条件が北欧的世界を刻印してきたし、不断に刻印しているのであって、北欧的世界を独特のものたらしめているのである[20]」。

繰り返すまでもなく、北欧人にとって前記八つのテーマが一見概念上極めてありふれた日常的性格のものであるにもかかわらず、まさにこういった北欧人ならではの「生活条件」の下での彼ら独自の思惟パターン・行動パターンこそが、少なくともヴァイキング時代から現代に到るまで「北欧的世界」を決定的に刻印し続け、真に「北欧的アイデンティティ」(den nordiske identitet) というべきもの、北欧各国の国民的特徴とは別個に、まさに「北欧共通のアイデンティティ」(fællesnordisk identitet) と称すべきものを形成してきたのである。そして、この「北欧共通のアイデンティティ」こそ、北欧を「世界史の中で〈特異な場所〉たらしめている」まさに当のものに他ならないのである。

かくて、結論的に言えば、『北欧的世界』の叙述する、北欧の一般市民によって構成される現代の「北欧文化史」の立場では、「北欧的なもの」とは北欧の歴史のさまざまな縦断面において展開されてきた北欧人における主たるテーマを中心に展開されてきた彼ら独自の思惟パターンと行動のパターン、そして両者の緊張関係を決定的に特徴づける文化的な枠組み、世界観のことであって、それらを総括するより普遍的な上位概念として「北欧的アイデンティテイ」の理念が提出されているのである。『北欧的世界』の立場では、ヴァイキング時代から今日に到る北欧の歴史の中で、「北欧人であることが何を意味するか?」(Hvad det vil sige at være nordbo) という、いわば「歴史が突きつける北欧人自身のアイデンティティについての問いかけ[21]」を不断に行うことが、現代における「北欧文化史」の成立を可能ならしめているのである。

注

(1) Hastrup, Kirsten (red.), *Den Nordiske Verden* I–II, Kbh.1992. 菅原他訳『北欧社会の基層と構造』東海大学出版会、一九九五年。
(2) *ibid.*, Bd.I, s.9ff..　(3) *ibid.*, s.13.　(4) *ibid.*, s.9.　(5) *ibid.*, s.11.
(6) *ibid.*, s.13.　(7) *ibid.*, s.13.　(8) *ibid.*, s.13.　(9) *ibid.*, s.13.　(10) *ibid.*, s.13.
(11) *ibid.*, s.13.　(12) *ibid.*, s.14.　(13) Biografiskt Lexikon, 2.Udg., XXX, s.285.
(14) Hastrup, *op.cit.*, s.14.　(15) *ibid.*, s.14.　(16) *ibid.*, s.15.　(17) *ibid.*, s.16.
(18) *ibid.*, s.16.　(19) *ibid.*, s.16.　(20) *ibid.*, s.231.　(21) *ibid.*, Bd.II, s.209.

第五節　北欧の神話・精神史・文化史における「北欧的なもの」の再吟味と「北欧学」成立基盤の確認

以上、筆者は、北欧の思想家としてのキェルケゴールのルーツを求めて北欧神話の世界に侵入し、なかんずく『巫女の予言』の詩篇の提出する「ラグナロク」表象を媒介として、前後を罪責意識と再生意識によって囲まれた「破滅意識」こそ、北欧人を真に北欧人たらしめる根源的な心性としての「北欧的なもの」であって、キェルケゴールの人格と思想の土着的深層の形成に大きく与かることによって、北欧の思想家としての彼のアイデンティティをなすのは、他ならぬこの意味での「北欧的なもの」ではないかと推測した。しかしながら、「北欧的なもの」の概念を筆者の掲げる「破滅意識」という極めて狭い視界から脱却せしめて、より普遍的な意味を有する視界に解放するなら、以上で言及した二つの文献に遭遇する。一九世紀デンマークに登場したK・ローセンベーャの記念碑的名著『北欧人の精神生活――古代から現代まで』と、文化人類学という現代北欧の新たな学問的視点に立ったハストロプ女史以下八人の共同執筆になる『北欧的世界』である。以下では、先に紹介したこれら二著における「北欧的なもの」の概念の批判的再吟味を通して、筆者の構想する「北欧学」の成立基盤を輪郭的ながらより鮮明なものたらしめたいと考える。

先ず方法論的な側面から考察を進めてみると、既述のようにローセンベーャは、彼が「北欧人」を「スカンディナヴィア人」に限定することによってデンマーク人・ノルウェー人・スウェーデン人・アイスランド人の四種族に限定するとともに、彼ら北方ゲルマン民族が前歴史的時代のみならず歴史的時代に入ってからも長期間同一の言語を所有していたという根源的事実に基づき、かつ「言語はつねに民族精神の最も直接的な表現」であるという彼の確信に基づいて、これら四種族から構成される「北欧人」の中に言語同様同一の民族精神の存在を想定するのである。ローセンベーャにおいては、この意味での「北欧民族精神」こそ「北欧的なもの」の実体を形成するものであった。そして、北ゲルマン語の根源的な同一性・共通性は、その後時代とともに漸次ローセンベーャの言う「方言」化程度の変化を経験しながらも、根本的には現代に到ってもいまだ失われていないという言語史的事実から、「北欧民族精神」についてもローセンベーャは太古から現代に到るまでその本質は何ら変わることなく継承されていると考えるとともに、こういった「北欧民族精神」という意味での「北欧的」なものの考察も、北欧人の精神的営為に対する各種族ごとの孤立的・個別的観点からではなく、四種族の精神的発展への総合的・全体的視野に立って行わなければならないというのが、先ず彼の北欧精神史における基本的主張である。

そして、「北欧的なもの」に対する視座に全体性・普遍性を要請する点については、『北欧的世界』の編者ハストロプ女史の姿勢もローセンベーャのそれと変わりない。彼女の場合も、中世までは北欧人はある程度言語的には一つに統一されており、それ以後北欧語はそれぞれの方向に発展していったという原事実を踏まえて、個々の国民的な視点の前に普遍的な「北欧的なもの」の契機が漸次後退してゆき、北欧各国の特異性が強調されるあまり、「北欧共通のアイデンティティ」が軽視されるに到った傾向を危惧する。そして、北欧的世界をあくまで「一つの連続する文化的統一体」として叙述し、この「北欧共通のアイデンティティ」の理念こそ、世界史において独特の位置を確保するものと見なすのである。したがって、北欧文化史叙述の基本理念は、北欧人の日常生活の各側面に見られる「北欧的なもの」の総括概念としての「北欧共通のアイデンティティ」の徹底追跡ということになる。

ローセンベーャとハストロプ女史の立場をこのように再吟味した後、改めて筆者自身の方法論的視点の確認作業に移る。

『北欧的世界』の最後で「現代のアイデンティティ」について言及している箇所に、各国北欧人の「国民的特性」と「北欧共通のアイデンティティ」を同時に力説するのは「パラドックス」であるといったハストロプ女史の主張が垣間見える。しかし、筆者の立場からすれば、この主張は受け容れられない。なぜなら、これら二つの契機を同時的に主張することは非論理的な「パラドックス」であるどころか、むしろ北欧民族精神・北欧文化の考察に際しては絶対に欠くべからざる必須の視点と見なさなければならないからである。反面、ハストロプ女史の場合、民族・言語ともに系譜がまったく異なり、したがってまた精神構造・思惟パターンにおいても他の北欧諸国民のそれとは決して同一視しえないフィンランド人を、地理的位置のみを根拠にして彼らを無造作に「北欧」の枠内に取り込んで、他の北欧諸国民に対するのとほぼ同一の視点から考察するのであるが、これは大きな問題を孕んでいると言わざるをえない。その点、北欧人を「スカンディナヴィア人」に限定して、フィンランド人を「北欧精神史」の視界の外に置くローセンベーャの厳格な姿勢が正鵠を射ていると見なければならない。もとより「北欧民族精神」や「北欧共通のアイデンティティ」の理念を通して、北欧人全体をあくまで一体的な存在として確立しようとする見地は一面では正当であるが、もしそのことによって、フィンランド人についてはもとより、デンマーク人・ノルウェー人・スウェーデン人・アイスランド人の各国民が個別的に達成してきた北欧精神・北欧文化の独自な展開に留意しないとすれば、これもまた大問題である。「北欧民族精神」にしろ「北欧共通のアイデンティティ」にしろ、それらは決して無造作に北欧人全体に妥当する一般的な抽象概念として存在しているのではなく、たとえ根源的には同一民族・同一言語に由来しつつも、地理的位置や風土、さらには時代とともに漸次成長拡大してきた政治的・経済的・社会的その他の状況をめぐる各国民間の多岐にわたる相違に基づいて、現実にはそれぞれの国民による独自の「北欧民族精神」「北欧共通のアイデンティティ」の個性的・主体的な具体化乃至展開として実存在しているのである。つまり、それらは、北欧国民全体を貫く根本的な特性への普遍的なシンボル概念として機能すると同時に、具体的にはあくまでデンマーク人・ノルウェー人・スウェーデン人・アイスランド人がそれぞれの種族・国民性の立場から独立的な仕方で現実化されているという重層的構造を有することに留意しなければならないのである。つまり、「北欧的なもの」は全体的・普遍的な抽象概念としての殻を突き破って、現実の具体的な在り方として、常にデンマーク人における、ノルウェー人における、スウェーデン人における、アイスランド人における「北欧的なもの」、つまり「デンマーク的＝北欧的なもの」、「ノルウェー的＝北欧的なもの」、「スウェーデン的＝北欧的なもの」、「アイスランド的＝北欧的なもの」という個別的・単独的な特性として現前していると見ることができるし、また見なければならないのである。例えば、筆者が「北欧的なもの」のルーツとして挙げた北欧神話にしても、決して普遍的＝北欧的なものではなく、全体的な傾向からしてノルウェー的・アイスランド的性格が極めて濃厚なことが指摘されており、さらに筆者が北欧神話における「北欧的なもの」の典型と評価した「破滅意識」にしても、キェルケゴールの著作やムンクの「叫び」に象徴されるように「デンマーク的＝ノルウェー的」性格が極めて強烈であって、スウェーデンにおいてはこの「破滅意識」は、むしろビルギッタやスウェーデンボルイにおけるごとき「幻視体験」の方向を取るのである。

北欧精神史の立場から「北欧的なもの」の本質を「北欧民族精神」の中に見出したのはローセンベーャであったが、さらに彼にとっては、この「北欧民族精神」という典型的な「北欧的なもの」の発見しうる場所乃至具体的な対象は、基本的に「芸術」「文学」のごとき民族精神自体の表現手段となる活動の中に設定される。だが、その最大のターゲットとなるのは、「国民的リテラトゥア」と称される北欧民族における「宗教・哲学・歴史・詩」の四領域である。なぜなら、これらの領域こそ「北欧民族精神」の本質を最高度の豊饒さで内蔵し、表現しているからである。これらの領域に比較すれば、技術・学問に関するリテラトゥアは、本来精神的欲求ではなく時間的・此岸的欲望の充足を意図する外的・物質的文化の領域、あるいは北欧的な次元を超えて普遍妥当的真理探究の領域に属する。まして、時間的欲求の充足を旨とする政治・社会制度・国家制度・戦争・産業といったもの自体は、北欧精神史叙述の対象たりえないのである。そして、このような「北欧的なもの」の表出における「精神性」を決定的に重視するという人文科学の立場から、異教時代・カトリックの時代・前期ルター主義時代の内部に、既述のごとき北欧精神史叙述の具体的対象を策定したのである。

これに対して、編著『北欧的世界』において、現代北欧の文化人類学者を中心とするグループ代表ハストロプ女史が、北欧文化史の視点から提出する「北欧的なもの」の見方は別種のものである。既述のように、彼女は北欧史に限らずおよそ歴史記述なるものの主流をなしてきた従来の宮廷や国家、さらに権力者の構造や闘争を中心とする伝統的な歴史観を廃して、権力なき一般庶民の日常的な生活経験を基盤とする独自の歴史像を構築するという革新的な方法論を提唱し、その上でローセンベーャ的に「宗教・哲学・歴史・詩」の領域に代表される言語を使用する北欧精神史上の傑出した「リテラトゥア」に「北欧的なもの」の認識対象を発見するのではなく、ヴァイキング時代から現代に到るまで北欧の一般庶民が経験し続けてきた、極めて卑近な意味での時間・空間・言語、さらには食料・権力・名誉・家・家庭といった、優れて日常的な主題をめぐる北欧人独自の思惟と行動のパターン、両者間における緊張関係を「北欧的なもの」と見なし、さらにそれらを「北欧的アイデンティティ」のカテゴリーによって総括するのである。

確かにこれらの日常的主題はローセンベーャの挙げる政治・社会制度・国家制度・戦争・産業といったものに直接関連するわけではないが、彼が北欧精神史叙述の対象から除外した「時間的欲求の充足に関わる外的・物質的文化」に属するのは確かであり、その意味で何れも北欧人の精神性のラディカルな発現形式たりえない以上、ローセンベーャ的には「北欧的なもの」の概念の内包を満たすものではないと言わざるをえない。

以上のごときローセンベーャとハストロプ女史の北欧精神史と北欧文化史の対象論をここまで辿ることによって、改めて筆者の構想する「北欧学」の視点からこの問題について考察を進めることにする。

すでに筆者は「北欧学」の固有の対象を「北欧的なもの」と規定するとともに、その根源的形態を北欧神話の「創成・没落・再生」の三一論的構造によって特徴づけられる終末論的な「ラグナロク」表象の中に発見し、なかんずくその第二契機の含む「破滅意識」こそ、その前後を取り囲む「罪責意識」や「再生意識」を凌駕して「北欧的なもの」の中枢を形成する最も根本的なモメントであり、さらに神話的・宗教的なこの「破滅意識」をより普遍的な哲学的世界観・人生観の次元に還元することによって、「現存在の有限性・崩壊性の意識」として受け留めうることを指摘した。こういった「破滅意識」や「現存在の有限性・崩壊性の意識」は、北欧精神史の取り上げる言語に基づく高度な精神現象とも、ましてや北欧文化史が叙述対象とする、一般庶民がヴァイキング以来の歴史の中で展開されてきた北欧人の日常的な生活経験の世界とも、一見直接には何らの連関も有しておらず、ましてローセンベーャが北欧精神史の視圏から排除しようとした「外的・物質的文化」との関連を問うことはナンセンスとも思われるかもしれない。

しかしながら、筆者自身の構想する「北欧学」の立場は、端的に言えば、ローセンベーャによって北欧精神史の積極的叙述対象とされる、三つの歴史的時代における特に宗教的・哲学的・歴史的・詩的な「国民的リテラトゥア」の世界はもとより、ハストロプ女史の北欧文化史が八つの視点から北欧的思惟と行動のパターンを洞察しようとする歴史における日常的な生活経験の世界の何れをも排除するものではないのである。その意味ではローセンベーャが北欧精神史叙述の枠組みから除外しようとする、北欧人の行為的側面に関わる「外的・物質的文化」世界の場合も例外ではない。なぜなら、北欧精神史の叙述対象としての高度な精神的所産、北欧文化史の成立根拠としての日常世界、さらには時間的・此岸的欲望、まさにそういった北欧人の精神的・物質的なあらゆる生き様の中に、破滅と没落を意識乃至予感し、現存在の徹底的な有限性と崩壊性を看取する北欧人の魂の痕跡を発掘・発見しようとするところに、筆者自身の「北欧学」の最大の課題が存在するからである。したがって、筆者の「北欧学」の視点は、ローセンベーャ的北欧精神史のそれとは対蹠的に、社会制度・国家制度・戦争・産業といった「外的・物質的文化」をも、ラグナロク的世界観に刻印された「北欧的なもの」の本質をそれぞれ固有の仕方で表現する決定的に重要な精神現象として理解されなければならないというものである。「北欧学」は「物質的文化」の諸問題をも媒介としながら、破滅意識乃至予感を底流に抱えた北欧人独自の精神構造、真に北欧的なアイデンティティを発見・洞察しようとする学的営為に他ならないのである。もちろんその場合にも、前述のように、この「北欧的アイデンティティ」が決して普遍的な抽象概念ではなく、同じ北ヨーロッパの地域に根差しながら気候・風土・言語等を介してそれぞれ微妙に異なる北欧各国民の特性に大きな比重が置かれなければならないのは当然であり、さらにハストロプ女史の掲げる北欧的な思惟と行動の八個のパターンにしても、厳密には北欧・スカンディナヴィアの四つの種族間においてもデテール的にはそれぞれ特異性が見られることにも留意しなければならない。「北欧学」を構築するには、このような全体性・普遍性と個別性・特異性を総合統一する視点が不可欠である。

本書が以下三つの章において注目する主題の中には、筆者の「北欧学」の根本的なカテゴリーとしての宇宙論的な「破滅意識」・「崩壊意識」に一見直接的には繋がらないかのごときものもあるが、それにもかかわらず何れの主題も直接間接北欧神話の世界像と濃密に結びつくことによって、さまざまな側面から「北欧的なもの」の真相披瀝に貢献していると思われる特異な歴史的諸現象である。そのかぎり、全体の方向としては、歴史における日常的なものに力点を置くハストロプ女史の視点よりも、彼女の言う非日常的な歴史事象を決定的に重視する伝統的な歴史観の立場に立つローセンベーャのそれに近いことになる。何れにせよ、以下においては先ず筆者の構想する「北欧学」の根本範疇としての「破滅意識」・「崩壊意識」の生成過程を北欧神話の中に探索する作業を行うことから出発する。

第一章

北欧神話の世界観
——G・V・リュングの所論に負いつつ

はじめに　本章における北欧神話解読の方法

北欧神話研究という観点から「北欧学」という新たな学の確立を意図する本書の課題は、北欧神話の全体像に光を投じることによって、この神話の担い手たる古代・中世北欧人の共有する根源的に「北欧的世界観」とも称しうるものの最深の基層を掘削し、筆者がこれまで真に「北欧的なもの」の根底をなすと予想してきた異教終末論的な破滅意識・没落意識のいかなるものなるかを確認することである。それは、「北欧学」なるものの最根源的な生成土壌乃至規定根拠を認識することに他ならない。そのための前提的な作業として、筆者は先ず北欧神話の基本資料である二種類の神話歌謡集——『古エッダ』と『新エッダ』——を通して、北欧神話なるものの全体的な構造乃至輪郭を俯瞰することを通して、「原北欧的世界観」の在り処のおおよその見取り図を描いておきたい。これは、以下第一節において特に北欧神話学固有の文献学的な視座から行われることになるが、その基礎となっているのは、拙著『北欧神話・宇宙論の基礎構造——〈巫女の予言〉の秘文を解く』（一九九四年）第一章における筆者の作業である。

次に、この前提作業を踏まえて、本書全体の、なかんずく第一章のモティーフを追究する際筆者が用いる独自の方法論について述べておきたい。北欧宗教・北欧神話解読に対して信頼すべき方法論を提示することによって、『エッダ』という北欧最古の文献資料に盛り込まれている「原北欧的世界観」とも呼ぶべきものの内実を解明するという本章の意図を遂行する上で、決定的な指標を提供してくれた古典的文献がある。それは、オスロー大学哲学教授G・V・リュング（Georg Vilhelm Lyng, 1827–84）のノルウェー語の著作、『異教の歴史』（*Hedenskabets Levnetsløb*, 1866）である（デンマーク語の第二版ではタイトルから「の歴史」が削除されているが、本文については両版の間に差異はない）[1]。リュングはすでに一九世紀に属する哲学者ながら、真に北欧的、より厳密にはノルウェー的とも称すべき固有の立場から北欧神話の抱懐する古代・中世北欧人の異教信仰の世界に深く侵入し、そこに内在する原北欧的精神の真相を見事に抉り出すのに成功している。この極北の哲学者の斬新な視点と分析の手法と方向は、北欧神話・北欧宗教の世界を北欧の外部から単に客観的・学問的に考察するのではなく、そこに盛られた厳密に「北欧的世界観」とも言うべきものの原初の形態を、北欧人自身の手によって、むしろより正確に言えば北欧人・ノルウェー人自らの主体的な自己認識の在り方として、確認しようとする真摯な実存的姿勢によって貫かれている。したがって、それを通して導かれる結論は、まさしくそれ自体「北欧学」の中枢概念としての「北欧的なもの」の比類なき典型的表出として、北欧から遠く離れた極東の地の筆者にとっては、極めて斬新かつ刺激的な北欧宗教・北欧神話解読上の方法論の提示であった。前記の『北欧神話・宇宙論の基礎構造――〈巫女の予言〉の秘文を解く』も全面的にリュングの営為の影響下で執筆したものである。

リュングのノルウェー語の著作『異教の歴史』（デンマーク語の第二版では『異教』一八七二年）は、第一版の書名からも推察されるように、主題はキリスト教以外の宗教、つまり「異教宗教」（hedenskab）の歴史的展開の追跡である。具体的には、著者の基本的構想に則って、「原始人の宗教」に発し、次いで日本・中国・インドを含みつつ、仏教において頂点に到達する「東アジアの宗教」からイラン乃至ペルシァ、セム族の「西アジアの宗教」及び「エジプトの宗教」を経由して「ギリシァ宗教」と「ローマ宗教」に及び、最終的に「北欧宗教」において「異教」としての完成形態を迎えるとされる。その際、リュング宗教史観の特質は、彼が影響を受けたヘーゲルの見解と異なり、「ローマ宗教」よりも「ギリシァ宗教」をはるかに高く評価するヘーゲルに対して、リュングは両宗教の関係を逆転させる点にある。その理由は、リュングによれば、宗教を発展させたのは本来ローマ人が最初であり、先行するギリシァ人の宗教観は、その規模の大きさ・深さにもかかわらず本質的に審美主義に留まるのに反し、「ローマ宗教」において初めて人間が神性に対して人格的に関わり、相互に義務関係・契約関係によって結ばれるからである。その意味で、ヘーゲルを筆頭に歴史的に多くの思想家が是認してきたギリシァ文化とキリスト教との緊密な関係を認めず、リュングは逆に「ローマ宗教」に直接つながるものとして「北欧宗教」を想定し、この「北欧宗教」がキリスト教への前段階乃至媒体の役割を果たすと考えている。つまり、「ローマ宗教」の人格的な神関係が発展するにつれて徐々に自らの不完全さの認識に、さらに罪の認識に到るとともに、異教宗教の完成段階としての「北欧宗教」に到達することによって、ついにキリスト教への道が開かれるとされるのである。そして、キリスト者としてのリュングの場合、人間の最深の宗教的欲求を満たすことができるのは、もとよりキリスト教の和解と救済の業のみであり、人間の人格性に対する強烈な要求が存在するのもキリスト教のみと思惟されるのである。

リュングの『異教』の全二八〇頁の内一一〇頁を占める最終章が取り組むのは、異教宗教の完成を告げると同時に、キリスト教への媒介的役割を果たすと見なす「北欧宗教」（nordisk religion）の徹底分析であり、具体的には北欧神話世界観のラディカルな解剖として披瀝される。しかも、ノルウェーでは『異教』は単なる宗教史論としてよりも宗教哲学書としての評価が高いことからも推察されるように、事実そこで遂行される北欧宗教・北欧神話世界観の考察は神話学的でも宗教史的でもなく、本質的に宗教哲学的視座から行われているのである。しかも、リュングのこの営為は、既述のように世界宗教、なかんずく北欧宗教に関する客観的考察というよりも、北欧ノルウェーの若き哲学者自身の自国の神話をめぐる主体的・実存的な自己認識の匂いが強烈である。かくて、彼の『異教』には、直接タームとして表現されてはいないものの、筆者の構想する「北欧学」にとっての根本的問い、「北欧的なものとは何か」に対する真に北欧的・ノルウェー的回答が最も根源的な仕方で提出されていると見ることができるのである。その意味で、『異教』最終章一一〇頁の中に凝縮されたリュングの北欧宗教論・北欧神話論自体、「北欧学」の最重要な構成契機をなすものであり、したがって、私見ではあるが、少なくとも『異教』のこの部分は、分量的には比較すべくもないものの、「北欧学」の構成上本書序章で取り上げたかのローセンベーャの北欧精神史論に比肩しうる最重要資料としての位置を占めるものと評価しなければならない。以下筆者の展開する「北欧神話世界観」の考察は、以上の論点を踏まえて、『異教』最終章において展開される北欧宗教・北欧神話のリュングによる極めて独創的な解読をベースにしている。

注

（1）『エッダ』に盛り込まれた北欧神話の大まかな全体的な構造については本文で述べた通りであるが、本書第一章において北欧神話の提示する「原北欧的世界観」ともいうべきものの確認作業を遂行するに際し、筆者は、国際的にはまったく無名ながら、北欧神話生誕の地の一つノルウェー（他の一つはアイスランド）の土着的風土の匂いを濃く漂わせる若き一哲学者の独創的な分析・解釈を最重要な基本的手立てとして、彼が異教時代の北欧宗教の分析を通して遂行するいわば「北欧的思惟」ともいうべきものを忠実に追うことによって、北欧神話の包摂する「原北欧的世界観」の真相に迫ることを念願としている。なぜなら、そこには、直接タームとして表現されてはいないものの、「北欧学」の基幹を構成する問い・「北欧的なものとは何か」に対する最も北欧的・ノルウェー的回答が提供されており、むしろこの北欧宗教論・北欧神話論自体が筆者の構想する「北欧学」の重要な構成要素たりうると確信するからである。筆者が依拠するのは、オスロー大学哲学教授G・V・リュングの青年期の著作、一八六六年にノルウェー語の第一版が刊行された『異教の歴史　一般講義十八章』（*Hedenskabets Levnetsløb.Atten populære Foredrag*, Christiania）である。ただし筆者が用いた一八七二年のデンマーク語第二版ではタイトルから「歴史」が削除され、端的に『異教』（Hedenskabet）となっている。以下では基本的にこの第二版の呼称『異教』を用いるが、著者が言うように、第一版の「序」（Forord）が第二版から削除されて、内容のまったく異なる「第二版への緒言」（Fortale til andet Oplag）が登場している以外、本文については両版の間に基本的に差異はない（Lyng,Georg Vilhelm, *Hedenskabet. Atten populære Foredrag*, Prof .i Philosophi ved Universitetet i Christiania. Andet forbedrede Oplag af *HEDENSKABET LEVNETSLØB*,Kbh. 1872, s.170）。

通常「哲学者・宗教史家」として紹介されるゲオゥ・ヴィルヘルム・リュングは、ノルウェー南西部に位置するスルダル（Suldal）に教区牧師ラスムス・リュングを父として一八二七年に生まれた。最初オスロー大学で古典言語学を専攻し一八五一年最優秀の成績で卒業したが、さらに一八五八年には哲学奨学生となり、一八六六年に『特にシェリング主義とヘーゲル主義の関係を考慮したシェリングの批判的研究』（*Kritiske Studier over Schelling med specielt Hensyn til Forholdet mellem Schellingianismen og Hegelismen*, Christiania）によって博士の学位を取得した。三年後の一八六九年からは母校の哲学教授としてほぼ一〇年間哲学史・宗教史・自然哲学・古代ギリシァ哲学・プラトン対話編について講義したが、リュングのこういった広範囲にわたる学識は、学位論文以前の一八五三年に発表してノルウェー皇太子ゴールドメダルを獲得した大学懸賞論文『プラトンとアリストテレスの心理学の差異』（*Forskjellen mellem Platons og Aristoteles's Psychologi*）に始まり、青年期の代表作前記の『異教の歴史』と『ユダヤ教一般講義十章』（*Jødedommen. Ti populære Foredrag*, Christiania 1867）を経て、以後一八七〇年までに発表したイオニア学派の自然哲学、ピタゴラス学派、アナクサゴラス、キュレネ学派等を主題とする古代哲学史論によっても証明されている。しかし、リュングのライフワークは、六年間を費やして完成されたヘーゲル論理学研究全三巻、『根本思想体系・論理学詳解』（*Grundtankernes System: en udførligere Fremstilling af logiken*, Christiania 1881–87）である。

リュングの哲学的思考に影響を与えた思想家としては、ヘーゲル・グルントヴィ、そしてキェルケゴールの三人が挙げられるが、一八六六年にドイツ観念論に関する学位論文を発表した翌年の一八六七年に一般書としてリュングが最初に発表した『異教』は、ヘーゲルよりも圧倒的にグルントヴィとキェルケゴールの影響を窺わせる著作である。このように硬派の学位論文から一転して一般的な宗教史論に向かった詳細な理由については不明ながら、この書の献呈の辞の中で、「わたしの古代研究のこの最初の成果は、フォーベァとリレハムメルの教区牧師・父ラスムス・リュングに捧げられる。古代研究では父がわたしの最初の道案内人であった」と語っているところから、キリスト教の牧師ながら、古代ギリシァ・ローマの文化のみならずアジアの宗教に対して、なかんずく母国の異教の伝統文化に対して深い関心と造詣を有していたと推測される父ラスムスの影響が、青年リュングを先ずもって宗教史家として登場させるに到った最大の要因として考えられよう。さらにノルウェー国内では『異教』は単なる宗教史論としてよりも宗教哲学書として評価が高いが、そのような評価の根拠となったのは、リュング自身認めるように、グルントヴィからの強烈な影響が想定されるからである。グルントヴィの精神を継承する仕方で執筆されたとも言うべき宗教哲学書『異教』については、「頻繁に精神性に溢れた詩的発想、さらに天性の深い人格性・思惟の明晰さに対応する生き生きとした感情生活への洞察が見られ、諸宗教を人類史における人格的な生の諸段階として認識しようとしている」（https://da wikipedia.org/wiki/Georg Vilhelm Lyng）との評価が下されている。

いま指摘された、諸宗教を人類史における人格的な実存の諸段階として認識しようとするところにリュング宗教哲学の基本理念があるとすれば、そこに発見される、人格性の発展のさまざまな段階と各段階への弁証法的な移行に関するリュングの見解は、まさしくキェルケゴールからの圧倒的な影響によるものであったことは疑いを入れない。事実その証しとして、『異教』には、直接間接キェルケゴールの『不安の概念』（*Begrebet Angest*, 1844）や『死に至る病』（*Sygdommen til Døden*, 1849）からの影響を窺わせる言及がたびたび見られるのである。なお、一八五〇年に出たキェルケゴールの『キリスト教への修練』（*Indøvelse i Christendom*, 1850）からも強烈な印象を受けたリュングに対して、ヘーゲリアンの哲学の師モンラーズはこのように忠告したという。「『修練』を完全に無視すれば確かに軽率の誹りは免れないだろうが、逆にわたしが賞賛したとしても軽率さには変わりない、キリスト者であることの困難さをあれこれ詮索すべきではなく、困難さの柵の前に立ち尽くしてよくよ考え込んでも無意味であって、困難は断固として飛び越えるべきものだ」（fra Veland, Asbjørn, *Georg Vilhelm Lyng: Forsoningens Tolker*, Oslo 1997, s.145）。しかし、リュングは師の忠告には従わず、生涯キェルケゴーから離れることはなかった。それは、本質的に、優れたヘーゲル論理学の研究者でもあったリュングが、このデンマークの思想家の中に完璧な論理的整合性を発見し、かつそれが紛れもなくキェルケゴール自身の深い人格性に基礎付けられている事実を認識したからである。オスロー大学哲学教授Ａ・ヴェランが指摘するように、キェルケゴールに対する師モンラーズと弟子リュングのそれぞれ異なる姿勢は、ヘーゲルに対する両者の態度に共通しており、モンラーズにとってヘーゲリアニズムは本質的に主知的・理論的挑戦であったが、リュングにとってそれは徹頭徹尾人格的・実存的な挑戦たるべきものであった（*ibid.*, s.146）。

以上の点を踏まえて、リュングの最初の公刊書『異教』の考察に移ることにするが、「北欧宗教」という見出しの下に、この書の第十一章から十八章までのほぼ半分弱の分量が、「原北欧的世界観」の何たるかを提示するために、北欧神話の内容をなす「北欧宗教」の透徹した哲学的分析に捧げられている。リュング自身敬虔なキリスト教徒であり、さらにヘーゲルやグルントヴィの宗教論からの影響もあって、「北欧宗教」の異教としての没落の運命を、結局はキリスト教的路線に結び付けはするが、それにもかかわらずこの結論に到るまでの「北欧宗教」に関する彼の鋭利な思惟と分析は、やはり北欧の思想家としてのリュング自身の主体的な神話的自己認識乃至宗教哲学といった性格を色濃く留めている。その結果、彼のこの個性的な神話的自己認識・宗教哲学が、筆者の課題とする「北欧民族精神」・「北欧的なもの」の何たるかの斬新な解明たりえているのである。そして、このリュング宗教哲学の展開過程を仔細に解読・吟味することが、第二節「北欧神話の世界観」の主要課題であるが、以下では『異教』の包有する彼の宗教哲学の一般的な特質について言及しておくことにする。

先ず、リュングは、ヘーゲル同様、キリスト教を宗教の最高の発展段階と見なすとともに、あらゆる異教の宗教的衝動は相互に競い合いつつキリスト教を目指し、低次の形式の宗教は自らの内に高次の形式の宗教への萌芽乃至推進力を包含していると考える。その際、リュングの宗教史的見方の特徴は、異教宗教の発展を首尾一貫して地理学的に東方から西方へ、そして北方への方向で把握することである。具体的には宗教は「原始人の宗教」に発し、次いで日本・中国・インドを含みつつ、仏教において頂点に到達する「東アジアの宗教」から、イラン乃至ペルシァ、セム族の「西アジアの宗教」及び「エジプトの宗教」を経由して「ギリシァ宗教」と「ローマ宗教」に及び、最終的に「北欧宗教」において「異教」としての完成形態を迎えることになる。しかし、このような宗教史的発展の理解の過程で、ヘーゲルとリュングの差異が明らかになる。ヘーゲルは「ローマ宗教」よりも「ギリシァ宗教」

をはるかに高く評価するのに対し、リュングは関係を逆転させるからである。というのも、リュングによれば、宗教を発展させたのは本来ローマ人が最初であり、先行するギリシァ人の宗教観は、その規模の大きさ・深さにもかかわらず、本質的に審美主義に留まるのに反し、「ローマ宗教」において初めて人間が神性に対して人格的に関わり、相互に義務関係・契約関係によって結ばれるからである。その意味で、リュングはまた、ヘーゲルを筆頭に歴史的に多くの思想家が是認してきたギリシァ文化とキリスト教との緊密な関係を認めず、逆に「ローマ宗教」に直接繋がるものとして「北欧宗教」を想定し、この「北欧宗教」がキリスト教への媒体の役割を果たすと考えている。つまり、「ローマ宗教」の人格的な神関係が発展することによって徐々に自らの不完全さの認識に、さらに罪の認識に至り、異教宗教の完成形態としての「北欧宗教」に到達し、そのことによって初めてキリスト教への道が開けるとされるのである。そして、リュングの場合も、人間の最深の欲求と運命を満たすことができるのは、キリスト教の和解と救済の業のみであり、人間の人格性に対する強烈な要求が存在するのもキリスト教のみである。

リュングが、「ローマ宗教」とキリスト教を結びつける媒介的役割を「北欧宗教」に期待するという意味で、「北欧宗教」に高い評価を与えるのは、明らかにグルントヴィの感化によるが、「ギリシァ宗教」よりも「ローマ宗教」に優位を認める点において、リュングはヘーゲルやグルントヴィと袂を分かつ。リュングにとって、「ギリシァ宗教」の神々は本質的に非活動的な美の理想であるが、「ローマ宗教」の神々は最高に活動的な神々であり、自らの義務を果たす人間を助力する神々だからである。彼らは「一定の条件に基づいて、相手側の相応の行為に対してのみ助力を与えるのである」(Lyng,G.V., *Hedenskabet*, s.145)。ローマ人の神関係は随順行為に対する純粋に法的な報酬であり、このことが単独者の人格性に対する要請となるのである。ローマ人の場合、宗教は人間の実存内部に侵入し、「ギリシァ宗教」の審美的享楽における感情問題をはるかに超出する法的・道義的な真摯さの問題となるのである。

それゆえ、まさしくこの根拠に基づいて「北欧宗教」が「ローマ宗教」の正当な継承者となり、「北欧宗教」こそが直接完全な真理の宗教としてのキリスト教に導くとリュングは考える。その結果、「ローマ宗教」の有する「真摯さ」(alvor)が「北欧宗教」にある種の「陰鬱」(dyster)の刻印を与えており、この陰鬱さが同時にリュングのキリスト教観をも刻印しているのである。そのために、彼はグルントヴィ主義の光と喜びのキリスト教を全面的に受け容れることはできなかった。むしろその点でリュングのキリスト教観を決定的に規定したのは、キェルケゴールの「真摯さ」に貫かれた峻厳な主体的人格性の要請であった。キリスト教が単なる喜びではなく、真摯であり生贄であるという見方は、リュングがまさにキェルケゴールから学んだものであった（ifr. Veland, Asbjørn, *Gerog Vilhelm Lyng.Forsoningens Tolker*, s.153）。

ノルウェーの作家でジャーナリストのヴィーベ（Vibe, Johan Ludvig, 1840–97）は、若き哲学者リュングの『異教』の構成と仕上げの中に彼の「大変な才能」を発見すると同時に、重要な点で異論も唱えている。この著作が十分な根拠に基づく宗教哲学研究というより、むしろ「審美的な詩」だというのである。「諸宗教の中に詩作が、本来宗教に属さないものが持ち込まれており」、著者は諸宗教を「おのが人生観を鮮明にする」という自分自身の目的に利用しており、その結果「全体の叙述が一面的なもの」になっているというのであるが、それにもかかわらずヴィーベは『異教』に「大いなる価値、驚嘆すべき多くの真理」が発見されることも決して見逃していない（*i:Literairt Tidsskrift*, 1866, s.207ff.）。

さらに、リュングの『異教』に対しては出版当初はさまざまな批評が行われ、全体としてネガティヴな批判の傾向が濃厚で、思想書としての弱点や欠陥が指摘された。それは、具体的には、「北欧宗教」に過度の優位性が与えられており、しかも「北欧宗教」の解釈において、本来はユダヤ教に固有なはずの罪意識・罪の認識が過度に強調されている、といった内容のものであった。

ヘーゲルの影響からとはいえ、「北欧宗教」をキリスト教に到る異教発展の最終段階と見なし、『異教』全二八〇頁の内一一〇頁が「北欧宗教」の解明に捧げられ、章立てでは全二一章の中の八章が「北欧宗教」の論述に捧げられているという事実は、著者がノルウェー出身の思想家という点を割り引いても、確かに一見「北欧宗教」の優位性を強調し過ぎているかに見えると同時に、さらに「北欧宗教」をユダヤ教に接近させて、罪意識・罪認識をあまりに強調する不条理に陥っているという批判的見方の正当性を承認せざるをえないかに思われる。しかしながら、かくいう筆者は、こういった「ネガティヴな批判」こそ、まったく対蹠的にリュングの宗教哲学の真摯さ・深遠さ、そして何よりも彼固有の宗教哲学的北欧神話理解の方向の正当性を証明するものと考えている。つまり、リュングが北欧神話における罪意識・罪の認識を強調する点にこそ、『異教』というリュング宗教哲学書がいかに深く北欧民族精神の根源を見据えているか、その意味でいかに「北欧的なもの」の本質の独創的開示たりえているかを容認せざるをえないと思われる根拠が存在するからである。なかんずく「北欧宗教」が重大な罪意識・罪の認識の問題を内包していることは、北欧神話世界観の枢軸をなす『巫女の予言』の読解を通しても直ちに諒解されることであって、筆者はまさしくこの事実の中にこそ、ヘーゲルやグルントヴィからの影響にもかかわらず、『異教』執筆時の若きリュングが同時に圧倒的にキェルケゴールの人格と著作活動の影響下にあり、そのことによって、指摘されるように、『異教』が純粋な学問的性格を超出して、著者自身の人格に根差した詩的・人生論的特質を帯びざるをえなかった理由があると考えている。

さて、既述のように、一八六六年に発行された『異教』第一版の「序」は、六年後一八七二年の第二版『異教』では、「長い間売り切れとなっていた私の著作の新版」の言葉に始まる「第二版への緒言」として登場している。この変更の理由をリュングは「現代の比較神話研究に対する私の関係」を明らかにするため、と語っている。そして、第一版を刊行した一八六六年当時から「神話学」(mythologisk Videnskab) の中で「さまざまな異教」への関心が大きく躍進したものの、だからといって、「私の著作(『異教』)の全面的な改訂」が必要だとか、この著作がもはや関心や価値を失ってしまったとは思わないとも述べている。

リュングの語る、一九世紀半ば長足の進歩を遂げた「神話学」乃至「比較神話研究」における異教への関心の高まりといった現象が、具体的かつ正確に何を指しているかは必ずしも明らかではないが、「比較神話学の宗教学に対する意義が、現代の無神論的傾向の影響によってかなり過大評価されている」(Lyng, *op.cit.*, s.Ⅲ) というのが「私の確信」であると語っているところから推察すると、リュングの脳裏には、特に、ドイツに生まれ、イギリスに帰化した比較宗教学者で、なかんずくダーウィン進化論の影響下「自然神話学」を主張したフリードリヒ・マックス・ミュラー (Friedrich Max Müller, 1823–1900) が浮かんでいた可能性は大いにある。

しかし、ここでリュングは、自分が最初から「神話比較の本質的な結論」を受け容れるのに決してやぶさかではなかったことを明らかにする。例えば、自著『異教』の各所で「本来光や火の自然崇拝の中にさまざまな神話の共通の根源がある」ことを躊躇なく承認しているからである。リュングによれば、「分別ある神話研究」が必ず確認することは、いかなる民族も彼らの神々の中に自らの生が依存していると感じる諸力を人格化して崇拝し、しかもこの人格化は決して言葉の比喩ではなく——その場合宗教は発生しない——、人格化はあくまでこれら諸力が彼らの真の現実を神的な人格性の中に有しているという信仰を表現するものに他ならないということである。神性の本質的な啓示を自然の中に見出す民族すら、超自然的なものへの霊感によって同じような信仰を有するのである。ここでさらにリュングが強調するのは、ある民族の神々は、当の民族固有の生の内容、換言すれば「この独立した民族の個性」に応じて、神々の特質を獲得するということである。本質的に唯物論的な関心を有する民族の神々は自然神となるが、より高次の精神的関心に対する感性に目覚めた民族は、彼らの信じる神々の内なる本質的に道義的な、総じて精神的な生の諸力を崇拝するゆえに、彼らに原初に存在した自然の意味は背後に退くことになる。そして、この二重性は自然と精神の結びつきの感情を表現しているのである。リュングのこのような見解は、後の宗教史的考察に際して決定的な範疇として用いられることになる。

さらにリュングによれば、根源的には同一ながら異なる民族の有する二つの神話乃至神像は、これらの民族の異なる発展、異なる民族的特性に応じて、それぞれまったく異なる性格を帯びる可能性がある。ここに共に大きな関心の対象となる神話学の二つの異なる課題が露になる。つまり、一方では、神々・神話・宗教形態等において一般に多くの宗教に共通している根源的意味を探究するという課題であり、他方では個々の民族が本来の歴史的時間の中でこの共通の神話的な根本のモティーフをそれぞれ独自にどのように発展させていったか、そしてそれの意味はいかなるものか、を解明するという課題である。そして、ここでリュングは、「現代の比較神話研究者」が課題として見なしているのはほとんどもっぱら前者であるのに対して、「私の課題は本質的に後者である」と宣言すると同時に、「私の結論は、予想されるほど比較神話学や比較宗教学には依存していない」(Lyng, *op.cit.*, s.Ⅵ) ことを力説している。

『異教』の「第二版への緒言」でのリュングの主張は大略以上の通りであるが、敢えて反復すれば、神話学には、異なる民族の神話・宗教形態に内在する共通の基礎的要素の確認する作業と、各民族の民族的個性に基づいたこの基礎的要素の歴史的展開と意味を考察する作業、という二つの課題の内、リュングが無神論的傾向が強いと見なす「現代の比較神話学」の優越的な関心対象が第一の課題であるのに対して、リュングの『異教』が意図するのは、まさしく後のいわば宗教史的課題の探究である。そして、基本的に非歴史的な同一平面上で異なる文化圏の神話を比較研究を通して類似性・普遍性を探る比較神話学と異なり、むしろ哲学的な人間存在論の立場から神話の根源的要素・モティーフを演繹しつつ、これらが具体的には、既述のように、「未開人」から「東アジアの宗教」へ、さらに「西アジアの宗教」を経て、次いで「エジプト」・「ギリシァ」「ローマ」に到り、そして最終的に異教の最高段階「北欧宗教」に到達する、いわば自然的段階から精神的段階へ、そして精神的段階自体の中でのさらなる高まりという歴史的発展過程の特質と意味を哲学史的に明らかにしようとするのである。

そして、リュングは『異教』本論の冒頭において、あらゆる民族の神話に内在しつつ、しかも歴史的時間を通して展開するこの根源的なモティーフを、人間存在論の立場からこのように規定する。

「人間における本来の人間的なもの、人間を動物以上の存在たらしめるものとは、人間が安らぎと喜びを地上的なものの中に見出すのではなく、より高次のもの、永遠的なもの・無限なものを志向し、この志向の中に自らの真の生を有するということである」(Lyng, *op.cit.*, s.1)。

端的に言えば、「地上的なもの」を超出する「より高次のもの・永遠的なもの・無限なものへの志向性」こそ、他の動物から人間を区別し、真に人間を人間たらしめる決定的な根拠として、あらゆる民族の神話・宗教にとって conditio sine qua non に他ならないというのが、いわばリュング神話哲学・宗教哲学の最も根本的な要諦である。

そして、リュングは、このような時間性・有限性の超出の仕方として、理論と実践、認識と行為といった対立的な二様式を想定する。人間は理論において永遠的なもの・真理の認識に高まることができるが、これは単なる思惟による高揚に過ぎない。認識は真理への非人格的な関係であって、この場合人間は自ら主体的に関わることをしない傍観者である。これに対して、実践的行為を通して人間は永遠の真理に人格的に関わるが、しかし永遠の真理に対して「献身」という仕方で真に主体的・人格的に関わることができるのは、宗教においてのみである。つまり、時間性・有限性からの真の超出は、単なる思惟や感情においてではなく、宗教的行為においてのみ可能なのである。なぜなら、宗教は単なる教説でもなければ、われわれの単なる行動規範・行動を唆す単なる理想でもないからである。宗教は現実の生ける人格的な神との人格的な関係・人格的な交わりであって、永遠的なものの単なる思惟的乃至情緒的理解による関わりではないからである。

もとよりリュングの場合も、こういった人格的な神への人格的関係を十全の意味で発見しうるのはキリスト教においてのみであるが、しかしヘーゲル、なかんずくグルントヴィの影響によるとはいえ、リュング宗教哲学の際立った特性として格別注目に値するのは、彼が人格的な神-人関係への志向性を「人類の生命」並びに「個々の人間の生命」と見なすと同時に、さらに視野を拡大して、すべての「感覚的世界・精神的世界」における人格化の基盤として把握し、この志向性をまさにさまざまな「異教」成立の根拠として規定することである。彼は言う、「わたしがこの講演において宗教の歴史的発展を説明し、つまり異教の歴史を人格的な神の探索として、そしてキリスト教を人格的な神への人格的な関係として説明しようとするのは、この見方に立ってのことである」(Lyng, *op.cit.*, s.2)。

では、リュングにとって、異教とキリスト教との間には、通常考えられるごとき「対立」(Modsætning)は存在しないのであろうか。もとより存在する。そして、彼はこの対立契機をこのように簡明に説明する、「異教の神あるいは神々は人格ではなく、単なる人格化(blotte Personification)である」(*ibid.*, s.3)。つまり、リュングの見解では、異教徒も人格性(Personlighed)を、人格的な神を求める。しかし、異教徒はそれを人格性・人格神ならざるものの中に求めるのである。そうすることによって異教徒は彼の表象の中に人格性を持ち込み、この表象を通して彼の目に偉大で強力、神的存在、さらには全世界生命の本来の核・内実として映る一切のものを絶対化し、祈りの対象にするのである。それゆえ、異教徒はこれらの神々にしばしば絶望的・熱狂的にすがりつくが、当の神々が所詮自ら創造した「詩作品」(Digtnig)に過ぎないという意識はもちろん異教徒にはない。しかし、リュングが力説するのは、異教徒の神々の本質は、真に神的な存在が自らを啓示する方向・方法の人格化に他ならないという点にある。異教の神々が本来不必要なほど多彩な形態を取るのは、この啓示の方向・方法の多様性によるのである。もとよりこのことについて暗い、おぼろげな意識しか持たないところに、まさに異教徒の異教徒たる所以がある。

以上の考察に続いてリュングはさらに異教のさまざまな特質について語っているが、彼の言う「異教の本質に関する一般的見解」の最重要なポイントは、以上程度の指摘でも十分であろう。むしろ彼にとってより重大な課題は、彼が原始宗教を筆頭に歴史的時間の中に登場したあらゆる異教宗教・異教神話に通底する共通の根本的特質、つまり前述の「より高次のもの・永遠的なもの・無限なものへの志向性」を、各異教徒たちが現実にどのように希求したか、そして神々の多様な形態の内部でおぼろげながらどのように真の人格神を見極めようとしたか、彼らのそういった宗教的行為の具体的な様相とその意味を歴史的時間系列に従って追跡することである。

ここからリュングの『異教』は宗教史的叙述部分に移行し、既述のように、原始宗教から出発して日本を筆頭とする東アジア、西アジア、エジプト、そしてギリシァ・ローマの宗教、そして最終的に北欧宗教へと、それぞれ独自の形相の下に展開された多彩な異教世界に前記のごとき視点と意図をもって切り込み、そこから宗教史的考察に基づくリュングの独創的な宗教哲学を構築するのであるが、残念ながら本章の「北欧神話の世界観」の確認という限定的な目論見に制約されるところから、北欧宗教以外の異教宗教に関するリュングの考察については省略せざるをえない。

以下本章では「北欧宗教」に向かい、『異教』におけるリュングの宗教哲学の視点からの画期的な北欧神話解釈を通して、古代・中世北欧人がそこで披瀝した原北欧的世界観ともいうべきものを探ってゆくことにする。「北欧的なもの」の何たるかの神話論的解明が見られるはずである。

第一節　北欧神話の輪郭構造

先ず北欧神話・北欧宗教の世界観を探索するために筆者が用いる基本資料としての「北欧神話」について、その概略乃至輪郭を文献学的な視座から明らかにしておきたい。なお、この作業にはリュングの業績は関与していない。

一般に「北欧神話」（アイスランド語：Norræn goðafræði、ノルウェー語：Norrøn mytologi、スウェーデン語：Nordisk mytologi、デンマーク語：Nordisk mytologi）と言われるのは、ほぼ一〇〇〇年前後に北欧人がキリスト教化される以前に抱いていた異教信仰に由来し、かつキリスト教化以後も存続しつつ、現代北欧の民話・伝説にも流れ込んでいる北方ゲルマン民族の神話体系のことであるが、北欧以外のゲルマン人は、早くからキリスト教化されたため、民族独自の神話や思想を示す書物がほとんど残っていない。そのため北欧神話は、年代の古い一般的なゲルマン異教信仰が最も良い状態で保存されており、ゲルマン人の古来の習俗や精神を理解する上で貴重な資料となっている。なお、同じ北欧の定住者ではあるが、民族や伝統を異にするフィンランド人の神話とは別系統のものとして区別されなければならない。

「古ノルド語」（norrønt mál）で書かれ、九世紀から一三世紀にかけて成立したとされている「北欧神話」の原資料としては、一般に『古エッダ』（Elder Edda）乃至『詩のエッダ』（Ljóðaedda, Poetic Edda）、さらにかつては一二世紀の僧セームンドル・シグフースソン Sæmundur Sigfússon「博識なセームンド」（Sæmundur fróði）の作と見なされて『セームンドのエッダ』（Sæmundar edda）とも呼ばれることがある。『古エッダ』はもはや「写本」としてしか存在しないが、一三世紀にアイスランド人が筆記したと推測される写本が一七世紀にデンマーク王に献じられたことが命名の由来となった最重要な『王室写本』（Codex regius）は四五葉の羊皮紙から成り立っており、内容的には一〇篇の「神話詩」（Goðakvæði）と一九編の「英雄詩」（Hetjukvæði）を含んでいる。もっとも、現在では他の写本などから内容的に近いものが付加される場合があり、『古エッダ』刊本の編纂者によって必ずしも一定していない。また、「神話詩」からさらに「格言詩」が区分されることもある。

さて、「北欧神話」の原資料としては、『詩のエッダ』と並び、実際にはそれより五〇年早く執筆されたと言われる『新エッダ』（*Younger Edda*）『散文のエッダ』（*Prose Edda*）、さらに作者名に因んで『スノリのエッダ』（Snorra Edda）とも呼ばれるものがある。これは一三世紀アイスランドの詩人・政治家・歴史家スノリ・ストゥルルソン（Snorri Sturluson, 1178?–1241）が若手の詩人たちに北欧神話と詩の技法を教授する目的で著した詩の教本であるが、本来なら『古エッダ』に収録されて然るべき失われた詩篇が多数含まれており、この『スノリのエッダ』なくして北欧神話の全体像を把握することはほぼ不可能であると言ってよい。

『新エッダ』『散文のエッダ』は「序文」、及び次の三部のそれぞれ別の時期に書かれた、完全に独立した作品から成っている。

ギュルヴィの欺き（Gylfaginning）

詩語法（Skáldskaparmál）–『詩人の言葉』とも。

韻律一覧（Háttatal）

ところで、『王室写本』中にあり、「神話詩」の領域に入れられて北欧神話作品中最重要の一編として、基本的に『古エッダ』の冒頭に置かれる詩篇が、筆者の依拠するシーグルズル・ノルダルによる再編テキストでは六六の詩節から構成されている『巫女の予言』（古ノルド語：Vǫlospá, Völspá［1］, Vǫlospá［2］、現代アイスランド語：Völuspá）である。

しかし、この詩篇は単に『古エッダ』冒頭に位置する周知の作品という以上に、決定的に重要なのは、スノリ・ストゥルルソンが『新エッダ』執筆に際してふんだんに引用し、かつその基本的骨格を範とするという仕方で最高度に重用した作品だということである。その意味で、『巫女の予言』の詩篇なくして現にあるがごとき『新エッダ』の誕生はなかったと思われる。

『巫女の予言』は、北欧異教信仰の主神オージンに促されて長い眠りから覚めた「巫女」(Völva)が、さらに彼の要請に応じて世界の起源、神族・巨人族・人間三者それぞれの生き様と運命の到来、そしてその結果としての世界の没落と終末、最後に世界の復活という宇宙論的発展過程を「回想」と「予言」によって開示するという構造になっている。この宇宙論的発展過程は、ギリシァ以来の西欧思想史においては、類概念としての「宇宙論」の中に二つの種概念として包摂される「世界創造論」(cosmogony)及び「終末論」(eschatology)として表現されるのが通例である。

しかしながら、これらのタームに関し若干注意すべき点がある。先ず「cosmogony」というのは一般的に宇宙の起源・発生・進化に関する理論のことであるが、語源はギリシァ語で、「宇宙、世界」を意味する「κοσμογονία」と「生まれる、起こる」を意味する「γέγονα」である。北欧神話にもこの語源的意味を踏襲している宇宙創造論的構想が確かに存在するが、古代・中世北欧人は厳密に「cosmos」に対応する「宇宙」という概念語は持たなかった。例えば、現代アイスランド語においても「cosmogony」は古ノルド語の伝統に忠実に「heimsskÖpun」(creation of the world)「sköpunarsaga」(history of creation)と表現されるが、ここで「宇宙」の概念に適用されている「heimur」とは元来北欧語では「世界」(veröld)を意味する語である(もっとも現代アイスランド語には「alheimur」で「universe」を表現し、alheimssköpun〈creation of the universe〉cosmogony と解する用法もある)。一二二〇年代か一二三〇年代初頭にスノリ・ストゥルルソンが編纂したノルウェー王朝史『ヘイムスクリングラ』(*Heimskringla*)が「世界の輪(環)」と解読される所以である。そして、アイスランド語でも「sköpun」（creation 創造）が使われているが、北欧神話の視点は、創造主なる神によって無から宇宙が創造されたとするユダヤ教・キリスト教・イスラム教の創世記観点とは質的に異なっており、むしろ前者では既存の要素から新しい存在者を造るという意味での「創成」の義が正解である。それゆえ、以下においては「宇宙創造論」ではなく、「世界創成論」という表記を用いることにする。

さらに通常「終末論」として翻訳される「eschatology」も、「最後のもの」を意味するギリシァ語の「ἔσχατος」に由来するものの、具体的にはキリスト教固有の「四つの最後のもの」――厳密に人類の死・最後の審判・天国・地獄――を意味するから、人類よりもさらに固有の意味においては神々と宇宙乃至世界全体の運命的な死滅を内包とする北欧神話的終末論概念とはまったく異質なものである。したがって、「北欧神話の終末論」をこの同じ「終末論」のタームを用いて表現しようとすれば、厳密に「北欧異教的終末論」と呼ぶべきであり、むしろこの北欧異教的終末論の内包規定そのものとしての「ラグナロク」（Ragnarök 神々の運命・死）の呼称が、「世界創成論」と並ぶ北欧神話世界論の唯一正確な種概念の名称である。なお、スノリの提示する世界創成論及び彼が模範とした『ヴァフスルーズニルの言葉』の世界創成論と『巫女の予言』のそれとの間には、北欧神話の全体像を左右する重大な落差がある。これについては本書第五章の「キェルケゴールと北欧神話」の中で言及するはずである。

なお、類概念としての宇宙論には創成された世界の構造を問う「世界構造論」乃至「世界形態論」が種概念として包摂されている。一般的には地球や宇宙や、死後の世界までも包括的宇宙像の意味で、書物あるいは図版（地図や天球図）として表現されるところから「宇宙誌」、つまり「コスモグラフィー」（cosmography）あるいは「コスモグラフィア」（cosmographia）とも呼ばれているものである。そして、北欧神話においても、若干の詩篇の断片的な言辞を総合的に繋ぎ合わせることによって、世界の真中を貫く巨大な「世界樹ユグドラシル」〈Yggdrasil〈オージンの馬〉

の意）を「中心の樹」としてその上下に三層に広がる宇宙空間に「九つの世界」が位置するという世界像が、古来から北欧神話の抱懐する固有の「コスモグラフィー」として伝えられてきた。「巫女」がオージンの要請に応じて太古の世界創成を物語る『巫女の予言』冒頭の一節において、「われ、思い起こせり、九つの世界を、九つの根を、名にし負う　計りの樹のことを」という謎めいた秘文を通して告知している宇宙の原構造の表象も、厳密に一致対応するか否かは不確かであるとしても、もとより古来から伝承されてきた「コスモグラフィー」を無制約的な前提としているのは明らかである。

しかし、北欧神話学の歴史において、「世界創成論」や「ラグナロク論」に比して不当に等閑視されてきたのが、まさにこの北欧神話の宇宙構造論的側面であった。北欧神話研究の権威者たちにしても、前述の三層構造からなる伝承的な宇宙誌の表象をさしたる批判も加えないまま継承している傾向が垣間見られ、せいぜい「九つの世界」の内実を暗示するに留まっている。北欧神話研究のこういった趨勢への不満と前記『巫女の予言』の冒頭に提出されている「秘文」の中に、単にこの詩篇の世界像のみならず北欧神話全体の宇宙像・世界像を解明する鍵があるという筆者の確信から、この「秘文」を徹底的に読み解くとともに、さらにそこから世界創成論を含む北欧神話のコスモロジーの再構築を試みたのが、筆者にとっては最初の北欧神話論・『北欧神話・宇宙論の基礎構造――〈巫女の予言〉の秘文を解く』（一九九四年）であった。

以下では、節を改めて、北欧神話・北欧宗教に向かい、『異教』におけるリュングの宗教哲学の視点からの画期的な解釈を通して、古代・中世北欧人が展開した「原北欧的世界観」ともいうべきものを検証してゆくことにするが、そのための必要不可欠な前提として、先ず北欧人固有の人生観に関するリュングの見解を辿ることから開始する。

第二節　北欧神話・世界観の基本的前提と構成原理

〔I〕　北欧的人生観の特質

既述のように、北欧神話の内容を構成するのは、基本的に「世界創成論」、「世界構造論」、「異教的終末論」の三部門であるが、北欧神話をギリシァ神話や日本神話から決定的に異ならしめる所以のものが、第三部門、いわゆる「ラグナロク神話」によって告知されている異教的終末論であることはよく知られている。本書第一章が目論むのは、この異教的終末論という北欧民族固有の「世界没落思想」が創成論を起点・根拠として徹頭徹尾北欧神話全体の色調を規定しており、特に『巫女の予言』を頂点とする北欧神話作品に凝縮されているという根源的な事実を、古代・中世北欧人の抱く世界観・宇宙観の根本構造を分析する仕方で解き明かしてゆくことである。

ところで、前記のようにリュングは、日本に始まる東アジア・西アジア・中東における異教宗教の歴史的展開を辿ることによって「ギリシァ宗教」と「ローマ宗教」に到達するのであるが、ローマ宗教論は次の発言によって閉じられ、次の北欧宗教論へと橋渡しされる。

「確固たる人生観を獲得するためには、天から新たな生の内容が訪れなければならない。これが生起するのはキリスト教においてである。しかし、キリスト教に到達する前に、人間の精神力を観察しうるもう一つの視点、もう一つの人生観が存在する。つまり、北欧的人生観である。この人生観は、一言で言えば、冒険的人生観として特徴づけることができよう(1)」。

ここで引用されたリュングの発言は、基本的に彼自身のキリスト教的立場から、ギリシァ人とローマ人の人生観への批判を前提としながら、[2] キリスト教による人生の「新たな内容」の啓示が不可欠として、ヘーゲルやグルントヴィの宗教史解釈と同一方向を取る姿勢を示しているが、特に後者からの感化を窺わせる仕方で、ギリシァ人やローマ人の人生観とキリスト教の中間に「人間の精神力を考察しうるもう一つの人生観」として「北欧的人生観」(den nordiske Anskuelse) を設定し、さらにこの人生観の特質を「冒険的」(eventurlig) として規定している。その意味で、リュングの北欧宗教論・北欧神話論の展開上のさらなる独自性は、そこに抱懐されている北欧的世界観の根底にそれを存立せしめるより深い基層として、あるいは北欧的世界観生成の根源的動機として、古代・中世北欧人の抱く「人生観」の特質を問うことである。そのために、原北欧的世界観の具体的構造を問うのに先立って、リュングがこの世界観成立に対して無制約的前提となるものとして捉え、古代・北欧人独自の「冒険的人生観」と呼ぶものの仔細を問うことにする。

リュングは、北欧宗教論の開始冒頭、やはりローマ的人生観と比較しつつ、古代・中世北欧人の立場を特徴づける北欧的人生観を要約的に次のように述べている。

「ローマ人の人生の理想は勝利の将軍であった。彼らにとっては、これはほとんど超人的ともいうべき偉大さと思われたのである。ローマ人が心を砕いたのは、自分が人間であることを忘れることであった。それに反して、古代・中世北欧人が憧れたのは、戦場で最後まで戦って死ぬ英雄であった。ベッドで死ぬのは恥辱であるばかりでなく、時には死刑にすら値する罪であった。古代・中世北欧人にとって、人生の目的は元々勝利することではなく、戦死することであった。それ以外の仕方で死ぬ者は、人生目標の達成に失敗したのであり、冥界ヘルヘイムにおいて呪いにより処罰されるのである。これから逃れる唯一の術は、自分の死に戦死の外観を与え、それによって戦さの神に身を捧げることであった[3]」。

　先にわれわれはリュングが古代・中世北欧人の人生観を「冒険的人生観」と称した理由はこの引用文からも窺われるのであるが、さらに掘り下げてみよう。

　ローマ人は権力を、権力者を崇拝した。彼らの人生の最高目標は権力を獲得することであった。しかしながら、まさに権力が最高のものであったゆえに、ローマ人の精神にとっては、権力を利用する権力より高次のものは存在しなかった。そのために、一端それが獲得されると、後に残るのは荒廃と空虚のみであった。この空虚さをローマ精神は、結局、地上の権力所有者、皇帝を偶像化することによって補塡しようとしたのである。しかし、リュングは、この偶像化の中に、いつか真の神が地上に自らを啓示し、真の主・王として君臨するに違いないという深い予感がまどろんでいると語る一方、「それでは北欧精神の眼はこのようなローマ精神の眼よりも遠くへ到達したか？[4]」という問いを投げかける。

　確かに古代・中世北欧人は、ギリシァ人ほど見事な精彩に富む構想力の眼は持たなかった。ギリシァ人は、この眼を通して、この世の生活の全体を詩神ミューズの賜物として眺めたのである。また古代・中世北欧人は、ローマ人が何世紀もの間熱心に自らの目標を見続けた不動の眼は持たなかった。しかし、その反面、古代・中世北欧人は「精神の鷹の眼」とも呼ぶべき「並外れて鋭く見通す眼」を所有していた。この「鷹の眼」はアテネのフクロウのごとく闇の中に光を見るのではなく、光そのものを見る眼であり、この眼によって古代・中世北欧人は、ローマ人が人間の生に自力によって内容を与えうるという自己欺瞞の幻想と空虚さを見抜いたのである。そして、「鷹の眼」を見開いて人間生活の全体を概観し、その根底に潜む空虚さを看破することによって、むしろこの空虚さ、ニヒリズムを人生の根本原理として把握したのである。リュングは、古代・中世北欧人の人生観のニヒリズムの構造を具体的に次のように表現し、併せて「冒険的人生観」のいかなるものなるかを総括的にこのように語っている。「北欧人は空しさを洞察して、それを哲学者のいわゆる〈原理〉たらしめたのである。つまり、北欧人は言う、人間の人生とは所詮かくのごときものであると。あるがままに受け留めるだけであって、生きる目的など存在しない。人間は生きること自体のために生きるのであり、生きるために生きるのである、と。生きるとは頭の前後に顔を持つ神ヤーヌスの戸が開いているということ、つまり戦うということである。その点ではローマ人にも分があったが、彼らがそれを何かのための戦いだと信じた時、彼らは自分を欺いたのである。この自己欺瞞のために過酷な運命に遭遇せざるをえなかった。北欧人にとって、戦いはまさに戦いのための戦いであって、それは何の目標も持たない、したがって終りがない。北欧人は最後まで自分自身であらざるをえず、戦いつつ死なければならない。さもなければ彼の人生は空虚さを抱えたまま終わり、空虚さを彼岸まで持ち続けることになろう。北欧人にとっての戦いは、例えば財貨とか黄金のごときものを獲得するための手段としてよりも、むしろ本質的に戦いそのものが人生の目標であった。つまり、人生の目標は、戦う人間の精神の開示であった[5]」。

これこそがリュングの言う「冒険的人生観」と呼ぶものの実体に他ならない。例えば、冒険に出かけるということは、何かを獲得するためではなく、何かを体験するためであって、冒険と呼ぶべきものは、通俗的な意味で合理的な連関を所有するとか、具体的な何かに導くといったものではなく、生の隠れた力を披瀝することにある。リュングは、古代・中世北欧人のこのような「冒険的人生観」を、極めて適切な仕方で独特の「Idræt」（sports）の概念で表現できるとする[6]。なぜなら、「スポーツ」というのは、最も厳密な意味において当事者の力と才能を証明することこそが目標であって、その価値はひとえにその困難さの中に存在するからである。このことを具体的に説明するために、リュングは、ヴァイキングのキリスト教化に重要な役割を演じたオーラヴⅠ世またはオーラヴ・トリグヴァソン（古ノルド語：Óláfr Tryggvason　ノルウェー語：Olav Tryggvason, 960–1000）が、三本の短剣を操りながら船の舵を取ったという事例を挙げている。この行為がいかに困難だとしても、ローマ人にとっては最高にばかばかしいものに思えたであろう。また雷の神にして北欧神話最強の戦神「ソール」（Þórr）の豪飲ぶりは、その無意味さにもかかわらず、古代・中世北欧人の間では大きな役割を演じたのである。こういった事例を踏まえてリュングは、「北欧人は本質的にスポーツマン（Idrætsmand）であった(7)」としている。それによって何かを果たそうといった小市民的発想なしに、ひたすらおのれの強力な自我を主張するためにのみ、それをなしえた人間であったからである。

さらにリュングは、古代・中世北欧人の人生観を刻印する「冒険的なもの」（det Eventyrlige）には「騎士道的なもの」（det Ridderlige）と呼ぶべき別の側面があり、両概念が緊密に結びついていることは世界史の証明するところであると言う(8)。真の人間生活は人間の精神の力と身体の力を何ものかのために発揮することであるが、この何ものかとは「栄誉」（Ære）のことである。そして、リュングからすれば、「栄誉」こそ古代・中世北欧人の本当の狙いであった。では「栄誉」とは何なのか？

ここでリュングは「栄誉」の概念規定として、「栄誉とは、わたしという単独の個人が単独の個人の意識世界よりも高次の世界、つまり一般的な承認の中で新たな不滅の生を生きること(9)」を提出する。文中筆者が「単独の個人」として訳出したのは、リュングが用いたデンマーク語の「Enkelte」であるが、一般に「単独者」という日本語に置き換えられる「Enkelte」の概念は、周知のようにキェルケゴールの思想体系において決定的に重要な位置を占めるが、リュングがキェルケゴールを熟知していたことは確実ではあるものの、いまの場合両者の用いる「Enkelte」概念の間には距離がある。両者の概念が基本的に「ただ一人」を指す点では同一ながら、キェルケゴールはこの概念を端的には他者関係を拒否して「神の前にただ一人立つ者」として把握するのに対して、逆にリュングの場合、それは前記のように単独的な個人意識よりも高次なものとされる他者の「一般的承認」を獲得すべきものとして規定するからである。

さらにリュングは、「栄誉とは人間間の絆、人間同士の関係である」[10]と定義しつつ、この視点からヨーロッパの三民族、ギリシァ・ローマ・ゲルマンの特質を区別しうるとする。各個性がそれだけでそれ自体完成した芸術作品であるという意味で、ギリシァ民族には孤立的な「個性」（Individualitet）しか存在しない。さらに人間間に本質的な関係が存在するものの、この関係は、法が人間間に境界を設定した上での関係に過ぎないという意味で、ローマ民族には「個人」（Personalighed）しか成立しない。それに対して、リュングによれば、ゲルマン民族の「栄誉」の立場は、人間がただ単に法を媒介として周囲の人間と関わるのではなく、「彼らの全魂と関わり合う」ものである。なぜなら、栄誉を求める者は、おのれの魂の、おのれの人生の最善の内容を民族に捧げることを課題とするが、それは民族の、共同体の記憶の中で再び聖化・永遠化された内容を獲得するためである。栄誉を求める者は自分自身の生が民族の財産となり、思い出の宝の一部、民族の生を支える精神的な富の一部になることにこそ、おのれの真の生き様があると考えるからである。『古エッダ』に属する作品「ハーヴァマールの言葉」（Hávamál）の中で、「高き者」オージンの語る「死なざる唯一つのもの」とは、ゲルマン人にとっては「死後の名声」（Eftermæle）であって、墓碑銘ではない。人間の業績は単に石に彫り込まれ、書物に記載されるだけのものではなく、むしろ歴史的に子孫の魂の中で生き続けることによって、後々の時代までその民族の精神に栄養と温かさを与えるものだからである。リュングは、ゲルマン人の各種族を結集させる上で根源的な動機となったのは、ローマ人におけるごとく法的強制力ではなく、祖先の英雄的行為への感激、後世にとって知恵と教訓の源となる、彼らの数々の偉業の記憶であったことを強調する。このような「記憶」こそ「歴史」（Historie）の実体をなすものであって、いわゆる「世界史」（Verdenshistorie）なるものは、「栄誉の真のパンテオン、つまりその頭上には栄誉によって不滅の花冠が被せられた者たちの集合場所であり、後代の者にとっては彼らが輝かしい模範として立っている場所[11]」に他ならないのである。そして、リュングは、新旧二種類の『エッダ』や北欧の歴史を語る驚くべき数の各種の『サガ』等を念頭に置きつつ、ローマ人が立法の民であったと言えるなら、古代・中世北欧人は、英雄や伝説的人物の歴史を自ら創造し、自ら語った民族という意味において、まさに「栄誉を希求した民族、歴史的民族」であったと主張している[12]。

以上、筆者は、リュングが北欧的人生観の根本思想として把握するものを追思惟した。それは端的に表現すれば、「冒険としての戦い」(eventyrlig Kamp)、しかしそれは加えて「騎士道としての戦い」(ridderlig Kamp)、つまり「栄誉に対する戦い」(Kamp for Ære) の両契機を包含するものであった。ただし、北欧的人生観の立場での「栄誉」とは死後の名声であり、ローマ的な勝利の将軍ではなく、戦場で倒れ、選ばれし者としてオージンの館に招かれることであった。

かくて、北欧神話世界観の成立の無制約的前提・制約をなすのは、これら三つのカテゴリーによって特徴づけうる古代・中世北欧人の人生観に他ならない。

〔Ⅱ〕北欧神話・世界観の構成原理——自然と精神の相克

リュングは『異教』第十一節において「北欧的人生観」を語ったのに続いて、第十二節では見出し語として「神々の物語 (Gudesagaen)・世界の起源 (Verdens Ophav)・黄金時代 (Guldalderen)」を設定し、彼自身の本格的な北欧宗教論・北欧神話論の展開を開始しているが、その冒頭の「神々の物語」の部分では、続いての世界の起源や黄金時代といった具体的な北欧神話のストーリーを語る前に、彼自身の宗教哲学的立場から、前述のごとき「北欧的人生観」

の土壌の中で熟成された北欧の「神々の物語」が、さらに宇宙論的構想に基づいて「北欧的世界観」として展開されてゆく上で必須の前提となる根源的な対立理念の存在を明らかにしている。それは、端的に言えば、「自然と精神の相克」という意味での対立理念である。この理念の厳密な把握なしでは、リュングの語る「北欧的世界観」の全体像の把握は不可能であり、したがってこの理念の検討が、以下当面の課題となる。

「神々の物語」の冒頭でリュングは再度古代三民族の人生観の特性についてこのように述べている。

「北欧神話が語られているエッダ歌謡集を一節でも読んだ者なら、これらの驚嘆すべき詩篇を、なかんずく『巫女の予言』を満たしている独特の雰囲気に突き動かされた経験があるはずである。ゲルマン人は、ギリシァ人のごとく美の太陽を享受しながら目的もなく寝そべったりしないし、ローマ人のごとく鉄の頑固さで一つの目標を追及するわけでもなく、ただ生きるのである。ゲルマン人にとって大事な事柄は、ギリシァ人における生の理念的な輝きとの若々しい戯れでもなければ、ローマ人における人生の現実的な目標に向かっての不眠不休の努力でもなく、生きること自体である。ゲルマン人は生きるために生きるのである。彼らは内向的であり、彼らが意識するのは内的な生の充足である。この充足は彼ら自身に属するものであって、人類一般にも、まして国家のごときものにも属さない。この内的な生の充実こそ彼らが認識・承認したものであったと思われる[13]」。

つまり、リュングによれば、「ゲルマン人」、ここでは古代・中世の「北方ゲルマン人」の人生観上の特性は、美的観照を通して生の理念と戯れるギリシァ人、さらには現実的な利益追求に邁進するローマ人と異なり、もとより生の充足対象を人類や国家のごとき外的契機に結びつけて理解するのでもなく、根源的に自分自身の主体的・内的な生命そのものの充足を求める姿勢に発見しうるのである。では、古代・中世北欧人の希求するこの「主体的・内的生命の充足」とは何なのか？　原北欧的な人生観・世界観の秘儀を解き明かす第一の鍵は、この問いの中に隠されている。

改めてこの問題をリュングの宗教哲学的思惟に負いつつ追究して行こう。

われわれが北欧神話の担い手である古代・中世北欧人の基本的性格として真っ先に認識するのは、キェルケゴール流に言えば、何よりも「自己の自己自身に対する関係」、つまり自分自身への深い集中、徹底的な主体的内面性を真理とする立場のことである。内的生命の充足とはひとまずこのような立場の実現を意味するであろう。リュングは言う、「それがどのようにすばらしいものであろうと、そこには（ギリシァ的な）軽薄な遊びはなく、どのように有用であろうと、（ローマ的な）俗物の生真面目さも存在しない。ギリシァ人の精神生活は叙事詩的・戯曲的・彫刻的であるが、北欧人の精神生活はむしろ抒情詩的であり音楽的である」[14]。そして、リュングは、このことを最も典型的に実証するものとして、古代・中世ゲルマン民族全体を通して宗教詩の最高峰に位置する『巫女の予言』の詩篇を挙げるのである。ギリシァ宗教の世界はいわば真夏の快晴の日のごときものであり、そこではすべてが光であり、人生は調和であって、万物の揚げる歓呼の声がこだましている。だが、同時にギリシァ宗教においては万物の歓呼の声は哀切な余韻を帯びている。ギリシァ人にとっては、歓びそのものが自らの内におのれの存在の儚さを密かな予感として内在せしめているからである。しかし、それと違って、古代・中世北欧人の精神的殿堂としての『巫女の予言』の詩人にとっては、この予感はもはや隠れた密かなものではなく、そこでは光は暗い悪天候によって覆い隠される直前の太陽の微光に過ぎない。現在の生は、悪天候の開始に先立つ重苦しく不安な、だが期待を孕んだ厳粛な静寂の一瞬か、さもなければその瞬間を告げる最初の陰にこもった雷鳴か、その何れかに他ならないからである。『巫女の予言』を古代・中世北欧人の魂の典型的表出と考えるなら、彼らの内面性は、やはりキェルケゴール的に言えば、「苦痛の内面性」と称することができよう。「苦痛」によって刻印されることなしには、その内面性が人間の精神生活の深刻さ・豊かさ・充足を表現することができないことを証明したのが、まさしく『巫女の予言』に代表される北欧神話の世界であり、現代人について言えば、「苦痛の内面性」ゆえに波乱に満ちたキェルケゴールの人生行路であろう。

しかしながら、時代の隔たりを超えて両者の中に見られるのは、こういった「苦痛の内面性」がさらに「悲劇の内面性」へと深化することであり、そこにさらに深い自己自身の内的生命の充足が発見されることである。古代・中世北欧人に内面性のさらなる深化と充足を齎すのは、世界と自らの現存在の根底に和解不可能な分裂と断絶の深淵が口を開いているという「恐れとおののき」の意識である。このことを告知しているのがまさに北欧神話であって、その意味で、北欧神話の世界というのは、異教的な生の充実の意識と同時に、異教そのものの抱える内的欠陥の意識という二元論の上に構築されているのである。そのことが、北欧異教の神々を、悲劇的な分裂意識と来るべき将来の破滅性に対する深い絶望感に導くのである。この絶望感の最も明敏かつ鋭利な表現が、『巫女の予言』の詩篇に他ならない。「絶望」あるいは「破滅意識」こそ古代・中世北欧人と北欧神話の根底を貫く普遍的意識であり、しかもこの意識は闇に隠れているのではなく、明るい炎となって燃え盛っているのが、紛れもなく北欧神話世界の特質なのである。それは、具体的には『巫女の予言』の語る「世界没落」、「ラグナロク」といった概念の中に最大の神話的表現を発見するが、北欧神話はそれを「世界炎上」といったより具体的な言葉としても表現している。だが、この大火災は世界を焼き尽くし、破壊し尽くす劫火でありながら、同時にまた世界を浄化する浄罪火たることによって、地上に新たな生命の息吹を齎す再生の火でもある。かくしてここにおいて、世界の「破滅」と「復活」という新たな二元論的な対立の構図が露になるところに、内的生命の充足を求めて古代・中世北欧人が抱く「北欧神話的世界観」の根本的特質が存在するのである。

それでは、さらに問いを突き詰めてゆけば、内的生命の充足の証したる「苦痛の内面性」から「悲劇の内面性」への、さらに「絶望」や「破滅意識」への深化が北欧神話を、したがってまた古代・中世北欧人を決定的に規定する根拠となったものは一体何なのか。それは、北欧神話が、したがってまた古代・中世北欧人が、世界と現存在の奥底に根源的な二元論的分裂が存在し、しかも両極に分裂した二つの契機は相互に和解不可能な仕方で激しく対峙・拮抗しているという認識である。リュングによれば、これら二元論的な分裂契機とその相互関係を、北欧的視界の内部で具体的に指摘すれば、根源的に「自然と精神の戦い」(Kampen mellem Natur og Aand)、あるいは「自然原理と精神原理の相克」と言いうるであろうと言う。彼の把握では、これこそが北欧的世界観を根底から支える最も根本的な対立理念に他ならないのである。もとよりこの場合「自然」乃至「自然原理」と「精神」乃至「精神原理」といった二極対立概念のより厳密な内包が問われなければならないが、これに対する回答は、後に北欧神話における「世界創成論」の具体的構造を明らかにする過程で確認することとして、ここでは対蹠的な二つの概念は、北欧神話固有の次元では、宇宙・世界を構成する二つの根源的な対立存在――「巨人族」と「神族」の本質に対する原理的総称であり、「戦い」とは具体的には宇宙・世界を創成に導くと同時に、最終的には全面崩壊に導く両族間の絶望的な戦闘を意味するとのみ述べておこう。

当面ここで重要なのは、古代・中世北欧人にとって、「巨人族」と「神族」、両者に象徴される「自然」と「精神」との間に生起する戦いは、自らの現存在の絶対的制約乃至前提をなしているということの確認である。彼らの場合、これら二つの対立契機間の抗争が世界内で展開されるかぎり、自らの現存在・人生そのものもまさしく戦いであって、生きて実存するかぎりこの戦いは終わらないし、また終わることもありえない。なぜなら、精神は自らの生命を自然と戦い、自然を克服せんとすることの中に有するからである。だが、それにもかかわらず精神は自然を完璧に征服し尽くすことはできないし、また征服してもならない。というのも、この征服と勝利が達成されれば、戦いは終わり、当然現存在自体・人生そのものも終焉を迎えることになるからである。実に古代・中世北欧人にとって、人生とはまさしく「自然」と「精神」の永続的な戦いそのものであって、精神は必然的に自然という敵をもたなければならないのである。単に持つだけでなく、まさに持たなければならない。精神は自然という敵を自らの存在の無制約的前提条件とするからである。それゆえ、端的に精神を意味し、自らの生命を戦いそれ自体の中に有する北欧異教の神々は、自然という敵に向かい強力無比な絶対征服不可能な敵として永遠に対峙しなければならない。もし敵が征服されれば、それは戦いの終わりであり、したがって戦いを自らの存在証明とする異教の神々の生自体の終焉を迎えざるをえないのである。

世界と現存在そのものが戦いであり、戦い以外目標となるべきものを持たないということがすでに絶望的であるが、古代・中世北欧人の「苦痛」や「絶望」は、決定的な自己矛盾を通してさらに深刻の度を増す。精神が征服不可能な敵と見なすのは紛れもなく自然であるが、精神による自然の征服が不可能たらざるをえない所以は、北欧神話的には本来自然こそが精神の誕生と成長を可能ならしめた母なる「土壌」であって、精神はこの自然という土壌にその根を有し、そこから栄養と力を吸収する存在だからである。それゆえ、自然という自らの根源的な土壌を不倶戴天の敵と見なす精神の戦いの上に成立する現存在は、すでに自らの中に巨大な「罪」(synd)を孕んでいると言わざるをえないことになる。世界・現存在は単に「罪深い」(syndig)というに留まらない。それらはより根源的に「罪」そのものである。精神は本質的に罪なのである。古代・中世北欧人にとって世界が、現存在が、人生が苦痛であり絶望たる真の理由はまさにここにある。精神は汚れているだけではなく、精神自体が自然に対する忘恩であり、裏切りであり、そう言ってよければ「親殺し」なのである。自然はあくまで精神の母体だからである。この点のより具体的な意味づけは、北欧神話の世界創成論において明らかになるはずである。

自然に対するこの根源的な「罪過」の意識はさまざまな民族においても語られているが、北欧民族の場合、「罪業」

に対する最も悲痛な嘆きは、とりわけ『巫女の予言』の「ラグナロク」に向かう過程でのさまざまな発言の中に聴取することができよう。

かくて、古代・中世北欧人にとって精神は一つの「罪」であり、その中におのれの根源を有するものと戦うことによって、結局おのれ自身と戦うという意味において、まさに精神は悲劇的な矛盾とパラドックス、そして謎を抱えていると言わざるをえない。では、精神が戦う当の相手、自然とは何なのか？ 自然は「善なるもの」・「聖なるもの」であり、したがってそれとの戦いは悪なのであろうか？ それとも逆に自然が「悪」であり、したがってそこから誕生する精神もそれ自体「悪なるもの」であろうか？ 北欧神話に接近する者にとって困難な課題は、このような深刻な問題をめぐる精神の自分自身との格闘、この謎に満ちた自己矛盾が北欧神話においてどのように語られているかを知ることである。

この謎と自己矛盾を解決しうる唯一の立場は、自然と精神の両者を超越しつつ、しかも両者が共に自らの根源をその中に容認しうるごとき高次の力との遭遇である。生の苦痛に対する癒しも、この最高の生に与かることである。そして、事実『巫女の予言』の第五五節（普及版では第六五節）の語る「そのとき　大いなる者　天降る　神の国に強き者が　上より、そは　すべてを統べる者なり」の一節は、この詩篇の作者が、少なくとも世界と現存在の根底に潜む自然と精神の分裂とそれに伴う自己矛盾を解決しうる高次の立場を「予感」していたことを暗示している事実は否定し難いであろう。しかしながら、リュング自身はこの場面でこの一節を持ち出すことはせず、同時代の最高の叡智を窺わせる『巫女の予言』の詩人ですら、この立場を明確な認識にまで齎すことはできなかったと言っている。後に改めて検討するように、この中には『巫女の予言』の全体解釈の方向をも支配する重大な問題が含まれているが、ここではこれ以上の言及は留保する。当面の問題点について、リュングは、キリスト教徒としての自らの立場を踏まえながら、このように述べている。

「われわれは生の苦痛に対する癒しを知っているが、北欧人はそれを知らなかった。彼らはそれを予感しえただけである。だが、そのかぎりかれらはこの自己矛盾を解決することはできなかった。というのも、彼らにとってこの自己矛盾こそ生そのものの内実、人間の精神的・自然的生活そのものの核心に他ならないからである。しかし、北欧人は自らもこの自己矛盾をはっきりと思惟し、痛切に実感していた。そのかぎり彼らにとっても自己矛盾と謎の解決は決して遠いものではなかったと確信することができるのである[15]」。

古代・中世北欧人は世界・現存在・生の本質が自然と精神をめぐる相克と戦いであり、それに淵源する苦痛と絶望であることは十分了解していた。とはいえ、彼らのこの悲劇的感情は単に生きたくないという消極的な厭世的感情でもなければ、罪を犯し、生きる勇気が持てないといった近代北欧の「不安な良心」のごときものとも大きく異なるものであった。

古代・中世北欧人が人生観上の確固たる信念として胸に抱き決して放棄しなかったものは、あくまで「生きんとする意志」であり、「生きることは戦うこと」という不動の信念であった。自らの胸の奥に解決不可能な葛藤を抱懐している生こそ古代・中世北欧人自身の生であり、同時に彼らの奉ずる神々の生でもあったが、それにもかかわらず彼らはこのような生が「真実の生」でないことも十分了解していた。だから、彼らは別の、より善なる真実の生を夢見たのである。しかも、この「善なる真実の生」はかつて現在の生が生成する以前に存在していたし、さらに現在の生が没落した後に復活することも彼らは確信していた。かくて、北欧神話は本来の意味での「歴史」となり、より具体的に言えば、神々の物語は過去・現在・未来の時間意識によって規定されていることになるのである。

集約的に言えば、北欧神話が全体として物語るのは、古代・中世人が彼らの神々の中に直感することによって、同時に自らの生の真の内容・最深の内容として把握したものが、過去から現在を経て未来に連なる時間的・歴史的過程の中で徹頭徹尾「自然」という敵と対峙する「戦う神々」の「精神」の姿であったということである。

現に北欧神話では神々は「戦いの神々」（Sigtívar）とも呼ばれる。あるいはより個性的に「戦死者の神々」（Valtívar）とも呼ばれる。特に「戦死者の父」（Valfaðr）と称せられる主神オージンは自ら戦場を走り回って、最も勇敢な英雄を称えるのである。その勝利をもってではなく、戦死をもってである。オージンは「ラグナロク」における最後の決戦に臨むために、自分の周囲に最も勇敢な英雄を集めておかなければならない。それゆえ古代・中世北欧人が奉じ、北欧神話の世界を構成する異教の神々は、単に人間の戦いを支配するというローマ的な意味での「戦いの神々」ではなく、むしろ自分自らが戦い、自分自らの生が戦いであるという意味での「戦いの神々」であった。古代・中世北欧人の神々は強力で勇敢ではあったが、おのれの有する使命は唯一つ、戦い、かつその戦いにおいて倒れるという使命である。彼らは絶えざる戦いを戦った。神々の戦いに終わりはない。しかも、彼らは戦いの終わりが勝利ではなく、自分自身の没落になることを知っていたのである。

それゆえ、北欧神話の神々は、北欧人自身のごとく、本来勝利のためではなく、まさしく栄誉のために戦ったのである。それは、『巫女の予言』第五〇［六〇］節で歌われているように、新たな復活の生においていつか「イザヴォル」において強力な「大地の帯」（ミズガルズの大蛇）や自らの大いなる運命のことを話し合うためにである。そのような「栄誉」の「戦い」と戦死の過程こそが、北欧神話の過去・現在・未来の歴史的過程を通して成就・実現されてゆくさまざまな出来事なのである。それは具体的には過去における「世界創成と黄金時代」、現在における「悪の現象とバルドルの死」、未来における「世界没落（ラグナロク）と復活」である。時間的・歴史的な過程を辿って開示されるこれらの様相を地獄図のごとき極彩色の色調で活写したのが、他ならぬ『巫女の予言』の詩篇であった。

改めて反復強調すれば、古代・中世北欧人にとっては、彼らの精神的殿堂・北欧神話が想定するのは「神族」と「巨人族」という二極間の対立関係であり、これによって表現されるのは「精神と自然」「精神原理」と「自然原理」間の「戦い」こそ世界・現存在・生の本質であるということであり、彼ら自身や彼らの信奉する神々は、終わることなきこの戦いにおいて戦死するという栄誉を勝ち取るところに、北方ゲルマン民族の異教神と異教徒の使命が存在したのである。この使命を果たした者のみがオージンの宮殿、「戦死者の館」・「ヴァルホル」（Valhöll）に迎え入れられたのである。ここに原北欧的人生観・北欧的世界観の根本理念が存在し、前記のごとき時間的・歴史的経過を辿って具体的に展開される北欧的世界観は、まさにこの最も根本的な理念乃至原理の上に構築されているのである。

注

＊　本文中で引用される『古エッダ』の詩篇の内、『巫女の予言』からの引用文については拙著『北欧神話・宇宙論の基礎構造――〈巫女の予言〉の秘文を解く』所収（三一頁から一二八頁まで）の拙訳を用い、『巫女の予言』以外の『古エッダ』からの引用文及び『新エッダ』に含まれている「ギュルヴィのたぶらかし」については、谷口幸男訳『エッダ――古代北欧歌謡集』（二刷、新潮社、昭和四八年）所収の訳文を拝借した。深謝申し上げたい。

（1）　Vilhelm, Georg, *Hedenskabet. Atten populære Foredrag*, Prof.i Philosophi ved Universitetet i Christiania, Andet forbedrede Oplag af HEDENSKABET LEVNETSLøB, Kbh. 1872, s.170.

（2）　古代・中世北欧人の「冒険的人生観」は、リュングにとっては当然、ギリシァ人及びローマ人の人生観との対比が前提とされている。それゆえ、北欧的な「冒険的人生観」を検討する上において、暫定的ながら先ずこれら古代ヨーロッパの代表的な二つの民族の人生観に関するリュングの見方に留意しておくことが有益であろう。

ギリシァ的人生観

ギリシァ人の宗教・神話は「その最内奥の本質において詩」（Lyng, G.V., *Hedenskabet*, s.120）、「壮大な詩」（*ibid.*, s.138）であり、アポロンやディオニソスに代表されるギリシァの神々の特質が、本質的にギリシァ人の人生観を詩的・審美的性格のものたらしめている。もともと人生には肉体的なもの・感覚的なもの・自然的なものを超え出る何ものかがあるという意識が初めて生まれたのがギリシァであり、ギリシァ人にとっては肉体的なものに対立し、それより高次のもの、つまり精神は人生の美の中に自らを啓示するものであった。彼らはこの美こそ人生の不滅の内容であり、たとえ人生の快楽がはかないものとしても、快楽の本来の内容、美なるものは、記憶として浄化され、変容を遂げて魂の中に存続すると見なしたのである。いわば真に人間的なものの美を意識し、それを審美的な快楽の対象としたのがギリシァ的人生観の立場であった。

しかしながら、それは確かに人生における美しく聖なる瞬間ではあるが、同時に危険な瞬間でもあった。もとより美それ自体、美一般は不滅であり、決して沈まない人生の太陽である。しかしながら、個人が美なるものを獲得しようとするやいなや、様相は一変し、美は最も儚いもの・壊れやすいものとなる。人生がその完全な美を享受するのは瞬間に過ぎない。肉体と精神の間に均衡が働き、人生の諸力が偶然調和するのは瞬間においてのみである。次の瞬間この調和は破棄され、人生は再び緊張関係の坩堝に投げ込まれ、引き裂かれ解体されるのである。リュングは、ギリシァ神話の中に表現されているのは、究極においてギリシァ人のこのような「審美的人生観の悲劇」であるとしている（*ibid.*, s.137）。だが、同時にギリシァ人は、彼らの人生観を刻印している確かな直感によって、このような審美的な魂の病に対する治療が実践的なものの中に発見しうることをはっきりと予感していたという。そして、このことは、リュングによれば、ギリシァ人の審美的人生観そのものの終焉と併せて実践的なローマ人の人生観への展開を先取していたことを意味するのである。

ローマ的人生観

ギリシァ的人生観からローマ的人生観への移行契機について、リュングは次のように把握している。

最も美しい感情・最も高揚した熱狂もしばしば人生に暗い影を投げ掛け、往々にして不調和を齎す。これは単なる詩的生活に掛けられる呪いであって、ギリシァ神話にその根本的特性として内在するのは、詩の有するこのような脆さ・このような呪いであった。それゆえ、ギリシァ人はより現実的かつより強力な神々を希求せざるをえなかったのである。換言すれば、ギリシァ人がその不在を嘆かざるをえなかったのは、より現実的で密なる関係を通して厳しい義務を課しはするが、より確かな救済を与えてくれる神々であった。リュングは、ギリシァ人の詩的・審美的人生観の儚さの感情の中には、高次の人生の理想についての、浮薄な美しさではなく、より厳格な規律に服従しながらも、堕落や偶然に打ち勝つ力を自らの中に保有しているごとき精神方向に対する朧げな予感が漂っていたと言う。これは単なる「理論的な精神方向」に対立する「実践的な精神方向」、「新しい見方」（Lyng, *op.cit.*, s.120）であり、「わたしの行為はわたし自身の行為であって、わたしの思惟よりもはるかにわたしの何たるかを表現している」（*ibid.*, s.127f.）という意味において、この新しい実践的な精神方向は、総じて単なる理論的な精神方向よりも遥かに高次の立場であって、「本質的にローマ人の精神方向」への転換を意味するものであった。

ローマ人がすべてのものについて問いかけたのは、それが何の役に立つか、ということであり、彼らはすべてのものをその有用性に則って評価したのである。換言すれば、ローマ人は、一切のものを単なる手段として見たのである。しかし、彼らの今日の言葉で言う現実主義的・実利主義の立場にも大きな欠陥があった。リュングが強調するのは、「人は何のために生きるかを知らなければならない。これを知らなければ、人格の堅固さ・真摯さは内面の空虚さを隠蔽するための硬い殻にすぎない」（*ibid.*, s.170）にもかかわらず、ローマ人が彼らの人生の究極目標とした「有用なもの」とは、本来「それ自体の内に価値を有しない、それゆえそれ自体としては本来無価値なもの」に過ぎなかった。このことは、ローマ人は「結局そして真実のところ何のためにも生きていなかった」ことを意味する。そして、このようなニヒリスムに晒された生の状況を突破するためには、まさしくキリスト教の啓示に基づく「確固たる人生観」の確立が不可欠であり、それへの助走的役割を有するのが、「冒険的人生観」としての「北欧的人生観」であった。

（3）Lyng, *op.cit.*, s.171.　（4）*ibid.*, s.173.　（5）*ibid.*, s.174.　（6）*ibid.*, s.174.　（7）*ibid.*, s.175.
（8）*ibid.*, s.175.　（9）*ibid.*, s.176.　（10）*ibid.*, s.176.　（11）*ibid.*, s.177.　（12）*ibid.*, s.177.
（13）*ibid.*, s.179.　（14）*ibid.*, s.179f.　（15）*ibid.*, s.182.

第三節　北欧神話・世界観の展開

［I］北欧神話・世界創成論の秘儀――「ラグナロク」への前奏

1　原罪的行為としての創成

既述のように、『巫女の予言』を中核とする北欧神話の全体像は大きく「宇宙論」（cosmology）の概念によって示されるが、この概念は『巫女の予言』の内容の時間的・歴史的発展過程に則って言えば、さらに「宇宙創成論」とも「宇宙開闢論」とも翻訳される「cosmogony」、「宇宙形態論」乃至「宇宙構成論」「宇宙誌」を指す「cosmography」、そして北欧神話独自の異教的終末論を意味する「宇宙没落論」即ち「ラグナロク論」（ragnarøk-lære）という三層構造から成り立っている（なお、すでに述べたごとき理由に基づいて、以下においては「宇宙」というタームを「世界」に置き換えて用いる）。以下、筆者は、原北欧的世界観の成立を可能ならしめる基本的構成理念・原理そのものの検討の後に、リュングが最初に取り組む『巫女の予言』の世界創成論に注目し、神族と巨人族の永続的な闘争に象徴される「精神と自然の相克」の二元論的分裂の理念が、この世界創成論的視界内部で個別的・具体的にどのように展開されるか、そしてそれに内在する根源的な意味とは何なのか探ってゆくことにする。なお、この北欧神話の世界創成論については、純粋に神話学的立場から拙著『北欧神話・宇宙論の基礎構造――〈巫女の予言〉の秘文を解く』第三章「『巫女の予言』の宇宙創成論」（三五八－四〇四頁）において仔細に論じた。

先ず北欧神話の世界創成論の大要はほぼ次の通りである。

時の始めには「巨大な無底の深淵」、「ギンヌンガガプ」(Ginnunga-gap) しか存在しなかった。だが、その北側には「霧氷の国」、「ニヴルヘイム」(Niflheimr) があり、「南側」には「火炎の国」、「ムースペルスヘイム」(Múspellsheimr) があった。「ムースペルスヘイム」からの火花と熱風によって「ニヴルヘイム」の氷が解けて水滴となり、その水滴から人間の姿を持った最初の生き物、原巨人「ユミル」(Ymir インドヨーロッパ語語源*iemo=twin, hermaphrodite より) と牝牛アウズフムラ (Auðumla, auðr=riches, wealth, *humala=bornles) が誕生し、原巨人 (Jötunn) の「ユミル」はこの牝牛の乳によって養われる。

ここで注目されるのは、北欧神話のこの創成論展開の最初の場面において、後にこの神話を根本的に特徴づけることになる二元論的分裂の前配置的概念として、「二義性」ということがすでに際立った仕方で登場していることである。それは、第一に「北」と「南」、「氷」と「熱」の二義性であり、そして第二に「火炎の国」としての「ムースペルスヘイム」が、一方では原生命体の発生する根源の場として把握される反面、そこに居住する「ムースペル」が、「最後の審判の火」とも「ラグナロクの際に登場して世界を破壊する軍勢」とも解されるところから、「ムースペルスヘイム」は世界壊滅の元凶となる国としても捉えられ、その結果「ムースペルスヘイム」はその概念自体の内にすでに「生命」と「破壊」の両義性を包摂しているという明瞭な二元論的立場が開示されているのである。そして、このような二元論的立場を古代・中世北欧人にとって最も典型的かつ根源的な仕方で示している「自然と精神の相克」の理念が登場するのは、両契機が「巨人族」と「神族」として区別される、以下のごとき世界創成論のさらなる展開を通してである。

さて、前記の原巨人「ユミル」が「アウズフムラ」の乳に養われるというストーリーに続いて、世界創成論はさらに「ユミル」からは「霜の巨人族」(Hrímbursar) が生まれ、さらに牝牛「アウズフムラ」が塩で覆われていた塩辛い岩をなめていると、人間の形をした「ブーリ」（Búri）が生まれ、「ブーリ」は息子「ボル」（Borr）をもうけたが、この「ボル」は巨人「ボルソルン」（Bölþorn）の娘「ベストラ」（Bestla）を妻に娶った、と語る。もっとも彼らは人間の姿をしているが、実体は巨人であって、この巨人のカップルから生まれたのが、実は「オージン」（Óðinn）・「ヴィリ」（Vili）・「ヴェー」（Vé）の三柱の神々なのである。そして、これら三柱の神々に関する決定的に重要な神話的事実は、彼らが母方の祖先に当たる「ユミル」を殺害して、彼の屍を無底の深淵「ギンヌンガガプ」の口に運び、この屍から世界を創成したということである。つまり、大地はユミルの肉体から、天は彼の頭蓋骨から、海や湖は彼の血から、岩や小石は彼の骨や歯から、樹木は彼の毛髪から造り、雲は彼の脳味噌を空中へ放り上げてできたのである。さらこれらに三柱の神々は、「ムースペルスヘイム」から噴出してくる火花を、「ギンヌンガガプ」の真上の天の中ほどに置いて天地を照らすように設定し、その運行を定めたと語られている。

北欧創成神話のこの部分が示しているのが、前記巨人族と三柱の神々によって構成される原初「神族」との二元論的分裂関係の発生原理に関する基本的図式である。三柱の神々が巨人のカップルから誕生するかぎり、両者の血族関係は当然比類なく濃密なはずである。だが、本来なら分離不可能な両者のこの血族関係は、三柱の神々による彼らの祖「ユミル」の殺害という明らかに一種の「尊属殺人」的犯罪行為によって完全に解体・解消に導かれ、以後逆に激烈な敵対関係に転じられるのである。その意味で、前記のごとき系譜を有する巨人族と三柱の神々を始祖とする神族とは、始祖「ユミル」を共有するにもかかわらず、彼の殺害を契機として相互に不倶戴天の敵同士として激しい対立と闘争を反復しつつ、終に相共にラグナロクにおいて世界崩壊の運命を甘受することになるのである。それゆえ、ラグナロクという悲劇的出来事は、根源的に、世界創成に際して三柱の神々が始祖「ユミル」に対して行った殺害行為に対する巨人族側からの復讐劇に他ならないと言うことができるであろう。

かくて、北欧神話の世界創成論は、当の世界創成が神々の最大の罪業の結果に他ならず、創成行為自体すでに「罪」であるという容易ならざる結論を内含している。いわば「異教的原罪」の理念である。したがって、世界はその誕生の刹那から恐るべき原罪性に纏わられていることになる。古代・中世北欧人の世界観の根本的特質は、それがこのような宇宙論的原罪性に基づく罪責意識・破滅意識によって貫かれており、究極的にこの罪責意識を根拠とする世界崩壊の危機感・不安感・絶望感の上に構築されているということである。『巫女の予言』はそういった古代・中世北欧人の世界観の深淵を如実に披瀝する宗教詩である。そして、このように世界創成論を通して導かれる北欧神話の根源的な罪、いわば北欧的・異教的原罪の理念に最大の力点を置いて展開されるのが、リュングの北欧宗教論・北欧神話論の根本的特性である。

さて、既述のように、『巫女の予言』を枢軸とする北欧神話全体の基本的理念は、巨人族と神族の間の戦いを意味する「自然と精神の相克」であるが、この理念がいわばこの世で最初に具現化されたのが、前記世界創成をめぐる三柱の神によるユミルの殺害行為であるが、ここでユミルに始まる巨人族の実体と「オージン・ヴィリ・ヴェー」によって構成される最初の神族―「アース神族」の実体を吟味することによって、北欧神話における「巨人族と神族の戦い」と「自然と精神の相克」の対応関係とその意味をより厳密に吟味しておくことにする。

先ず巨人族の元祖「ユミル」について注目すべき点がある。それは、この名義が根本的に二義性乃至二重性を意味することによって、巨人族自体が二分化されることを示唆している点である。つまり、前述のように、ユミルの古ノルド語は「Ymir」であるが、この語の語源がインド・ヨーロッパ語の「jemo」（双子・両性具有者）であると推測されるところから、ユミル自身すでに自らの内に二重存在という性格を所有することが示唆されている。リュングの見解によれば、ユミルは先ず第一義的・本質的には生命を凝固させ、結晶化するものとしての自然、不活性の「固体」

としての自然を象徴しており、自然の男性的側面、いわば「男性原理」としての自然を意味していると言うことができるが、同時に第二義的にはユミルは、「豊穣」「富」を意味する「auðr」を接頭語としているところから、明らかに万物の母体、「女性原理」としての自然を意味する養母「アウズフムラ」（Auðhumla）との属性的な関係を内包しているのである。かくて、原巨人ユミルは、このような本質的及び属性的性格の両側面を自らの内に内在せしめるという意味において、まさしく両性具有的二重存在なのである。その結果として、必然的に、ユミルを元祖とする北欧神話の巨人族も、自然の持つ男性的・固体的側面と女性的・有機的側面の両面を備えた存在として措定されていることが判明する。

ギリシァ宗教史に精通していたリュングは、「ユミル」をギリシァ神話の巨人「ティタン」（Titan）と比較してこのように述べている、

「北欧神話の巨人族と彼らの父祖ユミルをギリシァのティタン族（Titan）とを比較するのは非常に面白い。何れの存在も自然の抵抗力を意味する。しかし、ティタン族においてはこの抵抗力が独特の南国的な情熱をもって把握されている。逆にユミルには独特の北方的な静寂と黙想的性格が宿っている。ティタン族は、その名の通り、自然の諸力間の緊張関係、結局自分自身をも破壊してしまう手に負えない荒々しさとしての自然、例えば、引き裂き粉砕する稲妻、泡立つ海、荒れ狂う台風、吹き飛ばされる樹木といったものである。さらにたぎり立つ内部から火と荒廃を齎す火山である。それに対して、ユミルは巨大な、無形の、自動力のない塊としての自然、より正しくは物質としての自然であり、それゆえユミルは広大な大地、荒くれだった陰鬱な原野、凍結した氷などのことである」(1)。

何れにせよ、リュングの解釈では、ティタン族がより多く南方的な性質を示し、ユミルがより多く北方的な性質を

示しているのであって、そこから南方では自然がむしろ「力」として登場するが、北方では「物質」として、「塊」として登場するということになる。確かに二つの巨人像を比較する時、精神との対立関係を通して自然を把握するなら、後者の北方的な見方の中により深い真実性が洞察されるとリュングは言う。例えば、彫刻が具体的に証明しているように、ギリシァ人は時に現存在の内的葛藤に美と調和のヴェールを被せることによって、自然と精神の対立関係をむしろ曖昧なものにするが、両者の関係を固有の北方的な荒々しさで表現したのが古代・中世北欧人であって、このことは、彼らがユミル像を典型として、自然をよりラディカルに純粋に物質的なもの・不活性的なものとして把握したことを意味するのである。いわば古代・中世北欧人は、ギリシァ的曖昧さを払拭して、精神が世界を創造するための素材としての「原質」（stof）という自然本来の意味を、ギリシァ人よりもはるかにラディカルに捉えていたと言いうるのである。

　さて、いわば自然原理を象徴する巨人族をこのように把握することによって、これまで掲げてきた問題がさらに鮮明になる。以下リュングの見解を若干補塡しながら論を進めてゆくことにする。北欧神話においては、いま述べたように、純粋に物質的なものとして、不活性的な塊として把握される自然としてのユミルを始祖とする巨人族から、「オージン・ヴィリ・ヴェー」の三柱の神々が誕生するのであるが、彼らは、北欧神話学の立場からより厳密に言えば、一般に精神原理を意味するアース神族の元祖を構成する神々である。ちなみにアース神族の原義を辿ってみると、古ノルド語：Ás, Áss（複数形：Æsir エーシル、女性形：Ásynja、女性複数形：Ásynjur、古英語：Ós）は、語源学の立場から通常インドゲルマン語の語幹*ansu- に関連付けられ、語根の ans- が〈息をする〉（atmen）を原義とするところから、*ansu は「風神」（Windgott）あるいは「霊・精神」（Geist）の義に解され、結局アース神族の本質が「精神原理」にあることが認識されるのである。それでは、さらに問うとすれば、アース神族にとって原理的な意味を有するこ

「精神」なるものは、より具体的に何を意味するのか？　つまり、「オージン」（Óðinn 語幹 óðr は本来興奮状態・文芸・詩を意味する。ゲルマン祖語*woþa 怒り、wodan, wotan）はゲルマン異教の神々の中で最高位を占め、本来「精神」それ自体乃至「精神」の最内奥の本質を告知する存在であるが、彼が通常詩・戦さ・死・魔術・知恵の神とされるところから、オージンの意味する「精神」概念の内包としては具体的にはこのような彼の属性が思惟されていると見ることができる。さらに「ヴィリ」（Vili）は意志と自由を意味し、「ヴェー」は語源的には「聖殿・裁きの場」を意味するが、具体的には「良心」、つまり精神が自らの自由な実現によって自分自身を、自らの固有の本質を重んずべきことを要求する内なる声である。争いが発生した場合、その峻厳な裁きによって精神の根本法則としての「聖性」を守るのである。

北欧神話におけるこのような神的系譜の語る「精神」の全体的意味は、三柱の神々の有する属性の総合によって構成されると言うことができる。換言すれば、古代・中世北欧人は三柱のアース神像を通して精神の本質を、ギリシァ人のごとく芸術や学問の生命としてよりも、純粋に実践的な活動として把握したと言うことができるのである。なぜなら、彼らにとって本来の精神活動は詩と霊感に発しつつ（オージン）、実際には自由な意志に基づく自然との戦いとして現実化されるからである（ヴィリ）。しかも、この戦いにおいて精神は良心を通して自分自身のアイデンティティ、自分自身に対する誠実さを獲得するのである（ヴェー）。

古代・中世北欧人におけるアース神族と精神の以上のごとき関連を踏まえる時、北欧神話の語る衝撃的な致命的事実は、既述のように、やはりこういった精神現象を司る三柱のアース神が純粋に物質的な自然原理としての原巨人ユミルを祖先とするということであり、したがってこれまで指摘してきたように、北欧神話においては精神が根源的に自然を母体として生成するということである。これは巨人族とアース神族、自然と精神は根底において一つであり、両者間には本質的にいかなる二元論的分裂・非連続的な乖離関係も存在しないという意味になる。しかし、純粋物質的原理としてのユミルと、純粋精神的原理としてのアース神族との血族関係が一挙に破壊され、二元論的分裂が発生する宇宙論的瞬間が訪れる。後者が前者を殺害し、その屍から世界を創成する瞬間である。既述のように、いわば一種の宇宙論的尊属殺人とも言うべきこの行為は、同時に三柱のアース神が自らの存在の根拠そのものを抹殺することによって、つまり精神がそれ自身の母体たる自然を解体することによって世界を創成するというのは、精神にとって、アース神族にとってまさに最大の宇宙論的自己矛盾に基づく自殺行為と言うべきであり、それの最終的な帰結が、「ラグナロク」における神族と巨人族の最終戦争を通して、宇宙全体・世界全体が崩壊・没落の運命を辿るということに他ならないのである。

さて、このように根源的にすでにそれ自体の中に破滅と没落の悲劇的運命を孕んだ世界創成の出来事ではあるが、かといってアース神族・巨人族ともどもそこから一直線に異教的終末論現象としてのラグナロクに向かって突進するわけではない。世界創成がひとまずアース神族の巨人族に対する、精神の自然に対する勝利であることに間違いはなく、アースの神々がその勝利に祝杯を挙げるのも当然である。彼らはここにおいて『巫女の予言』第九［七］節、第一〇［八］節で歌われているように、いわゆる「黄金時代」(Guldalder) を迎えるのである。これら二つの節の中にわれわれは純粋無垢な幼児期についての古代・中世北欧民族の夢、おぼろげな記憶に遭遇する。『巫女の予言』の詩人は、そこで見られるように、「黄金時代」を「豊穣」「平和」「敬虔」の時代として描いている。

ここでリュングは一つの問いを投げかける。『巫女の予言』第九［七］節の歌う黄金時代に相応しい「祭壇」(Horgr) や「神殿」(Hof) をアースの神々は一体誰のために建立したのか、そのようにして彼らは誰を崇めようとしたのか、という問いである。リュングも言う通り、確かに『巫女の予言』の詩人自身はそのことについて何も語っていない以上、詩人が特別具体的な存在は想定しているわけではないと見なしたとしても，誤解と決め付けることはできないであろう。しかし、一方では詩人が半ば本能的に漏らした微かな呟きの中に、アースの神々よりも高次の神、対立と相克を超えた真の平和の神が存在するという、自分たちはこの神をかつては知っていたのだが、後に戦いの喧騒の中でほとんど忘却してしまっていたのだというアースの神々の暗い予感を読み取ることも決して不可能ではないであろう。そして、リュングの提出するこのような仮説が許されるとすれば、ラグナロクにおいて神族・巨人族・人類を含む全宇宙・全世界の崩壊後訪れる「復活」の出来事に際して、その完成形態を告知する『巫女の予言』第五五［六五］節の「そのとき　大いなる者　天降る、神の国に　強き者が上より　そは　すべてを統べる者なり」における「大いなる神」こそが、前記の「黄金時代」の失われた記憶の具体的内実を構成するものと解することも可能であろう。そして、実はこの問題こそが『巫女の予言』の詩人とキェルケゴールとの近親性をめぐる最大のポイントであることを暫定的にここで指摘しておこう。

なお、北欧神話における「黄金時代」の有するより詳細なイメージについては、「復活」のイメージと関連づけながら、本書第二章第一節において詳しく考察する。

しかしながら、リュングも言うように、以上のごとき世界創成から黄金時代に到る過程は、自然といういわば「眠れる生」に対する精神の最初の覚醒であり、精神のこの最初の純粋な喜びは、古代・中世北欧人にとってはとっくに失われたもの・危うく忘却の彼方へ消え去らんとする過去の幼児期の思い出に過ぎなかった。「無常性」と「死」の想念が彼らの現在の生の上に暗い影を投げかけていたからである。だが、古代・中世北欧人を暗い想念に導いたのはそれのみではなかった。彼らはこの苦い杯を完璧に飲み干した上で、さらにそれに勝る苦杯を舐めなければならなかった。リュングはそれを「罪の思い」（Syndens Tanke）として指摘する。(2) 北欧異教の神々は単にラグナロクにおいて没落する神々ではなかった。その最深の理由は、古代・中世北欧人にとって、「死」が偶然的・必然的何れの自然現象でもなく、否、それはおよそ自然現象といったものでは断じてなく、まさしく世界創成に纏わる過去の犯罪行為の「罪」に対する「報い」であるという深い意識を、彼らは胸中深く抱いていたのである。換言すれば、古代北欧の神々は、すでに世界創成の時から根源的に「堕落した神々」(faldene Guder) であった。われわれは、北欧神話、なかんずく『巫女の予言』の中に、神々の堕落についての悲痛な嘆き・悲しみを発見する、とリュングは言う。しかし、古代・中世北欧人がこういった「神々の堕落」という衝撃的な事象を本質的にどのようなものとして考えていたのか、このことについて明確な概念を獲得しようとすれば、北欧神話における「最大の謎」に遭遇することになる。この謎との格闘が、次なるわれわれの課題である。

2　神々の堕落と人間の創成

リュングは北欧宗教論の第三章の冒頭において、「アジアの異教精神」に対する「ヨーロッパ異教精神」の際立った特質として、これまでの論述からも窺える彼自身の宗教哲学的立場から、総括的に次のように述べている。

「ヨーロッパ異教精神は、その根底においては断絶の意識、精神と自然との断絶の意識、精神と自然との敵対関係の意識に他ならない。人間の精神が生の真に霊的な把握に目覚めるや否や——これはギリシァで行われる——生には分裂が存在するという深刻な感情、単独者は自由に独立的に生きることによって生の源泉と根源に対して罪を犯すという深刻な感情も発生する。キリスト者は生の最初の源泉・根源が自然でないことを知っている。自然自体は人間に対する真の神の贈物・啓示にすぎないことを知っている。しかし、異教徒においてはそうではない。この地上で、自然的な視界内で、精神生活はその根源を自然の中に有し、自然から栄養を得るのである。個々の人間は自然的存在から生まれ、自然に養われ、自然の諸力によって活動するのである。精神生活の究極・最深の根を自然の中に求めるのが異教精神の限界であり、この限界の向こう側を垣間見ることができるのは密かな予感のみである(3)」。

「ヨーロッパ異教精神」、より厳密には「北欧異教精神」に対するリュング固有の宗教哲学的理解において強調されるのは、北方ゲルマン異教徒の地平では、人間の精神が現存在を真に精神的に把握しうるやいなや、現存在には断絶と分裂が存在するという深刻な感情が発生し、個人が自由に、主体的に生きんとすることによって、生の根源・源泉としての自然に対して「罪を犯さざるをえない」という悲痛な思いである。リュング宗教哲学の立場からすれば、この思いこそいわば原北欧的世界観の無制約的前提・不可避的な必要不可欠条件（conditio sine qua non）をなすものである。北欧異教徒が自らの個々の行為においてのみならず、彼らの精神生活全体にわたって痛感するのは、世界創成に際して三柱のアース神が犯した原罪的行為に淵源する、現存在の根源としての自然に対する「罪過」（Forsyndelse）の意識である。単独の自由な人間の精神の前に母として、彼を生み育てた普遍的な力として立ち現れるのは、北欧異教においてはどこまでも自然である。ところが、原巨人ユミルの殺害神話が象徴するごとく、まさにこの自然から生命を奪うことによって自然に対する罪を犯し、しかも人間が自由で真に精神的な生を送るためには、彼はまさにこのような罪を犯さざるをえないのである。ここに北欧異教徒が解き難い謎に満ちた自己矛盾的な葛藤の坩堝の中に投げ込まれる所以がある。この葛藤を克服し、その彼方にあるものを彼らは「予感」することはできるが、まさに「予感」に留まるのである。

かくて、北欧神話の観点に立てば、精神と自然は自己矛盾的な相克関係にある。したがって、もし自然が善であれば、それに対する戦いは悪になる。あるいはもし自然が悪なら、戦いの武器となる力、自然から得る力も悪である。

その意味で自然は陰険であり、どこまでも二義的である。自然を悪としてそれと戦えば、自然は自らを善に転換する。ところが、自然の善なることを前提としてそれと手を組めば、自然は悪に豹変する。いわゆる「自然衝動」のごときものが、そのことを端的に証明している。それゆえ、われわれが自然衝動に背いて行動すれば、自然衝動は善となる。逆にわれわれが自然衝動によって規定されれば、「自然衝動」は一転してわれわれが解放されるべき肉欲とエゴイズムの塊、つまり悪となる。何れにせよわれわれの行動は悪なのである。

リュングが主張するように、キリスト教徒にとって自然は一人の人格神が自らを覆い隠すベールに過ぎないのではなく、むしろ神が自らを、自らの本質を啓示する場である。キリスト教においては、神は人間に対して精神的に語りかけるのみならず、自然を通しても語りかけるのである。そこでは自然は人間に語りかける神の言葉であり、人間はそれを尊重しなければならない。幼児期、つまり人間が彼の自然と完全に一致して生き、自然に対する喜びの中で生きている時代は、総じて「無垢」の時代である。それゆえ、人間が「自己意識」と「自己規定」に目覚めることは、本質的に人間の自然からの分離、自然との断絶であり、したがってそれは単に神に対してのみならず、何よりも先ず自然に対して罪を犯すことになる。確かにキリスト教的立場からすれば、人間の罪はすべて神に対する罪であり、本来人間が責めを負っているのは神に対してのみであって、そのかぎりわれわれ人間が罪を犯しうるのも神に対してのみである。だが、それにもかかわらず、リュングの見解からすれば、キリスト教徒の現存在といえども別種の観点を取りうるのである。幼児は自然的にのみ神に関わる。神の意志は幼児にとっては自然衝動である。ここに幼児の無垢性がある。それゆえ、幼児の犯す最初の罪過は自由の衝動によるいわば「自然的罪過」である。幼児は彼の自然の中に自らを啓示する神に対して罪を犯すのであり、換言すれば、幼児は神の本質の啓示としての自然に対して罪を犯すのである。何れにせよわれわれの犯す最初の罪は、本質的に自然に対する罪なのである(4)。以下においては、リュングのこういった見解を踏まえつつ、北欧神話における最初のエポックメーキングな出来事、「精神の堕落」（Aandens Fald）の問題の考察に移ることにする。この「精神の堕落」の逆説的な意味は、それこそが精神の自由で有意味的な歴史的生の初源に他ならないということである。

『巫女の予言』第一〇［八］節では、「盤戯を楽しむ」等に象徴されるアースの神々の黄金時代は、巨人の国「ヨトゥンヘイム」（Jötunheimr）から、運命を司る三人の「まこと忌まわしき」巨人の娘がやってくるまで続くと歌われている。だが、たとえ彼女たちの来訪の動機となったものは何なのか、いかなる行為によって「アースの神々」は自分たちの不幸の原因を作ったのか、と尋ねたとしても、『巫女の予言』からは何の回答も得られない。とはいえ、既述のごとき北欧神話における自然と精神の分裂の理念を根拠として、巨人の娘来訪の第一原因を、三柱のアース神による彼ら自身の始祖ユミルの殺害、及び彼の屍からの世界創成行為の中に求めることが可能であろう。つまり、これらの行為は本質的に精神の自由への覚醒、精神の眼の高揚を意味するのであり、だが同時にそれはまさしく自然との最初の断絶であって、精神自身にとってはこの断絶が自分自身に独立的な存在性を付与する根源的契機になったものとして、ひとまず勝利として現前する。だが、同時にこの勝利は、まさしく精神と自然の間の「聖なる絆」の切断として、「堕落」として、後にあらゆる不幸の原因に変容するのである。いわばこの「勝利」から「堕落」への転換を証明する精神と自然の分裂・断絶現象のさまざまな側面を、『巫女の予言』の詩人は、アース神族の黄金時代の崩壊という仕方で仔細に叙述している。

この叙述の第一場面が、前述の巨人国ヨトゥンヘイムからの三人の「まこと忌まわしき」巨人の娘の来訪である。彼女たちの本質については研究者たちの見解は必ずしも一致を見ていないが、『巫女の予言』第一八［二〇］節に登場する三人の「運命の乙女」（Norn,pl.Nornir）――「ウルズ」（Urðr 織姫＝運命＝過去）、「ヴェルザンディ」（Verðandi

生成＝現在)、「スクルド」(Skuld 責め＝未来)——と同一と見るのが一般的な見方であり、そのかぎり三人の巨人の娘も時間の、運命の、必然性の神話的代表者である。そして、彼女たちの来訪は、何よりも先ず精神の自然からの断絶・解放の最初の結果が、実は精神の自然への、自然法則への、自然必然性への屈伏に他ならないことを意味するであろう。確かにこのような理解は極めて逆説的・背理的に響くかもしれないが、まさにこの背理・逆説の中にこそ、以下のごとき深い真理が秘められていると考えることができる。

「無垢」の黄金時代には精神は自然と完全に和解している。精神の自然に対する依存性は完璧である。だが、まさにそれゆえに精神はそのことを認識していない。あたかも子供の両親への依存度が完璧であればあるほど、子供はそれを強制とは感じないのと同様である。だが、子供の中には漸次自由についての、自分自身を規定することについての、自分が独立した存在であるという思いが芽生え始める。かくて精神は自らを自然に縛りつけている鎖を断ち切る。しかし、精神はこの鎖を完全に切断し尽くすことはできない。なぜなら、自然とは本来精神が自らの根源を有する場であり、自らの栄養を吸収する場に他ならないからである。それゆえ、この鎖を断ち切ろうとすることによって、逆にこの鎖が改めて鎖として、強制として感じられるのである。

ところで、精神の自然への屈伏は、差し当たっては精神の堕落・退化であると言わなければならない。これは精神に課せられるくびきであり、精神の純粋な世界に異質なもの・不純なものが侵入することである。巨人国ヨトゥンヘイムから来訪する三人の巨人の娘は非常に強力であって、神々も人間も逆らうことのできない根源的な力そのものである。しかしながら、この屈伏はいま一つの側面を有している。それは「解放」という意味のみならず、さらに積極的な意味を獲得するのである。これは、旧約聖書創世記第三章第二二節が堕落後のアダムについて主なる神の語った、「見よ、人はわれわれの一人のようになり、善悪を知るものとなった」という言葉によって表現されている。『巫女の予言』第七［一七］節において語られる、人間が「運命を持たない」（örlöglauss）ということは、彼らが所詮「樹木」のごとき植物的存在に過ぎないということである。この植物的な生は黄金時代のアース神族にも当てはまるのであって、『巫女の予言』第八［一八］節によれば、「盤戯を楽しむ」ことが黄金時代における彼らの享楽的・美的生活の主要な内容であり、彼らの幸福の絶頂であるとすれば、それは同時にまた、まさしく最高に陽気な遊びこそが却って最大の空虚さに連なることを痛感せしめるものでもある。換言すれば、黄金時代におけるアースの神々の生は、丁度キェルケゴールが美的実存段階の特質として描いたごとき、所詮退屈で無内容な単調さか、あるいは結局は同じことであるが、無内容で気儘な交替かの何れかに堕するであろう。彼らも必然性としての運命を持たない。なぜなら、彼らの生にはいかなる現実的な出来事も、時間的・歴史的な出来事も存在しないからである。

巨人族の運命の娘の来訪は、「アースの神々」のこのような植物的乃至審美的な生に変革を齎す。この来訪は、彼らに無内容にして単調な植物的生に、キェルケゴールの倫理的実存段階におけるごとき、運命の必然性という現実的な鎖の意識を喚起した最初の衝撃的な出来事だからである。それはいわば精神の生を実現した最初の出来事であり、言葉の最も本来的な意味において「運命を孕んだ」出来事である。「自然対精神」の図式に則って言えば、この衝撃的な出来事に遭遇することによって、精神が初めて圧倒的な自然を強制力として、法則として意識すると同時に、またこの強力な鎖を引き千切り、それに反抗しようとする力を自分自身の内部に感じるのである。かくてここにおいて精神と自然という二つの敵対的な力が相互に対立し、本格的な戦いに先立って互いに爛々たる挑戦的な眼で睨み合うことになる。まさしくここに歴史の萌芽・初源がある。というのも、両者の戦いこそが歴史の素材だからである。いまやアースの神々は運命を、確固たる歴史的な連関と意味を獲得する。なぜなら、彼らの精神は「眠れる獅子」の状態から脱して、諸々の出来事を鉄の鎖で縛る自然法則、つまり「原因」と「結果」の確固たる関連に目覚めたからである。自然法則は万物が従うべき法則である。そして、精神はこの法則に、因果の法則に屈伏する以外の仕方では自然に戦いを挑み、自然に触れることができない。この屈伏によって初めて精神自体もその意味と連関を獲得するのである。

実に逆説的な事態ではあるが、自然法則に服従することによって精神は無力になるのではなく、逆に服従によって精神は初めて現実的な力、意志という内的な力のみならず、何かを実践しうる外的な力を生み出すのである。なぜなら、自然法則に従い、その諸力を手段として用いることによってのみ、何らかの行為の遂行が可能となるからである。人間の精神も自然に縛り付けられていることによってのみ、具体的・現実的に自然の中に場を設定することができるのである。人間の魂を自然に、先ずもって肉体に結び付けるのである。自然とのこの絆こそ、魂が自然に作動し、自然の諸力を利用することを可能ならしめるものである。北欧神話では、この点は特にアース神たちによる大地からの「小人」（Dvergr, pl.Dvergar）の創成ということで言われている。創成された当初はユミルの肉の内を動くうじ虫に過ぎなかった小人が、神々の呪文によって人間の知恵と姿を備えることになり、後に武器・財宝の製作者として大役を演じることになるのである。このことからも推測されるように、小人は端的に「技能」を意味するが、製作に携わる技能にとって自然の諸力の利用が不可欠なのは言うまでもない。北欧神話がこのように自然への服従ということを、神々の創造物たる純粋な自然的存在者としての小人、『新エッダ』の作者スノリ・ストゥルルソンが「うじ虫」と呼ぶ自然的存在としての小人と彼の技能に依存するということで表現しているということは、神々自身の純粋な精神性を訴えるものと見ることができる。

北欧神話では小人の創成に次いで語られるのが「人間」の創成あるいは形成である。これについては『巫女の予言』第七［一七］節、第八［一八］節において語られている。最初の人間は「アスク」（Ask）と「エムブラ」（Embla）という。それぞれ「トネリコ」と「ニレ」を意味する男女名によって暗示されているように、人間は先ずもって「樹木」であった。つまり、人間は始め「力なく」（litt megandi）、「運命なき」純粋に自然的・植物的生を営んでいたのである。だが、この生そのものはアースの神々によっていわば「無」から創造されたものではない。アース神は陸に見つけた二本の木に霊的・精神的生命、さらに生物的生命を付与したに過ぎないのである。したがって、この場合もアース神の行為は、厳密な意味では「創造」ではなく「創成」と言うべきである。問題は、神々のこの創成行為によって、最初は完全に神的存在に過ぎなかった人間の生に「精神的生」と「自然的生」との区別・断絶が措定されたことである。どのような意味においてか？

既述のように、北欧神話では世界創成を遂行したアースの神々として「オージン・ヴィリ・ヴェー」のトリアーデ、リュング固有のタームでは「Triumvirat」あるいは「Tremandsaad」（三頭政治・三幅対）が登場するが、人間創成には「オージン（Óðinn）・ヘーニル（Hænir）・ローズル（Lóðurr）」というアース神族の新たなトリアーデが関わる。そして、彼らの神的本質はその名称から推察されるとともに、また人間創成に臨んでの彼らの活動は各自の分担する役割からも明白になる。つまり、いまだ「樹木」に過ぎなかった「アスク」と「エムブラ」にオージンは「önd」を、「ヘーニル」（Hönir）は「óðr」を、「ローズル」（Löðurr）は「lá」と「litir góðar」を与えて、生ける人間として生成せしめたと言われている。そして、これら新しい三柱の神々の本質のみならず、彼らが人間に贈与するものが具体的に何を意味するかについて各種議論があり、一義的な定義の提出は極めて困難ではあるが、ここでは一先ずリュングの見解を紹介しておこう。彼自身は、三柱の神々の本質の問題よりもむしろ人間創成を可能ならしめた彼らによる四つの贈与物に関心を寄せている。リュングによれば、アース神族の主神オージンの贈与した「önd」は、「オージン」の役割とも関連して端的に「精神」そのものを意味すると捉え、「ヘーニル」の与えた「óðr」は「詩的霊感」（den digteriske Begeistring)、「ローズル」の贈与物「lá」「litir góðar」はそれぞれ「血」(Blod) と「色艶」(Farve) を意味すると解している。現代『巫女の予言』研究の第一人者ノルダルは、「önd」を根源的に「息・生命」の義に解し、「精神」乃至「霊」の内包は第二神「ヘーニル」の贈与する「óðr」に委譲している。ただし、この語は「Óðinn オージン」なる名称の由来源となった語源だけに、ノルダルのこの解釈も問題を孕んでいることは明らかであるが、この点については拙著『北欧神話・宇宙論の基礎構造――〈巫女の予言〉の秘文を解く』の関連箇所で検討したので、ここでのより以上の詮索は控え、リュング説に則って論を進めることにするが、第三神「ローズル」による「lá」と「litir góðar」は、それぞれ「生命の温かさ＝血」、「よき色艶」というノルダルの解義とリュングのそれとの間には差異はない。

　ところで、世界創成に関わる三柱の「アース神」――「オージン・ヴィリ・ヴェー」――と人間を創成した三柱の「アース神」――「オージン・ヘーニル・ローズル」――、これら二つのトリアーデの相互関係については、いまもって明証的に解明されていないが、これについてリュングは一つの興味ある見方を提出している。[5] それは、二つのトリアーデが相互に逆方向に向かって措定されているとする見方である。彼の見解では、「ヴェー」に帰結する旧トリアーデが「聖なるもの」に向かって上昇的な方向を取ると考えられるのに対し、新トリアーデはむしろ下降的方向を取っているというのである。換言すれば、「ローズル」の名は、下降的に特に動物的な生命原理・純粋に動物的な生の理念、つまり「血」や「色艶」を指しているのである。人間の「血液」を「樹液」から区別する所以のものは、「血液」が人間の内なる「火」を、「火の色」を意味するからである。この「火」乃至「火の色」は、いわば精神生活そのものの内部の動物的なものに対する種子乃至器官として、つまりリュングの言う「焼き尽くさんとする激情の炎」として存在する動物的な「火」、つまり「動物的な体温」を意味するのである。換言すれば、この原理はいわば自然の側から精神を純粋に物質的なもの・純粋な質料に結びつけるものである。かくて、下降的方向を有する新トリアーデは、動物的な生命原理としての「火」を内包とする「ローズル」の概念を最後の第三の契機として完成するのである。だが、ここにおいて複雑ではあるが極めて重大な問題が露になる。それは、ある意味北欧神話において最大の謎を秘めた存在、「ロキ」(Loki) をめぐる問題である。

実は北欧神話学には歴史的に「ローズル」と「ロキ」の両者を同一視する立場と別個の存在とする見解がさまざまに交差しており、筆者もこの点を『北欧神話・宇宙論の基礎構造——〈巫女の予言〉の秘文を解く』三八七頁以下において仔細に考察しておいたが、リュング自身は、「ローズルという名は特に動物的な生命原理としての動物的な火、動物的な体温を意味する。だが、この火の神としてのローズルは疑いもなくロキと同一である[6]」と主張して、ローズル即ロキと解する立場を取っている。この立論の正当な根拠としてリュングが挙げるのは、人間の創成後はローズルがすっかり姿を消し、神々の物語の後の方では代わりにロキが常時「オージン・ヘーニル」の仲間として登場するという事実である。以下においては、このように「ローズル」即「ロキ」とする立場から導かれるリュングのロキ論について若干言及してみることにする。

「ロキ」という神名から厳密にこの神の実体を演繹するのは不可能としたのは、オランダの碩学ヤン・デ・フリースであるが、それでも彼は語源からそれを推測しうる可能性として五種類を挙げている、(1)「logi」(Feuer 火)、(2)「lúka」(schliessen 閉じ込める)、(3)「luza」(Sumpf 沼地)、(4)「lok (2)」(Zerstörer 破壊者)、(5)「Löðurr」の短縮形。リュング自身も、「ロキ」の名が「lukke」(閉じる) から由来し、したがって本来「隠れた者」(den Forborgne) を意味するのか、それとも「終り・破滅を齎す者」を意味するのか、あるいは単なる「炎・火」の意味なのかは疑わしいとしている。しかし、リュングの見解によれば、たとえ「ロキ」という名称の語源的意味が不確かとしても、北欧神話における彼の基本的意味と役割は必ずしもそうではないとしている。[7] 一体ロキの正体は何なのか。

そもそもロキが謎に包まれた存在たる所以は、北欧神話では彼が巨人族の出身でありながら、アース神族の主神オージンとも義兄弟関係にあり、その経緯は不明ながらアース神族の一員として受け容れられたという複雑な背景にある。彼は巨人族の主「ウートガルザ-ロキ」（Útgarða-Loki）に対立して「アーサ-ロキ」（Ása-Loki）とも呼ばれることもあるのはそのためである。リュングの解読では、もとより両者は本質的に同一の存在である。

ロキが人間の創成に際して「生命の温かさ」即ち「血」「よき色艶」を与える火の神ローズルと同一存在とすれば、オージンとともに新トリアーデを構成するヘーニル同様、ロキも根源的に精神と自然を結びつける存在である。ただしヘーニルとは異なった仕方においてである。ヘーニルは本質的に共感的な仕方で精神を自然に結びつける絆の役割を担う。だが、精神を自然に結びつけるのは「共感」（Sympathi）乃至「好意」のみではない。「反感」（Antipathi）あるいは「敵意」もそうである。そして、リュングによれば、後者を通して精神と自然を結びつけるものこそロキに他ならないのである。リュングは、イソップ童話を想起させる仕方で「狼」と「子羊」、「蛇」と「小鳥」の結びつきになぞらえつつ、この結びつきの本質を、前者が後者を食い尽くそうとする点に認識する。換言すれば、本来「動物の体温、欲望と激情の灼熱」を示すロキが、北欧神話的には「まさに焼き尽くすことによって結びつける（閉ざす）火」という根源的意味を有しているのである。そして、リュングは、ロキの担うこのような原義から、さらにロキの本質をこのように規定する、「彼（ロキ）は本来神々の堕落の謂いであり、だからこそ彼はまた善神バルドルの死の本来の原因ともなる」のみならず、最終的には「この世の終わりにはロキが神々の不倶戴天の敵の船の舵を取ることにもなる」[8]。しかし、それにしてもロキが本質的に「神々の堕落」を意味し、「神々の没落」としてのラグナロクという宇宙論的悲劇を惹起するさらなる根拠は何なのか。

既述のように、ロキはローズルと同一の存在であり、そのかぎりロキ自身も人間内部に激情の炎として存在する動物的な「火」、動物的な生命原理を象徴するものである。ところで、人間の創成に臨んで純粋に「精神一般・精神生活・精神力」[9]としての主神オージンは、ローズルつまりロキを通して人間に動物的な生命原理としての「火」を贈与するという仕方で、つまり、リュングの表現を用いれば、「人間の創成に際して精神は対立する自然の力を用いることによってこの世的なものを実現した」[10]ということになる。リュングは、精神が地上的な目的のために自然の力を利用することを古代・中世北欧人が最も有益かつ必要なことと見なしていたのは確かだとしても、同時に彼らはこれが結局は「高慢で向こう見ずな考え方」であり、究極において「純粋な精神生活を汚すことにもなる」ことを認識していたと見る。そして、彼は古代・中世北欧人の人間観の根底に潜むある種の暗鬱さの原因が、このようなロキ像の中にあることを指摘する。リュングは言う、「われわれは総じて、ロキの中に、ギリシァのプロメテウス神話と同様の暗い人間観を見出す。ただしより高い程度において。なぜなら、人間の創成、個別的な人間の生自体も、精神の、神々の堕落に他ならないからである。それは精神を汚れたくびきに縛り付けることである。精神の力を無常なもののために濫用することである。しかし、ここでも生の矛盾に対するゲルマン精神の深い洞察力が証明されている」[11]。

生の矛盾とは、人間がもっぱら純粋さを保つとか、あるいは単に最高のもの・完全なものにのみ縋るとすれば、その場合結局人間は何もしないことになり、逆にもし人間が何かをなすとすれば、それは悪であり、不純なもので汚れたものとなるということである。生の矛盾に対するこの深い洞察眼をもって北欧神話世界を生きた古代・中世北欧人は、神々にとってロキが徹頭徹尾必要不可欠な存在であり、彼がいなければ、人間の創成も不可能なことを見抜いていたにもかかわらず、神々は、前述のバルドル殺害の唆しに代表される悪行ゆえにロキを堕落した存在と見なし、終には蛇の毒液がロキの顔にかかるように仕向けるという恐るべき罰を下すのである。この罰は文字通りロキの犯罪行為を象徴的に表現しており、神々の生の内部を引き裂き、その中にいわば悪の毒を滴らせたと言うべきであろう。確かにロキは神々に武器を提供することによって、巨人族に立ち向かう彼らの最高の助力者にもなったが、しかしまさしくこの点に、つまりロキにこのような助力を求めざるをえないところに、堕落した神々の本質が露呈されているのである。

邪神ロキに依存した人間の創成は、むしろ精神としての神々の動物的自然との断絶関係を齎す一方、まさにそのような断絶した動物的自然への依存を無制約的に前提せざるをえないという、神々の生の抱える致命的な矛盾を露にした。この点は、世界滅亡・ラグナロクの際にロキが神々の不倶戴天の敵、巨人軍団の頭目として登場するという神話によって最高度に先鋭化されている。この「精神」と「自然」の矛盾は、ギリシァ人の場合のごとく和解をもって終わるのではなく、まさに生死を賭した最終決戦の結果両者ともに破滅を迎えることをもって初めて終焉を迎えるのである。

リュングのロキ論の最後の一節を引用して、北欧神話世界創成論に関する彼の見解を総括しておこう、「生における活動力が情熱・狡知であるということは、神々の場合よりもはるかに高い程度において人間の場合に当てはまる。しかし、その活動力はロキ、つまりアース神に変装した巨人であって、自然衝動の力、精神性の仮面をかぶった僭さと自愛の目標なのである。われわれが為すことはすべて、最善のことであっても、自然力に駆り立てられて、欲深い計算をしてそれをなすのである。われわれが神々のごとくなしうる最高のことも、ロキをアース神たちの中に受け容れることである。つまり、われわれの行為に精神性の仮面をつけさせることである。しかし、この不自然な盟友関係はいつかは破られなければならない。そして、その時こういう関係の上に安んじていた生の建物全体が砂のように崩れてしまうのである(12)」。

そして、「ラグナロク」においてこの崩壊現象を引き起こすのもまた「ロキ」なのである。

〔Ⅱ〕　北欧神話・世界形態論の様相――「ラグナロク」の前現象

1　ウルズの泉とミーミルの泉

既述のように、北欧神話の語る「アースの神々の堕落」の隠された真相は、世界創成を通して精神が自然に対して罪を犯したという根源的・原罪的事実にある。この罪過を、より厳密に言えば、精神が自然と関わり合うことによって、自分自身を、自分自身の純粋さを裏切る罪過を犯したということである。そして、その必然の結果としてアースの神々の生も運命の乙女「ノルニル」の定めに屈することになる。それによって彼らの生は自然必然性に支配されるが、同時にまた自分自身の中に関連を有する一貫した歴史的発展の生にもなるのである。神々の生が自然の、つまり儚さの、無常の、自然必然性の法に屈したことによって、まさにそのことによって彼らの生は歴史的現実を獲得することになったのである。そして、この歴史的現実が具体的には差し当たっては二つの神族――「アース神族」と「ヴァン神族」(Vanr.pl.Vanir)――間の対立・抗争として展開されるのである。北欧神話はここから世界創成論的視界から世界形態論的視界へと移ってゆくことになる。

類概念としての宇宙論に含まれる種概念の一つ「世界形態論」は、通常、天地を含む宇宙世界の一般的な特質を空間的に地図として描く学という意味で使われ、この意味での世界形態論は、北欧神話では『巫女の予言』第二節の後半部において、その最も凝縮され簡略化された図式として、このように提出されている。

「われ　想い起こせり、九つの世界を、九つの根を、名にし負う、計りの樹のことを　地の下なる」。

また、『グリームニルの言葉』第三一節では次のように語られている。

「トネリコ・ユグドラシルの下からは、三方に三つの根が出ている。一つの根の下にはヘルが住み、もう一つの根の下には霜の巨人らが、三つ目の根の下には人間たちが住む」(『エッダ――古代北欧歌謡集』谷口幸男訳、第二版、新潮社、昭和四八年、五五頁。以下『エッダ』として表記する場合この文献を指す)。

また『新エッダ』の「ギュルヴィのたぶらかし」第一五節では北欧神話の包摂する世界形態論的知識がより詳細にこのように語られている。

「そのトネリコというのは、あらゆる樹の中で一番大きく見事なものだ。その枝は全世界の上に広がっていて、天の上に突き出て聳えている。三つの根が樹を支えて、遠くまでのびているのだが、その一つはアース神のところ、もう一つは根の巨人のところ――そこには昔奈落の口のあったところだが――、三つ目のがニヴルヘイムの上にあるのだ。この根の下にはフヴェルゲルミルがいて、ニーズヘグが下からその根をかじっている。だが、霜の巨人のいる方に向いている根の下にはミーミルの泉があって、知恵と知識が隠されている……トネリコの第三の根は天にあり、その根の下にはウルズの泉という特別神聖な泉がある」(『エッダ』二三六頁)。

特に『巫女の予言』の世界形態論的表象と「ギュルヴィのたぶらかし」のそれとの間には多くの齟齬が存在するものの、これまでの北欧神話研究においては詩篇相互に矛盾し合う断片的な言語表現を折衷調和させながら、何種類かの世界図が描かれてきた。しかしながら、北欧神話研究の長い歴史の中でも、『巫女の予言』の前記五つの概念から詩人作者の世界形態論的構想を汲み取り、そこから想定しうる世界図を完成させた研究者は皆無と言ってよい。確かにそもそも「九つの世界」の概念にしてからが不明確極まりなく、他の概念と組み合わせても、そこから『巫女の予言』の詩人の構想する形態論的な世界図像を抽出するのは容易ではない。もっとも、あくまで蓋然的な仮説に留まりはするが、例えばドイツの北欧言語学者フーゴー・ゲーリング等は「九つの世界」を具体的に次の九つの存在者の国

を指すものと推察している、[13]

①アースガルズ（Ásgarðr アース神族の国）、②ヴァナヘイム（Vanaheimr ヴァナ神族の国）、③アールヴヘイム（Álfheimr）、④ムースペルスヘイム（Múspellsheimr スルトの国）、⑤ミズガルズ（Miðgarðr 人間界）、⑥ヨトゥンヘイム（Jötunheimr）、⑦ニヴルヘル（Niflhel 死者の国）、⑧スヴァルトアールヴァヘイム（Svartálfaheimr 暗黒の妖精あるいは小人の国）、⑨極北の氷界。

しかし、ゲーリング等は「九つの世界」概念の内包を具体的に規定はしたものの、宇宙空間におけるこれらの国の位置づけの作業は行わなかった。このことに筆者は大きな不満を感じて、拙著『北欧神話・宇宙論の基礎構造——〈巫女の予言〉の秘文を解く』では、北欧神話研究史上でも十分に顧みられることのなかった太陽信仰・太陰信仰・方位観・語源学的分析等を総動員することによって、「九つの世界」の宇宙空間における位置を策定し、古代・中世北欧人の構想したと思われる世界形態論の再構築に挑戦した。

さて、以上の点を踏まえてリュングに立ち返ることにするが、見られるように、『巫女の予言』や「ギュルヴィのたぶらかし」において、北欧神話の抱懐する世界形態論的構図の概略が提出されているのは間違いないとしても、これに然るべき十分な考察の眼を向けていないという点では、リュングの姿勢も他の研究者のそれと大差はない。世界樹を「中心の樹」と見なすことによって、宇宙世界の空間的・静態的形態を世界図として問うといった作業は彼の視界の内側にはなかったように思われる。もっとも、北欧神話の世界形態論的構図の中で、『巫女の予言』第一七［一九］節でユグドラシルがその上に聳えているとされる「ウルズの泉」（Urðarbrunnr）と、ユグドラシルの根元に位置するとされる「ミーミルの泉」（Mímisbrunnr）に対しては、リュングも例外的に関心を寄せている。とはいえ、これら二つの「泉」にリュングが留意するのは、世界形態論的な立場からではなく、この世界樹をめぐって展開される神々と巨人たちの歴史的・実存的・動態的様相を探ろうとするからである。彼のこの関心事について若干考察を試みることにする。

先ず「ウルズの泉」は、既述のように「ウルズ・ヴェルザンディ・スクルド」という、それぞれ過去・現在・未来という義を有する運命の女神「ノルニル」(Nornir)の泉であり、神々は彼女たちの時間という運命の定めに屈することによって、過去から現在を経て未来に到る歴史的発展を有する実存的な生となる。さらにリュングは、ノルニルによって歴史的に実存すべく規定された神々の現実を、巨人ミーミルの所有する「ミーミルの泉」に関連づけることによって、知恵と知識を隠しているこの泉を具体的に、「追憶と経験を収集し、現実のこの世の生活とその歴史的発展を査定する場所[14]」として把握する。

しかしながら、リュングにとって重大な問題は、既述のように、これら二つの泉の有する世界構造論的意味ではなく、なかんずく「ミーミルの泉」をめぐる力動的・実存的意味である。その最深の根拠は、リュングの表現を用いれば、この「歴史・経験・生活の知恵の泉がアース神族のものではなく、巨人ミーミルのもの」だという、アースの神々にとっては危険な致命的事実である。「ギュルヴィのたぶらかし」第一五章と『巫女の予言』第二〇［二八］節によれば、知識を求めて訪ねてきたオージンは、ミーミルに泉の水を一口飲ませてほしいと頼み、担保に片方の眼球を求められ、これに応じたため以来片目となったという件がある。このことは、リュングによれば、「泉の水の一滴が、オージンにとっては高価なものにつく[15]」ということを意味し、その真義は、「精神が時間の世界をまっすぐに見下ろそうとすれば、精神は永遠の世界への眼を忘れなければならない[16]」という点にある。しかし、だからといって永遠の世界への眼は決して失われることはない。この点に関連して、リュングは、『巫女の予言』第二〇［二八］節から次の三行を引用しつつ、場面を人間の次元に移動させて、その意味に独特の解釈を施している。

「密酒をミーミルは　飲む
朝の　たびに
戦士の父の担保より」

リュングによれば、この神話が意味するのは、人間の精神は二つの眼を持っているということである。つまり、一つは、永遠なるもの・全体を見る眼、一切のものを「永遠の相の下に」見る眼である。これは「哲学」である。もう一つの眼は地上のものを単に地上のものとして見る、いわば一切のものを一定の限界内でのみ見る眼であり、これは「経験」である。この点を踏まえて、改めてオージンが自分の片目を担保に入れるという神話を解釈してみると、次のことがわかるとリュングは言う。つまり、完全に精神的に見るためには両眼を持たなければならないが、片目で正確にはっきり見ようとすれば、人間の精神はもう一方の眼をつむらなければならないということである。オージンの眼の質入れの神話は、人間の思惟と生一般に対する「呪い」(Forbandelse) を意味すると、リュングは主張する。森を見ようとすれば、樹を見ることができない。樹を見ようとすれば、森が見えない。この事実を北欧神話固有の意味として把握すれば、オージンの眼の質入れは、まさしく神々が根源的に頽落状態にあるという実存的事実を告知しているのである。

2　アース神族とヴァン神族

アースの神々は運命の女神「ノルニル」の定めに届することによって、実存する神々となり、時間的・歴史的現実となった。そして、アース神族のこの歴史的現実は差し当たってはもう一つの神族・「ヴァン神族」(Vanr.pl.Vanir) との対立・抗争として具体的に展開される。この抗争の様相を示す詩節として、リュングは『巫女の予言』第一一〔二

二］節・一二三［一二三］節・一四［二四］節を挙げている、

「そが万軍の戦いなりしを、彼女（われ）は忘れじ
この世で初めての。
グルヴェイグを
槍もて突き刺し
しかもハールの館で
彼女を焼きしときなり。
三たび焼きたり
三たび生まれ変わりし者を。
しばしばいくたびとなく
されど彼女は、なおも生きてあるなり」

「されば統べる者、ことごとく足を運びぬ
裁きの座に、
至聖の神々は、
さらにそを審議せり。
アースの神々は
損害を甘受すべきか

はたまたすべての神々が
償いを受くべきかと」

「槍をあやつり　オージンは
敵の軍勢めがけて投げ込んだり。
これまた万軍の戦いなりき、
この世で初めての
板垣は破られたり
アースの神々の砦の。
ヴァンの神々は戦いの未来を予言しつつ
戦場に臨めり」

先ず問われるべきは、「アース神族」と並ぶ「ヴァン神族」とは何者であり、その本質は何かということである。「ヴァン神」の本質の何たるかは、この神族の中で育ち、元来はこの神族に属していた神々から推察することができる。「ニョルズ」（Njorðr）とその二人の子――「フレイ」（Freyr）と「フレイヤ」（Freyja）――の兄妹神のことである。何れもいわゆる「豊穣神」であることに変わりはないが、「フレイ」と「フレイヤ」には貢物が捧げられ、「平和」と「実り」が祈られたのである。彼らの父親「ニョルズ」は本質的に「風」と「海」の神である。だが、この場合注意しなければならないのは、「ニョルズ」は決して荒々しい破壊的な自然力ではないということである。この種の自然力は、かの原巨人「ユミル」を先祖とする巨人的存在者、例えば「フレースヴェルグ」（Hraesverg〈死体を食らうもの〉が原義、鷲の姿をした巨人）であり、「エーギル」（Ægir 波飛沫を思わせる白髪・白髭の姿をした海の巨人で、妻のラーン Rán の網で舟人を海底に引きずり込む。原義は〈恐ろしい海〉）によって代表されるものである。これに対して、「ニョルズ」は舟人のために風と海を支配する優しい神である。また厳密に言えば、「フレイ」は太陽と収穫と農耕の神であり、「フレイヤ」は美と愛の女神である。もっとも彼女についてはいろんな解釈があるが、リュングは、彼女が純粋な「精神」の生の神性ではないとしても、少なくとも純粋に感性的で軽薄な南方的な性愛の女神ではなく、むしろ亡き夫のためにかぎりなく高価な涙を流して泣く、誠実な北欧の女神であると見ている。[17]

以上の点から、「ヴァン神族」のいかなるものなのかが推測しうる。つまり、彼らも巨人族同様、その本質は「自然」なのである。だが、彼らは「精神」に深く結びついた共感的・好意的・奉仕的な関係における「自然力」つまり、「精神」に対して友好的で有益な「自然力」なのである。「vanr」の語源的意味については諸説存在するが、リュングは、ドイツの神話学者マンハルト（Wilhelm Mannhardt, 1831–80）の『ドイツ民族及び北欧民族の神々』（*Die Götter der deutschen und nordischen Völker*, Berlin 1860）の主張に負いながら、「輝く」（lysende）、そして恐らくはより一般的には「美しい」（skjøn）、「優しい」（behagelig）を意味したのではないかとしている。ヤン・デ・フリースはその原義を「vinr」（Freund 友）に関連づけ、さらにそこからラテン語の「Venus」（愛・美）、古代インド語の「vanas」（喜び、豊穣の女神）との関連を第一義的と見なしている。[18] この見方に立てば、ヴァン神族とは本質的に「優しい自然力」に対する、なかんずく一般的に最も優しいものに対する崇拝に由来する神々の総称と解釈することができるであろう。要するに、「ヴァン神族」は、純粋な「精神」の神としての「アース神族」と異なり、根源的に「豊穣神」であり、平和的で慈悲深い本性の持主なのである。美しいもの・優しいもの・善なるもの一般、つまり「光」に対する象徴的表現と見る立場もある。

ヴァン神族の本質に関するこの解釈を一先ず受け容れた上で、アース神族との対比から改めてヴァン神族の特性を考えてみると、このように把握しうるであろう。何れも「神族」であることは言うまでもない。しかし、アース神族が純粋な、明確に自覚的な精神の生、知性と人格の所有者であるのに対して、ヴァン神族は、前記のごとく、豊穣神として、「共感的な自然」を象徴するものである。だが、このことは、ヴァン神族が文字通り外部の「優しい自然力」を意味するのみならず、より本質的な魂の深い内的な本能、「感情」乃至「心情」の生、いわば精神のはるかに自然的な側面を意味しているということである。アース神族がいわば精神の「男性的側面」を代表するとすれば、精神の「女性的側面」を担うのがまさしくヴァン神族であると見ることができる。そして、リュングは、人間生活の悲劇性を、精神生活における「男性的側面」と「女性的側面」との、意識的なものと無意識的なものとの深い対立の中に認識したのはギリシァ神話であることを指摘するとともに[19]、この点から、北欧神話における「アース神族」と「ヴァン神族」との対立をさらに深く把握しようとしている。

この対立の根源を、リュングは、「わたしが知っているもの」(hvad jeg veed) と「わたしが欲するもの」(hvad jeg vil) が「心情」の深い衝動と完全に調和せず、そのためにこの衝動を完全に満足せしめえないための悲劇であると見なす。知性と人格的な生は限定することの中にその力を発揮する。知っているもの・意志するものはどこまでも特定なものでなければならず、そのかぎり一面的なものである。これに対して、心情の生は何ものをも締め出さないという無限性を特質とする。この無限性は目の輝きと声の響きを通して表現されるが、あまりにも深いがゆえに言葉では表現できない無限の深さである。深い予感に満ちた本能、一連の不明瞭な知覚に支えられたこの心情の生は、理解し、言葉で表現しうるよりもはるかに深い。これは、われわれの誰もが自分自身の内部のみならず、自分の外部にも、なかんずく女性の中に往々感知しうる生の大いなる力である。女性の真の権威は、まさしくこの力に基づくのである。

女性が語る場合、単なる知性からではなく、むしろ女性的本能から語るのである。その時われわれは反駁し難い証明に刻印されているとの印象を受ける。この証明が思惟の基盤ではなく、生の基盤に基づいているからである。リュングによれば、前記の意味における精神の純粋な表出としての「男性的側面」とそれの心情的・自然的表出としての「女性的側面」との間に激しい対立と闘争が生起することを告知したのが、前記に引用した『巫女の予言』の「この世で初めての、万軍の戦い」(folkvíg fyrst iheimi) の名の下に語られる「アース神族」と「ヴァン神族」との戦いである。

二つの神族間の戦いとして語られている物語は、現代ではもはや完全に再現することが不可能なほど多くの謎を内含している。ただし、現在一般的には、歴史的視点から、それぞれの神族を信奉する民族間の、つまり先住民族である「ヴァン神族を崇拝する「農耕民族」と、後から侵入してきたアース神族を信仰する「遊牧・狩猟民族」との支配権獲得をめぐる戦いと解釈されている。しかし、このような解釈によって戦いの本質が解明されているとは思えない。むしろリュングの基本的立場からすれば、純粋な精神の生と心情の生との葛藤・対立こそが、両神族間の戦いを喚起した真因であると考えられるのである。つまり、精神の生が過度に純粋過ぎるあまり自然という母なる大地から切断され、心情の生との共感的な絆が失われる時、両者間の平和は危機に晒されたと考えるのである。

『巫女の予言』第二一［二一］節では、「この世で初めての万軍の戦い」の一句に続いて、この戦いの具体的内容がアース神がヴァン神族に属する魔女的存在「グルヴェイグ」(Gullveigr, Gull［黄金］、veigr［飲み物・力］) を槍で刺し、さらに三度焼こうとしたが、彼女はその都度生き返ったというエピソードとして語られている。そして、それに関連してさらに第一四［二四］節では、「アースの神々の砦の板垣は破られたり。ヴァンの神々は戦いの未来を予言しつつ、戦場に臨めり」と紹介されている。これらのエピソードの意味するものは何なのか。

語られているエピソードが多くの謎を抱えていることは言うまでもないが、ここで先ず想定されなければならない最初の事実は、ヴァン神が明らかに自らの神族に属する「グルヴェイグ」をアース神に送ったということ、そしてアース神族の間にある種の恐怖感・危機感を誘発し、結局それが最終的には「最初の民族戦争」を引き起こしたということである。では、「グルヴェイグ」とはそもそも何者なのか。われわれに知られているのは前記一節の内容のみだけに、これも確かな答えを引き出すのに困難な問いではあるが、前記のように、語源学的には彼女は「黄金」乃至「飲み物・力」を原義とする。筆者は『北欧神話・宇宙論の基礎構造――〈巫女の予言〉の秘文を解く』四五頁において、一〇〇〇年頃の北欧人にとって、この名詞は「黄金の強烈で破滅的な力と誘惑の女性的人格化」を意味するという見解を提出し、同時に『巫女の予言』第一一〔二一〕節の「三たび　焼きたり、三たび　生まれ変わりし者を」の一句を注解した際、次のように述べておいた。「〈三たび　焼きたり、三たび　生まれ変わりし者を〉。ここには反復溶解による金の精錬過程が象徴的に表現されていると同時に、中世北欧では魔法使い、魔女のごとき悪魔的存在を排除する唯一確実な方法が〈火刑〉と考えられていたという背景が窺われる。グルヴェイグが三度の〈火刑〉にもかかわらず死ななかったということは、それだけ彼女の魔力の強力さを示している」。

以下ではこの問題に関するリュングの見解を見てみることにする。

「グルヴェイグ」が、神話的関連では間違いなく『巫女の予言』第一〇〔八〕節において、太古アース神には欠けるものはなかったと歌われた当の「黄金」を指していることは言うまでもない。しかし、リュングによれば、これが単なる「物質」としての「黄金」を意味するものと解釈することは許されない[20]。「グルヴェイグ」がヴァン神族に属する女神である以上、彼女が根源的に精神の自然に対する共感、自然との平和的共存を心情を通して実現する豊潤な生を象徴する女神であるはずである。しかしながら、自らの由来を自然原理の根源としての原巨人「ユミル」の中に有しながら、太古当の「ユミル」を殺害して宇宙世界を創成することによって一端自然と断絶し、純粋な精神性を標榜するに到ったアース神族にとって、同じく神族でありながら自然と密なる共感関係を有し、むしろ「優しい自然力」そのものを象徴するヴァン神は、黄金にも比せられる強烈な力で誘惑し、破滅に導く邪悪な魔女として映り、戦いの誘引ともなるほど激しい恐怖と戦慄をアース神の間に巻き起こしたのである。『巫女の予言』第二一［二一］節で歌われる、アース神が「ハール」（オージン）の館でグルヴェイグを槍で突き刺し、繰り返し焼き殺したことが、結果的にアース神族とヴァン神族の間に「この世で初めての万軍の戦い」を誘発した原因であったと考えられるのである。しかし、「グルヴェイグ」は、本来なら、精神が自然との共感関係の中に有する充足した生を意味する。しかし、「グルヴェイグ」の象徴するこのような精神と自然との共感的な絆が、アース神族の標榜する純粋な精神性によって切断され、排除されると、当の共感的な絆・共感関係は、たとえ完全に死滅してしまわないまでも、息を吹き返すたびに、「焼却」の運命に晒されるのである。しかし、それが完全に死滅してしまうことはない。何れにせよ、アース神によるヴァン神族の女神「グルヴェイグ」の火刑は、精神が過度に純粋・高潔過ぎて、その根を自然という母なる大地から引き抜いたアース神族の蛮行であった。この蛮行を契機として開始された民族戦争の結末は、『巫女の予言』第一四［二四］節の「アースの神々の砦の板垣は破られたり。ヴァンの神々は未来を予言しつつ、戦場に臨めり」によって伝えられている。勝利を収めたのはヴァン神族であった。なぜなら、自然こそが本来の強者だからである。アース神族の知性と人格の壁を破るのは、自然的本能の深く豊潤な心情の生である。戦いは結局、アース神族は「ヘーニル」を、ヴァン神族は「ニョルズ」を相手に差し出すという人質交換の仕方で「和解」に終わる。この戦いと和解以降「ニョルズ」とその二人の子「フレイ」と「フレイヤ」の兄妹神はアース神族に属することになる。

3　アース神の城塞の再建

『巫女の予言』の中でアース神対ヴァン神の戦いの話に続いて語られるのは、戦いの結果ヴァン神によって破壊されたアース神の砦の再建問題である。板垣から造られたアース神の城壁はどのようにして再建されるのであろうか。リュングは、実はこの問いかけに対する回答の内には、北欧人の破滅的な、だが同時に大胆な神話的自己批判の最深の特徴が隠されていると考えている。[21]

城壁は巨人族の変装した大工によって修復されるが、アース神は大工が一年以内に仕事を終えたら、報酬として「フレイヤ・太陽・月」を与えるという破天荒な約束をした。修理の仕事ははかどり、ついにアース神がとてつもない約束を果たすべき時が近づいてくるが、この約束は破棄される。『巫女の予言』第一五［二五］節は、このようなアース神自身の裏切り行為・誓約違反に対する辛い嘆きの声を反映している。リュングは、このエピソードの中に、「北欧人の精神生活の最内奥の本質は究極において何なのかについて最も明確にして最高に的を射た解説を有している」[22]と語っている。アース神が城壁の修復を巨人族の大工に依頼したということは、知的生が自分の生の制約をより底次の力・純粋に地上的なもの・より原始的な自然の中に求めるということを象徴的に表現しているのである。もし精神が暗雲のごときものによって真に天上的な高い目標を遮られるなら、精神は新たな目標を単なる自然的なもの・地上的なものの中に求めざるをえない。しかし、巨人の大工が仕事の報酬として「フレイヤ・太陽・月」を要求するということは、リュングの見解では、この最も地上的・自然的存在が精神に対して完全な帰依と服従を要求するという意味なのである。[23]

しかし、アース神の精神は巨人的な自然との誓約を破棄するという仕方で、巨人の帰依の要請を拒絶した。このことは、まさしく古代・中世北欧人が最も神聖な行為と見なした「誓約」を破るという最大の犯罪行為を犯したことになる。確かにアース神・精神は巨人に、つまり地上的・自然的なものに完全に献身・服従することはしなかった。城壁再建の依頼という程度の部分的服従に留まりはした。だが、「誓約破棄」の行為の結果によって、精神はその純粋さを決定的に喪失したのである。アース神の「堕落」はいまや明確に道徳的性格を有する意識にとっては「堕罪」への、純粋から不純への移行として映じざるをえないのである。

この巨人・自然に対するアースの神々の裏切り行為、精神の堕落の神話を貫いているのは、精神を本質とするアース神の生、したがってまた彼らによって創成された人間の生も徹頭徹尾「汚れている」という、自己自身と衝突するという、罪を犯さずしては生きられないという深刻極まる、だが明白な意識である。かくて、精神の騎士としてのアース神族や人間は、先ず精神がいかなる変化・移ろいも存在しない永遠のパラダイス・光の国から引き裂かれ、運命の女神ノルニルの定め、つまり時間性・歴史性の下で実存する有限的な存在になったことを意識した。ギリシァの神々も「モイライ」(Moirai 運命の三女神) の力に屈した。しかし、ギリシァ人はこれを「堕落」としては意識しなかった。彼らが考えたのは、自分たちにはこれ以外どうしようもなかった、またどうにもならない縛りの中にあるということだけであった。それゆえ、「モイライ」からの解放・救済への展望は神秘の扉の中に閉ざされたままであった。これに対して、古代・中世北欧人においては、「服従」は「堕落」として捉えられたのである。精神の精神としての独立の開始は、自然との断絶を前提とするが、この断絶は同時に自然への屈伏・堕落でもあった。そして、これはさらに先に進む。つまり、先の「城砦の再建」と「誓約破棄」のエピソードに見られるごとく、神々の精神は巨人という自然を利用し、利用することによって、ますます「堕落」の深みに沈み込んでゆくのである。そして、古代・中世北欧人におけるこの「堕落」「堕罪」の意識の深刻さを物語るのが、特に『巫女の予言』第二三〔三一〕節・第二四〔三二－三三〕節で提示され、スノリ・ストゥルルソン『新エッダ』の「ギュルヴィのたぶらかし」で仔細に語られている有名な「バルドル神話」である。

4　バルドル神話の秘密

この神話の基本的特徴は次の通りである。

主神オージンと妻「フリッグ」(Frigg)の愛児で、神々の中で最も美しく、賢く、また最も慈悲深い「光の神」と言われる「バルドル」(Baldr)が、ある時不安な夢を見る。この夢の意味を尋ねて、アース神たちは、それが間もなく「バルドル」が死ぬであろうという恐怖をそそる内容であることを知る。この不安を回避するために、母親のフリッグは全被造物(火・水・鉄及びあらゆる金属、石・大地・樹木・病気・獣・鳥・毒・蛇)に、「バルドル」を傷つけないように誓わせる。そして、「バルドル」の安全が保証されたとわかると、アース神たちは気晴らしに「バルドル」をめがけて全員が矢を射かけることに同意する。しかし、邪神ロキは、母親フリッグから、彼女が一つのものを見過ごしていたという秘密を聞き出す。宿り木の若木には幼過ぎたので誓いを立てることを要求しなかったという秘密である。ロキはこの情報を悪用し、宿り木を引き抜いて、アース神たちの気晴らしには加わらないで孤独をかこっていた、「バルドル」の腹違いの兄で盲目の「ホズ」(Hoðr)に近づいて、他の神々のようにバルドルに敬意を表さないのかと問う。ホズにはそうする意志があったので、ロキは彼に宿り木を渡し、彼の腕を支えてやりながらバルドル目掛けて射かけさせる。そして、バルドルは大地に倒れて死ぬ。スノリの「ギュルヴィのたぶらかし」第四九節では、そのときに受けたアース神たちのショックを次のように述べている、

「これは神々及び人間に降りかかった最も不幸な出来事だった。バルドルがばったり倒れたとき、神々は、一人残らず、ことばもなく、彼のほうにのばす手もだらりと下げ、互いに顔を見合わせるばかりで、このような仕業

をした者に、皆の思いは向けられた。だが、誰も復讐することはできなかった。そこは聖所であったから……だが、その損失が誰よりも胸に応えたのはオージンだった。というのは、彼はバルドルの死がアース神たちにとってどんなに大きな損失であるかを誰よりもよく見通していたからだ」（『エッダ』二七一頁）。

とはいえ、すべての希望が失われたわけではなかった。フリッグは、やはりオージンの子で「俊敏のヘルモーズ」(Hermóðr) と呼ばれた勇神を冥府に住む死の女神「ヘル」(Hel) のところに走らせ、すべてのものの悲しみを話してバルドルをアース神たちに返してくれるように頼む。ヘルは言う、「もし世界中のものが、活きているものも死んでいるものも彼のために泣くなら、彼をアース神のもとに戻そう」（『エッダ』二七二頁、注42）。そこでアース神たちはバルドルの死を悲しむように全世界に命令を発する。女巨人「ソック」(Þökk) 以外は、万物が心からバルドルの死を嘆く。しかし、例外が一人でもおれば、バルドルの帰還を妨げるのには十分であった。ソックが嘆くことを拒んだため、バルドル帰還の望みは断たれる。ソックは変装したロキであった。

バルドルが不安な夢を見る、バルドル自身とアースの神々に「恐れ」(Frygt) が生まれるというのが、この「バルドル神話」の最深の有意味的な特徴である。最初フリッグが自分の子の生命に対して恐れを抱き始め、無限に多様な現実に誓約させる必要を感じた時、すでに彼女にとっては何かを喪失したという事実が決定的となっているのである。ここでリュングは「キェルケゴールが恐るべき深刻さ・鋭さで展開した」理論として「不安」(Angst) の概念を持ち出し、それをよすがに、以下のごとく当のバルドル神話の真相に肉薄を試みている。[24]

「不安」(Angst) は「堕罪」(Syndefald) の始め乃至「前提・前配置」(Forudsætning) である。なぜなら、「純粋無垢」(den rene Uskyldighed) には不安や恐れは存在しないからである。もしわたしが「誘惑」(Fristelse) に対して「不安」を感じるなら、それはすでにわたし自身の内部に何らかの「齟齬」(Misforhold) が存在しているか、感じている証拠に他ならないのである。「誘惑」が魂に向かって魔力を行使するのは、まさしくこの「不安」を通してなのである。この魔力は小鳥に襲い掛かる蛇になぞらえることができる。なぜなら、対象を不安を抱きながら見つめると「眩暈」が起き、秘密めいた、だが抗い難い仕方でこの対象に引き寄せられるからである。それゆえ、人間の中に、「無垢」を失うかもしれない危険についての最初の、不明瞭な、何とも言いようのない不安な「予感」が生まれる時、彼はもはや「無垢」ではなく、すでに「純粋さ」は失われているのである。このような「無垢」の喪失に対するさらなる根本的理由とは何なのか？　つまり、それ自体としては意味のない対象、キェルケゴール独自のタームを用いれば、まさしく「無」（Intet）に対してこのような魂を動かす力を与えるものは何なのか？　北欧神話の視界で把握すれば、それは、太古三柱のアース神が尊属殺人的行為を通して世界を創成して以来、彼らの存在の根底に潜む根源的な罪性であり――邪神ロキがアース神族に属し、主神オージンの義兄弟であるということ自体、この神族の本質を貫く根源的罪性を暗示しており、さらにリュングの言葉に替えて言えば、それは「人間本性における動物的なもの、つまりロキ」[25]ということになる。そして、ロキの唆しによって兄弟の「バルドル」に向けて現実に矢を放ち、堕落を現実たらしめるもの、即ちホズというのは、いわば「盲目的な意志」を意味するのである――巨人族の力たる「自然必然性」ではない。いかなる欠乏も存在しないがゆえに何ものも欲しない魂の無垢を象徴するバルドル――ただしキェルケゴール的に把握すれば、彼とて不安を持たない「純粋の無垢」ではない――が、特定の、だがそれゆえに一面的・地上的な目標の盲目的・偶然的選択としての意志を意味するホズと双子の兄弟であるということは、彼がアース神族を、精神を貫く根本的罪性という底知れぬ暗い深淵と無縁ではないことを暗示している。欠乏がなく、それゆえに何ものも欲しない純粋意志が作動するとすれば、これはまったく行き当たりばったり盲目的なものにならざるをえないが、さらにその意志そのものが盲目的で、それ自身いかなる目標も持たず、ただ単に動物的な欲望にのみ基づく時、それの引き起こす行動は、意志の根底に潜む根源的罪性ゆえに、まさに精神にとっては致命傷となる具体的な罪の行為へと向かわざるをえないのである。ここに盲目の兄弟ホズによるバルドル殺害の深刻な秘密がある。

バルドルの「無垢」は冥府の女神ヘルの餌食となった。しかし、アース神族にとってこの喪失は回復不可能であろうか。バルドルは彼らの元に帰ってくることはできないのであろうか。前述のように、死の女神「ヘル」は「バルドル」返還の条件として、万物が「バルドルの死を嘆き悲しむべし」という条件を掲げる。だが、アース神のこの願いは再度「ロキ」の姦計によって妨害され、バルドルは冥府「ヘルヘイム」(Helheimr)に留まる。

このエピソードの中には「バルドル神話」をめぐる極めて深刻な一つの問題が包蔵されている。そして、この問題を考察する上でリュングに決定的な指標を与えたのが、まさにキェルケゴールの掲げる「悔いによる救済は可能か」という問いかけであった。周知のように、この問い掛けは、キェルケゴールの宗教的実存論において、内在的な倫理的実存の挫折と内在的な宗教性Aの段階の限界を突破して超越的な宗教性Bの段階への飛躍を可能ならしめる決定的な契機として最重要な役割を果たすものである。キェルケゴールのこの問い掛けを、リュングは「バルドル神話」の視界内で、以下のように捉えている。

人間は魂のありったけの力を振り絞っておのれの失われた無垢を嘆き悲しむ。だが、問題は、そうすることによってその無垢を再度受取り直すことができるか、ということである。前記エピソードは、この受取り直しが不可能なことを、すでに古代・中世北欧人がいかに痛切に受け留めたかを告知している。つまり、彼らは多くの者を絶望に陥れずにはおかない深刻な感情、つまり悲嘆や悔いをもってしては堕落から救うことは不可能であるという破滅的な感情に打ちのめされていたのである。リュングは、「この自己批判の思想は疑いもなく北欧人の宗教的精神生活の固有の特質であって、北欧人をまさに北欧人たらしめるものこそ、まさにこの敬虔主義(Pietisme)への傾向である。なぜなら、北欧人を形成するのは、結局、敬虔主義の深く・美しい、だがまた熱狂的な根本思想だからである」[26]、と語っている。確かにリュングは、このように北欧人のアイデンティティを形成する敬虔主義の現代の典型的な具現者がキェルケゴールであるとは直接言葉にはしていないが、通説ではキェルケゴール自身が父ミカエルの敬虔主義的信仰の影響下、この信仰に固有の峻厳な道徳的自己批判の精神に貫かれた典型的な人物であった。そして、リュングは、北欧神話において、その悲しみの深さによって冥府ヘルヘイムからバルドルを呼び返そうとする母フリッグの絶望的な試みの中に、敬虔主義の熱狂の本質を見ている。と同時に、リュングによれば、ここには総じて古代・中世のみならず現代の北欧人の宗教生活を複雑困難ならしめ、オーソドックスなキリスト教信仰に真っ直ぐに到達することを困難ならしめている根源的な理由が明示されているという。それは、北欧人が救済者の腕の中に単刀直入に身を投じるのではなく、「バルドル神話」の表現するごとき、あくまでおのれの悲しみと悔いの深さによる敬虔主義的な自力救済への志向と、同時にそのような自力救済に対する懐疑と批判との相克に由来する苦悩である。『巫女の予言』の詩人作者を筆頭として、グルントヴィやキェルケゴールのごとき傑出した北欧人の多くは、この種の宗教的・精神的危機を体験しているのである。彼らは敬虔主義に深い共感を寄せながらも、同時にそこにおける不安な自己批判に留まるかぎり、「バルドル」は帰ってこないことを痛感していたのである。「バルドル神話」は、いわば堕落を引き起こした人間の内なる動物的欲望・根源的罪性が、同時にまたこの堕落を真に悲しみ、悔いることを拒否し、無垢の受取り直しを不可能ならしめるという絶望的な洞察の上に成立していると言わなければならない。しかも、この洞察こそが、北欧人にバルドルの帰還が神族と巨人族、精神と自然との最終的な戦いによる両者の没落後に初めて実現可能なことを予感せしめたのである。

何れにせよ「バルドル神話」は、なかんずく古代・中世北欧人がこの神話の暗示するごとき内なる葛藤についての深刻な、だが明確な意識を持って人生を、世界を凝視しつつ、結局真の安らぎがこの世に見出しえないという認識に到達したことを示している。そして、この認識が、古代・中世北欧人を、神的勢力とそれに敵対するさまざまな彼岸的勢力の展開する最後の決戦に向かわしめ、双方が破滅・没落するこの戦いの背後に、新たに蘇った大地への「バルドルの帰還」という精神の深い憧れの充足を予感したのである。「バルドル神話」が北欧の神々の伝説における本来の中心点であり、その最も固有の特質を物語ると言われる所以は、以上のごとき展開を通して、この神話がまさに北欧的世界観の古代から中世への、内在的な立場から超越的立場への転換点をなすものだからである。

5　神族と巨人族の戦い（1）──無精神性の問題

無垢の状態と罪の堕落を中心とするこれまでの北欧神話の内容は、正確には神々の「過去」に関してである。北欧神話は「現在」を一瞬の移行契機と見なして、ここから一挙に「未来」の事象に向かう。

言うまでもなく、北欧神話における神々の生は北欧人の生の模範乃至理念的把握に他ならないが、同じ意味で神々の過去は、かつて古代・中世北欧人が抱いていた精神と自然の関係に関する基本的見解を披瀝しており、両者の関係は人間の自由な個別的実存に先行し、それが自らの根源を有している根本的前提乃至条件を告知していると言うことができる。個人の意識生活がどこで始まるかは、意識の奥をいかに深く遡及しても語ることはできない。とはいえ、意識生活が自由に、無前提的に開始されることはありえず、常に何かが先行し、それに依存しているという意識乃至感情を所有しているはずである。それは、人間の罪なる行為は、本質的に、悪しき欲望のごとき意味での彼自身の有する根源的罪性を無制約的前提としているという意味である。もとより人間のこの根源的罪性自体は彼の責任ではない。根源的罪性は彼の本性に属しているからである。しかしながら、より厳密に吟味してみると、さらなる真相が露になる。なぜなら、内なる欲望・根源的罪性が具体的な罪の行為を犯すべく人間を支配したということは、彼が現実に罪の行為を犯す以前に彼自身の内なる欲望・根源的罪性に屈したということに本質的な原因があるからである。その意味では人間誰一人としておのれの悪しき欲望・根源的罪性に抵抗できなかったという責めからは逃れることはできない。自分自身に対して誠実であればあるほど、自らのこの無抵抗性に対する罪責意識は強烈な自覚となる。しかしながら、このような悪しき欲望・根源的罪性自体のさらなる根拠を問うという仕方で、悪行の、責めの、それゆえにまた自由の初源を探ろうとしてさらに奥深くに遡るとすれば、結局視界は、明瞭な意識の発生源としての秘密のヴェールに包まれた闇の深淵の中に見失われてしまうであろう。だが、これこそが世界・宇宙における生の神秘的な見通し不可能な根底に他ならないのである。この点は、人間の実存にとって以上に、神々の実存に対してより強烈に妥当するのである。リュングによれば、このことについて深刻に思量し、かつ自らのこの思量を北欧神話における壮大な世界創成論・堕罪論として完成したのが古代・中世北欧人に他ならないのである。北欧神話のこの部分が特に多くの暗闇に包まれており、すべてを完全に掌握することが極めて困難な究極の原因はそこにある。(27)

しかしながら、このようになお朦朧とした境域に留まる神々の「過去」に比較すれば、彼らの「未来」についてはいささか事情を異にする。この部分は、自由な意識の光の中で営む生についての古代・中世北欧人の独自の見解を包含しているからである。しかしながら、ここで北欧神話、なかんずく『巫女の予言』の詩篇における決定的なポイントとして指摘しておかなければならないのは、世界創成と神々の堕罪に関する「過去」の物語はすべて、「未来」における神々の破滅の運命に対する前哨的な布石に過ぎず、神々・人間・世界の何れもが死と没落の運命を回避しえない必然性を解き明かすための準備作業に他ならないということである。そのかぎり、「過去」の物語は明確に「神々の没落」「神々の黄昏」の物語に対する序論的・前走的部分と見なさなければならない。換言すれば、「未来」の事象として設定される「ラグナロク」の物語こそ、北欧神話の本来の中核部分を構成するのである。そして、この部分に対して前哨的役割を果たすものとしてリュングが特に注目するのが、北欧神話における「悪」（Ond）の問題である。そして、彼が具体的にこの「悪」を構成すると見なす「無精神性」（Aandløshed）と「悪魔的なもの」（det Djævelske）に関する彼のラディカルな分析は、彼自身の宗教哲学的北欧神話論のハイライトの一端をなすものと言ってよい。

古代・中世北欧人は、精神の生が常に自然に由来する敵を所有することを看破していた。彼らにとって、神々や人間の生は徹頭徹尾精神に敵対する諸力との絶えざる戦いに他ならなかった。この種の敵対諸力はギリシァ神話も思量する。だが、リュングによれば、この問題をめぐっては、北欧神話とギリシァ神話との間には根本的な差異がある。未開の自然の諸力との戦いは、ギリシァ人の場合、本質的に克服されているからである。「ティタン」（Titan ギリシァ神話で、巨人またはその一族。天空神ウラノスと大地女神ガイアから生まれたクロノスその他の神々を言う。ゼウスが率いるオリンポスの神たちと戦って敗れ、地底に幽閉された）は、深淵の闇の中へ投棄され、縛られたまま幽閉されるのである。ギリシァ人は人生を「美」の中に、つまり精神と自然との調和の中に有していた。それゆえ、彼らの人生の戦いは、この調和の偶然的な移ろい易い本質から生まれる戦いでしかない。これが純粋な美の生活と心情の生活との間の、ギリシァ神話的には「アポロ」（Apollo 秩序）と「ディオニソス」（Dionysos 混沌）との間の、悲劇的葛藤である。[28]

他方、北欧人の感性の鋭さは、この世の生においてはさまざまな葛藤が、その完全な様相では現れていないことを見抜いていた。だから、彼らは「この現存する世界秩序の内なる善よりもはるかに善なるもの」（noget langt Bedre end det Gode, de fandt i den nærværende Verdensorden）、つまり「完全な善・純粋さ・美」を夢想する一方、同様にまた彼らは「この世で戦わなければならない悪よりもはるかに悪なるもの」（noget langt Være end det Onde, de her havde at kæmpe med）、つまり「決定的な悪」・「完全悪」を予感していたのである。[29]そして、この世において戦いうる対象としての最初の「悪」を古代・中世北欧人は端的に「無精神性」(Aandsløshed)、つまり「精神的なもの」への「無関心性」(Ligegyldighed) と見なすのに対し、本来の「悪」を「精神的なもの」に敵対する「悪魔的なもの」(det Djævelske) として把握したのである。後者はこの世において戦い克服しうるごとき力ではなく、逆にかつて体験したこともない未曾有の壊滅的な戦い、現存の世界秩序自体を破壊・没落せしめる最終戦争を惹起するものである。そして、前者、「無精神性」との戦いは、宇宙の、世界の、したがって神々と人間、そして同時に巨人たちの運命をも決するこの最後の戦いへの前配置に他ならないのである。以下、先ず北欧神話の語るこの世界最終戦争への最初の前配置・前段階を構成する「無精神性」と「無関心性」の問題をめぐるリュングの考察に留意してみよう。

「無精神性」・「無精神的なもの」とはより厳密に何を意味するのか。それは「石」や「木」といった「生命」のない、したがってまた精神を所有しない、単なる「自然的事物」のごときものの意味ではない。また、単に高度なインテリゼンスが欠落しているといった意味でもない。リュングはこのような「無精神性」を「人格性の欠落」とも呼んでいるが、人間の次元に降ろして考えれば、それは人間内部の肉欲のごとき精神に対立する荒々しい破壊力と言っても差し支えない。それは人間生活自体の中に宿る力ではあるが、真に人間的なもの・精神的なものに対立する自然的力のことである。リュングはこのことを次のように表現している。「それはいわば自然それ自体を意味するのではなく、精神の上位に立つことによって、人間生活を自ら支配しようとする時の自然の謂いである。いわば自然によって支配される時の人間生活のことである。精神を所有しているべきでありながら、それを所有していないもののことである。換言すれば、自らを自然の次元に貶め、自然と一体化し、そのことによって自らの真の生命を自然的なものの中に埋没させる道を選択した精神に他ならない」[30]。

そして、このような「無精神性」の意味での自然が、戦いを自らの生の本質的課題とするアース神族の敵対者・巨人族として象徴化されているのが北欧神話である。しかも、ここではかつて世界創成に際してその基礎・素材となったという「ユミル神話」の積極的な巨人像は完全に逆転することになる。もともと「巨人」（Jötunn）という名称の由来自体は、既述のように、一般的には古ノルド語「eta」（食べる）に由来し、したがって「食らう者」を基本義とする。恐らくその真義は、破壊的な自然力と同時に大食漢・肉欲のためにのみ生きる者ということであろう。

ところで、北欧神話には、こういった破壊的な自然力・無精神性としての「巨人」が多数登場するが、彼らを代表するのが、巨人族の始祖であるとともに世界創成の母体となった「ユミル」である。彼についてもすでに述べたが、この「Ymir」という古ノルド語の原義にはインド－ヨーロッパ語の語源「*jemo」（双子・雌雄同体）に連なっていると同時に、いま一つ古ノルド語の「ymja」（泣き叫ぶ・騒ぐ・猛り狂う）との関連が語られており、リュングは後者を選択している。その理由は、彼の表現を用いれば、「太古の北欧人は、未開の自然力を発音の不明瞭な混沌たるものの中に発見し、逆に精神は明瞭な言葉と調和的な歌の中に見出したと思われる」[31]ということを挙げている。そして、彼によれば、「Ymir」の語幹「ym」は恐らく不明瞭なトーンで、鈍い不明確な自然音を模倣しようとする試みから生まれたものであろうという。そして、北欧神話に登場する「スリュム」（Þrymr）、「ヒュミル」（Hymir）、「フリュム」（Hrymir）、「スクリューミル」（Skrymir）といった他の巨人名も「ymir」の前に一、二の子音を付加して作られたものと推測されるので、これら巨人群は普遍的な巨人力としての「ユミル」の特殊化、さらには内在化とも見なすことができよう。いわば非一般的な種類の派生であって、子音は母音に対しては象徴的に使用されており、一般的なものに対して特殊なもの・特定なもの・時間的なものを提示しようとしているのである。原巨人「ユミル」が「精神」の立場から把握される時、スノリ・ストゥルルソンのように（「ギュルヴィのたぶらかし」第五節）、「われわれは彼が神であるなどとはまったく考えていない。彼は悪い奴だ」、と言わざるをえないのであるが、「ユミル」の特殊化・個別化としての前記各巨人が彼の「悪」を継承しているのは当然であって、この負の相続財産が具体的にはまさしく「無精神性」として現前してくるのである。「スリュム」においては「無精神性」は「愚鈍」として、「ヒュミル」においては「道徳性の欠如」、「臆病」として、「スクリューミル」においては「俗物性」として。

ところで、前述のように、北欧神話における「巨人」の本質が「無精神性」として把握される場合、古代・中世北欧人が「精神」の理論的な優越性よりもむしろ倫理的・道徳的な性格を尊重したことがわかるが、リュングはこのような傾向は現代北欧人の中にも発見される根本的な特質であると見なしている。(32) 彼自身は名指しこそしていないが、もとよりこのような現代北欧人の典型がキェルケゴールであることは言うまでもない。こういった精神性の理解に基づいて、歴史的に北欧においては、「無精神性」は真に人間的なものの敵として、最も深い意味においてはまさしく「非道徳的なもの」(noget Umoralsk) として把握されたのは当然であった。もっとも道徳的乃至非道徳的性格は必ずしも同じように明確に現れるわけではなく、同様にまた無精神性もすべてが等しく非道徳的であるわけではない。換言すれば、北欧神話においては、さまざまな性格の無精神性が想定されているのである。このことをリュングは、「オージン」を筆頭にアース神族に異なる複数の神々を設定することによって「精神性」を「個別化する」すべを心得ていた古代・中世北欧人は、同様にまた「無精神性」を個別化することを通して、さまざまな巨人像を描出したと述べている。(33) その結果が、前述のごとき「スリュム」・「フリュム」・「スクリューミル」といった巨人群の登場である。

さて、精神と自然、アース神族と巨人族、新たなタームで言えば「精神性」と「無精神性」、これら対立契機をめぐる最大の問題点はもとより両契機間の戦いであるが、巨人族の、無精神性の諸相を具体的にさらに鮮明に浮び上がらせるはずのこの戦いは、基本的に、巨人族の中で最も注目すべき幾つかの無精神的存在がアース神族に仕掛け、そしてアース神族のオージンに次ぐ第二神「ソール」(Þórr) が彼らを迎え撃つという構図を取っている。つまり、アース神族の側から本格的に巨人族との戦いを遂行するのはソールなのである。リュングは、「ソールの神像の中に北欧人は彼らの民族生活と民族精神の本来の理想を発見したように思われる」[34]と述べて、古代・中世のみならず現代においてもソールが北欧人の民族生活・民族精神にとって最高の理想像であることを語っているが、それは、言うまでもなく生きることを戦うことと見る北欧人にとって、ソールこそまさに戦士の模範に他ならないからである。

「ソール」という名称が「雷」（Torden）乃至「大胆不敵なもの」（den Dristige）を意味することはほぼ疑いないであろうと、リュングは言う[35]。しかし、何れの意味の場合も大きな特徴を帯びているというのが彼のさらなる見解である。自然界での雷・稲妻の本質は、神話的には隠れた天上の火の「啓示」、稲妻による「告知」ということである。この強力な啓示によって闇を切り裂き、力と威厳をもって敵を打倒するのである。ソールは雷神として自然的世界に現象するのみならず、精神的世界にも出没する。リュングは主張する、「オージンが精神それ自体、精神の隠された生命固有の尊厳を表すとすれば、ソールはこの尊厳の反照（Afglands）である。ソールは精神の啓示、いわば啓示された精神であって、この世においては敵と戦う精神なのである。この力と威厳における精神の啓示こそ〈真理〉（Sandhed）に他ならない[36]」。われわれがソールのキャラクターを考察すると、彼が武骨で誠実な素朴さと同時に大胆な勇気の持主であることがわかる。『巫女の予言』第一六［二六］節で歌われている、「ソールはただひとりその場にて殴殺せり、憤怒に燃えて　彼なれば　座視することあたわず　かかることを　聞きつけたる上は」の一節が、このことを物語っている。その意味で、ソールは北欧神話的には「精神の光の神」、「真理の神」と言わなければならない。そして、このことは、同じく北欧神話の視界では、ソールが本質的に「戦いの神」であるというのと同義である。

このソールについては他にも語るべき多くの事項が存在するが[37]、以下においては複雑ではあるが、北欧神話における「無精神性」の本質問題を解き明かす上で最も重要な契機について探ることにする。それは、リュングが「無精神性」を代表する最後の巨人力、「絶対的権威、最高に恐れるべき権威を有し、栄光に包まれ、彼の本質の完全な啓示に包まれた生の力[38]」と見なす、巨人族の統治者・「ウートガルザ-ロキ」(Útgarða-Loki) 対ソールとの戦いである。

スノリの『散文のエッダ』第一部「ギュルヴィのたぶらかし」第四六節-四七節では、幻術を操る術や奸智にたけた策を得意とする巨人の王として登場するが、ソールがこの王の住処「ウートガルズ」(Útgarðr) を訪問した際のエピソードを中心として、彼をめぐる神話の根本的特徴が示される。ウートガルザ-ロキはソールが彼を訪れた際は先ず変装して「スクリューミル」(Skrýmir) になり、遠方の山を自分の頭部だとソールに見誤らせて「ミョルニル」(Mjolnir 古ノルド語で「粉砕するもの」を意味するソールの武器のハンマー) で殴打させるなど、幻術でたぶらかす。さらに彼はソールが従者を連れて自分の城に訪ねてくると、さっそく技比べを申し出て、ロギ(野火)、フギ(思考)、海に繋がった角杯、灰色の猫に変身させた「ミズガルズ蛇」、「エッリ」(老い) を用いてソール一行を打ち負かす。

こういった契機をモティーフとして展開される「ウートガルザ-ロキ神話」のことを、リュングは、「これまでの神話よりも解釈に対してはるかに大きな困難を提出する[39]」と言う。というのも、「スリュム」の中に端的に愚かさの代表者を発見し、「フルングニル」は「粗野」の代表者であり、「ヒュミル」は「臆病」の典型的な表現者であったが、ウートガルザ-ロキはそのような簡単な解釈を許さないからである。もとより「ウートガルザ-ロキ神話」の本来の特性が「魔術」(Kogleri) であることは否定できない。この「魔術」によって彼はソールから自分を守り、かつ彼を騙すからである。その意味で、「魔術」がウートガルザ-ロキの本質に属することは明らかだが、まさにこの点が簡単には理解できないのである。古代北欧人の間で「魔法」(Troldom) が行われ、邪悪なものと見なされたとしても、彼らが魔術の代表者を精神に敵対する全巨人の統率者たらしめるほど大きな意味を当の魔術に与えたと仮定しうるだけの根拠は皆無というのがリュングの見解である。というのも、ウートガルザ-ロキが用いる魔術が「目の錯覚」という特殊な性格のものに限定されているからである。古代北欧人がウートガルザ‐ロキの中に「魔法」「妖術」「幻影」と考えられる生の方向の代表者を見たのは間違いないとしても、そこに隠されているさらに深い真理を探らなければならないとリュングは主張する。そして、ここにおいてもわれわれはリュングの卓抜な解釈に注目することにする。

一体、ウートガルザ‐ロキがソールから自分の身を守る武器となった魔術とは何であったのか。それは、ウートガルザ‐ロキが自分とソールの属するアース神族との間にある「自然的」と「非自然的」両方の世界にまたがるさまざまな力を用いた点にある。つまり、「石の固さ」「思惟の速さ」「海の測りがたい深さ」「火と時間の破壊力」、「ミズガルズ蛇が大地に巻き付いている」という意味での「悪の力」である。ソールにとってスクリューミルの人間の頭らしく見えたものは「崖」であり、「飢えた男」のごとく見えたものは「焼き尽くした火」であり、「足の速い小男」と見えたものはウートガルザ‐ロキ自身の「思惟」である。「角杯」のごとく見えるものは「測りがたい海」、「大広間の絨毯の上に猫のごとくうずくまっている」のは「ミズガルズ蛇」である。また弱々しい老婆のように見えるのは、一切のものを破壊する「時間」であり「年齢」である。

それゆえ、リュングによれば、「魔術」の本質は、非人間的なもの・自然的なもの・非自然的なものに対してすら人間性の仮象を与えるという点にある。(40) つまり、「魔術」「幻影」が存在する所以は、それが人間の生の外見を有してはいるが、実際にはそれがまったく別のものだからである。そして、ここにおいてリュングが改めて問い掛けるのは、こういったことが「生」にとって何を意味するのか、ということである。総じて「生」に対して真の特性を与えるものは何なのか？　人間の「生」の本質は一体何に基づくのか？

リュング自身がこの問い掛けに対して与える回答は、それは生きる目的、人間がそのために生きるところのものに基づくということである。人間がそのために生きるもの、それこそが人間の生の内容であり、真に彼自身に他ならいのである。それでは、単なる人間性の仮象を有するに過ぎない生とはいかなるものなのか。それは、人間的でないもののために生きる、自然的なもの・物質的なもの・地上的なもの・時間的なもののために生きる人間の生である。このような人間の生をリュングは端的に「俗物性」(Philisetri) と呼ぶ[41]。リュングも指摘するように、「俗物」といった呼称は、陽気でユーモアのある特性を有しており、場合によってはこの陽気さゆえにブルジョァ階級一般に対するからかいを意味する蔑称にまでなり下がることがある。しかしながら、リュングが改めて強調するのは、「俗物性」というのはもとより「階級」(Stand) に関わる呼称ではなく、文字通り「精神生活」に関して逆対応的にまさしく「無精神性」を意味する呼称なのである。つまり、それは根源的に「人間であることを忘れること」なのである。改めてリュング固有の表現を用いれば、「俗物性とは、真に人間的なもの・人間における神的なもの、つまり精神とその能力を、明確に単なる自然的なもののために使い、自然的なものの道具たらしめることによる、人間生活の世俗化のことである[42]」。この「世俗化」によって人間は彼の存在の重点を「自然性」の中に置き、自分自身を自然的存在に、強力な自然の鎖の一環に還元するのである。地上的なものに献身することは、北欧人固有の冒険的な人生観の真逆である。地上の生に過度の真剣さを提供し、それが独自なものだと想像して地上的なもののために戦い、働くことである。そして、このような人生観、すなわち俗物的な見方の世界史的代表が、リュングによれば、まさしく「ローマ人」である。そして、リュングは、グルントヴィの影響下、「俗物性」をめぐるこういった神話表象の中に、巨大なローマ帝国と戦い、そして崩壊させるという世界史的使命を帯びた北欧民族精神の予感を看破しているのである[43]。

「俗物性」はもっぱら自然法則に屈服し、自分を自然的存在に還元する。反面、真に人間的なものとは、少なくともおのれの最内奥の意志によって自然的存在を超越することである。ただし、全体として見れば、「俗物性」というのは、「臆病」のごとく無性格ではないと、リュングは言う。それゆえ、「俗物性」は、その他の形式の無精神性と異なって、おのれの内に一つの確固たる基盤を有している。なぜなら、「俗物性」は自然そのものの力、大地が一切のものを自分に縛り付けている当の強烈な拘束力と一体となっているからである。この強力な力を自分自身の本性として有しており、その意味においてまさに最高に力の溢れた「無精神性」こそ「俗物性」に他ならないのである。これによってまた、あらゆる「無精神性」が究極において何であるかの明白な啓示ともなる。つまり、「愚かさ」が生の意味と連関を見ないのは、それが地上的なものを信頼し、それに期待しているからであり、「粗野」が自分自身と自分のものに固執するのは、地上的なものへの愛がその視野の大部分を占めているからである。「臆病」が決定的な戦いに到る船出や犠牲に抵抗するのは、犠牲にする事物に心が執着し、地上的なものに心を捧げるからである。結局、総括的に言えば、なかんずく地上的なものを生の法則及び課題として承認・設定するものこそ「俗物性」なのである。(44)

「無精神性」の本質としての「俗物性」はしばしば「無邪気な外観」を装う。一見精神とその要求・理想に対する単なる無知乃至無関心のように思われる。確かに時にはそれを肯定せざるをえないような場合もある。しかしながら、決定的に重大な要件は、この「無邪気な外見」の背後に何か深刻なもの、つまり精神に対する真の「敵対関係」が隠されているという事実である。これは古代・中世北欧人の確信であった。この「敵対関係」から浮かび上がってくるのが、北欧神話における「悪」の問題である。

6　神族と巨人族の戦い（2）――悪の問題

北欧的世界観の原像を開示する過程でリュングが常に強調するのは、古代・中世北欧人は精神が常時その敵を抱えていることを明確に自覚していたという点である、したがって、リュングの見解によれば、古代・中世北欧人にとっては人間生活全体、したがって神々の生活も本質的に精神に敵対する諸力との絶えざる戦いに他ならないのである。

そして、この戦いの最初の敵が「無精神性」であった。だが、この「無精神性」の本質は基本的に精神的なものに対する「無関心性」(Interesseløshed) に過ぎず、精神的なものに移された「物質」の性質、つまり「不活性」である。しかしながら、古代・中世北欧人は、この世の生においてはさまざまな対立がその完全な純粋さでは現象していないことを見抜いていた。彼らは現存する世界秩序の中に発見した「善」よりもはるかに「善なるもの」、つまり「完全な善」(det fuldkommen Gode) を夢想したが、同様に彼らはまたこの世で戦わなければならない悪よりもはるかに悪なるもの、「決定的な悪」(afgjørt Onde)「完全な悪」(det fuldkommen Onde) を予感していた。換言すれば、古代・中世北欧人は「無関心性」の根底により深刻な何ものかが隠されていることを看破していたのである。つまり、無関心性のさらなる奥底に燃えるがごとき「憎悪」(Had) や「敵意」(Fjendskab) が横たわることを認識していたのである。いわば古代・中世北欧人は無関心性を象徴する諸力の背後に、いまだ本来の恐るべき姿では登場していないが、実はより強力で決定的な諸力の存在を予感していたのである。そして、これらの諸力が現実に登場した時には、かつて世界が見たことも体験したこともない未曾有の壊滅的な戦い、現存の世界秩序自体を破壊・没落せしめようとする「世界最終戦争」を覚悟しなければならなかったのである。

この「世界最終戦争」に対する、「来るべきもの」に対する予感が北欧神話全体を貫いており、北欧的世界観の最も本質的な部分を構成することはよく知られている。なかんずく北欧神話の各種詩篇の内で、このことを最も鮮明に告知しているのが『巫女の予言』であることは周知されている。この詩篇では、「現在」(Nutid) は「過去」(Fortid) と「未来」(Fremtid) との間の単なる移行契機として消失する。そこで叙述されているのは、ほとんどもっぱら過去の陰鬱な思い出と将来の不安な予感である。事実、『巫女の予言』において唯一「現在」に関連づけられているのは第三四［四四］節のみであり、そこでは次のように歌われている。

「ガルムは　激しく　咆哮す
グニパヘリルの　前
鎖は　ひきちぎれ、
狼は　逃げ去らん。
われ　あまたの知識を　誇れり、
われ　はるか行手に　見る
統べる者どもの　運命を
戦さの神々の　苛烈なる」

リュングは、この詩句を、世界最終戦争によって齎される「ラグナロク」という名の宇宙論的壊滅現象への暗澹たる不安感を告知するものとして把握し、同時にこの詩句が『巫女の予言』に四回にわたり反復登場する点に、この詩編全体を覆う不安感の深刻さに注目している。

「ラグナロク」（Ragnarök）とは文字通り「神々の運命・没落」の義であるが、北方ゲルマン人の異教的終末論の根幹をなすこの概念そのもののより厳密な検討に先行して留意しなければならないのは、リュングの言う「神的諸力の解体・終焉」とは、まさにそれによって根底にある真理、その真の本質が露呈されるごとき解体であり終焉だということである。(45) しかし、そのことを明らかにするためには、この解体と終焉を齎す世界最終戦争において最も恐るべき役割を演じる巨人軍の存在の本質を問わなければならない。そして、このことは、北欧的世界観における「悪」（det Onde）の存在を問うことに他ならないのである。

古代・中世北欧人の最高に陰鬱な想像力が創造しえた最も恐るべき存在は、リュングも指摘するように、女巨人「アングルボザ」（Angrboða, angr 悲しみ・罪、boða 告知するもの）と「ロキ」との間に生まれた三人の子、既述の「フェンリル狼」「ミズガルズ蛇」「ヘル」（Hel）である。彼らこそ神々の本来の敵、「悪そのもの」（det Onde selv）・「本当の悪」（det virkelig Onde）の「擬人化」（Personification）に他ならないのである。そこからさらにリュングは彼らをまさに「悪魔」（Djævel）・「悪魔的なもの」（den Dæmoniske）とも呼んでいる。問題は、この悪が、悪魔的なものがいかにして誕生するかである。

リュングの見解では、巨人勢力自体は悪でもなければ悪魔的存在でもない。既述のように、彼らの本質は元来純粋の無関心性・無精神性だからである。では、こういった無関心性・無精神性がいかにして悪に、悪魔的なものに発展するのか。フェンリル狼やミズガルズ蛇が巨人族と同族関係にあるというだけでは、いわば彼らが精神から隔離されているという意味で無精神性の静止状態の中に放置されているだけなら、彼らは本物の悪・悪魔的存在にはなりえない。無精神的な存在が精神的なものに積極的に、緊密に関係する時に、北欧神話的に言えば、「ロキ」が「アース神族」の中に受け入れられる時に、彼らの悪・悪魔性が成立すると言うことができるのである。換言すれば、無精神性が精神的な形姿を取り、この関係の中で無精神性自身の内部に精神との対立関係の明確な意識が生まれる時、悪が発生し、悪魔的なものと化すのである。この点についてリュングは厳密にこのように述べている。

「無精神性は自動力なきものとして単なる自然的なものである。自動力のなさと鈍感さゆえに精神の呼びかけには応答しない。したがって、無精神性の自由と意識は中途半端なものである。それに対して、悪は非自然的なものである。悪・悪魔的なものとは明瞭な意識と完全な自由を有する存在であり、したがって真に精神的な存在である。しかし、同時に自らの内なる自然的なものと精神との共感関係を根絶するためにこの自由を利用し、その結果非自然的となるがごとき存在である[46]」。

つまり、リュングによれば、北欧神話の世界観の立場では、精神に対していまだ自由に意識的・積極的に対立することのない単なる自然的なものとしての無精神性と異なり、精神に対して決定的に対立しつつ、しかも自らは意識と自由を有する精神的存在として登場し、精神と自然的なものとの共感関係を根絶・廃棄して、完全に非自然的なものと化すところに、悪・悪魔的なものの実体が存在するのである。

しかしながら、古代・中世北欧人の特性は、悪・悪魔的なもののこのような一般的・抽象的な把握では満足しえず、無精神性同様それを具体的に「個別化」することによって創造したのが、既述の「フェンリル狼」「ミズガルズ蛇」「ヘル」の三者に他ならないのである。ここで注目されるのは、これら三者はもはや巨人族のごとく「人間の姿」を取らないことである。「悪魔的なもの」「真に悪なるもの」はどこまでも「非人間的なもの」である。ここには精神的存在の形像を示しながらも、その本質においては本来の精神からの完全な断絶、それとの決定的な対立がある。だからこそ、彼らにおいては巨人族の人間的形姿の中にある「精神性」の最後の痕跡すら失われている。またこれによって「美」の最後の痕跡も消失している。彼らの姿は動物的ですらない。動物的なものであれば、そこにはなおそれなりの固有の「美」の要素が保持されているからである。だが、精神への憧憬が完全に葬られている「悪魔的なもの」の姿は、「醜悪なもの」(det Hæslige)・「恐ろしいもの」(det Rædsomme)であり、まさに「身の毛もよだつ」恐怖の形相を帯びているのである。

先ず「フェンリル」(Fenrir)は「狼」であり、極めて獰猛であって、彼に近づきうるのは「戦いの神」の「テュール」(Týr)のみである。言うまでもなく、狼は「凶暴さ」・「残酷さ」・「貪欲さ」のシンボルであるが、同様にフェンリルも明らかに凶暴で「破壊的な欲望」乃至「憎悪」の義での「悪」であり、文字通り「悪魔的なもの」である。

次に別名「ヨルムンガンド」(Jormungandr. Jormun = *ermuna〈巨大なもの〉を指す前綴り、gandr〈魔法の杖〉から蛇の義)

とも言われる「ミズガルズ蛇」（Miðgarðsormur）は、文字通り「蛇」である。彼は通常海底に隠れており、ラグナロクにおいて初めてその全貌を露にする。したがって、彼は「卑屈に這い回るもの」・「隠れたもの」・「狡猾なもの」、端的に言えば「虚言」としての「悪なるもの」である。換言すれば、「嘘そのもの」・「嘘のための嘘」である。

かくて、われわれは、これら二つの存在の中に、「悪魔的なもの」が二重性を有していることを知る。「憎悪」（Hade）と「虚言」（Løgn）である。

しかしながら、北欧神話において、いわば「悪の国」（det Ondes Rige）の最も本来的な支配者・代表者は怪女「ヘル」（Hel）である。スノリは「フェンリル狼」「ヨルムンガンド」「ヘル」の三人兄妹について、神々が千里眼によって、母方（アングルボザ）・父方（ロキ）の何れの血統から見ても、この兄妹が将来自分たちに大変な災難と不幸を齎すことを予感して、「万物の父オージン」は彼らを捕縛するように神々に命じたと語った後、「ヘル」についてはこのように述べている、

「オージンはヘルをニヴルヘイム（Niflheimr）に投げ込んで、九つの世界を支配する力を彼女に与えて、彼女のところに来るすべての者たちに住まいを割り当てることができるようにした。それは病気と老齢で死んだ者たちだ。彼女の館はエーリューズニル（Éljúðnir, él+úði 雨で濡れたもの）、皿はフング（Hungr 空腹）、ナイフはスルト（Sultr 飢え）、下男はガングラティ（Ganglati 動作の鈍い男）、下女はガングロト（Ganglot 動作の鋭い女）、入口の敷居（Fallanda forað 落下の危険）、ベッドはコル（Kor 病床）、そのカーテンはブリーキンダ・ボル（Blíndabol 輝く災い）と呼ばれている。彼女は半身が青黒く（blá）、残りの半身は肌色（horundar-litr）なので、すぐそれと分かる。ものすごく険しく恐ろしい顔つきをしている」（「ギルヴィのたぶらかし」第三四節）。

リュングも言うように、ここで特にヘルのベッドが「コル」つまり「病床」と呼ばれていることに注意しなければ

ならない。このことは、「ヘルヘイム」の支配者「ヘル」が、何よりも先ず、「生の全き対立としての死」の擬人化であるということを意味している。しかも、彼女の「死」は単純に「生の停止乃至終結」を意味するのではなく、聖書が「永劫の死」と呼ぶもの、「永遠に持続する状態としての死」、キェルケゴール的に言えば、まさに「死に至る病としての絶望」と言うことができる。生の真の充足としての「精神」を、キェルケゴール的には「信仰」を受け入れることを拒否することによって、それと反極的に対立する「生の空虚さ」へと、つまりキェルケゴールの言う「絶望」へと陥落するのである。「精神」を、「信仰」を受け入れようとしない者にとって、生はまさに絶望的な「空虚さ」へと頽落せざるをえないのである。もとより彼が「空虚さ」・「絶望」を感じるのは、本来的に彼が「空虚さ」や「絶望」のためではなく、「精神の充足」「信仰」のために創造されているからである。リュングは、身体的な飢えが食物の欠乏を感じさせるように、「精神の永遠の飢え」を「精神の空虚さそれ自体が精神にとって露わになること」として把握するとともに、精神のこのような「永遠の自己消耗」（evig Selvfortaerelse）の状況を精神の「永遠の劫火」（evig Ild）と称している。[47]「怪女ヘル」とはまさしく精神の永劫に燃え盛る絶望的な破滅状況を象徴する存在なのである。

既述のように、古代・中世北欧人にとって、ヘルのもとへ行くのは病死した者、つまり戦うという生の使命を最後まで全うしなかった者である。反面、「選ばれし者」として、「エインヘリャル」（pl.Einherjar 一人で戦う者）として、戦場で倒れた者たちは、戦死後「ヴァルキュリア」（Valkyria 戦死者を選ぶ若く美しい乙女）によってオージンの「ヴァルホル」（Valholl 戦死者の館）に運ばれる。そして、戦死者たちはこの館で絶えず戦いの遊戯を行いながら、世界最終戦争に備えて武技を鍛えるのである。彼らの本来の使命は、神々の側に立って、ラグナロクの戦いに参加することである。それゆえ、古代・中世北欧人の場合、ギリシァ人とはまったく異なった「死」の表象を持つことになる。リュングによれば、ギリシァ人は死を審美的に「無常性」の理念の変容として、したがってまた「影の存在」と見なした。彼らは新鮮な充実した生の憂愁に満ちた欠落を「死」として把握したのである。彼らはこの憂愁を美しいレテ(Lethe 忘却の川)の像を用いて語った。死者はこの川から水を飲むのである。他方、「死」の北欧的な見方はギリシァ人のそれとはまったく異なる。古代・中世北欧人は、より真摯に、死を道徳的のみならず、真に宗教的に見たのである。彼らは「英雄の死」の中に「誉れ」を、つまり神々自身の生と戦いに自らも参加しうるという英雄の「誉れ」を洞察し、反対に堕落した生の終わりとしての死の中に、彼らは恐るべき報い、悪の魔女ヘルの支配を見たのである。彼らにとって、ヘルはまさに悪を王座につけ、『聖書』が「罪の報い」と呼ぶもの、すなわち「悪の完成」を齎す存在なのである(48)。

かくて、われわれは、一方ではバルドルにおける、他方ではロキの恐るべき三人の子供たちにおける神話的発展の頂点で、ペルシァ人におけるごとき「光」と「闇」との根本的な二元論的対立に遭遇する。だが、このような対立もこの世においては純粋な形態では現れない。ここではあらゆる発展が、より完全なもの・より純粋なものを指し示す啓示だからである。そして、まず「バルドル神話」が啓示するのは、善なる愛すべきもの一切の中に隠れて、静かに活動しつつ、もっぱら共感的な目で見られる、この世のものならぬ神的光を湛えた諸力の存在であり、他方「ロキ神話」は、同じように日常的な目からは隠されて、一切の悪なるものの中でうごめきながら、最終的には危機の場面で一挙に正体を現す闇の地獄の諸力の存在である。そして、何れの力もまさに「ラグナロク」の時を迎えて自らを全面的に露にすることになる。前者は栄光の姿で、後者は完璧に醜悪な恐怖すべき姿で。

古代・中世北欧人は、何らかの処理・廃棄・改善によって悪をこの世から抹殺できると主張するごとき楽天的な人生観は持たなかったと、リュングは主張する(49)。むしろ彼らの人生観は、悪が適当に処理しうると素朴に信じるにはあまりにもペスミスティックであった。古代・中世北欧人の見解によれば、生の抱える二つの対立的な力は、相互にそれぞれの目標に向かって発展するのであり、したがっていかなる悪も地上の生の次元では絶滅しえず、逆に善同様緩慢ながら着実に成長を遂げるのである。古代・中世北欧人にとって、地上の生の究極目標は「悪の根絶」ではなく、「善悪の完全な分離」であった。それゆえ、両者の対立が純粋な形で露になるためには、一切の中途半端・善悪のモザイクは没落しなければならない。しかし、この世の生に対して「完全な善」「完全な悪」が姿を見せることはない。現実にこの世の生においては一切が混在しており、何もかもが中途半端であり、世界が、神々が、人間が、巨人ともども「ラグナロク」を迎えて没落せざるをえないのはそのためである。

北欧神話の世界観の立場に立てば、現存の世界構造図の披瀝する世界秩序は、徹頭徹尾このような中途半端な枠組みの上に構築されている。ユミルを始祖とする神々の生誕、彼の殺害による宇宙世界の創成についてはもとより、人間も、すでに見たように、ヘーニルを仲立ちとして、動物的な火としての血液や色艶を与えたローズルとオージンとの共同によって創成されたのであるが、このローズルと同一視されるロキは、まさしくバルドル殺害の契機を作った張本人なのである。このように神々も人間もまさに二義的で曖昧な世界秩序の中で動いているのである。いわば「天国の力」と「地獄の力」の両方が、神々と人間の実存の暗い深淵をも動かしていると言って差し支えない。

ところで、「悪」の問題を基軸に、北欧神話の世界観をここまで辿ることによって、リュングはこの世界観に転換点を齎すことになる古代・中世北欧人における意識の変革を指摘する。彼らが「ラグナロク神話」の最終場面において主役を演じる悪魔的存在三者を登場せしめた重要な動機は、紛れもなくこういった現存する世界秩序の二義的な曖昧さ、未決定の中途半端な性格に対する北欧異教徒の明確な感情であったということである。それは、いわば、このままの曖昧・未決定な状態は持続しえず、生に対して決定的・道徳的な性格を贈与する「完全な善」が啓示されなければならないという明確かつ切実な感情であった。「完全な善」が啓示されることによって、なかんずく悪魔的存在に象徴される隠れていた異教精神を取り巻く「死」の暗い深淵が露になるのである。

この「完全な善」あるいは「唯一の善」の啓示は、異教からキリスト教への移行という精神史的・宗教史的事実から、一般的にも「キリスト」の生誕を意味すると考えられる。キリスト教徒としてのリュングも、基本的にはこのことを肯定する、「完全な善の、つまり唯一の善であるこの啓示がキリストである」[50]。なぜなら、キリストが地上に登場し、それまで闇の世界の隠れていた悪の諸力を、彼らの破滅・没落となる戦いへと呼び出すと同時に、キリスト自身の有する純粋な神的生を改めて人間の生の目標たらしめ、人間が自らの生を判断する真理基準たらしめたことであった。キリスト教はそうすることによって生に新たな、決定的な性格をあたえ、それを選択するように人間に呼びかけたのである。だが、翻って言えば、このことは、巨人の世界のみならず、北欧異教徒が自らの生の神性を見出していた当のもの、つまり神々の世界をも「焼き尽くす炎」と化すということを意味する。その意味で、リュングの解する北欧神話の視点から見るかぎり、ラグナロクにおける「世界炎上」は、まさしくキリストが地上に放った「浄罪火」の意味での世界炎上であった。そして、この世界炎上を経て初めて精神の最深の憧憬が満たされ、「良心の平和の国」が誕生するのである。そのような意味で、リュングは、「ラグナロク神話の中にキリスト教に対する古代・中世北欧人の予感を見る」[51]と言う。彼によれば、古代・中世北欧人のこの予感が、ギリシァ人の場合のように「神秘」(Mysterium)にならなかったのが極めて特徴的であるという。「美」を民族生活の最高の範疇として捉えたギリシァ人は、高次の精神生活に関する予感が、美としての民族生活の存立を危うくすることを恐れるあまり注意深く遠ざけて、「神秘」に転換したというのである。既述のように、「冒険的なもの」を人生観の根本的範疇とする古代・中世北欧人は、「異質なもの」の到来をその中に沈没することなく断固として引き受け、それの要求する厳しい自己批判の嵐に耐え抜いたのである。

［Ⅲ］　北欧神話・異教的終末論・ラグナロク神話――破滅と再生

1　神々の運命と世界破滅の様相

以上の見方からも結論づけられるように、リュングは、自らのキリスト教信仰の立場から、ひとまず「ラグナロク神話」の本質を「高次の生の侵入による自然的・人間的生の終焉、そのかぎり〈最後の審判〉と〈キリスト教〉についての予感[52]」として規定する。もとよりこれら二つの見方は衝突し合うわけではない。「予感」(anelse) なるものは一般にその対象を理念的な光の中で見る。つまり、「予感」は対象を、それが現実に啓示される通りに見るのではなく、将来確実に存在しうるものとして見るのである。キリスト教がその使命を実現するのはこの世の終わりにおいてである。したがって、この世の終わりをその理念的光の中で見る「予感」がその完全な成就を発見するのは、いわゆる「最後の審判」(Dommedag) においてである。だが、北欧神話の視界からすれば、こういったことがすべて本当に明瞭になるのは、まさにラグナロクのさまざまな事象を通過してからである。そして、筆者が北欧人のアイデンティティを形成し、「北欧的なもの」の最深の基底を構成するものと見なしてきた「破滅意識」・「没落意識」は、北欧神話創成論によってすでに予感として先取りされているが、リアルに顕在化するのは、異教的終末論としての「ラグナロク神話」の語る破滅的な世界崩壊の諸現象を通してである。

改めて指摘するまでもなく、北方ゲルマン宗教の異教的終末論を告知するのは、具体的には「ラグナロク神話」(Ragnarøksmythe) である。その際、リュングにとっても、「ラグナロク ragnarøk」なる語は、差し当たって語義的には、通説通り「神々の没落」(Magteres Undergang) を意味する。ターム の前半「Ragna」は「regin」(神々) の所有格に由来するが、さらに彼によれば、後半「røk」は本来「巻いたものを解くこと」(Opvikling=unwinding)、そこから「解体」（Opløsning）・「絶滅」（Tilintetgjørelse）という意味と、「真理が現れる」という意味に由来する、あるいはそれを本質とする「正義の審判」（den retfærdige Dom）という意味の両義を含んでおり、「ラグナロク神話」はこの両義の観点から解読されなければならない。[53] 以下、リュングのこの主張に留意しつつ、ラグナロク神話の語る世界最終戦争の壮絶な様相を問うことにする。

キリスト教の「最後の審判」がそうであるように、ラグナロク現象も強烈な前兆によって告知される。例えば、自然的現象としてはフェンリル狼の一族の中で魔物の姿をした一匹が太陽を飲み込み破壊する（『巫女の予言』第三〇〔四〇〕節）を手始めに、この世において偉大なるもの・高貴なるものはことごとく没落する。この悲劇的な破滅現象は、「無精神性」の目にとっては、「黄昏」とも「闇夜」とも「終末」とも映るであろうが、「精神」の目から見れば、むしろ「真昼」「永遠の光」「新生」の開始の合図に他ならないのである。したがって、北欧神話的にはラグナロクは「天」「地上」「地下」の何処においても「鶏の鳴き声」によって告げられるのである（cf.『巫女の予言』第三二〔四二〕節・第三三〔四三〕節）。だが、次にラグナロクは、自然的世界・道徳的世界の両方における一般的混乱から発する世界秩序全体の解体として告げられる（cf. *ibid.* 第三五〔四五〕節）。そして、最後にはさまざまな巨人族の敵の軍勢が来襲する時、世界秩序の番人である「ヘイムダッル」（Heimdallr）が「ギャッラルホルン」（Gjallarhorn 角笛）を嚠喨と吹いて、神々と人間を最後の決戦に呼び寄せる。大挙来襲するさまざまな敵はもはや戦いを回避しようとする不活発な無精神性の代表者ではなく、彼らは本質的に「悪魔的なもの」であり、「悪魔的なもの」の特質は、精神性そのものと同様に、積極的に戦いを求め、したがって彼ら自身精神性を標榜するという点にある。それゆえ、「悪魔的なもの」は戦いを自らの存在証明とするばかりでなく、憎悪や敵意を命の露となしつつ、真の精神性に対して攻撃的な戦いを挑むのである。「悪魔的なもの」という精神の新たな敵は、戦いに対して回避的な無精神性の巨人軍を引き連れて、神々に激しい攻撃を仕掛ける。彼らの来襲と攻撃の様相は、『巫女の予言』とスノリの「ギュルヴィのたぶらかし」の両編で強烈な筆致で描かれており、特に後者においてはラグナロク全体の詳細な情景描写が行われているが、以下筆者は、リュングに倣って、ラグナロクにおける自然現象の描写は割愛し（この点については、アクセル・オルリックの『北欧神話の世界　神々の死と復活』［Ⅱ］に詳しい解説がある）、もっぱら神々と「悪魔的なもの」との激闘の様相を追うことにする。

ラグナロク開始とともに天地は崩壊し、巨人の足枷と鎖はことごとく引きちぎられ、フェンリル狼は逃亡する（第三九［四九］節）。ミズガルズ蛇は海中を激怒してのた打ち回り、大波を引き起こす（第四〇［五〇］節）。死者の爪から造られ、死者の寄せ集め細工である「ナグルファル」（Naglfar）の船が岸を離れる。スノリによれば、その船に乗って東方から巨人全員を引き連れたフリュム（Hrymr）が来襲する。フェンリル狼の上顎は天に、下顎は大地に接している。彼の爛々と燃え盛る眼と鼻からは火が噴き出し、ミズガルズ蛇は空と海を覆わんばかりの毒を噴き出し、実に恐るべき光景である。このどよめく騒音の中で天は裂け、「ムースペルの子ら」は馬を駆って押し寄せる。火の巨人「スルト」が前後を火に包まれながら軍勢の先頭に立つ。彼の素晴らしい剣は太陽よりも明るく煌く。そして、彼らが天と地を繋ぐ橋、したがってヘイムダッル同様世界秩序のシンボルでもある橋「ビフロスト」（Bifröst 揺れる道）を渡る時、橋は崩れ落ちる。ムースペルの子らは広さ四方四マイルの「ヴィーグリーズ」（Vígríðr 戦場）という野に馬を進める。フェンリル狼もミズガルズ蛇もそこに参集する。さらにそこにはロキも、「霜の巨人」（pl.Hrímþurar）全員を従えたフリュムも到着している。ロキにはヘルつまり「死者」の輩が全員つき従う。ムースペルの子らは独自の陣形を取り、目も眩むばかりと言われている（「ギュルヴィのたぶらかし」第五一節参照）。

スノリは彼独自の目線からラグナロクの情景をこのように描いた後、『巫女の予言』の詩節を引用しつつ、この情景のさらなる細密描写を試みている。その大要は以下のごとくである。

いまやヘイムダッルは角笛を喨々と吹き鳴らす。アースの神々は会議に参集する。オージンはミーミルの頭と語る。世界樹の「ユグドラシル」は恐怖に打ち震える。天と地のいかなるものも恐れ戦かない者はいない。アースの神々とヴァルホルの戦士たちは戦闘準備を整え、敵勢を迎え撃つ。先頭に立つオージンはフェンリル狼に立ち向かい、彼に飲み込まれる。しかし、オージンの息子「ヴィーザル」（Víðarr）が狼の口を引き裂いて、父親の復讐を遂げる。ソールはミズカルズ蛇を倒すが、自らも九歩退いたところで大地に倒れて死ぬ、大蛇が彼に吹きかけた毒のためにである。女巨人の愛と引き換えに自分の剣を売ったフレイは為すすべもなくスルトと戦って敗れる。戦さの神「チュール」と冥府の番犬「ガルム」（Garmr）は相討ちとなる。ヘイムダッルとロキも同様である。これ以降の展開については『巫女の予言』は明言していないが、「ギュルヴィのたぶらかし」では、さらにスルトは大地の上に火を吹き掛けて、全世界を焼き尽くすと語られている。ここでリュングは全世界炎上の情景を伝える『巫女の予言』第四七［五七］節を引用している、

「日は　暗み
大地は　海に　没し
天からは　滅す
煌く　星影が
猛り狂う　噴煙
と火
高く　燃え上がる　火焔は

天をも　なぶる」

さて、以上のごときラグナロクの壊滅的な情景を構成するものの内、リュングの指摘を借りるまでもなく、神話学的にわれわれに最大の問題点を提供するのは、スノリの語る「天は裂け、ムースペルの子らが馳せ参じる。先駆けるのはスルト」（「ギュルヴィのたぶらかし」第五一節）の一句である。スルトと「ムースペルの子ら」が世界最終戦争において演じる役割の重大さには驚くべきものがある。つまり、天と地を繋ぐ橋ビフロストの破壊者であるムースペルの子らと、フレイと戦ったのち全世界を炎上させる火の巨人「スルト」が、ラグナロクの場面全体を支配するからである。

とはいえ、「ムースペルの子ら」と「スルト」、何れの本質に関しても明証的に解明されておらず、研究者の見解はいまなお一致を見ていない。例えば、スルトについて、研究者によっては「悪の力」の中で最も邪悪なものと解釈し、他の研究者は「善なる力の中でも最善の存在」と受け留めるからである。スルト-「Surtr」の語源が「svartr」(schwarz) と推測されるところから、「黒いもの・闇のもの・知られざるもの」といった語義が導き出されるが、リュング自身は「知られざるもの」(den Ubekjendte) という内包がスルトの概念には最も相応しいと考えている。[54] とはいえ、この「知られざるもの」が一体何者なのかという問いに答えるのは、まさに未知なるものだけに容易ではないが、リュングの見解では、新旧両『エッダ』の「スルト」に関する全記述を概観しても、少なくとも彼を「悪の力」として把握することは不可能と思われると言う。[55] しかし、北欧神話では「スルト」の支配する「炎の国」が「ムースペルスヘイム」(Múspellsheimr) と呼ばれるところから、「Múspell」を「Surtr」と同一視し、「ムースペルの子ら」(Múspell synir) を「スルトの軍勢」と解読するのは最も自然な見方と思われるが、事実リュングもその点に問題解決の鍵を見出している。

実際に、スルトとムースペルの子らの関係をこのように把握しうるとすれば、そこから「ラグナロク神話」の抱懐する意味へのさらなる侵入が可能になると思われる。両者とも「過去」における世界の創成と「未来」における世界没落の二つの場面においてのみ役割を演じ、世界が現存在している「現在」という中間時においては、彼らはあくまで「隠れた存在」である。換言すれば、スルト・ムースペルは「現在」の生の時間的な穢れの外部にあり、したがって「現在」的な意味では両者ともまさに「知られざるもの」なのである。

しかし、すでに過去においてムースペルは、自らの発する「火花」を「ニヴルヘイム」の氷と合体させることによって、生命誕生の最も根源的な契機を提供したが、その後神々の原罪的行為によって創成された世界は、さらに彼らの堕落を通してその罪性をますます深化させていった。だが、自らがその創成の根源的契機となったこの世界が、かくも悪にまみれた不浄なるものに堕したとすれば、いまや「ムースペル」ではなく「スルト」として、「知られざるもの」・「隠れたもの」のベールを自ら剝ぎ取って、まさに一切を破壊する「闇の力」として登場せざるをえないのである。そこには、万物を生成せしめたものが、終には万物を裁き、破滅に追いやるものとして顕現するという二元論的・逆説的事態が出現するのである。リュングの言葉を借りれば、「スルトはこの世界の生の時間的な穢れの外にあり、だからこそ知られざるものなのである。だが、この世の生が不純である反面、スルトが純粋であればこそ、結局彼はかつて自らが創成したこの世の生に対する破壊的な火として登場せざるをえない(56)」のである。その意味でリュングからすれば、スルトは「悪の力」ではなく、究極において「善なる力」と考えなければならないということになる。

そして、まさしくこの点に、ラグナロクの状況で、もっぱら破壊者としての役割しか演じない「ロキ」親子の「悪魔的存在」としての三者から「スルト」が決定的に区別され、いわゆる「巨人族」から明確に分離されて、彼らの中に帰属せしめられない真の理由がある。確かに神々は、北欧異教徒にとっては、この世の生において知るものの中で最善のもの・最も高貴なものではあったが、それにもかかわらず、スルトは彼らもろとも世界を炎上崩壊せしめるのである。その際、スルトはまさしく神々の敵、悪魔的存在でしかない破壊的諸力を自ら指揮しつつ、彼らを神々に立ち向かわせるのである。なぜなら、世界の罪性と没落と根源は、原罪的行為を犯した神々自身にあるからである。リュングはまさしくここに、「北欧の神々はラグナロクにおいてなぜ没落せざるをえなかったか?」という疑問に対する最も本来的な回答が提供されていると主張している(57)。

「スルト」に指揮される巨人軍団と北欧の神々・アースの神々との間に展開される戦闘は、団体戦ではなく、あくまで一対一の決闘(Tvekampe)である。その壮絶な様相は特に『巫女の予言』第四三［五三］節の「オージンの戦死」を契機として展開される。そして、リュングの指摘する、「アースの神々が倒れる決闘は、彼らに対する審判である(58)」ということが決定的な意味を持つのである。

精神自体としてのオージンは、フェンリル狼の前で、つまり精神たる一切のものに対する「悪魔的憎悪」の前で、倒れなければならなかった(第四三［五三］節)。なぜなら、オージンの知恵は所詮巨人ミーミルからの借り物に過ぎず、精神の防衛力としての城壁すら巨人からのいわば略奪だったからである。第四六［五六］節で「名にし負うフロージュン(大地)の息子」「オージンの子」「ミズガルズの守護者」「フィヨルギュンの息子」と呼ばれている「ソール」は、ミズガルズ蛇の「虚言」「非真理」の「毒」の前に倒れなければならない。なぜなら、彼は純粋な精神の武器を持って戦った「純粋の真理」ではなく、「力としての真理」に過ぎなかったからである。ウートガルザ-ロキとの冒険の際には「自然」のまやかしを見抜くことができなかった。彼の武器ミョルニルも巨人スリュムに盗まれたが、ロキの狡知に助けられて取り返しはしたものの、そこには常に「虚言」が付きまとう。ミズガルズ蛇の毒の前で無傷では済まなかった理由がそこにある。既述のように、フレイは系譜的にはヴァン神にして女神フレイヤの双子の兄であるが、本来は実りを齎す太陽であり、精神的には善行の神、男性的・活動的な愛ではある。しかし、彼はもはや純粋な天の光、純粋な精神の愛ではない。彼が期待するのは地上的な美であって、それを獲得するために彼は自分の剣を、自分の権威を放棄した。『巫女の予言』第四三〔五三〕節では「ベリの輝く殺し屋」と称されながら、スルトに敗れるのである。すでに明らかなように、スルトは、世界創成前から「ニヴルヘイム」共々存在していた「ムースペルスヘイム」の支配者として、可視的な天が裂ける時に現れる「純粋な天上の光」であって、先ずこの世の生を暗黒と空虚から呼び出したが、次には堕落し不純となってしまったこの世の生を破滅させるものとして登場するのである。

ここにおいて判明するのは、世界最終戦争の齎す「ラグナロク」において、スルトの占める決定的な位置である。リュングは、スルトが「ラグナロク」の戦いにおける「最後の力」として卓越した役割を担う所以を、彼の引き連れる「ムースペルの軍勢」、さらに「フェンリル狼」や「ミズガルズ蛇」すら本質的に「高次の秩序に属する諸力」と見なしうるところに発見する。なぜなら、彼らは本質的に「高次の世界秩序を啓示する時代が今まさに開始されようとしている(59)」というエポックメイキングな事態を告知する存在に他ならないからである。

2　世界復活の様相

劫火に包まれる世界を通して世界終末の様相を描いた『巫女の予言』第四七〔五七〕節に続いて、第四九〔五九〕節の前半部では次のように歌われている。

「彼女（巫女）は見る　浮かび上がれるを
　いまひとたび
大地が　海の中より

常緑の大地なり」

もとよりこれは「ラグナロク」において一度海中に没した大地が再度「常緑の大地」として海中から浮上する世界復活開始の情景描写であるが、『巫女の予言』以外の詩篇、例えば『ヴァフスルーズニルの言葉』（Vafþrúðnismál）では、オージンと賢い巨人ヴァフスルーズニルとの間でこのような対話が交わされている。

「オージン……スルトの炎が消えるとき、神々の誰がアース神の国を支配するのか？

ヴァフスルーズニル……スルトの炎が消えるとき、ヴィーザルとヴァーリが神々の家に住むことになる。モージとマグニが戦いの終わりにミョルニルを手に入れて持つことになろう」（谷口訳『エッダ』第五〇節・五一節、四九頁）。

また「ギュルヴィのたぶらかし」第五三節でも前記詩篇からの影響を窺わせる仕方で、ほぼ同一の内容が次のようにより詳細に述べられている。しかし、ここではこれらの詩篇に登場するオージンの二人の息子「ヴィーザル」（Víðarr）と「ヴァーリ」（Váli）、そしてソールの息子で兄弟の「モージ」（Móði）と「マグニ」（Magni）にのみ注目してみたい。

これら四柱の神々の最大の特徴は、何れも「死の匂い」のないアース神だということである。確かに彼らは他のアース神に比較すれば、それなりの独自のエピソードに彩られてはいるものの、明らかに彼らには「個性」が乏しい。だが、それにもかかわらず彼らはアース神族の中でも卓越した存在意義を所有していると思われる。四柱の内、「モージ」を除けばことごとくオージン及びソールと女巨人との間の子である。即ちモージはソールと彼の正妻「シブ」（Sif）との子であるが、ヴィーザルとヴァーリは主神オージンと女巨人「グリーズ」（Gríðr）及び「リンド」（Lindr）との、マグニはソールと女巨人「ヤールンサクサ」（Járnsaxa）との間にできた子である。

リュングは、世界没落後に登場する特にヴィーザル・ヴァーリ・マグニの三柱の神々が女巨人との間の子供であるという根本的事実の中に、先に北欧神話世界観の構成原理として紹介した「自然と精神の相克」の問題に対する解決の方向が示唆されていると見る。つまり、リュングは、前記の根本的事実によって、精神と自然との「最終的・永遠的な和解の思想」が表現されていると考えるのである。しかも、前記三柱の神々の内、少なくともヴァーリとマグニの二柱は、誕生直後（一日と三夜）から、バルドル殺害に対する復讐者として「フルングニル」（Hrungnir）との決闘で彼の巨体の下敷きになったソールを救出するために、活動を開始するのであるが、このことは、リュングの見解では、彼らが誕生と同時に完成し、時間の流れに屈服していないことを意味するのである。また、最後に注意さるべきは、彼らは、ヴィーザルがフェンリル狼を殺害して父親オージンの復讐を遂行した以外には、ラグナロク以前の神々の時間的生の中では、何の役割も演じていないことである。つまり、彼らは本来的に、スルトのように、この世の生の汚れから自由なのである。そして、ラグナロク後の永遠世界への移行時に初めて、永遠的なものに対する象徴として、死に対する生の永遠の勝利の象徴として登場するのである。

同様のことは、世界炎上を生き延び、新たな、汚れなき、浄福なる人類の始祖となる二人の男女、「リーヴ」（Lif 生命）と「リーヴスラシル」（Lifþrasir 生命に満ち溢れたもの）についても妥当する。彼らはそれぞれの名称に内在しているものを表現しているのである。つまり、「生の不滅性」と「死に対する永遠の勝利」である。[60]

かくて、世界破滅・ラグナロクを生き残る神々が象徴するのは、リュングによれば、生そのもの、生の永遠的・普遍的内容、生の最高にして最も純粋な根本的力、換言すれば精神の自己自身への集中、意志の不変の根本的選択、そして外に向かっては精神の生き生きとした活動的にして神聖な武器、勇気と力に他ならないのである。[61]

既述のように、戦いは古代・中世北欧人の生の本質であった。だが、それと同時に彼らには、自分たちがかつて失い、いま現在朧気に思い出している「平和」の再建に対しても最内奥の欲求、切なる憧れがあった。したがって、彼らにとって確かな事柄は次の点であった。つまり、戦いが世界と神々と巨人・人間すべての破滅・没落という最終目標を達成した時、彼らの罪が死によって贖われ、世界炎上によって彼らの不純が清められる時、「平和」と「和解」の新たな世界・宇宙が生成するということである。古いものの没落から蘇るこの新たな世界秩序について、『巫女の予言』第四九［五九］節は、短いながら含蓄ある言葉で次のように語っている、

「彼女は　見る　浮かび上がれるを
　いまひとたび
　大地が　海の中より
　常緑の　大地なり。
　滝は　落下し
　鷲は　空高く　舞う。
　そは　断崖の上から
　魚を　すなどるものなり」

リュングは、この極めてヴィジュアルな自然描写の根底を支えている思想が、根本的には新約聖書において「見よ、すべては新たなり」と言われているものと同一と見る。しかし、この「新たなもの」は、北欧神話の場合、本質的に「古いもの」「根源的なもの」の「回復」(Tilbagevenden)であり、まさにキェルケゴールの言う「受取り直し」(Gentagelsen)である。『巫女の予言』第五一［六一］節では、その昔神々の用いた黄金の素晴らしい駒が野原の草陰から見つかるだろうと歌われている。神々の生は静穏な平和と純粋な無垢をもって始まった。これは彼らの魂の中に

朧気な記憶・深刻な喪失感として残っているが、そこには深い真理が内蔵されている。それは、無垢なる幼児期の思い出として存在するもののみが、真にまた未来の希望・永遠の希望たりうるという真理である。リュングはこの点を次のように語っている。

「わたしがそのために創成されたところのもの、根源的にわたしの本性の中にあるもの、それのみがわたしの真の目標たりうるのであり、わたしがいつか将来その中で生きるようになることを望みうる永遠性とは、紛れもなくわたしが以前その中で生きていたところのものである。なぜなら、地上の生の雲がそれを覆い隠し、曇らせる以前に、わたしのために明るく輝いていた太陽のみが、ふたたびこの雲を突き破って曇りなく明るく輝くことができるからである[62]」。

とはいえ、この生の根源的な純粋さが不変のまま受取り直されるわけではない。「生の戦い」とその結果としての「ラグナロク」によって、根源的な純粋な光が暫時暗い雲に覆い隠される運命は避けられないからである。しかしながら、この根源的な光は、一度覆い隠されたからといって跡形もなく消失してしまう影のごときものではない。古代・中世北欧人の構想する神話的世界観の立場では、ラグナロクによって齎される「暗闇」は、一端は光を奪いはするが、再度光が勝利を収めて「暗闇」を突き破る時、この「暗黒」は却って「光」に「豊かな、陰影に富んだ、生き生きとした色彩」を与えるのである[63]。リュングの見解では、まさしくここに北欧神話固有の「受取り直し」論が発見されるのである。そして、古代・中世北欧人のこの北欧神話的「受取り直し」論の特質は、超越的な力によることなく、内在的に自分自身に集中することによって、一度はラグナロクによって黒雲に覆われた根源的な光を、純粋さを失うどころか、むしろその内容をより豊かにするのである。

「相集うなり　アースの神々は

イザヴォルに、
そして大地の帯（ミズガルズ蛇）のことを
巨大なる　魔物のことを　語る
されば　そこで　思い起こすは
大いなる　出来事
とフィンブルチュールの
古き　秘密の　数々」

リュングは、この『巫女の予言』第五〇［六〇］節の語る「大いなる出来事」即ちラグナロク事象の回想を通して、改めて原初の無垢と純粋さが受取り直されたのみならず、さらに新しく豊かな変容を遂げて復活したものであることを暗示するものと見ている(64)。

3　「復活」の根源的意味——新たな宗教の創設へ

しかしながら、前記のごとき北欧神話的「受取り直し」論としての「復活」論からリュングが引き出す最大の意義は、第［Ⅱ］項において「北欧神話世界観の構成原理」として述べた「自然と精神の相克」をめぐる問題に対して最終的なる解答が提示されることである。それは、アース神と女巨人の子としてのヴィーザルとマグニとを媒介するのと同一の思想、即ちアース神族と巨人族との、つまり精神と自然との「和解」（Forsoning）の思想である。換言すれば、古代・中世を通して北欧的世界観の基層を形成してきた精神と自然の相克は、一旦は神々と巨人そして人間を含む世界の崩壊としてのラグナロクを招来するが、まさにこのラグナロクを媒介とする受取り直し・復活によって克服され、和解に導かれるのである。そのかぎり、ラグナロクによって死滅した古き神々に替わり、いまや真に世界支配の権力を握ることになる新たな神々は、単に精神の神々であるばかりでなく、同時に自然の神々でもなければならない。『巫女の予言』第五二〔六二〕節で歌われる「種　播かぬまま　畑は　実を　結ばん」は、人間の生が自然から汲み上げる養分は、戦いと労苦によって強引に奪われるものではなく、喜びをもって見出されるべきものであり、いまや初めて真に「母なるもの」として現れる「大地」は、自らの豊かな贈物を提供することを告知する一句である。

改めて指摘するまでもなく、人間の生の苦痛がその根を有するのは精神と自然との戦いの中である。それゆえ、これら二つの生の根本的な力が和解せしめられることによって、新たな大地では、「不幸という不幸はことごとく」改まり、すべての禍は福に転じるのである（『巫女の予言』第五二〔六二〕節）。そして、ラグナロクにおいて失われたものはすべて取り返され、受取り直されることになる。先ずバルドルが帰り来るであろう。そして、彼と彼のかつての殺害者、盲目の兄のホズとの和解も成就されるであろう。両者の和解を、リュングは、バルドルの象徴する「行為なき無垢」（den daadløse Uskyldighed）・「純粋無垢」とホズの意味する「大胆だが盲目的・偶然的行為」との和解と捉えるとともに、この和解の中に、生の純粋さと生の充実との融合の思想、つまり「現実的でありながら、しかも罪に纏わられることなき生の思想」に対する最も明確な表現を発見しうるとしている。(65)

しかし、精神が和解したのは「外の自然」ばかりではなく、「内なる自然」、つまり北欧神話的には「本能・感情・心情」の生の具現者としての「ヴァン神族」とも和解したことになる。かつては精神と自然、いまの場合アース神族とヴァン神族とは、「この世で初めての万軍の戦い」を引き起こすほどの分裂状態にあり、その結果両神族の関係は人質交換によって辛うじて確保される体のものであった。しかしながら、ラグナロクによる両神族の全体的な破滅・没落を媒介として、彼らの間の真の和解と平和の関係が受取り直されたのである。『巫女の予言』第五四〔六四〕節において歌われる「罪なき人々が住み、永久に幸いを享受する」は、受取り直された、新たに蘇った世界の情景である。しかし、ここにはより厳密に吟味すべき重要な契機が隠されている。『巫女の予言』の詩人自身は具体的に語ることなく沈黙を守るが、この契機をリュングは明確に「キリスト」の生誕による「時の充実」(Tidens Fylde) として把握している。

『巫女の予言』詩篇の内実は、当の詩篇が含まれているラグナロクの世界崩壊を告知する第三五［四五］節から世界復活の完成を告げる最終第五六［六六］節に至るまでの詩篇同様、あくまでゲルマン異教詩人の語る未来形の予言であり、この予言の現実の成就は、キリスト教の「時の充実」をまって初めて可能となるのである。リュングは言う。「これら巫女の予言の中に含まれている予感は、明らかに、時の充実において神がわが子をこの世に送られた時に満たされたのである。周知のように、人間の悪徳の盃が縁まで一杯になり、外面的な法と制度に支えられたローマ帝国が最内奥においてすでに解体していた人間社会に過ぎなかったところに、まさしく時の充実が成立するのである。内的・自然的絆をローマ人は自ら引き裂いてしまった。だが、この世界解体の騒乱の中で、天が開かれたのである。そして、キリストは真のスルトとして、これまでは知られていなかったものとして、天降ってきたのである。彼こそが世界の本来の創造者であった。彼は光の戦士の軍勢とともに襲来した。その第一段階でローマ人の人工的世界秩序は崩壊した。そして、彼は〈太陽よりも明るく煌く〉という〈言葉の剣〉を自らの手で振ったのである。なぜなら、この〈言葉の剣〉こそ世界と人間の真の光だったからである。彼は世界の悪の勢力とはいかなる同盟も結ばなかった。彼らの世界支配の時代はいまや命運を絶たれたのである[66]」。

神話学的にも宗教史的にも、ここでの引用文におけるリュングの最も注目すべき指摘は、『巫女の予言』が語る異教的な予感・予言を「時の充実」において実現する「キリスト」のことを「真のスルト」(den sande Surt) として規定することである。そして、北欧神話が「予言」という形式で「炎の剣」を振りかざして世界を絶滅させる「異教のスルト」に対して、「キリスト」は「真のスルト」として「言葉の剣」によって現実のローマ帝国を崩壊に導いたのである。

また、ラグナロクにおいて火の巨人スルトに焼き尽くされる異教世界においては、「キリスト」という「真のスルト」はいまだ「知られざるもの」として隠れた存在に留まっていた。しかし、「時の充実」においてそれまでの閉鎖的状況は突破され、神話的・異教的世界の予言的表象は、具体的に悪徳の蔓延と人工的な法と制度の解体によって内部崩壊を来したローマ帝国という世界史的現実に移行され、いわば神話は歴史に転換され、未来は現在に引き入れられて、いまや「時の充実」において「異教的・神話的なスルト」は「キリストという真のスルト」へと変容したのである。この変容の具体的状況をリュングはさらに次のように把握している。

「真のスルト」としてのキリストは、無精神性や精神性に由来する一切のものに対しての憎悪のごとき「悪魔的なもの」、「死」といった「悪の力」を断罪することによって古い神々を抹殺した。換言すれば、彼は古い神々への信仰を動揺させることによって、古い民族社会をその最内奥において解体したのである。彼自らおのれの民族であるセム族、主に選ばれし民族、愛の民族、いわば諸民族の中のフレイ神（神々の中で最も美しい眉目秀麗な豊穣の神として非常に崇拝された）とも言うべきこの民族に対してすら、「言葉」という輝く剣を振るったのである。

そして、このように一切の古い諸力がその不純と空虚さゆえに解体された時、「真のスルト」は自らの神的な啓示・神的な真理の破壊的な火炎を、汚れたこの世の生の上に放つのである。即ち、彼はその神聖な正義の裁きの火をあらゆる地上的なものの上に放つことによって、地上のすべてが罪となり、自愛となるのである。ギリシァ人の美は感覚的な快楽となり、ローマ人の世界征服は権勢欲となり、ゲルマン人の騎士道精神もまた儚い功名心に還元されることになる。要するに、古代教会の教父が言ったように、「異教徒の徳」は「輝かしき悪徳」となるのである。しかし、「真のスルト」としてのキリストの本来の目的は破壊することではなく、新たな精神的存在を創造することであった。彼はバルドルを、即ち失われた無垢と心の平和を人間に蘇らせ、リュングが「詩神」と解するヘーニルを蘇らせたのである。いわば暗い絶望の歌の代わりに、彼らの唇に新たな喜びの歌を伝えたのである。かくて、「真のスルト」は、自然との一切の戦いを終息させ、祝福と実りが、かつて見たこともないほど豊かに齎される世界を創造したのである。

しかしながら、『巫女の予言』の詩人の宗教的精神は、この種の在り来たりのキリスト教的信仰路線とは明らかに方向を異にする。彼の宗教的思惟はこの段階で完成を迎えることはしないからである。なぜなら、『巫女の予言』の詩人は一般的なキリスト教的理念を突き破る仕方で、「真のスルト」によって新たな大地が齎された時、さらにそこには「全能者」(den Almægtige) 自身が大地に天降り、人間に完全な喜びを贈与し、彼らの中に永遠の正義・平和・神聖の国を建立することを企図するからである。これは、いわゆる「再臨のキリスト」のごとき理念ともまったく異なる、『巫女の予言』詩人一人の独創になる新たな信仰形態・宗教観であり、それに代表される北欧神話的世界観の極北の到達点を示すものである。リュングが『巫女の予言』に見るこのような独創的な宗教観の根拠として提出するのは、彼自身引用もせず、また直接言及もしていないにもかかわらず、明らかに『巫女の予言』第五五［六五］節で語られる超越的な全能者としての「大いなる者」(inn irki)「強き者」(oflugr)「すべてを統べる者」の理念である。『巫女の予言』の最後から二番目に登場し、同じく世界復活を歌う当の詩節は、『巫女の予言』研究史上最も激しい神学的論議の的になったいわくつきのものである。詩節全体はこうである。

「そのとき　大いなる者　天降る
神の国に

強き者が　上より
そは　すべてを統べる者なり」

リュングの見解によれば、ここで語られる「大いなる者」「強き者」「すべてを統べる者」は、もはやアース神族の象徴する精神を支配するだけでも、巨人族に代表される自然を収めるだけの存在でもなく、さらには「真のスルト」としての「キリスト」自身のことですらないのである。明らかに「時の充実」を経て「真のスルト」によって準備された「神の国」に新たに上より天降り、精神と自然の世界全体を包摂・統治する「完全な善」としての、それゆえ決して崩壊することのない「在るべき」新たな世界秩序の樹立者としての、別個の大いなる存在であり、その意味で彼を中心とするまさに『巫女の予言』の詩人のみの「新たな宗教」の確立乃至到来を告知する超越者を意味すると解釈されるのである。

前述のように、実はこの詩節は『巫女の予言』研究史上最大の難問の一つと解されてきたものである。その理由は、この一節が最重要な写本である『王室写本』に欠落しているという客観的事実のみならず、さらにスノリがこの詩節を利用した形跡がないという事情もあって、『巫女の予言』を本質的に異教詩と見る解釈者の中には、本節を後代のキリスト教的立場からの「挿入物」と主張する者もいるからである。このように本節が『巫女の予言』本来の北欧異教精神ゆかりのものか、それともキリスト教信仰の観点から挿入された単なる添加物に過ぎないものなのか、といった問題は、従来から北欧神話学者の間で激しい論議の対象とされてきた。その点については後にキェルケゴールと北欧神話の関係を論じる際に改めて取り上げるが、ここでは差し当たって次の点を指摘するに留めておこう。第一点は、リュング自身そういった神話学的詮索には介入することなく、基本的にはあくまで伝統的なキリスト教的教義の立場を保持しつつも、それにもかかわらず一般的・通俗的なキリスト教的見解の次元を突破・超出する仕方で、この詩節を単なるキリスト教的な添加物として処理する見方を断固拒否していると思われることである。そして、第二点は、そのことと必然的に結びついて、リュング自身は明言していないにもかかわらず、彼が、この詩節を根拠として、『巫女の予言』の詩人において伝統的なキリスト教的世界観とはまったく異質の新しい独創的な宗教的世界観が構築されていると見ていることは明らかである。そして、リュングのこのような『巫女の予言』解読の方向は、結果的に、『巫女の予言』の詩人とキェルケゴールとの間に独特の濃い思想的連関・結びつきが存在することを推察せしめるに到っていると言いうるのである。何れにせよわずか三行のこの詩句をどのように解読するかは、実は『巫女の予言』の世界観の最終的な理解を方向づけ、北欧神話の全体像の確立をも左右する決定的に重要な要件と言わなければならない。このことはキェルケゴールとの連関性を辿ることによって、最も鮮明になるはずである。

以上筆者は、それ自体「北欧学」の強固な基盤をなすものとして評価するリュングの北欧宗教論に基づいて、北欧神話を創造した古代・中世北欧人の人生観の「冒険的」という特質、北欧神話における「自然と精神の相克」という根源的なモティーフ、そしてこのモティーフを枢軸として展開される北欧神話の世界観の第一発展段階として開始されるのが世界創成論であり、ここにおいて神々の、精神の始祖が巨人即ち自然であるにもかかわらず、精神の自然に対して行った原罪的な裏切り行為を契機として、一挙に「ラグナロク」の北欧的終末論に突っ走ると同時に、復活の事象を背景として異教でもキリスト教でもない新たな第三の宗教の誕生の可能性の問題に到達したのである。

注

＊　本文で、例えば「*iemo」（twin）「*kunningaz」（king）のように左上肩に＊印のある単語は、印欧比較言語学において、仮説の上に立てられた実例のない語乃至語形、あるいは記録されてはいるが所出の不確かな語形で表わされる「ゲルマン祖語」を意味する。

（1）Lyng, G.V., *Hedenskabet*, Kbh.1872, s.187.
（2）*ibid.*, s.189.　（3）*ibid.*, s.191.　（4）*ibid.*, s.192f..　（5）*ibid.*, s.199f..　（6）*ibid.*, s.260.
（7）*ibid.*, s.201.　（8）*ibid.*, s.202.　（9）*ibid.*, s.199.　（10）*ibid.*, s.201.　（11）*ibid.*, s.203f..　（12）*ibid.*, s.204.
（13）「九つの世界」とその存在者については拙著『北欧神話・宇宙論の基礎構造――〈巫女の予言〉の秘文を解く』（白凰社、一九九四年）一三四頁以下において詳しく検討した。
（14）Lyng, *op.cit.*, s.206.　（15）*ibid.*, s.206.　（16）*ibid.*, s.207.　（17）*ibid.*, s.209.
（18）de Vries, Jan, *Altnordisches Etymogisches Wörteruch*, Leiden 1977, S.645.
（19）Lyng, *op.cit.*, s.218.　（20）*ibid.*, s.211.　（21）*ibid.*, s.219.　（22）*ibid.*, s.220.　（23）*ibid.*, s.220.
（24）*ibid.*, s.222f..　（25）*ibid.*, s.222.　（26）*ibid.*, s.224.　（27）*ibid.*, s.229.　（28）jfr.*ibid.*, s.249.
（29）jfr.*ibid.*, s.250.　（30）*ibid.*, s.230.　（31）*ibid.*, s.231.　（32）*ibid.*, s.281.　（33）*ibid.*, s.232.
（34）*ibid.*, s.232.　（35）*ibid.*, s.232.　（36）*ibid.*, s.232.
（37）戦闘に際してのソールの最強の武器は「ミョルニル」（Mjölnir 粉砕するもの）という「ハンマー」である。これは小人族によって鍛えられたものであり、神々のあらゆる宝の中でも最高の質を誇る。どんなに遠くの敵に投げつけても必ず持主のところに返ってくるという性質を持っており、敵にとっては非常に重いが、それを投げる者には極めて軽いソールのこの武器のことを、リュングは、「人間生活の自由で本来的かつ完全な表出」という意味において、本質的に「言葉」（Ord）として捉えている（Lyng, *op.cit.*, s.233）。
　ソールの「ハンマー」も「言葉」も「精神の最高の宝」という意味において同一である。言葉とは技術による「音」の合成乃至処理であり、動物的な欲求とその表現である「叫び」（Skrig）を克服する時生まれるものである。そして、叫びの克服・それからの解放こそ真に人間的なものである。その意味において、言葉はミョルニル同様「真理の武器」に他ならないのである。言葉は精神によって送り出される。だが、言葉はそれを発した者のところに返ってくるという、まさにミョルニルと同じ特質を有する。つまり、言葉を通して精神は自らの中に包蔵する宝を授けるのであるが、それによって精神の宝は減少しない。むしろその反対である。なぜなら、言葉は与えることによって初めて真に自分自身のものとなるからである。精神自身にとって言葉は宝であり、高価な贈物であるが、敵にとってそれは武器であり、この武器の有する破壊的な力には、物質のごときなまの自然的力は結局太刀打ちできない。

　こういった意味で、「ミョルニルを手にしたソールは巨人族に立ち向かうアース神族の先兵になる」（*ibid.*, s.233f.）、とリュングは語るのに続いて、当のソールと巨人族との敵対的な衝突の具体像を、いろんなタイプを備えた巨人族の無精神性に対する前者の攻撃を通して描くのであるが、リュングは改めて「それらははっきりとした一定の特徴によって刻印されており、この上なく生き生きとした色合いで染め上げられており、総じて北欧人と北欧神話に特徴的な荒々しい、だが独特のユーモアをもって描かれている」（*ibid.*, s.234）と述べている。ここでその詳細を辿ることはできないが、ソールのハンマーに関わる巨人族の無精神性の典型的なパターンに言及してみよう。

　『古エッダ』所収の『スリュムの歌』（Þrymskviða）によれば、「スリュム」（Þrymr）はソールのハンマーを盗み出し、引き換えに妻としてフレイヤを要求するが、彼女に似せて女装したソールによって結局殴り殺される。リュングは、このスリュム神話に盛られた思想は、本質的にアース神の城壁の再建物語の思想と同一であって、自然が精神に力を与えると同時に奪い、そして代償として精神の献身を要求するという思想であるという（*ibid.*, s.234）。しかし、ここではスリュムは巨人族の特徴、総じて肉欲が精神を支配する人間の根本的な特徴を示しており、結局騙されて殺されるスリュムは「愚かさとしての無精神性」（Aandløshed som Dumhed）の擬人化に他ならないのである。もとより彼はあらゆる無精神性同様「人格性の欠落」を体現してはいるが、たぶらかされ、うまく利用されたスリュムが表現するのは最も無邪気な無精神性であって、「非道徳性」（Umoralitet）としての無精神性には到達していない。

　しかし、リュングは、前記の「無邪気な無精神性」と「非道徳性」としての「無精神性」の中間に、「際立って道徳的な性格」を有する「無精神性」として「粗野」（Raahed）を挙げている（*ibid.*, s.235）。「粗野」というのは肉体的な強さのごとき次元の低い優越性に固執し、精神の高次の優越性には抵抗するからである。総じて攻撃的な仕方一般的なものに逆らいつつ自己主張を反復するところに、粗野という無精神性の特性がある。愚かさとしての無精神性は単なる知的欠陥、同様に粗野は審美的欠陥、単なる社会的洗練さの欠如といった風に捉えがちであるが、リュングはそういう捉え方を否定する。彼によれば、無精神性としての粗野の特質は、「次元の低いものに過度の価値を置いて、いわばその中に真の本質を置くという仕方で、高次のものに抵抗する」(*ibid.*, s.236) 点にある。そして、リュングは、こういった欠陥が残念ながら北欧諸国にも高い程度において存在していることを認めるともに、北欧神話においてこの粗野としての無精神性が最も生き生きと描かれているのが、ソールと決闘して殺される巨人族の中の最強の「フルングニル」(Hrungnir) をめぐる神話の中であると言う。この巨人は石の心臓、石の頭を持っておりオージンの宮殿「ヴァルハラ」で酒に酔い、フレイヤとソールの妻でフレイヤと並んで女神たちの中で最も美しいシブ (Sif) の二人以外の全アース神を殺すといった暴言を吐いてソールと決闘し、彼のミョルニルで斃される。リュングによれば、期せずして彼の時代のノルウェー港湾労働者の姿を想像させずにはおかないこの「フルングニル」神話が示すのは、自分自身を自然の次元に貶めて、おのれの特質を単なる「自然的なもの」、例えば「身体的な強さ」の内に求めようとする精神の姿である。フルングニルは粗野であり、精神のこのような単なる自然力への下落は、独特の大げさな表現で、「フルングニル」が石の頭と心臓を持っているということによって暗示されている。

本格的な「非道徳性」ではないが、単なる「道徳性の欠如」を意味するのは海の巨人「ヒュミル」(Hymir) である。ソールはミズガルズ蛇を釣り上げるためにヒュミルを騙して海へ出た。そしてソールが釣り糸を投げ、まもなく牛の頭の餌にミズガルズ蛇がかかり、ソールは神通力を使ってミズガルズ蛇の頭を船に引き上げ、蛇を睨み付けてハンマーで叩こうとした瞬間、ヒュミルは恐怖に襲われ、釣り糸を船縁で切断して蛇を海中に取り逃してしまう。ヒュミルのこの姿勢は「臆病」(Feighed) としての無精神性を意味する。この種の無精神性の特質は、精神を助けようとするが、結局決定的なものを恐怖し、この恐怖心ゆえに最後の戦いではどっちつかずの曖昧な姿勢を取ることによって自分を守ろうとする。リュングの表現を借りれば、ヒュミルは「太衆の持つ臆病な凡庸さの代表者である。彼はあまり遠くまで漕ぎ出すと不安になる。向こう見ずなくせにぐずぐずする」(*ibid*, s.237)。

リュングは、前記「スリュム」「フルングニル」「ヒュミル」の他、「無精神性の力を示す驚くべき若干の巨人的存在」として既出の「ミーミル」と「ヴァフスルーズニル」(Vafþrúðnir) を挙げている。前者はラグナロクの戦いの前にオージンに助言を与えた賢者であり、オージンの伯父に当たる巨人と言われている。後者は唯一の、だが本当は最も重要な謎を除いてオージンのあらゆる謎を解く知恵と学識の巨人である。しかし、知恵や博識を誇るとしても、彼らが巨人族であるかぎり、彼らの知恵や博識は無精神性の限界から脱却することはできない。知恵が愚かさ同様におのれの力や手段を用いるべき対象を十分に知らず、博識が価値や目的を博学を誇ることの中に設定することによって、結局粗野が価値や課題を「速馬」「身体的な強さ」「お金」の中に設定する場合以上に、不条理な結果を招くのは往々にしてあることである。世間は所詮このようなものだという通俗的な知識で満足する結果、いわば「地上的なもの」の厚い雲に覆われて、「永遠的なもの」「理想的なもの」が隠蔽されてしまうのである。

リュングはミーミルとヴァフスルーズニル両巨人についてさらに詳細な分析を試みているが、ここでは彼の結論的な発言に留意するに留めよう、「われわれはミーミルとヴァフスルーズニルの中に、われわれの祖先が、知恵と博識が愚かさや粗野同様に無精神的であることを知っていた証拠を手にしているのである」(*ibid.*, s.239)。

(38)　Lyng, *op.cit.*, s.240.　(39)　*ibid.*, s. 242.　(40)　*ibid.*, s.244.　(41)　*ibid.*, s.244.　(42)　*ibid.*, s.245.

(43)　*ibid.*, s.245.

(44)　このように北欧神話のさまざまな巨人像に見る愚かさ・粗野・臆病といった無精神性の現象形態の究極的な本質を「俗物性」に還元するリュングの見解に、キェルケゴールの語る「無精神性」の理念がどのように関わっているかは必ずしも定かではない。「バルドル神話」解釈に際し、リュングがキェルケゴール『不安の概念』における「不安」や「無」あるいは「悔い」といった理念から多大の示唆を受けていることはリュング自ら語っているのに対し、例えば『不安の概念』第三章第一節「無精神性の不安」におけるキェルケゴールの無精神性の解剖が、リュングの無精神性理解にどのように関係しているかについては、リュング自身一言も語っていない。推量されるその理由は、精神と無精神性との関係をめぐって両者間に乖離が存在することをリュング自身認識していたからであろう。リュングにおいては両契機の関係はラグナロクにおける世界破滅を惹起する神族と巨人族の積極的な敵対関係として把握されるが、『不安の概念』の前記個所によれば、「精神に対して何の関係もない」(原典訳記念版キェルケゴール著作全集三(下)、創言社、二〇一〇年、五六九頁)というところにまさしく「無精神性」の最大の破滅性・不幸が存在するという否定的な疎外関係として把握されているからである。キェルケゴールのこのような「無精神性」理解は、至高のカテゴリーとしての「精神」に対するいかなる積極的な対抗勢力としての役割をも容認しないキリスト教の立場に由来することは言うまでもないであろう。

そして、これについてもリュング自身は何ら明言していないにもかかわらず、「無精神性」の本質を「俗物性」に還元するリュングの解読法に大きな示唆を提供したのではないかと思われるのは、キェルケゴールの『死に至る病』第一編の［C］において語られる「この病の諸形態」の一つ［B］「必然性の絶望は可能性を欠くことである」という定義を通して披瀝される側面である。ここではキェルケゴール自身も、「俗物性は無精神性である」と規定し、端的には世俗的・日常的な経験の寄せ集めの中で生きていることを意味するが、キェルケゴールの「精神のすべての規定を欠く」という「俗物性」の見方からすれば、それの最も厳密な定義は、「神によって確実な破滅から自己を救いうるという信仰の可能性を欠いている」（キェルケゴール著作全集一二、創言社、一九九〇年、二五七頁）こととして提示される。そして、先に挙げた、地上的なものを生の法則及び課題として承認・設定することというリュング的な「俗物性」の理念を、改めてキェルケゴールの「俗物性」の規定に還元すれば、まさに「俗物性」とは「神に気づくに至るような可能性を欠いている」地上的・日常的な在り方と規定しうるであろう。何れにせよ、「本質的に可能性を欠いた」俗物性即ち「無精神性」の立場は「絶望」に他ならないのである。

以上、「無精神性」の理念をめぐるキェルケゴールとリュングの関係を探り、『不安の概念』における「無精神性」の理解において両者の間に不一致が存在するものの、『死に至る病』における「俗物性即無精神性」の図式においては両者は完全に一致することが認識できる。

(45)　Lyng, *op.cit.*, s.251.

(46)　*ibid.*, s.253.

リュングの提出する「悪魔的なもの」の概念をめぐっては、当然キェルケゴールのそれとの関連が考えられる。既述のように、キェルケゴールの『不安の概念』や『死に至る病』に精通していたと思われるリュングだけに、両著における「悪魔的なもの」の鋭利な独創的分析から、彼が前記のごとき北欧神話の提示する「悪魔的なもの」の把握に際して何らかの影響を受けたことは当然予想されるものの、その点についてはリュング自身何も語っていない。北欧神話の異教的な「悪魔的なもの」の概念とキェルケゴールの二著が基本的にキリスト教的基盤を背景とする「悪魔的なもの」の概念との間には内包上の質的差異が存在するから、安易に両概念を連携させることは危険というリュングの認識に起因するかもしれない。とはいえ、二つの「悪魔的なもの」の概念の間に何らかの通約性を想定することは決して不可能ではないと思われる。

周知のように、キェルケゴールは『不安の概念』において、「悪魔的なもの」の定義として「善に対する不安」（キェルケゴール著作全集三（下）、創言社、二〇一〇年、六〇〇頁）を挙げ、以下においてこのテーゼの詳細かつ鋭利な分析を行っている。個人が罪の内にある場合、彼の不安の対象は「悪」であり、その場合、より高次の立場から見れば彼は「善」の内にあり、「悪魔的なもの」は現れていない。「悪魔的なもの」が出現するのは、個人が「悪」の内に在って「善」を不安がる場合である。そして、「悪魔的なもの」の不安対象としての「善」の具体的内実は、堕罪によって失われた「自由の回復」「贖罪」「救済」である。なお、キェルケゴールが注目すべきこととして強調するのは、新約聖書では「悪魔的なもの」はキリストがそれに接近することによって初めて現れるとされていることである。これは、「悪魔的なものは、善によって触れられることによって初めて本当に明瞭になる」（前掲書、六〇二頁）ということを意味するのである。

北欧神話における同様の考え方は、前述のように、本来神々の不倶戴天の敵ながら無精神的存在である巨人族の血を引く「ロキ」が、精神自体を意味するアース神族に加わることによって、即ち自らも自由と意識を所有する精神的存在たらんとすることによって、「悪魔的なもの」が誕生するという経緯として展開されている。そして、このようにロキ自身がキリスト教的な「サタン」の理念の影響を受けたと解釈されるほどすでに悪魔的存在であるが、このロキを父親とするフェンリル狼・ミズガルズ蛇・ヘルの三者はその悪魔的様相をさらに深めることになる。キェルケゴール的な「悪魔的なもの」の本質は「善に対する不安」であるが、ロキ親子という「悪魔的存在」が抱くのは、北欧神話的な善の概念の内包としての神々・精神に対する「不安」ではない。先ず親のロキが神々に、精神に対して発するのは「あざけり」（Spot）である。リュングは、この「あざけり」を人間の場に置き換えて、それの一般的・心理的構造を次のように明かしている。

「神的なものがわれわれに接近して　その要求をわれわれの心に突き付けながら、それにもかかわらず人間としてこの要求を承認しようとせず、決然と神的なものに参入しようとせず、むしろそれを憎むとき、われわれはあざけるのである。なぜなら、われわれにとって完全にどうでもよいもの・無意味なものをあざけることはしないからである。われわれがあざけるのは、われわれにとって有意味と感じながら、承認しようとしないものである。ロキはあざけることによって自らの二義的姿勢を保持しながら、状況次第で策略的に神的なものとそれを拒否するものの両方につくのである」（キェルケゴール著作全集一二、二五二頁）。

ロキが時に「北欧神話最大のトリックスター」と呼ばれ、彼の悪魔的性格を指摘される所以もそこにある。かくて、ロキが義兄弟のオージンを主神として精神自体を意味するアースの神々に向けるのは不安ではなくあざけりであるが、子のフェンリル狼・ミズガルズ蛇・ヘルが文字通り真正の悪魔的存在たらしめるのは、不安でもなくあざけりでもなく、「憎悪」である。アースの神々によって紐で縛り挙げられたフェンリル狼、大蛇ヨルムンガンドは海に投げ捨てられたヨルムンガンド蛇、冥界ヘルヘイムに投げ落とされたヘルにしてみれば、アースの神々に対する残された心情はもはや「憎悪」に満ちた「反逆」以外にはありえない。その意味において、異教的とキリスト教的の立場の違いこそあれ、おそらくこれら三者の悪魔的存在の特質を最も明瞭に規定しうる最適の述語は、キェルケゴールの『死に至る病』において「絶望して自己自身であろうと欲する、絶望の最も強化された」形式として提出する「悪魔的絶望」のそれであろう。

「この悪魔的絶望は、現存在に対する憎悪から自己自身であろうと欲するのであり、自己の悲惨に居直って自己自身であろうと欲するのである」（同、一二、三〇一頁）。

ロキはもとより、彼の三人の怪物の子は、『死に至る病』の視点に立てば、まさしく異教における「絶望して自己自身であろうとする絶望、反抗」（同、二九二頁）の典型的事例であろう。そして北欧異教からすれば、神々にとっても悪魔的なものとしての「怪物」にとっても、唯一「不安」の対象は彼らすべてを含む全世界の崩壊・「ラグナロク」である。

（47） Lyng, *op.cit.*, s.255.　（48） *ibid.*, s.255f.　（49） *ibid.*, s.257.　（50） *ibid.*, s.260.
（51） *ibid.*, s.261.　（52） *ibid.*, s.262.　（53） *ibid.*, s.263.　（54） *ibid.*, s.265.　（55） *ibid.*, s.265.
（56） *ibid.*, s.266.　（57） *ibid.*, s.267.　（58） *ibid.*, s.267.　（59） *ibid.*, s.269.　（60） *ibid.*, s.271.
（61） *ibid.*, s.271.　（62） *ibid.*, s.272.　（63） *ibid.*, s.273.　（64） jfr.*ibid.*, s.273.　（65） *ibid.*, s.274.　（66） *ibid.*, s.274f..

第二章

北欧神話の中心問題
――黄金時代・ラグナロク神話・改宗

はじめに

前章において筆者は課題とする「北欧的なものとは何か」という問いに対して、ある意味特異な視点からではあるが、極めて鋭利な宗教哲学的分析を通して、北欧神話の世界観の解明という課題に的確に答えてくれると思われるG・V・リュングの北欧宗教論に注目したが、以下本章においては、リュングのそれに見られるごとき極めて主体的・人格的色彩の濃い北欧神話解釈から一旦離れて、むしろより一般的・客観的な視点から北欧神話における最重要な中心問題と考えられる三つの主題を取り上げて考察してみることにする。第一主題は、既述のように北欧神話を構成する三部門の内最初の世界創成論に属し、その頂点を示す「黄金時代」のイメージに関する問題であり、第二主題は『古エッダ』『新エッダ』のごとき文献資料とは別個の「絵画石碑」というヴィジュアルな資料に基づく異教的終末論・「ラグナロク神話」の考察であり、最後の第三主題は異教信仰の没落に直面した古代・中世北欧人の新たな信仰への改宗の検証である。取り敢えずこれら三つの主題に関するさらなる予備的考察を行っておくことにする。

古ノルド語で「gullaldr」と言われる「黄金時代」は、周知のように、ギリシァ神話に登場するターム「χρυσεη

ἐποχή」にルーツを有す言葉である。ヘシオドスの『仕事と日々』によれば、「黄金時代」は人間と神々との共生、調和・平和・安定・繁栄によって特徴づけられ、争いや犯罪は存在しない。あらゆる産物が自動的に生成され、労働の必要もない。「黄金時代」の終焉とともに漸次銀・青銅・英雄の時代へと移り、堕落と争いの歴史的な鉄の時代が登場し、現在は衰退の時代であるとされる。一方、北欧神話においては、「黄金時代」の表象は、北欧人にとっては既知の語られざる前提といった意味をも込めて、『巫女の予言』の詩人によって簡潔にしか描かれていないが、北欧神話の世界観にとって「黄金時代」の理念の持つ意味は決定的に重いものがある。なぜなら、そこで語られる異教的な創成・没落・再生の三一論的構造（既述の世界創成論・世界構成論・異教的終末論がこのように整理・表現される場合もある）において、「黄金時代」は言うまでもなく第一契機・創成期の完成を意味するものであって、第二契機・没落はあくまでこの「黄金時代」の破滅・崩壊であり、第三契機・再生はまさしくこの「黄金時代」の復活・再現として、北欧神話の世界像全体にとって「黄金時代」は最も原初的な意義を内蔵しており、その意味で「北欧的なもの」の本質を最高度に凝縮した理念の一つだからである。本節では、このような「黄金時代」の宇宙論的構造を前提として、「黄金時代」の概念自体の精密な分析を試みることによって、ギリシァ神話の場合とはいささか異なる北欧神話の「黄金時代」のイメージを描出してみたい。

第二節においては、「ラグナロク」神話に新たな資料的側面から接近し、この神話をめぐる古代・中世北欧人の信仰の独自の方向性を「図像学」(Ikonografi) の観点から探り出すことによって、「北欧的なもの」のさらなる特質を窺うことにする。デンマークの民俗学者・神話学者・文学史家のアクセル・オルリックは、「ラグナロク神話」に関する基礎資料として、『巫女の予言』の他『古エッダ』所収の複数の詩篇、古代北欧の宮廷詩人の作品『スカルド』の数編を挙げている。この問題について一般に重要視されるスノリ・ストゥルルソンの『新エッダ』に関しては、基本的に『巫女の予言』に基づいており、豊富な修飾を施してはいるものの、新しい事実を付け加えた形跡はないとして、オルリックはさほど重要視していない。それとは逆に、オルリックが「ラグナロク神話」に関する「ヴァイキング時代乃至中世初期の可視的な記念碑」として特別重大な意義を認める二つの資料がある。中でも彼が最も注目するのが以下第二節で扱う「ゴスフォースの十字架」であり、次いでイギリス・マン島のカーク・アンドレアス教会の「トーヴァルの十字架」（Thorwald's Cross）である。[1] 前者については第二節の本論で徹底追求するので、この場では後者について若干言及しておくことにする。

「マン島」（the Isle of Man）はグレートブリテン島とアイルランドに囲まれたアイリッシュ海の中央に位置する島で、ここにはノルウェー全体の三三個に匹敵する二六個のルーネ文字碑石（runestone）があり、ほとんどは一〇世紀のヴァイキング時代に北欧からの移住者によって建立されたものであるが、その一つが建立者の名前「トーヴァル」（burualtr, þorvaldr）に因んで呼ばれている前記碑石である。碑石には十字架が彫られており、その右側には、「ラグナロク」の際「フェンリル狼」に飲み込まれるが、後に息子「ヴィーザル」によって復讐が遂げられる「オージン神」が描かれている。オージン神の肩にはワタリカラスかワシがとまっており、右足は狼の口の中に突っ込み、右手は槍を摑んで、狼の右足に突き立てている。さらに碑石の左側のシーン（一九九頁）は、キリストと思われる人物像を描いている。彼は左手に十字架を右手には本を握り、蛇を踏みつけているが、言うまでもなくこの情景はサタンに対するキリストの勝利を象徴するものである。かくて「トーヴァルの碑石」の二つの場面は相俟って異教信仰とキリスト教信仰の合体を意味する「混合主義の芸術」（syncretic art）のシンボルと考えられている。

なお「シンクレティズム」（syncretism　混合主義）は「ゴスフォースの十字架」のみならず、次の第三節で取り上げる北欧人の「改宗」（conversion）の性格をも大きく規定しており、その意味では「北欧的なもの」の一つの特性を示していると言って差し支えない。第三節は、この北欧民族における「改宗」の問題を取り上げることによって、「シンクレティズム」という「北欧的なもの」の特質の何たるかをさらに探ってみることにする。

周知のように、「シンクレティズム」というのは、本来、まったく異なる、あるいは相対立する信仰を調和・調整する試みを意味し、特に宗教及び神学・神話学の領域、さらに政治の分野において使用されるタームであるが、特に宗教史においてはゲルマン民族の改宗の特性がこのタームによって指摘される。例えば、この主題に関し優れた業績を挙げているシドニー大学のC・M・クーザック女史も、精密な歴史的検証に基づく結論として、ゲルマン民族全体の改宗の特質を、「ゲルマン民族改宗から生まれたキリスト教は、広義における前キリスト教的理念とキリスト教的理念とのシンクレティックな融合であった[2]」としている。そして、彼女はその理由として二つを挙げている。その一つは、ゲルマン民族の「改宗」が神学的な確信を動機とするものではなく、明確な教義を基礎としなかったことである。「キリスト教的理念の受容を助けた当の文化そのものが、同時に前キリスト教的理念がキリスト教に混入するのを助けた」とも述べている。さらに女史によれば、キリスト教がトップレベルの社会階層から下方へと浸透していったことがシンクレティズム発生の原因であった。遠隔地や社会的に重要でない者は長期にわたり古い信仰を保持することができたのである。

クーザック女史のこういった「シンクレティズム」というゲルマン民族全体における前キリスト教とキリスト教との関係理解と比較すれば、既述の北欧精神史の開拓者K・ローセンベーャが、グルントヴィ主義的なナショナリズムの立場から主張する、北欧異教精神とキリスト教信仰の関係把握は異なった様相を示している。彼は両者のシンクレティックな関係を「編み合わせ」(Sammenvæv)、「協働」(Sammenwirke) というタームによって表現しているが、彼によれば、一〇世紀前後からヴァイキング活動を通して全ヨーロッパへ流出しようとしていた北欧異教精神の文化は、キリスト教徒の目に映じたようには「野蛮」でも「無精神的」でも「無法」でもなく、北欧民族自身の本質に深く根差しつつ、それを通して養われ形成されてきたものであった。この文化的潮流についてローセンベーャはこのようにも述べている。長いが引用する。

「この文化は北欧人のあらゆる生活環境、家族と国民の社会秩序の中にその姿を現すと同時に、北欧人の一般的な思惟と行為の方法のすべてを深く刻印した。ということは、この文化がギリシァ-ローマの文化ほど多面的ではなかったとしても、それに匹敵する根源的-統一的文化であって、かつギリシァ-ローマの文化よりもはるかに深い宗教的・道徳的人生観と、人間の価値及び尊厳に関するより高貴な概念によって貫かれていたことを意味する。ヨーロッパでこの北欧古典文化に匹敵するのは、恐らくスラブ民族の異教精神とキリスト教文化のみであったろう。しかしながら、北欧においては、キリスト教を原理とする文化が確固たる統一的形態をとりうるほど、人間生活全体を貫いて豊かな実りを齎すといった事態は望むべくもなかった。その意味で、キリスト教的文化は、所詮、北欧的-異教的文化に比して無力であったと言わざるをえないのである。絶頂期を長期間にわたって存続させ、しかも内的な不調和・分裂を惹起しなかったのが、まさしく北欧異教文化だったからである」(3)。

しかしながら、結局その北欧異教文化もキリスト教文化の侵入に抗いえなかった理由は何なのか？　ローセンベーャは、ヨーロッパ的キリスト教文化のことをより厳密に、「キリスト教的基盤とギリシァ-ローマ的、ユダヤ教的、一部東洋的基盤に基づく普遍-ヨーロッパ的文化」と称し、北欧異教文化のことを「ゲルマン的-北欧的な異教精神によって満たされ、完全な発展を遂げた北欧的-民族的文化」と呼びつつ、中世北欧を特徴づけているのはまさにこれら二つの文化の遭遇と格闘であることを認める一方、長い歴史の中で古い伝統的な異教文化が北欧人の本来の内的生活の源泉である宗教的信仰を枯渇させ、同時に古い道義心――英雄的道義心――が根底から揺さぶられる時、新たな信仰と道徳を伝える普遍=ヨーロッパ的キリスト教文化に向かわざるをえなかったと見なす。そして、まさしくこのような事態こそ北欧民族全体を襲った悲劇的な「ラグナロク」の状況であり、この中に「北欧的なもの」の深刻無比な展開を洞察しうることは言うまでもない。そして、ローセンベーャの見解によれば、そういった改宗への最大の動機となったのは、自分たちの古い異教の神々よりも「白いキリスト」の方がはるかに高尚で強力な神性を所有しており、「白いキリスト」と比較すれば異教の神々は無力であるという中世北欧人らの認識であった。また、初期のキリスト教的なルーネ碑石の一つに、「神よ、彼の魂を救い給え、彼の行えしことを超えて」と刻み込まれているが、ローセンベーャは、この碑文が改宗の時期にすでに北欧異教徒が人間の罪性と神の恩寵の力について相当深い理解力を有していた証明と見ている(4)。

他方、北欧異教文化自体の「ラグナロク」的事態を背景としつつも、北欧におけるキリスト教文化の伝道者たちは、最初から魔術をも含む異教信仰そのものを国民生活の中から根絶しようとする蛮行を避け、むしろキリスト教の真理を解明するのに異教的な表象の助けを借りるという方法を採用したのである。このことを例証するのが、古代キリスト教教会における一連のキリストのシンボルの中心に、ハンマーと弓を携えた異教神ソールの像が描かれた北欧最古の絵画である。これは、まさしく異教神話がキリストについての「予言」として利用されたことを証明していよう。教皇グレゴリウスⅠ世（540?–604）は、「異教の庭を教会の庭に、異教の祭りをキリスト教の祭りに」と語ったと伝えられるが、この提言を忠実かつ広範囲にわたって守ったのがまさに北欧であった。ちなみにキリスト教の最も重要な祝祭「クリスマス」は、現在でも一致して「ユール」（Jul）という北欧語で呼ばれるが、これは元来異教の収穫祭の呼称である。

もとより北欧異教徒のキリスト教改宗に対する本質的な理由が、キリスト教の内的真理にあったことは当然としても、アイスランドのように、二つの宗教は国民を分裂させるからという政治的配慮によって改宗が積極的に勧められた場合もある。一〇〇〇年頃この島の異教徒とキリスト教徒との間に衝突が起きた時、「法の宣告者ソルゲイル」は、争いと戦争による悲惨な荒廃を回避するためには、島民全体が一つの法・一つの信仰を持つべきことを説いて、「島民はキリスト教の洗礼を受け、一つの神を信ずべし」、と宣告したと伝えられる。しかし、この宣告に際してソルゲイルは異教信仰を完全には否定せず、公然とではなく隠れて行うなら、異教の神々を拝しても差し支えないとしたのである。こういった点に、アイスランドでは、キリスト教が国教となった後にも一般島民はもちろん、聖職者の間にさえ古来の異教信仰や習性が温存された理由があるが、しかし異教信仰とキリスト教信仰のこのようなまさにシンクレティックな状況は、アイスランドに限定されるものではなく、中世北欧全域にわたるキリスト教受容・改宗の普遍的形態であった。

なお、ローセンベーャは、中世北欧におけるキリスト教信仰自体の中に古来の異教的要素を留めるという北欧人のシンクレティックな信仰形態の最深の成立根拠として、異教のアース神信仰によって育てられた、強制されることも強制することも容認しようとしない強固な「人格の尊厳」の感情を挙げるとともに、北欧人独特の頑固なまでのこの感情は、キリスト教到来後も北欧人の重要な道徳的力として保持され、後代に引き継がれたことを力説している。例えば、北欧人のこのような特性は、「改宗」を個人の主体的な実存の次元に据えて、「シンクレティズム」を「あれか・これか」の深刻無比な苦悩と葛藤の比較思想的行為として告知したのは北欧神話中最大の雄編『巫女の予言』の詩人である。第三節では北欧民族における改宗のシンクレティズムの問題を、さらに他の定評ある研究者たちの所論を検討しつつ、比較思想的観点から吟味することにする。

先に紹介したC・M・クーザック女史は、著書『ゲルマン民族間の改宗』の各所で、「改宗における王権の役割」

ということに言及している。「改宗」ということが最も厳密な意味においては実存する単独的な個人の主体的決断の問題であることは言うまでもないが、女史は著作の最後の一節を次のように結んでいる。

「本書の探究は、少なくともある程度は、〈王が改宗し、国民が従う〉式のモデルは乱暴であり不適切であって、古代後期・中世初期の大規模な改宗の持つさまざまなニュアンスを説明することはできないという確信から出発した。研究を結ぶに当たってなお言わざるをえないのは、慎重かつ重大な宗教的・政治的諸要素に配慮しながら適用すれば、このモデルが（ゲルマン民族の改宗問題にとって）極めて啓発的であるということである。ゲルマン民族の改宗に対して効力を発揮したのは王権機構であったが、しかしこの王権機構というのは本質的に統治制度と解された機構のことではなく、王が神々の力の導師を務める祭祀的職務としてであった[5]」。

改めて指摘するまでもなく、クーザック女史がゲルマン民族の改宗問題に関して最後に結論として導き出すのは、民の改宗に王の改宗が先行するというテーゼが決して単なる通説乃至仮説に留まるものではなく、そこにおいて決定的な役割を演じたのは政治的要素としての王権ではなく、むしろ異教の神々の力を人間に媒介するいわば仲保者としての「祭司」という王権の徹頭徹尾宗教的・祭祀的要素に他ならないという意味においては、まさに通説が改宗と王権の関係の真相を物語るということである。本書第三章「ゲルマン初期王権論の問題」が取り上げるのがまさにこの問題である。

注

（1）「トーヴァルの十字架」（Thorwald's Cross）碑石（次頁写真）。
（2）Cusack, Carole M., *Conversion among the Germanic Peoples*, London and New York, 1998, p.178.
（3）Rosenberg, Carl, *Nordboernes Aandsliv fra Oldtiden til Vore Dage*, Bd.2. Kbh. 1880, s. 3f..

（4）*ibid.*, s. 9ff..

（5）Cusack, *op.cit.*, p.179.

正　面

背　面

(Richard Reitzenstein, *Antike und Christentum*, Vier religionsgeschichtliche Aufsätze Sonderausgabe 1963, Wissenschaftliche Buchgesellschaft, Darmstadt, Tafel V, Abb.13 und Abb.14.)

第一節　「黄金時代」のイメージ

〔I〕「黄金時代」の基本的意味

本節の目論見は『古エッダ』中最大の雄編『巫女の予言』の全五六詩節中特に世界創成論の部分を構成する第九節・第一〇節に登場する「イザヴォル」（Iðavöllr）・「祭壇と神殿の建立」・「黄金の駒による盤戯」という表象の分析を通して、古代・中世北欧人が「黄金時代」なるものについて抱いていたイメージを確認することである。

「Iða-völlr」の概念規定は伝統的に語源学の立場から接頭辞「iða」の解読を中心に行われ，これまで「活動の野」・「絶えず蘇る常緑の野」・「輝きの野」といった原義が導き出されたが、「祭壇と神殿の建立」その他神々の創造制作活動と「盤戯」の身体活動の表象との結びつきから「活動の野」が第一義的意味を獲得してきたが、「祭壇と神殿の建立」の表象の有する重大な神話的意義は「太古の宇宙創成を模倣・反復せんとする建造儀礼」というエリアーデ（Mircea Eliade, 1907–86）の規定によって初めて明解にされた。

「黄金」は、古代・中世北欧人の場合、「平和と幸福」の同義語と解されたが「盤戯」で使用される「黄金の駒」には「摩訶不思議」（undrsamligr）が付されており、これは「黄金の駒」を操る「盤戯」がラグナロク——神々の破滅——の悲劇的事態を超えて世界の救済と復活を可能ならしめる魔力を秘めた活動を暗示する形容詞であることを示している。だが、同時に『巫女の予言』には「黄金」がラグナロク生起の契機を形成する女性的な誘惑力ともなることが歌われている。

かくて、古代・中世・北欧人にとって「黄金時代」とは、神々の参集する聖なる原野において、世界創成が儀礼的に反復され、かつ破滅と救済に連なる活動によって刻印されていた時代、としてイメージされていたと見ることができよう。そして、これは「創成・破滅・再生」という『巫女の予言』全体の構想と深く関連していることが判明する。

〔Ⅱ〕「イザヴォル」

北欧神話に見られる古代北欧人固有の異教的終末論を展開した詩篇として著名な『巫女の予言』では、太古神々の迎えた「黄金時代」のイメージが第九〔七〕節において次のように描かれている。

「相集えり　アースの神々は
イザヴォルに。
祭壇と神殿を
高々と建立せしかれら
炉をすえ、
黄金を鍛え、
やっとこを造りだし
また道具をこしらえたり。(1)」

「黄金時代」の典型的なイメージとしては、このように「イザヴォル」(sg.Iðavöllr, pl.Iða ve llir)、「祭壇と神殿」(hörgr ok hof)、「黄金」(auðr)、「盤戯」(tafl) といった規定を取り出すことが可能であり、これらの規定の幾つかは第一〇節前半でも、また第五〇〔六〇〕節でも復活した神々が再会して、ラグナロク (ragnarök 神々の運命・死・没落)

の大事件を回想する場として、さらにラグナロクの騒乱の中で失われていた「黄金の駒」(gullnar töflur)がふたたび発見され、種蒔かずして実る畑、死の国より蘇ったホズ神とバルドル神の住む戦士の神々の聖殿の建つ場として描く。このような意味において、イザヴォルはゲルマン異教における黄金時代の表象を特徴づけるさまざまなイメージを下位の種概念として包摂するまさに一種の上位の「類概念」であり、黄金時代全体を映し出すシンボル概念と見なすことも決して不可能ではないであろう。

しかも、この概念が古代・中世ヨーロッパ文学を通しても『巫女の予言』とそれを模範としたスノリ・ストゥルルソンの『新エッダ』にしか登場していないという看過すべからざる事実は、なかんずく『巫女の予言』の詩人が北方異教ゲルマン人の「黄金時代」像を最も適確に表現するために自ら創造した概念こそ「イザヴォル」の概念に他ならないことを証明しており、かつまた「イザヴォル」という稀有の概念が古文書にありがちな写本上の誤記に由来するものでは決してないことも、スノリがこの概念をそのままの語型で受容・継承し、かつ『巫女の予言』の詩人がそれに付与した黄金時代神話構成上の重要な意義を躊躇なく承認しているという事実そのものからも十分に了解しえよう。

本節の課題は、このように古代北欧異教徒の黄金時代のイメージを把握する上で貴重なキーワードでありながら、一義的な解読の困難さゆえに、北欧神話研究史上においても意図的にすら無視されてきた感のあるこの「イザヴォル」の概念に対して可能なかぎり厳密な内包規定を試み、この概念が古代北欧の神々と世界の黄金時代の典型的シンボルとして登場する所以を明らかにするとともに、そこで展開される神々のさまざまな活動の特質を吟味することによって、最終的にキリスト教以前に古代・中世北欧人が抱いていた異教的黄金時代の表象がどのようなものであったかを確認し、さらに言えばそれを通して「北欧的なもの」を構成する最も根源的なエレメントを導き出すことである。

先ずわれわれは、一八八九年という比較的早い時期に公表され、賛否両論取り混ぜてその後の「イザヴォル」解釈に典型的な指標を提示し続けてきた、北欧におけるゲルマン神話研究の最高峰ノルウェー・クリスティアニア（現オスロー）大学教授のソーフス・ブッゲ（Sophus Bugge, 1833–1907）の「Iðavöllr」論を紹介することから開始する。なお彼のこの営為を始め、この謎語に関わる後代の解読の試みの多くは、圧倒的に語源学的視点から行われている。われわれとしても必然的にこの方法論を踏襲することになる。

【S・ブッゲの主張】

「『巫女の予言』によれば、神々は太古「Idasletten」でおのれの黄金時代をおくる。そして、一切の悪が浄化される蘇った世界においても彼らはここで再会するのである。「イザヴォルで」（a' Iðavelli, paa Idasletten）という名称の中にわたしはエデンの変形を認識する。北欧人はイギリスでこのキリスト教的名称を聞き知っていたというのが、わたしの前提である。「Eden」のシラヴルにおける母音「e」が「i」によって再現されたのである。それは、アングロサクソン語の「ed」（igen　ふたたび）と古ノルド語の同義語「ið」の関係と似ている。われわれは、古代・中世北欧人が「Iðavöllr」を、母国語の「ið」一（igen　ふたたび）との関連で、蘇った世界で神々が再会を果たす平原への命名として把握していると考えなければならない。「Eden」に含まれている「n」は「Iðavöllr」では消失している。理由は、この名称がアングロサクソン語の二格語尾「-an」のごとくに扱われ、それに対応してノルド語二格語尾の「-a」となっているのである。「Iðavöllr」の「völlr」というのは、語義的には本質的に、キリスト教徒のパラダイスについて用いられるアングロサクソン語の wong に対応している（注：アングロサクソン語の graeswong .waelwong をそれぞれ、古ノルド語の grasvöllr. vigvöllr と比較されたし）[2]。」

右記に見られるように、ブッゲにおける「Iðavöllr」理解の特質は、『巫女の予言』の詩人がイギリスを中継基地としてキリスト教の知識を所有していたという前提から、それを端的に「エデンの園」の変形と見なし、さらにその原義をもっぱら「ラグナロク」後に復活した世界において神々の再会する場に限定することによって、「ラグナロク」前の太古に存在した「Iðavöllr」については完全に沈黙する点にある。総じて、北欧神話に対するキリスト教の広範な影響というテーゼがブッゲの名を際立たしめている所以のものであり、多くの北欧神話名についても彼はユダヤ教的-キリスト教的表象との結びつきを強調し、「かくてわれわれは、その他の点でもキリスト教の影響が『巫女の予言』の詩の基づいている諸前提と見事に一致していると考える」[3]、と主張している。

オスロー大学教授のホルツマーク女史は、スノリの『新エッダ』に登場する「Iðavöllr」の概念に関して、原産地はあくまで異教詩人の作『巫女の予言』としつつも、そこに盛り込まれた内包については明確にキリスト教の「エデンの園」の表象に基づいていると見なす。しかし、女史にとっては祖国ノルウェーの北欧古代文献学の大先達に当たるブッゲは、『巫女の予言』を彩る諸概念自体のキリスト教的由来を主張するのである。ブッゲのこのようなキリスト教寄りの見方は、単に「Iðavöllr」の概念についてのみならず『巫女の予言』という詩篇全体の理解についても、彼以後の研究者の立場をさまざまに規定してきたものであった。以下われわれはこのブッゲの「Iðavöllr」解釈を念頭に置きつつ、古代・中世北欧人の黄金時代のイメージを最も適確に表現しうると思われる概念規定を探索してゆきたい。

「Iðavöllr」は「iða」と「völlr」から成る複合語であり、そのかぎり言語としてはかなり後代の造語に属すると見てよく、九世紀後半に成立したと推測される『巫女の予言』の詩人自身の独創の産物と見なしても、その点では何ら支障はない。問題はこの語の第一要素「iða」にあるが、差し当たっては先ずブッゲがキリスト教徒の「パラダイス」

という語義を有するアングロサクソン語の「wong」の同義語と解した語幹「völlr」（pl. vellir）に言及してみたい。ブッゲの主張にもかかわらず、「wong」の語義を無造作にキリスト教徒の「パラダイス」と見なす彼の姿勢はいささかキリスト教的見方に偏寄していると思われる。「wong」は元来古ノルド語の「vangr」と語源を同じくしており、一般的には「緑野・沃野・平野」が本義であって、その意味では「völlr」とほぼ同義と見てよく、(4)そしてこの語については何らの疑念もなく「field, ground」を原義として、(5)「草の生い茂った原野」、さらには「空地」の義にも解される。

この「völlr」という語の特徴の一つは、独立的に普通名詞としてだけでなく、特に多くの地名における後綴りの要素としてしばしば用いられるタームだということである。事実、ノルウェー全土に「völlr」を第二要素とする地名が見られ、また「Fresvöll」（*Frøsvöllr）、「Kirkevöll」（*Kirkevöllr）といった類のノルウェーの農場名は、「völlr」の要素が異教時代のみならずキリスト教時代にも地名として用いられたことを証明している。と同時に、これらの実例からもわかるように、「前綴り」はある特定な「völlr」を他の「völlr」から区別するために存在する要素であって、命名者自身にも、彼が語りかけようとする者にもともに熟知された言葉でなければならない。それは形容詞、語幹形式の名詞、二格名詞の何れであっても差し支えないが、要は、様相・特徴・用い方・その付近の建物とか場所、所有者の名前、あるいはそこで生起した出来事に関連のある名称のごときものによって、その特定の「völlr」を際立たせるというセマンティックな機能を所有する語であればよい。とはいえ、第一要素になるべき「前綴り」が少なくともヴァイキング時代の北欧人にとって熟知されていたタームでなければならないのは当然であって、その意味では若干の碑文しか残されていない原ノルド語のルーネ文字の中にそれを探るのは危険であり、むしろ『古エッダ』に代表される一〇〇〇年前後に成立した夥しいアイスランド・ノルウェー文学の中で息衝いている古代ノルド語から「前綴り」

の原義を探りつつ、二つの要素による複合語の意味を再構成する方がはるかに無難であろう。このような前提を踏まえて「Iðа-völlr」の概念の内包規定に向かうことにする。

「Iðа-völlr」が神話上の何らかの地名を意味していることは、前述の点からも十分に推測しうる。だが、問題はそれがどのような内包を有する地名概念かということである。この問いを解決しうる可能性は第一要素の「前綴り」、古ノルド語の「iða-」の意味の解読如何にかかっていることは言うまでもない。先に挙げたように、北欧神話研究の大先達ブッゲは「iöа-」の原義をアングロサクソン語の「ed」との関連から「ふたたび」と解し、「Iöа-völlr」全体をいわば「復活の園」として把握するが、以下ではブッゲを取り巻く代表的な『巫女の予言』研究者の「Iðа-völlr」解釈を『巫女の予言』第四九［五九］節の「ラグナロク」後の復活の場面で登場する「iðjagrœnn」なる概念の解釈をも関連させて例示してみよう。

【K・ミュレンホフの発言】

「オージン」と彼の兄弟が世界を創成した後、「アースの神々」は「イザヴォル」で相集う。この「イザヴォル」は、関連は完全に明白というわけではないが、しかし先ずもって「休みなき活動」ないし「運動の原野」、まさに「活動野」（Arbeitsfeld）を意味するのは間違いない。（「彼女は見る　浮かび上がれるを　いまひとたび大地が海の中より　常緑の大地なり」、と歌う）第四九［五九］節は疑念のないものとして受け入れられている。しかし、「iðjagrœna」というのは最高にアブノーマルな合成語であって、わたしにはブッゲの拒否する接続詞省略後の「iðja, grœna」（frisch and grun青々と緑なして）のように思われる。(6)

【F・デッターの発言】

「Iðavöllr」は「活動野」を意味しうる。この詩節の以下の内容を見よ。ið＝活動（Arbeit）、iðn, iðia＝研究（Studium）、iðiosamr＝学生（Studiosus）、iðjan＝作品（Opus）。しかし、恐らくこの語義はゲルマンの神々の住まいに相応しいものではないであろう(7)。

【F・デッター、R・ハインツェルの発言】

iðjagrœnn の iðja- は ið（勤勉、労働）の複数・二格であり、grœrnn の概念を強める。iðjagroena という語はここにしか出てこない。iðja-（活動・営み）は iðlíkr（まったく同じ）や iðgjöld（再生）における ið と同系。したがって、全体の意味「緑」「新緑(8)」。

【H・ゲーリング、B・シーモンスの発言】

Iðavöllr は無垢な青春時代における神々の住居で、ここではラグナロクを生き延びたアースの神々も再会する。この複合語の第一部は次のような語と同一の語族に属する。ið＝行為、iðenn＝忙しい、熱心な、iðja, iðka, iðna＝働く、活動する、行動する。iðja, iðn＝遂行、仕事。だからミュレンホフはこの名称を正当にも「休みなき活動の原野」と解釈している。「iðjagrœnn」は「新緑になる」の義。この前綴り「iðja-」も古ノルド語にこの語形では二度と登場せず、常により短い ið- の語形で現れる（iðgnogr, ið-gjöld, ið-glíkr usw.）。オランダ語では et-grœn は「一度刈り取られた後に生えてくる草。二番刈りの牧草」を意味する。それゆえ、iðja-grœnn という合成語は全然いかがわしいものではなく、ミュレンホフが iðja, grœna と二語で綴るのは容認不可能。iðr（frisch）という形容詞が証明せられないだけになおさらである。(9)

【F・ヨーンソンの発言】

(1) iðja は ið（igen ふたたび）、（「Iðunn 若返らせるもの」における ið を参照）。だから「たえず蘇る平原」というのがこの Iðavöllr の意味である。iðjagrœnn の iðja- が「ふたたび」という義の語幹 ið に属しているのは確か。だから「常緑」、「たえず蘇る緑や草」の義。

(2) Iðavöllr の冒頭の母音は単母音である。iða は間違いなく ið に属している（ið にではない）。かくて、この語は「たえず蘇る平野」、自力で、ということに留意。これと完全な対応をなしているのは、ラグナロク後の野の描写において「種、蒔かぬまま畑は実を結ばん」と歌われている場面である。だから、この野も iðavellir なのである。(10)

【S・ノルダルの発言】

ミュレンホフはこれ（Iðavellir）を ið（行為・活動）乃至 iða（動いている）と結びつけた。だから、この名称はアース神たちの絶えざる活動を示唆するものであろう。ブッゲの見解では、この名称の前半はエデンに等しく、神々の黄金時代の表象はキリスト教的起源のものである。しかし、彼は、この名称が恐らく iðgrœnn で登場する語幹 ið（ラテン語 iterum ふたたび）と iða（不断に消えては生まれる水の渦巻き。同じ水が繰り返し繰り返し湧き出てくるように見えるのである）と結びついていると見抜いた最初の人である。しかし、わたしとしては「復活した世界で神々が再会する平原」という彼のさらなる解釈には同意しかねる。この平原名は神々の生の太古の時代に成立したものであり、したがってラグナロク後に起こる出来事に則って平原を命名するわけにはゆかないと考えざるをえないであろう。だから「種蒔かぬまま実を結ぶ畑」（ヨーンソン）、あるいは単純に「深緑の、常緑の平原」といった表現と解する方がずっと理にかなっている。(11)

以上われわれはブッゲの先駆的な営為をベースに、北欧神話研究史上画期的な業績を挙げた八人の注解者の「iðagrœnn」概念を絡めた「Iðavöllr」の真義解読の試みを、正確を期するために、言辞通りに紹介した。これら二概念に関する諸他の解釈で、前記の八人の専門家の試みから無関係に独立した仕方で提示された「Iðavöllr」理解はまず皆無といってよいであろう。それだけ彼らの解釈はその後のほとんどすべての「Iðavöllr」理解の方向を規定したものと見なすことができる。ここで改めて当該概念の定義を類型的に整理してみると次のようになる。なお、「Iðja-völlr」の後半部については解釈上の差異はほとんどなく、基本的に園・原野・平原といった義に把握されている。

前半部の「iðja」に関しては、この語の語源を何と見なすかによって基本的には二様に分類することが可能になるが、以下関連ありと思われる二通りの語源を挙げた上で、この分類作業を試みてみることにするが、語源解読については異説多く、必ずしも統一的な見解が出されているわけではないものの、以下では主としてヨーハネッソンやファルクートルプ、クリースビィーヴィグフソン、デ・フリースなどの所説をも参照した。(12)

(1) ið・ið（f.gen. iðjar. pl. iðir）。語根*ei（歩く gehen）に由来する運動・活動・行為の義。iðinn・iðinn（熱心な）、iðn（仕事）、iðja（活動する）、iðna = iðja（仕事・活動）、iðka（活動する）、Iði（本来「多忙なもの」を意味する巨人名）はここから。

(2) ið-（主として詩語で前綴りとしてのみ使われる）。ドイツ語 wieder, wider（ふたたび・逆に）の義で、ゴート語

id-、アングロサクソン語 ed-、古ザクセン語 ed- といった接頭辞に同じ。これに由来する iðuligr. iðugliga. idurligr（絶えず、永続的に）や iðjagrœnn（erneut grün, wieder grün 新緑）はこの語源に属する。しかし、ヨーハネッソンはこれらの何れの語も⑴に接続させる。

「Iðavöllr」「iðjagr œnn」の両概念の内包を前記二種類の語源から推測しようとする八人の基本姿勢については大同小異と言ってよい。先ず両概念をもっぱら⑵の原義に接合し、「Iðavöllr」をいわば「蘇ったエデンの園」と見なすのがブッゲである。したがって、彼の場合、ノルダルが指摘するように、「イザヴォル」の誕生を「ラグナロク」後にのみ承認し、『巫女の予言』第九［七］節が明瞭に告知する太古の黄金時代における「イザヴォル」の存在を否定するという致命的な矛盾を犯すことになる。

前記両概念の何れをも⑵の原義と連繫させる点、ヨーンソンも祖国の大先達ブッゲと同一の解釈路線を歩むが、「イザヴォル」を「ラグナロク」後に限定して「蘇ったエデンの園」のごときものとするブッゲ的見方は取らない。そして『巫女の予言』研究の最高権威であるアイスランド大学のノルダル教授が推奨するのも、「iðjagrœnn」のイメージとの密接な関連を強調して「Iðavöllr」を「絶えず蘇る平野」あるいは「常緑の平原」と解釈するヨーンソンの見解であって、ブッゲのそれではない。ブッゲ、ヨーンソン、ノルダルは何れもスカンディナヴィアの研究者であるが、他のデッター、ハインツェル、ゲーリング、シーモンスといったドイツ語圏に属する専門家は、「Iðavöllr」概念の内包に関しては、⑴の原義を受容しつつ、しかもブッゲ流のキリスト教的視圏での解釈を拒否して、それを徹底的に古代ゲルマン異教内に位置づけようとするミュレンホフの「活動の原野」という定義に同意する。しかし、この点についてデッター、ハインツェルの協力者同士は『巫女の予言』第九［七］節の「Iðavöllr」以下六行の内容との呼応性から「活動の野」といったミュレンホフ的解読を一応容認しながらも、既述のように、この語義はゲルマンの神々の住まいに相応しくないと推測している。その理由は明白ではないが、そのような指摘の直後ブッゲ説に言及しているところからすれば、ブッゲ流にそのイメージを「エデンの園」から引き出そうとしているのかもしれない。

デッター、ハインツェル説のいま一つの特質は、iðja-grœnn の前綴りまで(1)の語源に連結させ、「grœnn」（緑）の強調のための接頭辞として把握することによって「万緑、新緑」の意味を導いていることである。この「iðjagrœnn」概念については、この語をアブノーマルな合成語と主張するミュレンホフの特異な見解を例外とすれば、ゲーリング、シーモンス、ノルダルは何れも、この語の意味を(2)の原義から推測して「常緑・新緑」と規定している。

以上、北欧神話の代表的な八人の研究者の見解に触れつつ「Iðavöllr」の概念規定の語源的遡及によって「休むことなき活動の原野」という原義がほぼ受け入れ可能なものであること、さらに『巫女の予言』第四節後半の「日は南より輝けり　大地の岩の上に、さすれば　地上は　覆われたり　緑なす草々に[13]」の一節を念頭に入れつつ、「iðjagrœnn」概念と重ね合わせることによって改めてそれを定義すれば「絶えざる活動と緑に溢れた原野」という内包を引き出すことができよう。しかしながら、古代・中世北欧人の「黄金時代」のイメージを確認するためには、「Iðavöllr」をめぐるいま一つの解読の試みに注目する必要がある。

北欧の古代・中世北欧の文学・神話・宗教の研究領域に前人未到ともいうべき巨歩を記したオランダのヤン・デ・フリースは、一九五七年から六〇年にかけて刊行した『古代ノルド語語源辞典』において、「Iðavöllr」をめぐる新しい見解を提示している。

「ið［1］（活動）を根拠とした「休みなき活動の原野」という解釈は満足なものではない。恐らくW・クロクマンの「輝く広野」（das glänzende Gefilde）において初めて満足すべき解釈となろう。この語は eisa のグループに属している[14]。」

先ずデ・フリースがそこから「Iða-völlr」の前綴りの意味を汲み取るべきとする「eisa」の原義に留意してみよう。彼によれば、「赤々と燃え熾る残り火」、端的に「火」を意味するこの語のインド−ゲルマン語語源は「*aidh-」であると推測され、古英語の「ad」（薪の堆積）、古ザクセン語の「ed」（火・薪の堆積）、古高・中高ドイツ語の「eit」（真っ赤に燃え熾る炭火）、さらにはラテン語「aedes」（家・寺院）、ギリシャ語「αἶθος」（燃えること）、「αἴθω」（火をつける）、古アイルランド語「aed」（熱・火）といった語の中に登場しており、ここから「Iða-」の「輝く」という原義を導くのである。なお、デ・フリースの所論でさらに注目されるのは、あくまで推測と断った上ではあるが、先の語源「ið［1］」に「活動」の他に、この「eisa」に、したがって「*aidh」の語根に連なる「燃える、輝く」の意味を引き出すことである。かくてデ・フリースは、たとえ接頭辞「iða-」が「ið［1］」に連なるとしても、その原義は帰するところ「*aedh」の語根に還元されるから、「Iðavöllr」概念の内包としては「輝く広野」という定義が最優先されることになる。

ところで、デ・フリースの先の発言からも窺われるように、彼の「Iðavöllr」概念のこのような解読にとって決定的な影響を与えたと思われるのは、彼の前記辞典より三年前に公表されたハンブルク大学の言語学者W・クロクマンの論文「ネオルクスナウァングとイザヴォル」[15]である。この論文の本来の意図は、キリスト教のパラダイスに対する異教的タームとして古英語文献に頻繁に登場する「neorxna-wang」の概念のより厳密な定義を求めて「Iðavöllr」概念との呼応性を吟味することであったが、クロクマンのこの試みが逆にわれわれの「Iðavöllr」概念の解読についても新たな重要な観点を提供してくれると思われる。

クロクマンは先ず、「leik-vangr」と「leik-völlr」、「gildis-vangr」と「gildis-völlr」、「kirke-vangen」と「kirkju-völlr」といった語の対応関係を根拠に古英語の「vangr」と古ノルド語の「völlr」の同義的使用を指摘したフリッツナーの見解を正当としつつ、さらにこれから「しかし、古アイスランド語のvöllrと古英語のwangのごとく、古アイスランド語Iðaと古英語Neorxnaも語義的に符合する」という結論を引き出す。そして、「völlr」の語義を「vangr」のそれと同一と見て「草地・草原」として把握する点、これまで言及してきた諸解釈と大差はない。問題は接頭辞「Iða-」である。クロクマンによれば、ヨーンソン流の「ふたたび」、ミュレンホフ流の「活動」といった「Iða-」解読の何れも満足のゆくものではなく、すでに「Iða-」と古アイスランド語の「ið」とを結びつけること自体構造的に困難と見る。クロクマンの場合、「era-」「ita-」と「et-」「it-」の呼応関係は古高ドイツ語の場合にのみ可能だからである。さらに彼の見解によれば、これまで完全に無視されてきたけれども、前記の(1)、(2)のそれとは異なって、むしろ第三の原義を示すことによって「Iða-vollr」の新しい解読方法を提供しているのが、なるほど古ノルド語には存在しないが、ノルウェー語やスウェーデン語においてはまさしく銀色に輝く小魚「ウグイ」の呼称として登場する「id」(Leuciscus idus)である。クロクマンにこのような第三の解読方向を示唆したのは、スウェーデンの言語学者ヘルクィストの読解法であった。ヘルクィストは魚名「idus」の語根をインド・ゲルマン語の「*idho」(輝くもの)、「*aidh-」(燃える、光る)に還元したのであるが、[17]クロクマンはヘルクィストのこの操作を「納得するに足るもの」と見なすことによって、そこから「Iða-」の原義に関する自らの最終結論を次のように掲げる。

「ノルウェー語・スウェーデン語の魚名idusにおいて名詞化されて存在するゲルマン語の形容詞がida-(明るい、輝かしい)であることを確認することによって、古アイスランド語のIða-völlrに登場するiða-も規定されたように思われる。iða-は恐らく、古アイスランド語のsvartr(黒い)と巨人名Surtrのように、名詞語幹「*idi-」(輝き)の単数二格であろう。[18]」

かくて、クロクマンはIða-völlrの原義を「輝きの草原」として規定する。だとすれば、ここで改めて「パラダイス」

表象とゲルマン的見解との結びつきが問題になり、クロクマンもひとまず、「Iðа-völlr は黄金時代の舞台及び、将来における浄福の場所として新旧聖書のパラダイス表象と接近しているように思われる」[19]、と語りながらも、仮に旧約聖書的な「パラダイス」に呼応して「人類の黄金時代」を復活させなければならないにもかかわらず、「Iðа-völlr」が「人類の居留地ではなく、神々のそれ」であるかぎり、前記の結びつきは存在しないと見る。

さて、このクロクマンの「Iðа-völlr」問題解決を「的を射たもの」とは言えないと断定したのは、この問題をめぐって最も新しい論考を発表したアンネ・ホルツマーク女史であった[20]。彼女は、ヴァイキング時代の言語が同音異義語を有しているからといって、一つの仮説上の語根「iði-」から一つの名詞を解釈しようというのは方法論的に無理であって、仮に『巫女の予言』の詩人にとって「ið」という魚名が熟知したものであったとしても「野」を記述するのに「魚名」を使ったりはしないだろうと批判する。そして『巫女の予言』では「völlr」というタームが第一四節と第二三節で二回普通名詞として使用されている前後の事情を支えとして、「Iðа-völlr」も特別に（adhoc）この詩篇の詩人の創造した普通名詞の地名であるという見方を容認しつつ[21]、単母音の ið- の二格は iðia であろうから、複数二格「iða」の語形を取る長母音「ið-」こそが正解であろうとする。そして、「ið-」の原義は「実行・行為」である。「詩人の意図は自分の聴衆に völlr の本質に関してさまざまな連想を提供することであったはずだが、そのような場合語根 ið- は神話的な地名として使われた場合同音異義語には匹敵すべくもないような強力な地歩を占めたと思われる」[22]。そして、改めて断るまでもなく、ホルツマーク女史のこのような方向での「Iðа-völlr」解釈はすでに「休みなき活動の原野」というミュレンホフの解読によって先取されていたものであるが、女史はミュレンホフが付加したこの「休みなき」（rastlos）という形容詞を彼の時代のロマン主義に由来する概念に過ぎず、「ラグナロク」の予兆が現れる以前の時代にアース神が「restless」であった証拠は何もないとして批判している[23]。しかし、この場合ミュレンホフが「rastlos」

という形容詞によってアース神の活動そのものの持続性を表現しようとしているのに対して、女史がこの形容詞を神々を活動に駆り立てる「不安」の表現として理解しているのは明らかである。[24]

ホルツマーク女史のこのような批判にもかかわらず、前記クロクマン説は、先のヤン・デ・フリースを始め、多くの賛同者を獲得することになったが、ルドルフ・ジメクはふたたびクロクマン的解釈を「説得力に乏しい」として拒否している。その反面、ジメクは『巫女の予言』第九〔七〕節の神々はここで「あらゆる種類の活動」を行うと記述されているから、第九〔七〕節・第五〇〔六〇〕節における「Iðavöllr」のミュレンホフを筆頭とするドイツ語圏の研究者たちの多くに共通する「活動の野」という解読も「不適当とは言えない解釈」として共感を示すと共に、この名称が「ラグナロク後新たに創造された世界を表現しているかぎり、ヨーンソン流の「絶えず蘇る野」という読みも「Iðavöllr」の今一つの可能な解釈」であるとしている。[25]

〔Ⅲ〕「神々の活動」

以上、われわれは古代・中世北欧人の構想する「黄金時代」のイメージを求めて、それを最も凝縮的に表現していると思われる『巫女の予言』の「Iðavöllr」の概念に狙いを定め、それをめぐる研究史上最も典型的な各種解読の試みを追跡してきた。何れの解読もゲルマン神話研究のオーソドックスな手法の一つとして語源学的分析をフルに活用している。そして、それをユダヤ教-キリスト教的な「エデン」の概念の変形と見なすブッゲの独自の解釈を別にすれば、筆者の管見に入ったかぎりでは、もっぱらこのような語源学的解析に基づく「Iðavöllr」理解が圧倒的多数を占めている。確かにこの種の語源学的手法は、問題解決への有効性をめぐって決して疑義なしとしないが、それにもかかわらず神話研究上やはり不可欠の、否、「Iðavöllr」概念解読の場合のごときはむしろ唯一と称しても差し支えない方法ではあるものの、やはりこの手段に留まるかぎり、活動の野・絶えず蘇る常緑の野・輝きの野といった解釈の何れを正解とするかはどこまでも未決定のまま終始することにならざるをえないことを、前記解読の試みすべてが証明していると思われる。私見によれば、従来の「Iðavöllr」概念の内包規定の根本的欠陥は、その精緻な語源的分析にもかかわらず、この概念の内包規定に際して重大な役割を持つと思われる他の関連諸概念の意義に十分配慮されていないことに起因する。そして、それらはすべて完璧に「神々の活動」を意味する概念なのである。つまり、それは「祭壇と神殿」を建立する創造活動であり、さらに炉を据え、黄金を鍛えることによって、やっとこや道具を鋳造する制作活動であって、この活動には第一〇［八］節冒頭の詩句の歌う「盤戯を楽しむ」神々の身体活動も関連していると見なすことができよう。この意味において、何としても「Iðavöllr」をめぐる前記のごとき各種解読法の内、原語に含まれていない「休みなき」といった意味の形容詞をどのように扱うべきかの問題は残るものの、われわれとしては「活動の野」というミュレンホフ的な解読方向を躊躇なく受け入れることができる。「絶えず蘇る常緑の野」・「輝きの野」両解読に共通する根本的な欠陥は、第九［七］節の「Iðavöllr」概念の内包規定すら、この節と続く第一〇［八］節の決定的に「神々の活動」によって特徴づけられる「ラグナロク」前の黄金時代のイメージを捨てて、明らかに第四九［五九］節の「iðjagroenn」（常緑）のイメージ及び第五〇［六〇］節以降の、したがって「ラグナロク」を経て「新たに復活した黄金時代」のイメージに依存することによって行うことである。タームを同じくしながらも、「ラグナロク」前における黄金時代の表象としての「Iðavöllr」と、「ラグナロク」後の世界復活を告げる「Iðavöllr」の表象との間には歴然たる落差がある。それが神々の相集う場所であることについては両者間に些かの差異もないが、第九［七］節の「Iðavöllr」が以下の詩句における神々自身の創造・制作・運動という活発な積極活動を意味する能動的な動性に連なるのに対し、後者の場合動性の主体は神々から自然的情景に転換され（第四九［五九］節）、神々の行動は

「再会」とかつての破滅的出来事の「回想」（第五〇［六〇］節）、黄金の駒の「再発見」（第五一［六一］節）、バルドル神の黄泉の国からの「帰還」（第五二［六二］節）、「火から永遠に守られている場所」としての「ギムレー」における永遠の幸福の「亨受」といった、むしろ受動的な動性と結びつくに留まるからである。[26] そして、「絶えず蘇る常緑の野」や「輝きの野」といった「Iðavöllr」定義が、むしろ後の第二の動性と対応しうるものであることは容易に推測しうる反面、前の第一の動性との十分な結びつきを窺わしめる必然性は存在しない。既述のように、デッター、ハインツェルは、「Iðavöllr」を「活動の野」の義に解しながらも、「この語義はゲルマンの神々の住まいに相応しいものではないであろう」、と語る背景には、黄金時代のイメージから第一の動性を排除して、それをもっぱら「ギムレー」に日輪よりも美しく立つ黄金葺きの館とそこに住む罪なき人々（第五四［六四］節）といった典型的な第二動性から読み取ろうとするからである。だが、これは第九［七］節の歌う黄金時代のイメージを適確に把握しうる姿勢ではありえない。

かくて、われわれは、少なくとも『巫女の予言』第九［七］節の世界創成論的事実に属する「ラグナロク」前の「Iðavöllr」概念に関するかぎり「活動の野」というミュレンホフ的な読み方を唯一の正当な解読法と見なしたいと思うが、しかし前記のように複数存在する読み方の内、これまでむしろ主流をなしてきたと言うべきこの読み方についてもさらに解明されるべき問題点がある。それは、「Iðavöllr」を接頭辞「iða-」とそれに接続して神々の生産的な働きを意味する諸概念から「活動の野」と解読しうるとしても、それならこの解義が世界創成論的事実としての黄金時代の表象に結びつきうる必然性がどこにあるのか。筆者が見るところ、奇妙にもその点はこれまでいかなる研究者の手によっても解明されてはいないのである。だが、この疑問点が解決されないかぎり、「Iðavöllr」概念が古代・中世北欧人の構想する「黄金時代」のイメージの重要な契機たりうる所以も、したがってまた彼らの黄金時代のイメージ自体も不鮮明な状態のままに留まらざるをえないであろう。以下、われわれはこの研究上の空隙を補塡する一助として、改めて、古代・中世北欧人の「黄金時代」の理念にとって「Iðavöllr」概念の内包が有する重要な意義を、なかんずくこの広漠たる草原で繰り広げられる神々のさまざまな活動の内最も典型的な二つ「祭壇と神殿の建立」の創造活動及び「黄金の駒による盤戯」の身体運動の分析を通して探ってゆくことにする。

〔Ⅳ〕「祭壇と神殿の建立」

ゲーリング、シーモンスは、第九〔七〕節の内容について、本来的にはやっとこや道具の鋳造が「祭壇と神殿」の建立に先行すべきであるが、より重要な活動がまず最初に語られ、時間的に先行しているはずの付帯事項が後置されていると解釈する。そして、このことは心理学的にも容易に説明がつくとしている。彼らの見解を受け入れれば、「祭壇と神殿」の建立をもって古代・中世北欧人における「黄金時代」の活動的イメージを象徴せしめることも十分可能であり、確かに北欧神話乃至ゲルマン宗教研究者の探索は、圧倒的に「祭壇と神殿」を対象として試みられている。しかしながら、これらの試みは、主題に関する最高の業績である両オールセン（Magnus Olsen og Olaf Olsen）のそれらを筆頭に、ことごとく考古学的観点からのものであり、われわれの思量する『巫女の予言』の「黄金時代」の理念にとって、この「祭壇と神殿」の有する神話的・創成論的意義といった点については何ら言及していないのが実情である。[27] そのような意義に関連して最も豊かな暗示を提供してくれるものとしては、恐らく宗教史学者ミルチャ・エリアーデの所論に勝る資料は存在しないであろう。名著『宗教史概論』のセクション一四二「聖なる空間の構築」における彼の主張の一端を引用してみたい。

「最高に聖なる場所－祭壇や神殿は、当然、伝統的な規範に則って建立された。だが、結局はこの建造も〈かの始めの時に〉（in illo tempore）聖なる空間の原型を告知している太古の啓示に基づいていたのである。この原型が以後新たな祭壇・寺院・神殿を建立するたびに、無限に反復されたのである……祭壇の建立を云々することは、同時に世界創成の繰り返しを云々することである[28]」。

エリアーデによれば、世界創成論は、単に「祭壇や神殿」のみならず「あらゆる建造物」の範型であって、新たに建設される「都市」や「宮殿」や「家」はことごとく世界の創造をもう一度新たに模倣し、ある意味では繰り返すことなのであるが、なかんずく「祭壇と神殿」の建立は、世俗的な空間や時間から本質的に区別される神秘的な空間や時間の現出を可能ならしめ、その場所は「ヒエロファニー（hierophany 聖の顕現）によって、神聖なるものの恒久的な中心になる[29]」のである。ここには周知のごときエリアーデにおける「ヒエロファニー理論」と「中心のシンボリズム」が登場しているが、それらの詳細についてはここでは問わない。さらにエリアーデは、このようないわゆる「建造儀礼」が多くの場合それのより根源的な原型として「建造供犠」が存在しており、北欧神話の場合それは、カオスの象徴である原巨人ユミルを彼の子孫に当たる三人のアース神が殺害することによって、その屍体の各部分から宇宙の各領域を成立せしめたという神話として登場することを指摘する。「建造供犠は、根本において、この宇宙成立の起源をなす太古の供犠のしばしば象徴的な模倣にほかならない[30]」。ただし、『巫女の予言』の詩篇はこの種の「建造供犠」についてはー切口にしないことが研究史上常に問題にされてきたが、この問題の一義的な解決は必ずしも容易ではない。筆者自身の見解については別の場所で示した[31]。差し当たってわれわれとしては『巫女の予言』第九［七］節における「祭壇と神殿」の建立に続く炉の設置・黄金の鍛冶・各種道具類の制作については、エリアーデの所論に学ぶことによって、それらは何れも聖性の秘儀に包まれた特有の儀礼を形成し、祭壇と神殿同様、世界創成の繰り返しの核心部分をなすものと見なしたいと思う。そして、人類によってこのような世界再建の神話が普遍的に創造される根拠を、エリアーデは、「つねに、努力せずして、世界の、実在の、聖なるものの中心にいたいという願望、要するに、自然な方法で人間的な制約を超越して、神的な状態を、つまりクリスチャンが堕罪以前の状態と称するものを回復したいという願望」、端的に言えば人間における「楽園へのノスタルジー」[32]の中に見出すのである。祭壇や神殿のみならず、宮殿や家屋・都市の新たな創建は、すべて太古における天地創成の原事実の反復に他ならないというエリアーデの以上のごとき建造儀礼論を『巫女の予言』第九〔七〕節の表象に妥当せしめることによって、われわれの問う、古代・中世北欧人の「黄金時代」のイメージの核心をなす「Iðavöllr」の概念もはるかに充足した内包を獲得しうると思われる。しかも、その際、接頭辞「Iða-」の包懐する「絶えず、ふたたび」といった原義を、野の緑の絶えざる蘇り・若返りとしてではなく、むしろ神々の世界創成の反復を意味する前綴りとして把握し、かくて「Iða-」の語源解釈をめぐる activity か again かの二者択一的な理解を退けて、論理学における内包的には異なるが外延的には同一のものを意味するいわゆる等価概念としての「活動」と「反復」の義に解するなら、「Iðavöllr」概念全体はまさしく以下のごとく定義しうるであろう。

「神々が参集し、太古の世界創成を模倣せんとする建造儀礼の活動が、絶えず反復的に行われる聖なる空間としての原野」。

したがって、同時に、古代・中世北欧人にとって「黄金時代」とは、本質的に、神々が相集う神聖なる野において、太古の天地開闢の建造行為が彼らによって模倣・反復された時代、の謂なのである。

〔V〕「黄金の駒」と「盤戯」

いま述べた太古の建造儀礼を反復・模倣するために原野に参集する神々とは「アースの神々」のことであり、北欧神話では最高神「オージン」（Óðinn）を長として、一般に「アース神族」（古ノルド語：Ás, Áss、複数形：Æsir エーシル、女性形：Ásynja、女性複数形：Ásynjur、古英語：Ós、ゲルマン祖語再建形：*Ansuz）と呼ばれる系譜に属する神々のことである。そして、いま一つの神々の系譜は「フレイ」（Freyr）、「フレイヤ」（Freyja）の兄妹によって代表される「ヴァン神族」（古ノルド語：Vanr ヴァンル、複数形：Vani ヴァニル、ヴァナ神族とも）である。兄妹神は豊穣と平和を司り、なかんずく後者は黄金に深く関わることによって、北欧神話の「黄金時代」のイメージを大きく左右する存在である。

『巫女の予言』第九［七］節では「イザヴォル」におけるアース神の「祭壇と神殿の建立」に続く活動の一つとして「黄金」（auðr）の鍛冶のことが語られ、さらに第一〇［八］節で歌われる神々の「盤戯」（tefla）の駒が、「ラグナロク」を経て復活した世界の祝福すべき様相を描く詩節の一つ、第五一［六〇］節の一句から「黄金製」であったことが判明する。こういった事実からも『巫女の予言』を含む北欧神話全体において「黄金」がさまざまな意味で一定の役割を演じており、なかんずく古代北欧的な黄金時代のイメージを形成する上で重要な契機をなしていることは当然予想されるところである。「黄金時代が北欧人の思想圏全体に広がっていたという十分な証拠がある。黄金が存在するところ平和や幸福が欠けることはなく、黄金はほとんど平和と幸福（friðr ok sala）の同義語と解されている。フレイヤ（Freyja）の黄金は現代の銀行のそれと厳密に同じ目的で使われるのである。ただ根底にある概念は明らかに異教時代に相応しく魔術的なものである(33)」と言われる所以である。フレイヤは北欧神話において黄金と魔術（seiðr）と最も密接に結びついているヴァン神族出の女神である。『巫女の予言』の第三［九・一〇・五二］節に登場する「黄金」とはいかなる意味において「Iðavöllr」と黄金時代のシンボルとして機能しうるのであろうか。

実は、われわれがこれまで「黄金」という日本語に置き換えてきた第九［七］節の一語は、一般的な「gull」ではなく「auðr」という詩語で表現されており、この語は通常「財産・富」を意味し、結果的にそれらの資源としての黄金の象徴語として解されてきた。「黄金や財産、より正確には家宝や財産のもたらす幸運にたいする儀礼的な呼称がauðr」といったグレンベックの解釈もそのような原義に由来し、『巫女の予言』第九〔七〕節に登場する「auðr」についてはシーグルズル・ノルダルが実に適確に、「ここでは装飾品のみならず、貨幣の代わりをしたあらゆる種類の黄金製の貴重品、つまり首飾り・腕輪・指輪のことが言われている」[35]、と述べているからである。そして、さらにグレンベックも言うように、「auðr や喜びの喪失が不幸のどん底であり、妬みや狼としての生き様と同義」たるのに対し、「古ノルド語の auðr においては、財産や幸福が支配的な意味を獲得している」、という事実を確認すれば、この語が「黄金時代」の理念と結びついて「世界創成のドラマの中で一定の役割を演じる」[36]のは当然であろう。

「黄金」を表現するのに文字通り通常の「gull」が使用されるのは、次の第一〇〔八〕節の「黄金より」（ór gulli）の句においてである。そして、既述のように、この句の先行句に登場する「盤戯」は、第五一〔六一〕節から「黄金の駒」（gullnar töflur）を操る遊戯であることが示唆されている。第一〇〔八〕節冒頭の二行で歌われるのはまさしく、神々が「イザヴォル」内の一定場所、建物に挟まれた、あるいは垣根で囲まれた「中庭」において[37]、この「黄金の駒」を用いて「盤戯」を陽気に楽しみ「一切の物や道具が黄金から造られている時代」、まさに「黄金時代」に生きる姿である。次の三行から四行にかけて『巫女の予言』の詩人をして、「かれらに欠けたるはなかりしなり、黄金より造られしものにして」というスカルド詩的挿入句を導入せしめたのは、まさしくこの「黄金時代の理論」であった[38]。

ところで、「黄金の駒」のことは第一〇〔八〕節では言及されず、復活した世界においてそれが再発見される場面を歌う第五一〔六一〕節において初めて登場するが、ここではこの「黄金の駒」に対して「摩訶不思議なる」（undrsamligr）という形容詞が付加されている。研究者の中でこの形容詞の持つ特別な意味に深い理解を示したファン・ハメルによれば、他の注解者たちは通例この語をuncommonly beautifulの義でのwonderfulの意味と取るが「beautyというのは、undrという語やその派生語によって北欧人が指摘しようとする内容を何ら構成分子としていない。『巫女の予言』の詩人がundrsamligar gullnar toflurと語る時、彼らが美しい材料・形・細工には含まれていないある特別な質の駒を考えていたのは間違いない[39]」、とされる。ファン・ハメルは各種北欧語辞典やサガにおける用例や古英語wundorの原義などを精査して、undrに由来する一般的な形容詞undarligrについて言えば「付随的に超自然的原因の概念を伴うstrange乃至abnormalの意味」、換言すれば「この形容詞が適用されるものには超自然的な要素が存在し、これは審美的観点からすれば美よりも醜を示している[40]」ことを確認する。そして、確かに「黄金の駒」を形容するundrsamligrの用例は極めて稀ではあるが、その原義はundarligrと大差ないものと見て「神々のtöflurはその美しさゆえにundrsamligrと呼ばれるわけではない[41]」、と主張する。では、詩人がこの形容詞を第五一［六一］節に導入する所以は何か？　明らかに『巫女の予言』第四七［五七］節で歌われている「ラグナロク」の大火災を凌いだ「黄金の駒」の超自然的特性を説明するためである。周知のように、北欧神話では火は巨人族が万物を破壊する魔力であるが、「黄金の駒」の魔力はこの火の魔力をも凌駕するのである。ファン・ハメルの解釈によれば、これが『巫女の予言』第一一［二一］節において、黄金の強烈な誘惑力の女性人格化と解される魔女「グルヴェイグ」(Gulveig)が、三度焼かれながらもなお死すことがなかった理由である。かくて、こういった神話的事実からも、黄金が古代北欧人の間で重要な意味を獲得したのは、その美しさや希少価値といった現代的な連想からではなく、火からさえ免れる最高の魔力のためであったといって差し支えないのである。このように解すれば、「イザヴォル」において「アースの神々」が再会しつつ、「ラグナロク」をめぐる往古の大いなる出来事を回想し、さらには種蒔かずして畑が実を結び、すべての不幸が癒され、バルドル神が黄泉の国から帰り来るのも、「黄金の駒」を操る神々の「盤戯」

の力によると言わなければならないであろう。われわれは、この「黄金の駒」に関しては、ファン・ハメルともども、ほぼこんなふうに総括することができるであろう。「あらゆる被造物を大火災によって焼き尽くすために巨人の軍勢が炎に包まれて押し寄せる決定的瞬間には、火の破壊力に抵抗することができない。全世界を救うことができたのは黄金の盤戯のみである。巨人たちがPursameyjar（巨人の娘）をイザヴォルに送ったとき、このことが分かった。大火災の後には黄金の駒以外古い世界のものは何一つ生き残らなかったのである(42)」。

「黄金の駒」によって成り立つ神々の「盤戯」をラグナロクの破滅的事態を超えて全世界の救済と復活を可能ならしめた唯一の魔力と見なすファン・ハメルのこの見方において、『巫女の予言』に登場する「黄金」とそれによって象徴される時代への評価は最高度に到達することになる。とはいえ、『巫女の予言』の詩人の構想力にとっては、「黄金」が同時にこの「黄金時代」崩壊自体にも連なり、「ラグナロク」の世界破滅をもたらす遠因をもなすものでもあったという意味での、黄金をめぐるいわば弁証法的な二義性を看過するなら、詩人の世界観の真相を洞察したことにはならないであろう。ファン・ハメルは彼の前記論文ではこの点に関する考察を提出していないが、彼も注目する『巫女の予言』第一一［二二］節の「グルヴェイグ」が、根源的に「黄金の危険・有害な力と誘惑の人格化(43)」としてこの世で初めて天下分け目の戦いの原因となり、そのことによって「ラグナロク」を誘発したという認識は、『巫女の予言』の終末論的世界像を把握する上での無制約的前提である。「ラグナロク」の詩人にとっては、世界破滅の未来事象がすでに過去における世界創成の「黄金時代」の理念の中に包摂されているのと同一の意味において、まさしく「黄金」は「豊饒と平和」のシンボルであると同時に、まさしくそれらを崩壊と喪失に導くものという原義を内在せしめているのである。だが、前記のようにこの破滅的事態からの救済と再生を可能ならしめるものもまさしく「黄金」であり、かくてこの金属によって象徴的に表現される北欧神話の「黄金時代」は、まさにそれ自体の内に弁証法的に「誕生・

死・再生」の三契機を包括しているということができるのである。

ノルダルやデ・フリースは言わずもがな、北欧神話・ゲルマン宗教の代表的な研究者たちの圧倒的多数がこぞって指摘するように、『巫女の予言』は異教信仰に深く根差しつつも強烈な個性と新たな真に独創的な精神を所有する一人の詩的人格によって完成された稀有の作品である。それだけに、彼の黄金時代観が彼独自のものである可能性は高い。だが、それをバイキング時代の北欧人の平均的な歴史像から完全に遊離したものと解するのはまったくの誤解であろう。逆に、詩人の掲げた黄金時代のイメージは、キリスト教と異教の外部で息衝いている第三の新しい宗教の記念碑とも称しうるほど彼自身の独自の完結的世界観に基づいてはいるが、同時にそれは同時代の北欧人の最深の基層で息衝いている根源的且つ普遍的な世界像を無制約的に前提としつつ、その中の本質的な契機をさらに深めて、世界終末論という全体的理念の重要な構成要素にまで高めることによって誕生せしめたものと把握すべきである。

かくて、われわれは、ひとまず古代・中世北欧人における「黄金時代」のイメージを具体的にこのように描いてみたい。

「神々が参集する聖なる原野において、祭壇と神殿の建造その他の創造活動を通して太古の宇宙創成の原事実を模倣・反復しつつ、黄金の盤戯の魔力によって幸福と安寧を確保すると同時に、すでに脚下に忍び寄る世界崩壊を予感せざるをえない時代」。

そして、筆者は、直接的には北欧神話の提示するこの「黄金時代の表象」の中に、「北欧学」におけるいわば最高類概念としての「北欧的なもの」を構成する最重要な種概念の内包を見出したいと考える。

なお、古代・中世北欧人の「黄金時代」を象徴する最大の契機ともいうべき「イザヴォル」のみならず、北欧神話に登場するさまざまな場所が、古代ゲルマン人によって彼らの居住した地理上の具体的な地域に想定されたという考古学的に見て極めて興味ある事実が存在するが、この点についてはここでは触れることができなかった。

注

（1）本書が依拠する『巫女の予言』の原典はS・ノルダル（Sigurður Nordal）の校訂になる『VÖLUSPÁ. Ennur prentun, Reykjavik 1952』であるが、文中で示される詩節番号はこの校訂本による番号であり、［　］内の番号は流布本による番号である。なお、詩篇の翻訳は、尾崎和彦『北欧神話・宇宙論の基礎構造——〈巫女の予言〉の秘文を解く』（白凰社、平成六年）、二八－一二八頁のものを用いた。

（2）Bugge, Sophus, *Studier over de nordiske Gude-og Heltesagns Oprindelse*, Christiania（Oslo）1881-89, s. 417.

（3）*ibid.*, s. 417f..

（4）Vgl. Feist, Sigmund, *Vergleichendes Wörterbuch der gotischen Sprache*, Leiden 1939, S. 540.

（5）Cf. Zoega, G. T., *A Concise Dictionary of Old Icelandic*, Oxford, 1975, p.503.

（6）Müllenhoff, Karl, *Deutsche Altertumskunde* V, Berlin 1891, S. 92, 154.

（7）Detter, Ferdinand, *Die Völuspá*, Wien 1899, S. 16, 37.

（8）Detter, F. und Heinzel, R., *Saemundar Edda*, Bd. II（Anmerkungen）, Leipzig 1903, S. 16f.,77.

（9）Gering, H. und Sijmons, B., *Kommentar zu den Liedem der Edda*, Halle 1927, S.9, 73.

（10）Jónsson, Finnur, [1] *De Gamle Eddadigte*, Kbh. 1932, s. 8, 18.
[2] *Völuspá*, Kbh. 1911, s. 43.

（11）Nordal, S., *Völuspá*, dansk Udg., Kbh. 1927, s. 34f..

（12）Johannesson, Alexander, *Isländisches Etymologisches Wörterbuch*, Bern 1956.
Falk, H.S. und Tolp, A., *Norwegisch -Danisches Wörterbuch 1-2*, Oslo-Bergen 1960.
Cleasby, R., Vigfusson, G., Graigie, W., *An Icelandic-English Dictionary*, Oxford, 1969.

（13） de Vries, Jan, *Altnordisches Etymologisches Wörterbuch*, Leiden 1957–60.
尾崎、注（1）前掲書、三三頁。

（14） de Vries, Jan, *Altnordisches Etymologisches Wörterbuch*, Leiden 1957–60, S. 283.

（15） Krogmann, Willy, *Neorxna wang und Ida-völlr*, Archiv für das Studium der neueren Spachen 191, 1954, S. 31–43.

（16） *ibid.*, S. 37.

（17） Hellquist, Elof, *Svensk Etymologisk Ordbok*, Lund 1922, Bd.1, s. 397.

（18） Krogmann, *op.cit.*, S. 38.

（19） *ibid.*, S. 36.

（20） Holtsnark, Anne, *Iðavöllr* (Festschrift für Konstantin Reichrdt, Bern nud München 1969), s. 98–192.

（21） *ibid.*, s. 102.　（22） *ibid.*, s. 99f..　（23） *ibid.*, s. 100.

（24） もっともホルツマーク女史は、一九五〇年の『巫女の予言講義』では「種蒔かぬまま実を結ぶ」あるいは「新緑の、常緑の平原」というノルダル説を採用すべきであるとしている。Holtsmark, A., *Forlesninger over Vöuspá*, Oslo 1950, s. 109.

（25） Simek, R., *Dictionary of Northern Mythology*, p.170.

（26） Cf. Hamel, A. G., *The Game of Gods* (Arkiv för Nordisk Filologi, Bd. 50 [1934]), S. 220.

（27） 「祭壇と神殿」（hörgr ok hof）の考古学的研究については極めて優れた業績がある。例えば、Olsen, Magnus, *Aettegaard og Helligdom*, Oslo 1926, Teudt, Wilhelm, *Germanische Heiligtumer*, Jena 1931, Olsen, Olaf, *Hörg, Hov og Kirke*, Kbh. 1966.

（28） Eliade, Mircea, *Patterns in Comparative Religion* (PCR), New York, 1972, p.371f..

（29） *ibid.*, p.368.

（30） M・エリアーデ、風間敏夫訳『聖と俗』昭和四七年、四八頁。ただしここでは訳語については若干の変更を行っている。

（31） 尾崎、注（1）前掲書。

（32） Eliade, *op.cit.*, p.383.

（33）Hamel, *op.cit.*, S. 220f..

（34）Grønbech, Vilhelm, *Vor Folkeætt i Oldtiden*, Bd. 2, Kbh. 1912, S. 293.

（35）Nordal, *op.cit.*, s. 35.

（36）Grønbech, *op.cit.*, S. 298.

（37）尾崎、注（1）前掲書における第一〇節への注解参照（四二頁）。

（38）Jvf. Hamel, *op.cit.*, s. 219.

（39）*ibid.*, s. 221f..　（40）*ibid.*, s. 222f..　（41）*ibid.*, s. 224.　（42）*ibid.*, s. 229.

（43）Jónsson, F., *De Gamle Eddadigte*, s. 6. 尾崎、注（1）前掲書における第一一節への注解参照（四四頁）。

（本節初出：『古代文化』第五〇巻、一九九八年七月、二〇—三二頁。）

第二節　「ラグナロク神話」の図像表現

［I］「ラグナロク神話」の意味

第一章で示した通り、通常北欧神話は世界創成論・世界形態論・異教的終末論から構成されているが、なかんずく北欧民族がゲルマン異教からキリスト教への改宗の時期に高度な知識を有する異教の神官の手によって成立したと推定されている詩篇『巫女の予言』は、「世界創成論」と異教的終末論の枢軸をなす「世界没落論」という二つの主要部分を基本理念として構成されている。世界創成論について言えば、世界各国の神話の中に同種のモティーフが見られないわけではないが、その種の他のいかなる神話をも超え出る北欧神話の根本的特質の第一は、原巨人「ユミル」（Ymir）を、その子孫である「ボルの息子たち」（Synir Bors）、つまり「オージン・ヴィリ・ヴェー」（Óðinn・Vili・Vé）をして殺害せしめ、その屍体の各部分から宇宙を形成させるという、創成神話の前提として「尊属殺人」の臭気すらただよわせる血なまぐさい物語が語られていることであり、そして第二の最大の特質は、主神「オージンの子」にして、あらゆる神々の寵児であった「バルドル」（Baldur）が、盲目の兄弟「ホズ」（Hoðr）によって殺害されたことが、神々と宇宙の破滅の開始になるという、これまた明らかに尊属殺人を意味する原罪的行為が世界没落の決定的要因として挙げられていることとである。

それゆえ、北欧神話の本質的特質は、このように二つの「尊属殺人」という最も深刻な原罪的行為を媒介とした「世界の創成と滅亡の物語」という点にある。そして、まさしくここに北欧神話全体を貫流する生と死のモティーフの深刻極まりない稀有の独自性があるが、なかんずく西暦一〇〇〇年を迎える直前の時期に書かれたと思われ、北欧神話中卓越した位置を占める詩篇『巫女の予言』が、その力点を圧倒的に後者の契機、つまり「神々の死と滅亡の運命」を意味する「ラグナロク」(ragnarök)の悲劇に置くところから、北欧神話における生と死のモティーフは、特にこの終末論的出来事に集中して展開されていると言っても過言ではない。『新エッダ』(『散文のエッダ』とも)の作者「スノリ・ストゥルルソン」(Snorri Sturluson, 1179-1241)がこの語を誤解して「ragnarök[k]r」と同一視したために「神々の黄昏」という誤訳が発生し、流布した。

しかしながら、この「ラグナロク」の悲劇的出来事に関しては、『巫女の予言』を最重要な構成要素とする『古エッダ』(『詩のエッダ』とも)その他の詩篇によっても断片的ではあるが伝えられており、さらに『巫女の予言』を基礎資料としてスノリ・ストゥルルソンが独自の構想力をもって創作した『新エッダ』では、出来事の全貌と経緯が詳細に語られている。さらにスカルド詩人の作品も、少数ながら明確な「ラグナロク・モティーフ」を含んでいる。また北欧諸国の比較的新しい「民俗信仰」も、そのようなモティーフに関係する資料として挙げられよう。ここには「神々の没落の運命」に関する直接的な報知は発見されないものの、さまざまな側面からこの神話的表象に光を投げかける多くの挿話が提出されているのである。

ところで、この所謂「ラグナロク神話」(Ragnaroks mythe)に関する極めて有価値的な資料が存在する。それは、北欧神話研究の最高権威の一人、デンマークのアクセル・オルリック(Axel Orlik, 1864-1917)が「ラグナロク神話」に関する「可視的記念碑」と呼ぶ図像的資料であり、中でも彼が「最も注目すべきもの」として最高度の評価と関心を示す「ゴスフォースの十字架」(Gosforth-cross)である。(1) これはイングランド北西部のカンバーランド州(ただし一九七四年以後はカンブリア州の一部となった)の「ゴスフォース教会墓地」にある石造十字架である。そして、本節におけるわれわれの課題は、一般に「ゴスフォースの十字架石碑」と言われる石柱に彫り込まれた十字架の図像解析を通して「ラグナロク神話」の秘儀を解き明かすことであるが、それに先立って、まずこの目論見に必要と思われるかぎりにおいて、古代・中世北欧さらに、イングランドにおけるこの種の「可視的記念碑」全般について、若干の考察を試みておきたいと思う。

アイスランドにおいて、キリスト教導入が全島会議で決定されたのが西暦一〇〇〇年であることからも明白なように、北欧にキリスト教が定着するのはほぼ一一世紀以降であって、若干の誤差はあるものの、それ以前の北欧はほぼ完全にゲルマン異教の世界であり、宗教的ないし呪術的内容のルーネ文字による断片的な碑文以外、北欧異教徒の精神生活に関する資料は極めて乏しく、いわゆる北欧神話の文献資料としての『古エッダ』にしても、口頭伝承をキリスト教徒となった世代が最終的に書き留めた結果に過ぎないのである。

むしろ北方ゲルマン人の精神生活の原型を伝えているものとしては、例えば「タキトゥス」（Cornelius Tacitus, c.55–c.120 帝政期ローマの政治家、歴史家）の記述になるゲルマン諸部族とゲルマニアの地誌・民族誌『ゲルマーニア』（Germania, 98）、さらに「ブレーメンのアダム」（Adam von Bremen: Adam Bremensis 一一世紀後半に生まれ執筆活動していたフランシスコ会修道士で中世ドイツの最も重要な年代記編者の一人）の残した『ハンブルク教会史』（Gesta Hammaburgensis, 1075 or 6）といった文字資料による証言の他、それを補う重要な資料として、いわゆる古代遺跡という可視的記念碑が挙げられなければならない。その中には墳墓と墳墓出土品、湖水や沼沢地の供犠出土品が数えられるが、何よりも断崖・絶壁に刻まれた絵、いわゆる岩盤刻画（rock-carvings）や、同じく石碑に刻画された絵画石碑（picture-stones）が重要である。

〔Ⅱ〕 岩盤刻画（図1）と絵画石碑

北欧のおおよその歴史区分は、一般に、紀元前一万年から三〇〇〇年までの旧石器時代、紀元前三〇〇〇年から一五〇〇年までの新石器時代、紀元前一五〇〇年から五〇〇年までの青銅器時代、紀元前五〇〇年から西暦四〇〇年までの旧鉄器時代、四〇〇年から八〇〇年までの新鉄器時代、八〇〇年から一〇五〇年までのヴァイキング時代である。そして、スカンディナヴィア半島の海岸地帯、特にスウェーデン南部に集中して、農業や交易の繁栄を確保しようとする魔術的表象としての機能、あるいは宗教的信仰に関係していると思われる「岩盤刻画」が登場するのは新石器時代であり、その最盛期は青銅器時代であったと推測される。いずれにせよ北欧民族最古の精神生活、彼らにおける宗教的信仰の原形態を認識しようとする場合、この「岩盤刻画」は決定的な重要資料となるのである。その典型的な一例として挙げたのが「図1」である。すでに紹介した北欧精神史研究の開拓

図1　岩盤刻画
(Rock Carvings in Tanum (Swedish: Hällristningsområdet i Tanum)、from Wikipedia, the free encyclopedia. Public Domain　File:Tanumshede 2005 rock carvings 5.jpg　Uploaded: 22 October 2006)

者、デンマークのカール・ローセンベーャも、「岩盤刻画」がほぼ一〇〇〇〇年以上にもわたる北欧人の精神生活の最古の痕跡を物語るものとして評価し、総括的に次のように述べている。「岩盤刻画は北欧における最古の絵画芸術であり、これら岩石絵画は北欧民族精神の巨大な記念神殿の入り口に謎に満ちた告知板として掛かっている。われわれは脇に立ってそれらを凝視しなければならないが、幸いにもわれわれはさらに前進して、神殿の奥の院の壮麗な殿堂、旧石器時代まで侵入し、ついにわれわれ自身の時代の確証を獲得することができるのである[2]」。

「しかし、岩盤刻画の十分な解釈は、岩盤に描かれたさまざまな図像の関連を考察し、特に描かれた情景に留意するとき初めて可能となろう。これを試みたのがスウェーデンの研究者オスカール・アルムグレーンであり、彼はこのような図像を特定の視点から考察し、他の宗教や後代の民俗的慣習から得られる豊富な実例を支えとし図像解釈を行なった[3]」と語ったのは、ゲルマン宗教史研究最大の碩学、オランダのヤン・デ・フリースであるが、事実彼の言葉通りアルムグレーンは、『岩盤刻画と祭祀慣習——北欧青銅器時代の刻画内容の解明への寄与』という、この分野での先駆的業績を通して、特に青銅器時代の岩盤刻画の告知するさまざまな表象内容の解読に対して確固たる基礎を築いたのである。実際そこに描かれているのは、人間・動物・鳥類・樹木・武器・車・船・日輪・戦闘・狩猟・耕作・楽器吹奏・行列・性交・供犠などであるが、アルムグレーンの岩盤刻画解釈の根本的特質は、書名からも窺われるように、総じてそれらを青銅器時代に非常に発達した祭祀生活、そして祭祀と関連した神聖な印と象徴といった宗教的表象に関連づけることである。このようなアルムグレーンの姿勢は、「研究を継続する過程で、わたしは北欧の岩盤刻画の中に未曾有の価値を有する宗教的資料が包摂されているという見方を強めていった[4]」、という簡明な言葉からでも容易に推察しえよう。

岩盤刻画が新石器時代から青銅器時代にかけての北欧民族精神の最古の図像的表現であるとすれば、絵画石碑は、紀元前四〇〇年から西暦一一〇〇年頃までの異教時代最後の七〇〇年間に作成されたものである。岩盤刻画から絵画石碑が区別される根拠となるのは、こういった登場における時代的なずれ、さらには分布・数量のみならず、その外観においても大きく異なっているからである。前者の場合、その図像は極めて形式化しており、前述のようにモティーフの選択は多様であって、大多数は自然の平らな岩面に刻まれているが、後者においては、その圧倒的多数がバルト海に浮かぶゴットランド島に存在しており、また図像が刻まれているのも、自然の平らな岩面ではなく、化粧仕上げや荒仕上げの石材、しかも多くは石灰岩に彫ったり刻んだりしたものである。恐らくそれらはすべて記念碑であって、古いものは墓地に建立され、墓標の役割を果たしていたと思われる。しかし新しいものは、多くの場合、人の関心と注目を浴びるように、道のほとりや公共の場に林立させて置くのが常道であった。

ゴットランドの絵画石碑についてはエーリック・ニレーン、ベデル・ラム共著の『ゴットランドの絵画』[5]がよく知られた基本資料であるが、ここではスウェーデンの古代学者フォルケ・ストレームの『北欧の異教　前キリスト教時代の信仰と慣習』の所論に負いながら、絵画石碑全般について考察しておくことにする。

ストレームも、ニレーン、ラム同様、スウェーデン領ゴットランド島の絵画石碑を基礎資料としながら、新鉄器時代の初期段階（四〇〇－五五〇年）の民族移動期及び同後期段階（五五〇－八〇〇年）のメロヴィング時代以後にかけての発生史を有するこの絵画石碑が、スウェーデン古代の最も注目すべき、かつ芸術の視点から見ても最も高度な創造物の一つであって、本来死の祭祀の領域に属しており、死者の追憶を保持しようとする強烈な宗教的な敬虔さの顕現によって特徴づけられていると明言するとともに、さらに次のように語っている。

「絵画石碑は換言すれば埋葬記念碑なのである。そして、印象的な大きさと、しっかりとした構成によって墳丘の中央に建立されている場所では、石碑はその豪華な飾り、その色彩、その優雅なデザインによって風景画の中で輝くばかりの、はるか彼方からでも目に留まる特徴を備えていた。絵画石碑は、既述のように、長い歴史を有しており――最後の栄光の時代をこの芸術形式は一〇〇〇年代のごとき遅い時期にまで及んでいる――繁栄の時期は沈滞や衰退の時代と交互に入れ替わったが……宗教史の観点からより大きな関心を呼ぶのは、七〇〇年頃に始まる第二絵画石碑黄金時代の石碑の図像内容である。この時代にはわれわれは、写実的な図像言語の中に、無数の劇的なシーンによる物語的な性質を有する緻密な構成に遭遇するのである。つまり、戦闘描写・軍事遠征・航海する船・戦勝祝賀・戦闘の名残りとしての供犠行為等々の絵である。ある種の絵がゴットランドの同時代の住民の間で周知の、噂に上った実際の出来事を再現することを意図しているというのが一般的見解である。しかし、他の絵のシーンは明らかに神話的内容を含んでいる。一連のものはわれわれに未知の神話素材を、その他のものは後世の北欧西部の神話詩・英雄詩の中のわれわれによく知られたエピソードや出来事を物語っている。万人から日々見られ、賛嘆されることを願うあまり、墓碑によって、伝承の中で生きている英雄物語・神話物語を思いださせることによって、死者の追憶は二重に称えられたのである[6]」。

岩盤刻画と絵画石碑に関する以上のごとき考察から判明することは、それらのいずれもが直接われわれの知っている北欧神話に関係するものではなく、差し当たってはそれらは北欧神話との関連を予感させながらも、基本的にはそれ以前の北欧民族最古の精神生活の図像的表現に他ならないということである。ただし、絵画石碑においては明らかに北欧神話との結びつきを連想させる図像表現が存在することを指摘するのが、ストレームの前記所論である。事実、敢えて言えば「北欧神話的絵画石碑」とも称しうるものが確実に発見しうるのであって、その最も典型的な事例がまさしく「ゴスフォースの十字架石碑」（図２）に他ならないのである。ここからわれわれは改めてこの「可視的記念碑」に立ち向かいたいと考える。

「ゴスフォースの十字架」が宗教史研究の視点から特に注目される所以は、九世紀とも一〇世紀とも言われるその建立の時期と図像構成から推して、ゲルマン異教からキリスト教への移行という北欧人の劇的な精神的転換の問題に深く関係していると考えられるからである。その意味でこの十字架石碑の図像は、北方ゲルマン異教徒にとっては、あくまで父祖の信仰を固持するか、新たな信仰を受容するかの、いわゆる「改宗」をめぐる生死を賭した魂の危機を最も如実に反映していると思われるのである。例えば、この石碑について、先に挙げたアクセル・オルリックは次のように述べている。

「ゴスフォースの十字架には、間違いなくキリスト教的起源を物語る一つの描写が見られる。つまり十字架にかかったキリストと、彼の脇腹に槍を突き立てている戦士が描かれているのである。石碑のその他の絵は、周知の北欧神話に対応している、あるいはそれらは少なくともその方向で解釈されるのが最も自然だと思わざるをえないようなものである[7]」。

つまり、オルリックは、「ゴスフォースの十字架」という絵画石碑が、キリスト教的と北欧神話的・異教的の二元論的契機から構成されていることを指摘し、まさしくここに「ラグナロク神話」をめぐる最大の図像学的特質を認識するのである。だが、「ゴスフォースの十字架石碑」におけるこの二元論的な図像構成は、一体どのように把握されるべきなのか？　キリスト教と異教との終わることなき抗争を象徴するものなのか？　それともキリスト教の勝利を宣告するものなのか？　あるいはまた完璧に異教的表象の図像表現と見なすべきか、あるいはまた、徹頭徹尾キリスト教的内容のものとして把握すべきなのか？　北欧神話中最大のクライマックスの場面、つまり「ラグナロクの出来事」に深く関連していると思われるこの石碑十字架の図像は、果たしてどのように解読されるべきなのか？　オルリックが提起して以来、この問題は北欧神話理解における重要な一つの分岐点をなしてきたものである。以下われわれの課題は、これまでの研究に留意しながら、この絵画石碑の有する終末論的意味を図像学的に解析することである。

〔Ⅲ〕「ゴスフォースの十字架石碑」に見る「ラグナロク神話」像

1　異教的それともキリスト教的？――W・カルヴァーリとR・ライツェンシュタイン

「ゴスフォースの十字架」というのは、イングランド北西端のカンブリア州、ゴスフォース村の「聖マリア教会墓地」（St.Mary's Churchyard）に建立されたアングロサクソン風の高い石柱のことであるが、ちなみに、「図２～９」によって示される絵画石碑は、厳密には高さ一四フィート二分の一（約四・四二メートル）の細い石柱であり、頂点に十字架を戴いている

図２　ゴスフォースの十字架石碑
（David M. Wilson (ed.), The Northern World The History and Heritage of Northern Europe・AD400–1100, London 1980, p. 161.）

他、石柱の東西両側と南北両側に北欧神話のストーリーと関連するさまざまな図像が細かく彫り込まれている。イギリスの初期石造十字架の中でも最もみごとなものと言われるが、イングランドの地に

北欧人の石碑が建立された所以は、もとより九世紀にノルウェーのヴァイキングがイングランド北西部に彼らのコロニーを樹立したからである。彼らはここで先住民族のケルト人と混じり合ったが、現在残っている彼らの記念碑は、「ゴスフォースの十字架」も含めて、描写・対象・構成・装飾いずれの面から見ても、アイルランド・イングランド・スコットランドで発達したケルト芸術のあらゆる遺跡とも異なっており、イギリス諸島にノルウェー・ヴァイキングが残した最も美しい記念碑の一つとして知られている。

問題は十字架の東西南北の四面に彫り込まれた場面ないし図像の解析である。これは確かにわれわれの最大の関心を喚起する問題ではあるが、研究史上最も多く論議の対象となった主題でもあった。論争の火付け役となったのは、一八八三年に考古学雑誌に発表されたイギリスの

図6　西側

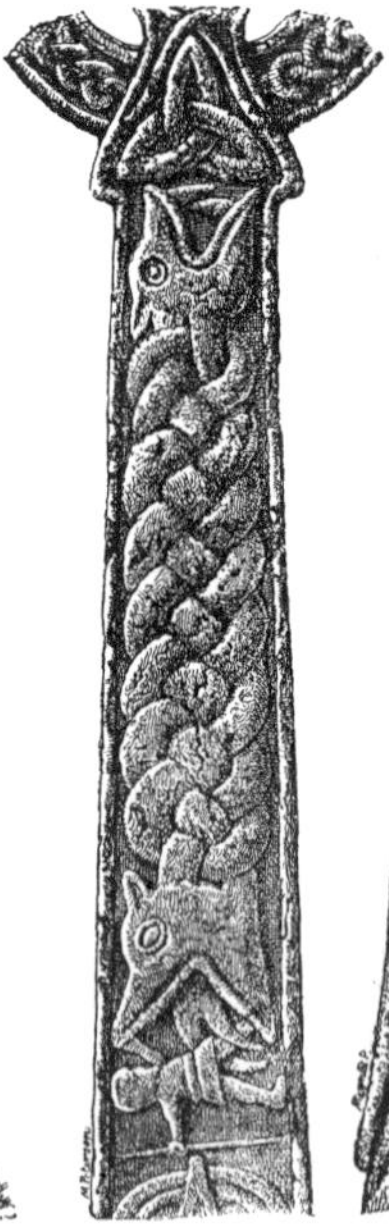
図5　東側

図4　東側

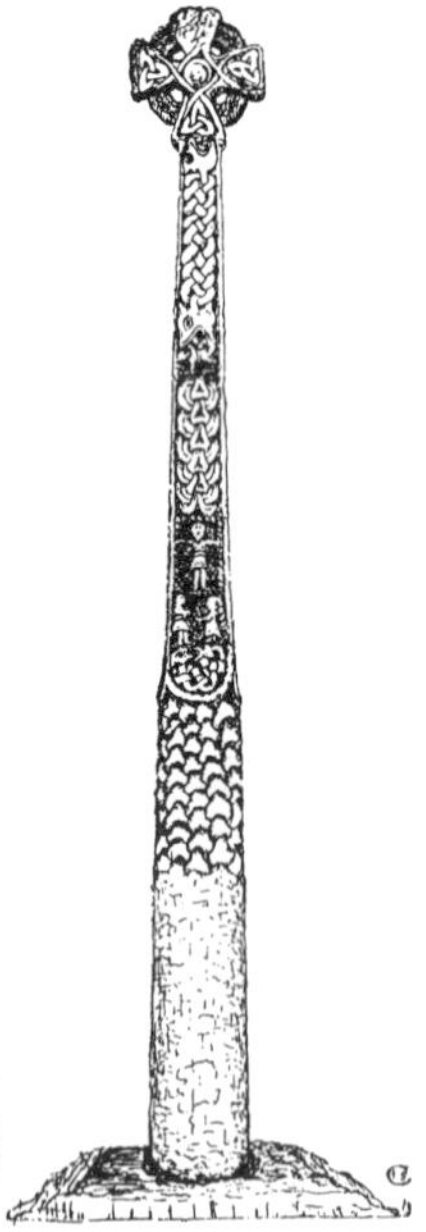
図3　東側

（図3～9，R. Reitzenstein, op.cit. Tafel Ⅱ, Ⅲ, Ⅳ, Abb.3–8.）

古代史家W・S・カルヴァーリ（William Slater Calverly, 1847–98）の論文「西カンバーランド・ゴスフォースの十字架」であった。[8] 彼によれば、石柱の南側と西側の上方に向かっては、「ハティ」と「スコル」という二匹の狼が太陽と月をつかまえようと疾駆しているのであり、さらに西側では複数の怪物が、神々を目覚めさせんものと「ギャッラルホルン」を吹く「ヘイムダッル」を攻撃しているのである。馬にまたがるのは、巨人「ミーミル」に相談するために「ヴァルホル」から出かける途中の「オージン」である。その下方の図像は縛を解こうとして苦闘する「ロキ」である。南側の騎手も「オージン」だが、馬の足の下にいるのは蛇であり、生き者の世界を屍の岸「ナーストロンド」から切断するものを象徴している。蛇の下には人間の姿をした者がいるが、これは「オージン」の片目を隠し持っている。「オージン」の上方には地獄

図7　西側

図8　西側

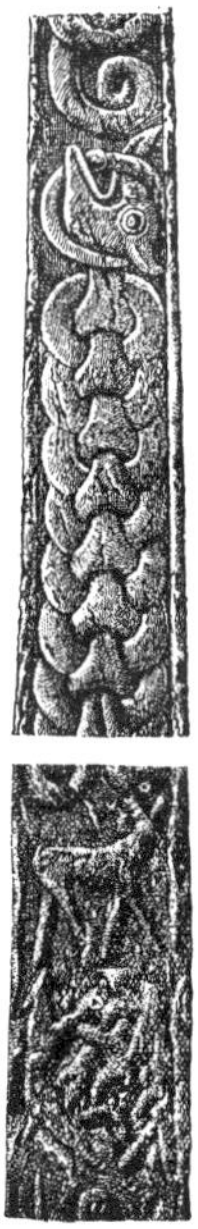

図9　南側

「ヘル」の犬「ガルム」がいる。「オージン」が「ヘル」に行く途中遭遇したことのある犬であるが、それがいまや牡鹿「エイクシェルニル」——生命の水の泉——を襲わんとしているのである。東側には十字架に架けられた人物がいるが、「オージン」か「バルドル」か「ヘイムダッル」、もしくはおのれの運命と対決する神の人格化として三人全部を一人に纏めたのかもしれない。槍を手にしているのは「バルドル」の兄弟で盲目の「ホズ」であり、女性は「バルドル」の妻「ナンナ」である。下方の蛇は「ミズガルズ」の大蛇である。十字架の絵の上の装飾は、頭のない生き物、あらゆる悪の化身である。頂上の図像は、「オージン」を飲み込んだ後、彼の息子「ヴィーザル」によって殺される「フエンリル狼」である。カルヴァーリにとっては、この東面の図像が「ラグナロク」を表現している。北側の八枚の羽を持つ生き物は、バルドルのヘルからの帰還を、中央の騎士は疾駆するスルトを、逆様で描かれたもう一人の騎士は、死せるオージンをシンボライズしていると解釈する。

カルヴァーリは、確かに「ゴスフォースの十字架」は「キリスト教的記念碑」であって、十字架を上に置いただけの「異教の石柱」ではないと断ってはいるものの(9)、四面のすべてを北欧神話のストーリーに関連づけて解釈しようとしているところから推察すると、この絵画石碑の図像の中に圧倒的に異教的要案を嗅ぎ取ろうとしているのは明らかである。

このようなカルヴァーリ説を根拠として自論を組み立てた研究者も多いのであるが、以下においてはこのカルヴァーリ説とはまったく対蹠的に、あらゆるシーン・図像に純粋にキリスト教的意味を付与しようとするドイツの古典文献学者・宗教史家R・A・ライツェンシュタイン（Richard August Reitzenstein, 1861–1931）の異質の解釈を検討してみることにする。彼の論文「没落に関する北欧的・ペルシァ的・キリスト教的表象」は、北欧神話終末論に関する必読の文献として周知のものである(10)。

ライツェンシュタインによれば、「ゴスフォースの十字架」の石柱は、たいていのイギリスの場合のように四角形ではなく円形であり、全図像の下にある鱗状の装飾は、この石柱の「生命の樹」としての特徴を示している。そして、この「生命の樹」は原始キリスト教の時代以来、十字架のありふれたアレゴリーとなったが、「ゴスフォースの十字架」の場合、決定的な意義を有するのは東側と西側である。

先ず東側（図3・4）まん中に見えるのは、イエスの磔刑の図像である。つまり、この記念碑全体が教会と同様に東向きに建立されているという事実が、重大な意味を有するのである。この様式は古く、周知のように最古の時代には、十字架だけとか十字架を背負わないイエスの場合でも、十字架にかけられた者の位置で説明されたのである。まさにここがその典型的な場面である。そして、この場面をライツェンシュタインは、兵卒がいままさに槍を救済者の脇腹に突き立てている構図として受け取るのである。聖香油壺によって「マリア・マグダレーナ」として描かれている女性像は、この壺で血と水の二重の流れを少しでもくみ取るために近づいている。その下の互いに絡み合う狼の頭を持った二匹の大蛇は死と悪魔をシンボライズしており、獲物をむさぼろうとしている。獲物は明らかにキリスト自身であり、彼の身体である。十字架は描かれていない。古代キリスト教芸術においては彼の代わりに「生命の樹」が立つ場合がある。

さらに石柱東側（図5）には、磔刑図の上に独特の模様によって隔てられた二匹の怪物が見えるところから、二匹の大蛇は同じ東面の上方でも反復されていることがわかる。一匹は上方に逃れようとし、もう一匹は下方に向かい、一人の人物に対して口を開いている。そして、この人物は左足を大蛇の下顎に入れ、左手で上顎を上方に引っ張り上げている。彼の右手は槍を握っているが、突き立てるためではない。そういうようには解釈できないのである。槍は垂直に立っている。服装と頭の作りは、フィンランドの民俗学者カーレ・クローン（Kare Krohn）も指摘しているように、再びキリストが意味されていることを示している。キリストが死者ないし悪魔の口を引き裂いて、魂がそこから抜け出せるように槍で開けているのである。したがって、ライツェンシュタインによれば、怪物の描き方から、デンマークの民俗学者・神話学者アクセル　オルリック（Axel Olrik, 1864–1917）が認識しようとしたような「フェンリル狼」のことが言われているということはありえず、それゆえにまた、この狼に呑み込まれた父「オージン」の復讐を遂げる「ヴィーザル神」のことが言われているのでもないのである。

この点については、古代ゲルマン宗教史の泰斗ヤン・デ・フリース（Jan de Vries, 1890–1964）も次のように述べている。

「オージンがラグナロクにおいてフェンリル狼によって殺された後、オージンの復讐者となるのがヴィーザルであるが、彼は怪獣の心臓に剣を突き立てるが（『巫女の予言』の説明）、スノリが語るように、片足で狼の下顎に踏み込み、手で怪物の口を引き裂く。前の殺し方がより英雄的とすれば、後の殺し方はもともと民俗信仰に属していたように思われる。カンバーランドのゴスフォースの十字架で図像として描かれたのは後者である[11]」。

石柱の東側と対をなしているのが西側（図6・7・8）である。そこにはまず上の方の十字架が様式化された「生命の樹」（宇宙樹）から育っているのがわかる。枝は幹に密着している。次に、新しい図像を際立たせるために反対方向、つまり下方に向かって一つの図形が見られる。この図形は東側から知られている二匹の大蛇である。ここでは彼らは互いに離れて横たわっている。しかし、腹と背中とが相対応する構図になっている。シンメトリーを構成するように設定されたと思われるが、大蛇が二匹であり、異なった配置がなされているというのは、キリスト教神話を通して与えられたモティーフと推測され、一匹は殺され、もう一匹は無害なものにされたというのが正解であろう。開かれた口の前には勝利者としてのキリストが泰然と立っている。彼は右手に槍を握っており、この槍は二匹の怪物の上顎にまで達するほど大きいようである。彼の左手は角杯を持っている。角杯の印はキリスト教徒の場合根拠となるものがないが、石柱製作者が、角杯によって、怪物に飲み込まれた魂に、脱出への標識を与えようとしているものと推測される。

ところで、西側（図８）に見られる図像で際立っているのは、敵対者もいないままに槍を下向けにした逆様の騎士が設定されていることである。騎士はキリスト、なかんずく「ヨハネ黙示録」第一九章で描かれた勝利のキリストである。馬は、古代キリスト教のシンボルによれば、アイオーンを、つまり最初の世界支配者の没落後キリストが支配することになる時代、世界行程をシンボライズしている。騎士の図と向かい合っているシーンには、頭部のない蛇が描かれ、さらにこの蛇の作る輪の中には、縛られて責め苦にあえぐ邪神ロキとその妻シギュン、及びロキの上に垂れ下がって毒を注いでいる毒蛇が描かれている。北欧神話のこの図像は、下界に縛り付けられたキリスト教的な悪魔のシンボルないし類型である。もちろん彼が女房持ちとは考えられていないが。

以上の点についてもヤン・デ・フリースの見解を紹介しておこう。

「シギュンはロキの妻であり、ロキの顔にしたたり落ちる蛇の毒を皿で受けとめるという感動的な物語が語られている。ゴスフォースの十字架に刻みこまれているのは、完璧に確実というわけではないが、ほかならぬこの情景が歌い込まれているのは間違いないであろう。この美しい情景がエジプトのイシスの神話（イシスはエジプトの有名な女神で、兄で夫のオシリスを探し求め、貞節と献身によって家庭を守る至高にして普遍的な女神のこと）に由来するとする説もあるが、ライツェンシュタインはこれを否定し、この図像シーンはあくまで北欧固有のものであって、この貞節な妻が異教の国における喜びの現象であることを否定するものは皆無である」[12]。

石柱の南側（図９）と北側には、帯状に極めて装飾的な図像が描かれている。南側には前後にからまる仕方で非常に装飾的に扱われた二匹の龍の図がある。上の方の龍はまだ自由であるが、下の方の龍は下顎と頭とが紐で縛られており、そのために口を開くことができない。これは、教会作家やドイツの詩人の描いた「悪魔の罰」の図像であり、キリスト教徒に対する悔い改めと懺悔の警告を語っているのである。その下には歩いている牡鹿がおり、それに向かって狼が背後から襲いかかろうとしているが、これは死に追いかけられ、征服された魂を牡鹿の姿でシンボライズしているのである。しかし、その下には再度、頭のない大蛇をまたぐ勝利のキリストが描かれており、最下部には閉じ込められた怪物としての悪魔の図像表現が見られる。

本章では提示されていないが、石柱北側の図像は極めて明瞭で、もはや動物とは考えられないような、純粋に装飾的な龍が下向きに描かれており、その下には勝利の騎士の図像が本来の姿勢と逆立ちの姿勢の二様の図像で表現されている。

以上われわれは、絵画石碑を代表する「ゴスフォースの十字架」の石柱に刻まれた複雑な図像の解釈をめぐって、カルヴァーリとライツェンシュタイン両者の異教的・キリスト教的という極めて対蹠的な二つの立場を紹介した。もとより両者の間には、両極端を折衷して中間的解釈を採用し、石柱上のあらゆるシーンに異教的・キリスト教的両方の意味を与えようとした研究者もいるにはいたが、しかし、このような姿勢は、何れの立場から見てもかえって曖昧不誠実な非学問的見方と言われなければならない。それでは、われわれ自身の立場では、この石碑図像をどのように解析すべきであろうか。

2　「ゴスフォースの十字架」の図像解析の視点

石柱の頂上に位置し、アーカイックな「生命の樹」に比せられる「十字架」の像の装飾からしても、石柱上の図像の多くが北欧神話のストーリーを表現していると同時に、記念碑の形態や磔刑の図像は、この絵画石碑がキリスト教的なものでなければならないことを証明しているのは疑うべくもないであろう。それではこの石碑の場合、キリスト教的なシーンと異教的なシーンとの間に存在する関連は、厳密にいかなるものとして解釈すべきであろうか？　われわれはこの問題を、ノルウェーの芸術史家クヌート・ベーァ（Knut Berg, 1925–2007）の斬新な見方を手がかりに探ってゆくことにする。[13]

ベーァはこの問題を考察する上での必須の前提として、「ゴスフォースの十字架」石碑をめぐる歴史的事実の確認を厳しく要求する。北欧ヴァイキングが北西イングランドに入植を開始したのは、九世紀の最後の一〇年間よりも早くはなかったと推定され、一〇世紀の最初の一〇年間がその最盛期であったと思われる。イギリス諸島へのスカンディナヴィア人の入植は、他の入植の場合と異なって、比較的平和裏に行われたと思われる。一〇世紀には、この地域におけるヴァイキングの略奪・破壊行為についての資料を目にしないからである。その原因についてはさまざまな憶測が行われているが、とりわけベーァ説の最大の特長は、カンバーランド（Cumberland）に来る前に、彼ら北欧からの入植者たちがすでにアイルランド海周辺のケルト人地域に長らく定住しており、特に大多数はアイルランド経由で来たのではないかとの仮説にある。彼らの用いた北欧語に対するアイルランド語の強烈な影響からこのことが推測されるのである。つまり、カンバーランドへの入植者は、この地に来る以前に、アイルランド文化と文明に精通しており、圧倒的な影響下にあったにちがいないのである。こういった点から、ベーァも「これらヴァイキングが彼らとともにイングランドに持ちこんだのは純粋の北欧文化ではなく、アイルランド‐北欧混合文化であった」[14]と述べている。そしてこの見解からは、北欧ヴァイキングの建立したと思われる「ゴスフォースの十字架」の図像解析においても、重要な示唆を与えられることになるのである。

さらにベーァに負いつつ言えば、北欧ヴァイキングのほとんどがキリスト教に改宗した場所はアイルランドであったと思われるが、このことが彼らの改宗に固有の性格を付与することになったと推測されるのである。キリスト教を新たな改宗者に可能なかぎり受け入れやすくするために、彼らの古い信仰と新しい信仰とを隔絶させないというのがアイルランド教会の既定方針であったところから、ケルト人の祭司も、ヴァイキングを改宗させる試みにおいて、北欧の古い神々をそれに相応しい敬意をもって扱ったと考えられるのである。(15) この北欧ヴァイキングの改宗がどのように行われたか、彼らの古い宗教との関係がいかなるものであったかをよりよく理解する上で、アイルランド人と彼らの異教神話との関係が一つの指標を提供してくれるであろう。

アイルランド人は北欧ヴァイキングたちよりもすでに数百年も前に改宗していたが、アイルランド人の場合も彼らの異教神を完全に放棄するのにはさまざまな困難があって、この異教神を信奉し続けたことは、多くのアイルランド神話が証明しており、事実アイルランドの十字架にはケルト神話とキリスト教との混合シーンが多く見られ、アイルランドで異教神話が生き続けたことを物語っている。そして、まさに同じ事態が北欧の異教神の場合にも生起したと考えられるわけである。つまり、イングランドのヴァイキングたちの場合も、同じようにこの地で改宗後も彼らの古い神々を尊敬し続けたのであるが、他方ではキリスト教が古い異教の神々を征服・追放したことを、痛切な悲劇的感情をもって「神々の没落」として、「ラグナロク」として受けとめたのである。こういった事態を証明する典型的な記念碑こそが、まさしく「ゴスフォースの十字架」の石柱に他ならないのである。

さらに、宣教時代の石造十字架の図像は純粋に装飾的ではなく、キリスト教の教義を説明するという目論見をも有していたところから、新たに改宗したヴァイキングのために制作された記念碑には、古い信仰の崩壊を、彼らに理解し難いシンボルよりも、生き生きとした物語によって説明しようとしたということも考えられ、この推測の図式によって「ゴスフォースの十字架」を理解する点に、ベーァ流解読術が存在するのである。[16]

しかしながら、この「ゴスフォースの十字架」の石柱における「異教的なもの」と「キリスト教的なもの」との混在の理由をどこに求めるかの問題はともかくとして、そこに刻み込まれている図像が、古い宗教に対する新しい宗教の勝利、古い異教神にとっての「ラグナロク」を描いたものであることは一目瞭然であって、問題はまさに石碑に刻み込まれたこの「ラグナロク」の図像構造をいかに正確に解析するかにある。前記のごときこの絵画石碑成立に関する仮説を前提としながら、以下においてはわれわれなりの図像解析を試みてみることにする。

「ラグナロク」神話に関する最も重要な資料は、言うまでもなく『古エッダ』と『新エッダ』であるが、両『エッダ』の間に矛盾や不一致が存在するという事実は、完全に同一の「ラグナロク」概念は存在しなかったこと、恐らくは場所と地域によってさまざまに変化し、外部からの影響もあって、多様化したことを暗示している。限定的な意味においてではあるが、「ラグナロク」表象の発展を比較的詳細に跡づけ、この概念における基本的な共通のイデーの抽出を可能ならしめるのは、北方ゲルマン異教の最後の世紀に書かれたと思われる、『古エッダ』に含まれている前記「巫女の予言」のみであろう。そして、発展過程で「ラグナロク」の表象内容がいかに変化したとしても、真に北欧的終末論の最深の基本概念を構成するに相応しい「ラグナロク」のイデーの共通項としては、以下のごときものが挙げられよう。

(1)　「ラグナロク」の開始を告げるさまざまな自然現象
(2)　捕らえられていた怪物が縛を解く
(3)　神々の軍勢と来襲者が相見え、神々が敗北する
(4)　神々の先導者が殺され、復讐される

(5)　一切が破壊し尽くされ、新世界が誕生する。

これら五点を確認・前提とした上で、あらためてわれわれ自身の「ゴスフォースの十字架」の図像解析に立ち向かうことにする。

3 「ゴスフォースの十字架」の図像解析

「ラグナロク」開始の合図は、大地が震え、太陽が怪狼によって呑み込まれるという現象である。「ゴスフォースの十字架」の石碑の三面に、口を開いて頂上の「車輪の十字架」に向かって石柱を駆け登らんとする怪物の姿が見られる。キリスト教的シンボルとしての円形十字架が石造十字架の頭部として用いられた最も初期の実例は、ノルウェーとデンマークに最も多く見られ、さらにイギリス諸島にまで普及している。新たに改宗したヴァイキングが彼らの古い「太陽のシンボル」を「十字架のシンボル」として用いたと仮定しても間違いはないであろうと、スウェーデンのアルムグレーンは考えている。もし「ゴスフォースの十字架」の石柱頂上の「車輪の十字架」を太陽のシンボルと見なせば、怪物が石柱を駆け登る意味は明白になろう。彼らは太陽を攻撃する「ラグナロク」の怪物なのである。多くの資料では、太陽を呑み込む怪物は二頭であるが、石柱に描かれているように、怪物は数頭という方が、古い伝説とよりよく一致しているように思われる(18)。

「ゴスフォースの十字架」には地震も登場する。西側（図8）のいちばん下のシーンは「縛られたロキ」を示しており、彼の上には妻のシギュンと一匹の蛇が描かれている。この場面については、スノリが『新エッダ』の中でこのように述べている。「それから、スカジは毒蛇をつかまえてきて、毒が蛇からロキの顔の上に滴り落ちるように、彼の頭上に結びつけた。それから、ロキの妻のシギュンはロキの横に立って、毒の滴の下に洗桶を支えている。それがいっぱいになると、もって行って、それを捨てる。だが、その間は、ロキの顔に毒が滴るのだ。すると彼は猛烈にもがくので大地が震える。これをお前たちは地震と呼んでいるのだ[19]」。

しかし、前記の「ゴスフォースの十字架」西側（図8）のこの場面をより綿密に検証してみると、蛇の頭が直接ロキの頭上にあるから、スノリの言うように、シギュンが洗桶を蛇の下に差し出してロキが毒にかからないようにしている情景が彫り込まれているのではないことが窺われる。描かれているのは、毒がロキの顔に滴り落ちて地震を引き起こす彼の発作の瞬間であろう。なお、ロキに関しては、『古エッダ』その他の資料では、別のさまざまな情景が紹介されている。

こういった自然現象が発生すると同時に、縛られていた怪物が逃走するが、中でも代表的な怪物はフェンリル狼である。このフェンリル狼の監禁についてスノリは、神々がやっとこの彼の捕縛に成功した後、「狼は恐ろしく大きな口を開け、もがいてそれを噛もうとした。神々は狼の口の中に一本の剣を突っ込み、柄が下顎に、切っ先が上顎に当たるようにした。これが口のつっかい棒だ[20]」、と語っている。「ゴスフォースの十字架」の南側（図9）には、頭のまわりにリングを巻き、口を開いてそれをくわえた怪物の図像が見える。リングのこのような構図は、それが単に縛るための綱ではなく、怪物の口を開かせて、噛めないようにしておく手段として用いられていることを示唆している。したがって、このリングはスノリの語るフェンリル狼の口に神々が突っ込んだ剣と同じ役割をすることを示唆している。その意味で、怪物は「縛られたフェンリル狼」と同一視することが可能であろう。

他の縛られた怪物、ヘルの犬ガルムも石柱に描かれている。南側（図9）に、からまりながら飛び上がろうとしている犬の姿が見えるが、これはしばしば蛇と解釈されるものの、そうではなく恐らくはガルムであり、彼の足下のからみは、解いたばかりの縛りを意味するであろう。

以下、さらに「ゴスフォースの十字架」のその他の図像の解析を試みてみよう。西側（図7）の上部には、片手に槍、片手に角杯を握った人物像に向かって口を開き並んで接近している二匹の怪物の図像が見られる。この人物は怪物と戦闘はしていない。むしろ彼は槍で怪物たちを阻止しているかの観がある。手にしている角杯から、この人物が、ラグナロクが始まった時に角杯を吹いて神々に警告を発するヴァルホルの番人、ヘイムダッルを意味していると考えることができる。しかしながら、新旧いずれの『エッダ』も、ラグナロクのこの展開過程で、攻撃者と対峙するヘイムダッルについては何も語っていないのである。だが、われわれは、ヘイムダッルが天の縁、虹の橋ビフロストの近くに住んでいることを知っている。そして、彼の役目は、ラグナロクが開始されて、攻撃者たちが橋を渡る時、橋をガードすることである。だから、ヘイムダッルがビフロストの橋の上で攻撃者と対峙し、角杯を吹いて神々に警告を発している場面が存在するのは当然であり、この瞬間が石柱十字架上に描かれていると考えられるのである。

ヘイムダッルの下に逆様に描かれている騎士は、彼がヘイムダッルの場面に属しており、下のロキのシーンに加わるものではないことを示している。彼の唯一の持ち物は下向きの槍であるが、これは、同じような配置で槍を握っている石碑上の他の騎士の場合と違って、彼の身分を証明するものではない。最も考えられるのは、ギャッラルホルンを聞いて、ヴァルホルから出て、来襲する敵軍との戦闘に備える神々に対する表現であろうということである。

このような意味において、「ゴスフォースの十字架」の石柱の西面（図8）は、「ラグナロク」開始のほぼ完璧な記述と見ることができる。

石柱の南側（図9）は、恐らく二つの場面に分けられるであろう。上の場面はよじれたものを飛び越えて牡鹿を襲おうとする犬を描いている。すでに指摘したことであるが、この犬を鎖を切ろうとしているヘルの番犬ガルムと同一視することは可能であろう。スノリの語るところによれば、ラグナロクのあいだガルムはテュールと戦い、相互に殺し合うのである。他の資料にはこの戦いに関する記述はなく、そこから、この戦いはスノリの発明によるものとも考えられている。(21)

牡鹿のことは北欧神話では二回言われている。最初は、オージンの館の屋根の上に立っている鹿のエイクシェルニルがレーラズという樹の葉をかじる場面であり、二回目は、無名の鹿が世界樹ユグドラシルの葉をかじる場面である。それらは恐らく同じ牡鹿であろう。エイクシェルニルは北欧神話では大した役割は演じないし、ラグナロクと結びつく場面では登場しない。

さらに、ガルムとエイクシェルニルとの関係を指摘するものも存在しないし、前記のシーンに関連ありと思われるその他のストーリーも、北欧神話には登場していない。

石柱の同じ南側（図9）の下部のシーンは、右手に槍を抱いた騎士を示している。彼の左の腕は短く、ここでは馬の手綱を握っている。彼の下にはとぐろを巻いた蛇らしきものが見え、いちばん下には不釣り合いな大きな目と奇妙な仕方でくくりつけられた身体の持ち主がいる。

ラグナロクの発展シーンとして唯一可能な解釈は、騎士をミーミルに相談するオージンと見る見方であろう。スノリは、オージンがギャッラルホルンを聞いた時、アドバイスを受けようとユグドラシルの下のミーミルの泉に騎行する様子を語っている。ミーミルは泉の水を飲んで獲得した知恵に満たされているが、同じ知恵を獲得したいと願うオージンは、そのための担保としてミーミルに片目を預けなければならなかったというのが、これに関しての物語である。

このような意味で、石柱南側（図9）の最低部のシーンは、ユグドラシルの麓の泉に騎行するオージンが中心であり、彼の下の蛇、ユグドラシルの根元をかじるのは蛇のニーズホグである。彼の大きな眼はオージンからの担保の眼である。

しかしながら、ミーミルとこのエピソードについての報告は一向にはっきりしない。ラグナロクの発展の中で、意味がありそうにもないこのエピソードがなぜ石碑に刻まれたかを理解するのは困難である。北欧神話におけるミーミルの位置を規定するのが難しいからである。恐らくミーミルは、いまは失われてしまった古い神話の名残りであろうというのがヤン・デ・フリースの見解である(22)。

とはいえ、前記のシーンのこのような解釈に対しては反論が提出されるかもしれない。もし人物の大きな眼がオージンのものなら、騎士は、オージンの他の図像の場合のように、片目であることが当然予想されよう。ミーミルについてわれわれが所有する情報はすべて、彼が一人の人間として解釈されるか、単なる頭として解釈されるかのいずれかであろう。さらにわれわれはオージンの片腕が短いという噂も聞かない。石碑の他の騎士はすべて同じポジションで描かれているが、他の騎士の腕の長さは同じである。手綱を所有しているのがこの馬一頭だけという事実は、この南面の騎士と他の騎士との異質性を強調しているように思われる。北欧神話の中で腕の短い唯一の神はテュール、戦さの神である。彼がフェンリル狼を捕えた時、狼に片腕が噛み取られたからである。後に鉄の手をつけた。スノリが物語るところによれば、ラグナロクにおいてテュールはガルムと戦う。前述のように彼の上の犬がガルムと同一の可能性はあるものの、石碑上の犬と騎士がお互いに無関係なのは明らかである。いずれにせよ北欧神話に保存されている資料に基づくかぎり、満足な解釈を見出すのは困難であろう。

提示するにたる鮮明な図像コピーが入手できなかったために、本節では具体的に挙げられなかったが、「ゴスフォースの十字架」の北側は太陽を襲う怪物のいない唯一の面である。その代わりここには下方に走る怪物がいる。怪物の下には二人の騎士がおり、下方の騎士は逆立ちの格好をしているが、二人とも右手を下に向けて槍を抱えており、同じ構図で描かれている。騎士の下の残りの部分は装飾だけでいっぱいになっている。

低い方の騎士が逆様に描かれているのには、特別な意味があるとは思えない。西側（図8）の騎士も同じように描かれているからである。おそらくこのような構図になった背景には、両者が並んで騎行している、あるいはお互いに対峙し合っていることを示そうとする意図があったからであろう。ヘイムダッルを襲う二匹の怪物も同じような構図で示されている。確かに二人の騎士が決闘しているといったサインはなく、また彼らのいずれも同一の存在であることを可能ならしめるような所有物を有するわけでも、そのような行動をするわけでもない。しかしながら、彼らは馬上ヴァルホルから出て、来るべき戦さに備える神々の代表と思われる西側の騎士とは同じであろう。

二人の騎士を襲う怪物の身体を表現する装飾は、石柱の他の装飾から質的に異なっており、類似した装飾は他の北欧乃至イギリス諸島のタイプのものには存在しない。したがって、この装飾には特別な意味が認められなければならない。怪物の身体は、リングによってそれに結びつけられた対組の翼乃至炎を有している。しかし、北欧神話のどこにも、特別対組の翼によって特徴づけられた怪物の話は存在しない。それゆえ、彼らは火炎と考えるのが至当であって、この怪物は火のデーモンと見るべきであろう。こういった見方の根拠となるのは、この怪物が石碑の他の怪物よりも大きな眼を有するという事実である。大きな眼は火のデーモンの特徴なのである。

ラグナロクにおいて最も際立った火のデーモンはスルトである[23]。このスルトは戦場、ヴィーグリーズで神々と対峙する攻撃軍のリーダーである。この場所で巨人軍対神軍のラグナロクの戦闘が行われるのである。神軍の敗北後、スルトはあらゆるものに火をかけ、神々の国は火炎の内に崩壊する。

スルトは攻撃軍のリーダーであるばかりでなく、しばしば攻撃軍全体を代表すると考えられる。その意味で、『古エッダ』の一編「ヴァフスルーズニルの歌」第一七節では、「スルトと神々の戦いの行われる野は何という名だ」という「賢い巨人」ヴァフスルーズニルの問いに対して、主神オージンは、「スルトと神々の戦いが行われる野はヴィーグリーズという名だ[24]」と答えているが、このシーンは神々と怪物との一つの戦いだけを表現しているのではなく、ラグナロクの中心的な理念である、巨人軍と神軍との戦い自体を指しているのである。

石柱の東側（図5）の磔刑図の上には、間に装飾を挟んで、一人の人物と怪物との戦いが描かれている。この人物は片手に槍を握り、もう一方の手で怪物の上顎を摑んでおり、片足は怪物の下顎を踏みつけている。ヴィーザルが父オージンの復讐を遂げてフェンリル狼を殺す場面をスノリはこのように描いている。「狼はオージンを呑み込む。これが彼の死だ。間髪を入れず、ヴィーザルが立ち向かい、片足で狼の下顎を踏みつける……ヴィーザルは一方の手で狼の上顎を押さえ、その口を引き裂いたので、それが狼の命取りとなる[25]」。

十字架石碑のシーンは、スノリの描くこの情景にぴったり一致しているから、前記人物がフェンリル狼を殺してオージンの復讐を遂げるヴィーザルを指しているのは間違いないであろう。

以上、われわれは、イングランド・カンブリア州に残る「ゴスフォースの十字架」の四面に刻み込まれた図像の解析を試みた。解析困難な多くのシーンを孕みながらも、基本的には、神々と世界の没落としての「ラグナロク」の出来事を描く際に期待されるべき主要な理念のすべてが、この十字架石柱の上に表現されている事実を確認することができる。北西イングランドの北欧のヴァイキングたちがどのような経緯で「ラグナロク」の表象を抱くに到ったのか、その詳しい事情についてはわからない。したがって、この石造十字架に関するカルヴァーリの異教的解釈、ライツェンシュタインのキリスト教的解釈を踏まえて、ここでわれわれが提出した解釈についても、やはりいまなお仮説的性格を脱しえないのはやむをえないであろう。しかしながら、なお幾つかのシーンの厳密な意味が論議の対象とならざるをえないとしても、少なくとも石柱に刻印されたあらゆる情景が、異教神の生と死をめぐる「ラグナロク」の終末論的事象を図像的・絵画的に表現したものであることについては、疑う余地はないであろう。

石柱の西側（図6・7・8）は「ラグナロク」の開始を、南側（図9）が個別の戦闘を、北側が全体としての巨人軍対神軍の戦いを、そして最後に東側（図3・4・5）が、復讐劇と十字架上におけるキリストの死を通しての世界復活と、あらゆる悪の克服を描写・刻印しようとしたものであることは確かだと思われる。われわれが注目してきたK・ベーァも彼自身の最終的な結論として、石碑十字架の装飾は「神学的プログラム」に基づいて「完璧に論理的に計画されていた」ことを証明しており、「ゴスフォースの十字架」全体が根本的にキリスト教の「礼拝のための集会場所」に対するシンボルとして利用されたという理論を提出している。これは、「ゴスフォースの十字架」自体に異教的あるいはキリスト教的色彩の濃い一義的解釈を施すというより、北西イングランドに定着しようとするヴァイキングの子孫に対して、彼らの父祖の信仰内容とその死すべき運命を図像的・絵画的に表現することによって、彼らをキリスト教という新たな宗教に導こうとする明確な意図のもとに建立されたものと見なし、新宗教に向かって強烈な方向づけを行いながら、まさにそのためにゲルマン異教に対して最善の配慮を怠らないという意味において、異教的なものとキリスト教的なものとの共存を許容する観点からの弁証法的解釈ということができるであろう。

[Ⅳ]　最近の図像解析の結果について

リチャード・ベイリーの『北イングランドにおけるヴァイキング時代の彫刻』は、現在からすればすでに二〇年も前の文献であるから、最新とは言いかねるが、テーマに関しては最も総合的な充実した高度な学術資料であり、それだけにすでに高い評価を獲得している貴重な業績である。そして、その主要な部分が「ゴスフォースの十字架」をめぐる問題の論及に費やされているところから、この絵画石碑の解析上多くの示唆を受けることができる。

ベイリーによれば、「ゴスフォースの十字架」は「キリスト教的諸理念の異教的図像学」を物語る「最も印象的で説得力のある実例」なのであるが、必ずしも安易な接近は許さない。というのも、図像に対してこれまで注がれてきた学術的才知のすべてにもかかわらず、なかんずくこの十字架のいかなる「装飾」も、文献に描かれている「ラグナロク」の事象とは容易に同一視できないからである。確かに、多くの恐るべき怪物はこの事象の中では場違いではないし、同じく騎乗する人物像も、戦闘に赴こうとする神々に対する文学的感動を呼び起こしてくれるであろう。たとえ不明瞭な要素を無視しても、依然として「ゴスフォースの十字架」の背後に存在する固有の意味は十分認識可能である。この図像彫刻は基本的に「二つの世界の終末を扱い、暗示的にではあるが二つの世界の間の並行性と対照性を指摘しているのである、いずれの世界も苦痛を孕み、最終的に新秩序が登場する以前の見せかけの悪の勝利に導くのである[26]」。

この引用文の「二つの世界の終末」という一見奇異な表現は、ベイリー独自の「ゴスフォースの十字架」の図像解析に由来している。「ラグナロクと最後の審判の日との並行性が、われわれの十字架理解に無縁ではない」という見解である。つまり、地震・火事・警告の角杯・縛られた悪者、これらすべてが両者の並行性を暗示するのである。その意味で、ベイリーによれば、最も厳密には「(ゴスフォースの十字架の)影像は、二つではなく三つの世界の終末を扱っているのである。オージンの世界、キリストの死によって救済する世界、そして最後の審判の日に終わる世界である[27]」。

研究者はラグナロク・キリストの十字架上の死・最後の審判の日の文学的説明をめぐる類似性をいろいろと説明する。研究者によっては、スカンディナヴィア人の説明はある程度キリスト教の教説に依存していると信じ、また別の研究者の場合、ラグナロクとキリスト教的要素の両方を同一の共通の根源から別々に派生してきたものと見る。だが、ベイリーが強調するのは『古エッダ』や『新エッダ』の物語は、改宗前のスカンディナヴィアの伝統、つまりヴァイキングによってイギリスに持ち込まれた伝統の基本形式を保持していたと解するのが合理的だということである。そうだとすれば、当然、われわれが「ゴスフォースの十字架」の上に見るのは、「スカンディナヴィア神学とキリスト教神学との繋がりとコントラストの探索」ということになる。この点をベイリーは、「ゴスフォースの十字架は、スカンディナヴィアの伝統をヴァイキングが生まれた国のキリスト教教義と結婚させる」[29]、というようにも表現している。この「結婚」のミニチュアーの完璧な実例が、十字架石碑東側（図４）磔刑図の下に立っている女性像に他ならない。スタイルの上から言えば、彼女は生粋のスカンディナヴィアの女性なのである。われわれが「ゴスフォースの十字架」の女性にどのようなキリスト教的解釈を施すとしても、彼女がスカンディナヴィアの伝統と密着した仕方で彫刻されている事実はまぎれもないのである。「（ゴスフォースの十字架の）彫刻の配列全体と彫刻のスタイルが、異教の教説とキリスト教の教説を識別・対照するようにわれわれを誘う」のである。[30]

敢えて言えば、ベイリーはこの評言によって、「ゴスフォースの十字架」の図像解析を試みる者に対し、単なる異教的・キリスト教的いずれかの解釈でもない、換言すれば異教の立場に留まるのでもなく、逆に異教からキリスト教への方向定位を行うのでもなく、あくまで異教とキリスト教とを同等の立場で比較・対照すべしとの要請を掲げているのである。いずれの解釈を取るか、それはわれわれ一人一人の解析の主体的な立場にかかっていることは言うまでもないが、本書執筆者としては、ヴァイキング時代の北欧におけるゲルマン異教とキリスト教との関係は、激烈な生死をかけた葛藤に揺り動かされる同時代北欧人の精神的・政治的状況を背景として、二つの宗教の間を激烈な生死を賭けた葛藤の中で揺れ動きながら、実存的なあれか－これかの選択と決断に直面するという、静的ではなく最高に力動的な意味での「シンクレティズム」(syncretism)——「混合主義」——の観点から把握しうるし、また把握すべきだと考えており、この観点は「ゴスフォースの十字架」の「絵画石碑」の解読に対しても適用しうるカテゴリーと考えている。そして、このような「ゴスフォースの十字架」の告知する動的・実存的な「シンクレティズム」こそ、ゲルマン異教とキリスト教の狭間を生きた九・一〇世紀の北欧人における「北欧的なもの」の心理的特質を最も如実に披瀝していると考えられる。

なお、ゲルマン異教とキリスト教とのシンクレティックな関係は、当然、次節で取り上げる前者から後者への移行、いわゆる「改宗」の場面の根本的な質的特徴でもある。

注

(1) Olrik, Axel, *"Om Ragnarok", Aarbøger for Nordisk Oldkyndighed og Historie*, udg. af det Kongelige Nordiske Oldskrift+Selskab, 1902, II. Række, 17. Bind. 3. Hefte, Kbh. s. 157–291.

(2) Rosenberg, Karl, *Nordboernes Aandsliv fra Oldtiden til vores Dage*, I.Bd. Hedenhold, Kbh. 1878, s. 52f..

(3) de Vries, Jan, *Altgermanische Religionsgeschichte*, Bd.I.Bd., Berlin 1970 (I.Aufl.1935), S. 105.

(4) Almgren, Oscar, *Hällristningar och Kultbruk*, Sthlm 1925–7, s4.

(5) Nyren, Erik/Lam, Jan Peder, *Bildstener*, Visby 1978. 邦語訳書名中の「ゴトランドの」は訳者岡崎氏によって付加されたもので、原典にはない。

(6) Ström, Folke, *Nordiske Hedendom*, Tro och sed i förkristen tid, Lund 1967, s. 66f..

(7) Olrik, *op.cit.*, s. 167.

(8) Calverly, W., "The Sculptured Cross of Gosforth, West Cumberland", in : *Archaeological Journal*, 1883, p.143ff..

(9) *ibid.*, p.143.

(10) Reitzenstein, Richard, "Die nordischen, Persischen und christlichen Vorstellungen vom Weltuntergang", in : *Antike und Christentum*, Vier Religionsgeschichtliche Aufsätze, 1926, S. 77ff.

(11) de Vries, *op.cit.*, S. 275f.　(12) *ibid.*, S. 332.

(13) Berg, Knut, "The Gosforth Cross", in : *The Journal of The Warburg and Courtauld Institutes*, Vol. 21, London, 1958, p.27ff..

(14) *ibid.*, p.32.　(15) *ibid.*, p.32.　(16) *ibid.*, p.33.

(17) Almgren, *op.cit.*, s. 86.

(18) Olrik, *op.cit.*, s. 189.

(19) 谷口幸男訳『エッダ――北欧古代歌謡集』新潮社、昭和四八年、二七三頁。

(20) 同書、二五一頁。

(21) Olrik, *op.cit.*, s. 211.

(22) de Vries, *op.cit.*, Bd. 2, S. 360.

(23) Olrik, *op.cit.*, s. 227.
尾崎和彦『北欧神話・宇宙論の基礎構造――「巫女の予言」の秘文を解く』白凰社、一九九四年参照。

(24) 谷口幸男、前掲書、四六頁。　(25) 同書、二七六頁。

(26) Baily, Richard N., *Viking Age Sculpture in Northern England*, London, 1980, p.129.

(27) *ibid.*, p.129.　(28) *ibid.*, p.130.　(29) *ibid.*, p.131.　(30) *ibid.*, p.131.

（本節初出：馬場恵二・三宅立・吉田正彦編『ヨーロッパ　生と死の図像学』東洋書林、二〇〇四年、一六四―一九五頁）

第三節　北欧人における「改宗」の真相

〔I〕「改宗」の比較思想的意味

北欧精神史乃至北欧思想史、さらに限定的な意味で言えば北欧教会史において、文字通り「エポック・メイキングな」意味を持つ最重要課題の一つに、古代ゲルマン異教からキリスト教への転換、いわゆる「改宗」と言われる宗教的・社会的乃至政治的現象があるが、筆者の構想する「北欧学」においても、当然取り上げられるべき主題の内、最たるものに属すると見なして差し支えない。問題のスケールの大きさから見て、限られたスペースで簡単に処理できるような小さなテーマではないが、以下では特にこの問題に関するエキスパート若干名の所説を参照しながら、この主題に接近してゆくことにする。

一般に、質を異にする宗教間の移行、端的に「改宗」(convelsio, omvendelse) と言われる現象の場合、成立の次元が個人的か民族的かの区別はともかく、そこに見出されるのは、基本的に主体的・実存的な行為としての「改宗」であるはずである。そのかぎり、この問題は、主体的・実存的視点から取り上げられなければならないのは当然であるが、ここではスペース上の問題のみならず、時代的背景及び資料上の制約からも、個人における主体的・実存的行為としての「改宗」の考察はどうしても留保せざるをえず、結局筆者としてはここでは主たる関心対象を、一一世紀前後における北方ゲルマン「民族」の改宗史の抱える問題に限定することになる。本書第一章で取り上げた「北欧神話の世界観」の問題の中にも当然重要な契機として「改宗」が含まれていたが、そこでは敢えて「改宗」という視点からの接近は行わなかった。以下において改めてこの問題に挑戦してゆくことにする。

〔Ⅱ〕「改宗」の外的経過

ここで「北欧人」乃至「北欧民族」として想定しているのはなかんずくデンマーク、スウェーデン、ノルウェー、アイスランド四国に帰属する民族のことであるが、彼らのゲルマン宗教からキリスト教への改宗という歴史的事実に関して一つの指標を提供するのはアイスランドの場合である。というのも、この国では丁度一〇〇〇年に全島大会（Allting）においてキリスト教への改宗が法的に許可されるが、デンマークとノルウェーのキリスト教化はそれ以前、スウェーデンの場合はそれ以後に属するという仕方で、前後に約三〇〇年間の落差はあるものの、北欧四国の改宗はほぼこの時代に集中しており、このことが四つの北欧民族における改宗に共通する特質を付与する要因にもなっているのである。そして、彼らの改宗に共通するこの特質こそ、彼らの「比較思想的行為としての改宗」を決定的に特徴づけているものであり、それの発見と指摘が筆者の意図するところでもある。

そのために、筆者は先ず、アイスランドを中心とした改宗への「外的経過」を簡単に窺うことによって、外から見た北方ゲルマン民族における改宗の一般的特質をあぶり出してみることにする。スカンディナヴィア諸国のこのキリスト教化について、デンマーク考古学界の権威ヨハンネス・ブレンステーズは、このように述べている。

「（スカンディナヴィア諸国への）キリスト教の浸透は急速なものではなかった。ヴァイキング時代の始まる八〇〇年頃の北欧はまったくの異教世界で、デンマークの改宗までは約一五〇年、ノルウェーとアイスランドでは約二〇〇年を要し、スウェーデンが完全にキリスト教化されるまでは三〇〇年以上が経過した。この穏やかな慈悲と苦難の宗教がヴァイキングをどのようにして征服することができたかを問うよりも、改宗にこれほど長時間を要したことの方にむしろ驚く理由がある。というのも一方は多彩な神々の王国ではあっても、実際にはそれほど強力ではなかったのに対し、もう一方はローマ教会の巨大な組織を背景に浸透の試みを不断に繰り返し、手始めに王や首長ら北欧社会の上層階級を懐柔するという巧妙な戦術を所有していたからである。だが、改宗にかなりの時間を要した理由とは、北欧古来の宗教に秘められていた力が、代々継承されてきた祭祀、つまり一年の歩みや生命の豊饒さや収穫と不可分に結び付いた祭祀形態の中に宿っていたことであろう。上層階級に対する改宗はほぼ順調に行ったが、この新しく強力な唯一神が社会に根付く過程で、それまでヴァイキングの現世生活の要求と存在を確かなものとし、あらゆる時代の経験を備えた古来の宗教の風俗習慣が侵害されようとした時、始めて事態は深刻となった。この領域における転向・改宗が実に長い歳月を必要としなければならなかった」[1]。

スウェーデンの宗教史家フォルケ・ストレームも、ヴァイキング時代多数の北欧人が海外でキリスト教と直に接触し、新しい思想を携えて帰国したものの、全般的にはこの地域に定住していた農民人口が父祖伝来の信仰を頑固に固持するという仕方で、宗教と社会生活との間に存在する強い結び付きのために、当時の北欧においてはキリスト教は根本的に社会の下層階級の運動にはならず、この地のキリスト教伝道は、宗教や法秩序の支柱、つまり王や権力者に向かったところにその特質が存在することを指摘している[2]。そして、フォルケ・ストレームは、ブレンステーズの前記引用文において指摘する、豊かな時代的経験を有する古来の宗教の風俗習慣が侵害される基本的な場面として、社会全体にとって重要な意義を有する公的な祭祀の維持者（王・権力者）が、もはや自らの伝統的な祭式機能を発揮しなくなって、国民大衆が個別的に執り行う屋敷内の祭祀が単独では埋めることができない宗教的な真空状態の発生ということを挙げている。インターナショナルな志向性を有するキリスト教徒の王の権力と、村落に根付く古い宗教を奉ずる農民の勢力との間に、たとえ一時的に激烈な闘争があったり、ゲルマン異教からの反動が短期間成功を収めることがあったとしても、結果は始めから明らかであったのである。

デンマークの著名な宗教史家ヴィルヘルム・グレンベックの、スカンディナヴィア諸国における改宗過程の特質に関する以下のごとき発言も、このような歴史的事情を踏まえてのことである。

「(スカンディナヴィア諸国においては) 全体として見ると、それほど深刻な格闘なしに行われた。このような精神革命が若干の抵抗を伴うのは当然のことであった。実際、オーラフI世トリュグヴァソン (Olav Trygvason, 995–1000) や聖オーラフII世 (Olav den Helige, 1015–30) のように改宗に熱心だった王と国民との間に、かなりの摩擦があったことが知られており、特に前者は乱暴な方法を用いたために、彼らの不満を相当掻き立て、この国の各地で大きな抵抗運動が発生した結果、あちこちで古い信仰への殉死者が出たのであった。しかし、南の方角から勝利を収めつつ突進してきた宗教については、厳密な意味での戦いについてはまったく問題にならなかった。その移行がどんなに容易に行われたか、その証しはアイスランドにおいて発見することができる(3)」。

特に以上デンマーク及びスウェーデンの代表的な三人の研究者ブレンステーズ、ストレーム、グレンベックの所論を総合してみると、

(1) オーラフ・トリュグヴァソン治下のノルウェーのように若干の場合は例外として、また新宗教勢力と旧宗教勢力との間で後者への殉教者の発生を交えた短期間若干の信仰闘争が発生したとしても、北欧の場合、アイスランドにおいて典型的に見られるように、ゲルマン異教からキリスト教への転換は自明的な仕方で比較的平穏裏に行われた。

(2) その反面、アイスランドの一〇〇〇年を挟み、スカンディナヴィアの他の三国のキリスト教化が、その前後に三〇〇年という長期間を要した理由は、次の点にある。つまり、ローマ教会の懐柔策に嵌まって最初に改宗した王や首長といった権力者が、国民を啓蒙するという仕方でキリスト教化を謀ったものの、伝統社会を支えてきた異教の公

的祭祀の主催者としての役割を放棄することによって、国民の間に一種の精神的な真空状態をもたらした権力者にとっては、当の国民大衆の伝統と日常生活の中に深く織り込まれた伝統的な異教祭祀を、慈悲と苦難の新宗教へ一気に、かつ短期間に移行させることは不可能であったということである。しかし、北欧人にとっては、この移行・改宗の運動自体は、もはや避けられない必然的運命であった。

ブレンステーズはまた、以上の事態を踏まえて、「全島民の同時改宗という、他に類例のないこの奇妙な方法自体、すでに島内的には改宗の機が熟していたことを証明している。古来の宗教は、アイスランドでは早くも無力化していた」、とも述べているが、これは、「社会生活と法と宗教との間の不可分な結びつきをめぐる洞察が、異教の運命を確かなものにすることになった」（フォルケ・ストレーム）、という意味に理解しなければならない。そして、このことはまた、アイスランドにおけるゲルマン異教からキリスト教への転回は、前後裁断的・二者択一的な決断の行為とは言い難く、むしろドイツの宗教史家アドルフ・ヘルテがその著『ゲルマン精神とキリスト教の遭遇』の中で提出している、「『エッダ』や『サガ』の故郷アイスランドでは、異教は原則的には排除され、改宗は遂行されたものの、改宗は国民にとってはもとより心の問題ではなく、所詮はまったくの外面的な事象にすぎず、異教に託されたこの留保の姿勢こそ、この島におけるキリスト教への移行を本質的に特徴づけるものである[4]」、という見解こそが、この北欧ゲルマン民族の改宗の真相を突いていると見なすことができよう。もっとも彼も、オーラフ・Ⅱ世聖王が一〇一六年に異教に対する一切の譲歩排除を命令して以後、漸次異教が消滅してゆき、アイスランド人の中にキリスト教的思惟と感情が根付いていったことを認めてはいる。

しかしながら、アイスランドにおける改宗のこのような特質を知る時、筆者としては、ドイツの著名なゲルマン宗教史学者ヴァルター・ベトケが提示した、以下のごとき主張に特別注目せざるをえない。

「当然、異教の抵抗力が、新しい信仰の受容に対して影響がないはずはなかった。スカンディナヴィア諸国では、ドイツの場合同様、キリスト教の容認にはさまざまな強制力が用いられ、かくて移行期間には〈ゲルマン的‐キリスト教的シンクレティズム（混合主義）〉（ein germanisch-christlicher Synkretismus）が展開されたのである。この〈シンクレティズム〉は確かに部分的にはその後克服されはしたが、しかしまた一部はさらに強化されて、結果的には〈大規模なキリスト教のゲルマン化〉をもたらすことになるのである。もしキリスト教の内面的獲得を問うのであれば、この混合‐変形過程の在り方と範囲を確認することが重要になる[5]」。

アイスランドにおける改宗は、全島会議の議決に基づく政治的配慮の結果でもあったが、ベトケは、このような便宜的方策のみならず、ドイツ同様スカンディナヴィア諸国においても、ゲルマン異教徒の抵抗を押さえるために、彼らの改宗にさまざまな仕方で強制力が用いられたことが、結果的に「ゲルマン的要素とキリスト教的要素との混合形態」という意味での「シンクレティズム」が、古代北欧民族の改宗を特徴づけることになったと考えており、さらにこの「シンクレティズム」がある程度克服された後には、よりラディカルに「大規模なキリスト教のゲルマン化」が発生したと主張しているのであるが、ベトケのこのような所見は、北欧人における比較思想的行為としての改宗を考察しようとする筆者にとっては、極めて示唆に富む発言であり、以下における筆者の記述は、結局基本的には、ベトケの指摘する北欧人の改宗における「ゲルマン的なもの」と「キリスト教的なもの」との「シンクレティズム」、「キリスト教のゲルマン化」という「混合‐変形過程」論の吟味に向かわざるをえないであろう。

〔Ⅲ〕　北欧人の「改宗」の特質

ベトケは、すでに指摘した「政治宗教」としてゲルマン宗教の理念がキリスト教に転換された結果、改宗に際してキリストが政治共同体の平和が託された民族の、国家の神として把握され、古いゲルマン異教に代わって政治的な自己主張のためにキリスト教が用いられるところに、このような「シンクレティズム」の発生原因を看取している。北欧に限定されず、ゲルマン世界全体に共通すると見なすこの現象を綿密に検証しつつ、彼はさらにこんなふうに考えている。本来はゲルマン異教の主神オージン（Odinn, Wodan〔南ゲルマン民族〕）の別名「勝利の神、勝利の主」（Siegesgott, Siegesherr）といった古い表象がキリストに移され、「このような勝利の神として賛美することによって、異教ゲルマン精神によるキリストの神話化と政治化とが結びついているのは歴然たる事実であって[6]」、「キリスト像の政治化と神話化の認識がまさしく改宗史にとっては最大の意義を有する」のである。なぜなら、「この認識が始めて文献資料の妥当な解読の前提となる」からである。かくて、ベトケによれば、本来は完全に区別されるべき「ゲルマン的-神話的地層」と「キリスト教的-神学的地層」でありながら[7]、前者が後者に移行・転換される仕方で両契機が共存するところに「シンクレティズム」のみならず、「キリスト教のゲルマン化」の現象が生起するのである。なお、その際ベトケは、改宗期の「ゲルマン初期キリスト教」の資料から「ゲルマン異教」への「逆推理」を行って、福音に対する素因をゲルマン人がすでに改宗前に所有しており、したがって「異教信仰自体の中にキリスト教に到る素因の充足・完成」を見るような転倒行為を行ってはならないことを厳しく注意している。

もっとも、ベトケは否定するのであるが、C・M・クーザック女史は、ゲルマン民族改宗史に関する最新の文献でもある彼女のシドニー大学宗教学学位論文『ゲルマン民族の改宗』において、アイスランド人の初期キリスト教が、他のゲルマン民族のそれ同様「混合主義的」たる所以を、全島会議の結果として古い宗教が公的には差し止められたにもかかわらず、私的にはなお暫時生贄の慣習が守られた事実の中に指摘し、アイスランドに強力な中央集権が存在せず、また信仰箇条も教義も有しなかったというゲルマン異教の特性が、この宗教の残存とキリスト教のルーズな受容と解釈を可能ならしめたと見ている。なお、クーザック女史は、このような「シンクレティズム」は、同時代のアイスランド民衆の中に発見しうるのみならず、さらにキリスト教徒としてスノリ・ストゥルルソン（Snorri Sturluson, c.1179–c.1241）がゲルマン宗教に深い関心を寄せることによって成立した『新エッダ』（c.1220）が「シンクレティズム」の色彩を色濃く湛えているのは当然として、さらに『古エッダ』において生贄の樹にわれとわが身をぶら下げたオージンの像と十字架上のイエス像を重ね合わせ、さらに善と光の神バルドルとキリストとをダブらせることによって、そこにゲルマン異教における「シンクレティズム」の存在を見ようとする一部の研究者の試みに留意しつつも、これらのイメージの創造にキリスト教の影響があったとは考えられないとして、こういった試みには懐疑的である。しかし、彼女によれば、中世ヨーロッパ文学中最高傑作と称えられる『古エッダ』冒頭の詩篇『巫女の予言』の場合事情がまったく異なるという観点から、特にこの詩篇の後半のラグナロクの場面に登場する世界の「破滅」と「復活」の場面を根拠として、異教的・ゲルマン的な価値観とキリスト教的価値観との混合という「シンクレティズム」が、さまざまなゲルマン民族における「改宗」の当然の帰結を実証していると主張している。

ゲルマン宗教研究史上最高の碩学とも呼ぶべきオランダのヤン・デ・フリースは、『古代ゲルマン宗教史』において、「当時の北欧民族は純粋に異教的でもまたキリスト教的でもなかった。これら二つの信仰表象の結合が独自の混合形態に導いたことは間違いない」[(8)]、と語ることによって、ベトケやクーザック同様北欧民族における改宗を「シンクレティズム」によって特徴づけている。この点をデ・フリースは、改宗期には古い習慣はそれがキリスト教の要請に適用される場合にのみ維持できたのであり、異教的なものが漸次形式のみになって、内容はキリスト教的なものによって満たされるという意味での「混合形態」という「シンクレティズム」としても把握している。そして、彼によれば、この混合形態の特徴は、相互に異質的な要素が外面的に併存しているとか、キリスト教的なものが異教的な迷信にくっついているといったことにあるのではない。アクセントの置き方こそ違え、異教的なものとキリスト教的なものとが同一の感情を共有しているのである。換言すれば、一一世紀を中心とした北欧ゲルマン民族の改宗を決定的に特徴づけている「シンクレティズム」とは、デ・フリースの言う、まさに「キリスト教的な感情・表象と異教的な感情・表象との合奏」なのである。「（古代北欧の）人々は何千本かの糸によって古い世界と結ばれていた。前時代は一挙には止揚されなかったのである。異教時代の詩の伝統が可能だったのは、このような異教的心情の産物に対して敵対的に背を向けないで、逆に神話的伝承を守り続けたからであり、紛い物に対するキリスト教の憎悪も、過去の遺産に対する愛情を押え付けることができなかったのである。われわれの最も重要な資料が保持されているのは、このような心の広い寛大さのお陰である(9)」。

しかしながら、デ・フリースは、「シンクレティズム」の内実をこのように「キリスト教的な感情・表象と異教的な感情・表象との合奏」という二つの宗教の調和的関係を意味するものと解する一方では、ベトケやクーザックと異なり、『巫女の予言』の詩人に対しては、この「シンクレティズム」というタームを適用していないのである。それは、なかんずく「心の中でキリスト教と異教との葛藤が激しく荒れ狂った人間(10)」として把握しているからである。しかしながら、その内実を二つの宗教の調和関係として捉えるか葛藤関係として理解するかの違いこそあれ、この点の認識を前提としさえすれば、何れの場合に対しても「シンクレティズム」のカテゴリーを適用することは不可能ではないと考えられる。

デンマークの宗教史学者ヴィルヘルム・グレンベックによれば、北欧人にとっては、「中世の歴史というのは、いかにしてキリスト教が定着し、ますます純粋な形を取っていったかの物語ではなく、北欧民族的要素と教会的要素とが一緒に働いて、精神生活及び宗教の有機的な全体像が前進して行く方向線を作り出した、その不断の成長の物語なのである」[11]。そして、このように「北欧民族的な要素」と「教会的要素」、「ゲルマン的なもの」と「キリスト教的なもの」との共存と共働によって誕生した精神的な全体像は、それ自体独立した「新たな一つの宗教」であるというのがグレンベックの基本的見解であって、その最も深遠な意味を披瀝しているのが「シンクレティズム」という概念の内包に他ならないのである。このようなグレンベックの見方は、北欧神話中最大の雄編『巫女の予言』を、まさしく「ゲルマン的なもの」と「キリスト教的なもの」との「シンクレティズム」によって成立する「一つの新しい宗教」を告知するものという画期的な見解の中に告知されている。彼は言う、「『巫女の予言』においてわれわれは、その思想が強烈な人格的色彩で染め上げられ、それゆえ疑いもなく同時代人の平均的思想を超出する一人の詩人に遭遇する。この詩はキリスト教と異教両者の外部にある新しい宗教の記念碑と称して然るべきである。この宗教は、最も本来的な意味では恐らくただ一人の人間の中でしか生命を保っていなかったものであろう」[12]。

かくて、一般には「シンクレティズム」なるタームをもって特徴づけられるゲルマン異教からキリスト教への改宗が、個人の最も深刻な場合、まさに「心の中でキリスト教と異教との間の葛藤が荒れ狂った」一人の単独者の苦悩に満ちた「比較思想的行為」に他ならないことを証明したものこそ、教養高き異教神官と推定されている『巫女の予言』の作者に他ならないのである[13]。

そして、この異教神官の主体的・実存的葛藤は、審美的なものと倫理-宗教的なものの間で激しく恐れ戦いた思想家キェルケゴールの苦闘によって継承されており、さらには世俗的立場と宗教的立場との狭間を彷徨する孤独な現代人の窮境の中にも、ありありと映し出されていると言えよう。

なお、前記「改宗」の問題に続いて、古代ゲルマン民族における「王権」、北欧神話に対するグルントヴィとキェルケゴールの関係を「北欧学」のさらなる主題として論述することが第三章、第五章の課題である。

注

（1） Brønsted, Johannes, *Vikingerne*, Kbh. 1969, s. 236f..
（2） Ström, Folke, *Nordisk Hedendom*, Tro och sed i forkristen tid, Göteborg 1967, s. 262.
（3） Grønbech, Vilhelm, Die Germanen, in : *Lehrbuch der Religionsgeschichte von Chantepie de la Saussaye*, Tuebingen 1976, S. 81.
（4） Herte, Adolf, *Die Begegnung des Germanentum mit dem Christentum*, Paderborn 1935, S. 42.
（5） Baetke, Walter, *Die Aufname des Christentums durch die Germanen*, Darmstadt 1959, S. 25.
（6） *ibid.*, S. 49.　（7） *ibid.*, S. 51.
（8） de Vries, Jan, *Altgermanische Religionsgeschichte*, Bd. 2, Berlin 1970, S. 429.
（9） *ibid.*, S. 447.　（10） *ibid.*, S. 444.
（11） Grønbech, *op.cit.*, S. 85.　（12） *ibid.*, S. 90.
（13）『巫女の予言』については、拙著『北欧神話・宇宙論の基礎構造——「巫女の予言」の秘文を解く』白凰社、一九九四年を参照されたい。

（本節初出：『比較思想研究』第二九号、比較思想学会、二〇〇二年、一〇五—一一二頁。

原題、北欧民族における比較思想的行為としての「改宗」）

第三章　ゲルマン初期王権の問題
――北欧神話との接点

はじめに

この第三章は、直接北欧神話や改宗との関連を主題とするものではないが、ゲルマン民族における王権の問題をその成立事情及び従来からそれに関する中枢の課題と見なされてきた王権の「神聖性」の問題を追跡することによって、この問題の背後にある北欧神話の内実との密なる連関を確認しようとするものである。民族の改宗に対して最も効果的な力を発揮したのが、「王権の神聖性」の理念であることを考えれば、本書第二章第三節の主題「改宗」は必然的に第三章における「王権」の問題に行き着くことになる。そして、「王権の神聖性」の最も深い根拠を問う時、それは必然的に北欧神話や伝説に登場する「神族」にまで遡りうるところに、ゲルマン初期王権の問題を通しても、北欧神話の世界との接点を媒介して、「北欧的なもの」の新たな在処とその特性を探索しうる所以がある。なお、ここで「ゲルマン初期」と言われる場合、ほぼ八〇〇年頃から一〇世紀頃までのいわゆる「ヴァイキング時代」の北方ゲルマン民族を想定している。

周知のように、ゲルマン民族における「王権」の問題は、特に「聖なる王権」の理念をめぐって世界的規模で歴史学・宗教史学・政治学・法制史・社会学・文学等の領域において現在に到るもなお最大関心事の一つであり続ける重要テーマであり、生産される研究文献ももとより膨大な量に達している。本邦においても戦後西欧の王権問題が非常な注目を浴びた時期があった。西洋史家増田四郎氏は国家起源論の視点から東ゴート族の王権伸張問題を考察し[1]、さらに中世西欧の封建制の構造をめぐって莊園を基盤と見なす西洋法制史家世良晃四郎氏と王権の役割を重視する同じく堀米庸三氏との間で交わされたいわゆる「世良‐堀米論争」は、当時の本邦西洋史学に多大な影響を与えた[2]。しかし、それ以後は、驥尾に付しての断片的な言及は別として、これら碩学の画期的な研究業績を継承しながら、ゲルマン民族を含む古代・中世における西欧の王権問題の本格的に取り組む方向は、前記何れの分野においても散見されなくなったというのは筆者の誤解であろうか。特に筆者の属する宗教哲学・宗教学・宗教史学の領域ではこの問題との対決は皆目見られないように思われる。

それだけに、二〇〇三年に京都古代学協会内に設置された「初期王権研究委員会」（委員長角田文衛、副委員長上田正昭）によって『古代王権の誕生』全四巻が刊行されたことは、世界的スケールで見ても王権研究史上画期的意義を持つものとして特筆に値するであろう[3]。四巻は、第一巻東アジア編、第二巻東南アジア・南アジア・アメリカ大陸編、第三巻中央ユーラシア・西アジア・北アフリカ編、第四巻ヨーロッパ編という構成になっており、「世界の初期王権はどのように形成され、どのような構造をもち、どう変化したか？」という観点から、最新の考古学的知見と文献学的成果を総括的に集大成することによって完成された、文字通りの記念碑的偉業と言って差し支えないであろう。ゲルマン民族における初期王権問題は、南ヨーロッパ・東北ヨーロッパ・西ヨーロッパの三部構成からなる第四巻ヨーロッパ編の第二部東北ヨーロッパ部門で五つの章を費やして仔細に論究されている。そして、この部門の最終章「ゲルマン初期王権の神話的基礎」は筆者の寄稿論文であるが、読者は同じ部門に属する他の特に歴史的観点に基づく優れた諸論考を通して、ゲルマン民族における王権問題の生成の軌跡をつぶさに知ることができるであろう。

さて、筆者が本書において構想する『北欧学』第三章第一節は、戦前戦後におけるヨーロッパの代表的な研究者によるゲルマン民族王権論をめぐる論議の様相を探ることから開始し、次いで問題考察に対する筆者自身の観点を見定めるために、その基礎作業として「王」の概念自体の綿密な語源学的分析を試みたものである。第二節は先に挙げた『古代王権の誕生』への筆者の寄稿論文「ゲルマン初期王権の神話的基礎」が基礎になっている。第一節での展開を踏まえ、若干の重複部分を含みながら、最終的にはゲルマン民族の初期王権の神聖性の問題を神話学の視座から照射したのが第二節である。ここにも「北欧的なもの」の典型的な展開の様相の一つを看取しうるであろう。

注

（1）増田四郎「移動期東ゴート族の王権伸張・国家起源論の一端として」『一橋論叢』一七（1/2）、一九四七年、一－三二頁。なお増田四郎（一九〇八－九七）は、ドイツ中世都市研究から出発して、ヨーロッパの社会・経済史の変遷を実証的・比較社会史的・地域史的方法論を用いて研究した。主著は、『西洋中世世界の成立』岩波書店、一九五〇年、『ゲルマン民族の国家と経済』勁草書房、一九五一年。

（2）世良晃四郎（一九一七－八〇）は日本における中世ドイツ法制史研究の第一人者。主著としては、『封建制社会の法的構造』創文社、一九七七年、『西洋中世法の理念と現実』創文社、一九九一年等。
　堀米庸三（一九一三－七五）は、戦後ヨーロッパ中世史研究の基礎を築いた歴史家。主著としては、『西洋中世世界の崩壊』岩波書店、一九五八年。

（3）角田文衛・上田正昭編『古代王権の誕生』全四巻、角川書店、二〇〇三年。

第一節　ゲルマン初期王権論の諸相

〔I〕　ゲルマンの連続性

一九五五年にイタリア・ローマにおいて第八回国際宗教史大会が開催され、大部な会議録二巻が、五六年と五九年の二回に分けて、それぞれ独立した別個の書物として、フィレンツェとオランダ・ライデンの出版社から刊行された。『第八回国際宗教史大会会議録』と『聖なる王権——第八回国際宗教史大会の中心主題への寄与』である。(1)とはいえ、一九五五年、つまり第二次世界大戦終結後一〇年目に開催されたこの国際宗教史学会の有する学問的意義について総合的に考察することがここでの課題であるわけではない。筆者が注目するのは、もっぱら、後の文献が「聖なる王権」(la Regalita Sacra. the Sacral Kingship) と表記されて、基本的に「王権」の「聖性」ということが、五五年の宗教史大会開催及び五五人の参加研究者の報告論文をベースにして完成された、七〇〇頁を超える大著の無制約的前提となっているという事実に対してであり、かつこの事実がなかんずくゲルマン初期王権の把握に関しても妥当するという点についてである。

大会会議録第二部とも言うべき「聖なる王権」の巻頭論文「最近数百年間の研究における聖なる王権に寄せて」を担当したのは、ウプサラ大学宗教史学教授のカール＝マルチン・エーツマン (Karl-Martin Edsman) であるが、彼も当該論文の末尾において、一七世紀オランダ人G・ヴォスの『異教神学』(アムステルダム、一六四一年) への言及に始まり、フレイザー (S. J. G. Frazer) やマンハルト (W. Mannhardt) からホカート (A. M. Hocart)(2)を経て、一九五

○年代前半に到るまで宗教研究の経過を精密に考慮した上で、前記大会の掲げるメイン・テーマが、「長期にわたって研究者を捉え、それを論じることがすでに学問的な自己認識にまで達しているテーマ」であり、それがなかんずく「聖なる王権」という主題を意味するものであったことを再確認するとともに、「望むらくは、この自己認識が大会活動によって促進され、聖なる王権が宗教史の中で歴史的に基礎づけられた正しい査定が得られるように」、という大会への期待を述べている。(3)また、オットー・ヘフラー（Otto Höfler）とともに、自らもゲルマン宗教部門を代表してこの大会への参加者・寄稿者の一人となったヴァルター・ベトケ（Walter Baetke）も、自己の専門分野に限定しての発言として、「聖なる王権を中心テーマとする第八回国際宗教史大会において、ゲルマンの王権を扱ったほとんどすべての講演者が、この王権の聖性という特質（sakraler Charakter）を肯定する発言を行った(4)」ことを報告している。

前記国際宗教史大会共通のコンセンサスであった「聖なる王権」の理念が、例えばホカートが、大略、「現在われわれが知りうる最も初期の宗教は、王の神性に対する信仰であり、人は神々と、その地上での代理である王を崇拝していたように思える。多分どんな王も神なしでは、またどんな神も王なしには存在しなかったであろう。記録で辿りうるかぎり、神々を表象する王は、歴史の始めから存在した(5)」、と主張しうるほどの全世界的な規模で妥当しうる究極的な歴史的カテゴリーたりうるか否かについては、あるいは疑問の余地無しとしないであろう。もとより本節ではそういった巨大なスケールの問題に立ち向かうことを目論むものではないが、しかし本節の主題を追究する上でどうしても看過すべからざる重大な事実として、ゲルマン初期王権の成立に関しても、この種の疑問が回避できないという点が挙げられなければならない。それはどのような意味においてであろうか？

伝統的にゲルマン世界の研究に関しては密接に絡み合った二つの原理問題が存在すると言われる。そして、その何れの問題も、ゲルマン古代学・宗教史・言語学・文化哲学の領域において重要な発見をなし、特にゲルマン民族の宗教・神話・儀礼の解明に多大な貢献を果たすことによって、古代ゲルマン世界における「聖なるもの」の決定的重要性を指摘したオットー・ヘフラーの業績に基づいている。(6)

ヘフラー自身の論文名を用いて言えば、問題の第一は、「ゲルマン人における連続性の問題」（das germaniche Kontinuitatsproblem）と称せられるものであり、第二が「ゲルマン王権の聖なる性格」（der Sakralcharakter der germanischen Königtums）をめぐる問題である。そして、本節の主たる関心はもっぱら第二の問題の解明にあるが、そのために必要と思われるかぎりにおいて先ず第一の問題について触れておくことにする。

ヘフラーは、一九三七年にドイツ・イェーナで開催された「第四回歴史家大会」において、翌年『歴史学雑誌』（*Historische Zeitschrift*, 157, 1938）に論文として発表された前記表題の基調講演を行った。この講演でのヘフラーの関心は、ドイツの歴史家たちの歴史意識の基本構造を改革することであった。より厳密に言えば、学問的な諸概念の形成がゲルマン中世に対する古代ローマの決定的影響に基づくという従来の見解に代えて、「ゲルマン古代からの連続性」を重視するという新たな歴史観の確立を訴えることが、ヘフラー講演の眼目だったのである。彼の見解によれば、ゲルマン民族の偉大なる歴史像は、他のいかなるものにもまして「連続性」の理念によって規定されていなければならない。この民族の場合、他のほとんどの民族の場合と異なって、生の歴史的アイデンティティは破壊されていないからである。なぜなら、「ケルト人・ギリシァ人・イタリア人・スラヴ人・ペルシァ人・インド人の場合混血乃至抑圧されている北方人種が、ここドイツでは全体として圧倒的に保持されている」(7)からである。このような歴史的思惟から誕生した「ゲルマンの連続性」（germanische Kontinuität）の理念は、中世の到るところに古代ゲルマンの思惟と信仰の痕跡・表現を探索し、なかんずく中世の歴史的記録をもこの方向で解釈するという事態をもたらしたのである。ヘフラーのこういったゲルマン像が、一九三七年当時「ナチズム」の世界観に賛同していた彼の立場に由来することは否定しえないとしても、「ゲルマンの連続性」の理念自体は決してナチズム時代に限定された、彼の過渡期の歴史観でなかったことは、第二次世界大戦後においてもヘフラーの古代ゲルマン学における主要な視点として命脈を保ち続けるとともに、一九七二年には「ゲルマンの連続性」及びそれに密接した「聖なる王権」の問題をめぐって、ゲルマニストのクラウス・フォン・ゼー（Klaus von See）との間で激しい論争を巻き起こしたことからも、十分に看取しうるのである[8]。

そして、戦後においても、ヘフラー的な「ゲルマンの連続性」の理念の立場に立つ研究者は、決して少なくなかったのである。ゼーによれば、ほとんどは旧世代に属していたとはいえ、歴史家・法制史家の中では、古代ゲルマン的な表象形式や制度が中世全体を通して強力に命脈を保っていたと主張する傾向が戦後なお支配的であったのであるが[9]、ヘフラーやさらに彼の心酔するデンマークの宗教史家ヴィルヘルム・グレンベック（Vilhelm Grönbech）[10]に負いつつ、戦後最初の「連続性」肯定論者として登場したのはカール・ハウク（Karl Hauck）であった。彼は「血統の神聖性」なる論考において[11]、ゲルマン人における初期キリスト教徒の王の「聖性」が異教的な「聖なる王権」に関連していると主張し、異教-キリスト教の「連続性」の問題を肯定的方向で把握するという注目すべき貢献を果たしたのである。また、「ドイツ中世におけるゲルマンの連続性の問題」を「全ゲルマン研究の核心的問い」たらしめたのがまさしく「ヘフラーの貢献」であったと明言したのは、歴史家カール・ボーズル（Karl Bosl）であった[12]。

しかしながら、一方では、ヘフラーの「ゲルマンの連続性」の理念は、一九四三年というなおナチズムの支配下時代であったにもかかわらず、すでに批判の対象とされたのも事実であった。歴史家ヘルマン・アウビン（Hermann Aubin）は、「歴史的連続性一般の問題に寄せて」の論文において、ヘフラーが「ゲルマンの連続性の問題というスローガン」を掲げて登場した背景に、古代ギリシァから出発してゲルマンを正当に評価しようとしない歴史観に相変わらず支配されている学界へのヘフラーの批判が潜んでいることに共感を示しつつも、それにもかかわらずこのようなスローガンは取り上げるべきではないと主張する。そして、もしヘフラーのように「ゲルマンの連続性の探求」を時代の緊急の要請として声高に宣言しようとすれば、かえって「われわれにおけるゲルマン的実体と今日の世界文化に対する決定的な貢献」を確信していないかのごとき誤解をあまりにも容易に引き起こすと考えるのである。ヘフラーのスローガンは、本質的に、自国文化の他の文化圏からの「借入」を自国文化の「喪失」と見る立場に発している。だが、アウピンによれば、「ゲルマン精神」というのは「未曾有の開放的な受容能力」に富んでおり、さればこそゲルマン人は、この受容能力に基づいて、「ギリシァ人とローマ人に次いで、ヨーロッパの歴史において真に文化を創造する唯一の民族として登場した[13]」のである。

さらに、戦後この種の批判を継承したのはチェコの歴史家フランティセク・グラウス（Frantisek Graus）（「いわゆるゲルマン的誠実さについて」）であり[14]、特にセンセーションを喚起したのは古代ゲルマン学者ハンス・クーン（Hans Kuhn）の論稿「ゲルマン的服従の限界[15]」であった。しかし、反ヘフラー主義の代表格は何といっても古代ゲルマン学者クラウス・フォン・ゼーであったと言ってよい。

ゼーは一九六四年『古代北欧の法律語・ゲルマン人の法の把握・法の考え方の言語学的研究[16]』を発表したが、これとの対決と反駁を試みたのがオットー・ヘフラーであり、これをヘフラーは一九七二年の畏友ジークフリート・グーテンブルンナーへの記念論文集に寄稿した「古代学における〈神聖理論〉と〈世俗理論〉」において公開したのである[17]。そして、これが、ゲルマン人における「連続性」と「初期王権」の問題を再登場させる結果となり、さらに一九七二年にはゼーによる本格的なヘフラーへの反駁的な応答の書『ゲルマン研究における連続性理論と神聖理論』誕生の契機となって、学界の注目を浴びたのである[18]。

『古代北欧の法律語』において、ゼーは視点を「法」の生成に据えた上で、伝えられている中世北欧のテキストには、異教儀礼に根差す、前キリスト教的な社会の法に対する関係は存在しないと見なす立場から、「法（Recht）というのは、神々の儀礼や民俗に根差したあらゆる生活領域の全関連がすでに崩壊を開始した時代に成立した、比較的新しい文化現象だと思われる[19]」、という結論を引き出したのである。もとよりゼーも、キリスト教前の異教ゲルマン人社会が宗教的・儀礼的動機を有するとともに、この社会の混乱を取り除くのに有用な諸規則が存在したことを否定するものではない。外部からの影響に煩わされることなく、穏やかな歴史的発展によって、このような「前-法的初源」から、漸次「聖なる結びつきを有する法制度」（ein sakral gebundenes Rechtswesen）が発生・固定した可能性の存在することを否定するわけではない。しかし、ゼーによれば、ゲルマン民族が歴史の光の中に登場してきた当時は、自分自身の前提からのこのような穏やかな発展を中断する、あるいは少なくとも妨害するような状況に晒されていたのであり、民族移動乃至ローマ文明の強烈な影響によって、ゲルマン民族の伝統的な社会的・宗教的制度の解体が促されたことは間違いないのである[20]。

かくて、ゼーの前記へフラー反駁の書における議論の出発点は、一九三七年のへフラーの講演で有名になった「ゲルマンの連続性の思想、より正確に言えばゲルマン文化の持続性という思想は、中世の伝統を真っ先にそれ固有の時間系列の中で評価する見方に取って代わられるべきではないのか?[21]」、という問いにあったわけであるが、この問いに対しては総合的には次のような判断が下されるべきだとゼーは主張する。

どの時代についても普遍的に妥当することではあるが、純粋にその時代の諸要素と混ざり合うにせよ、あるいは抵抗しつつも漸次衰微・死滅してゆくにせよ、とにかく前時代から生き続けてきたあらゆる種類の文化の伝統が、中世にも存在したことはもとより否定できない。だが、ゼーは、へフラーの「連続性」理論の誤謬は、このような中世の伝統を厳密に「発展史的」観点から前時代の要素としてではなく、あくまで「無時間的-本質的要素」(zeitlos-wesensgemaspes Element) として把握しようとした点にあると見る。そして、その悪しき結果が、先ず第一に、「連続性」理論は、多かれ少なかれ太古の文化一般にとって典型的な文化的現象を、最初からゲルマン文化固有の現象と解釈して、隣接文化にも同じように登場しているかどうかを吟味しなかったという事実として現れたのである。そして、第二は、受け継がれた表象形態乃至制度といった、いわば伝統的な要素が——実は憶測に過ぎない「独自の」要素なのだが——民族性の固有の本質をなすものとして過大評価される反面、新しい要素の登場のために、このような伝統的な要素が自然に後退してゆくのを「喪失」として、「貧困化」として、人為的なものによる自然的なものの「補塡」として解釈されたのである。[22]

かくて、ゼーは、ヘフラーの「連続性」の思想を、始めから無時間的なエートスの上に設定されていて、特定な時代との結びつきを軽蔑し、したがって一切のクロノロジカルな確定作業を無視する見方として、より具体的に定義すれば、まさしく「スカンディナヴィアの中世を、単なるゲルマン古代の添え物としてのみ、そして事実あるいは憶測上の初期ゲルマン文化の伝統が生き残っているか、それとも漸次死滅していったのか、といった観点からのみ、評価する」[23]短絡的な見方に根差すものとして、徹底批判するのである。そして、ゼーによれば、ヘフラーにおけるこのような見方は、「数十年前すでに、ゲルマン古代がナチス的世界観に利用されても怒るどころか、逆に英雄伝説を民族主義的意味に解釈し、滔々たる熱弁と空疎な常套句によって倫理をでっち上げ、スターリングラードの戦いに利用した」[24]、「ゲルマン古代学の政治的濫用」に由来することは言うまでもないのであって、戦後においてもなおヘフラーが「ゲルマンの連続性」の思想を放棄していないということは、彼が相変わらず「現代の何らかの政治運動にゲルマン精神を利用することに関心を抱いているのでは?」[25]、といった疑念を喚起せずにはおかないのである。

以上、われわれは、本章の主題であるゲルマン民族における「聖なる王権」の理念の問題は、戦後においては本格的には、オットー・ヘフラーの一九五二年の『ゲルマンの聖なる王権　第一巻　ロークのルーネ碑石とゲルマン人の個人的聖別』によって先鞭をつけられ、さらに既述のように三年後の一九五五年にローマで開催された第八回国際宗教史大会でのヘフラーの講演原稿「ゲルマン王権の聖なる性格」によって広く国際的に注目を浴びるに到ったものであるが、彼のこのようなゲルマンにおける「聖なる王権」という理念の背景に、それと密接な連関を有しつつ、さらにより根源的な意味を有すると思われる「ゲルマンの連続性」の理念が存在することを証明したのが、すでに第二次世界大戦前ナチ時代の一九三七年に行われた「ゲルマンの連続性」をめぐるオットーの講演であり、翌年『歴史学雑誌』で公表された同名の論考であったわけである。だが、ヘフラーのこのテーゼに対しては戦前戦後を問わず賛否両論が激しく飛び交ったことは、前述の通りである。

〔Ⅱ〕「聖なる王権」

「ゲルマンの連続性」のテーゼが最も強靭な根を張ったのは、ゲルマン学の学問的伝統に基づいて、当然ながら「文学史」の領域であり、さらには「憲法史」の領域であった。換言すれば、中世的な現象の中に、古代ゲルマンの伝統のエコーを認識し、そのことによって中世固有の営為を看過するとか、外部からの影響による結果を過小評価しようとする傾向が最も強烈に現前したのが、これら二つの領域であったわけである。(26) しかしながら、ヘフラーの名と特別密接に結びついて「ゲルマンの連続性」の問題を浮かび上がらせたのは、中世のキリスト教的な王の表象を、本質的に「聖なる王権」・「王の恩寵」（Konigsheil）・「血統の神聖性」（Geblutsheiligkeit）といった古代ゲルマン的表象の継承として定位・解釈しようとする試みにおいてであった。というのも、「ゲルマンの連続性」の概念に基づいて完結的な世界像の体系を構築しようとするのが、ヘフラーの究極的意図だったからである。この点を明確かつ総括的に指摘したゼーの評言を引用してみよう、

「ヘフラーが証明しようとするのは、ゲルマン民族の社会構成がことごとく聖なるものとして定位されていたということである。この聖なるものという特質――神的な諸力及び英雄の祖先との不条理で儀礼的・忘我的及び神話的結びつき――からゲルマン国家を創造する固有の力を引き出したのである。初期英雄時代のみならず、さらにはキリスト教的中世においても、献身と犠牲の精神の連続性によって規定されていたということの証明、つい最近までヘフラーの全著作はこの一つの目的に捧げられている(27)」。

ここには「聖なるもの」の注目すべき規定が提出されているが、これについては改めて言及されるはずである。ゼーの指摘で差し当たって留意しなければならないのは、ヘフラーの全著作の最も根本的な意図が、まさしくゲルマン民族における「聖なる王権」と「連続性」という二つの主張を一つに接合する点にあるとされることである。具体的に言えば、第一は、古代ゲルマン民族の社会構造を方向づけているのが、神々及び英雄の祖先との神話的結びつきを意味する「聖なるもの」、つまり「聖なる王権」「王の恩寵」「血統の神聖性」といった表象であると主張されているることであり、第二は、この表象が「初期英雄時代」から「中世キリスト教時代」のみならず、「つい最近まで」、つまり近代・現代に到るまで連続的にゲルマン民族を規定しているという主張である。確かにこれら二つの主張は必ずしも同一問題の二側面といった性格のものでも、相互を無制約的に前提し合うといった質の問題でもない。「聖なるもの」が古代ゲルマン社会の構造を方向づける基本的表象であるということが承認されなければ、中世における、近現代におけるそれの「連続性」を問うことがまったく無意味となるのは当然としても、「聖なるもの」の古代ゲルマン的表象の存在は、この「連続性」の契機を前提とせず、それ自体独立した契機として把握しても何ら問題はない

からである。したがって「聖なる王権」その他の古代ゲルマン的表象を「ゲルマンの連続性」の契機から切り離して、それ自体を問題にすることもともとより可能でなければならない。そして、何れの問題もヘフラーの所論に発しながらも、その後のゲルマン研究史の発展過程でより積極的に探索されてきたのは、むしろ後者の方向、つまり「ゲルマンの連続性」の問題は一旦保留にした上で、焦点をもっぱら「聖なる王権」のごときより普遍的に「古代ゲルマン的」と見なされてきた表象に絞って探索するという方向である。そして、この方向を研究の主流たらしめる上で決定的な役割を演じたと思われるのも、一九五二年に自ら『ゲルマンの聖なる王権　第一巻　ロークのルーネ碑石とゲルマンの個人的聖別』を公表することによって、すでに一九三〇年代からさまざまな論議を呼んでいた「ゲルマンにおける王権」の問題に、改めて研究史上量も強烈なインパクトを提供しつつ、古代ゲルマン社会における「聖なる王権」の存在自体をめぐって激烈な賛否両論を喚起したオットー・ヘフラーであったわけである。

現代における最高のゲルマン学者と言うべきオランダの碩学ヤン・デ・フリースは、同時にまたヘフラーの「聖なる王権」論の最も積極的な擁護者の代表格であるが、彼がヘフラーの『ゲルマンの聖なる王権　第一巻』に対して発行と同じ年に発表した詳細かつ好意的な論評は、次のような言辞で閉じられている。

「したがって、オットー・ヘフラーのこの書物は、いわば、ゲルマン王権思想のスケールの大きな解釈の序幕を形成するものである。われわれに約束されている第二巻をも合わせた本書はゲルマン王権のイメージを完璧なものにしてくれるであろうし、同時にそのための決定的な証明をも提供してくれるはずである。第一巻は何れの点から見ても賛嘆に値する業績だが、驚くべき博学・見通すべくもないほど豊富な資料は、この書物の通読を困難にしている。読者は時として、テーゼ・可能性・細部についての質問の渦の中に巻き込まれながらも、ついには著者の確かな手が再び主要なテーマである王の道に連れ戻されるような感じを抱くのである。大胆な思惟の飛翔への勇気を愛情あふるる個別研究への沈潜と結びつける（ヘフラーのごとき）研究者は希有である」[28]。

ヘフラーのこの大著については、確かに、「示唆に富むものの、信頼できない」[29]といったアイスランド出身のオックスフォード大学古代アイスランド文学教授E・O・G・トゥルヴィレーベトレの批判があり、さらには後述のようにハンス・クーンによる徹底的な反駁も存在しないわけではないが、デ・フリースによる論評は、現在では、前記ヘフラーの「聖なる王権」論に対する正当な価値判断として学界に広く承認されている。そして、さらにはこのようなヘフラーの見解への肯定的評価が、すでに言及した、前掲書発刊の三年後ローマで開催された「第八回国際宗教史大会」に主要メンバーの一人として講演し、その要旨を五九年の大会会議録『聖なる王権』に「ゲルマン王権の聖性」なる論文を寄稿することをヘフラーに可能ならしめたことは間違いないのである。そして、この論文は、古代ゲルマン社会における「聖なる王権」の存在を、第二次大戦後直接国際世界に向かって証明しようとする極めて野心的な試みであった。論文冒頭におけるヘフラーの主張を長さを厭わず引用してみよう。

「ゲルマンの王権は、その世界史的影響のために、歴史的-政治的及び法的文献において、他のほとんどの国民や文化圏の統治権よりもはるかに広いスケールで研究されてきた。しかし、今日では、ほとんどの国の王権に対しては聖なる起源と聖なる本質が完璧に容認されるのに、ゲルマン人の王権に対しては聖性はこれまで依然として一般的には承認されていないのである。

そのために、この民族集団は、歴史の中で広範かつ長期にわたって影響力を行使してきたにもかかわらず——少なくとも彼らの現実的・歴史的生の形成の中では——他の民族集団と異なって、聖なるものから疎外されているといった印象、あるいは徹底的に聖なるものによって形成されている民族と比較して、早くから、しかもよりラディカルに宗教的結びつきから解体されてしまったとの印象を受けるのである……ゲルマン人の広範な歴史的展開と彼らの生活構造の一見世俗的な性格との間には因果関係が存在するといった見方が生まれても不思議ではない——それだけに、まさしく当のゲルマン民族が、ロマンス語系民族とともに、ほとんどの民族に先駆けてキリスト教に胸襟を開いたのが特別逆説的に思われるのも当然である。

それにもかかわらず、ゲルマン人の生活構造と国家形態の無宗教性という見方は間違いであることが証明できる。ゲルマン民族の場合にも、かれらの歴史的生の構造は、われわれが振り返って見るかぎり、聖なる諸力に結びついているのである[30]」。

ヘフラーのこの発言の中には、ゲルマンにおける「聖なる王権」の問題を探索しようとするわれわれにとって、先ずもって看過できない宗教史的指摘が一つ含まれている。「ゲルマン人の王権に対しては聖性はこれまで依然として一般的には承認されていない」、いわば「ゲルマン人の生活構造と国家形態の無宗教性」ということが、この民族に対する従来からの一般的な見方であったというヘフラーの指摘である。こういった指摘はすでに前著『ゲルマンの聖なる王権　第一巻』においても言明されており、それがこの大著執筆の重大な動機であったことも明らかなのである。例えば序論冒頭ではこのように言われている。

「ゲルマン諸王の歴史的活動については、ゲルマン民族がローマ帝国の視界に入ってきた時代からすでにいろんな歴史的資料が伝えている。しかし、こういった活動が行われた基盤が依然として不分明なままである。王の権利・権力が何に基づいていたのか、単なる暴力か、それとも支配し、義務を課すような何らかの制度に基づいていたのか？　これらは人類の初期時代の総合的な生活体系の精神的基盤の問題であるが、この時代は人間を超出する聖なる諸力を承認していたのか？　この時代はその生をこういった力に基礎づけていたのか？　多くの民族にとっては証明済みのこの事実が、ゲルマンの過去に対しては承認されていないのだ……前世紀の文献においても、（王政のみならず）ゲルマン民族の重要な生活形態の無宗教性というテーゼが相当な擁護者を見出したのである[31]」。

つまり、ゲルマン王権の聖なる基盤を承認しないのみか、この民族の特性を無宗教性として規定しようとする前世紀からの主要な研究動向に対して、「古代ゲルマンの民族感情の衝撃的な記念碑[32]」と言われる「ロークのルーネ碑石」を中心としながら、ゲルマン民族における「さまざまな聖なる王権形態の体系的概観」を行おうとするのが、予告されている第二巻をも含めて、『ゲルマンの聖なる王権』なる大著の全体的プランであり、そもそも「無宗教性」というゲルマン民族に対する一般的・通俗的認識が「間違い」であることを証明し、逆にこの民族の場合にも「王権」と「聖なる諸力」との結びつきは神話的にも歴史的にも既存の事実であることを明瞭にすることこそが、まさに第八回国際宗教史大会におけるヘフラーの講演と論文の究極的な目論見であったわけである。

そして、ヘフラーともどもこの大会にゲルマン研究の代表者として参加したベルンハルト・クンマー（Bernhard Kummer）も、講演論文「スカンディナヴィアにおける民主的な聖なる王権の始原と継承の問題の実例――スヴェレとマグヌス[33]」において、もしわれわれが、世界的に証言されている「聖なる王権」現象をキリスト教以前のヨーロッパ・ゲルマン民族の中にも探り出そうとするなら、これまで通用してきたわれわれの歴史認識の原則が疑わしくなるとして、その理由を次のように明らかにしている。

ゲルマン人の場合も、スラヴ人その他の民族の場合同様、「聖なる王権」という現象は目立った仕方では発見されていない。むしろ歴史的発展に対するゲルマン民族の真に固有の貢献を指摘するなら、「頑固にして自由を希求してやまない農民気質・戦士の精神」であって、「国家権威の形成や統治者の神格化」ではないのである。クンマーによれば、「季節」や「太陽」といった自然現象との結びつきの上に成立したメソポタミアやエジプトの文明の例から推測しても、初期ヨーロッパ民族の間に「神的王権」（Gottkönigtum）を「根源的なもの・固有のもの・典型的なもの」とするごとき「大きな文化現象」を発見することはまず期待できないのであって、仮に想定されるとしても「聖なる王権の成立する余地は非常に限定されており、ありうべき意義も乏しいと思われる」、と主張せざるをえないのである。

ところが、従来のこういった一般常識を打ち砕いて「ゲルマンの神的王権の問題、ゲルマンにおける聖なる統治という太古の原初的制度の承認ということ」を持ち出したのが、クンマーにとってはまさにヘフラーの一九五二年の「壮大な構想の著作」であって、この著は改めて、「それが最初から成立したものであれ、外部の王権の模倣によって副次的に成立したものであれ、とにかくここゲルマンの宗教史と文化史の中に、どの程度神的王権の証拠が発見できるか」を検証すべくクンマーを促し、第八回国際宗教史大会での彼の講演と論文の成立を可能ならしめたのである。そして、クンマーは「この大会の掲げる大きな問いをゲルマンの領域で解決するのはまったく不可能」という理由から、「中世の実例」、つまり講演ではメインタイトル、論文ではサブタイトルで示された一二世紀ノルウェーの二人の王（スウェッレ・シグルズソン〔Sverre Sigurdsson, 1177–1202〕とマグヌス・エアリングソン〔Magnus Erlingsson, 1156–84〕）の場合にかぎって、「認識を獲得し、軽率な結論を回避しうる可能性」を探るのである。(34)

ところで、先に指摘したように、ヘフラーの一九五二年の大著『ゲルマンの聖なる王権　第一巻』のみならず、第八回国際宗教史大会での彼の講演、さらに彼とともにゲルマン王権研究者を代表して参加したクンマーの講演の中には、否定的方向での共通認識がある。それは、ヘフラー自身の立場とは逆に、「ゲルマン王権の聖なる性格」は一般的認識になっていないという発言である。そして、世界的な普遍現象としての「聖なる王権」はゲルマン民族の場合はっきりそれとわかる仕方では存在していないというクンマーの主張も、期せずしてヘフラーの発言を裏付けるものになっている。だが、それにしても、「ゲルマン王権の聖性」は一般的な承認事項になっていないというヘフラーの主張は何に由来するのであろうか。現在では、スウェーデンの若手ゲルマン宗教研究家として、ヘフラー、クンマーとともに同じ大会に出席、同一の「前キリスト教ヨーロッパ」のセクションを担当することによって、「王神（King God）及び古代北欧宗教における生贄とそれとの結びつき」について講演、寄稿したオーケ・V・ストレーム（Aake V. Ström）が一九七五年に発言した、「ゲルマン王権の聖なる性格のことは、すでに久しい以前から研究者の発見するところとなっている」[35]というのが、ゲルマン王権に関する一般常識として成立していると思われ、さらに現在ヴィーン大学北欧学のルドルフ・ジメク教授も、自らの編纂になる『北欧神話辞典』において「聖なる王権」（sacred kingship）の項目説明を、「それを拒否する少数意見はあるものの（ハンス・クーン、クラウス・フォン・ゼー）、今日では、ゲルマン民族の間では諸王は彼らの合法的な権力基盤を神々から引き出したということが一般的に受け入れられている」[36]と述べているだけに、一九五二年から一九七五年までの、さらには今日までのほぼ半世紀・四半世紀の時間経過を考慮に入れても、前記のごとき古代ゲルマン世界における「聖なる王権」の存在に対する否定的見方はどうしてもある種の疑念を喚起せずにはおかないであろう。

この問題を解く鍵は、ゲルマンの聖なる王権に関する最も若い世代の女流研究者エヴァ・ピカート（Eve Picard）の見解に潜んでいるように思われる。一九九一年発行の、したがってゲルマン王権に関する最新文献の一つと思われる、疑問符付きの表題を持つ著作『ゲルマンの聖なる王権？　タキトゥスの《ゲルマーニア》と古代北欧伝承の資料批判的研究』[37]において、彼女は、一九世紀のゲルマン研究がこの民族の王権の聖性を正当とする理論を発展させなかったことを指摘するのである。自説の根拠として彼女は、以後のゲルマン古代学研究の方向を決定づけた、『ゲルマン古代学実用辞典』初版での主要項目の取り扱い方の特殊性を指摘している。つまり、そこでは、今日では重要な意味を有する「系譜伝説」(Abstammungstradition)「救い」(Heil)「神の恩寵」(Gottesheil) といったキーワードは取り上げられず、「王」の項目の解説でも、単に「独自の世襲制」と記載されているだけで、「王権の祭祀的–宗教的性格」のごとき問題には、何の考慮も払われていないのである。

われわれとしては、一九五二年当時の「ゲルマン王権の聖性」に対する肯定的な受容姿勢の不在についてこれ以上の検索は行わないが、一九世紀ゲルマン王権研究のこのような閉鎖状況を突破し、それまでのもっぱらローマの影響下に成立したとする見解に修正を迫った最初の業績は、多分、一八六六年から一九一一年までの長い年月をかけて発表し続けたフェリックス・ダーン (Felix Dahn) の『ゲルマンの王』一二巻であろうと思われる。彼は、われわれの所有する資料で遡るかぎり、ゲルマン民族登場の最初から、ゲルマン人固有の王権の痕跡が発見される、と主張し、しかもこのゲルマン最古のこの王権は「神話的性格」のものであると宣告したのである。[38] そして、われわれのこれまでの検証では、ヘフラー自身がダーンのこの『ゲルマンの王』一二巻をどの程度意識していたかは不明なのだが、視点と立場、取り上げた各種資料の差異等を超えて、両者の間に「ゲルマン王権の聖性」の提唱者と継承者という関係が成立することは疑いえないと思われる。

そして、さらに言えば、「ゲルマン王権の聖性」のダーン–ヘフラー的な肯定路線をより積極的に押し進めることによって、現在この聖性をゲルマン王権に関する一般的・常識的知識として定着させる上で最大の役割を演じたと思われるのは、先にヘフラーの『ゲルマンの聖なる王権　第一巻』の論評者として紹介したヤン・デ・フリースである。彼は、一九三五年から三七年にかけて初版を刊行したゲルマン神話・宗教史研究の最高峰『古代ゲルマン宗教史』二巻本においてもすでに、「(ゲルマンの) 王は国民の支配者、戦いでの指導者であるのみならず、同時に聖なる人物である。古典民族では王権はとっくに崩壊していたのに、(ゲルマン民族の間には) 祭祀上の権能に対して rex sacrorum

（聖王）なる名称が生き続けていたのである。ゲルマンの最古の伝承は王のこのような祭祀活動を証明している[39]」と述べて、明瞭に「王の聖なる性格」を力説しているが、デ・フリースのこのような「聖なる王権」論者としての立場を最も直截に告知したのは、同じヘフラーの前掲書への論評の中においてであった。彼の言葉のまま引用しよう。

「ゲルマン王権の聖性ということはとっくの昔から認められている。多くのスカンディナヴィアやアングロサクソンの王族の神話的家系は、ほとんどの場合オージン神を頂点とする神的な起源を暗示しているのである。王の治癒力は現在にいたるまで信じられ続けてきた現実であるが、このことは王が魔術的-宗教的力に満たされた存在であったことを証明している。しかし、それにもかかわらず、この聖性がゲルマン時代どの程度信仰に係留されたものであったか、どの程度王の権威の象徴的・特徴的暗示たりえたかについては、ある種の不確かさが残るのである。神話的家系というのは、実際には、神的起源を言い立てて王に媚びるための単なる詩的虚構にすぎないかもしれない。王の治癒力というのは、恐らくは簡単にキリスト教的表象から解釈できたであろう。王の聖別式の香油はそれの説明として十分であった。われわれはゲルマン古代における聖位をいかにして証明できるであろうか？[40]」。

デ・フリースによれば、従来はスカンディナヴィアの文化遺産である『古エッダ』、各種の『サガ』、サクソ・グラマティクスの『デンマーク人の事跡』、スノリ・ストゥルルソンの『新エッダ』や『ヘイムスクリングラ』などを用いて証明が図られたのであるが、これらの開陳する世界は、いかに迫真の描写を誇るとしても、所詮は「惑わしの仮面」をつけた「文学」のそれに過ぎなかったのである。それに対して、ヘフラーは、手堅い手法として、探索の出発点を、スウェーデン南部エスターー・ゴーランドのフェターー湖から数キロ東のローク教会のわきに建立された、古代ゲルマン最大のルーネ文字記念碑、通称「ロークの碑石」に置いたのである。なぜなら、この碑石にルーネ文字で書き込まれているのは、単なる詩的構想ではなく、「実際的な欲求、正真正銘の現実の表現」として評価しうるからである。この碑石は「古代ゲルマンの復讐感情の衝撃的な記念碑」と見なしうるというのがその理由である。

しかしながら、従来からこの碑石に刻まれたルーネ文字の解読は、研究者の間に最大の難問として受け容れられてきたものであった。しかし、デ・フリースによれば、ヘフラーの著作によって、この碑石文字の解読作業に「大進歩」が齎されたのである。「わたしは敢えて主張するが、彼（ヘフラー）の研究によってこの碑文内容は確固たるものとなったのである。個々の言葉の翻訳についてはさらに論争発生の可能性があるものの、解読の主要路線は敷かれたのである。碑文の別の見方での解釈を企てる者も、少なくともヘフラーの統一的な全体把握と一致する方向での解読を余儀なくされるであろう……（碑石から読み取られる）このような信仰と現実との相互浸透は、聖なる王権という特質からのみ説明できよう[41]」。

なお、デ・フリース自身の積極的な「ゲルマン王権聖性論」とも言うべきものは、この方向でのゲルマン王権論の最も代表的なものとして定評のある一九五六年の論稿「ゲルマン人における王権」の中で徹底的に論じられており、末尾には彼の結論がこのように総括されている。

「（ゲルマン王権論についての）伝承は文書的な性質のものであれ、形象的な性質のものであれ、豊富に存在している。しかし、これらは王権の聖なる性格という視点から考察されるべきであり、そのときにのみゲルマン人にとっても古代民族にとっても王位が何であったかの理解に到達しうるのである[42]」。

デ・フリースのこの論考はわれわれにとって文字通り導きの星であり、[III]及び次節においてさらに綿密に言及されるはずである。

さて、これまでもその都度確認してきたことであるが、根本的に聖なる性格というのがゲルマン王権に関する一般的認識というのが学界の定説ではあるが、反面この定説に異論を唱える者も決して少なくない。そして、その代表格が先にヴィーン大学のジメク教授が挙げていたように、まさにクラウス・フォン・ゼーとハンス・クーンなのである。「聖なる王権」をめぐる問題点をより厳密に知るために、二人の反論について改めて吟味してみたい。

先ずゼーの反論に留意してみよう。彼は、『ゲルマン研究における連続性理論と聖性理論』において、「聖なる王権」の萌芽は最も早くにはスウェーデン人の中に、つまり古代から安定した状態で定住していた種族の中に想定できないわけではないが、この種族の場合にも王権の聖なるものとの結びつきは「あまり強くなかった」、もしくは「もはや強くなくなっていた」のである。「それゆえ、異教の祭祀の中には王権の重要な権力基盤は存在しなかったであろう」[43]と推測する。そして、さらに、先にわれわれがゲルマン研究をめぐる第一の問題として挙げた「ゲルマンの連続性」の理念を念頭に置きながら、ゼーは次のように持論を敷衍している。「中世の、特にスカンディナヴィア中世の政治的思惟は、その聖なる要素においては、ゲルマン古代との結びつきは極めて希薄であることを指摘できる。君主の理念のキリスト教的‐教会的な傾向は、ゲルマン的表象による決定的な刺激・促進は恐らくはまったく受けていないであろう」[44]。つまり、ゼーはここで先ず、例えば古代から最も安定した定住民族としてのスウェーデン人の間に、「聖なる王権」の萌芽が存在した可能性を全面的に否定するわけではないが、その場合にも「聖なるもの」と王権との関係は決して強固だったとは考えていないのである。否、ゼーによれば、そもそも中世の「君主」という政治的理念の観点から見ても、このスウェーデンの「君主」の聖性が何らかの古代ゲルマン的表象によって支配された痕跡はないと判断せざるをえないのである。

このように古代ゲルマン王権における「聖なる性格」を全面的に承認しようとしないゼーが、ヘフラーの聖性王権論の大著『ゲルマンの聖なる王権』第一巻を徹底批判するのは当然である。ゼーは、彼の前掲書において、スウェーデン最高の言語学者ルーネ文字学者エーリアス・ヴェセーン（Elias Wessen）のヘフラー書に対する酷評をそのまま容認している。ちなみにヴェセーンは、ヘフラーの大著について、「ヘフラーの浅薄な思いつき」「ナンセンス」「素人芸」と一刀両断に切り捨て、ヘフラーの学問的スタイルを、「彼はありもしないことをなすりつけるかのように不明瞭に表現するのが好きで、とても付いてゆけないが、そのために一杯食わされる読者が出てくるのは避けられないのである。曖昧さが彼のスタイルの特徴なのだ」、と貶めているのである。このヴェセーンの悪罵を受けて、ゼーはさらに『ゲルマンの聖なる王権』第一巻について、誘導尋問による操作、見せかけの対立、意図的な無理解、誤解、大袈裟な敵対的ポーズ、特殊なパニック状態の惹起、問題には無関係な資料を用いた見せかけの証明、といった激しい弾劾的な批判語を連ねている。「ヘフラーが非常に博学なのは疑いない事実だが、彼は必ずしもこの博学を学問的に適切な仕方で用いることができないのだ[45]」。ゼーのこのコメントは、「オットー・ヘフラーのこの書物は真に古典的な仕方で構成されている[46]」、というヤン・デ・フリースのそれに真っ向から対峙しているのは明らかである。

ハンス・クーンのヘフラー批判も、ゼーのそれ同様に極めて辛辣である。一九六八年から七六年まで八年間の論文を集めた、論文集第四巻第五部「宗教史と風俗史」の大部分を構成する「古代ゲルマン宗教史への言語学的貢献」の章において、クーンはその第三項に「ゲルマンの聖なる王権？」なる疑問符つきの一節を配し、ヘフラーやデ・フリースの「ゲルマン王権聖性論」に対して反駁を試みている。以下その論旨を辿ってみることにする。

冒頭からクーンは、「わたしにとって、ゲルマンの聖なる王権やそれに類したものに関して聞いたり読んだりするのは、決して気分のよいものではなかった[47]」と、「ゲルマン王権聖性論」への嫌悪感を露にする。クーンが拒否反応を示す所以は、立論を確証する「証拠資料の貧弱さと生彩のなさ、同じくこの概念の無規定性」にある。クーンが考えるには、これまでの研究では、「王権」を「聖なるもの」として規定する根拠・基準とすべきものが、種類・程度・

価値何れの視角から見てもあまりに多種多様であって、しかも各種の資料を取り巻く状況証拠や時代策定をどこまで推測しうるのかが、何ら厳密に規定されていないのである。「最初から絶対許し難いのは、少なからざる研究者が、地盤の弱さにもかかわらず、ゲルマンのあらゆる王権が聖なるものであったにちがいない、といった結論を拙速に引き出すことである[48]」、といった表現で、クーンは「ゲルマン王権聖性論」の成立根拠の薄弱さを告発するのである。

そして、いわば成立不可能と見るべき「ゲルマン王権聖性論」の筆頭主張者が、クーンにとっては、オットー・ヘフラーに他ならない。例えば、クーンは、ヘフラーの『ゲルマンの聖なる王権』第一巻から、「われわれは、ゲルマン初期の国家-政治体制が合理主義的な功利思想に発しているのか、それとももっと深い層から発しているのか、といった問題に直面する[49]」、という一節を引用しつつ、このヘフラーの掲げる二者択一的な問い自体が「間違い」であると見なす。「こういう問題群に挑む研究者すべてに共通しているのは、彼らが探り出したと信じている事柄が、その時代と民族の現実全体の中でどの程度有効だったかを問わなかったことである[50]」。研究上のそのような欠陥を証明する典型がヘフラーによる「ロークの碑石」のルーネ文字解読であって、それは、「詳細な論証にもかかわらず、その何れもがゲルマンの聖なる王権を保証するには到っていない[51]」、と、クーンは結論づける。かくて、第二巻が予告されているとはいえ、テーマ自体が「まったく実現不可能なプログラム」であり、結局、「全体はゲルマンの聖なる王権論の破産宣告に他ならないことが分かってくる[52]」のである。

この点についてはヤン・デ・フリースの営為も大差ないとクーンは言う。確かにクーンも、もっぱらデ・フリースの『古代ゲルマン宗教史』第一巻での論述に限定してではあるが・デ・フリースが古代ゲルマン宗教史上の重要な問題をことごとく取り上げ、それに必要なすべての原資料を提出しているという側面は評価する。しかしながら、クーンは、デ・フリースが古代ゲルマンの王を「聖なる人格」と呼び、彼に「神聖性」を付与して、「北欧の伝承では聖なる王権の痕跡は必ずしも抹消されていない」[53]、と主張する点については、デ・フリースへの攻撃を容赦しない。クーンによれば、デ・フリースの大著が証拠乃至支えとして持ち出しているものは「非常にわずか、極めて不十分」だからである。そして、クーンは、タキトゥスの『ゲルマーニア』を始め、このような「乏しい」資料に基づいてデ・フリースの提出する「ゲルマン王権聖性論」を仔細に検討してゆく。その結論は以下の言辞に総括されている。

「われわれに入手できるすべてのものをもってしても、証明できるのは精々ゲルマン王権の聖なる領域への弱々しい結びつきにすぎない。なぜなら、この結びつきの中には、神官王権（Priesterkönigtum）も、現存する王の神性の承認も含まれてはいないからである。われわれが摑むのはことごとく副次的なものに留まっており、後のキリスト教時代からも、同じように聖なる王権に類似したものを相当数集めることができるのである」[54]。

クーンのこのようなデ・フリース批判を読むかぎり、クーンの本来の意図は、最初からゲルマン王権の聖性ということ自体の完全否定にあるのではなく、基礎づけるべき資料の乏しさを無視してそれを積極的に擁護することの危険性の指摘にあると見ることができる。この問題に関するクーンの最終判断によれば、古代オリエントやローマ帝国の場合、完全な意味での「聖なる王権」について語ることができるのは当然として、「インド・ゲルマン民族」に「強力な聖なる王権」を承認するというのは、言うまでもなく、現存する「少数の瑣末な」資料を拡大解釈することによって、古代ゲルマンにおける「強力な聖なる王権」の「最後の遺物」を導き出そうとする、所詮「思弁」（Spekulation）の産物に過ぎないのである。

「われわれに認識できるものが、かつての完全な聖なる王権の遺物であるという見方の背後では、恐らくは、なかんずく原初的なものに接近すればするほど、すべてのものが宗教的なもの、あるいは魔術的なものによって支配される度合いが強まるという古い頑強な公理が踊っているのだ」[55]。

以上、われわれは、従来古代ゲルマン研究において、その成立の根本に関わる重大な契機として問いを投げ掛け続けてきた「ゲルマンの連続性」の理念に発し、それと本質的に連繫している初期ゲルマン王権の特質の問題を、特にそれを解釈する立場の相違という観点から考察してきた。そして、このゲルマン初期王権の特質、なかんずくその聖性の把握をめぐっては、フェリックス・ダーン、オットー・ヘフラー、ヤン・デ・フリース等によって展開されたそれの擁護論と、クラウス・フォン・ゼーやハンス・クーンの解釈に典型的に見られる否定論の二つの立場を紹介・検討した。そして、「聖なる王権の問題は、研究の場においては、ゲルマンの憲法史・宗教史上最も論議を呼んだものの一つである[56]」、というエヴァ・ピカート女史の発言の真理を裏付けるかのように、そこには文字通り二つの正反対の見解が対峙し合っていることが判明したのである。古代ゲルマン研究において多数派を構成する、ヘフラー的な「聖性理論」(Sakraltheorie) の擁護者は、「ゲルマン王権の聖なる性格」を自明的真理と見なす。そして、古代ゲルマンを理解する上での一般常識・普遍的前提と見なされているのは、この見方である。反対に、「世俗理論」(Profantheorie) の立場から「ゲルマン王権聖性論」に異を唱える者は、この研究分野ではむしろ少数派に留まっていると見なすことができる。

それでは「初期ゲルマン王権」という一つの歴史的・政治的現象をめぐってこのように「聖性理論」と「世俗理論」とが対立し合う所以、両者を分ける所以のものは一体何であろうか？　この点に関し、明瞭に「世俗理論」への肯定的立場から「聖性理論」を「純粋な研究の産物」(reines Produkt der Forschung) と見なすのは、前記のように峻烈なヘフラー批判者として登場したクラウス・フォン・ゼーの下で学位論文『ゲルマンの聖なる王権』を完成したエヴァ・ピカート女史であった。彼女の見解に暫時注目してみることにする。

彼女によれば、このような研究上の立場の不一致は、「聖性理論」「世俗理論」の両方が同一の原資料を基礎とする、より厳密に言えば、基礎とせざるをえないがゆえに、ますます紛糾の度が高まるのである。というのも、初期ゲルマン王権を考察するための基礎資料はゲルマンの法史と宗教史の中に発見されるものの、これらの原資料はヤーコプ・グリム（Jacob Grimm）によるゲルマン古代像の確立以来、本質的には何らの拡張も経験していないのである。つまり、それ以来新資料の発見による解釈・方法論・問題提起の変更を通して新たな研究成果を獲得するといったことはまったく行われていないということである。そして、ここからピカート女史は、「〈聖なる王権〉という問題提起はゲルマン古代学に、〈外部から〉運び込まれたものであって、原資料自体がこのような問題と対決したいという欲求を喚起したことはない[57]」、という大胆な提言を行っている。したがって、われわれがすでに引用した、「しかし、今日では、ほとんどの国の王権に対しては聖なる起源と聖なる本質が完璧に容認されるのに、ゲルマン人の王権に対しては聖なる性格はこれまで依然として一般的には承認されていない[58]」という、「聖性理論の最も情熱的な擁護者」へフラーの嘆きは、ピカート女史の見解では、へフラーが「ゲルマンの聖なる王権」は長期にわたる宗教学的研究努力によっていずれ〈発見〉されると考えており、そのかぎり「ゲルマンの聖なる王権」というのは、所詮「研究の産物」に過ぎないことをへフラー自身がはっきり自覚していた証しに他ならないのである。

だが、それならば、まさに「研究の産物」として「ゲルマンの聖なる王権」の理念を誕生せしめるうるだけの然るべき動機が存在したはずである。ピカート女史はその主要な動機を、ゲルマン法学者ハインリッヒ・ミッタイス（Heinrich Mitteis）やオットー・ブルンナー（Otto Brunner）、さらにへフラーともども彼女が「聖性理論の主要な代表者の一人」と見なすカール・ハウク（Karl Hauck）の見解に依拠しながら、なかんずくハウクの言う「ドイツにおける国家意識・国民意識の緊急の危機」、つまり「ドイツの分裂」と「ヨーロッパの崩壊」に直面して、「古代の政治的・民族的な統一意識は、聖なる伝統の共同体の中で形成された」というゲルマン学者たちの「記憶」の中に発見している。[59] ピカート女史のこのような解釈は、ヘフラーの「聖性理論」をかつての彼のナチズム信仰に由来すると見た師クラウス・フォン・ゼーの見方と軌を一にしていると言うことができるが、この問題についてのこれ以上の吟味はここでは不必要であろう。

ところで、「ゲルマンの聖なる王権」の理論構築に関して、ピカート女史は、われわれがこれまで言及することのなかった方法論上の重大な問題点を指摘する。それは、この「聖性理論」が「完全に古代北欧の原資料に依存している[60]」ということである。大陸ゲルマン民族の資料はすべて、根本的にスカンディナヴィアの資料によって展開された表象を媒介として初めて解明することができるというのが、先ず彼女の力説するところである。しかしながら、次に、ピカート女史によれば、すでに挙げた『古エッダ』『サガ』、サクソ・グラマティクスの『デンマークの事跡』、スノリの『新エッダ』や『ヘイムスクリングラ』といった北欧の資料は、その豊富さにもかかわらず、残念ながら大変な欠陥を孕んでいるのである。つまり、それら北欧発の原資料といえども、少なくとも現存の資料に限定するかぎり、実際には「非常に新しく、もっぱらキリスト教的作家によって書き留められた」ものと考えざるをえないものが多く含まれているからである。その意味で、いわゆる「宗教上の解釈」(interpretatio ecclesiastica) や文書資料がどの程度キリスト教化以前のスカンディナヴィアの真に古代ゲルマン的・異教的な口承伝説に遡ることができるか否かは、現になお古代北欧学の抱える激烈な論争問題なのである。たとえこういった不明確さを当面括弧に括るとしても、「ゲルマンの聖なる王権」というのは、やはり、「比較的新しい、北方ゲルマン的現象」と見なさざるをえないのである。[61]

さらにピカート女史は、「ゲルマン王権の聖なる性格」の問題を考察する際のこういった基本資料上の難点を解決する方法として、「ゲルマン王権聖性論」の理念を先ず古代北欧の原資料に則って検証・吟味し、そこからこの理念の根底にあるものを導き出しつつ、同時に他方では「極めて古く、非キリスト教的でありながら、共通ゲルマン的な妥当性を有する唯一の資料」、つまりタキトゥスの『ゲルマーニア』に考察の足場を築くことによって、いわば『ゲルマーニア』と古代北欧伝承との間に「ゲルマンの聖なる王権」が成立しうるか否かの根拠を探る方法論を提唱するのである。先のピカート女史の学位論文は、このような彼女自身の方法論による「ゲルマン王権聖性論」の再検討・再吟味であったわけである。そして、彼女の引く結論の方向は、「ゲルマンの聖なる王権」という表題に疑問符を付したことからも十分推察しえよう。

こういった意味で、「ゲルマン王権聖性論」を考察する場合、前記のごとき北欧発の原資料やタキトゥスの『ゲルマーニア』、さらに主題に関連ありと見られる各種の資料をどのように扱うかが重大な問題となるが、こういった方法論上の問題は従来のゲルマン研究史の中では必ずしも厳正に受け留め、論じられたものではなかったと言わざるをえない。そういった学問的停滞を打破する方向を明確にしたのは、「ゲルマン王権聖性論」の擁護者へフラーとは反極の立場に立ちながら、「スカルドの宗教に寄せて」の講演と論文をもって、第八回国際宗教史大会に参加したヴァルター・ベトケ（Walter Baetke）である。彼の主著は『ゲルマン的なものにおける聖なるもの』であるが、彼にはわれわれのテーマとするゲルマン王権の聖性の問題に関する古典的とも言うべき業績がある。一九六四年に発刊された『ユングヴィとユングリンゲル』である。(62) 彼の基本的見解は、前キリスト教時代のゲルマン人には聖なる王権は一般に存在しなかった、という「ゲルマン王権聖性論」の完全否定を特徴とするが、それにもかかわらず、そこには前記のごとき資料問題や「ゲルマンの連続性」との関連問題を筆頭に、何よりも否定・肯定の姿勢如何にかかわらず、ゲルマン王権聖性の考察にとって極めて有意義的な視点が提供されており、それに留意することはわれわれの今後の探索にとって必要不可欠と思われるので、以下項を改めて考察してみたい。

〔Ⅲ〕　問題考察の視点

ベトケは、前キリスト教時代のゲルマン領に聖なる王権が存在したという、これまでわれわれが「ゲルマン王権聖性論」と称してきた見解を広範に流布せしめたのは、ドイツや外国の研究者もさることながら、なかんずく「宗教史学者」を中心として「スウェーデンの研究者」であったことに格別の意味を認めている。[63] この場合、「王権の聖性」という概念の把握が各研究者によって極めて多様なのが特徴であるが、最近提出された解釈で際立っているのは、王を一種の「超人間的存在」と見なして、彼に「神的な地位」を付与する傾向であり、しかもこの傾向を代表するのがスウェーデンの宗教史家フォルケ・ストレーム（Folke Strom）であった。[64]「聖なる王権」のイデオロギーの中には、王が多かれ少なかれ実際に神と同一視される、あるいは何れにせよ現実に神の代理を務めるといった意味を包摂していると、ストレームは見なすからである。その場合、ストレームが念頭に置いているのが、古代スカンディナヴィア・北欧の諸王である。そして、「ゲルマンの聖なる王権」の擁護者がおのれの主張の根拠にしているのが、圧倒的にこの「北欧の王権」の例であることに、ベトケは特別注意を払っているのである。「ここ（北欧の王権）にはそれ（聖なる王権）が最も深く確実に根付いていると信じられている」[65]、とベトケは言う。事実、既述のように、第八回国際宗教史大会に参加し「王神と古代北欧における生贄とそれとの結びつき」なる主題について講演したオーケ・ストレームも、講演と論文を、「古代スカンディナヴィアの王権が完全に聖なるものであったということは、今日では自明の事実と考えられている」[66]、という語りかけによって開始している。このように、何れにせよ「聖なる王権」をめぐる論議の中心をなしているのが北欧の状況なのであるが、反面このことは、ベトケも指摘するように、東ゴート族の王族アマラー（Amaler）やアングロ・サクソン族七王国の王家に代表されるごとき他のゲルマン民族の王や王朝は、ほとんどはスウェーデンやノルウェーの王族との関連でのみ取り上げられ、むしろ欄外扱いだったことを意味しているのである。北欧以外のゲルマン民族の王権に関する原資料があまりにも乏しく、それに「ゲルマン王権聖性論」を基礎づけることができないのがその理由である。しかもその乏しい資料も北欧の原資料から獲得された成果を確認乃至敷衍するのに役立ちうるに過ぎないのである。かくて、「ゲルマンの聖なる王権が存在したか否かの問いについては、とにかく北欧の資料に基づいてのみ決定を下すことができる[67]」、と言わざるをえないわけである。

だが、ベトケにとっては、まさしくここに重大な疑問点がある。「ゲルマン王権聖性論」を保証すると見られる北欧の原資料の質そのものについて疑念をはさまざるをえないからである。この北欧発の証拠資料たるや、ほとんどはもっぱら「神話・サガ・伝説・太古の神々・英雄・王に関する詩や物語であり、最高に不明瞭で歴史的にも疑わしい伝承」に過ぎないというのが疑問が発生せざるをえない理由である。「さらに、この対象についての豊富な二次文献も、自らそういった原資料から積極的発言をもぎ取るためには、しばしば強引な解釈と大胆な仮説を必要とすることを証明している[68]」。

このような資料的基礎に関する批判的な考察と思量をベースにしながらゲルマンの聖なる王権論の是非を検証するのが、ベトケの「ゲルマン文献における歴史・法・宗教」というサブタイトルを持つ論文集第九章「北欧の聖なる王権の問題に寄せて」の課題である。だが、彼の立場をここまで辿ることによって、ゲルマン王権問題に対する彼自身の解答もすでに用意されているのは明白であろう。

ベトケは、例えば歴史家ルートヴィヒ・シュミット（Ludwig Schmidt）の業績などに負いつつ[69]、ゲルマン民族の中には元来王なるものは存在しなかったし、歴史的時代の発端の時期においてもなお、王を頂点とする国家と並んで、王不在の国家も存在したのであり、歴史的時代になって王権は圧倒的に東ゲルマン民族と北ゲルマン民族に登場したものの、西ゲルマン民族の場合最初の国家形態は共和国的であって、王権はその後徐々に、しかも宗教的理由からではなく外交上の理由で侵入してきたものに過ぎなかった、といった見解を導き出す。しかも、このように異なった背景の中から生誕した古代ゲルマン王権であったが、その共通の特質は、タキトゥス『ゲルマーニア』第七章の「nec regibus infinita aut libera potestas」(王にも決して無限の、あるいは自由な権力はない)[70]なる一節からも窺われるように、ゲルマンの王の立場は絶対的な支配者のそれとまったく異なるものであって、彼は専制君主ではなかったし、ましてや中世的な「神の恩寵による君主」などでもなかったのである。かくてベトケは同時代ドイツの歴史家・法制史家の所説をも斟酌しつつ、ゲルマン王権問題に関する自らの見解をこのように結論づける。「この程度の国法上の立場と王権の聖なる性格が一致するのは困難である。ゲルマンの王には帝王の概念と結びついている、かの賓辞〈聖なる〉が完全に欠落している……かくて、われわれは、歴史家・法制史家の一致した見解として、古代ゲルマン王権の国内法的性格は、自らの中にどのような宗教的あるいは聖なる要素をも内蔵していなかった、然り、このような要素をまさに排除しているのだ[71]」。

オットー・ヘフラーは、第八回国際宗教史大会において、「古代ゲルマン王権の魂」として、王と神的力との血縁的本質的関連を力説しつつ、「王の中には神性の本質的部分が生き生きと現在している……むしろ人間の王はいわば上方に向かって神と結ばれており、王には神性・神的存在者の力が宿っているのである[72]」、と語っている。ウプサラやオスローの玉座に座す王は「世界-神」を代表し、「世界-神の実在的な本質的部分」を所有する。王には「超越の関係」を想定しなければならないと語るのであるが[73]、このような見方は、ベトケによれば、限りなく「非歴史的」であり、ヘフラーはゲルマン古代に移すべくもない「現代の宗教哲学の概念」を用いて操作しているのである。ゲルマン人にとって実体・神性・超越といった理念は無縁であった。「前キリスト教時代の伝承をこのような概念を用いて解釈しようなどという計画は、必然的にゲルマン宗教の像を変造せざるをえないのである[74]」。

古代ゲルマン宗教の本来像のこういった変造・歪曲は、ベトケにとっては、この宗教の「神秘化する解釈」の結果に他ならないのであるが、ヘフラーが彼の「ゲルマン王権聖性論」に先立ってその代表的な弁護者の役を務めた「ゲルマンの連続性」の理念がもはや成立困難になるのは敢えて指摘するまでもないであろう。前キリスト教時代のゲルマン民族にとって「聖なる王権」は存在しなかったということになれば、キリスト教的中世の王の聖なる尊厳をその連続として引き出そうとする試みは、まったく無意味にして不可能な行為とならざるをえないからである。「〈ゲルマンの連続性〉の理念から生まれた、先述の歴史的・法的原資料に基づく研究が提示したごときゲルマン王権像を修正しようとする試みは、間違いである。それらが掲げようとするゲルマン王権の周りの宗教的光輪ごときは偽りの金色の輝きなのである[75]」。

以上、われわれは、「ゲルマン王権聖性論」の成立の可能性を求めて、この問題に関する重要な論点を特に資料的側面から指摘するとともに、結果的にこの「ゲルマン王権聖性論」成立の不可能性を立証しようとしたヴァルター・ベトケの目論見に注目した。そして、このようなベトケ的結論をどのように受け留め、それとどのように対決するかが、まさに本章におけるわれわれの本来の課題なのだが、それにしても、ベトケのこのような目論見は成就したと見なしうるのであろうか？　これについては、オーケ・ストレームの「この〈ベトケの〉攻撃は成功しなかった[76]」という評価が、むしろ正鵠を射ていると見るべきであろう。ストレームは複数のベトケ批判を通してこの点の解説を試みているが、ここではそれへの言及は避ける。それよりもむしろわれわれにとって興味深いのは、キリスト教時代の資料に「聖なる王権」の諸特徴が現れているということは、「聖なる王権」の「ゲルマン的純粋さ」の反対証明にはならないというストレーム自身の主張である[77]。ゲルマンの王権神話と神の恩寵というキリスト教的・中世的王権論とは本質的に異質のものだから、というのがその理由である。事実、ゲルマン王権思想において決定的な役割を演じる契機は、新約聖書や古代キリスト教信仰には見出しえないからである。

それでは、このように異教ゲルマンの王権神話とキリスト教的王権思想とを本質的に区別し、古代の「ゲルマン的純粋さ」を保持する「聖なる王権」の存在を歴史的に確証すると思われるこの指標契機とはどのようなものであろうか？　この問いとともにわれわれは実に興味ある事実に気付く。これら契機の何たるかをオーケ・ストレームに教示したのが、まさしく「ゲルマン王権聖性論」の否定者ヴァルター・ベトケに他ならないからである。ベトケは、すでに一九六四年の『ユングヴィとユングリンゲル』において、さらには七三年の論文集においてもまったく同じ表現で、「ゲルマン王権一般の本質と性格」を認識するためには「歴史的研究」の成果が顧慮されなければならないことを先ず要請した上で、さらに「北欧の聖なる王権の本質」はどこに存在するか、いかにしてそれを証明しうるか、といった問いに対する解答は、次のごときテーゼの真実性・信憑性を北欧発の各資料を通して確認しうるか否かにかかっている、と主張しているのである。[78]

(1)　古代北欧には、王に超人間的・神的な力や能力を付与する伝承が発見されるというテーゼ。これが、北欧古代学において、「王の治癒力」(Konigsheil) と称せられるものである。

(2)　祭祀組織における王の立場が彼を聖人たらしめ、時に北欧では王自身が宗教的祭祀の対象とされたというテーゼ。

(3)　北欧の原資料の中には、王の神的系譜に対する信仰を証拠立てるものが発見できるというテーゼ。

そして、ベトケ自身は、タキトゥスに代表される古代及び中世の歴史家の著作から獲得されるゲルマンの王権像と比較すると、以上の三テーゼに基づいて把握される古代北欧王権のイメージは「奇異に」(befremmdlich) 思われるとして、自ら定立した三テーゼと古代北欧王権のイメージとの間にはどうしても一致し難い齟齬関係が存在していることを明言している。その真因は、ベトケがゲルマンの王権を「最も重要な政治機関」として把握するとともに、「タキトゥスも彼の前後の他の歴史家も、ゲルマン民族全般についてであれ個々のゲルマンの種族についてであれ、聖なる王権については何も報告していない[79]」、という認識の中にある。つまり、これら三つのテーゼを判断基準とし、かつタキトゥスのごとき歴史家の報告に依るかぎり、ベトケからすれば、前キリスト教時代の北欧ゲルマン民族の中には「聖なる王権」は存在しなかったという結論を導かざるをえないのである。ベトケの一九六四年の『ユングヴィとユングリンゲル』（したがって七三年の論文集も）は、本質的には、詳細な資料批判的考察を通して「ゲルマン王権聖性論」に強烈な異論を唱え、それへの徹底的な反証を試みたものであった。彼によれば、前記三テーゼを肯定するものとして従来研究者が挙げてきた証拠資料は、解釈者の誤解に基づくかキリスト教的影響によるものかの何れかなのである[80]。

ところが、ベトケの前記三テーゼと彼の導き出した結論の方向をめぐって実に興味深い研究史上の事実がある。ベトケにとっては、自らの定立した三テーゼはまさに「ゲルマン王権聖性論」の不成立を証明する前提基準なのだが、オーケ・ストレームやルドルフ・ジメクは三テーゼをそのまま全面的に受け容れる一方、ベトケとはまったく逆に、三テーゼをまさにゲルマン民族に「聖なる王権」を発見しうる決定的な指標として把握するからである。ここに同一の基準が「ゲルマン王権聖性論」の非存在・存在両方の判断根拠になるという奇妙な状況が生起したのである。かつて紹介した「ゲルマンの聖なる王権は研究者の産物」というピカート女史の見解が強力な真実性・信憑性をもって迫ってくる理由が、まさにここにある[81]。

そして、ストレームとジメクは前記ベトケの三テーゼをそれぞれ独自の表現でカテゴリー化しつつ、ベトケとは逆にそれらを「ゲルマン王権聖性論」を積極的に構築するための理念枠として活用するのである。ちなみにここではストレームによるカテゴリー化を紹介しておくことにする。[82]

(1)　資性としての王の治癒力
(2)　祭記の仲介者としての王の立場
(3)　神的制度としての王位

結論の方向の是非はともかく、ゲルマン民族における「聖なる王権」の存在・非存在を策定するための判断基準としてベトケが設定した前記三つのテーゼ、そしてそれらをさらにカテゴリー化したストレームの王の三つの理念は、われわれとしては、ゲルマン民族初期王権の特質を探るという課題を追究する上において十分信頼するにたる根本的指標として全面的に受け入れることができるものと見なしたい。そこで、われわれのさらなる課題としては、研究史を媒介としながら明らかにされた前記のテーゼ乃至理念の内包を、改めて独自の観点から精密に吟味・検討することによって、ゲルマン初期王権の神聖性の問題、われわれ自身の立場で言えば、この王権の神話的基礎の問題を追究することである。これが次節「ゲルマン初期王権の神話的基礎」の課題である。

〔Ⅳ〕　問題考察の方法論

言語学者ヘルヴィヒ・ヴォルフラムは、オットー・ヘフラーの六五歳祝賀記念論文集に寄せた「ゲルマン種族の〈聖なる〉王権批判への方法論的問い」の中で、[83]「ゲルマン王権聖性論」を否定的方向で批判したヴァルター・ベトケの「ゲルマンの聖なる王権が存在したか否かの問いについての決定は、とにかく北欧の資料に基づいてのみ下すことができる」[84]、という見解を踏まえて、ベトケがもっぱら著名なスカンディナヴィストや北欧の宗教史学者が徹底的に探索した領域に限定して「ゲルマン王権聖性論」批判を展開したために生起する問題点を指摘している。ヴォルフラムによれば、もしゲルマンの「聖なる王権」をスカンディナヴィアの資料だけに基づいて証明・不証明が可能と考えるなら、他のゲルマン種族に、しかも場合によっては北欧語による資料よりも数世代以前に存在していた「恐らくはそれに匹敵する実態」について報告している「ラテン語の記念碑」についてはどのように扱うべきか、また扱う必要があるかの問題は解決されていないとして、ゲルマンの王権問題に立ち向かう場合ラテン語の資料をどの程度考慮に入れるかの問題を提起している[85]。そして、ヴォルフラムは、この問題に取り組む場合にベトケがラテン語資料に懐疑を示す姿勢を批判して、ゲルマン種族の〈聖なる〉王権については、ラテン語の著作からも読み取れるのであって、したがって「ラテン語によって書き留められた内容を、ア・プリオリに、後代の無拘束な二次的形成あるいは偽造と見なすのは正当ではない[86]」、と主張するのである。しかしながら、同時にヴォルフラムは、ラテン語による資料、少なくとも「中世初期」のそれを検討する場合、特に独自の「方法」を必要とするとも考えている。

この場合の「方法」とは、ヴォルフラムによれば、原資料の徹底した形式的分析は当然なこととして、資料の「内容」の歴史的伝統を問うという方法である。そして、その際何よりも必要なのは、「原資料の厳密な言葉の意味」の把握、さらに時代経過の中で生起したこの「意味の変遷と原資料の理解の変化」を探ることである。そして、このような意味の変遷と資料理解の変化は、後世の注解者や民衆語による翻訳の中にも読み取ることができるのである。例えば、形式的にも内容的にも一見古代の著作家の忠実な模倣のごとく見えながらも、「中世の模倣者」も「彼ら自身の現実、彼らの動機と伝統をそれによって表現しようとする意図を放棄していない[87]」のみならず、中世の著作家によって利用された古代の伝統そのものが、完結的・無矛盾的な用語を開陳しているとは言えないのであって、中世の語義の多様性は、すでに古代の原資料そのものに起因している場合も、決して少なしとしないのである。そして、こういった事実が古代ゲルマンの前キリスト教的王権によって形成された歴史的現実のみならず、もしあるとすれば中世における この王権の影響を可能なかぎり正確に認識しようとする研究者に対して、ヴォルフラムは、「現存資料の歴史-言語学的方法による厳密な論理的分析[88]」を要求するのである。

つまり、ここでは、ゲルマンの「聖なる王権」という仮説が基礎づけられているとされるキリスト教以前の古代ゲルマンの原資料自体が、すでに使用言語の意味の変遷と解釈の変化を含んでいるということを前提として、「ゲルマン王権の聖性」という本質を正確に解き明かすためには、それに関するラテン語資料との厳密な比較検討を行いつつ、まさにこのような原資料の徹底的な「歴史-言語学的」(historisch-philologisch) 研究を、厳しく要請しているわけである。従来のゲルマン初期王権の研究において、このような方法論的視点は必ずしも明確には認識されていたとは考えられないだけに、ヴォルフラムの卓見が際立つことになる。以下においてわれわれは、タキトゥスの『ゲルマーニア』を筆頭とするゲルマン初期王権に関するラテン語資料の検討については次節の課題とし、ここでは扱う素材をもっぱらゲルマン語による原資料に限定することによって、この資料内部において「王」という概念自体の内包と外延の変化・変遷の様相を「語源学」(Etymologie) の視角から辿ることによって、ゲルマン初期王権の「聖性」の問題にどこまで迫りうるかを先ず最初に窺うことにする。その場合、ゲルマン初期王権研究史上語源学の立場から卓越した業績を挙げた北欧の三人の研究者の所論に特に留意することにするが、差し当たっては、便宜上、定評ある語源学辞典に基づいて、これまでノルド語を中心に「王」の概念に関して提出されてきた最も一般的な意味連関を明らかにしておくことにする。資料としては、この点に関して最も精緻な解説を施したノルウェーの言語学者ファルクートルプの『ノルウェー語-デンマーク語語源辞典』を用いる。それによれば、北ゲルマン語圏における「王」概念については、若干の補塡を行いつつ述べれば、以下のごとく解説することができる[89]。

現代デンマーク語「konge」　古デンマーク語「konung, koning」（kunung, konung, kung, kong といったさまざまな語形に変化する）

現代ノルウェー語「konge, kong」　古ノルウェー語「konungr」→「kongr」

現代スウェーデン語「konung, kung」　古スウェーデン語「konunger」

現代アイスランド語「kunungur」

そして、これらはすべて古アイスランド語、つまり古ノルド語の「konungr」まで遡る。さらにアングロ・サクソン語「cyning」、古アイルランド語「conung」、古フリジァ語「keni（n）g」「koni（n）g」、中世英語「king」、より古い語形では「kining」あるいは「kuning」、古ザクセン語「cuning」、オランダ語「koning」、古高ドイツ語「kuning」、新高ドイツ語「König」といった語形を取って表記される。

これらの語は「高貴な男・息子・末裔」を意味する古ノルド語の「konr」からの派生語であり、さらにゲルマン祖語に遡れば「*koni」（*kuni）（高貴な男、部族）まで辿ることができる。さらにこの祖語はインド-ゲルマン語の「qenos」（Geschlecht 族［やから］）に属しているので、本来は「一家に、つまり王家に属している」ということを意味するのである。ちなみに中低ドイツ語の「beslechte」の語義も「高貴な家柄に属する」である。さらにラテン語の「ingenuus」、ギリシァ語の「γνήσος」もそれに連接しており、「自由の身に生まれた、気品のある」という意味である。このような事情から、「王」の原義は「高い身分の男の息子」（søn af en fomem mand, Sohn eines vomehmen Mannes）であると推察される。ゲルマン語の語尾「-ing, -ung」というのは、父系祖先の名を取った名（Patronimikon）を形成するからである。そもそも接尾語「-ing, -ung」は「―に属する」を意味し、しばしば「―の息子」の意味で用いられるのである。「konr」から「konge」への派生関係を確認せしめるのは、『古エッダ』の『リーグの歌』である。ここでは「konr」が「konungr」の「名祖」(eponym)として捉えられている。さらにゲルマン祖語「*koni」にはフィンランド語の「kuningas」(王)、古スラヴ語の「kŭnęŭ」「kŭnęzĭ」(侯)、リトアニア語の「kùningas」(主、神官)が由来する。これらの借用語は命名の時代的な古さを証明していよう。

以上、われわれは、最も代表的な語源辞典の一つに基づいて、ゲルマン語を中心としたさまざまな語圏での「王」を意味する語の原型と原義について述べた。なお仮説的要素を孕みつつ、また研究者間に若干の不一致はあるものの、語源学の視点から見た「王」というゲルマン語の基本的形態と意義については、ファルクートルプの以上の諸規定はほぼ正論として受け入れられてきたものである。とはいえ、異論もないわけではない。その典型的な事例を、現代におけるゲルマン初期王権論の一方向を定礎したスウェーデン・ウプサラ大学のゲルマン言語学者・ルーネ文字学者オットー・フォン・フリーセン(Otto von Friesen)の見解の中に発見することができる。前記の「konungr」をめぐる諸規定を前提として踏まえながら、フリーセンの所論を仔細に吟味するという仕方で、「ゲルマン王権聖性論」の是非を問いうる視点まで到達するというわれわれの課題を果たしてゆくことにする。

北欧各国語において歴史的に母音と語尾において若干の変化を遂げながら登場し、最古の言語記念碑に刻まれた「王」という語は、北欧共通の語形「konungR」である。第一・第二音節が「o」「u」何れの母音を取るかについての見方が二つに分かれる。第二音節に「o」が位置して、「konongR」として表記される場合のある点については、従来研究者の間でほとんど論議されたことはないが、第一音節に「u」を取る「kunungR」と「o」を取る「konungR」二つの語形について、どちらがより根源的かをめぐって論争がある。

北欧学界においてこの点につき最初に提言を行ったのは、フォン・フリーセンである。彼は、この思想圏のその後のゲルマン初期王権問題に関して方向定位的役割を演じた一九三二年発表の論文「北欧の王権は聖なる起源を有するか？　言語史的解明[90]」において、先ずこの問題に先鞭をつけたと言ってよいであろう。彼によれば、古アイスランド語、つまり古ノルド語においては、たまに派生的に「o」が「u」に取って代わり、「konongR」の語形となるごく稀な場合を別にすれば、「konungR」が絶対的である。古ノルウェー語でもこの「konungR」が支配的であるが、西部・南部・東部各地域では時折「kunungR」の形態に出会う場合がある。古スウェーデン語では「konunger」が唯一的な語形である。ただし、地域によっては「kununger」の語形が登場したり、『ウップランド法』のように「konunger」と「kununger」が交互に現れる場合もある。古デンマーク語の場合、スコーネ地方やシェラン島では「kunung」と「konung」とが並行して使用され、ユラン半島では「kunung」の語形のみである。

ここでフォン・フリーセンは言語史的な一つの仮説を提出する。古ノルウェー語・古スウェーデン語に関しては、「kunung- は konung- から発展したのは疑いない[91]」、換言すれば、逆に「共通ノルド語 konungR の o が u から自動的に発生したということはありえない[92]」という仮説である。フリーセンはこの展開を可能ならしめた過程を言語学上の一般的タームを用いて「平坦化」（tiläming）と称する。そして、この「平坦化」の原理を当面の問題に適用することによって、「それゆえ、かつて北欧全体を支配していたのは第一音節に o を有する konungR の語形であったことは間違いなく、王という語の由来を解明しようとする場合、われわれが出発しなければならないのはこの語形からである[93]」、という結論が導かれるのである。フリーセンによれば、他の言語からの影響によって変形されないかぎり、「kunungR」が基本形ということはありえないのである。ところが、現実には「kunungR」が本来の基本形であって、これに由来するのが共通ノルド語の「konungR」であるという見方のみならず、さらにこのような「kunungR」から「konungR」への「変形」を生む根拠となった語が古ノルド語-アイスランド語に保持されている「konr」（ätling, av komling, son: man av förnäm börd　子孫・息子・高貴な生まれの男）であるという見方については、研究者の間に一般的合意が存在することをフリーセンも容認している[94]。

このように、フリーセンと他の研究者とは、古代北欧において「王」の概念を意味した言葉の語形が「konungR」であったのか「kunungR」であったのかをめぐって、「konungR」を根源語、「kunungR」を派生語と見るフォン・フリーセンと、その逆方向を想定する他の研究者との間に対立が存在しているわけであるが、しかし何れの語形により根源的な意味を与えるかはそれほど重大な問題ではない。根源語であるか派生語であるかは別として、「konungR」が共通ノルド語であると解する点では、両者間に不一致は存在しないからである。むしろ、両者の対立関係を先鋭化するのは、「konungR」をさらに還元しうる祖語を、前記のような意味を有する「konr」として把握するか否か、したがって「王」-「konungR」の原義も「高貴な出の男の末裔あるいは息子」として解するかどうかの姿勢である。フリーセンは明瞭に否定の方向をとり、彼独自の見解を導き出してくる。

「konungR」の内包する根源的意味を、例えば『古エッダ』所収の『リーグの歌』第四一節以下の詩節などに基づいて[95]、この語を「貴人・息子・末裔、息子・高貴な生まれの男[96]」を意味する古ノルド語「konr」からの派生語と解するのが従来の一般的見解であり、したがって「konungR」の基本義が「貴人の息子[97]」、「高貴な一族に属する者、それから生まれた者[98]」であることは推測できる。この点に関してはほとんどの言語学者が合意していると見て差し支えないのである。ところが、この通常の見方に異を唱え、むしろ「konungR」の原義を「konr」からではなく、「kona」から解読しようとしたのが、現代のゲルマン初期王権研究においても古典的位置を占める前記論文を発表したフォン・フリーセンであった。「konungR」の概念の内包をより厳密に把握するために、ヤン・デ・フリースの「拒否すべき[99]」という批判的言辞に囚われないで、このフォン・フリーセンの貴重な営為をさらに辿ってみたい[100]。

フォン・フリーセンは、第一音節に「o」母音を取って「konungR」と表記される場合もあることを認めた上で、

「konungR」を「北欧共通語形」と見なすとともに、「konr」から「konungR」の原義を引き出す見方を「家系王権論」(Bördskungadöme)と称し、「事実に即した視点」からすれば、十分満足すべき見方だと言う。実際に、これは、彼の論文発表時の一九三〇年代の政治思想界において「広範に流布し、表舞台に登場した現象」であった。しかし、精査してみればこの見方は正しくないことがわかる、と言うのがフォン・フリーセンの穿った考え方である。というのも、「konungR」と結合された場合、「konr」の意味が問題になると考えられるからである。つまり、「高貴な生まれの男」という原義は実際には支持できないのである。「konr」説に根拠を提供しているのが、前記のように、『リーグの歌』の「konr jungr」(若き王)という複合概念なのであるが、問題なのは、フォン・フリーセンによれば、このような意味で古ノルド-アイスランド語の中に「konr」が登場するのが『リーグの歌』の詩語としてのみであるということである。もっとも、古英語・アングロ・サクソン語の「cyn-」は「cyne-dom」(王権)、「cyne-bearn」(王子)といったふうに合成語の前綴りとして使用され、これが「王」を意味するより根源的な「cyning」からの自動的変化に他ならないことを考えれば、「konr」即「konungR」の一致関係は十分推測しうるかに思われよう。

だが、フォン・フリーセンによれば、「konungR」と「konr」の相即関係は、純粋に音韻学的にも問題を孕んでいるのだが、特に留意せざるをえないのは、「konr」という語はもっぱら詩的な、この場合古代的な語法の中に見出されるだけであり、したがって古ノルド語としては「konr」はすでに現実的-日常的な意義を喪失しており、いわば「死語」と化していたという言語史的事実である。つまり、「konungR」のごとき重要概念を「死語」に基礎づけて理解するというやり方を、果たして正当な理解の仕方と見なすべきかどうか疑問視せざるをえないのである。しかし、だとすれば、「konungR」という語の起源を通説的に「konr」から導く方向を転換して、別の道を探る他はないであろう。そして、ここでフォン・フリーセンが持ち出す独自説は、「konungR」の原義を「kona」(女性・妻)、さらにそのノルド祖語としての「*kueno（n）」から引き出すやり方である。そして、この新たな出発点によって、「konungR は根源的に女性の子孫あるいは夫のこと（en kvinnas avkomling eller make）を意味したものと予想される」[101]のである。フォン・フリーセンは言う、「konungR という語は、一目で、kona からの派生語であるとの印象を受けるとともに、この言葉の音韻関係のより突っ込んだ探索によって、このような仮説を妨げるものは皆無であることが証明されるのである。このことは直ちに、さらに前進して、一見まったく別個の意味を持つかのごときこれら二つの言葉が結びつきうるかどうかを検討するように駆り立てられる」[102]。われわれもこの点についてのフォン・フリーセンの営為にさらに注目してみよう。

フォン・フリーセンは、問題解決の視点を厳密に言語学的考察に求め、「kona」という語が、専門用語で、「n- 語幹」と形容される名詞グループに属していることを先ず指摘する。例えば、現代スウェーデン語の「fjärding, drottning, gäming」、新高ドイツ語の「Schilling, Ladung, Leitung, Zeitung」のように、-ing, -ung といった接尾辞を取るのがゲルマン語の大きな特徴であるが、これらの語の「n- 語幹＋g- 語尾」という構造部分が重要な意味を帯びているのである。そして、フォン・フリーセンにとっては、もしわれわれが「kona」を「konungR」形成の基語として出発するとすれば、そこから得られる派生語はまさにわれわれの期待する語形を有することになると考えられるのである[103]。例えば、古スウェーデン語の「fiœrÞunger」（四分の一体）は「fiœrÞe」（第四の）からの、同じ意味の古デンマーク語の「fiórðungr」は「fiórði」からの、「Buðungr」（プズリの末裔）は「Buðli」からの、何れも派生語である。この関係は、古スウェーデン語の「kaerling」（妻）と「karl」（男）、「drottning」（女王）と「drott」（王）の二契機についても妥当することは言うまでもない。

総じて「-ing」や「-ung」を取る派生語は基本的に人格的存在を意味するものであり、したがってこういった派生語は、原則として、その語が結びついている表象とのさまざまな種類の人格的共同関係を内含しているのである。それだけに、これらの接尾語を取る基本語自体がすでに人格を意味している場合、このような人格的関係は「血族関係」（släktskap）のごとき極めて密接な結びつきによって支配されることになる。その最も典型的な例としてフォン・フリーセンが挙げるのが、前記「kaerling」と「karl」、「drottning」と「drott」の関係である。そして、この関係との類比によって、古ノルド語の「konungR」は、根源的に、「女性の子孫あるいは夫」を意味していると推理されるのである。(104)

しかし、フォン・フリーセンが危惧するのは、「konungR」という語の起源とその原義に関するといった純粋に語形史的・類比的推理に基づく仮説は、従来からの「konr」由来説の立場からすれば、「相当おかしい」との結論に容易に到達してしまうのでは、という疑いであった。つまり、古代から威厳・男らしさ・行動力という強烈な男性的内包を湛えた「王」概念の意味を、改めて「kona」の包摂する「女性の子孫あるいは夫」という極めて穏やかな女性的内包に連れ戻すことがどのようにして可能なのか、と思わず問わざるをえないからである。だが、それにもかかわらずフリーセンは、自らの仮説の成立可能性を追い求めるのである。

この課題を果たすために、フォン・フリーセンは、先に挙げたごときゲルマン語圏における「王」概念のさまざまな表記を彼自身の立場で吟味する。その結果として次のことが証明されたと見る。つまり、古ノルド語の「Þjóðann」、アングロ・サクソン語の「Þéoden」、古ザクセン語の「thiodan」、ゴート語の「Þiudans」といった古代ゲルマン語は部族の長に対するより古い名称であり、その後にこれらに取って代わったのが「konungR」や古英語の「cyning」であったということである。なお、このようにゲルマン語圏において、語尾変化を「-ung」と「-ing」という形式に分ける根拠となったものは、純粋に音韻組織上（fonologisk）の事柄であったのである。つまり、「-ing」は「in- 語幹」

からの派生によって、「-ung」は「an- 語幹」乃至「on- 語幹」からの派生によって誕生したと考えられるのである。しかし、フォン・フリーセンは、より厳密に、原則として「-ing 語尾」は具体的な意味の担い手、「-ung 語尾」は抽象的な意味の担い手という一般的な意味論的原理を導き出すことが可能であり、「-ung」の語尾を有しつつ人物や事柄を意味する言葉は極めて稀であるとも主張している。[105] だが、抽象的・具体的何れの意味をも取る両方の派生変化が発見されるところにノルド語の特徴があるというのが、同時にフォン・フリーセンの認識でもある。そして、古英語の「cyning」を始め、西ゲルマン語圏の「王」を意味する語が「-ing」という語尾を取る所以を、彼は、「ノルド語の konungR という語形が西ゲルマン語に借り入れられ、そのことによって一般的な語形組織が改造された、つまり（konungR という）語は人格的な具象名詞でありながら、-ung の語尾が -ing の語尾と交換された」、別言すれば「（西ゲルマン語の）kuning は最も早くには後期ローマ時代乃至民族移動期に北欧から西ゲルマン語圏に到来した[106]」、という言語史的事実の中に確認するのである。そして、このことからさらにフォン・フリーセンは王権に関する重要な歴史的事実を推理する。「西ゲルマン民族における制度としての王権はスカンディナヴィアに由来している[107]」という事実である。

さて、フォン・フリーセンは、こういった序論的考察を踏まえて、改めて古ノルド語「konungR」の概念の内包を、定説通りの「konr」からではなく、「kona」から引き出そうとする。彼にとって「konungR」と「kona」との結びつきは言語史的思量が要求するところであり、然るべき客観的動機が存在するのである。フォン・フリーセンの見解の根本的前提をなしているのは、「konungR」という古ノルド語の基本形は「kuenungaR」にちがいないという推論である。[108] そして、この語の前綴り「kuen」はゲルマン祖語の「*kueno (n)」であって、さらにフリーセンの理解によれば、「*kueno (n) こそ「kona のゲルマン祖語の基本形であることは疑いない[109]」とところから、この語の包懐する「女性」

という意味と、「kuenungar」の後半部「ungar」の「jung」(現代ドイツ語)・「young」(現代英語)という意味との結合によって、「kuenungR」つまり「konungR」という複合語全体は、既述のように「女性の子孫あるいは夫」、ヤン・デ・フリースの言葉を借用して神話的に表現すれば、「母権的関係を示唆することによって、女性の、つまり豊穣の女神の息子あるいは夫」を意味すると解釈しうるのである(110)。

フォン・フリーセンはさらに、「konungR」概念のこのような内包が、実際に古代ゲルマン王家の始祖が異教の神々にまで遡りうるという「系統樹」(stamträd)の理念と一致しうることを明らかにすることによって、持論の正当性を証明しようとする。そのために彼が注目するのは、ゲルマン史上最も著名な王室の家系、自国スウェーデンの「ユングリング王家」(Ynglingaätten)である。この王家をも含め「系統樹」の問題は、「ゲルマン王権聖性論」の問題を解く最大の鍵として、次節においてわれわれが本格的に取り組むべき課題であるので、突っ込んだ論究はその場に譲るとして、ここではフォン・フリーセンの「konungR」把握の解明に役立つ限りにおいて、この王家の成り立ちに留意してみよう。

「ユングリング王家」というのは、中世初期スウェーデンの王家であるとともにノルウェー最初の統一者ハーラル美髪王(Harald Härfager, 872?–930?)の出身王家として、そして彼以後一四世紀までノルウェー王家として存続した王家のことである。フォン・フリーセンも、「Ynglingar」の呼称の由来に関し詳しい考察を行っているが、基本的にはスノリ・ストゥルルソンの『ユングリング・サガ』に倣って、「Ynglingar」つまり「ユングリング一族」とは一般に、豊穣神「フレイ」(Freyr)と同一視したところから、「ユングヴィ–フレイ」(Yngvi-Freyr)とも称せられる「ユングヴィ」を始祖とする王家という意味を踏襲している。ただし、フォン・フリーセンは、「Yngvi-Freyr」の対が「Ingunar-Freyr」とも表記される事実に注目し、これを根拠として「Yngvi-Freyr」について独自の解読を試みている。

「Ingunar-Freyr」における「Ingunar」とは、古スウェーデン語の「Inguna」、アングロ・サクソン語の「Ingwina」に対応しており、「Inguna」つまり「Ingwina」「Ingvinr」は、固有名詞「Ing」（イング）と普通名詞「wini」（友人）からの合成語として、「Ings vän, dyrkare」（イングの友・イングの崇拝者）の意味に解することができる。かくて、フォン・フリーセンにとっては、「結局、Ingunar-Freyr 即ち Yngvi-Freyr とは、イングの子孫の主、あるいはイング崇拝者の主、フレイを意味するであろう[111]」、ということになる。しかしながら、「Ing」そのものが「Freyr」を意味しているところから、結局フォン・フリーセンの場合、「Yngvi」という語自体が「Ynglingar」（ユングリング一族）を含意していると解釈するとともに、「Ingunar-Freyr」「Yngvi-Freyr」とは、同語反復的に、まさしく「フレイを崇拝する子孫の神」つまり「フレイ神」と解読しうるのである[112]。このフォン・フリーセンの解読については、次節において別個の視点からこの問題に取り組むまで、われわれの判断は留保しておきたい。

ここまでフォン・フリーセンの「konungR」論を追跡することによって、改めて重大な問題点が鮮明になる。というのも、ユングリング王家の始祖が「フレイ神」であるということを正解とすれば、そのことによって、フォン・フリーセンのように「konungR」を「kona」からの派生語と解した場合の「konungR」概念の神話的内包、「豊穣の女神の息子乃至夫」という「王」の規定との矛盾が露になるからである。つまり、「息子」乃至「夫」としての「王」にとって、その配偶者あるいは親は「豊穣の女神」でなければならないが、ユングリング王家の始祖は、豊穣神とはいえ、「女神」ではなく「男神フレイ」だからである。この難問を解く鍵は、フォン・フリーセンの以下のごとき神話理解にある。

北欧神話では、フレイとフレイヤ（Freyja）の兄妹神の父はやはり豊穣と平和と富の神「ニョルズ」（Njorðr）である。

そして、この神が、言語史的に見ても、タキトゥス『ゲルマーニア』に登場するラテン語名「ネルトゥス」(Nerthus)の女神と対応することは周知の事柄である。そして、両神は「文献資料では」確かに男神と女神である。しかし、太古のゲルマン人の有する一般的で広範な民俗信仰においては、大地や野生動物や収穫の豊かさの表象と結びついて、「豊穣神は、当然な理由によって、他のいかなる神々にもまして、男神と女神の対で登場したから、ニョルズが、タキトゥスのネルトゥス同様、時に女神になったということも容易に推測される(113)」のである。そして、「ニョルズ」をめぐるこの推理を「フレイ」にも適用しつつ、「古代ウプサラと結びついた幾つかの伝承は、この地では豊穣の女神が民俗信仰の主役であったこと、そしてこの女神のことはユングリング王家の神話的始祖、Yngvi-Freyr に必要な単なる補足と見なすのは不可能なことを直接暗示しているのである(114)」、とフォン・フリーセンは把握する。すなわち、ここでフォン・フリーセンは、ユングリング王家の始祖として「Yngvi-Freyr」が、文献資料の場合と違って、広く流布した民俗信仰においては、豊穣神でありながら、「男神」ではなく、まさに「女神」として始祖の主役を演じた可能性が極めて強いと推測しているのである。

こういった推測をもとに、なかんずくウプサラでは王が豊穣の女神の祭祀として、天空神の化身として、民族の政治的指導者として登場し、王朝を築いたという神話的あるいは歴史的事実から、スウェーデンの王権のみならずデンマークの王権もまさに「聖なる起源」(sakralt ursprung)を有し、完璧に「聖なる王権」(det sakrala kungadömet)として成立していたと、フォン・フリーセンは躊躇なく言明する。彼の論考は次のような結論によって締め括られている、

「ここで提出された konungR という語の起源の内容に関する解釈が正しいとすれば、いかにして真摯に諸王の系譜を神々まで辿りうるかを洞察したことになる。この系譜設定は後代の気紛れなフィクションに基づくのでも

なければ、一人の権力者のおのれとおのれの地位に関する偏狭過激な見解に基づくのでもない。逆に、それは、敢えて言えば、理性的な仕方で、超自然的権力への一般的に承認された信仰から、このような力と結びつくことのできる死すべき存在の能力から、発生したのである」[115]。

以上、われわれは、それが特に北欧におけるゲルマン初期王権論の嚆矢をなす画期的な論考という観点から、オットー・フォン・フリーセンの論文「北欧の王権は聖なる起源を有するか?」に注目し、その論旨を詳しく追跡した。事実、このフリーセンの「王権論」は、彼と同国の言語学者スヴェン・トゥーンベルイ（Sven Tunberg）によって、「言語学者たちの間に驚愕を引き起こした驚くべきセンセーショナルな論文」として評価されたものである[116]。トゥーンベルイによれば、彼が知るかぎり、フォン・フリーセンのこの営為は、一つの例外を除けば、専門的な立場から徹底的な検証の対象となったことはなかったと語っているが、トゥーンベルイがこのように語った一九四五年以降においては、フォン・フリーセンの論考がゲルマン初期王権論の研究のみならず、ゲルマン語史の研究に対しても先駆的-革新的意義を獲得したことについては、同意・不同意は別として、各種語源辞典を含むその後の本格的業績にして、フォン・フリーセンの営為を看過したものは先ず存在しないと思われるという事実からだけでも十分納得しうるであろう。実際に、やはり優れたゲルマン初期王権論としてよく知られる北欧古代学者イヴァール・リンドクヴィスト（Ivar Lindquist）の論考「異教時代のスウェーデンの王権」（一九四四年）、既述のヤン・デ・フリースの名編「ゲルマン人における王権」、その何れも否定的・批判的な受け取り方はしたものの、両論生誕上フォン・フリーセンの論文からの触発が大きく貢献したことは否定しえないであろう。ちなみに、リンドクヴィストはフリーセンのスウェーデン古代異教王権論をこのように反駁している。

「オットー・フォン・フリーセンがその研究で行なったように、〈北欧の王権は聖なる起源を有するか?〉、といった問いを建てるのは、わたしにとっては非歴史的で無意味である。スヴェア人が有史以来政治的に無力な影の存在であったことはなく、女神の夫として監禁を運命づけられた存在であったこともないのである。同様に、konungという言葉自体、すでにローク碑石のkunukan（kunungaRあるいはkonungar）であることを表明しており、kvinna（女性、ルーネ碑石上の最古の文字はkuinaであるが、これはローク碑石よりも後代のものである）とは無関係であり、したがってkonungRをkvinnaと繋ぐのは不可能である。また、デンマークやスウェーデンの王がもっぱら聖なる最高位者であったという証拠も皆無である。私見によれば、古代スウェーデンの王権は、一方では政治的・軍事的・営利的、他方では宗教的という両側面を完璧に備えていたのである。このことは、スヴェア人の王は時間の始めから民族の支配者であり、フレイの子孫なのである」[117]。

ところで、トゥーンベルイがフリーセンの論考に対する当時の唯一例外的な専門的検証として指摘するのは、やはりスウェーデンのリカルド・エクブローム（Richard Ekblom）の純粋に言語学的な論考「ゲルマン語*kuningaz王」[118]である。この論文については、フォン・フリーセンのそれとはまったく逆に、ドイツ語で書かれた極めてユニークな内容を誇るものでありながら、目下のところ、いかなるゲルマン神話・宗教史関係図書・論文においても言及されず、また参考文献欄にも掲げられていない。不可解な事実であるが、エクブロームの論点があまりに言語学的視点に限定されており、それ以外の問題についてはほぼ完全に沈黙を守っているからであろうか。われわれがこの論文の存在を知りえたのも、わずかにトゥーンベルイの欄外注を通してに過ぎない。しかし、「konungR」概念の語源学的分析内容に関心を寄せるわれわれにとって、エクブロームの業績はやはり絶対に看過すべからざる重要な基礎資料として評価することができるであろう。

しかし、エクブロームの「*kuningaz」解読と、同じくこの概念から出発しつつゲルマン初期王権聖性論を導くヤン・デ・フリースの画期的な営為については稿を改めて論じ、次節においてはゲルマン初期王権の神聖性をめぐる問題を改めてラテン語資料に向かうことによって、新たな展望を開くことを試みて見たい。

注

（1）1）Atti dell Ⅷ congresso internazionale di storia delle religioni, Firenze, 1956.

2）La Regalita Sacra, Contributial Tema dell Ⅷ Congresso Internazionale di Storia delle Religioni, Roma, Aprile, 1955（Sacral Kingship, Contributions to the Central Theme of the Ⅷth international Congress for the history of Religions, Rome, April, 1955）.

そして、前著には、ゲルマン初期王権に関するものとして以下のような論稿が含まれている。

Baetke, Walter, Zur Religion der Skalden. S. 361–364.

Kummer, Bemhard, Sverre und Magnus, S. 368–371.

Ljungberg, Helge, Das Sakrale Konigtum im Norden während der Missionszeit im 10. und 11, Jahrhundert, S. 364–366.

Murray, Margaret A., The Divine King in England, pp.378–380.

後著では、Murray の論稿が第四セクション「キリスト教」の中に再録されている他、第五セクション「前キリスト教ヨーロッパ」の中に Kummer の論稿の再録に加えて（S.716–733）、新たに以下の四編の発表論文が収録されている。

Gaetre, Wilhelm, Sakrale Herrschaftsform bei den heidnischen Preussen, Litauem und Letten, S. 635–650.

Draak, Maartje, Some Aspects of Kingship in pagan Ireland, pp. 651–663.

Höfler, Otto, Der Sakralcharakter des germanischen Königtums, S. 664–701.

Ström, Aake V., The King God and his Connection with Sacrifice in Old Norse Religion, pp.702–715.

なお、こういった発表論文によって構成された第八回世界宗教史大会の全貌を知ることは、第二次世界大戦後大きな変貌を遂げたと思われる王権論の全体像を認知し、現時点でのこの問題を考察する上で極めて重要な資料的意味を持つと思われるが、遺憾ながら現在では 1）と 2）の文献とも入手し難く、執筆者自身もいまのところ一部の資料しか入手していない。しかし、2）の『聖な

る王権　第八回国際宗教史大会の中心主題への寄与』を概観しただけでも、この学会がいかに遠大な視野の下で開催されたかが推測される。ちなみに「歴史的序論・現象学・心理学」「無文字民族」「極東・インド・イラン」「古代エジプト」「イスラエル」「ギリシァとローマ」「キリスト教」「前キリスト教ヨーロッパ」「イスラム」という九つのセクションが設定され、文献全体としては実に五五編の王権論から構成されている。ただし日本王権論に関する論稿は存在せず、日本人研究者による学会発表もなかったようである。

（2）Sir J. G. Frazer（1854–1941）『The Golden Bough』（1890–1915）で有名なスコットランドの人類学者。
W. Mannhardt（1831–80）ドイツの宗教史学者。『森と野の祭儀』（*Wald-und Feldkulte*, 1875）等が著名。
A. M. Hocart（1883–1939）象徴人類学・構造人類学の先駆者としてしられるイギリスの民俗学者。『Kingship』（1927）。『王権』橋本和也訳、人文書院、一九八六年。

（3）Edsman, Carl-Martin, *Zum sakralen Königtum in der Forschung der letzten Hundert Jahre*（in: *La Regalita Sacra*〔以下 RegSacr と略称〕, S. 3–17), S. 17.

（4）Baetke, Walter, Kleine Schriften. Geschichte, Recht und Religion in der germanischen Schrifttum, Weimar 1973, S. 143.

（5）ホカート、前掲『王権』一七頁参照。

（6）オットー・ヘフラーの学問的軌跡と業績については、次の文献の「発行者の序」と「著作目録」に詳しい。
Höfler, Otto, Kleine Schriften, Hamburg 1992.
なお、本章の主題を考察する上で、第二次世界大戦中は「根っからの国家社会主義者」であったことを看過するわけにはゆかないであろう。しかし、発行者 H.Birkan は、その理由について、それは、「彼が人種論を信じるとかアルフレート・ローゼンベルクの〈神話〉を本気にしたからではなく、第一次大戦において君主政体が崩壊した後、中世的な意味での〈帝国〉の再建を信じていたからである。第三帝国は当然スカンディナヴィア人もオランダ人をも含むゲルマン帝国の復活を実現してくれるはずであったのである」（*ibid.*, S.XII）、と述べている。もとよりこれは、客観的というより弁明的なヘフラー像の紹介と言うべきであろう。

（7）Höfler, Otto, Das germanische Köntinuitatsproblem, in : *Historische Zeitschrift*, 157, 1938, S. 5.

（8）　一九五〇年にヘフラーは、「ナチ・シンパ」として告発されていた「非ナチ化裁判所」（Spruchkammer 第二次世界大戦後連合軍によって設置された非ナチ化のための審査機関）を通して、公的にも旧イデオロギーからの解放を実現し、一九五四年からミュンヘン大学のゲルマン古代学及び北欧言語学教授、さらに五七年には古代ゲルマン学者ディートリヒ・クラリック（Dietrich Kralik）の後継者としてヴィーン大学に招聘され、七一年の退職後も「ヴィーン・ゲルマン学研究所」を指導し、自ら「ヴィーン古代ゲルマン学者研究グループ」（Arbeitskreis der Wiener Altgermanisten）を創設するなどの活動を通して、古代ゲルマン学の教師・研究者・推進者として大きな足跡を残した。その結果、すでに戦前に「ヘフラー学派」（Schule Höfiers）を形成していた彼は、戦後のミュンヘン-ヴィーン時代にも、卓越した学識の豊かさはもとより、かつて「ナチス・シンパ」であったことを隠そうとしない誠実で寛容な人柄、人間的な暖かさに貫かれた強烈な人格とも相俟って、再度「ヘフラー学派」の創設に成功したのである。H・ピルカンは厳密な意味で「ヘフラー学派」に属する本格的な研究者として二一名の名を挙げている（Höfler, *Kleine Schriften*. S. XN）。フォン・ゼーとの間に「連続性」と「聖なる王権」の問題をめぐって論争が発生したのは、ヘフラーのヴィーン時代である。

（9）　See, Klaus von, *Kontinuitatstheorie und Sakraltheorie in der Germanenforschung*, Antwort an Otto Höfler, Frankfurt/Main 1972, S. 42.

（10）　Vgl. Grönbech, Vilhelm, *Vor Volkeaet I–IV*, Kbh. 1909–12（Kultur und Religion der Germanen, Hamburg 1937–39）.

（11）　Hauck, Karl, Geblütsheiligkeit, in : *Liber Floridus*, Mittellateiniche Studien, Paul Lehmann zum 65, Geburtstag, 1950, S. 187–240.

（12）　Bosl, Karl, *Fruhformen der Gesellschaft im mittelalterlichen Europa*, 1964, S. 82.

（13）　Aubin, Hermann, Zur Frage der historischen Kontinuitat im Allgemeinen, in; *Historische Zeitschrift* 168, 1943, S. 262.

（14）　Graus, Frantisek, Überdie sog. germanische Treue, in : *Historica*, 1, 1966.

（15）　Kuhn, Hans, Die Grenzen der germanischen Gefolgschaft, in : *Zeitschrift der Savigny-Stift*, 73, Germ. Abt.1956, jetzt in: H. Kuhn, Kleine Schriften, Bd. 2, 1971, S. 420–483.

（16）　See, Klaus von, *Altnordische Rechtswörter. Philologische Studien zur Rechtsuffassung und Rechtsgesinnung der Germanen*,

Tübingen 1964.

(17) Höfler, Otto, "Sakraltheorie" und "Profantheorie" in der Altertumskunde, in: *Festschrift fur Siegfried Gutenbrunner*, Heidelberg 1972, S. 71–116.

(18) See, *Kontinuitatstheorie und Sakraltheorie in der Germanenforschung. Antwort an Otto Höfler.*

(19) See, *Altnordische Rechtswörter*, S. 254.

(20) See, *Kontinuitatstheorie und Sakraltheorie in der Germanenforschung*, S. 30.

(21) *ibid.*, S. 41. (22) *ibid.*, S. 43. (23) *ibid.*, S. 8. (24) *ibid.*, S. 4.

(25) *ibid.*, S. 4f.. ヘフラーの「ゲルマンの連続性」を主張する立場から見れば、クラウス・フォン・ゼーのように、「非連続性」の視点から古代ゲルマンの法を神話や宗教儀礼の次元から切断して日常的な領域に移行させ、例えば「heilagr」(heilig)という用語の純粋に「法律的・非祭祀的解釈」を取るのは、本質的に「むき出しの法功利主義」(nackte Rechts-Utilitarismus)、「倫理的・形而上学的ニヒリスムス」を意味し、所詮「母親殺し」を犯すにも等しいと言わなければならない(Höfler, O., "Sakraltheorie" und "Profantheorie" in der Altertumskunde, S. 99)。

(26) Vgl. *ibid.*, S. 43.

(27) *ibid.*, S. 48. ここでフォン・ゼーが特に挙げているヘフラーの主たる著作・論文は以下の通りである。

『ゲルマン人の儀礼的秘密同盟』(*Kultische Geheimbunde der Germanen*, Bd. 1, Frankfurt am Main 1934)。

『セムノーネース族の森における生贄とエッダ歌謡』(Das Opfer im Semnonenhain und die Edda, in : *Edda, Skalden, Saga, Festschrift zum70. Geburtstag von Felix Genzmer*, Heidelberg 1952)。

『ゲルマンの聖なる王権 第一巻 ロークのルーネ碑石とゲルマンの個人的聖別』(*Germanisches Sakralkönigtum*, Bd. 1, *Der Runenstein von Rok und die germanische Individualweihe*, Tübingen 1952)。この文献では、ロークのルーネ碑石の解釈とゲルマン民族の神話・英雄時代における戦士個人と彼の統率者と神々、特にオージンとの関係に焦点を当てて考察されている。ヘフラーによれば、この碑石の刻印者は彼の年下の息子へのメッセージを伝えており、倒れた兄の復讐をするために生まれたことを告知するものである。文献は微に入り細にわたっており、そのほとんどすべてが北欧神話・儀礼・聖なる王権に関連している（cf. Lindow, John, *Scandinavian Mythology*, N. Y. and London, 1988, p.168）。

『ジークフリート、アルミーニウスと象徴表現』（*Siegfried, Arminius und die Symbolik*, Heidelberg 1961）。

（28） de Vries, Jan, Das germanische Sakralkönigtum. Betrachtungen zu Otto Höfler, Germanisches Sakralkönigtum, Bd. 1. in: *GERMANISCH-MONATSSCHRIFT*, Neue Folge, 34, 1953, S. 189.

（29） Turville-Petre, E. O. G., *Myth and Religion of the Noth. The Religion of Ancient Scandinavia*, Connecticut, 1975, p.326.

（30） Höfler, Otto, Das Sakralcharakter des germanischen Königstums, in: *RegSacr*. S. 664f..

（31） Höfler, O., *Germanisches Sakralkönigtum*, Bd. 1, S. Ⅶ.

（32） de Vries, *op.cit.*, S. 133.

（33） Kummer, Bernhard, Ein Lebensbeispiel zur Frage nach Ursprung und Fortwirkung demokratischen und sakralen Skandinavien -Sverre und Magnus, in : *RegSacr*, S. 716–733.

（34） Vgl. *ibid.*, S. 716–721.

（35） Ström, Aake V. und Biezais, Haralds, *Germanische und Baltische Religion*, Stuttgart 1975, S. 266.

（36） Simek, Rudolf, *Dictionary of Northern Mythology*（trnsl. from the original: *Lexikon der germanischen Mythologie*, Stuttgart, 1984）, Cambridge, 1993, p.269.

（37） Picard, Eve, *Germanisches Sakralkönigtum? Quellenkritische Studien zur Germania des Tacitus und zur altnordischen Uberlieferung*, Heidelberg 1991, S. 15.

（38） Dahn, Felix, *Die Könige der Germanen*, Bd. 1, S. 23. オーケ・V・ストレームもエヴァ・ピカートもゲルマン王権問題研究に対するこの著作の意義を高く評価しているように思われる。Vgl. Aake V. Strom, Haralds und Biezais, *Germanische und Baltische Religion*, S. 266f.. Picard, Eve, *op.cit.*, S. 15.

（39） ここでは一九七〇年刊行『古代ゲルマン宗教史』の第三版を用いた。

（40）de Vries, *Altgermanische Religionsgeschichte*, Bd. 1, dritte, unveranderte Auft., Berlin 1970, Bd. 1, §275.

de Vries, *Das germanische Sakralkönigtum*, S. 183.

へフラーの『ゲルマンの聖なる王権』第一巻のゲルマン王権聖性論に対する肯定的評価は、オスロー大学古代北欧文学教授アンネ・ホルツマーク女史の同書に対する以下のごとき書評にも表れているが、同時にこの文献におけるへフラーの意図が以下のように巧みに要約されている。

「古代ゲルマン文学に対するオットー・へフラーの諸研究は徹頭徹尾民族学的・宗教史的なものである。しかし、各種の資料は言語学的な洞察力と方法を必要とする。それは重要な碑文であり、民族移動の時代と北欧文学の黄金期に入ってから書かれた文学である。とはいえ、後の時代の民族伝承に由来するものはない。もしこれらから結論を引き出そうとするなら、民俗学的方法による見方と価値判断が要求されよう。実物資料には考古学者が提供してくれるものがある。遺物・彫刻・墓碑なども消滅した時代を照射してくれるのであり、文学的な伝承の解釈に大いに役立たせることができるのである。こういった巨大な研究領域からへフラーは中心的な分野を選択した。つまり、制度としてのゲルマン王権と超人間的な諸力に対するその関係、という分野であり、この分野についてオットー・へフラーはこれまで多くの稿を発表してきたが、今回ゲルマンの聖なる王権研究において彼が出発点としたのは、エスター・ゴトランドのロークにある有名なルーネ碑石である。彼の見るところでは、それは死者の回想・呪文・聖別を含んでおり、聖なる王権を解明するのには特に適しているのである。へフラーが定義するように、王は個人的に神に結びつけられており（Individual weihe）、生きているかぎり、この神の意志を実行し、死によって神の元に帰るのである。今生においては王は特別な恩寵の担い手であり（これをへフラーは Königsheil と称する）。かくて、王は彼の職務そのものの中に宿る魔力の実行者となるのである」（Holtsmark, Anne, *Anmeldelse av Otto Höfler: Germnisches Sakralkönigtum*, Bd. 1 : i Maal og Minne, 1953, S. 142–148.

（41）*ibid.*, S. 188f..

（42）de Vries, Das Königtum bei den Germanen, in : *SAECULUM*, 7, 1956, S. 309.

（43）See, *Kontinuitatstheorie und Sakraltheorie in der Germanenforschung*, S. 48.

(44) *ibid.*, S. 48.　(45) *ibid.*, S. 5f..

(46) de Vries, *Das germanische Sakralkönigtum*, S. 184.

(47) Kuhn, Hans, Kleine Schriften, Aufsätze und Rezensionen aus den Gebieten der germanischen und nordischen Sprach-, Literatur-, und Kulturgeschichte, Vierter Band: Aufsätze aus den Jahren 1968–1976, Berlin 1978, S. 242.

(48) *ibid.*, S. 243.

(49) Höfler, O., *Germanisches Sakralkönigtum*, S. IX. Kuhm, *op.cit.*, S. 243.

(50) *ibid.*, S. 243.　(51) *ibid.*, S. 243.　(52) *ibid.*, S. 243.　(53) *ibid.*, S. 243.

(54) *ibid.*, S. 245.　(55) *ibid.*, S. 247.

(56) Picard, *op.cit.*, S. 11.　(57) *ibid.*, S. 11.

(58) 注（30）を参照。

(59) *ibid.*, S. 12f.. Vgl. Hauck, Karl, Garmina antiqua. Abstammungsglaube und Stammesbewusstsein, in : *Zeitschrift für bayerische Landesgeschichte*, 27, 1964, S. 1f..

(60) Picard, *op.cit.*, S. 13.　(61) *ibid.*, S. 14.

(62) Baetke, Walter, Zur Religion der Skalden, in : *Atti dell* Ⅷ congresso intemazionale di storia delle religioni, Firenze 1956, S. 361–364.

(63) Baetke, Walter, *Yngvi und die Ynglinger*, Berlin 1964（Sitzungsberichte der sachsischen Akademie der Wissenschaften Leipzig 10 9/3）（以下「YnYn」と略称）。なお、本書の一部は Walter Baetke の遺稿、Kleine Schriften に収録されているが、採録されていない重要部分がある。理由については不明。

(64) Baetke, *YnYn*, S. 4, *Kleine Schriften*, S. 143.

(65) Jmfr. Ström, Folke, *Diser, Nornor, Valkyrior*, Sthlm. 1954, s. 36.

(66) Baetke, *YnYn*, S. 4, *Kleine Schriften*, S. 143.

（67）Ström, The King Gog and his Connection with Sacrifice in Old Norse religion, in: *RegSacr.*, S. 702.

（68）Baetke, *Kleine Schriften*, S. 144.　（69）*ibid.*, S. 147.

（70）Schmidt, Ludwig, *Geschichte der deutschen Stämme bis zum Ausgang der Völkerwanderung* I.1, Berlin 1904.

（71）タキトゥス『ゲルマーニア』泉井久之助訳注、岩波文庫、第三版、五三頁。Tacitus, *Dialogus, Agricol, Germania*, Harvard University Press, 1953, p.275.

（72）Baetke, *Kleine Schriften*, S. 147.

（73）Höfler, Der Sakralcharakter des germanischen Königtums, in: *RegSacr.*, S. 674.

（74）*ibid.*, S. 675.

（75）Baetke, *YnYn*, S.176f., *Kleine Schriften*, S. 190.

（76）Baetke, *YnYn*, S. 181, *Kleine Schriften*, S. 194.
ヘルヴィヒ・ヴォルフラムも、『オットー・ヘフラー生誕六五年記念論文集』に寄せたベトケ論とも称すべき論文「ゲルマン民族の〈聖なる王権〉批判への方法論的問い」の中で、このように述べている、「ベトケはゲルマンの聖なる王権を拒否するから、中世の聖なる王権という構成要素の発生源たるゲルマンの連続性説にも背を向ける。中世の聖なる王権は彼ももちろん否定することはしない」（Wolfram, Herwig, Methodische Fragen zur Kritikam 〈sakralen〉 Königtum germanischer Stämme, in: *Festschrift für Otto Höfler zum 65. Geburtstag*, Vienna 1968, S. 485.

（77）Ström und Biezais, *op.cit.*, S. 268.　（78）*ibid.*, S. 268.

（79）Baetke, *YnYn*, S. 6, *Kleine Schriften*, S. 145.
ベトケは名著の評の高い『ゲルマン的なものにおける聖なるもの』（*Das Heilige im Germanischen*, Tübingen 1942）の中で、すでにこのように述べている、「古代北欧の原資料は、王の治癒力というのは魔術的力ではなく、彼の聖なる立場と結びついた天賦の才（Gabe）であることをわれわれにははっきりと認識させる。職種上王は神と国民との仲介者である。祭祀の最高管理者としての王には、何よりも先ず安寧の確保と浸透に心を配る課題が課せられる。共同体の祭祀によってそれが彼の職務と人格に注がれるのである」(S. 138)。

(80) Baetke, *YnYn*, S. 7, *Kleine Schriften*, S. 144.

(81) Vgl. Ström, und Biezais, *op.cit.*, S. 267.

(82) Picard, *op.cit.*, S. 11.

(83) Ström und Biezais, *op.cit.*

ルドルフ・ジメクは、ベトケの三テーゼを「三つの理論によるゲルマンの聖なる王権の本質」として、次のようにカテゴリー化している。

(1) 天賦の才としての聖なる王権と結合した王の運命

(2) 祭祀における、しかしまた祭祀の対象としての王の立場

(3) ゲルマン王の神的系譜への信仰

Simek, *op.cit.*, p.270.

(84) Wolfram, *op.cit.*, S. 473–490.　(85) *ibid.*, S. 473–490.

(86) Baetke, *YnYn*, S. 6, *Kleine Schriften*, S. 144.

(87) ヴォルフラムは、このように、ベトケの他チェコのプラハ大学の中世史家フランティセク・グラウス（Frantisek Graus）、ラインハルト・ヴェンスクス（Reinhard Wenskus）、カール・ハウク、オットー・ヘフラー等との対話を通して検討してゆくのであるが、その際ヴォルフラムが分析の対象としている「ラテン語の記念碑」とは、タキトゥスの『ゲルマーニア』はもとより、ローマの歴史家アムミーアーヌス・マルケリーヌス（Ammianus Marcellinus, 330?–400?）の『史書』（390?）、ゴート族の歴史家ヨルダネス（Jordanes, 500?）の『ゴート種族の起源』（*De origin eactibusque Getarum*, Getica 551）等である。

(88) Wolfram, *op.cit.*, S. 488f.　(89) *ibid.*, S. 489.

(90) von Friesen, Otto, Har det nordiska Kungadömet sakral ursprung? En ordhistorisk utredning i: *Saga och Sed* (1932–34), s. 15–34.

(91)　「王」についての以下の語源的考察は主に次の語源辞典に依拠している。

Falk, Hjalmar og Tolp, Alf, *Etymologisk ordbog over det norske og det danske sprog*, Ords rotter og opprinnelige betydning, 4. opptrykk, Oslo 1996, *Norwegisch-Danisches etymologisches Wörterbuch*, Erster Teil: A-D, 2. Auflage, Oslo 1960.

(92)　von Friesen, *op.cit.*, S. 15.　(93)　*ibid.*, S. 15.　(94)　*ibid.*, S. 16.　(95)　*ibid.*, S. 15.　(96)　*ibid.*, S. 16.

(97)　『リーグの歌』での原文と翻訳文。

第四一節一行目「Konr var hinn yngsti」=「Konig der jungste」=「the king was youngste bom」=「王は最も年下だった」。

第四三節一・二行目「En Konr ungr kunni runar」=「Jung Konig aber kannte Runen」=「but King the youngest alone knew runes」=「だが、若き王は、ルーネ文字を、知っていた」。

第四六節一行目「Reið Konr ungr」=「Jung Konig streifte」=「Young King rode once」=「若き王は騎乗した」。

なお、谷口幸男氏は、「Konr」のことを本文中では「コン」なる固有名詞として把握し、注解欄で「末裔・息子」を意味する語であることを教示されている。

Helgason, Jon (udg.), *Eddadigte* I, 3. gennemsete udg. Oslo, Sthlm. 1971, S. 77f..

Genzmer, Felix (ubertr.), Schier, Kurt (eibgeleitet), Die Edda, 6, Aufl. Dusseldolf 1981, S. 101f..

Bray, Olive (ed.and tmsl. by), *The Elder or Poetic Edda*, London, 1908, p.214f..

『エッダ　古代北欧歌謡集』谷口幸男訳、昭和四八年、新潮社、二〇四・二〇六頁。

(98)　von Friesen, *op.cit.*

(99)　Walde, Alois (hrsg.u.bearbeitet von Pokorny, Julius), *Vergleichendes Wörterbuch der indogermanischen Sprachen*, 1. Band, unverånderter photomechanischer Nachdruck, Berlin u.Leipzig 1978, S. 578.

(100)　Hohannesson, Alexander, *Isländisches Wörterbuch*, Bern 1956, S. 331.

(101)　Walde, *op.cit.*, S. 578.

(102)　de Vries, Jan, *Altnordisches Etymologisches Wörterbuch*, Zweite verbesserte Auflage, Leiden 1977, S. 326.

(103) von Friesen, *op.cit.*　(104) *ibid.*, S. 19.　(105) *ibid.*, S. 18.　(106) *ibid.*, S. 19.　(107) *ibid.*, S. 19.
(108) *ibid.*, S. 24.　(109) *ibid.*, S. 24.　(110) *ibid.*, S. 24f..　(111) *ibid.*, S. 26.　(112) *ibid.*, S. 18.
(113) de Vries, *op.cit.*, S. 326. ヤン・デ・フリース自身の見解については、彼の別個の資料に基づいて次節で詳しく述べることになるが、この『古ノルド語語源辞典』の「konungR」の項では、この古ノルド語解読の手段となるべき基語として「*kunja」「*kunjaz」という二つのゲルマン祖語の他に三番目に「*kven-ungr」を挙げている。しかし「kunja」に基づく解読を選択するデ・フリースは、「kven-ungr」を選択するフリーセンの見解を「拒否すべき」としている。一方、アレキサンデル・ヨーハネッソンは、ノルド語語源辞典として最高の完成度を誇る『アイスランド語源辞典』において「オットー・フォン・フリーセンは konungR を kona からの派生語と見なす。したがって根源的に豊穣の女神の主人として把握する」と述べて、必ずしもデ・フリースのごとき拒否反応は示していないが、彼の「konr」の解説からすれば、彼がこの基語からの「konungR」解釈をより肯定的に受け留めていることが推察される（*ibid.*, S. 331, 417. なお、「konr」「kona」の語源学的分析については、先に挙げたヨーハネッソンの『アイスランド語源辞典』(S. 331, 416f.)、ヴァルデの『インドゲルマン語比較辞典』(Bd. 1, S. 578, 681)、さらにポコルニーの『インドゲルマン語語源辞典』の当該箇所において比類のない精密さで行われている（*ibid.*, Bd. 1, S. 375, 473f.)。
(114) von Friesen, *op.cit.*, S. 26.
(115) しかし、ヴィーン大学古代北欧学教授R・ジメクは「Yngvi-Freyr」について次のように述べている。
「(これは) スノリがフレイ神に与える名前である（『ユングリング・サガ』Ⅱ）。この名前はフレイの別名〈Yngvi〉から発展してきたものであり、その結果〈Yngvi〉はスウェーデンのユングリング王家からも信奉された。

〈Yngvi〉の原義はまったくわからない。唯一確かなのは、神名の〈Ing〉(*Ingwas から) に関連があるということだけである。〈Ing〉はゲルマン民族の一種族〈Ingaevones〉インガエウォーネース（タキトゥス『ゲルマーニア』2）の神話的始祖である。ゴート語の〈yew〉、ルーネ文字の〈enguz〉も〈Ing〉神の時代的古さを示している。

〈Yngvi〉は、一つの結論としては、〈*Ingwaz〉からの派生語であり、〈インガエウォーネース〉族として解釈することができ、〈Yngvi-Freyr〉は〈*Ingwia-fraujaz〉、〈インガエウォーネース族の主〉からの派生語であるかもしれない。このことによって

〈Yngvi-Freyr〉の時代的な古さが推測できよう」（Simek, R., *Dictionary of Northern Mythology*, Cambridge, 1993, p.379）また次の辞典を参照。Ohlmarks, Auke, *Forn Nordiskt Lexikon*, Sthlm. 1983, S. 174, 400f..

　なお、北欧には豊穣神フレイを始祖と見なすスウェーデンの「ユングリング王家」の他に、戦闘と知恵・呪法の神オージンを始祖として崇めるデンマークの「スキョルドゥング王家」（Skjöldungar）があり、フォン・フリーセンは当然この王家についても言及している。その場合のフォン・フリーセンの見解は、この「スキョルドゥング王家」の始祖を「オージン」ではなく、スウェーデン人の場合同様、「始祖は豊穣神自身であって」、「デンマーク語のIngvineが王家の本来の名称」と見なすところに特異性がある。フォン・フリーセンのこういった見方の基礎となっているのは、一八世紀初頭イギリスの英雄叙事詩『ベーオウルフ』（*Beowulf*）がデンマーク人のことを「Ingvine」と呼んでおり、さらにそれに呼応する形で、アングロ・サクソン人のルーネ文字による詩では「Ing」が始祖として語られているという歴史的背景である。しかし、デンマーク古代学の泰斗アクセル・オルリック（Axel Olrik）によれば、北欧の資料では「Ing」も「Ingvine」もまったく未知の名前であって、アングロ・サクソンの資料でしか知られていないのである。しかも、その場合でも、「Ingvine」は王家の名称ではなく、デンマーク民族全体の名称なのである。しかし、フォン・フリーセンは、このオルリック説を批判する仕方で、このような事実は、「古代アングロ・サクソンの資料では、王家の名前がその民族の名称として使用されることがしばしばある、ということによって説明可能」と考えている。そして、この点は「Scyldingas」（Skjöldungar のアングロ・サクソン名）の場合も同様であり、したがって始めから「王家」を指していることは間違いないのであるが、興味深い事実は、オルリックも推測しているように、この王家の始祖「スキョルド」（Skjöldr　アングロ・サクソン語 Scyld）は神話的には主神オージンの子であるが、彼には本来「Ing」に帰せられる特徴が移し変えられているのではないか、ということである。そして、この点からフォン・フリーセンは、北欧の伝承からすっかり忘れられてしまったものの、「Ingvine」は「Skjöldungar」より古く、デンマーク人の場合も「Ingvine」こそ本来の王家の名称であって、その後を継いだのが「Skjöldungar」であると推測している。さらにフォン・フリーセンは、この「スキョルドゥング」の始祖として挙げられるのが「Ing」つまり「フレイ」ではなく「オージン」であるということを念頭に置きながら、アイスランドの資料の述べる始祖としてのオージンの表象は、ほぼ一二〇〇年頃外国から、なかんずく「古英語の世界」から輸入されたものであるというオルリックの見解に賛同している。しかしながら、この点に関するフォン・フリーセン独自の見方は、「デンマーク王家の神的起源についてはより古い表象が存在する」という洞察にある。そして、この「より古い表象」を、彼は、神話的でありながら一部に属するスキョルドゥング王家の頂点に位置する始祖としての「フロージの平和」(Fróða friði) と結び付け、かつこの「フロージ」を「結局フレイと同一であるはず」と推察するのである。「だから、アイスランド人たちのオージンの背後には豊穣神（フレイ）がほの見えている」(von Friesen, *op.cit.*, S. 27f..) と考えられるわけである。

E・O・G・トゥルヴィレ-ペトレはこの「Freyr」-「Fróði」の系譜をさらに「Nerthus」-「Ing」の系譜と関連づけて極めて適切に把握しているが、彼の以下の叙述によれば、細部での解釈上の違いを度外視すれば、前記のフォン・フリーセンの見方とトゥルヴィレ-ペトレとの見方の間に大きな間隙はないと思われる。

「Freyr はスウェーデン人の主神であった。彼らはフレイ神のことを〈世界の神〉と呼んだのである。しかし、フレイはスウェーデン人の主神であったのみでなく、彼はスウェーデンの諸王の神的な始祖であった。Freyr の名は〈主〉を意味するが、この神は Yngvi という別名を持っており、スウェーデンの王家 Ynglingar の名は彼に由来すると信じられた。人称名詞〈Ing-〉、〈Yngv-〉の要素は Yngvi に関連があるかもしれない。

　Freyr については、スウェーデンの神的な主として、別の神的な王 Fróði との関係が言及されなければならない。フレイがスウェーデンの王であった間に、いわゆる〈フロージの平和〉が始まった。これが世界中を幸福・繁栄が支配した黄金時代であった。そして、スウェーデン人はそれをフレイに帰したのである。『詩語法』(*Skaldskaparmal*) においてスノリは〈フロージの平和〉について詳細かつ多彩な説明を加えている。その時代オージンの曾孫に当たるフロージがデンマーク人の王であった。これは、アウグストゥス（Augustus, B.C.27–A.D.14）が世界に平和をもたらした時代、キリストが生誕した時代であった。しかし、フロージは北欧において最も強力な王であったゆえに、平和と豊穣の時代は彼に帰せられたのである。それゆえ、スカンディナヴィア人はこれをフロージの時代と呼んだわけである。別の資料では、デンマーク人はこれをフロージに帰したが、スウェーデン人はそれをフレイに帰している」(Turville-Petre, *op.cit.*, p.169)。

フォン・フリーセンは、デンマーク人のフロージをスウェーデン人のフレイに還元し、同一視するわけである。

(116) Tunberg, Sven, Svearne. En historisk fantasi, i: *Nordisk tidskrift för vetenskap*, konst och industri, 21, 1945, S. 86f..

(117) Lindquist, Ivar, Kungadömet i hednatidens Sverige, i: *Arkiv for nordisk Filologi*, 58, 1944, S. 221–234. つまり、リンドクヴィストはフリーセンの「konungR」の語源解釈には反対するが、政治的・宗教的義務を有しながらも、フレイを始祖とする王として後者に力点が置かれていたと主張し、ゲルマン初期王権聖性論を肯定しているのである。

(118) Ekblom, R., Germ. *kuningaz 〈Konig〉, in: *Studia Neophilologica*, Vol. 17, 1944–1945, S. 1–24.

第二節　ゲルマン初期王権の神話的基礎

[I]　『ゲルマーニア』の提起する問題

【「rex」の概念】

以上、ゲルマン古語乃至ノルド祖語の解読を根拠としてドイツ及びスカンディナヴィアの研究者間で展開されるゲルマン初期王権の神聖性をめぐるある種の論争の軌跡を辿ってきた。続いてこの主題に関するタキトゥス『ゲルマーニア』を中心とするラテン語資料に基づく各種の考察を検証した後、われわれの結論を導き出すことにしたい。まず、ゲルマン初期王権に関して両義性が発生しうる所以を、タキトゥスの『ゲルマーニア』の提示する問題を手掛かりとして確認してゆくことにする。(1)

タキトゥスは『ゲルマーニア』第七章において、古代ゲルマン民族における「王」の概念をラテン語の「rex」(pl. reges)を用いて表現し、「将軍」を意味する「dux」(pl. duces)から区別して用いている。(2) フランスの言語学者エミール・バンヴェニストは、この「rex」に代表される名詞がイタリック、ケルト、インド語派というインド・ヨーロッパ語世界の東西両端にのみ登場し、この言語圏の中間部、例えばゲルマン、バルト、スラヴ、ギリシァの各語派、またヒッタイト語には「rex」に対応する語が欠落しているという事実を驚くべきこととして捉えるとともに、本来宗教と法に関連する最古層の語彙群に属するこの語は、それが基本的に儀式の遵守を職務とする大きな祭司集団の存在と結びついていたことを窺わせるものとして、王権概念を規定する上で貴重な貢献をなすと考えている。インド・ヨーロッパ語族の「rex」の表明する王権概念は、バンヴェニストによれば、政治的であるよりもはるかに宗教的であって、王の使命は指揮を執ったり権力を行使したりすることではなく、各種の規則を決め、本来の意味で何がまっすぐな、正しいことなのか定めることにあったのであり、したがってこうして規定される「rex」とは、至上者よりも祭司に近かったのである。これこそがかつてケルト族やラテン民族が、そしてインド系の諸民族が保ってきた王権に他ならないのである。[3] ここには看過し難い問題点が少なくとも二つは存在する。バンヴェニストのいわゆる「インド・ヨーロッパ世界の中央部」に位置し、まさしく「rex」なるタームを欠落しているゲルマン民族の王権概念を、まさに当の「rex」によって表現しうるか、という問題である。事実またこの民族は、独自の王権概念を告知するために、「*kuningaz」（「*kunungaz」とも）[4] という固有の共通ゲルマン語を所有しているのである。ちなみにこれらの語の冒頭に付された「*印」は、印欧比較言語学において、仮説の上に建てられた実例のない語乃至語形、あるいは記録されてはいるが、出所の不確かな語形を示しているが、前節において考察の中心に据えてきた古ノルド語の「konungr (R)」あるいは「kunungR」については、「*kuningaz」「*kunungaz」からの派生語と見なす見解と、エクブロームのように後者により根源的な意味を認める立場があるが、以下においてはバンヴェニストの用いる「*kuningaz」（*kunungaz）の語形に留意・使用することにする。

さて、前記のようにバンヴェニストは「rex」概念が本質的に宗教的・祭祀的内包によって規定されるものと見なすのであるが、同一の内包を直ちにまた「*kuningaz」概念に移行しうるかどうか、という問い、これが「rex」をめぐる第二の問題である。

タキトゥスは、『ゲルマーニア』では、「rex」なるタームを第七章以外の他の四章においても、「王かその国の首長」

(rex vel princeps civitatis)、「王か首長」(rex vel princeps)、「王あるいは国に」(regi vel civitati)、「王たちに対する服従」(et erga reges obsequium)、「王にとっての利益」(regia utilitas) といった表現で登場させている。しかし、R・ムックは、その定評ある『ゲルマーニア』注解書において第七章の「rex」を検討する際、タキトゥスはすべてのゲルマン人に「王」の存在を認めているわけではなく、それはあくまで「王に対する服従」という概念が挙げられている「東方の種族」にのみ固有の制度と見なしていると語るとともに、[5] 北ゲルマン種族にかなり巨大な権力の存在としての王権を想定するのは、タキトゥスの「完全な誤解」[6] であるとしている。一方、E・フェールレは、やはり『ゲルマーニア』注解書において、特にスイオーネース族の場合を念頭に置いてではあるが、「スウェーデン王の権力に関するタキトゥスの情報は、後代の北欧の報告によって確認される」[7]、と語って、むしろムックとは対立する解釈を提出している。

こういった論議を踏まえて、改めて第七章の「rex」に立ち返るなら、ここでタキトゥスが二つのタイプの「軍事リーダー」、つまり「高貴な血統」(nobilitas) によって選ばれる「rex」と、「武勇」(virtus) に基づいて選ばれる「将軍」とを区別しているという事実もさることながら、われわれにとっては、カナダ・ヨーク大学の若手タキトゥス研究者J・B・ライヴスが最新の文献で提起する、ローマ世界では伝統的に行われ、タキトゥスの聴衆には慣れ親しんでいたこの区別が、果たして、「純粋なゲルマン民族の制度を反映しているかどうか」[8]、ということが重大な問題を提起するであろう。それは基本的にはゲルマンの世界を研究する上での『ゲルマーニア』の信憑性という資料的価値の問題である。[9] もちろんこの種の問題に立ち入る余地はここにはないとしても、少なくともわれわれが確認しておくべき最小限の事項は、ローマ人は「rex」を「異邦人に対する多かれ少なかれ独裁的・永続的支配者」を指示するために使用したのであるが、タキトゥスは『ゲルマーニア』第七章においても「rex」をこのような「普通の意味で」、つまりゲルマン的意味においてではなく、まさにローマ的意味において使用しているというライヴスの指摘である。ライヴスは、「rex」を「dux」や「princeps」から区別するとともに、ゲルマン民族の中に王を戴く部族とそうでない部族の存在を区別し、かつ王が高貴な血統ゆえに選ばれて、軍事的・宗教的・政治的権能を有し、部族の代表者として仕えられる永久的な指導者であるというタキトゥスの捉え方は、「確かに rex のローマ人的概念には一致するものの、必ずしもゲルマン人の制度に多くの光をあてるものではない[10]」ことを強調している。他のインド・ヨーロッパ諸民族の制度に比肩しうるが、ローマ人の「rex」概念によっては包摂されないゲルマン民族固有の王権の伝統が存在したという事実はほぼ疑いえないと思われ、実際、古代後期や中世初期におけるゲルマン王権については相当の証拠がある。だがこれらの証拠が古代におけるこの王権の伝統を反映している程度については不明確であるというのが、ライヴスのさらなる見解である。しかし、もしこのようなライヴスの見方に立つ時、改めて問われなければならないのは、ローマ的王権概念「rex」と「*kuningaz」概念によって表現されるゲルマン的王権概念との間にこのような落差が予想される場合、前述のようにバンヴェニストが「rex」概念に付与した宗教的・祭祀的内包をゲルマン人の「kuningaz」概念にまで拡大・敷衍することが果たして正当か、という問題である。ライヴス自身は初期ゲルマン民族の神聖王権の存在を肯定する研究者（A・V・ストレームとR・ジメク）を挙げながらも、「しかし、古典時代の著作家は、ゲルマン王権のこの面を肯定する証拠はほとんど提供していない[11]」、として、初期ゲルマンの神聖王権の存在に対して懐疑的姿勢を示している。

ライヴスとほぼ同一の見解は、すでに彼の注目するイギリス・オックスフォード大学の研究者ウォレス＝ハドリルの『イギリスと大陸における初期ゲルマン王権』においても提出されていたものである。後者は、タキトゥスの時代のゲルマン社会の特殊でまったく例外的な歴史的瞬間でのゲルマン社会を記述しているのが『ゲルマーニア』であって、それを普遍的に認識するための確固たる基盤はないと主張するとともに、はっきりと「ゲルマン人の rex についてのタキトゥスの理念は、戦士や祭司であるよりもむしろ部族のリーダーである」、と見なすからである。[12]

そして、現に初期ゲルマン神聖王権論の立場を否定する根拠を、すでに当のタキトゥス自身が「rex」に言及した『ゲルマーニア』第七章の数行後に提出しているとも解釈しうるのである。ここでタキトゥスは明らかに、「rex」と「dux」から区別して第三の階級として「祭司」(sacerdos, pl.sacerdotes) を設定し、「死刑・投獄あるいは鞭打ち刑に処する権限」は彼らのみに（ただし、泉井訳では［ただひとりの司祭にのみ］）赦されていると主張し、さらに第一一章においても「会議」(民会) の開催に際しては、「司祭たちによって沈黙が命じられ、やがて王あるいは首長が……」、と語られて、「rex」は「dux」や「princeps」からは言うまでもなく、「sacerdos」とはまったく別の存在として挙げられているからである。この点について、例えばフェールレは、「司祭たち (sancerdotes, priester) というのは、人を惑わす言い方である。なぜなら、ゲルマン人は古典的・ローマ的な意味でもキリスト教的な意味でも、こういう組織を持たなかったからである[13]」、と述べ、その証しとして、ゲルマン人はガリア人のようには「神事を司るドルイド僧も持たず、生贄に熱意を示すこともなかった」、つまり総じてヒエラルヒーとしての「聖職者階級」は所有していなかったという、『ガリア戦記』におけるカエサル (Gaius Julius Caesar, B.C.100–B.C.44) の報告を挙げている。ライヴスも、ラテン語の「sacerdos」という語は、本来ローマ人の間ではさまざまな「宗教的スペシャリスト、特に生贄と礼拝を捧げることを仕事とする者たち」について使われていたタームであったが、これが『ゲルマーニア』においてタキトゥスが提供するゲルマン的「sacerdos」像にどの程度合致するかを決定するのは困難であると考えている。[14]『ゲルマーニア』以外にはゲルマン的祭司像に対する証拠が極めて乏しいというのが、その理由である。唯一の例外ともいうべきものがまさしく、ゲルマン人における聖職者階級の存在を暗示するタキトゥスのコメントとは鋭く対立する前記カエサルの報告である。ゲルマン人の聖職者階級に関するタキトゥスとカエサル両者の報知をどのように比較検討するかはもとより重要な問題であるが、ここではライヴスの最終的な結論、「カエサルとしては、ゲルマン人にはドルイド僧に類似した宗教的スペシャリストの重要な階級は存在しなかったことを語る必要があっただけである[15]」のみを挙げておこう。

ところで、以上のように、もし聖職者階級の存在に対する『ゲルマーニア』におけるタキトゥスの肯定的姿勢を誤解と見なし、『ガリア戦記』におけるカエサルの否定的姿勢を受け入れるとすれば、改めて問題として浮上してくるのは、ゲルマン人の間において現実に祭司役を引き受けて神事を司った者はいかなる存在であったのか？　それが王たりえた可能性はあるのか、換言すれば、バンヴェニストがインド・ヨーロッパ世界の東西両端にのみ発見した「祭祀王」(rex sacrorum) といった表象を、中央部の民族ゲルマン人の「*kuningaz」にも重ね合わせることができるのか、かくてゲルマン民族に神聖王権の存在を確認しうるのか、という問題である。泉井久之助氏は、『ゲルマーニア』第七章の訳注欄で、「ただひとりの司祭にのみ許され……」の文節について、「これも神官による神聖政治または神聖裁判を意味しているのではない。〈ただひとりの司祭にのみ許され〉というのも、一つの階級としての司祭があったことをいうのではない。一部族の代表として人が神に仕えるとき、その人を仮に司祭といったのであろう[16]」、と語って、我々の問いに肯定的解答を導きうる可能性の存在を示唆している。この可能性を厳密に追跡することが、以下におけるわれわれの第一の課題である。

【「mannus」の問題】

神々の三機能説で著名なデュメジル学派の比較神話学者としてアメリカを代表する研究者の一人スコット・リトルトンは、同派のシンポジュウム記念論文集『インド・ヨーロッパ民族における神話と法――インド・ヨーロッパ比較神話学研究』への寄稿論文「〈天の王権〉という主題」において、興趣に富むインド・ヨーロッパ神話解釈を提示している。それによれば、ウラノスがカオスから生まれることをもって始まり、ゼウスのクロノスとティタン神族に対する最終的な勝利をもって終わる神話は、ギリシァ神話における最も重要なエピソードであり、他のほとんどすべてのギリシァ神話は、直接間接、ゼウスがいかにしてこの「天の王権」の確立に成功したかの説明に依存しており、「それは、他のあらゆる階級の自然的・超自然的存在に対するオリュンポスの神々の立場を合法化する〈憲章〉を形成していて、そうすることで古代ギリシァ語圏の宗教的信仰と実践の確固たる基礎を提供したのである」[17]。そして、リトルトンは具体的に、ギリシァ神話的「天の王権」表象の根本的特質は、「ウラノス-クロノス-ゼウス」の三世代の神々と怪物乃至巨人の死乃至殺害という四契機によって構成されていることを指摘するとともに、これはあくまで汎インド・ヨーロッパ的な「原神話」から「ギリシァ版」として成立したものであって、そのかぎり他のインド・ヨーロッパ世界にも各民族独自のヴァージョンという形態を取りながら「天の王権」神話が成立していると主張している。そのような民族として少なくともヒッタイト、フェニキア、イラン、バビロニア、そして北欧が挙げられるというのがリトルトンの見解である。北欧における「天の王権」神話の場合、新旧両『エッダ』、スノリの「ヘイムスクリングラ」、サクソ・グラマティクスの『デンマーク人の事績』等の「北欧の」資料と、タキトゥスの『ゲルマーニア』に代表される「ゲルマン的」資料とを同等に扱う比較神話学者の一般的傾向を「もちろん誤り」として警告を発しつつ、リトルトン自身はもっぱら北欧出土の資料に基づいて、北欧神話の神統記がギリシァ神話におけるのと同様の「天の王権」主題の本質的構成要素をすべて含んでいることを力説している[18]。なお、「天の王権」主題の存在自体を左右するほどの決定的差異を示すものではないとしても、リトルトンは、北欧神話神統記には二系列の「天の王権」の表象が成立すると考えている。それでは、彼は、ギリシァ的な「天の王権」の表象に対応するものとしての北欧神統記の「天の王権」の構図をどのようなものとして想定するであろうか？

北欧神話神統記での段階では、北欧の神々は第二世代まではすべて「巨人」である。一つの系譜による王権の構成は以下の通りである。[19]

第一世代を構成する巨人――ユミル（アウルゲルミル）・スルーズゲルミル・ベルゲルミル

第二世代を構成する巨人――ブーリ・ボル・ベストラ

第三世代を構成する神々――オージン・ヴィリ・ヴェー（ゼウス・ポセイドン・ハデス）

なお、リトルトンは、「〈天の王権〉主題における像の比較」の欄では、もう一つの系譜の王権として、三つの世代にそれぞれブーリ・ボル・オージンの三者のみを配している。[20] しかし、「オージン」をギリシァ神話における「ゼウス」と同列に置いて、北欧神話における「天の王権」の完成者として把握する点に関するかぎり、北欧神話神統記における二系列、二系統間の相違は認めていないことになる。

さらに、細部において若干のずれはあるものの、この北欧神話神統記では基本的に、第三世代の三柱の神々による原巨人ユミルの殺害に関する世界の創成と構造整備という神話には、次いでアスクとエムブラという人間の始祖を海岸に流れ着いた「木片」から造り上げるという「人類形成論」が後続するが、リトルトンがこの神話に言及していないということは、彼が「天の王権」主題から地上の人間の問題は除外していることを示している。[21]

さて、リトルトンは、北欧出土の資料とタキトゥスによる資料との同列化に反対し、ゲルマン語圏の各民族間に宗教的見解をめぐる差異が存在することは極めて明白であるから、一つの地域からだけゲルマン宗教の本質について一般的結論を引き出そうとする試みは要注意であると見なす結果、宇宙論的・神統記的問題に関しては必然的に「唯一の地域と唯一の時代、つまり一一、二世紀のスカンディナヴィア（第一にアイスランド）に限定せざるをえない[22]」、と語るのであるが、事実『ゲルマーニア』第二章においては、前記北欧神統記の「天の王権」表象からそれの天上的性格を剝奪し、リトルトン的王権理解を不可能にするごとき性格のものとして提出されているのである。

周知のように、『ゲルマーニア』第二章では、ゲルマーニア族について、このように語られている、「彼らはいくつかの歌——彼らの間では唯一の伝承であり、編年史とも言うべきものとしての——これらの歌において、大地から生まれた神トゥイスコーと、その子マンヌス（マン［人］）とを、種族の始原であり、創建者として称える。そして、このマンヌスに三人の男子があったとし、この子らの名にちなんで、大洋（北海）に最も近いものがインガエウォーネース［族］、中間のものがヘルミノーネース［族］、他はイスタニエウォーネース［族］と呼ばれるのであるという[23]」。冒頭の伝承とも編年史ともいうべき「いくつかの歌」が新旧『エッダ』の神話系譜とどのように関連するかは不明であるが、それはともかく、両者の間には王権の理念をめぐって歴然たる差異がある。確かに北欧神話の「ユミル－ブーリ－三柱の神々」とタキトゥスの「トゥイス－マンヌス－三民族」との構造上の類似性は明らかである。しかし、敢えて両契機について「王権」というタームを使うとすれば、前者において王権はあくまで「天の王権」であるのに対し、後者において王権は「地上の国」として想定されている印象が極めて強烈である。両性具有神「トゥイスコー」が、「二重」を意味するインド・ヨーロッパ諸語の語源「*iemo」に由来すると推定され、同じく両性具有の原巨人「ユミル」（Ymir）に対応していることは明らかなのだが、むしろわれわれにとって重要なのは、ヒンズー教における人類の祖先「マヌス」（Manus）に対応して「人間」を意味する「マンヌス」（Mannus）が、北欧神統紀におけるごとく第三世代の神々の創成行為を通して間接的に「天の王権」に結びつけられるのではなく、トゥイス－神からの直系の子孫として把握されているということである。そして、ゲルマーニアの種族にとっては、両者を始原・創建者として彼らの三民族が誕生するのである。このことは、ゲルマーニア族にとって「王権」は決して神統紀的な孤立した神々のみの「天の王権」ではなく、むしろ王権が始祖の神に直結して地上に成立することを告知しているのである。

オットー・ヘフラーは、民族・種族・部族の神的起源に対する信仰が人類全体の由来についての包括的な神話の中に埋め込まれており、民族発生論と人類発生論とが明確に区別しえないことを証明するのがまさしく「マンヌス神話」に他ならないとして、この神話の決定的意義を強調している。「事実、この神話の中核理念、つまり人間の起源と本質が神的なものと結びつくという信仰は、世界的規模で流布していると思われる」[24]。そして、同時にヘフラーは、この「マンヌス神話」と北欧神話における人間の始祖アスクとエムブラをめぐる創成神話のいずれも、人間と神的力との本質的関係を証言するものであることは明白ながら、前者が直接両者の「身体的な相続関係」を告知するのに対して、後者は「人間を人間として形成し、人間を魂なき物質から区別する当のものが神の出である」という「相互に矛盾し合う神話モティーフ」を示していることを指摘する[25]。つまり、リトルトンのタームを用いて言えば、「マンヌス神話」が「神-人間-民族」のトリアーデによって成立する「地上の王権」であるとすれば、人間や民族の契機を排除することによって、もっぱら「原巨人-巨人-神々」のトリアーデの上に構築される「天の王権」たることを意味するのが北欧の創成神話なのである。

以上、われわれは、『ゲルマーニア』においてタキトゥスが提出した「rex」と「Mannus」の二つの概念を吟味した。そして、まず最初に、本来は政治的権力よりむしろ祭祀的権能としての王権を意味する「rex」概念の内包を、単純に純粋ゲルマン的王権概念「*kuningaz」に移しうるか、その意味において初期ゲルマン王権に厳密な神聖性という性格の存在を確認しうるか、こういった問題を改めて問い質すための出発点を探り、続いて「マンヌス神話」と両「エッダ」の語る創成神話との比較から、王権の成立と構造の認識をめぐってタキトゥスと北欧神話神統紀との間に大きな齟齬と矛盾の存在することを指摘した。われわれのさらなる課題は、これら二つの問題点を改めて吟味することによって、ゲルマン初期王権の真像を描くことである。

［Ⅱ］　神聖王権の可能性

【王の幸運をもたらす力】

スウェーデン・ウプサラ大学宗教史教授オーケ・V・ストレームは、「キリスト教以前のゲルマン人における神の国と神々の国」という斬新な発想の論文において、次のような持論を展開している。タキトゥスは、『ゲルマーニア』第七章では、王・将軍に次ぐ第三の権威として、将軍の命令によってではなく、神の命によって処罰を下す権限をただ一人与えられている「司祭」という職階を挙げ、さらに第一〇章では「公のことに関して神意を尋ねる」ことを職務とする「国の司祭」（sacerdos civitatis）という独立した存在を示唆している。ストレームの解釈によれば、これは、先の「地上の王権」の理念とは別の視点から提出された、「国家宗教と祭式を国家体制の主要な結合剤」とするという意味での地上の「神の国」（Gottesstaat）のことである。(26) そして、先にリトルトンが「天の王権」と呼んだ北欧神話神統紀の王権を、オージン神を頂点とする「神々の国」として把握し、かくてゲルマン人はタキトゥスと『エッダ』に見られるごとき「地上の国と天の神々の国」という国家に関して二重の神話を所有していたと主張するとともに、それぞれの国の立場から見た場合の王権問題の在処を、前記論文において最終的に次のように指摘している、

「一　支配者と民会が権力を分け合う地上の神の国の神話。

二　〈国父〉（pater patriae）としてのオージンと他の神々とで同じように権力を分け合う天の神々の国の神話。

神の国と神々の国、地上と天との間に介在する役割をするのが、神の国の頂点として、かつ神々の国の頂点の

子孫として祭祀を司る王である[27]」。

文中最初の「支配者」(Herrscher)が『ゲルマーニア』第七・一〇・一一章その他に登場する「王」、「将軍」、「司祭」、「首長」等を意味しており、また最後の「祭祀を司る王」は「sakraler König」の意訳であるが、ここで注目されるのは、既述のごとく誤解に基づくとの批判があるものの、ストレームが「王」という存在を、タキトゥスでは「王」とは別個の階級的自立性が認められているかに見える「司祭」を中心として成立した「地上の神の国」と、神統紀的な「天の神々の国」とを媒介する仲保者という意味において「祭祀を司る王」として捉えていることである。ストレームは、別の箇所で、ゲルマン的な「神の国」の第一の根拠を「主権的‐王的」(regierend- königlich)と「法的‐司祭的」(juristisch-priesterlich)という二形式の「権威」であることを指摘するが[28]、この見方をわれわれの立場で解釈するなら、「支配者」のうち「司祭」が「地上の神の国」の司法的側面を司るのに対して、「王」は「地上の神の国」の「頂点」に立つことによって統治的・行政的手腕を振るう一方で、「天の神々の頂点」つまり「オージン」の「子孫」として天上の神々を祀る、その意味において王は紛れもなく司祭的存在でもあったということである。早くから「古代北欧的神聖王権の問題」に精力的に取り組んだヴァルター・ベトケの主張する、「職権上王は神性と民族との仲保者である[29]」も、基本的にこれと同じ見解を示していると見ることができる。そして、筆者自身もストレームの行うこのようなゲルマン初期王権の特徴づけを正解と見なすものであり、かつまた筆者としては、王権のこのような特質の中に、ヘフラーを筆頭に多くの研究者によってゲルマン王権の「祭祀的性格」と呼び慣わされ、かつこの問題の開拓者的存在であるフェリックス・ダーンをして、「この王権の性格は神話的なものである[30]」と言わしめた最深の根拠が秘められていると考える。以下では、タキトゥス的な「地の神の国」の支配者としての王をめぐる政治的問題は脇に置いて、王をもっぱら「天上の神々の国」に仲保的に関わる司祭的存在として浮かび上がらせるゲルマン初期王権の特質に関心を注ぐことにする。

そこで登場するさらなる問題は、ゲルマン初期王権がこのような意味での祭祀的・神話的特質を所有していたと見なしうる何らかの客観的・資料的根拠は存在するのか、ということである。この問いに答えうるための絶好の視点を提供してくれるのは、すでに紹介したヴァルター・ベトケの見方である。彼によれば、北欧の神聖王権の存否は北欧出土の各資料に基づいて三つのテーゼの真実性・信憑性を確認しうるか否かにかかっていると主張するのである(31)。以下、ベトケの提出した三テーゼを受け入れるとともに、これを簡略化した既述のストレーム自身の表現をさらに筆者の立場で述べておくことにする(32)。

(1)　王の幸運をもたらす力

(2)　祭祀の仲保者としての王

(3)　王の神的系譜

多くの研究者がこれらのテーゼの背景にある王権思想の解明に挑戦し、神聖王権の存在に対する肯定的解答を引き出したが、最も注目されるのは、これら三テーゼの提出者ベトケ自身はこういった肯定的受容は所詮解釈者の誤解か、あるいは資料に内在するキリスト教の影響に基づくものと見なし、結局「キリスト教以前の時代のゲルマン人には神聖王権は存在しなかった(33)」という否定的結論を導いていることである。しかし、同時にベトケのこのようなゲルマン神聖王権論批判は成功せず、多くの反論を喚起したのも事実であった(34)。真相は果たしてどうなのか？　以下、本項では(1)と(2)の問題を考察し、(3)については次項の課題とする。なお、留意しておかなければならないのは、キリスト教時代の資料に基づいてゲルマン神聖王権の信憑性を否定しても、それは厳密な意味での反証にはなりえないということである。古代ゲルマンの王権神話と神の恩寵によるキリスト教的王権論とは本質的に異なるからである。新約聖書や古代キリスト教においては、王の祝福力、仲保者的性格、神的・神話的系譜といった概念は何の役割も演じていないという事実を考慮すれば、このことは十分に了解しえよう。

ベトケによれば、ここで「王の祝福力」と翻訳した「Königsheil」というタームは、「王の威厳の担い手としてであれ、王族（stirps regia）のメンバーとしてであれ、王に帰せられ、かつ王が国民を超えて高次の超人間的次元に高める特別な安寧・幸運をもたらす力」[35]として規定される。そして、例えば、王の神聖な祝福力が告知・証明されるのは、彼の国を豊かな繁栄が支配し、畑の収穫が豊富な収益をもたらし、フィヨルドに魚が群れ、家畜が増え、妊娠が女性を祝福するといった現象を通してであった。[36] このように自然の富や人間の健康と繁栄の中に王権の神聖性・祝福力が看取された反面、王が凶作や飢饉の責任を帰せられて殺害され、犠牲にされた事例も少なくなかったことを窺わせるエピソードは、例えばノルウェー王朝史、スノリの『ヘイムスクリングラ』冒頭の「ユングリング・サガ」第四三節の中にも見られる。

「そこへ大変な凶作と飢饉が訪れた。彼らはその責任を王に負わせた。スウェーデン人が豊作か凶作かを王のせいにするのが常であったように。オーラヴ王は生贄をごくわずかしか捧げなかった。スウェーデン人はそのことを不快に思い、それが凶作の原因だと思った。彼らは大勢集まってオーラヴ王のところに押しかけた。彼らは王の館を取り囲み、その中で彼を焼いた。王をオージンに与え、豊作を願って彼を生贄にしたのである。それはヴェニル湖畔の出来事であった[37]」。

ヤン・デ・フリースは、こういった「王の幸運をもたらす力」を証明するさまざまな実例を各種資料の中に渉猟した後に、「このような王の幸運をもたらす力というのはいかに解釈すべきであろうか？」、という問いを提出するとともに、続いて文化人類学者なら、こういう場合、王のごとき支配者の人格の中で働き、彼の周囲に祝福すべき影響を与える「非人格的力としてのマナ」を想像するであろうが、ゲルマン的な「Königsheil」の場合、もちろんこのように考えてはならない、と警告する。例えば、六世紀中葉の歴史家ヨルダネスの報知によれば、ゴート人たちは一世紀末にローマ（皇帝ドミティアーヌス）に対して勝利した彼らの王家の先祖を人間とは見なさず、「半神たち」つまり「アンシス」（Ansis　北欧神話の主要神族アース［Ass の複数形［Aesir］］に対応すると考えられている）と見なしていた。この史実に見られるように、王たちがその死後英雄に叙せられるという事実が示しているのは、決してマナの概念の意味するごとき呪術的見解ではなく、より深い宗教的立場に他ならないのである。デ・フリースは、この点を踏まえて、「王の幸運をもたらす力というのは、彼の出身の家柄と結びついていると結論づけなければならない。だから、それは世代から世代へと全歴史を貫流しており、その源泉は先祖に見出されるのである。この言い伝えは明瞭に、先祖は神である、ということを証明している(38)」、と述べている。これはもとより正論であり、「王の幸運をもたらす力」の表象が、後に考察する「王の神的系譜」の表象と一体となってゲルマン初期神聖王権を構成するものたることを証言するものとなっていることは疑いえないであろう。

既述のように、ベトケはゲルマン初期王権の問題を徹底的に追跡しながら、しかもその神聖性についてはあくまで拒否する。というのも、彼によれば、「Königsheil」の「冷静沈着な検証」によって判明するのは、特別な「幸運をもたらす力」が「王」という存在の人格や天分と結びついたのはわかるとしても、世界中に流布しているこのような力への信仰は、王に限定されるものではなく、「王への特別な関係」を前提とするわけではないからである。彼は言う、「あらゆる民族の童話・伝説・民話が、位階や威厳がなくても幸運をもたらす人間が存在しうることを証明している。このような表象は、魔術一般と同様に、本来の神聖領域の外部にある……ある人間に魔術的能力が帰せられるという事実は、彼を神聖な人間たらしめるわけではない。魔力の表現ないし結果としての Königsheil は、この魔力がどのようなものとして理解されようと、およそそれ自体北欧諸王の神聖な地位を基礎づけうるものではない[39]」。「Königsheil」を単なる魔術的領域に封じ込めるベトケの姿勢は、逆にこの領域から切断してそれに深い宗教的意義を承認するデ・フリースの見方と対立しており、現にベトケは、この発言に対する欄外注において、デ・フリースのこの見方に拒否反応を示し、「Königsheil」の意味づけを「王家が神的先祖に由来している」という別個の次元に属する王権系譜論から引き出す方法論的誤りを犯していると批判している[40]。だが、これに対して、ベトケの姿勢には魔術的なものと宗教的なものとの理解をめぐるライプチヒ学派の方法論の最大の弱点が現れているとして、デ・フリースに代わって逆批判を行ったのがオーケ・V・ストレームである[41]。もとより、こういった観点からベトケ対デ・フリース-ストレームのゲルマン初期神聖王権をめぐる肯定論と否定論との是非に決着をつけるためにはさらなる綿密な徹底検証が不可欠なことは言うまでもないが、筆者としては、「Königsheil」肯定論に対しては民間伝承の中にすら無数の証拠が内在しているという検証の結果を根拠に、ゲルマン初期王権の根源的な神聖性は明瞭に認識されたとするヘフラーの「神聖王権の哲学」の立場を、多くの代表的なゲルマン神話学研究者ともども受け入れたいと考える[42]。

【祭祀の仲保者としての王】

ベトケの結論を否定しながらも、その注目すべき営為ゆえに、再度どうしても触れざるをえないのであるが、ベトケは、本質的に神話的表象や魔力信仰と結びついている東洋や未開民族の「神の王権」と区別して、「政治的・法的秩序に適応した宗教制度」であって、ほとんどの場合は「国家祭儀」の形式を取るのを「本来の意味での神聖王権」の概念であるとする。そして、「Königsheil」とともに、いま一つゲルマン民族に神聖王権が存在したか否かを測る指標として彼が挙げるのが、ゲルマンの王が何らかの仕方で生贄を捧げられるとか、その他の宗教的敬意を表せられるといった意味での「祭儀の対象」であったのかどうかという点である。[43] そして、彼は、これまで研究史の中で、北欧諸王にこのような意味での王権を付与しようとする試みが盛んに行われた経緯を認めながらも、「古代北欧においては、実在した王の祭儀に対して若干でも具体的な実例を挙げることは不可能[44]」と見なすのである。そして、この問題についてベトケが最終的に下した結論はこれである。

「たとえ王が祭祀制度において一定の立場を占めていたとしても、これは王に限ったものではなく、この点では司祭やその他の政治組織・司法組織の首長との間には根本的には何の区別も成立しない……決定的なのは王の人格でも位階でもなく、祭儀なのである[45]」。

ここではもとより王が祭司的役割を演じたことが全面的に否定されているわけではなく、あくまで王におけるこの役割の限定性が主張されているのである。だが、ベトケの姿勢がゲルマン民族における「神聖王権」自体の成立理念に反対しようとするものであることは明白である。ベトケにおけるこのような意味でのゲルマン初期王権不成立論への同調は、ドイツにおいては一つの流れを形成していると言うこともできるが、北欧の研究者たちからは支持されていない。そして、ベトケとは逆に、「祭祀仲保者としての王」の理念に基づいて、ゲルマン初期王権の存立を積極的に擁護する北欧の研究者の筆頭がオーケ・V・ストレームである。彼は、この方向での神聖王権肯定論を代表する「王神とそれの古代スカンディナヴィアの宗教における生贄との関連」なる表題の論文において、当該問題を徹底的に論じている。[46] その際彼は、神々の王であり、王権の守護者、北欧人の神話的な祖先たるオージンが「高位の魔術師」、「戦闘の審判者」、「農耕生活に関する儀礼や信仰と繋がりを有する者」という三機能を有するインド・ヨーロッパ的な「司祭王」であったことを指摘したフランスの比較神話学者ジョルジュ・デュメジルの業績[47]を模範としながら、自らも古代北欧において王が「祭祀仲保者」たりえた歴史的事実を、「生贄」（ノルド語で blót）の概念を根拠に、王が生贄を捧げる者、生贄を受け取る者、生贄として捧げられる者という「三重の役割」の観点から把握しようとして、特にサガ、スカルド詩を始め、各種資料の徹底的な分析を試みている。ストレームはまた、自著『ゲルマン宗教』においても、簡潔に、同一の方法論に基づいて、「祭祀仲保者」の理念たるところに、ゲルマン初期神聖王権が成立する所以を明証する事例を多数挙げている[48]。

神話学的にも極めて重要な章昧を有する「生贄」をめぐる王の「三重の役割」についてここで詳細に論じることはできないが、それにしても王をこのような仕方で「祭祀仲保者」たらしめることによって、古代北欧人は何を獲得し生み出そうと欲したのであろうか。再度、オーケ・V・ストレームの営為に負うことになるが、ノルウェー国民のキリスト教への改宗を完成したオーラヴⅡ世聖王（在位九九五年頃―一〇三〇年頃）を称えて歌ったスカルド詩人ソーラリンの頌詩「グレーログンの歌」（Glælognskviða, 1031–35）では、王を仲保者として生贄による祭儀を執行するのは、「勝利のため」（til sigrs）と「年と平和のため」（til árs og friðar）であると歌われているのである[49]。「ユングリング・サガ」第八章でも、「生贄は、冬の初めにはよき季節のために、真冬にはよき収穫のために、そして三回目夏には勝利のために、行われなければならない[50]」と語られている。もっとも、この場合、「ár」は「年」の他「豊穣」（plenty, abundance）の原義が存在するところから、「豊作」と意訳される場合もある（ヤン・デ・フリース）。しかし、ストレームは、「私見によれば、これはár の原義ではない」として拒否し、「〈blóta til árs ok friðar〉（年と平和のために生贄を捧げる）というのは、新年を創造するという意図を持っていたであろうと言う。忘れてならないのは、ár の原義は〈年〉であって、〈よき年〉ではないということである。王やその代理者が生贄を捧げたのは、よき年、豊穣の年だけを期待したのではなく、一年が来ることを期待したためであった。生贄なくしては未来は全く存在しないであろう[51]」、と述べている。

いわば、「生贄」が「祭祀の仲保者としての王」を新年の創造者、時間と永遠の媒介者たらしめるところに、ゲルマン初期神聖王権肯定論の本質の一端が認識されるのである。しかし、このゲルマン初期神聖王権肯定論の資料的根拠として『グレーログンの歌』が持ち出されたことに異議を唱えたのは、ゲルマン古代宗教史研究においてやはり画期的な業績を挙げたハンス・クーンである。彼は、オーケ・V・ストレームの前記論稿を直接攻撃の的にしているわけではないが、古ノルド語の「ár ok friðr」に対してストレームの否定する「よき収穫と平和」といった訳を施しながら、この句はオーラヴ聖王を称えた『グレーログンの歌』という本質的に「キリスト教的スカルド詩」において初めて登場し、キリスト教の神の賜物を証言するものとして発表されたに過ぎないことを強調するのである。「豊作・平和そのほかの幸運を土着的-異教的条件から解釈するのは簡単だが、しかしここでは平和や幸運はもちろんキリスト教によって齎されたものである」[52]。その意味において、前記スカルド詩の句は、ストレームの主張するような「祭祀の仲保者としての王」の地位・役割を何ら証拠立てるものではないのである。クーンによれば、こういう仕方でインド・ゲルマン民族に「強力な神聖王権を認めるのは単なる思弁であって、この民族における古代神聖王権の理念は、所詮、未開的なものに接近すればするほど、一切が宗教的なもの乃至呪術的なものによって支配される度合いがいかに強烈であるかという〈公理〉の真実性を確認せしめるものでしかないのである」。

以上われわれは、ゲルマン初期神聖王権を構成する二つの契機「王の幸運をもたらす力」と「祭祀の仲保者としての王」を探索する過程で、ベトケのみならずクーンまでもがこの神聖王権の成立に対して強固な反論を展開することを改めて知った。事実クーンは彼の論文集所収の論稿「古代ゲルマン宗教史」において、ゲルマン初期王権論の問題を特に言語学的視角から綿密な考察を試みているが、第三章において「ゲルマン神聖王権」を主題として取り上げる際、かつてベトケの弟子エヴァ・ピカート女史がそうしたように、この「ゲルマン神聖王権」という表記に疑問符を付して表現しているのである。そして、その理由として、ゲルマン神聖王権に関する「証拠の乏しさ・生彩のなさ（ゲルマン神聖王権という）概念の無規定性」ということを挙げている。というのも、彼の見解では、「王権を神聖なるものとして規定すべきものの何たるかが、その種類・段階・重要性に関して、まったくばらばら[53]」だからである。「基盤の弱さにもかかわらず少なからざる研究者によって引き出された、全ゲルマン王権は神聖でなければならないという結論が、容認できないのは最初からわかりきったことである[54]」。そのような研究者の代表としてクーンはオットー・ヘフラーとヤン・デ・フリースを挙げ、徹底的な反駁を試みている。

しかし、ここで新たな問題として浮かび上がってくるのは、たとえ「王の幸運をもたらす力」「祭祀の仲保者としての王」の契機に基づくゲルマン初期神聖王権の確認が困難としても、それに続く第三の契機として先に掲げた「王の神的系譜」からの基礎づけは可能ではないのか、ということである。これについては項を改めて考察することにする。

〔Ⅲ〕　王権の神的起源

【「kuningaz」の系譜学】

第一節〔Ⅳ〕において王権問題考察の方法論として古ノルド語「王」概念の語源的分析を取り上げたが、そこでの考察に再度立ち返ることを出発点として、語源学の立場から初期ゲルマン王権の神的起源の問題に突き進んでみたいと考える。

すでに言及したように、言語学者ヘルヴィヒ・ヴォルフラム（Herwig Wolfram）は、ヘフラー六五歳祝賀記念論文集に寄せた「ゲルマン種族の〈聖なる〉王権批判への方法論的問い」なる注目すべき論考の中で、ゲルマン王権神聖論を否定的方向で批判したベトケの所論を取り上げ、ベトケがもっぱら著名なスカンディナヴィスト、北欧の宗教史学者たちのゲルマン神聖王権論に限定して批判したために生起する問題点を指摘している。ヴォルフラムによれば、もしゲルマン種族の神聖王権をスカンディナヴィアの資料のみに基づいて証明の可能・不可能が論じられるなら、北方ゲルマン以外の種族に、しかもノルド語による資料よりも数世代前から存在していた、「おそらく比較可能な実態」について報告している「ラテン語の記念碑」についてはどのように扱うべきかの問題は、いまだ解決されていないとして、ゲルマン初期王権問題に立ち向かう場合、ラテン語の資料をどの程度考慮に入れる必要があるかの問題を提起している[55]。そして、ヴォルフラムは、この問題に取り組む場合のベトケがラテン語資料に懐疑的姿勢を示す態度を批判して、ゲルマン種族の神聖王権については、ラテン語資料からも読み取れるのであり、したがって「ラテン語によって書き留められた内容を、ア・プリオリに後代の無拘束な二次的形成あるいは偽造と見なすのは正当ではない[56]」、と主張する。だが、この場合、われわれが留意したいと思うのは、ヴォルフラムが結論部分において提出する、少なくとも中世初期のラテン語資料を検討する場合、特に独自の方法を必要とするという見方である。この方法を具体的にヴォルフラムは、「現存資料の歴史-言語学的手法による厳密な論理的分析[57]」と呼んでいる。つまり、彼は、ゲルマン初期神聖王権という「仮説」が基礎づけられていると考えられるキリスト教以前の古代ゲルマン語の原資料自体が、すでに使用言語の意味の変遷と解釈の変化を含んでいるということを前提として、ゲルマン初期王権の神聖性の本質を正確に解き明かすためには、このゲルマン語原資料とラテン語資料との厳密な比較検討及びこの原資料の徹底的な歴史-言語学的研究が不可欠であることを明言しているのである。しかし、前記論文では、ヴォルフラムは、このようなゲルマン語原資料の歴史-言語学的研究そのものは行わず、もっぱらタキトゥス、ヨルダネスその他ラテン語資料の検討に捧げられている。

しかし、われわれは、ここでは、むしろヴォルフラムの取り上げなかったゲルマン初期王権に関するゲルマン語原資料に登場する最も主要な二つの概念、「*kuningaz」と「Ing-」を語源学的に考察し、まさしくその視点から古代・中世初期ゲルマンにおける神聖王権の成立の可能性を探ることにする。現代の北欧語・独語・英語の「konge - König-king」の語源としての共通ゲルマン語「*kuningaz」と北欧における代表的な王家「ユングリング」（Ynglingar）の語幹部の原形を示す「Ing-」の語源を探ることによって、ゲルマン初期王権に対して「神聖」（sakral）なる形容詞が付加される大きな理由の一つは、この王権が「神話」の次元に深く根差している事実にあることが明らかになるからである。先ず前者を取り上げることにする。

デ・フリースは、名編『ゲルマン人の王権』において、次のような興味深い問いかけをしている。ゲルマン神聖王権の絶対肯定の立場から、「〈regin stirps〉（王家）は本来的に〈divina stirps〉（聖家）である[58]」と規定した上で、さらに次のように述べている、

「（ゲルマン）王権のこのような性格が、すでにインド・ゲルマン時代に形成されていたことは分かっているが、なぜゲルマン人は古代インド語の〈raj〉、ラテン語の〈rex〉、ゴール語の〈riks〉というインド・ゲルマン語の相続語を保持しないで、ゲルマン的な刻印の〈kuningaz〉という新語に取り替えたのかという問いが浮かび上がってくる。この問いに答えることは、ゲルマン人はなぜ太古から引き継いできた神々の名を新しい名前に置き換えたのか、という問いに答えるのと同様、簡単でもあれば困難でもある[59]」。

周知のように、紀元前最後の数世紀間にゲルマン民族の胎動が始まり、その後いわゆる「ゲルマン民族大移動」が開始される。そして、単なる戦闘の神「テュール」（Týr）とそれを凌駕する神「オージン」（Óðinn）とは歴史の過程

で決して同等の権利を承認されたことはなく、前者が漸次影を薄くしていったのに反して、後者は決定的な位置を獲得してゆくが、それと同様に大移動期においては戦いの指揮官として「将軍」（dux）が権力を所有していたものの、その後ゲルマン民族が再度定住を開始すると、「dux」の黄金時代は終わりを告げ、「rex」が再びかつての権利を回復し、そのことによって王の「カリスマ的性格」が強調されるに到ったとデ・フリースは主張する。そして、彼によれば、このことを表現しているのがまさしく「*kuningaz」というゲルマン祖語なのである。換言すれば、パンヴェニストの指摘する「rex」の宗教的・祭司的性格をさらにゲルマン初期王権に固有の「カリスマ的性格」へと強化しようとするところに誕生したのが、「*kuningaz」なる語型に他ならないのである。先にわれわれは、「rex」の概念の内包をそのまま「*kuningaz」に移行・適用させることが可能か否かを問いとして掲げたのであるが、「dux」に比較すれば、「rex」も決して「カリスマ的性格」と無縁ではないとしても、しかし「rex」のこういったある種の「カリスマ的性格」をより強力に引き立たせるために構成されたタームが「*kuningaz」だと言わなければならない。かくて、「rex」と「*kuningaz」との間に、「カリスマ性」の強弱が存在する以上、両者の間には一定の落差が認められ、前者の内包を無造作に後者に移行させることは許されないということになる。デ・フリースの所論は確かに仮説的要素を孕んではいるが、両者を区別するための大きな指標を提供していると見ることができる。そして、このような「*kuningaz 即カリスマ」論のみならず、総合的にゲルマン初期神聖王権そのものの存在証明をなすものこそ、先に考察した「Königsheil」の理念に他ならないという主張を、デ・フリースはこのように展開している。

「ここで挙げられた Königsheil の実例は、神聖王権を肯定しうる権利をわれわれに与えてくれるものである。そのことを最近数年間にかなり多くの研究者が証明したが、なかんずく最も力を込めて証明したのがオットー・ヘフラーである。王の中で働いているのは〈呪術的な〉力ではなく、〈神的〉力であって、このような見解はキリスト教への改宗後も保持されている。ただし、この場合、司教の聖別式を通して王に授与されるカリスマへ転化されるのである。このことを証明するのが、後世のフランスやイギリスの王の Königsheil である」[60]。

しかし、それならば、ゲルマン初期王権に対してこのように「Königsheil」を証明するごときカリスマ的性格を授けたものは何であったのか？ このことは、翻って言えば、「*kuningaz」が何故に「rex」以上にゲルマン初期王権のカリスマ的性格を表現することになるのか？ ということである。この問いに答えるための主要な手段の一つが「*kuningaz」というタームの語源分析である。これによってゲルマン初期王権の神的・神話的起源が浮かび上がってくるのである。なお、以下の主張は前節三二一頁以降の主張と重なっている部分がある。

既述のように、王に対するゲルマン祖語（共通ゲルマン語）「*kuningaz」（古ノルド語では「konungR」あるいは「kunungR」であるが、R・エクブロームによれば、後者の方がオリジナル）は、従来「*kuni-」「*kunja-」「*kuenon-」という三種類のゲルマン語語幹の何れかに「*-inga」の語尾をプラスして構成されたものと考えられてきた。これらの語幹の包摂する意味の変化に応じて、王-概念の内包と由来も微妙に変化してくるのである。すでに前節において言及したように、これまで最も広く受け入れられてきたのは、古ノルド語「kunungR」に先行する、ゲルマン祖語「*kunungaz」を「身分の高い男」なる語義の「*kuni-」からの派生語と見なし、そしてこの「*kuni-」に対応する古ノルド語「konr」から「kunungR」の原義を導き出す方法である。この場合、結果的に「konr」は「高貴な男」、「末裔・息子」を意味するのは既述の通りであるが、この語はさらにインド・ゲルマン語の「genos」（Geschlecht 族）に属しているので、本来は「一族に、つまり王族に属している」ということをも意味することになる。ちなみに中世低地ドイツ語の「beslechtet」の語義も「高貴な家柄に属する」である。さらにラテン語の「ingenuus」、ギリシァ語の「γνησιος」もこれに接続しており、「自由の身に生まれた、気品のある」という意味である。こういった語義から、

「*kuningaz」「kunungR」は、「高い身分の男の子孫」（ファルクートルプ）、「高貴な人の子孫」（ヨーハネッソン）、「貴族に属する、貴族出の者」（ヴァルデ、ポコルニー）、「貴族生まれの男、貴族出身の男」（デ・フリース）といったふうに、表現上に若干の相違こそあれ、基本的には「高貴な家柄の男（の子孫）」を根本義としていることは明白である。「*kuningaz」、「*kunungaz」に見られるゲルマン語固有の語尾「-ing」、「-ung」は父系祖先の名を取った名称（patronimikon）を形成し、基本的に「―に属する」を意味し、しばしば「息子・子孫」の謂いとなるところから、この点を強調する場合とそうでない場合によって、「子孫」の義が付加されるか否かが決定されるのである。「konr」から「konungR」への派生関係を示唆するのは、『古エッダ』の「リーグの歌」である。つまり、ここでは「konr」が「konungR」の語根（etymon）乃至「名祖」（eponym）として理解されているという事実である。[61]

これは通常「konungR」の最も一般的な解釈として受け入れられているが、例えばデ・フリースは次の三つの理由でこの解釈を「拒否すべし」と考えている。[62] 先ず、めったに登場しない「konr」という言葉、しかもそれの副次的な意味から出発しているのが、第一の理由。次に、この言葉は北ゲルマン語の資料にしか登場していないゆえに、西ゲルマン語の説明として利用できないのが第二の理由。最後に、「高貴な生まれの男の子孫」のごとき意味はあまりに淡泊で一般的過ぎる名称であって、王権の尊厳によって刻印された称号に相応しいものではないというのが第三の理由である。

「*kuningaz」、「kunungR」の原義をゲルマン祖語語幹の「*kuni-」、つまり古ノルド語の「konr」から推論する遣り方に代えて、デ・フリース自身は同じくゲルマン祖語語幹の「一族・家柄」を意味する「*kunja-」から演繹する。一般的には「*kuni-」と「*kunja-」はほとんど同義と解されるが、デ・フリースはあえて両者を区別した上で、後者を前者以上に「*kuningaz」、「kunungR」概念の内包を摘出するのに相応しい根拠たりえると見なしているのである。それは、「*kunja-」の有する「Geschlecht」の意味を決定的に強調するためである。しかし、その結果、「*kunja-」を「非常に含蓄に富む、紛れようもない意味」において把握すべきことが要求されるのである。この語幹から「一族に属する者」、あるいは高貴な家系を強調するために「貴族出の者」、さらに「王家の者」といった意味を汲み上げても、それだけでは満足のいくものではない。デ・フリースは問う、「全民族を古い王家の子孫に引きつける魔力は何であったのか？」(63)。「正統な王家直属の者たる王から民族に齎される幸運」、これこそが当の魔力なのである。つまり、基語「*kunja-」の中には、王が政治的・法的・軍事的権限を所有しているということのみならず、「全民族に注がれる祝福」の原義が含まれており、だからこそこの原義が「*kuningaz」、「*kunungR」概念の内包として把握されるのである。そして、デ・フリースはこの概念を最も厳密に「神族」（göttliches Geschlecht）と規定するのである。彼が、既述のように、「regia stirps」を本質的に「divina stirps」として規定する所以である。つまり、デ・フリースによれば、「王家に属する者」の意味を「神族に属する者」へと強めるところに、「*kunja-」が「*kuni-」から区別される所以がある。

さらに、先の考察から、「*kunja-」を、そして「*kuningaz」、「kunungR」の包摂する根源義をこのように把握することによって、デ・フリースが、ゲルマン初期神聖王権の成立根拠を、「王の神的系譜」及び前節で探索した種族ないし部族全体に「幸運をもたらす力」とのお互いを前提し合う緊密な相互関係に求めようとしていることが判明する。このことは、すでに言及した、「王の幸運をもたらす力」、「Königsheil」は彼の出身の家柄と結びついており、その源泉は神としての先祖の中に見出されるというデ・フリースの見解によって明証されている。

デ・フリースの営為に先立ち、スウェーデンの言語学者オットー・フォン・フリーセンが一九三二年に発表した画期的な論考「北欧の王権は聖なる起源を有するか？　言語史的解明」についてはすでに仔細に考察したが、ここで現代のゲルマン初期神聖王権問題の火つけ役となったこの論考を再度振り返って見ることにする。既述のように、彼は、「kunungR」の語源は「*kuni-」でもなければ「*kunja」でもなく、「*kuenon」、そしてこれに由来する古ノルド語の「kona」（女性・妻）でなければならないと主張する。[64] フォン・フリーセンは「*kuningaz」の「*kuni-」起源説、つまり「kunungR」の「konr」由来説が通説であることは承認するものの、自ら「家系王権説」と称するこの通説が、「（神聖王権）という事実に即した視点からすれば完全に満足すべきもの」ではあるにしても、基本的には正しくないとする。なぜなら、既述のように、「konr」という古ノルド語は「リーグの歌」の中にのみ詩語として　いわば「古代的な語法」においてのみ登場しており、したがって古ノルド語としても「konr」はすでに現実的・日常的な意義を喪失した「死語」と化していたからである。それゆえ、「kunungR」の原義を「konr」から推測することは、重要概念を「死語」の上に基礎づけるという不条理を犯すことになるのである。そして、フォン・フリーセン自身は、「*kuningaz」と「kunungR」の原義をゲルマン祖語の「*kuenon」及びその古ノルド語型である「kona」（女性・妻）から推測するわけである。なお、彼によれば、「kunungR」の基本形は「*kuenungaR」であって、この場合前綴りの「*kuen-」はゲルマン祖語の「*kuenon」に対応しており、語尾の「-ungaR」は英・独語の「young」・「jung」を意味するから、「kunungR」全体は「女性の息子ないし夫」、さらに古代ゲルマン社会における母権関係に基づいて、最終的には敢えてデ・フリースの的確な神話的表現を借用して言えば、「女性の、つまり豊穣の女神の息子ないし夫」[65]ということになる。「kunungR」に関するこのフォン・フリーセンの結論は、彼の論考の設定した「北欧の王権は聖なる起源を有するか？」という問いに完璧な解答を提供しうるとともに、彼にとっては、「古代ゲルマン王家の始祖の多くは、系譜樹を辿れば異教の神々に行き着くが、これら古い王家の中で最も有名なのが、スウェーデンのユングリング王家である[66]」という、神話的かつ歴史的事実を認識するための前提的指標ともなりうるのである。

フォン・フリーセンのこのような「kunungR」解読法は、当然、先のデ・フリースによって拒否されるが、他方こういったフォン・フリーセンの所論に深い関心を寄せながらも、結論的にはそれを受け容れず、むしろ「*kuningaz」・「kunungR」の原義を通説通りに「konr」から理解し、しかもデ・フリースの見解に対しても共感を寄せるのがR・エクブロームである。彼は、「*kuningaz」に関する精緻な語源的分析において、「私見によれば、ゲルマン語の*kuningazと*kuniz（＝*kuni-）とは同じ起源から発生し、並列的に形成されたものであり、同義語であって、両語とも根源的に、一族の男子・子孫を意味する」、という基本的見解を導き出すのである。しかも、エクブロームの所論でさらに注目されるのは、「*kuningaz」を「*kunja-」に基づいて「神族」と規定したデ・フリースにほぼ一〇年先行して、「*kuningaz」と「*kunja-」との密接な語源的連関を想定することによって、ゲルマン祖語の「*kunja-」に由来するフィンランド語の「kunja」が、単に「一族」というより、より厳密には「栄誉・尊崇・威厳」の意味を抱懐しているという事実から、「*kunja-」の中には根本的に、「任意の一族」ではなく、「傑出した一族」の意味が含有されていると見なし、そこからエクブロームも最終的にこのように主張するのである。

「以上の点を顧慮するなら、一族の男子を意味した古代西ノルド語 konr の概念（したがって当然また konungR・*kuningaz も）は、〈高貴な一族の男子・貴族・高貴な男〉という意味を獲得したことになる(67)」。

しかし、エクブロームの「*kuningaz」解釈は純粋に語源学的作業に終始しているから、フォン・フリーセンの作業に見られるごとき「kunungR」の神話的・宗教的背景については完全に等閑視しており、それが神聖王権の成立如何を決定しうる根拠たりうるかどうかについては言及していない。

かくて、「王」を意味するゲルマン祖語「*kuningaz」、古ノルド語「kunurngR」の語源と想定される三種の語幹の抱懐する原義の差異に応じて、なお仮説的要素は払拭できないものの、言語分析的には結局「王」という概念の内包は、ほぼ「貴族出身の男子」、「神族に属する男子」、「豊穣の女神の夫」といったふうに規定しうるであろう。一体ゲルマン初期王権の本質を最も的確に告知・規定可能な概念はこれらの中の何れであろうか。そして、この問いに応答しつつ、ゲルマン初期王権が神聖王権たりえたか否かの確認は、「*kuningaz」に次ぐいま一つの鍵語「*ing-」の分析を待たなければならない。

【「*ing-」の系譜学】

古代人にとっておのれの属する部族・種族・民族の起源・系譜に関する反省が格別重要な機能を果たしていたことは、各種の膨大な文献資料が証明している。それは結局各共同体の自己評価・自己査定がそれぞれの共同体の始祖・先祖の有する固有の価値の表象と最も密接に結びついているからである。さまざまな神話・伝説を媒介として、神々や英雄を、時には巨人のごとき悪魔的存在すら始祖とするという信仰が世界的規模で広範に流布しており、しかもいろいろな仕方で現代をもなお規定し続けている所以である。

ゲルマン種族乃至部族の起源神話に関する最古の資料は、すでに引用したタキトゥスの『ゲルマーニア』第二章であり、そこでは両性具有神「トゥイスコー」・「マンヌス」・「三人の男子」という神話的系譜学が提出されていたのである。そして、既述のように、基本的に「人」を意味する「マンヌス」という神的存在者がゲルマン種族の始祖・創設者として挙げられ、さらに彼の三人の男子が彼らの名にちなんでつけられた「インガエウォーネース」、「ヘルミノーネース」、「イスタエウォーネース」の各部族の始祖とされているのである。タキトゥスはさらに、「なおこれ以上の子らがこの神から生まれ出て、その部族になお多くの称呼がある」として、四つの部族名を挙げている。なお、引用された「この神」が先の「トゥイスコー」と「マンヌス」のいずれを指しているかは不分明というのが一般的認識であるが、[68]J・B・ライヴスは、系譜学の構造からすれば「マンヌス」の方がよりぴったりするが、実際にタキトゥスが「神」と呼んでいるのは「トゥイスコー」だけであるから、「この神」は「トゥイスコー」と取るのが自然であるとしている。[69]

それはともかく、タキトゥスのこの報知が、実際に存在したゲルマン民族の起源信仰・系譜神話の反映であることは、タキトゥス以外の資料によっても豊かに証明されているのであるが、われわれにとって興味深いのは、タキトゥスがここで展開した特定部族ないし種族の神的・神話的系譜学が、同時にまたゲルマン初期王権が本質的に神聖王権であったことを資料的に証明しているという事実である。そして、一般にこのことをさらに立証する具体的根拠として挙げられるのが、前記の部族名「インガエウォーネース」である。その理由は、この部族名の語源的分析によって、ゲルマン初期王権がまさしく神話的系譜に基づく神聖王権であったという事実を露になしうるからである。

もっとも、ここには自明的に一つの問題が浮上してくる。一部族の神的・神話的起源への、さらには神聖王権への信仰が、この部族に限定されるものに過ぎないのではなく、隣接する他の部族についても認識されうるごとき普遍的・典型的な現象なのか否か、という問いである。解答次第では民族共同体の自己査定・自己評価が決定的に異なってくるのはいうまでもないが、ヘフラーは代表的なゲルマン神聖王権肯定論者の立場からではあるが、ある部族にこの種の信仰を立証する文献資料が欠落しているからといって、この部族の神的ならざる起源への信仰を無造作に前提すべきではないことを次のように主張している、

「系譜神話を拒否する、あるいは愚弄するごときいかなる証拠も存在しない。中世の資料ではこのような起源の神々の名が呼ばれなくなるとしても、このことはキリスト教以前の信仰を何ら証明するものでないことはいうまでもない」。

そして、ここからヘフラーはさらに付言している。

「タキトゥスの証言のごときインド・ゲルマン的なものとの対置は、全民族とそれに従属する種族の神的系譜に対する信仰が、古くかつ典型的なものとして妥当することを暗示している。さまざまな種族に共通する神的起源という古来からの理念が広がっているのである」[70]。

また、『古エッダ』最初の詩篇「巫女の予言」の冒頭では、「静聴を願う、我すべての聖なる種族に、貴き、はたま た賤の、ヘイムダッルの子らに」と歌われているが、「聖なる種族」とは神族のことであり、「ヘイムダッルの子ら」とは「ヘイムダッル神の子ら」という意味で、全人類を指していると解釈されるから、ここでもタキトゥスよりもさらに壮大なスケールで、人類全体の神的起源という系譜神話が語られていることがわかる。さらに、「貴き、はたまた賤の」は、この全人類に共通する神的系譜の枠内での「奴隷・自由農民・貴族」の三階級を意味しているから、ゲルマン神話の視界では、身分の差異に一切関わりなく、あらゆる人間が神族を始祖とするということになる[71]。

こういった点を踏まえて再度「インガエウォーネース」族の問題に立ち返るなら、恐らくあらゆる部族・種族の神的起源を告知する最も典型的な事例を示すものこそが、この部族であると見なすことができよう。しかし、いまの場合われわれにとってさらに重要なのは、この「インガエウォーネース」族の系譜学がゲルマン初期神聖王権の存在証明ともなりえているという事実である。このことは部族名の語源分析を通して認識可能であるというのが大方の研究者の考え方であり、現にこの方向での学的営為は極めて専門性の高い次元で行われているが、以下これら営為の一端に基づいて、われわれの系譜学的考察を推し進めることにする。

『ゲルマーニア』のあらゆる写本が採用している「Ingaevones」よりも、ローマの政治家・軍人・学者として著名な大プリーニウス（Gaius Plinius Secundus, A.D.23-79）の「博物誌」に登場する「Ingvaeones」の方が本来の正しい競りだとされる根拠は、後者が「*Ingu-」（*Inguwaz）という太古ゲルマン種族の神祖先（Gott-Ahnherr）との関連を前者よりもはるかに鮮明に示していると考えられるからである。[72] ゲルマン祖語で「*Ingwaz」と表現される神名には、アングロ・サクソン語の「Ing」、古ノルド語の「Yngvi」、古スウェーデン語の「Ingwi」「Inge」、古デンマーク語の「Ingi」、ゴート語の「Enguz」、「*Iggus」が対応していることは、語源学においてすでに指摘済みの事柄である。この神が実在したことを証明すると思われるのは、アングロ・サクソン語による古代碑石に書き込まれた歌謡に、次のような数句が発見されるからである、

　イング（Ing）は真っ先に東デーン人に崇められ、
　さらに海を渡りて、東方に進み、
　車は彼に付き従えり。
　この英雄をかく名つけしは、ヘルデインガの民なり。[73]

そして、いろいろな意味で啓発的だとして、ルーネ文字学者ヴォルフガング・クラウゼ（Wolfgang Krause）やデ・フリースは、これらの句を素材としていわゆる「Ing 問題」を考察するのであるが、われわれにとって必要なかぎりにおいて、彼らの所論に注目してみよう。

同様に「Ing 問題」に大きな関心を寄せたスウェーデンの言語学者アードルフ・ノレーン（Adolf Noreen）は、英雄名・神名の「Ing」は、独立した言辞としては北欧ではとっくに死滅してしまったと述べているが、[74] クラウゼは、少なくとも四世紀頃にはまだこのゲルマンの英雄乃至神のことは知られており、前記のアングロ・サクソン語歌謡以外にも、「イング神崇拝」の証拠が発見されると主張するとともに、この神の本質を「太陽を通して活動する豊穣神」として規定し、各種の語源的探索の後に、「イング神の名称は（女性に対立して）まさしく〈男性〉を意味したと思わ

れる」[75]、と述べている。そして、あらゆる点から見て、この原義が最も適切な所以を、タキトゥスが部族の始祖として挙げたマンヌスの三人の男子の内の一人「インガエウォーネース」との一致が鮮明になる点に求めている。その意味で、クラウゼによれば、マンヌス（人）の息子の一人の名が「*Ingwaz」に他ならなかったのである。加えてクラウゼは、ウプサラ神殿のソール・オージン及び巨大な男根（Phallus）を抱えたフレイの三柱像に関するアダム・フォン・ブレーメンの『ハンブルク大司教座事績』における叙述に基づいて、「フレイ神」は「イング神の後継者」であり、そのかぎり「イング神」自身「自然の生殖力・生産力」を象徴する「パルス的神性」であると解している[76]。デ・フリースも基本的にはこのクラウゼの「Ing」論を踏まえながらさまざまな考察を行っているが、そのポイントは、前記碑文中の「車」が夕べには海に沈み、翌朝再び死界から浮かび上がってくる「太陽の車」であると規定した上で、「いずれにせよこの車は、ネルトゥス崇拝の場合と同様、イング崇拝においても少なからざる重要な役割を演じているが、このことはイング・ネルトゥス両神の同一性を十分暗示しているように思われる。さらに、イングは生産力の本質にぴったり一致して、可死的な神である[77]」と強調することにある。

周知のように、「ネルトゥス崇拝」（Nerthuskult）については、タキトゥスが『ゲルマーニア』第四〇章において、特にデンマーク・ユラン（ユトランド）半島南部地方の七部族が共有していた大地の女神・豊穣の女神であると語っており、この女神ネルトゥスと北欧神話の男神ニョルズ（Njörðr）との同一性は、性的差異の問題を超えて[78]、一般的に共有されている神話学的認識である。だとすれば、当然ここから、「男神イング」と「男神ニョルズ」とは、「女神ネルトゥス」を媒介として、改めて両神の、つまりは三柱の神の同一性が確認されることになる。したがってまた、前記クラウゼの指摘のように、「フレイ神」が「イング神の後継者」であるということは、当然また彼は「ニョルズの神の後継者」ということにもなる。事実、『古エッダ』の「グリームニルの言葉」では、「輝けるフレイ、ニョルズのすぐれし息子」と歌われているのである。かくて、ここには、「イング＝ネルトゥス＝ニョルズ＝その後継者フレイ」という神統記的図式が成立するであろう。

以上、われわれは、ゲルマン初期王権が神聖王権たるか否かをタキトゥスとは別の視点から確認するために、先ず彼によって挙げられた「インガエウォーネース」（Ingaevones）つまり「イングヴァエオネース」（Ingvaeones）族名の語幹部分をなすゲルマン祖語「*ingu-」即ち「*ingwaz」に注目し、「イング神」とその後継者「フレイ神」に到達したが、以上のことから、この部族名全体としては、「Ingwaz の子孫」（デ・フリース）、「Ingwaz 神に属する者」（ライヴス）、つまり「豊穣神イングの後裔」を意味することになる。それと同時に、このことは必然的にまた、この部族が「イング神の後継者」としての「フレイ神」の子孫・後裔ということになる。結局「インガエウォーネース族」（「イングヴァエオネース族」）の概念は、最も厳密な意味においては、「イング神の後継者たるフレイ神の子孫・後裔としての一族」という内包を獲得することになるであろう。そして、ここでのポイントの一つは、「イング神」が「男神」だということである。

一面では、このような解釈の正当性を暗示していると思われるのが、『古エッダ』の『ロキの口論』に登場する「イングナール・フレイ」（Ingunar Freyr）なる概念であり、古英詩『ベーオウルフ』（Beowulf）第一三一九節において、南デンマークの王に対する呼称として用いられた「フレーァ・イングウィーナ」（frea Ingwina）の概念である。もっとも、これらの概念は神話学者・言語学者の間でも統一見解がなく、文字通り諸説紛々といった趣を呈しており、デ・フリースはこれらの概念に関する七通りの解釈を例示しているが[79]、少なくとも本章執筆者の前記のごとき部族概念解釈と一致する見解は提出されていない。「-freyr」ないし「fréa」を「フレイ神」という固有名詞と取るか、「王」（lord, husband）という義の普通名詞と見なすかによって、「Ingunar-Freyr」というターム全体の解釈も違ってくれば、「男神」か「女神」かの区別も問題となる。

ゲルマン宗教史研究に画期的業績を挙げ、「Ingunar-Freyr」の解読に精力的に取り組んだ研究者の一人F・R・シュレーダーは、前綴り「Ingunar」をゲルマン祖語「*Ingwanoz」（イチイの樹霊）の二格「Ingun」と読み、全体を「イングン（イチイの女神）の夫」、つまり「大地の女神の夫」として把握する。(80) 他方、スウェーデンを代表する宗教文学史家ヘンリク・シュックは、「イングナール・フレイ」という一九四〇年の論文において、「Ingunar」を「女神ネルトゥス」の別名「Ingunn」の二格と見て、「Ingunar-Freyr」全体を「Ingunnsmake」即ち「イングンの夫」あるいは「イングンを受胎させる者」、つまり「女神ネルトゥスの夫」と解読している。(81) だとすれば、この「夫」とは何者なのかが問題になろうが、この点についてシュックは、「受胎する女性」と「受胎させる男性」の両者を前提とするのが豊穣儀礼の本質であって、言語の発展過程で「女性名詞ネルトゥス」が「男性名詞ニョルズ」に転換されたと考えている。この考え方は、ニョルズの子が「フレイ」と「フレイヤ」の兄妹ペアであるように、女神ネルトゥスの場合も、本来はある男神とペアを組んでいたが、タキトゥスは前者のみしか知らなかった、というムックやライヴスの見方と本質的に異なるものではないであろう。(82)

そして、シュックは、この「イングンの夫」が「イング」であることを、豊穣儀礼をめぐる男神と女神とのこのような関係を前提として、次のように導き出す。「Ingunar-」つまり「Ingunn」は「Ingvaeones」（タキトゥスでは「Ingaevones」、スウェーデン語では「Ingwiner」）の部族名に由来しているが、アングロ・サクソン語で「Ing」と表記されたのは、「ニョルズ」と同様「男性植物神」であって、シュックによれば「イングヴァエオネース族の神」を意味しているのである。では、この「男神イング」と前記「女神イングン」、そして「Ingunar-Freyr」の意味する「女神イングンの夫」はどのように関係するのか？　ここでシュックは先に引用した古英詩の一節を想起しながら、一つの「推測」を提出する。それは、名前は不詳ながら、一柱の「女神」が「イング神の車」に同乗していたはずであるという推測である。これが「いささかも不合理な推測」でない所以を、シュックは、「類推するかぎり、この場合（イング神の）車にはイングと一緒に彼に相対応する女神イングンを乗せており、彼女がイングを男神ネルトゥスに変えた[83]」と考えている。つまり、シュックの推測によると、「イングナール・フレイ」という呼称は、イングヴァエオネース族が「女神イングン」とその夫である「男神イング」を崇拝していたという事実を暗示しており、シュックが現代スウェーデン語で「Ingwinernas Herre」と表現するこの呼称は、あえて同語反復的に表現すれば、「イング神を崇拝するイングヴァエオネース族の女神イングンの夫」〈つまり「イング神」〉ということになる。

なお、シュックは一九〇四年刊行の『北欧の文学——宗教史研究』では、本来なら「Ingunar-」という二格ではなく、一格の「Ingunn」を用いて、全体としては「Ingunn Freyr」とするのが本来の表記法であると指摘している。その理由として、最初ドイツ北部に登場し、それからデンマーク・スウェーデンに到来してフレイ神と接触・合体して「一つの祭祀」を形成するに到ったという見解を提出している。[84]このことをシュックは、「原則として、神の複数の名前というのは、二つの信仰が溶け合って一つになったことを意味しており、したがってここではイング信仰がフレイ信仰乃至ヴァン信仰と合体し、二つの神が一つの神となるのである[85]」と語っている。つまり、「イング神」と「フレイ神」は本質的に同一の神ではないが、同一の神となったのである。「イング神」には「クロノロジー」が存在するのである。

なお、シュックは、「ベーオウルフ」「frêa Ingwina」については、「Ingunar-Freyr」と同一視せず、「イング神の支持者」あるいは「イング神崇拝者」の「主」（herre）、つまり「王」と解読する。もっとも、彼にとっても、「イング神は神的父祖、この国の最初の王であった[86]」と見なしうるかぎり、両概念は一致することになる。

そして、シュックの後の文献における営為を念頭に置きながら、「Ingunar-Freyr」の概念についても詳細かつわれわれの立場からすれば最も啓発的・説得的な方向での解読を行ったのが、先のように「*kuningaz」(kunungR)について信頼に値すると思われる結論を導き出したオットー・フォン・フリーセンである。彼の解読の手続きに関する詳細は省くが、彼の主張の要点はこうである。「Ingunar-Freyr」における「Ingunar-」とは古スウェーデン語の「Inguna」、アングロ・サクソン語の「Ingwina」に対応しており、「Inguna」つまり「Ingwina」は部族の祖としての神的英雄を意味する固有名詞「Ing」と普通名詞「-wini」(友)との合成語として、結局「イングの友・崇拝者」を意味するのである。かくて、フォン・フリーセンは、「fréa Ingwina」を「イング神崇拝者(デンマーク人)の首長(hövding)」と読むとともに、それに当然関連ありと思われる「Inguna(r)-Freyr」を最終的には「〈イング神の子孫〉の、あるいは〈イング神崇拝者〉の主、つまりフレイ神」として把握する。彼によれば、「Ingunar-Freyr」というのは、本質的に「部族の神的始祖〈*Ingwaz〉(Ing)に対する後代の解説的名称」であって、いわば後代の者にとってより近い存在である「フレイ神」に結びつけて、おのが部族の始祖としての豊穣神「イング」を語り伝えようとして構成されたタームこそ「イングナール・フレイ」に他ならないのである[87]。そのかぎり、「イング神」と「フレイ神」との間には、まさしく始祖とその後継者という神統紀的系譜関係が存在することは間違いないのである。

以上、われわれは、ゲルマン初期王権が神聖王権であるか否か、その意味においてこの王権がなかんずく神話的基礎を有するか否かといったことを探索する目的で、タキトゥスがゲルマン民族の中の一部族として提出した「インガエウォーネース族」(イングウァエオネース族)に範を取り、定評ある先行研究者の営為に負いつつ、部族名の詳細な語源的分析を行った結果、この部族の本質は総合的にほぼ次のごとく規定しうるように思われる、「部族の始祖たる豊穣神イング(女神ネルトゥス乃至男神ニョルズ)と、その後継者フレイ神を崇拝する子孫・後裔」。

もとよりこの定義のままに留まるなら、反論は避けられない。この定義はあくまで一部族全体の神的・神話的系譜を明らかにこそすれ、直ちにこの部族の王権の神聖性を明証するものではないであろうという反論である。事実、デンマーク古代学の泰斗アクセル・オルリックは、彼のデンマーク英雄詩論の中で、北欧の資料では「Ing」も「Ingwina」もまったく未知の名前であって、アングロ・サクソンの資料でしか知られておらず、またその場合でも「Ingwina」は少なくとも王家の名称ではなく、あくまでデンマーク人全体に対する名称に過ぎないと主張しているのである。[88] しかし、フォン・フリーセンは、このオルリック説を批判する仕方で、たとえそうだとしても、「古代アングロ・サクソンの資料では、王家の名前がその民族の名称として使用されることがしばしばある、ということによって説明可能[89]」、と考えている。そして、フォン・フリーセンのこのような発言の真偽を確かめるまでもなく、ゲルマン初期王権の神聖王権的本質を神的・神話的系譜論の視角から確認しうる資料的根拠は間違いなく存在するのである。最後にこの点についての結論を示しておくことにする。

先にその抱懐する原義を明らかにした「Ingumar-Freyr」は、「Yngvi-Freyr」と同義であり、そしてこの「Yngvi-Freyr」は、スウェーデン中世初期の王家であるとともに、ノルウェー最初の統一者ハーラル美髪王（860?–960?）の出身王家でもある「ユングリング家」（Ynglingar）の開祖として崇拝されており、したがってこの王家は、「イング神」から「ニョルズ神」（ネルトゥス神）を経て「フレイ神」に到る神統紀的伝統を継承するまさに神聖王権の担い手として見なされていたことを、スノリの『ヘイムスクリングラ』第一話「ユングリング・サガ」は鮮明に物語っているからである。

「ニョルズの後、フレイは権力を継承した。彼はスヴェーア人の王と呼ばれ、彼らから貢ぎ物を受けた。彼は彼の父のごとく大いに敬愛され、よき時節によって祝福された。フレイはウプサラに大きな神殿を建立し、ここに彼の本拠を構えた。フレイはユングヴィとも呼ばれ、ユングヴィの名は以後ずっと長い間にわたって諸王の名として保持され、彼の一族はその後ユングリング王家と呼ばれた。フレイは死んだが、よき時節と平和が依然広がっていることをスウェーデン人すべてが知ったとき、彼らはフレイがスウェーデンにいる限り、これが続くであろうと信じた。だから彼らはフレイを焼こうとはせず、彼のことを世界の神と呼んで、よき収穫と平和を祈願しつつ、いつまでも彼に生贄を捧げたのである(90)」。

そして、ここまで辿ることによって、先に提出した「*kuningaz」・「kunungR」の原義を「貴族出身の男子」、「神族に属する男子」、「豊穣の女神の夫」の何れとするかという課題に対しても解答を提出しえるであろう。おそらく王家と王権の神的・神話的系譜を最も強烈に証明するのは、「kona」（女性）を語源と見る視点から導かれる第三義であろう。しかし、ここには「夫」たる「王」の配偶者たる豊穣神が「イング」や「フレイ」のごとく「男神」ではなく「女神」であるという問題点が生まれる。しかし、このことについて筆者が倣うのはフォン・フリーセンの見解である。彼によれば、フレイ神の「父」たる男神ニョルズと女神ネルトゥスとの関係から推測することによって、ユングリング王家の始祖「ユングヴィ－フレイ」が、文献資料の場合と異なり、広く流布した民俗信仰の場合、豊穣神が「男神」ではなく「女神」として始祖の役割を果たした可能性が極めて大であって、第三義を「王」の根源的意味として承認しうるのである(91)。また、この場合、やはりネルトゥスとニョルズの関係の中に、「男性的な根源力と女性的な根源力の共同作用からのみ成立する生命の両極的性格」の顕現した姿を見ることによって、「個々のゲルマン人の神像間の境界は極めて容易かつ多彩に流動するのであって、彼らの支配圏を厳密に規定・確認しうるような神学やドグマは存在しなかった(92)」、と主張したシュレーダーの見解に大いなる真理を見出すことができよう。

以上のごとき意味において、古代・中世ゲルマン民族の一部族「インガエウォーネース族」（デンマーク人）が「イング神の後継者たるフレイ神の子孫」であるという神話的系譜を所有するとともに、中世初期スウェーデンの王家「ユングリング」の王家としての権威・権勢は、この王家を構成する歴代の諸王がまさしく「豊穣の女神フレイの夫」であるという神話的理念を基礎として成立していることを認識しうるのである。既述のように、ヴァルター・ベトケはゲルマン初期神聖王権否定論者であり、例えば『ユングヴィとユングリング王家――北欧〈神聖王権〉に関する資料批判的研究――』の第一部においては、われわれが先に取り上げた王の神的力と祭祀仲保者としての王の役割を否認し、さらに第二部においては、推測される部族と王家の神話的系譜からゲルマン初期神聖王権を演繹する視座を、それを証拠立てる資料が皆無という理由で拒否している。つまりは、「キリスト教以前の時代のゲルマン人には神聖王権は存在しなかった」、という結論が導かれざるをえないのである。[93]この問題についてはすべてが明証的に解決されているわけではなく、なお、そして今後ともさまざまな観点からさまざまな疑問が提出されることは疑いないであろう。だが、それにもかかわらず、筆者としては、既述のようにゲルマン初期王権問題の解明に対して開拓者的役割を演じるとともに、王の中には神性の本質が生き生きと現存し、王としての尊厳・威厳・権力は、王があくまで神の権威に服従・奉仕することに由来すると見なすのがゲルマン初期王権思想の根本的特質であると看破した、オットー・ヘフラーの「王権の形而上学」、「神聖王権の哲学[94]」の立場を基本的に受け入れたいと思う。

注

（1）表題の「神話的」（mythical, mythisch, mytisk）という形容詞は、ゲルマン初期神聖王権が「神話的なもの」に根差しているという意味で使用する。「神聖な」という形容詞はドイツ語の「sakral」に対する訳語であるが、通常の「祭祀的」乃至「神事的」という訳語では狭義に過ぎ、王権の担い手の「神々の家系」（deschent from the gods）・「神的系譜」（göttliche Abstammung）という意味を含み難いので使用を避けた。

（2）タキトゥス『ゲルマーニア』泉井久之助訳、岩波文庫、第三版、一九八一年、五二頁。なお泉井訳の「将領」というタームに代えて「将軍」を用いた。

（3）エミール・バンヴェニスト『インド＝ヨーロッパ諸制度語彙集2　王権・法・宗教』前田耕作監修、安永寿延解説、蔵持不三也他訳、言叢社、一九九二年、二一一頁。

（4）「*kuningaz」「kunungaz」の関係は語源学的には重要な問題であるが、ここではより突っ込んだ詮索は控えると同時に、以下では前者を用いる。Vgl. Ekblom, Richard, Germ. *kuningaz〈könig〉, in: *Studia Neophilologica, A Journal of Germanic and Romanic Philology*, Vol.17, 1944/45, Amsterdam, 1975.

（5）Much, Rudolf, *Die Germanica des Tacitus*, Heidelberg 1987, S. 108.　（6）*ibid.*, S. 390.

（7）Fehrle, Eugen, *Publius Cornelius Tacitus GERMANIA*, Heidelberg 1959, S. 130.

（8）Rives, J.B., *TACITUS GERMANIA*, Oxford, 1999, p.144.

（9）Vgl. Picard, Eve, *Germanische Sakralkönigtum?*, Heidelberg 1991, S. 40–45.

（10）Rives, *op.cit.*, p.145.　（11）*ibid.*, p.145.

（12）Wallace-Hadrill, J. M., *Early Germanic Kingship in England and the Continent*, Oxford, 1971, p.2f..

（13）Fehrle, *op.cit.*, S. 78.

（14）Rives, *op.cit.*, p.150.　（15）*ibid.*, p.151.

（16）タキトゥス注（2）前掲書、五四頁。

（17）Littleton, G. Scott, The〈Kingship in Heaven〉Theme, in: Puhvel, Jaan（ed.）, *Myth and Law among the Indo-European Comparative Mythology*, Berkley, 1970, p.83.

（18）*ibid.*, p.108.　（19）*ibid.*, p.107.　（20）*ibid.*, p.116f..

（21）北欧神話の「人類発生論」については、尾崎和彦『北欧神話・宇宙論の基礎構造――〈巫女の予言〉の秘文を解く』白凰社、一九九四年、三五八‐四〇四頁参照。
（22） Littleton, *op.cit.*, p.106.
（23） タキトゥス注（2）前掲書、六〇頁。
（24） Höfler, Otto, Abstammungstradition, in: *Hoops von J. Realrexikon der Germanischen Altertumskunde*, Bd.1, 2.Aufl., Berlin/New York, 1973, S. 27.
（25） *ibid.*, S.28.
（26） Ström, Åke V., Gottestaat und Götterstaat unter den vorchristlichen Germanen, in: Biezais,H. (hrsg.), *The Myth of the State,based on Paper read at the Symposium on the Myth of the State hold at Åboon the 6th–8th*, September, 1971, Sthlm, p.148.
（27） *ibid.*, p.159.　（28） *ibid.*, p.154.
（29） Baetke, Walter, *Das Heilige im Germanischen*, Tübingen 1942, S. 138.
（30） Dahn, Felix, *Die Könige der Germanen*, Bd. 2, Leipzig 1910f., S. 28.
（31） Baetke, Walter, *Zur Frage der Altnordischen Sakralkönigtums*, in: Rudolf, von K.und Walter (hrsg.), *Kleine Schriften-Geschichte, Recht und Religion*, Weimar 1973, S. 144.
（32） Ström, Åke V. und Bizauis,H., *Germanische und Baltische Religion*, Stuttgart 1975, S. 267.
（33） Baetke, *Zur Frage der Altnordischen Sakralkönigtums*, S. 186.
（34） Vgl. Ström, *Germanische und Baltische Religion*, S. 268.
（35） Baetke, *Zur Frage des Altnordischen Sakralkönigtums*, S. 147.
（36） Vgl. de Vries, Jan, *Altgermanische Religionsgeschichte*, Bd.1, 3. Aufl. Berlin 1970, S. 275, 395.
（37） Snorri Sturluson, *Heimskringla. History of the Kings of Norway*, transl. by Hollander, LM., Austin, 1964, p.44ff..
（38） de Vries, Jan, Das Königtum bei den Germanen, in : *SAECULUM* 7, Freiburg 1956, S. 295.
（39） Baetke, *op.cit.*, S. 166.　（40） *ibid.*, S. 166.

(41) Ström und Bizauis, *Germanische und Baltische Religion*, S. 268.

(42) Höfler, Otto, Der Sakralcharakter des germanischen Königtums, in :Birhan, von H. (hrsg.), Kleine Schriften, Hamburg 1992, S. 93.

(43) Baetke, *op.cit.*, S. 166.　(44) *ibid.*, S. 166.　(45) *ibid.*, S. 186.

(46) Ström, Å. V., The King God and his Connection with Sacrifice in Old Norse Religion, in: *At ti dell* VIII congresso internazionale di satoria delle religioni, Florence, 1956, pp.702–716.

(47) ジョルジュ・デュメジル『ゲルマン人の神々』松村一男訳、日本ブリタニカ、一九八〇年、六四–七一頁参照。

(48) Vgl. Ström und Bizauis, *Germanische und Baltische Religion*, S. 269ft..

(49) Ström, *The King God and his Connection with Sacrifice*, in Old Norse Religion, p.713.

(50) Snori, *op.cit.*, p.12.

(51) Ström, Å. V., *The King God and his Connection with Sacrifice*, in Old Norse Religion, p.715.

(52) Kuhn, Hans, *Kleine Schriften. Aufsätze und Rezensionen aus den Gebieten der Germanischen und nordischen Sprach-Literatur- und Kulturgeschichte*, Bd. 4, Berlin 1978, S. 246.

(53) *ibid.*, S. 242.　(54) *ibid.*, S. 243.

(55) Wolfram, Herwig, Methodische Fragen zur Kritik am, "sakralen" Königtum germanischer Stämme, in: *Festschrift fur Otto Höfler zum 65*, Geburtstag, Vienna 1968, S. 473.

(56) *ibid.*, S. 488ff.　(57) *ibid.*, S. 490.

(58) de Vries, Das königtum dei den Germanen, S. 299.　(59) *ibid.*, S .299.　(60) *ibid.*, S. 296.

(61) Falk, H. S. und Torp, Alf, *Norwegisch-Danisches Etymologisches Wörterbuch*, Bd.1, 2. Aufl. Oslo 1960, S. 563. Falk og Torp, *Etymologisk ordbog over det norske og det danske sprog*, 4. opptrykk, Oslo 1996, s. 401.

(62) de Vries, Daskönigtum dei den Germanen, S. 292f..　(63) *ibid.*, S. 293.

（64） von Friesen, Otto, Har det nordiska kungsdömet sakralt ursprung? En ordhistorisk utredning, in: *Saga och Sed 1932–1934*, Uppsala 1934, S. 16–25.

（65） de Vries, Jan, *Altnordisches Etymologisches Worterbuch*, 2. Aufl. Leiden 1977, S. 32.

（66） von Friesen, *op.cit.*, S. 25.

（67） Ekblom, R., Germ. *kuningaz 〈König〉, in: *Studia Neophilologica, A Journal of Germanic and Romanic Philology*, Vol.17, 1944/1945, pp.4–7.

（68） タキトゥス注（２）、前掲書、三四頁、訳注（４）。

（69） Rives, *op.cit.*, p.116.

（70） Höfler, *op.cit.*, S.20f..

（71） この点については、尾崎和彦注（21）前掲書、二八頁以下参照。

（72） Rives, *op.cit.*, p.113.

（73） Vgl. de Vries, Jan, *Altgermanische Religionsgeschichete*, Bd. 2, 3.Aufl. Berlin 1970, §449, S. 117. Krause, Wolfgang, Ing, in: *Nachrichten der Akademie der Wissenschaften in Göttingen*, phil.-hist. Klasse, Jahrgang, 1944, Nr.10, S. 299.

（74） Noreen, Adolf, Yngve, Inge, Inglinge m. m., in : *Namn och Bygd* 8, Uppsala 1920, S. 4.

（75） Krause, Ing, S. 253.　（76） *ibid.*, S. 243, 247, 253.

（77） de Vries, Altgermanische Religionsgeschichete, §449, S. 167.

（78） ジョルジュ・デュメジル、前掲書、一五五頁参照。

（79） de Vries, *Altgermanische Religionsgeschichete*, §461, S. 184, Not.1.

（80） Schröder, Franz Rolf, *Ingunar-Freyr. Untersuchungen zur germanischen und vergleichenden Religionsgeschichte*, 1, Tübingen 1941, S. 32.

（81） Schück, Henrik, Ingunar-Freyr, in :*Fornvännen*, 35, 1940, S. 292.

(82) Vgl. Much, Rudolf, *Die Germania des Tacitus*, Heidelberg 1937, S. 32. Rives, *op.cit.*, p.293. Simek, Rudolf, *Dictionary of Northern Mythology*, Suffolk, 1993, p.230f..

(83) Schück, *Ingunar-Freyr*, S. 292.

(84) Schück, Henrik, *Studier i nordisk litteratur-och religionshistoria*, andra delen, 8thlm. 1904, s. 302.

(85) *ibid.*, s. 298.　(86) *ibid.*, s. 302.

(87) von Friesen, *op.cit.*, S. 25ff..

(88) Olrik, Axel, *Danmarks Heltedigtning.1*, Kbh. 1903, S. 124.

(89) von Friesen, *op.cit.*, S. 27.

(90) Snorri, *op.cit.*, p.13f..

(91) Jfr.von Friesen, *op.cit.*, S. 33.

(92) Schröder, *op.cit*, S. 71.

(93) Vgl. Baetke, Walter, *Yngvi und die Ynglinger, Eine quellen-kritische Untersuchung über das nordische "Sakralkönigtum"*. Sityungsberichte der sächsischen Akademieder Wissenschaften zu Leipzig phil.-hist. Klasse, Bd.109/3, Berlin 1964, S. 171.

(94) Vgl. Höfler, *op.cit.*, S. 92f..

第四章　一九世紀北欧思想と北欧神話

はじめに

本書第四章の課題は、北欧神話によって表現される「北欧的なもの」の理念が一九世紀デンマークにどのような影響乃至痕跡を留めているかを、特にデンマーク黄金時代の精神生活を代表する最重要な二人の思想家――N・F・S・グルントヴィ（Nikolaj Frederik Severin Grundtvig, 1783–1872）とS・A・キェルケゴール（Søren Aabey Kierkegaard, 1813–55）――を通して探ることである。しかしながら、この目的を達成する上で明確な方法論的視点を見定めるために、その予備的作業として以下の二点について詳しい解説を試みる。

第一点は、グルントヴィとキェルケゴールを取り囲む同時代北欧のより一般的な思想史的・精神史的背景を明らかにするために、いわゆる「北欧ロマン主義」（nordisk romantik）と北欧神話との関連を探ることである。

第二点は、デンマークにおいて既定の対立図式として知られる「グルントヴィ対キェルケゴール」という問題に関して、キェルケゴールの研究史上極めて特異な独創的見解を披瀝し、第四章の課題の検討に対して注目すべき有意味的な考察資料を提供しているノルウェーの聖職者J・P・モンラーズの見解を精密に分析することである。それによって彼固有の視点からではあるが、グルントヴィとキェルケゴールが互いに「北欧神話」に向かう姿勢と方向をまったく異にしながら、それぞれ独自の仕方で「北欧民族精神」乃至「北欧的なもの」に深く関わっている事実が解き明かされるはずである。

もとより本章が「一九世紀北欧」の北欧神話との関わりを問題とする以上、スウェーデン・ノルウェー等の事情についても問われるべきであり、特に一九世紀スウェーデンの文学・思想に対する北欧神話の影響は甚大であるが、本章が二人のデンマーク思想家に関心対象を絞らざるをえないので、以下の論述ではスウェーデン・ノルウェーの場合については割愛した。

第一節　北欧ロマン主義と北欧神話

［I］　北欧ロマン主義における北欧神話の役割

デンマークやノルウェーには、特に建築様式について用いられる「北欧ルネッサンス」（nordisk renaissans）という概念があるが、広義においては文学や哲学の視界では北欧諸国における古代北欧史や北欧神話の再発見に関連づけても用いられる。この意味での「北欧ルネッサンス」の概念が最初に導入されたのは、一七七〇年デンマークの詩人ヨハンネス・エーヴァル（Johannes Ewald, 1743–81）が歴史ドラマの『ロルフ・クラーケ』（*Rolf Krake*）を公表し、さらに五年後『バルドルの死』（*Balders Dod*）を発表したことがきっかけであり、これによって北欧の神々と神話がスカンディナヴィアの文学に再導入され、いわば文学上の「北欧ルネッサンス」が齎される最初の動機となったのである。そして、この傾向にさらに拍車をかけたのは、隣国ドイツから由来したロマン主義の思潮であり、北欧ではこの新思潮が自らの主題を北欧神話から引き出し、かくて北欧神話の抱懐する各種主題を取り込んだ結果、北欧神話の抱える主題が一気に一九世紀全体を通して北欧各国のロマン主義的な芸術家・作家の霊感の源泉となったのである。

このように一八世紀後半に「北欧ルネッサンス」が齎され、続く一九世紀がロマン主義の立場から北欧神話とその主題が改めて見直されるに到った背景には、もとより同時代北欧各国の政治的状況と結びついた民族文化の理想とアイデンティティの問題がある。ノルウェーのごとき新興国にとっては、現在を過去の栄光とリンクさせることが最重要課題であり、デンマーク・スウェーデンのごとき古い強力な王国においても古代史との結びつきが強調されたのである。この点は、本書第三章のゲルマン民族初期王権の考察からも十分窺い知れるところである。北ノルウェー美術館館長のK・リョゴットが指摘するように、何れにせよ北欧諸国にロマン主義の潮流が流入し、民族意識の高揚とともに、北欧神話とそれが抱える各種各様の主題が、さまざまな仕方でこれらの国々の民族的プログラムに組み込まれたのである。[1] もとよりこのようにして成立した北欧ロマン主義と北欧神話との関連の全体像を問うことはそれ自体壮大なテーマであり、ここでの全面的な追究は断念せざるをえないが、代わりにこのテーマに果敢に挑戦したスウェーデンの文学史家ヨーラン・ミョーベルイ（Joran Mjoberg, 1913–2006）の優れた取り組みの一端を窺うことによって、本書第四章の課題を追究する上での重要なポイントを確認しておきたいと思う。[2]

隣国ドイツからロマン主義が流入した最初の国はデンマークであったが、スウェーデンでもロマン主義は文学・哲学の分野において大輪の花を咲かせ、その際北欧神話の提供する題材も主要なテーマとして取り上げられた。スウェーデン・ロマン主義の全体像に関する代表的な研究は一九二四年に登場したアルベルト・ニルソン（Albert Nilsson）の古典的名著『スウェーデン・ロマンティーク　プラトン的潮流』[3]が代表と見てよいが、ロマン主義文学における北欧神話の役割についてはそれよりもさらに一〇年先行して、一九一四年という早い時期にスウェーデン系アメリカ人A・B・ベンソンによって、コロンビア大学哲学博士論文『スウェーデン・ロマンティシズムにおける古代北欧的要素』[4]が刊行されている。スウェーデン本国ではエーリック・バレーン（Erik Wallen）が一九一八年と一九二三年に、『スウェーデン・ロマンティークにおける北欧神話』、『スウェーデン文学におけるロマン主義的神話研究』を公刊している。[5] しかし、一九六七年と翌年にはスウェーデンの国境を越えて北欧全体を俯瞰しつつロマン主義と北欧神話との関連を精査した質量ともに他を圧倒する研究が出現した。前記ミョーベルイの二巻本『サガ時代をめぐる夢想』（*Drommen om Sagatiden*）である。

この画期的なこの文献には、サブタイトルとして、第一巻には「一七〇〇年代中期から新ゴシック様式（一八六五年頃）までの北欧ロマン主義の展望」、第二巻には「最近の数世紀」が付加されており、各巻の頁数は三二一頁と五三一頁、両巻併せて八六二頁、文字通りの大著である。そして、この大著の全体的な目論見は、表題からも窺われるように、一八世紀の終わり以降ほぼ二〇〇年間にわたってデンマーク・スウェーデン、ノルウェー、フィンランド、アイスランドの文学が、北欧神話やサガの語り伝えるヴァイキング時代とこの時代の人間について抱いてきた「夢想」とも「憧憬」とも言うべきものを徹底的に分析・探究することであった。より厳密に言えば、大著における著者ミョーベルイの最内奥のモティーフは、「ヴァイキングたちはいかにして無際限・無批判な賛美の対象になりえたか」という問いへの答えを導き出すために、第一巻では、ロマン主義時代に登場した「夢想」「憧憬」という名の「ヴァイキングたちの美化」、その意味での「古代北欧の理想化」の理念と方向を確認することを課題としたのである。[6]

この課題に立ち向かう上で、ミョーベルイに絶好の素材を提供したのが、一七九九年コペンハーゲン大学が「古代北欧神話が導入され、ギリシァ神話に代わって一般的に受容されたことは、北欧文学にとってプラスであったか？」（Var det gavnlig for Nordens skønne Literatur, om den gamle, nordiske Mythologie blev indført og almindeligt antaget i Stedet for den græske?）という懸賞問題を掲げたことであった。[7] この懸賞課題に応募し、北欧神話を詩のテーマとすることに積極的姿勢を表明した三人の内の一人が後に「北欧の詩王」と称えられることになる北欧ロマン主義の詩人アダム・エーレンシュレーヤー（Adam Oehlenschläger, 1779–1850）であった。彼は、北欧神話のことを、ギリシァ神話よりははるかに新しく、決して古臭くないとする一方、彼独自の仕方で北欧神話を弁護したが、その意図するところは、自国の古代史と北欧神話を用いることによってデンマーク国民の祖国愛を刺激することであった。そして、特にエーレンシュレーヤーのこの業績を通して、デンマークでは北欧神話の主題が現実的な民族問題の一部となったのである。

そして、前記懸賞論文に応募することはなかったが、『アース神論について』（*Om Asalæren*, 1807）の論稿を公表して、懸賞論文の課題に対して積極的な関心を表明したもう一人のデンマークの青年がグルントヴィであった。この論稿の中で彼は、形態の外的な装飾性の点では、北欧人もギリシァ神話の優位性に反論するわけにはゆかないが、一旦内的な力と「最高の意味」ということにかけては、北欧人は堂々と『北欧神話』の「ギムレー」（Gimle）の概念を掲げる、と宣言する。語源的に「火から保護されている場所」を意味する「ギムレー」は、その意味に相応しく「ラグナロク」（ragnarok　宇宙の破滅）の後も崩壊することなく残存し、復活再生した新時代には、誠実な人々は、黄金葺きの館が太陽よりも美しく聳え立つこの場所に住み、永遠に幸せな生活を送るとされるのである。ミョーベルイの見解では、この「ギムレー」の概念を持ち出すことによって、グルントヴィはギリシァ神話を凌駕する北欧神話の道徳的な価値や力を明示しようと意図しており、同時にそこに文学的な目的に北欧神話を利用しうる大きな可能性を認識したのである。この場合、道徳的な価値や力とは、勇気・寛大・誇り・高貴・自由・祖国愛といったものを意味するが、グルントヴィのみならず、総じて北欧ロマン主義詩人たちの圧倒的多数が、夢想・憧憬という仕方で、これらの道徳的価値と力を謳い上げた北欧神話やサガの創造に携わったヴァイキングたちを美化し、彼らが華々しく生き活動した古代北欧を理想化したのである。

ところで、ミョーベルイは、一方ではさらに、古代北欧神話の世界を夢想・憧憬した一七〇〇年代中期から一九世紀半ばまでの北欧ロマン主義の時期を「理念形成」の時期として把握している。もとよりロマン主義詩人の古代北欧像は必ずしも一定しないが、共通しているのは、北欧神話やサガの語る古代北欧人の精神的特性や人間像に注目しつつ、なかんずく相互に競い合う二つの人生観、異教とキリスト教の関連に彼らの関心を集中させたということである。

そして、「理念形成」というのは、北欧ロマン主義詩人たちが、ヴァイキング時代における「異教とキリスト教の遭遇」(mötet mellan hedendom och kristendom)を、一種「改宗的な」理念を形成しつつ段階的に前進・発展するものと見なしているということである。そして、この「理念形成」は具体的には三つの段階的なパターンを取って進展するとされる。第一段階が「異教が主要なアクセントを獲得する」パターン、次いで第二段階は「新たな見方が古い見方の中に取り入れられる」パターン、最後の第三段階は明確に「キリスト教の導入が目的」(8)とされるパターンである。その意味で、ミョーベルイの指摘する、北欧ロマン主義詩人たちがヴァイキング時代の異教神話・北欧古代に自らの作詩上の「利用可能性」を発見しえた理由は、まさしく「異教とキリスト教の遭遇」を踏まえて、古代ゲルマン異教からキリスト教への改宗的発展を追跡しうると考えたからに他ならない。

ミョーベルイは同様の内容を、北欧ロマン主義詩人における「宗教的共感の問題については三つの異なったカテゴリーが区別される」という仕方で、このようにも述べている。

「第一カテゴリーは北欧異教に力点を置く立場から構成される。第二カテゴリーは異教をキリスト教の萌芽と見なす。第三カテゴリーはキリスト教の勝利の必然性を証明することに誇りを抱く立場から成り立つ。これについてはわたしは〈ミッション・モチーフ〉というタームを用いたい。異教への共感は一八〇〇年代の始めに登場し、キリスト教への共感は主としてそれより後に現れる(9)」。

ところで、ここにおいてわれわれにはミョーベルイのさらに重要な見解に出会う。それは、彼が、自国スウェーデンのみならずデンマーク・ノルウェーの多数の北欧ロマン主義詩人の中で、なかんずくグルントヴィを前記の「理念形成」の「第一段階のパターン」「第一カテゴリー」と「第三段階パターン」「第三カテゴリー」の代表的な具現者として、北欧ロマン主義潮流の筆頭に位置づけていることである。前の契機は「若きグルントヴィ」によって実現されるが、ミョーベルイによれば、ロマン主義の時代を通じて、若きグルントヴィほど、北欧神話・ゲルマン宗教の主神であるアース神信仰とその時代に対する感激に満たされた北欧詩人はいないのであって、アース神信仰への帰依を若き日の彼ほど人格を賭して告白した詩人もいなければ、神話における神々の悲劇的運命を当時の彼ほど強烈に感受・苦悩した詩人も皆無だったのである。しかしながら、アース神信仰と古代北欧神話が全面的にグルントヴィの関心と生のパトスたりえたのは一八〇八年の始めから一八一〇年の終わりまでの数年間に過ぎなかった。一八一〇年から一一年にかけてグルントヴィは宗教的危機に襲われ、これ以後は、「第二段階パターン」・「第二カテゴリー」の契機を一挙に飛び越えて、「グルントヴィの詩における異教とキリスト教に対するパースペクティヴはラディカルに変化し……かくて彼はいささか唐突に古い神々の転覆に邁進するのである」[10]。それは、ミョーベルイの引用するグルントヴィ自身の言葉を用いて言えば、「キリスト教の戦う精神こそ、神の名と崇拝に値する唯一のもの」という自覚に到達したからである[11]。そして、われわれにとっては、北欧神話との対話・対決を軸に、宗教的危機を挟んで第一段階・第一カテゴリーから第三段階・第三カテゴリーへの劇的回心とも言うべきグルントヴィにおける突発的飛躍とその後の軌跡を辿ることが、本書第四章第二節「北欧神話とグルントヴィ」の課題である。

〔Ⅱ〕 ロマン主義とハイベーャ・アンデルセン・キェルケゴール

ところで、グルントヴィの祖国デンマークにかぎって言えば一九世紀前半のロマン主義時代は特に「黄金時代」(guldalder) と呼ばれる。それは、この時代が、絵画・彫刻・音楽・バレー・科学等多数の分野において創造活動の頂点に到達したからである。しかしながら、歴史的経緯に伴う内実の変化を考慮して正確さを期すなら、デンマーク「黄金時代」は三期に区分することができる[12]。第一期は一八〇二年から一八二五年頃にかけてであり、デンマーク－ノルウェー系ドイツ人の哲学者ヘンリク・ステッフェンス（Henrik Steffens, 1773–1845）が、一八〇二年コペンハーゲン大学エーラース・コレギウムにおいて、自然・歴史・人類の関連を強調しつつ、ドイツ・ロマン主義の主要なテーマを紹介する連続講演に多くの聴衆を集め、これを契機にロマン主義の思潮をデンマークに持ち込むのに成功したことに始まる。そして、この思潮にいち早く共感を表明し、ロマン主義の立場からデンマークの指導的詩人になったのが既述のエーレンシュレーヤーであり、同じ思潮から出発してこの国の「黄金時代」の創出に最大の貢献を果たしたのがグルントヴィであった。

一八二〇年代と三〇年代にまたがるデンマーク第二期「黄金時代」を構成するのは、第一期デンマーク・ロマン主義の素朴で非体系的な直接性に不満を見出したより若い世代であった。エーレンシュレーヤーやグルントヴィは、よりクールで洗練された知的・芸術的完成の持主によって欠陥ありと批判されたのである。批判者の代表格は劇作家で批評家のＪ・Ｌ・ハイベーヤ（Johan Ludvig Heiberg, 1791–1860）であった、彼は、思惟を崇拝し、ロマン主義に堕するとして感情的要素を拒否する主知主義者であった。哲学的に見れば、彼は徹底した観念論者であり、ヘーゲルの弁証法的思惟体系に宗教的崇拝すら抱くヘーゲリアンでもあった。そして、この立場から同時代の唯物論とロマン主義の文学に自らの批判の矢を向け、ロマン主義との対決を指導したのである。

しかしながら、この点については留意されるべき重要ポイントがある。ハイベーヤがドイツ・キール大学にデンマーク語講師として赴任した一八二二年から一八二五年に掛けての三年間は、ヘーゲル哲学体系を発見したことによってハイベーヤに重大な転機が齎された期間であったが、同時に彼がなおロマン主義の強烈な影響下に留まっていた時期でもあった。というのも、前記大学で行った二つの連続講義の内「デンマーク語形論」が一八二三年に出版されたのに続いて、翌二四年にはもう一つの連続講義「エッダとエーレンシュレーヤーの神話詩に基づいて述べられた北欧神話」（Nordische Mythologie aus den Edda und Oehlenschlagers mythischen Dichtungen dargestellt）が書物として刊行されたからである。[13]後著は一八六二年には、デンマーク・ロマン主義の最後の詩人クリスチャン・ウィンター（Christian Winther, 1796-1876）によってデンマーク語に翻訳された。[14]このようなハイベーヤ自身の思想展開から見ても、デンマーク思想史全体あるいは北欧神話研究史何れの点から見ても、過渡期的性格の強いこの文献に関心が払われたことを示す資料は発見されず、前述のミョーベルイもハイベーヤのこの書についてはまったく等閑視している。しかし、筆者の抱える北欧神話とデンマーク・ロマン主義の動向という問題の視点からは、デンマーク第二期黄金時代の特質の一端を例証するものとして看過しえない意義を含んでいると言わざるをえない。そのために、筆者の当面の論述の流れからすれば若干逸れることになるが、ここでハイベーヤの北欧神話論について暫時言及しておきたい。

ハイベーヤは自著『北欧神話』に、前述のように、「エッダとエーレンシュレーヤーの神話詩に基づいて述べられた」というサブ・タイトルを付加している。理由は、先ず原資料としての『詩のエッダ』が、「極めて神秘的で謎めいており、ほとんど理解しがたい言語で書かれた、いわば抽象的な文言の神話」しか含んでいないにもかかわらず、「北欧神話最古の原典」たることには変わりないからである。なお、スノリ・ストゥルルソンによる新しい『散文のエッダ』は、表現全体が「詩的魅力」に乏しく「粗雑」ではあるが、『詩のエッダ』の内容解読に資する点で「比類なき価値」を有している、というのがハイベーヤの見方である。

次いで、自著の主題展開に際してエーレンシュレーヤーの長編叙事詩『北欧の神々』を用いた理由については、ハイベーヤはこのように述べている、

「エーレンシュレーヤーは北欧神話の個々の部分を名人芸で処理し、最終的にはまさにエッダの全内容を一全体として叙述しようとさえしている。その偉大な詩篇は〈北欧の神々〉（Götter Nordens）なるタイトルを有する。

これを構成する各部分の価値は同一というわけではないが、結果的にわたしは神話解説の事例を、原典そのものからよりもはるかに頻繁に、エーレンシュレーヤーの最良の北欧詩から引用することになる」[15]。

このように、ハイベーャは、『古エッダ』の全内容を体系的・全体的に把握する立場から完成した作品こそエーレンシュレーヤーの長編叙事詩『北欧の神々』に他ならないと見なすわけであるが、『エッダ』原典の「しばしば粗雑で理解不可能な言語に詰め込まれている虚構の美」の解読に比較すれば、、エーレンシュレーヤーという卓越した詩人の語る洗練された言葉の方が読者にとってははるかに理解しやすいというのが、自らの北欧神話論の展開をこのエーレンシュレーヤーの独創的な『エッダ』解読に大きく依存せしめた理由であった、ハイベーャの洞察によれば、エーレンシュレーヤーは北欧神話の原典資料『エッダ』から古代北欧人の精神を誠実に汲み出すことに成功しており、彼らの神話的・宗教的精神を看破するという偉業を成し遂げているのである。エーレンシュレーヤーにとっては、古代北欧神話は「なお生ける個体」であって、詩的のみならず、物理学・天文学等他の一切のものを含む全面的な視点を包摂するのである。彼による北欧神話の詩的論述自体がすでに神話の真の原典となっている、とハイベーャは主張する。確かに歴史的視点からすれば、神話は過去に属するが、詩的視点に立てばそれは常にどこまでも現に生きているものである。そして、神話を華麗な生命へと呼び返す詩人は太古の証人として、われわれにとっては偉大なる権威たりうるのである[16]。

さらに、ハイベーャの見解では、北欧神話は単なる「ポエジー」ではなく、根源的に「民族のポエジー」(Volkspoesie) である[17]。なぜなら、すべて神話は基本的に個々の民族の創造したものであり、それは各民族自身と彼らを取り巻く限定された自然に由来し、神的なものもこの形態においてのみ披瀝されるからである。それゆえ、神的な理念が纏う感性的・直感的・自然的な装いも、必然的にそのローカル性によって一層感性的・直感的・自然的になるのである。だが、同時に北欧神話がローカルな「民族のポエジー」を超えて高次の立場を占める「普遍的根拠」が存在する。それは、北欧神話が単なる「シンボリズム」（Symbolismus）ではなく、「それ自体において完成された真の神話」[18]だからである、とハイベーャは主張する。一般に神話において「最初のグロテスクな基盤」が形成されるのは、自然力が人格化され、神々として思惟されるからであり、それらに呼応して太陽・月・天・大地・雲・風・流れ星・山・川・木々・動物がシンボルとなるのであるが、この形式ではなお「真の神話」は成立しえず、「シンボリズム」が発生するに過ぎない。ここでは自然が神的なもののシンボルに過ぎないからである。ハイベーャは、古代のほとんどの神話はこの意味での「シンボリズム」に還元されると考えている。しかしながら、ギリシァ神話や北欧神話は「シンボリズム」の次元を一歩超出している。人間には「シンボリズム」内の相互に齟齬を来した「理念」と「形式」を絶えざる「反省」によって一致させようとする人間本性内部の根源的・普遍的傾向を基盤として成立しているのがギリシァ神話と北欧神話だからである。この反省を通して単なる自然のシンボルとしての「古い神族」（das altere Geschlecht）は、より人間的に行動する「若い神族」（das jungere Geschlecht）へと高められ、ここにおいて初めて自然の「シンボリズム」から「真の神話」への移行が行われるのであって[19]、ハイベーャにとって、ギリシァ神話や北欧神話はそのようにして成立した「真の神話」の典型に他ならないのである。

　ところで、さらにハイベーャが極めて重要な神話の本質として強調するのは、この「民族のポエジー」としての神話は決して「完結しない」ということである。なぜなら、彼の見解では、独創的な詩人は、自らの固有の営為として、常に古い神話の基盤の上に新たな神話を建立し続け、当の神話をさらに拡大・深化させるからである。たとえ神話が新しい信仰によって駆逐され、民族信仰たることをやめても、神話は自らが属する唯一の領域としての「文学」に移行し、神話を財産とする詩人によって常に新しく生かし返されるのであり、こうして絶えず成長・発展することによって壮大さ・華麗さを倍加させるのが神話の本質なのである。その意味で、古代北欧人の精神を物語る最古の原典、「エッダ」というこの「民族のポエジー」に新たな生命を吹き込み、いまの世に蘇らせた現代の神話こそ、ハイベーヤにとってはエーレンシュレーヤーの長編叙事詩『北欧の神々』であった。

以上、筆者は、ハイベーヤがすでに主知主義的な方向を取りつつもなお本格的なヘーゲリアンとして出発する直前の時期の著作である『北欧神話』の基本的特質を探ったが、その結果確認しうることは、この書の発刊された一八二四年の時点ではハイベーヤが依然としてロマン主義の立場に立っているという事実である。先述のように、スウェーデンの文学史家ミョーベルイは、「エッダ」の内包する北欧異教信仰を創作上の最重要契機たらしめる点を北欧ロマン主義の根本的特徴として見なし、同時にそれを代表する最も傑出した詩人としてエーレンシュレーヤーを指名するのであるが、ハイベーヤの北欧神話論の基本路線はミョーベルイの指摘する北欧ロマン主義の路線と完全に一致しており、そのかぎりハイベーヤ自身明白に北欧ロマン主義精神の継承者としての一面を保持していることは否定できないと思われる。

ハイベーヤが北欧神話を「民族のポエジー」として把握する点も、民族意識の発揚を創作活動の主要な動機の一つとする北欧ロマン主義の精神とも合致している。

とはいえ、同時にハイベーヤの『北欧神話』は、ロマン主義から離脱しようとする方向も濃厚に包含しているという事実も看過することはできない。前述のように、一般的な古代神話とギリシァ神話及び北欧神話を「シンボリズム」と「真の神話」という仕方で区別し、かつこの区別を可能ならしめる根拠を、「シンボリズム」としての神話に内在する理念上・形式上の齟齬・矛盾を反省的思考によって克服しようとする人間本性の根源的傾向に求める視点は、もとよりロマン主義からではなく、はっきりと主知主義の立場から導かれる姿勢である。

さらに、ハイベーャのロマン主義に対する批判的傾向は、「シンボリズム」と「真の神話」を区別する際、前者を「ロマンティック」(romantish)、後者を「クラシック」(klassisch) として特徴づける姿勢にも現れている。[20] そして、彼によれば、「ロマンティックなもの」の基本的特性は「崇高なもの」(das Sublime) という点にあるが、これは、「ロマンティックなもの」においては「理念が形式に対して大きすぎる」ために、当の形式では理念を汲み尽くすことができないことに根拠がある。これに対して、「理念と形式が相互に融合し合っている」状況をハイベーャは「クラシック」と称し、この性格を「真の神話」の本質と同一視するのであるが、[21] その意味において北欧神話は理念的にはまさに「クラシックな神話」と見なしうる、というのがハイベーャの見解である。北欧神話においては神像が単なる自然のシンボルではなく、すでに理念的に規定されており、「北欧神話の総体は纏まりのある一つの叙事詩を構成している」[22] からである。したがってハイベーャは先に神話のことを「民族のポエジー」と称したが、いまや北欧神話は厳密な意味において「クラシックな民族のポエジー」と呼ぶことができるのである。

以上のように、北欧ロマン主義を基本的潮流とする一八二〇年代と三〇年代にまたがるデンマーク第二期「黄金時代」の二人の思想家の内、一般的には典型的な主知主義者・ヘーゲル主義者として知られているJ・L・ハイベーャは、キール大学で北欧神話を講義・公刊した一八二四年前後の時期においては、ロマン主義への肯定的・否定的姿勢という過渡期の思潮に固有の二元論的性格によって特徴づけられていたと見なすことができよう。

さて、ハイベーャとともにデンマーク第二期「黄金時代」を構成するいま一人の思想家は、ハイベーャ以上にヘーゲルの思弁的方法の圧倒的影響を受けた神学者H・L・マーテンセン (Hans Lassen Martensen, 1808–84) であった。しかし、最初、マーテンセンはエーレンシュレーヤーのポエジーに感動することから出発したが、次いでH・ステッフェンスの『偽りの信仰と真実の信仰について』によって理性の限界と詩的ファンタジーの意義を教えられてグルントヴィに接近し、さらにコペンハーゲン訪問中のドイツの神学者F・シュライエルマッハー（Friedrich Schleiermacher, 1768–1834）との遭遇等によって強烈にロマン主義の洗礼を受けるものの、神話的側面に接近することはなく、最終的にはキリスト教に然るべき根拠を与えようとして、アンセルムスの「信仰は知解を求める」（Fides quaerens intellectum）、「知らんがためにわれ信ず」（credo ut intelligam）のテーゼから出発して、信仰は根源的には実存問題であるが、知によって基礎付けられなければならないし、また可能でなければならないという、いわば信仰を基礎付ける知の立場をヘーゲル哲学に求めるのである。確かにこのヘーゲル右派に典型的なマーテンセンの「思弁的教義学」「思弁的倫理学」は、当時のデンマークの知的な青年層に強烈な影響を与え、その結果ヘーゲル主義は、デンマークの多くの若い学徒にとって精神的風土の主要部分となるとともに、デンマーク第二黄金期の到達点ともなったが、他方デンマーク黄金時代ロマン主義の原点を刻印した古代北欧神話世界との関連は、先のハイベーヤを最後として、ヘーゲル右派のキリスト教神学者マーテンセンにおいては完全に失われることになる。

デンマーク「黄金時代」の第三期（一八四〇年以降）は国際的にこの「黄金時代」を認知せしめる上で最大の貢献を果たした二人の人物によって代表される。ハンス・クリスチャン・アナーセン（アンデルセン）（Hans Christian Andersen, 1805–75）と、キェルケゴールである。しかしながら、彼らにおいてはロマン主義の影響はなお色濃く残しながらも、少なくとも北欧神話への結びつきに関しては、後者における若干の冷笑的なコメントを除けば、もはや積極的な痕跡を見出すことはできない。この点についてはキェルケゴールの有する固有の事情をめぐって本書第五章第三節で本格的に検討するが、以下ではアンデルセンのロマン主義に対するキェルケゴールの批判とキェルケゴール自身のロマン主義への姿勢について若干触れておくことにする。

アンデルセンについては、ロマン派の詩を専門とする現代アメリカの最も著名な文学批評家で、二〇〇五年のアンデルセン賞を授与されたエール大学名誉教授のハロルド・ブルーム（Harold Bloom, 1930–）が、「フォクロアーに熱烈な関心を抱いた根っからのロマン主義者であり、アンチ・アカデミズムの擁護者であった」と述べている。[23] ここでブルーム教授がアンデルセンの作品の中にいかなる意味でのロマン主義を見ているかが明白であろう。つまり、教授はアンデルセンのロマン主義を、根源的に、民衆の意識及びこの意識が生み出す想像力とラディカルな現実解釈の重要性を強調する運動として了解しているのである。しかし、このようなアンデルセンのロマン主義は、先にスウェーデンの文学史家ミョーベルイの指摘した、自らの理念形成の手段として北欧神話や古代北欧史を用い、そこに作詩上の主題を探る「北欧ルネッサンス」の担い手という意味での「北欧ロマン主義」の傾向からは完全に乖離している。ミョーベルイが彼の著作でアンデルセンへの本格的言及が皆無ということは、アンデルセンのどの作品にもミョーベルイの言う「サガ時代」への夢想・憧憬を主題とするものが見られないのが最大の理由であろう。

ところで、ブルーム教授が二〇〇五年にアンデルセンの故郷オーデンセの南デンマーク大学でアンデルセン生誕二〇〇年祭で行った、「物語を信頼しなさい、語り手ハンス・クリスチャン・アンデルセンではなく」（Trust the Tale, Not the Teller: Hans Christian Andersen）という意味深長なタイトルの記念講演の中に、ブルーム教授がアンデルセンとキェルケゴールを対比させている面白い箇所がある。

「アンデルセンは幼児キリストへのセンチメンタルな献身を告白している。しかし、彼の芸術は本質において異教的である。彼の同時代人キェルケゴールはこのことを早くから鋭く感じ取っていた。二一世紀のパースペクティブから見ると、アンデルセンとキェルケゴールは奇妙なことにデンマーク文学の美的卓越性を相互に分け合っているのである。二〇〇五年にアンデルセン生誕二〇〇年祭を迎えた今、彼の物語を不滅たらしめ続けている特質を明確にするとすれば、キェルケゴールが偽りのキリスト教社会でキリスト者になることの不可能性の解明を自分のプロジェクトとして分析したのに対し、他方アンデルセンが密かに胸中に抱いていたのは、偽りの大人世界で子供に留まることの難しさの解明というキェルケゴールとは別種のプロジェクトであった[24]。

前記のように、ブルーム教授は、アンデルセンとキェルケゴールはデンマーク「黄金時代」の文学の卓越した美的価値を二分・共有すると見なすのであるが、教授の見解では、世俗化によって純粋のキリスト教精神を喪失したデンマーク・キリスト教界において真の「キリスト者になる」ことの不可能性を宣告したのが、「新約聖書のキリスト教」に訴えるキェルケゴールであり、なお未成熟な偽り多きデンマークの現実社会にあって、「幼児キリスト」への信仰を媒介に徹頭徹尾清純無垢な「子供」であろうとするセンチメンタルなロマン主義者としてのアンデルセンとの間には、何としても大きな隔絶があると言わざるをえないのである。そして、ブルーム教授が敢えて指摘するのは、アンデルセンのこのようなロマン主義の立場が、キェルケゴールの新約聖書的キリスト教観の立場に立てば、本質的にキリスト教的というよりむしろ「異教的」に過ぎないことをキェルケゴールは即刻見抜いていたということである。

しかしながら、実はキェルケゴールが公的にロマン主義の領域に介入するきっかけになったのは、まさにキェルケゴールの神学生時代の作品『いまなお生ける者の手記より』(*Af en Endnu Levendes Papirer*) において、文学批評という形式で、アンデルセンの長編小説『しがないバイオリン弾き』(*Kun en Spillemand*, 1837) に対して厳しい攻撃を行ったのが最初であった。

キェルケゴールによれば、アンデルセンの『しがないバイオリン弾き』はとりとめがなく、オリジナルなアイディアに欠けている。理由は、アンデルセンが自分自身と彼の小説の主人公との区別ができていないからである。バイオリン弾きの絶望的な戦いはアンデルセン自身のこの世に対する怨嗟の反映であり、アンデルセンの根本的な理念は、この世に対する不満なのである。

「現実世界に対する失望と不満を感じたればこそ、彼は自分自身の詩的創造物の中に満足のごとき気分を求めようとする。だから彼は破滅を運命づけられた不幸な英雄をただひたすら嘆くのである。なぜか、アンデルセンがそういう存在だからである。アンデルセン自身が人生において戦うのと同じ喜びなき戦いを、いまや彼は詩の中でも反復するのである」[25]。

アンデルセンはこの世を全然愛していない。この世に対する彼の姿勢は病的であり、非難・拒否しなければならない。この世と対決した上で、この世と合意するか、あくまで格闘し続けるかのあれかこれかが肝要であるが、アンデルセン自身、彼の小説の主人公のように、真にこの世と対決するに到っていない。そして、これこそ神学生キェルケゴールが人間及び詩人としてのアンデルセンを、さらには彼の小説の主人公を論駁する場合の根本理念なのである。アンデルセンは毅然としてあらゆる強敵と戦う自由にして凶暴な天才などではなく、人生の有為転変を甘んじて受け入れる人間に過ぎない。「本当の天才とは風に吹き消される小さな蠟燭ではなく、ひたすら風に戦いを挑む火炎なのである」[26]。『しがないバイオリン弾き』は、天才の力と不幸な環境関係についての誤認を含んでいるが、それはアンデルセンが天才を戦いにおいて捉えるのではなく、「天才は幸運を受精するためには温かさを必要とする卵であって、そうでなければ無精卵になる」といった哀れな「泣き言」でしか表現できていないからである。この小説は、所詮、「自己憐憫的天才」としての、感傷的なロマン主義者としてのアンデルセン自身の自画像に過ぎない。

『いまなお生ける者の手記より』におけるキェルケゴールのアンデルセン批判は次のごとき攻撃において頂点に到達する。

「アンデルセンには人生観が完全に欠落している。人生観というのは抽象的・非人格的に主張されている命題の総計乃至合計以上のものである。人生観はつねにそれ自体原子論的な経験を超出しているのである。つまり、人生観は経験の全質変化、あらゆる経験から勝ち取った揺らぐことなき確かさそのものなのである」[27]。「長–短編詩人にとって人生観が不可欠なことを簡単に示唆することによって、この点がアンデルセンの場合どのような状況にあるかを述べてみよう。人生観は本来長編小説における摂理であり、自らの中に重点を持つように長編小説に与えるより深い統一性である。意志が芸術作品のいたるところに内在することによって、小説が恣意的・無目的にならないようにするのが人生観なのである。逆にこのような人生観が欠落している場合、小説はポエジーを犠牲にしてある種の理論を持ち込もうとするか（独りよがりな小説）、著者の血と肉に対する関係がお終いになってしまうか、偶然的になってしまう……この点をアンデルセンに向けるなら、アンデルセンの小説が彼の人格に対していかに歪んだ関係にあるかが、彼の小説の残す全体的な印象を再生することによって証明されよう……アンデルセンの小説には全体観を構成するものが欠落している」[28]。

キェルケゴールの『いまなお生ける者の手記より』の全編を貫いているのは、アンデルセン側から把握すれば、「格別センセイショナルな、実際にはほとんどグロテスクとさえ言えるようなアンデルセンに対する冷淡な姿勢」であり、結局アンデルセン攻撃を主題とした「キェルケゴールの処女作は印象的でもなく、その批判は特別際立っているわけでもなく、アンデルセンの作品の理解に欠けている」[29]と言わざるをえないのである。

これに対して、『いまなお生ける者の手記より』の初版発行者は、キェルケゴールの側に立って、この作品の重要性はアンデルセン批判の中よりも、むしろ漠然とではあるがそれとわかる仕方で、つまりアンデルセンの感傷性と自己憐憫的天才の弁護を拒否することによって、その意味でアンデルセン流のロマン主義を批判・攻撃することによって、すでにキェルケゴールの実存的な「単独者」の理論を提出している点にあるとしている[30]。

キェルケゴールのアンデルセン批判は、姿勢と表現をさまざまに変貌させながら、これ以後キェルケゴールの全著作家活動を通して反復されている。

繰り返し述べたように、デンマーク黄金時代もアンデルセンとキェルケゴールを代表者とするロマン主義第三期を迎えると、古代北欧神話の世界を重要な構成理念とする精神は完全に失われる。それゆえ、キェルケゴールの場合、残る課題は北欧神話精神を喪失したロマン主義との関係ということになる。もっとも、古代北欧神話に対する無関心的態度とは逆に、ドイツ及びデンマークのロマン主義がヨーロッパ中世のフォアクロアと神話に寄せる強烈な関心から影響を受けたキェルケゴールは、一八三〇年代半ばのコペンハーゲン大学時代から、それらに関連する文献の集中的な研究を開始し、ファウスト、ドン・ファン、彷徨えるユダヤ人アハスヴェルス等の登場人物には特別な関心をそそられている。これら登場人物はそれぞれ懐疑・官能・絶望といったキェルケゴールにとっては最重要な理念を代表する存在だったからである。日誌記述では三人の登場人物の弁証法的な関係を論じられ、ファウストはドン・ファンとアハスヴェルスの総合として捉えられている。彼らによって代表される理念は、周知のように、キェルケゴールの『あれか・これか』から『死に至る病』までキェルケゴールの著作家活動の中に繰り返し登場しており、そのかぎりキェルケゴールの理念世界がドイツ及びデンマークのロマン主義思潮に対する熱烈な共感関係から形成されていることは言うまでもない。こういった事実の中に、「極めて高い程度においてロマン主義の立場がキェルケゴールの出発点になっており、彼の著作家活動にまさにその内容を与えた(31)」という主張の根拠を発見しうるであろう。

キェルケゴールは古代北欧神話の世界に対しては終始疎遠な姿勢を取る反面、ヨーロッパ中世の伝承・神話の世界像からは強烈な影響を受けるのであるが、とはいえこの点を抜きにしても、彼とロマン主義との結びつきにはやはり極めて濃厚であって、事実、前記引用文の主張同様に、「キェルケゴールが精神領域において経験した彼の人格を規定するほど甚大な影響は、キリスト教のそれと並行してロマン主義運動から得たものである(32)」と言われるのである。

このことは、北欧なかんずくデンマーク・ロマン主義の根本的特質を形成する個人性の理念、祖国愛、土着的なもの・神的なものへの崇拝、民衆（農民社会）や憂愁のごときその時代固有の生の気分等が、特に青年時代のキェルケゴールの自己感情のみならず彼の著作家活動全体をいかに強烈に刻印したかを把握すれば容易に看取されるはずである。

とはいえ、若き日に養われたキェルケゴールのロマン主義的傾向は、同時にまた最初から徹底的にキリスト教的真摯さというアンチ・テーゼの方向によっても規定されていた。その結果、ロマン主義の特質である無拘束性は、キェルケゴールによって峻厳な規定性へと精錬・浄化され、それによってロマン主義的なるものの深刻な矛盾性が容赦なく暴露されるのである。その事例は、イロニーの概念に対するキェルケゴールの姿勢に見ることができる。一八三六・七年の日誌記述と特に学位論文『イロニーの概念について――絶えずソクラテスを考慮しつつ――』（*Om Begrebet Ironi med stadigt Hensyn til Socrates*, 1841）と『あれか・これか』（*Enten-Eller*, 1843）によれば、キェルケゴールは、J・パウル、シュレーゲル兄弟、L・ティーク、K・W・F・ゾルガー等ドイツ・ロマン主義運動の創設者に主たる関心を寄せる一方、ロマン主義をより広い精神的連関の中に据え、特にロマン主義の古典時代及びキリスト教に対する関係に深い関心を寄せている。その際彼は、ソクラテスのイロニーをその出発点としたロマン主義運動の方向に倣って、このソクラテスのイロニーのより綿密な研究に向かい、さらにイロニーとロマン主義の関係の徹底的な検証を計画するに到ったが、両者に通底するのは、所与の現実に対する否定的な見方である。より高次のものに場所を空けるために、この否定的現実は拒否されなければならない。この高次のものをキェルケゴールがソクラテス同様倫理的なものとして把握したのは、倫理的なものは有限性を超え出る目標に人間を導くからである。しかしながら、キェルケゴールはドイツ・ロマン主義はこの積極的立場に到達することができなかったと見る。ソクラテスのイロニーは真理を探究するが、ロマン主義のイロニーは審美の領域に限定されているからである。もとより美的なものとの戯れではなく、高次の宗教的なものへの到達を意図するキェルケゴールにとって、なかんずくドイツ・ロマン主義は生の価値を恣意的な実験に堕落させ、キリスト教的基準に照らせば所詮退化に過ぎないという決定的な矛盾性を孕んでいるというのがキェルケゴール・イロニー論の最終結論であった。

キェルケゴールとロマン主義の関係を初めて本格的な主題としたドイツの初期キェルケゴール研究者ゲルハルト・ニーダーマイヤーは、両者の関係を「ロマン主義者としてのキェルケゴール」と「ロマン主義の克服者としてのキェルケゴール」として把握しているが、両契機を媒介し、前者から後者へ転換を可能ならしめたものがキェルケゴールのキリスト教信仰であったのは明らかである。(33)

以下、この転換の帰結をロマン主義の別個の本質的契機とキェルケゴールの対決に置き代えて改めて総括的に結論づければ、以下のように言いうるであろう。

キェルケゴールの著作家活動はロマン主義の掲げる無限なる自我（graenseloese jeg）の理念との全面的対決として、われわれの直接的な現存在の中に人生の意義を発見しようとするあらゆる試みの徹底的な拒否として見なすことができる。この対決を行ったのはキェルケゴールだけではなかった。詩人たちがロマン主義勃興の齎した最初の興奮から醒めると反省や批判が登場した。グルントヴィは対決を強要された初期グループの一人である。哲学者の間でも疑念が発せられたが、彼らや偉大な詩人にとっては、キェルケゴールの場合同様、現実・具体的なもの・地上の現存在といった試金石は、ロマン主義者の前では青空に消え失せるか、意味を喪失する。しかし、キェルケゴールは並ぶ者なきエネルギーと説得力をもって問題をその全帰結まで徹底的に思惟し、一見通行可能かとも見える道が迷路に終わるところまでとことん追究した。ここにおいて、人間には不可能なものが神にとってはことごとく可能であるという福音の言葉が轟くのである。キェルケゴールのロマン主義との巨人的な対決、然り、市民的な個人主義は、人間がその限界を突き付けられ、現実が無力と化すところで終結するのである。だが、この現実を人間は一切が可能な神からの純粋な賜物として受け取る可能性を有する。これが贖罪であり自由なのである。ロマン主義に関するキェルケゴールの最終到達点はこれであった。

〔Ⅲ〕　グルントヴィ vs. キェルケゴールをめぐる三つの見解

前述のように、グルントヴィとキェルケゴールは共に一九世紀デンマークの黄金時代を形成する代表的な思想家であるが、前者はこの黄金時代の第一期に属し、一貫して北欧神話の理念を自らの思想の根本的支柱たらしめた完璧なロマン主義者であった。他方黄金時代の第三期に属する後者はロマン主義者としての一面を示しつつも、結局はそのラディカルな否定に転じたことと相俟って、北欧神話に対して積極的な姿勢を示すことは皆無であった。この事実のみを考慮に入れても、グルントヴィとキェルケゴールとの間に横たわる乖離の大きさが認識されるのであるが、このように北欧神話に向かう際の両者の対蹠的な関係は、あくまで彼らのより一般的な対立関係の一側面に過ぎないのであって、実際にはさまざまな要因に基づく両者の思想家としての相互の異質性こそがこの対立関係の根拠をなしていると見なければならない。

そこで以下では、第四章においてグルントヴィとキェルケゴールの神話論乃至北欧神話論を理解する上で有用と思われる、両思想家としての異質性に関する代表的な三人、評論家ヘルムート・トフトダール（Helmut Toftdahl, 1946–）、精神史家ヴィルヘルム・グレンベック（Vilhelm Gronbech, 1873–1948）、コペンハーゲン大学宗教哲学教授セーヤン・ホルム（Soren Holm, 1901–71）の見解を吟味してみたいと思う。もとより「グルントヴィ対キェルケゴール」の問題は、両思想家が国際的な知名度を誇るだけに、各種各様の考察の対象となり、同時にその考察に対する論評・批判の多さも半端ではないが、ここではそういった論評や批判に対するわれわれの側での吟味は留保し、もっぱら三者の問題省察自体に忠実に耳を傾けることにする。なお、以下において前記三人の考察を取り上げた所以は、トフトダールの見解がグルントヴィ対キェルケゴールの対立問題に対する正当な理解の方向を示し、グレンベックとホルム教授の問題考察は、特にグルントヴィとキェルケゴールにおける神話理解の対蹠性の開示による極めて独創的な解釈の方向を披瀝しているからである。

1　H・トフトダールの見解

既述のように、デンマーク国内ではグルントヴィとキェルケゴールはすでに彼らの存命中から「キェルケゴール対グルントヴィ」という仕方で、完全な対立軸、この国の精神生活における和解不可能な二つの世界、相互に排除し合う二つの思惟世界としてラディカルな仕方で把握されてきたし、現になおこのような見方は継承されている。ヘルムート・トフトダールはその著作『先ずキェルケゴール、それからグルントヴィ』(*Kierkegaard først–og Grundtvig så*, 1969)[34]によって、ここに宿る問題の解明に対して重要な貢献を果たしたデンマークの著述家であるが、この著作と同時に『グルントヴィ研究』誌に発表した「グルントヴィとキェルケゴールをめぐる論争・批判的吟味」(Debatten om Grundtvig og Kierkegaard. En kritisk gennemgang. Grundtvig-Studier, 1969, pp.47–86)[35]なる論考の冒頭で、デンマーク精神史上最大最強の対立軸を構成した二人について次のように語っている、

「一九世紀デンマークの精神生活においてグルントヴィとキェルケゴールは二つの巨大な正反対(antipoder)としてそそり立っている。つまり、一方にはキェルケゴールの絶望・鋭さ・峻厳な誠実さがあり、他方にはグルントヴィの人間の生の状況と弱さに対する広い視野と深い理解がある。彼らの残した痕跡は深いが、彼らの模倣者

たち（eftersnakkere）は両者間に橋を架けるどころか、溝を掘り起こして、二人の間には乗り越え難い隔絶があるといった印象を残しただけであった。彼らを比較対照しようとする試みは乏しく、要点に触れないままの姿勢に終始してきた」[36]。

ここに見られるように、トフトダールは、デンマークにおいてキェルケゴールとグルントヴィのラディカルな対蹠関係が云々されるものの、厳密な比較検討を通して両者の対蹠関係の成立根拠を解明しようとする試みは希薄であって、両者の主張を鸚鵡返しに反復するだけの追従者たちが、むしろ相俟って二人の思想家間に横たわる距離の大きさの印象を植え付け、その真相を曖昧なままに放置してしまったと語っているのである。前記のトフトダールの主著の表題は、キェルケゴールとグルントヴィの対立関係をめぐるこのような曖昧模糊とした状況を突破して、明確な回答を提供しようとする彼自身の試みの結論的な方向をすでに示唆しているが、序論においてはこのように述べている。

「キェルケゴールとグルントヴィ！　どんな点を引き出しても彼らが対蹠者（antipoder）であることを証明するのは可能であろう。しかし、このような試みは無益であり、二人に関する浅薄な知識だけで直接自明的と思われるような対立点を強調するに留まるであろう……。

キェルケゴールとグルントヴィの比較を試みるなら、両者を考察しうる足場としての出発点、共通の座標を見つけなければならない。そのようなものの発見は困難と思われる。なぜなら、彼らはそれぞれ独自の世界を創造し、大きく異なった路線で思惟するからである。孤独な主知主義者としてのキェルケゴールは信仰と反省を同じ一つの個人のなかで和解させようとする。グルントヴイは徹頭徹尾民衆の友であり、彼にとって反省は他の人間との協力関係の中での生き生きとした生活の下位に属するのである。さらに狭い神学的な枠内での比較を企てるなら、それは次のような事実によって困難になるであろう。グルントヴィは大神学者、即ち紛れもなく現実に自分独自の見解によって福音を抹殺することすらできる人物である一方、キェルケゴールはむしろ国教会内部の虚偽ゆえに国教会との宗教的対決に駆り立てられた時代批判者であった[37]」。

そして、前掲書の結論では、トフトダールは二人の対立者相互の資料の徹底的な精査に基づいて、ほぼ次のような結論を提出している。

「彼らは各自人間の意識活動のそれぞれの側面を強調したのである。〈内向的な〉(introverte) 側面と〈外向的〉(ekstroverte) な側面である。しかし、両者とも二つの側面を同じ一つの人格の中で和解させることができなかった。両者の厳しい対立関係はそこに由来する。彼らは自分たちがお互いの欠落した半分であるということを恐らく直感的に感じ取っていたであろう……もしグルントヴィ的ヒューマニズムが将来生き残るべきものとすれば、今日いかなる共同関係も、グルントヴィ的なものへの道はキェルケゴールの個別化の過程を通過しているという切迫した反省に基づいてのみ樹立可能である[38]」。

こういった意味で、トフトダールの著書のタイトル、『先ずキェルケゴール、それからグルントヴィ』は、「グルントヴィ対キェルケゴール」の対立問題に対するトフトダールの決着の方向を提示しているのである。そして、トフトダールのこの見解は、今日のデンマークにおいてほぼ一致して賛同を得ているものと見て差し支えないであろう。

2　V・グレンベックの見解

一方、トフトダールの前記論考「グルントヴィとキェルケゴールをめぐる論争」では、デンマークを代表する精神的巨人の対立関係に関する一九世紀後半から現在に到るまでのほぼ二〇人の論者の見解が俯瞰されている。その内特に預言者的傾向を有する宗教史家として国際的にも著名なヴィルヘルム・グレンベックの一九三〇年刊行の論文集

『人間をめぐる戦い』(*Kampen om Mennestet*) 所収の論稿「キェルケゴールとグルントヴィ[39]」(Vilhelm Grønbech, Kierkegaard og Grudtvig, i : *Kampen om Mennesket*, Kbh. 1943, s. 136–150) について、トフトダールは、「極めて精神に富み、両者に関する広い展望を有しているが、独断的な発言にも事欠かない[40]」と評している。しかし、トフトダールの見方において筆者が最も注目するのは、彼が、「グルントヴィは独自の目線で世界を蘇らせる神話創造者である[41]」というグレンベックの説明に深い関心を寄せていることである。トフトダール自身はグレンベックのこの見方についてさほど突っ込んで論究しているわけではないが、本書第三章において北欧神話とグルントヴィ・キェルケゴールの関係を問う上で、グレンベックの「神話創造者グルントヴィ」という指摘はわれわれにとって極めて啓発的であって、改めてわれわれの立場から、グレンベックのこの見方をキェルケゴールとの対比を考慮しながら吟味してみることにする。

グルントヴィとキェルケゴールの両者に遭遇した時、その極端な対蹠性によって一瞬人は眩暈に襲われる、とグレンベックは言う。しかしながら、基本的にはキェルケゴールとグルントヴィは相互に照らし合う関係にあって、両者の著作家活動から発する光は、現代文化における最深の戦いを照らし出しており、彼らにおいてデンマーク精神生活内部の二つの基本的傾向が浮かび上がってくるという。この相対立する二つの傾向をグレンベックは、ギリシァ文化の精通者に相応しく、ギリシァ神話におけるゼウスとレダの間の双子ディオスクロイ (Dioscuri)、つまりカストール (Castor) とポルックス (Pollux) の兄弟の性格になぞらえて表現し、「一人は言葉の最深の意味においてナイーブで素朴、他方は純粋な自己意識と計算づく、一方は創造的で他方は不毛で自己享楽的、一方は完全に外交的で活発、他方は唯一のもの、自己自身に囚われ、その結果自己自身を周囲に対する要請として把握する[42]」。

しかしながら、このようにグルントヴィとキェルケゴールのすでに周知の外的な相違を対比したのみでは両者の解明には役立たないと、トフトダールは言う。もとよりグレンベックによる両者の比較論的考察はこの程度に留まるものではない。この考察全体の検討は控えざるをえないが、「グルントヴィ対キェルケゴール」関係をめぐるグレンベックの理解の方向を示す最も典型的な表現はこれであろう。

「両者を通してヨーロッパ精神生活における二つの深い傾向が露になる。それゆえ彼らの活動は、あらゆる宗教的戦いを遥かに超出して、永遠的な意義を有するのである。これら二人のティタン（Titan）の中で具現化されるのは、創造する精神と解体する精神との戦いである(43)」。

その意味で、グルントヴィとキェルケゴールという二柱の「巨神」の代表する「創造する精神」と「解体する精神」という対極的な二つの複合概念の具体的内実が重要となるが、この内実をグレンベックはより具体的にこのように語っている。「キェルケゴールは顔を後ろに向け、著作家活動では伝統文化に対して死の歌を歌うが、グルントヴィは前方を見据えながら、プロテスタンティズムとカトリシズムの彼岸にある新たな王国を求める。彼は予言者であり、予言者の常として新たな何ものかを要求するのである(44)」。

グレンベックは、先ず神学とそれを継承するドイツ哲学に養われたキェルケゴールを取り上げ、自らの欲求のままに、中世キリスト教に魂を正しい緊張に導く「逆説」を発見したのがキェルケゴールと見る。これは、中世の聖人がキリスト教的立場に立ちながら人間精神の神化によって新しい人間のタイプ、新しい文化を創造し、まさにこのような仕方を通して価値を転換し、現実を造り変えることによってヨーロッパの精神生活を一変させたという逆説的事態のことである。この大変革が精神革命を掘り起こし、プロテスタンティズム・敬虔主義・ルソー主義・ロマン主義・象徴主義等を喚起し、学問全体の改革をも齎したのであるが、グレンベックによれば、キェルケゴールの偉大さ・独創性は、こういった新たな文化を自分自身の中に凝縮させ、徹底的に追究しつつ、一挙に著作家活動として纏め上げる一方、さらにそれを「単独者」と「逆説」という彼自身の独自の象徴的な概念にまで凝縮し先鋭化したことにある。これらの概念を通して、キェルケゴールの著作家活動の働きは、実質的には宗教的領域において二重構造を取ることになる。つまり、一面では「直接的な事実としての宗教は失われた、キリスト教はもはや存在しない」という後ろ向きの解体宣告であり、他面ではこの失われ解体された信仰に取って代わって、信仰することの困難さの否定感情を喚起するのである。グレンベックの見解では、キェルケゴールの「単独者」と「逆説」の概念の誕生の秘儀はまさしくここにある。しかし、キェルケゴールが「後ろ向きに」伝統的キリスト教と称されるものに向かって西部劇調に「皆殺しの歌」を歌いつつ、それから人間を脱却させようとする解体的意図の真意は、本質的にそれによって「新たな生ける宗教」(en ny, levende religion) を希求する点にある、(45) というのがグレンベックの主張である。いわば、既存の伝統的キリスト教に代わるこの革新的・生動的な宗教こそ、キェルケゴールの場合まさしく徹頭徹尾「単独者」としての人間が「逆説」、より厳密には一切の直接性を拒否する神にして人という「絶対的逆説」としての「イエス」を信仰対象とする宗教なのである。

このように伝統的文化最大の歴史的現象としてのキリスト教に死刑を宣告しつつ、新たに逆説的な信仰対象に向かう「単独者」の宗教のみ真に「生ける宗教」として見なすキェルケゴールとは異なり、未来志向の予言としてプロテスタンティズムやカトリシズムを超え出る意味での第三の「まったく新しい宗教」(46) を「創造の精神」によって建立しようとするのが「神話創造者」としてのグルントヴィである。

グルントヴィのこの「新たな宗教」の何たるかについて語ろうとする場合、グレンベックが強調するのは、彼が何を主張し、何を説いているかに留意しても無意味だということである。グルントヴィの真意を探り出す唯一の方法は、彼が「何を生き、何を詩作したか」(hvad han levede og digtede) (47) に肉薄することである。それゆえ、彼の説教を論理的体系として述べても無益であって、彼に向かい合う者は、何よりも先ず彼の「詩作」（digtning）を全体として自分自身の内部で感じ取り、それを自ら詩作し直さなければならないという。その理由は、グレンベックの言葉を用いれば、詩作を通して紡ぎだす「グルントヴィの言葉は神話」に他ならないからである。グルントヴィの場合、詩作において彼の生命は最も深く真実となるが、その詩作を通して思弁の届かない深淵から生命を呼び出すところに生成するのがまさしく「神話」なのである。しかしながら、真実の生命の迸りとしての詩作が「神話」たりうるさらなる根拠は、グルントヴィが「この世における最も偉大なもの・最も本来的なもの・最も現実的なもの[48]」として挙げる、生と死の戦い・天国と地獄の戦い・ゴルゴタの丘のキリストとサタンの戦い、さらにこの世の復活・神の裁き・終末の日といった「聖なる物語のすべて」（alle de hellige fortaellingen）こそ、詩作によって生命の深淵から汲み上げられた「神話」に他ならないからであり、翻って言えば「神話」なればこそすべての福音もまた真実の物語となるからである。グルントヴィにとっては、教会の中に現れる徴しも「神話」であり、自然自体も「神話」なるがゆえに生命に満ち溢れているのである。このような「神話」として創造されるグルントヴィの「新たな宗教」について、グレンベックは、「この神秘的キリスト教は本質的に詩的である[49]」と規定する。それゆえ、このような神秘的・詩的キリスト教に遭遇する「現代人はグルントヴィの神話が教義として機能すべきことを要求せざるをえない[50]」のである。とはいえ、もし神話が命題乃至定理としての「教義」に還元されるなら、神話はたちどころに生命と真理を喪失することになる。グルントヴィにおけるこのような神話の本質についてグレンベックはさらにこのように語っている。

「神話の本質とは、啓蒙も含まなければ、寓意的・象徴的意味にも縛り付けられていないということである。神話は生命自体の中に根を張る深遠なものであって、あらゆる思惟や主義主張を超えて存続し、新しい眼と心に対して花開くのである。説明は要らない。消え失せるのである。このようなグルントヴィの見方は非キリスト教的であり、そう言ってよければ、超キリスト教的なもの、非信条的なものである[51]」。

このように「神話創造者」として、カトリック・プロテスタントといった伝統的・歴史的な宗派的キリスト教を超え出る意味においてまさに「非キリスト教的」乃至「超キリスト教的」な「詩的・神秘的キリスト教」を新たに構築するグルントヴィの創造活動は、本質的にプロテスタンティズムの生活形式に対してのみならず、伝統文化全体に対するリアクションとして行われたものであることをグレンベックは強調する。

しかしながら、もとよりこういった意味でのリアクションは、キリスト教はもはや存在しないとして後ろ向きに既存の伝統宗教としてのキリスト教を断罪するキェルケゴールに対して一層強烈に妥当するであろう。しかし、両者のリアクションの間には根本的な差異が存在することを、グレンベックは、論稿の最後で次のように指摘している。

「（キェルケゴールにおける）単独者の不毛な自己崇拝、個人の自己凝視による生気なき孤立、気分の享受、魂の堕落に対する不安、あるいは魂の破滅に対する懸念、神の特殊な恩寵の証し、これらは社会に反抗する形で生起する[52]」。

それに対して、

「グルントヴィは新たな文化を目指して前進する。彼は、自らの直接的な創造的独創性によって人類に対し孤立に代わって共同体を設定し、日没の感傷的気分に代えてコーラスとマーチを要求し、人生の黙想・享受に代えて、生きることを要求する[53]」。

孤立した単独者の逆説的宗教のキェルケゴール的立場よりも、神話創造による共同体の宗教の樹立を目指す明るい未来志向の新宗教の予言者に対して、はるかに強烈な共感を寄せるグレンベックの姿勢は、文字通り大部にして画期的な古代北欧精神史研究『古代におけるわが民族』（*Vor folkeæt i oldtiden I–IV*, 1909–1）四巻をもって文化史・宗教史学界に登場した彼の経歴からすれば、当然の帰結であったろう。

そして、先のトフトダールは、グルントヴィの活動に関するグレンベックのこのような理解は、多くの者が間違いなく受け入れることのできるものであるが、彼が今後同じような影響を与えうるかどうかは疑問であるとしている。[54]ただし、現代人にとってはキェルケゴールがより根源的意味を有するというトフトダールの主張は、前記彼の著作名から判明する。

3　S・ホルム教授の見解

すでに故人ではあるが、コペンハーゲン大学のセーヤン・ホルム宗教哲学教授は、一九五四年にドイツ北部の都市ゴスラルのルター・アカデミーでグルントヴィとキェルケゴールについて講演し、同年組織神学誌に論文発表後、一九五六年にはその拡大・修正したドイツ語版を発行した。『グルントヴイとキェルケゴール　パラレルとコントラスト』(*Grundtvig und Kierkegaard Parallelen und Kontraste*, 1956)[55]である。この書についてトフトダールは、総括的な記述で、両者の思想世界への特別底の深い紹介というわけではないが、両者への導入に関しては明確な発言で際立っており、「学問的労作というよりも長編エッセイといった趣を持っている[56]」、と評している。彼の指摘する「グルントヴィ対キェルケゴール」論の重要なポイントは以下のごとくである。

ホルム教授がグルントヴィとキェルケゴールの基本的な「パラレル」乃至「類似性」の関係として指摘するのは、第一に両者が骨の髄まで「デンマーク人」であったこと、北欧民族精神の持主であったこと、次に両者はキリスト教の問題に全力を傾注したキリスト者・神学的著作家であったこと、さらにそれにもかかわらず二人の神関係において は調和は存在せず、彼らは常に多くの危機を抱えた「病める魂」の持主であったということである。両者のこういった類似性の中でホルム教授は特に第一の土着性の契機を強調し、彼らはとことん北欧的・デンマーク的であって、人格・性格・環境・文体とも外国人が完全に理解することがおよそ不可能なほど「徹頭徹尾デンマーク的に刻印されており、それだけに彼らを他言語に翻訳するのは難しい[57]」、と主張する。なかんずく最高度に北欧的・デンマーク的に刻印された「見事な変調や変化」を所有しているのがキェルケゴールの文体であって、「一語一語がとてつもなく多くの意味や異義を埋蔵しており、豊かな連想を喚起し、あるいは多くの引喩を提供してくれる。そのために原典を間違えることなく外国語に翻訳することは明らかに不可能である[58]」、と言われる。改めて指摘するまでもなく、ホルム教授は、ここで、グルントヴィ及び特にキェルケゴールは、彼らの営為を無造作に外国語に置き換えることを拒否する、徹頭徹尾北欧デンマーク固有の風土・環境に根差した土着的な、その意味においてまさに「北欧民族精神」「北欧的なもの」を体現した思想家であることを強調しているのである。

さらに、グルントヴィとキェルケゴールのパラレルな関係を彼らのキリスト教理解乃至思惟原理の場に移すことによってホルム教授が指摘するのは、「一元論」(Monismus) への徹底批判と「二元論」(Dualismus) の肯定である。当然、両者ともヘーゲル哲学のラディカルな敵対者であり、両者にとってヘーゲル流の「一元論」は、キリスト教を破滅に導く大いなる異端、生命を賭して戦うべき不倶戴天の敵であった。確かに「一元論対二元論」の問題は決して容易な問題ではないものの、一般にキリスト教の根本原理が神と世界・神と人間・神と悪魔・超越と内在、彼岸と此岸・過ぎ去るものと不滅なもの・時間的なものと永遠的なもの、それぞれの間に和解不可能な二元論的対立理念の上に構築されているのは周知の通りであり、このキリスト教の二元論的方向に忠実な限りにおいて、グルントヴィとキェルケゴールはイデオロギー的には一致していることになる。つまり、グルントヴィとキェルケゴールは宇宙論的と人間論的という仕方でそれぞれの基本的立場を異にしながらも、共に二元論者という意味においては軌を一にしているのである。

しかしながら、彼らが一致しているのは二元論そのものに対する肯定的姿勢に限定されるのであって、二元論の内実については両者は大きく異なる。なぜなら、グルントヴィにとっては二元論は宇宙論的・世界史的原理としての「生」(liv)と「死」(død)の対立項の間に成立するが、キェルケゴールの場合人間論的・倫理-宗教的原理としての「神」と「人間」の無限の質的差異の断絶関係として成立するからである。

先ずホルム教授の主張するグルントヴィの二元論の特質について注目してみよう。

グルントヴィの二元論の特質をより精密に述べれば、人間の生は神と悪魔という和解不可能な二つの力が覇権を争う戦場であって、神が勝利するところには生と光が存在し、悪魔が勝利するところでは死と闇が支配する、そしてこの戦いは最後の審判の日まで続くが、最終的には神が勝利を収めるといった宇宙論的・世界史的思想に帰結するのである。このような二元論がグルントヴィの全思惟を貫いており、彼の神学はそこから結論を得ることになる。

このような二元論を最深の基底とするグルントヴイの世界観も、同時に歴史的-劇的-神話的として特徴づけられる。なぜなら、グルントヴィにとって世界行程は歴史の中で展開される壮大な宇宙論的神話ドラマを物語っているからである。つまり、グルントヴィは、太古から終末の日までの全世界行程を、神話の抱懐する宇宙論的な世界史のドラマと同一と見たのである。したがって、この神話としてのドラマの中では、神と悪魔あるいはキリストとサタンが、生と死が決闘を行い、最後には前者が勝利するのである。ホルム教授は、グルントヴィの賛美歌全体がこの思想によって満たされていることを指摘する。[59] とはいえ、グルントヴィの場合、これら二元論的対立者の決闘を、単なるシンボリックな表象形式の表現と解釈してはならないのであって、純粋な真の神話においてはすべてがそうであるように、グルントヴィにとってこの決闘はまさしく宇宙的現実を表現しているのである。キリストの死者の国への下降というのは、十字架における彼の死、トラファルガーやウァーテルローの戦闘同様、神話であると同時に現実の客観的事実としての出来事なのである。

このような意味から、グルントヴィにとっては、神話と歴史との、人間の生と壮大な宇宙のプロセスとの境界は消滅していることになる。歴史はある場合は自然の中で、ある場合は超自然の中で、時には地上で、時には下界で演じられる壮大な世界ドラマの一部をなしており、それゆえ宇宙の諸力の間の大戦争も、経験的に与えられたその一部として歴史の中に侵入してくるのである。かくて歴史はいわば二元論の最も明瞭な表現形式となる。そして、このような二元論的対立から構成される歴史は、同時にまた神話の内実そのものに他ならないのである。

以上のごときグルントヴィの二元論的世界像に対して、キェルケゴールのそれはまったく異質の相貌を提することを、ホルム教授は大略次のように指摘する。

キェルケゴール固有の歴史観の根本形式は、端的に神が人間になった、永遠なる者が時間と歴史の中に入ってきたということによって最も集約的に表現される。永遠なる者がまさにその本質においてなりえないものになる、そしてなったのである。ここにおいてわれわれは「絶対的逆説」(das absolute Paradox)の前に立つことになる。ヘーゲルにおいても神と人間はある種の対立である。しかし、この対立は絶対ではない。それゆえ、神人は神と人間の理性必然的な媒介の結果を表現するのである。ヘーゲルにおいては絶対的対立は存在しない。彼にとっては神人は論理学の頂点を意味するが、キェルケゴールの場合、時間の内なる神は論理学の絶対的解体を表現するのである。時間の内なる神とは思惟にとってはまさしく躓きとなる逆説に他ならないが、躓くことなく信じる者に対しては無制約的に浄福を贈与するものである。(60)

確かにキェルケゴールの言う、時間の内で人間となった神といういわゆる「絶対的逆説」の思想は一種の「神話学」

と言えなくもないであろう。だが、本質的にキェルケゴールはあらゆる要件から一切の神話的刻印を剝奪する。例えば、キェルケゴールは、『哲学的断片』では、それ固有の思想展開の論理に基づいて、要件を哲学的弁証法の形式に還元する。そして、この弁証法は、「思惟の死」を意味する「絶対的逆説」において頂点に到達するのである。同時に、神が人間になったという「絶対的逆説」との関係に基づいてのみ、あらゆる人間が永遠の浄福にあずかると言われる時、まさにその時究極的真理に関するキェルケゴール固有の「教義学」（Dogmatik）が書かれたことになる。つまり、キェルケゴールにとって、「絶対的逆説」こそ「教義学」の唯一の本質的な内容なのである。(61)

さらにホルム教授によれば、キェルケゴールにおける神が歴史の中に現れたという「絶対的逆説」の事実は、通常なら、神話学の中で、神話学によって描かれる出来事として扱われる。だが、もとよりキェルケゴールにおいてはそういう具合にはならない。彼の場合、本来神話の描く色とりどりの情景は色あせた血の気のない概念に取って代わられているからである。例えば、前記キェルケゴールの『哲学的断片』の神は、具象的ないかなる人格でもなく、描くことのできない見えざる概念であって、その内容規定は実際には存在しない。明らかにキェルケゴールは、相互に排除し合う神と人間、永遠と歴史、存在と生成を逆説の中で一つに総合して思惟することにポイントを置いており、そこに神話的イメージが挿入される可能性はまったくないのである。それゆえ、ホルム教授は、キェルケゴールに接近する多くの者が、「キェルケゴールは一体何をどのように信じたのかと問わざるをえないのもさほど不思議ではない(62)」、と語っている。つまり、「絶対的逆説」という唯一の教義学的命題に基づくキェルケゴールの信仰内容が、イメージとして必ずしも明瞭になってこないというのである。これに比較すれば、グルントヴィの信仰内容は生き生きとした神話的形象で述べられており、彼の教義学も驚くほど造形的であり具象的である。それはいわば生の具体的な刻印を帯びており、彼の叙述は全体を見通すことができるほどの豊かな色彩と明晰さによって刻印されているのである。その意味で、結果的に二元論的な人生観を共有するにもかかわらず、キェルケゴールとグルントヴィの表現形式は異なっている。一方は弁証法家、他方は神話思想家だからと言わざるをえないのである。弁証法と神話学が同じ言葉を用いることは決してないのである。

同じような差異は全体として両者の文体、さらに登場人物にも見ることができる。グルントヴィのスタイルはキェルケゴールのそれよりもはるかに造形的・絵画創造的であり、彼が登場させる人物はあくまで行動し苦悩する生きた人間である。彼らをわれわれはわれわれ自身のように肉と血を持った人間として眼前に見ることができるのである。したがって、グルントヴィの登場人物は強烈な色彩感覚を持った画家にとっては格好の主題であり、キリストもほとんど全面的に感覚的に把握されており、ベツレヘムの厩での彼の生誕、カナンの彷徨、十字架の死、黄泉の国への下降、墓場からの蘇り、救済と裁きのための主の再来、といった場面はすべてそうである。

しかし、キェルケゴールの扱う登場人物はまったく異なる様相を呈する、とホルム教授は言う。例えばキェルケゴールの著作家活動で「仮名」で登場する著者は、まさに匿名の存在として、何れも歴史上と現代とを問わず血と肉をもって時間空間的に生き実存する人格ではなく、ホルム教授の表現を借りれば、彼らは「ハデスの国のそれよりもはるかに弱々しく儚げな影」[63]としての存在に過ぎないのである。彼らは純粋に知的に思惟し楽しむ。キェルケゴールが彼らにワインやコーヒーを飲ませる時ですら、彼らの飲み物は実際には、感覚的であれ非感覚的であれ、「永遠の理念」なのである。こういった形体は彼らの非身体性ゆえにほとんどデモーニッシュであって、どんな画家もそれを再現することはできない。それには形も色もないからである。それはあくまで人間の名前を持った概念乃至理念に留まり、決して実存する人間ではない。そのようなあくまで抽象的な理念としての人間の具体例としてホルム教授は、『あれか・これか』の「編集者兼発行人ヴィクトーァ・エレミタ（Viktor Eremita 勝ち誇る孤独者）」、『不安の概念』の仮名著者「ヴィギリウス・ハウフニエンシス」（Vigilius Haufniensis 港の夜警番）、『あれか・これか』の中の一編「誘惑者の日記」の著者「誘惑者ヨハンネス」（Johannes der Verfuhrer）を挙げた上で、彼らは「一体どういう人間なのか?」と問う。ホルム教授のこの問いかけの対象となるのはもとよりこれら三人のみではない。キェルケゴールの用いる仮名の中には、確かに『哲学的断片』及び『哲学的断片への非学問的後書』の著者「ヨハンネス・クリマクス」（Johannes Climacus）のように、歴史上六世紀から七世紀にかけて実在した聖人の名から取られている場合もあるが（クリマクスはギリシァ語で「はしご」を意味し、このギリシァ教父の主著『天国への楷梯』（Climax tou paradeisou）にちなむ添え名である）、それ以外の『恐れとおののき』の仮名著者「ヨハンネス・シレンチオ」（Johannes Silentio 沈黙のヨハンネス）、『序言』の著者「ニコラウス・ノタベネ」（Nicolaus Notabene）、『人生行路の諸段階』の発行者「ヒラリウス・ボビナー」（Hiralius Bogbinder 陽気な製本屋）、『一人の女優の生涯における危機とある危機』の著者「インテル　エト　インテル」（Inter et Inter 間と間）、『死に至る病』と『キリスト教における修練』の著者「アンチ・クリマクス」（Anti-Climacus 反乃至非キリスト者）についても、キェルケゴールがそれぞれの作品の構想と意図に基づいて創造した理念上の人間に他ならないのである。[64]

ホルム教授は、グルントヴィの思想的営みの本来的な意図を明確にするのは困難として、その根拠を、ルターと同様にグルントヴィが生涯にわたって取り上げた主題内容の広範さ、必ずしも調和させることが不可能な論理形式を超え出る思想と体験に基づいて無制約的なもの・真実なものを表現しようとする彼の魂の欲求の激しさの中に求めている。ただし、キェルケゴールの思想内容の理解困難な理由はこれとは異なるとホルム教授は言う。前記のように、キェルケゴールが多くの主要著作において意図的に自らの思想を一連の仮名の背後に隠蔽してしまった結果、これらの仮名がキェルケゴール自身の思想かどうかを確認することが容易ではないのである。しかしながら、ホルム教授自身はあくまで、「仮名著作の思想は実質的にはキェルケゴール自身の思想である」[65]という基本的立場から出発する。確かにキェルケゴールは仮名著作と本名著作のいわば「複眼術」によって弁証法を駆使する独自のスタイルによって彼の世界に安易に接近することを拒絶するが、しかしホルム教授によれば、「自分が心底何を欲しているかを自覚しなかった」[66]ルターやグルントヴィに対して、キェルケゴールはまさにおのれの欲するところを明確に認識しながら、ただそれを他人に直接的に伝えることを避けて「間接伝知」を用いたのである。その意味で、キェルケゴールが、既述のように、彼は徹頭徹尾神と人間の関係を二元論的に把握するキリスト者であったことは自明の理であったとしても、キリスト教の具体的内容に関する彼のより厳密な見方はやはり近寄り難い秘密を表現しており、この秘密を彼は結局胸に秘めたまま墓に持ち込んでしまったというのが、ホルム教授の見解である。もっぱら抽象的な弁証法的概念で書かれたキェルケゴールの「教義学」が、色鮮やかな神話で表現されたグルントヴィの「教義学」と同じような具合に明白にならないのは、そこに原因があるとも言いえよう。

ホルム教授は、自著の「結語」の中で次のような見解を披瀝し、「グルントヴィ対キェルケゴール」論に関する自論を締め括っている、

「キェルケゴールを哲学者の研究対象たらしめたのは弁証法であり、グルントヴィを、太古及び古代ギリシァの神話時代同様に、祭壇の周りに集まって新生を体験する教会の創造者たらしめたのは神話的思惟であった。信じがたいことだが、グルントヴィの偉大さは、彼が、古代宗教の神話のように、儀礼の中で神話が形成・反復され、新たに体験されるのに不可欠の原初の精神（Primitivitat）を所有していたことである。グルントヴィの場合、儀礼と神話は、古代の民俗宗教の場合と同様、実際に相関をなしていたのである。グルントヴィは太古の精神性（Urzeimentalitat）を有する天才であり、キェルケゴールは現代の精神性（Jetztzetmentalitat）を有する天才である。

前者はギリシァ哲学が登場する以前の時代に生きており、後者はこの哲学の現代の産物なのである。これこそ、キェルケゴールの思惟がその表現を〈〈logos〉〉の中に見出し、他方グルントヴィの思惟はその表現を〈〈神話〉〉の中に見出した理由である。彼は有り余る天才性を有しながら現代の哲学的時代に自己主張を強いられた哲学前の現象なのである[67]」。

ホルム教授は、以上のごとき彼のグルントヴィ観とキェルケゴール観を、敢えて両者における神話関係の特質に留意しつつ、次のごとき総括的定義を行っている。

グルントヴィは「神話思索者」乃至「神話思想家」（Mythendenker）であり、「彼の思索はロゴス（logos）ではなくミュトス（mytthos）を表現している。概念ではなく視覚（Gesichte）が彼の思想世界を特徴づけている。彼の積極的な行動は、その直感能力と預言者的気質に負っている[68]」。

これに対して、「神話思想家」としてのグルントヴィとは真っ向から対立して、まさに「非-神話論者」（Non-Mythologe）として規定されるのがキェルケゴールである。なぜなら、

「セーレン・キェルケゴールの場合、あらゆる点でグルントヴィとは異質である。キェルケゴールは神話論（Mythologie）を持たないし、シンボルも持たない。彼の場合詳細な宇宙ドラマは何の役割も演じない。だから彼は神話と分かち難く結びついた時間は消去することができる。彼独特の形式で歴史を所有するからである[69]」。

特に「グルントヴィ対キェルケゴール」問題を神話に対する姿勢の違いという観点から分析することによって導かれる、「神話思想家としてのグルントヴィ」、「非神話論者としてのキェルケゴール」というホルム教授の前記規定が、もとより当該問題に関する先のグレンベックの見解から大幅に偏倚するものでないことは言うまでもない。両者をめぐる理解の方向では根本的に軌を一にしつつも、精神史家グレンベックの表現が預言者的発言固有の主体的なラディ

カルさを帯びているのに対し、ホルム教授のそれは哲学者に相応しい冷静さと客観性を保っていることが、二人の解釈者の違いであろう。そして、両者がともにキェルケゴールよりもグルントヴィに対してはるかに共感的なところが、逆の姿勢を窺わせるトフトダールとの思想的というより体質的な違いであろう。

本章「一九世紀北欧思想と北欧神話」の課題は、以上のようにさまざまな仕方で把握される一九世紀北欧を代表する「神話思想家グルントヴィ」と「非神話学者キェルケゴール」、これら二人の北欧人自身の北欧神話との対決をわれわれ自身の眼で確認することである。

注

（1）Ljøgodt, Knut, NORTHERN GODS IN MARBLE, The Romantic Rediscovery of Norse Mythology, in : Aarhus University Press, *Romantik*, 01, vol. 01, 2012, p.141.

（2）Mjöberg, Joran, *Drömmen om sagatiden*. I–II, Sthlm, 1967. Första delen, *Återblick på den nordiska romantiken från 1700-talets mitt till nygoticismen* (omkr.1867). Andra delen, *De senate hundra åren-idealbildning och avidealisering*.

（3）Nilsson, Albert, *Svensk Romantik Den Platonska Strömningen*, Lund 1924.

（4）Benson, Adolph Burnett, *The Old Norse Element in Swedish Romanticism*, Columbia University Germanic Studies, New York: Columbia University, 1914.

（5）Wallen, Erik, *Nordisk Mytologi i svensk Romantik*, Sthlm 1918. Wallen, E., *Studier över romantisk Mytologi i svensk Litteratur*, 1923.

（6）Baksida av Mjöberg, J., *op.cit.*, delen 1.　（7）*ibid.*, s. 98f..　（8）*ibid.*, s. 107f..　（9）*ibid.*, s. 109.

（10）*ibid.*, s. 155.　（11）*ibid.*, s. 161.

(12) Cf. McDonald, William, Kierkegaard and Romanticism, in : *The Oxford Handbook of KIERKEGAARD*, Oxford, 2013, pp.94–111.

(13) Heiberg, Johan Ludvig, *Nordische Mythologie : aus der Edda und Oehlenschla: gers mythischen Dichtungen*, Schleswig 1824. 以下引用頁番号はこのドイツ語版による。

(14) *ibid*., Nordiske Mythologie, på Dansk udgivet af Christian Winther, Kbh. 1862.

(15) *ibid*., Nordische Mythologie, S. 21.　(16) *ibid*., S. 24.　(17) *ibid*., S. 25.　(18) *ibid*., S. 7.

(19) *ibid*., S. 7.　(20) *ibid*., S. 14.　(21) *ibid*., S. 14.　(22) *ibid*., S. 21.

(23) Bloom, Harold, *Introduction to Hans Christian Andersen*, Edited by H.Bloom, Blooms Modern Critical Views, Philadelphia 2005, p.132.

(24) Bloom, H., 'Trust the Tale, Not the Teller', Hans Christian Andersen, in : *Orbis Litterarum*, Volume 60, 2005, p.397.

(25) Kierkegaard, Søren, *Samlede Værker* 3. udg. Bd. 3, s. 39.　(26) *ibid*., s. 44.　(27) *ibid*., s. 34.　(28) *ibid*., s. 41.

(29) The Hans Christian Andersen Center, Criticism of Hans Christian Andersen, http://www.andersen.sdu.dk/forskning/anmeldelser/kritik_e.html……2014/05/09.

(30) http://sorenkierkegaard.org/from-papers-one-still-living.html

(31) Holm, K., Jacobsen, M., Troelsen,B., *Soren Kierkegaard og romantikerne*, Kbh. 1974, s. 7.

(32) Kierkegaard Gesammelte Werke, Registerband, Dusseldorf/koln 1969, S. 121.

(33) Niedermeyer, Gerhard, *Sören Kierkegaard und die Romantik*, Leipzig 1909.

(34) Toftdahl, Helmut, *Kierkegaard först- og Grundtvig sa*, Kbh. 1969.

(35) Toftdahl, H., Debatten om Grundtvig og Kierkegaard. En kritisk gennemgang,i: Grundtvig-Studier,1969, pp.47–86.

(36) *ibid*., s. 47.

(37) Toftdahl, H., Kierkegaard forst- og Grundvig sa, s. 16.　(38) *ibid*., s. 201.

（39） Grønbech, Vilhelm, Kierkegaard og Grundtvig, i: *Kampen om Mennesket*, Kbh. 1943, s. 236.
（40） *ibid.*, s. 59.　（41） *ibid.*, s. 63.　（42） *ibid.*, s. 137.　（43） *ibid.*, s 138.
（44） *ibid.*, s. 142.　（45） *ibid.*, s. 142.　（46） *ibid.*, s. 142.　（47） *ibid.*, s. 146.　（48） *ibid.*, s. 146.
（49） *ibid.*, s. 149.　（50） *ibid.*, s. 149.　（51） *ibid.*, s. 149.　（52） *ibid.*, s. 149.　（53） *ibid.*, s. 150.
（54） Toftdahl, *Debatten om Grundtvig og Kierkegaard*, s. 64.
（55） Holm,S., *Grundvig und Kierkegaard. Parallen und Kontraste*, Kbh. 1956.
（56） Toftdahl, *op.cit.*, S. 72.
（57） Holm, *op.cit.*, S. 13.　（58） *ibid.*, S. 13.
（59） jfr.Holm, S., *Mythos og kult i Grundtvig Salmdigtningen*, Kbh. 1955.　（60） *ibid.*, s. 82.
（61） Holm, *Grundtvig und Kierkegaard*, S. 66.　（62） *ibid.*, S. 90.　（63） *ibid.*, S. 92.
（64） *ibid.*, S. 92.　（65） *ibid.*, S. 97.　（66） *ibid.*, S. 98.　（67） *ibid.*, S. 100.　（68） *ibid.*, S. 18.　（69） *ibid.*, S. 65.

第二節　北欧民族精神をめぐるキェルケゴールとグルントヴィ
——O・P・モンラーズの『セーレン・キェルケゴール』の投じる問題

［I］　モンラーズにおける北欧民族精神理解の前提——セーデルブロームとカーライル

ヘルマン・ゴットシェット（Hermann Gottsched）とクリストフ・シュレンプフ（Christoph Schrempf）の二人を編集主幹として発行された最初の独訳キェルケゴール全集全一二巻には、別巻としてノルウェーの詩人牧師O・P・モンラーズ（Olaf Peder Monrad, 1849–1920）が「ドイツの読者」に「キェルケゴールに関する入門書」を提供する目的で書いた『セーレン・キェルケゴール　彼の生涯と彼の著作』（*Sören Kierkegaard. Sein Leben und seine Werke*, Jena 1909）が附随している（なお著者O・P・モンラーズは、本書第一章で紹介した『異教』の著者G・V・リュングの哲学の師であり、ノルウェーの代表的なヘーゲリアン、M・J・モンラーズの息子である）。著者モンラーズは、序言で、ヘフディングの『哲学者としてのキェルケゴール』（Harald Høffding, *Søren Kierkegaard som Filosof*, 1892）から「素晴らしい示唆」を受けたことを感謝しているが、実質的にはヘフディングがキェルケゴールの思想を「ある特定の土地と一定の気候の中でのみ成長しうるような思想」として規定しながら、自然的風土の意味においてはもとより、精神的風土の観点からもそういった思想の本質的な特性を十分鮮明にすることをしなかったのに対し、モンラーズのキェルケゴール論は明らかにヘフディングのこの重大な瑕疵を補塡しようとする意図の下に執筆されたものである。つまり、モンラーズは自著の序論及び結論において「一九世紀初期デンマーク人の精神生活」を北欧神話の背景にまで遡って考察し、特に北欧神話の二柱の主神「オージン」（Óðinn）と「ソール」（トール）（Þorr）の人格的特性が、まさにキェルケゴールとグルントヴィによって継承され、受取り直しされていると見なすことによって、一九世紀デンマークの代表的な思想家二人が北欧神話における「北欧的なもの」、モンラーズの言う「北欧精神」乃至「北欧的心性」の典型的な具現者として把握するのである。モンラーズのこういった極めて斬新な見方については改めて綿密に考察するが、ここで差し当たって注目しておきたいのは、モンラーズによって北欧神話における異なったタイプの二柱の主神に准えられるグルントヴィとキェルケゴールが、北欧神話そのものについて相互に対蹠的な理解方向を示すことは当然予想されるとして、北欧神話に向かう両者の対立的な姿勢の根底には、もとより前述のごとき両者の精神と思想をめぐるより一般的な異質性が横たわっているという事実である。

世界各国におけるその後のキェルケゴール研究の飛躍的発展に伴い、このいわゆる『シュレンプフ版全集』はもとより、前記モンラーズのキェルケゴール伝も、現在ではもはや利用価値を有しない過去の単なる歴史的資料としてしか顧みられなくなってしまった。しかし、私見によれば、このキェルケゴール伝には、それを他のほとんどすべての類書から決定的に異ならしめるのみならず、筆者の視点からすれば現代においてなお極めて有意味的な注目すべき論点と作業が含まれているのである。それはキェルケゴールの思想家としての生涯を「ゲルマン精神」（germanischer Geist）乃至「北欧民族精神」（nordischer Volksgeist）という視界から把握しようとしており、その結果彼固有の人格的・思想的特質の根源を遠く「ゲルマン神話」乃至「北欧神話」の世界にまで遡って探索しようとしていることである。キェルケゴールをもっぱら無制約的に「キリスト教的思想家」としてのみ把握し、彼の全体像をひとえにキリスト教的基盤の上にのみ構築しようとする従来の圧倒的多数のキェルケゴール研究の視界からすれば、モンラーズの姿勢はむしろ強烈な「異端」・「邪道」・「誤解」の匂いすら漂わすものでしかないであろう。しかし、キリスト教の伝道者でありながら、キェルケゴールの人格と思想の源流を古代北欧の神話世界に探ろうとするモンラーズのこの目論見と営為は、これまで「生粋のキリスト教思想家キェルケゴール」という通俗的・伝統的見方からいかに嫌悪・無視・排除されてきたとしても、キェルケゴール研究のみならず、さらには「北欧神話」そのものの研究にとっても絶対に看過すべからざる重大な視点を提供するものと言わなければならない。

確かにモンラーズもキェルケゴールと北欧神話の関係を本格的に論じているわけではない。彼の著作のサブ・タイトルの示すキェルケゴールの「生涯と著作」を「一九世紀初頭におけるデンマーク精神生活」の背景から解き明かそうとする意図に基づいて、先ず緒論的考察としてキェルケゴールを取り巻く一九世紀当時のデンマークの精神的情況に注目しつつ、しかもそのための必須の前提として、彼と「北欧神話」との接点を歴史的観点からではなく、両契機間に成立する精神的・理念的連関から探ることによって、まさしく「北欧民族精神」を具有する典型的な人格・思想家としてのキェルケゴールを浮かび上がらせようとしているのである。その際、モンラーズの取る方法論上の特質は、一般に北欧民族精神を代表する同時代最大の思想家と見なされるN・F・S・グルントヴィの精神的・人格的特性との対比においてその作業を行うことである。しかし、モンラーズにとっては、グルントヴィが「北欧民族精神」に貫かれた人格・思想家であることは言うまでもないが、むしろグルントヴィにもまして「北欧民族精神」の本質を表現する人格・思想家こそキェルケゴールに他ならないのである。以下では『セーレン・キェルケゴール　彼の生涯と彼の著作』の序論及び結論において、このような極めて斬新な見解を披瀝するモンラーズの独創的な営為を仔細に辿ることによって、北欧神話を原点とする北欧精神史の内部からキェルケゴールを見ることを通して、彼が真に北欧デンマークの思想家たる所以、まさに彼における「北欧的なもの」を確認するという筆者の本来の目論見を前進させてみたい。

ところで、このように前掲書において「北欧民族精神」の観点からキェルケゴール、さらにはグルントヴィの思想の独自性を捕捉しようとする際、作業前提としてモンラーズが二人の思想家に注目している点が興味深い。一人はなかんずく『神信仰の生成』（*Gudstrons Uppkomst*, 1914）の名著で国際的に知られ、北欧でも深い学識と独創的思惟によって敬愛を一身に集めたスウェーデン・ウプサラ大学の神学者・宗教史学者かつウプサラ教会監督のナータン・セーデルブローム（Nathan Söderblom, 1866–1931）であり、もう一人はイギリス理想主義の思想家、歴史家・評論家として著名なトーマス・カーライル（Thomas Carlyle, 1796–1881）である。

モンラーズがセーデルブロームに関心を寄せる所以は、明らかにキェルケゴールを念頭に置きながら、「北欧精神の中心点では人格性に対する決定的な傾向が特別力を込めて主張されている」[1]と見なすモンラーズが、自らの見解の確たる証しをセーデルブロームの所見に求めるからである。事実、セーデルブロームは、小著ながら才気に溢れた『啓示宗教』（*Uppenbarelsereligion*, 1930）において、高次の内面的な宗教経験の根本形式の研究を本来の課題とするはずの宗教心理学が、例えばアメリカのウイリアム・ゼームス（William James, 1842–1910）の営為のように、膨大な信仰告白を統計的手法によって処理しつつ、より一般的な類型と現象を考察しながらも、「偉大な宗教的人格の内面生活」に関心を向けていないことを批判する。そして、宗教心理学が固有の考察対象とすべき「偉大な宗教的人格」として真っ先にセーデルブロームが挙げるのが、「預言者・パウロ・アウグスチヌス・ルター・パスカル」、そしてキェルケゴールなのである。セーデルブロームによれば、現代の宗教心理学が彼らの「人格性の神秘」という深遠な問題にまで進入することは期待すべくもないのである。そして、セーデルブロームはこのように問いかける。

「このような宗教学的課題は、宗教的思惟の歴史からすれば、宗教関連における人格性概念の、そして人格性のシンボルの意義に対する関心が歴史的に古く、かつ他のいかなる国よりも深く根付いている北欧のキリスト教界に対して提示されていると考えるべきではないのか！」[2]。

そして、セーデルブロームは、「人格性の原理」が北欧思想圏において決定的な意味を有する証明を、自国スウェーデンの場合は詩人哲学者エイエル（Erik Gustav Geijer, 1783–1847）の「最も典型的にして強力な人格性の哲学」や絶対観念論の完成者ボストレーム（Christoffer Jakob Boström, 1797–1866）[3]における哲学体系の「比類なき建造物」の中に見出し、隣国デンマークについては「キェルケゴールとグルントヴィの国」と呼びつつ、両者が相互に決定的に異なりながらも、共に「人格性の概念」にアクセントを置いている点では軌を一にし、しかも最終的にはキェルケゴールにおいてこの概念が頂点に到達していると主張する。

そして、モンラーズは、彼が「一人のスウェーデン人であり、それゆえまさにスカンディナヴィア人の一人（ein Nordländer）である」[4]と称するこのセーデルブロームから、自著において追究すべき最重要課題がキェルケゴールの「人格性の概念」「人格性の原理」でなければならないことを教示されるのである。

次に、「スコットランドの農夫の倅」として生まれ、後に「チェルシーの預言者」と呼ばれるに到ったトーマス・カーライルについて、モンラーズが「彼自身独創性に刻印された人格」として注目する理由は、カーライルが彼のいわゆる「英雄崇拝論」で展開した古代北欧人論・北欧神話論を通して、極めて特異な観点からではあるが、自らのキェルケゴール・グルントヴィ解釈にとって重大な前提となる「北欧民族精神」の何たるかについて大きな示唆が与えられたからである。言うまでもなくモンラーズの生国ノルウェーは、伝統的にオーソドックスな北欧神話研究のメッカである。したがって、カーライルの「スカンディナヴィア神話」解釈をこういった本格的な北欧神話研究の方向と水準に照合した場合、必然的に多くの問題点が浮上するのは避けられない。事実、モンラーズ自身も、『キェルケゴール』序論の欄外注で、「現代の宗教史は確かにこの（カーライルの）講演に対して純粋に学問的立場から厳しく反論することができるし、また反論しなければならないが、ここでは問題としない」[5]、と断っている。しかし、その反面特に言語学的視点に力点が置かれるオーソドックスな北欧神話研究が、すでに紹介したカール・ローセンベーャの「北欧精神史」は例外として、モンラーズからすればキェルケゴールやグルントヴィ理解にとって重要な前提である「北欧民族精神」といった総合的な視点がほぼ完全に欠落しているのは紛れもない事実であって、それだけに、厳密な神話学的・宗教史的立場からすれば多くの問題点を残しているとしても、北欧人と北欧神話の神々を主題として展開されるカーライルの「北欧民族精神論」は、モンラーズの「北欧の思想家」としてのキェルケゴールやグルントヴィ理解に対して極めて大きな指標を提供したことは間違いないのである。もっとも、モンラーズはカーライルの古代北欧人論・北欧神話論を全体にわたって仔細に検討しているわけではなく、彼の言説から数節引用するに留まってはいるものの、それにもかかわらずモンラーズの営為に対するカーライルの「北欧民族精神」論の感化は軽視できないであろう。そこで以下においては、モンラーズ自身の「北欧民族精神」の観点からのキェルケゴール解釈の吟味に先立って、ひとまずモンラーズの視界に入っていたと思われるカーライルの北欧神話論の特質を確認しておくことにする。

モンラーズがカーライルに注目する所以は、「世界の歴史は偉人の伝記に過ぎない」[6]という独自の歴史観に基づいて構想された、「英雄崇拝論」とも総称される、一八四〇年の講演『英雄・英雄崇拝及び歴史における英雄達について』(*On Heroes and hero Worship and the Heroic in History*, 1841)の第一講において、「スカンディナヴィア異教」の核心が「オージンという中心像」にあり、オージンは「英雄精神の最古の原初的形態を形成する神格としての英雄」[7]を象徴するという異色の「北欧民族精神」論を展開しているからである。

この「北欧民族精神」論は、先ず「このわれわれの惑星において思惟し始めた最初の人間が一切のものの始祖である。そして、第二、第三の人間と続くのである——否、真の思想家はすべて一種のオージン（a kind of Odin）である」[8]という見解から出発する。この見方に立てば、カーライル自身が語っているわけではないが、北欧思想圏においては、キェルケゴールやグルントヴィこそ「オージン」の類型に属する最も典型的な思想家ということになる。そして、モンラーズは、カーライルのこのような「思想家即オージン」乃至「オージン即思想家」論の上に構築された「北欧民族精神」論を自己有化することを通して自著『キェルケゴール』を完成するのであるが、われわれはカーライルのこういった主張動機をさらに探ってゆくことにする。

モンラーズは、「カーライルは自分のことを北欧人と感じていた」[9]、と語っている。スコットランド出身のカーライルが太古スコットランドやイギリスに移住してきたノルウェー人乃至デンマーク人の家系の出であった可能性は、カーライルの次の主張からも十分推測できるであろう。

「思うに、スカンディナヴィアの異教は、ここイギリス人のわれわれにとっては、他のいかなる異教にもまして大きな関心の的である。一つには、この異教が最後の異教だったからである。この異教は、ヨーロッパのこれらの地域で一一世紀まで存続し、八〇〇年前には北欧人はなおオージンの崇拝者であった。スカンディナヴィアの異教はまたわれわれの父祖の信条としても関心の対象となる。つまり、われわれの血管に血を注入し、幾多の点でわれわれに類似している人たちの信条だからである[10]」。

「スカンディナヴィアの異教」が単に「オージン崇拝」という父祖の信仰内容を伝えるのみでなく、現代イギリス人の血脈ともなっていると考えるカーライルが、講演冒頭の主題に「オージン・異教・北欧神話」を取り上げたのは当然であった。もとよりカーライル自身も、現代人の眼にスカンディナヴィアの異教が想像を絶する異様な相貌を呈する、所詮「信じ難い作り話」として映ることを一先ず諒解する。しかし、彼はこのような見方に対しては「臆説」

として断固抗議し、そこに厳然として「真理」が含まれていることを強調する。「古代諸国民の異教の中にわたしは幾多の真理の存在を発見する。古色蒼然たる衣装をまといこそすれ、その精神は依然として真実である[11]」。まして、カーライルによれば、異教徒とキリスト教徒の区別のごときは皮相なものでしかないのである[12]。

さらにカーライルは、古代ギリシァの異教と比較しつつ、「古代北欧人の信仰体系」とも呼ぶ「スカンディナヴィアの異教」の特質をこのように規定している。

「わたしにとっては、古代北欧人の信仰体系の中には、極めて純粋なもの、極めて壮大にして男性的なものがある。古代ギリシァの異教の軽やかな優美さとは断然異なる、開けっぴろげな単純さ・純朴さが、このスカンディナヴィアの信仰体系の特質である。これは思想である。深遠で原初的かつ真摯な精神の純なる思想であり……ギリシァの異教におけるごとき軽快な優美さ・半ば遊戯じみたものではなく、ここには一種の朴訥な実直さ・野生の力・大いなる無骨な誠実さが披瀝されているのである[13]」。

ただし、ここで決定的に重大な事柄は、カーライルがそのような思想体系の由来する「始原」として「独創的な思惟能力を持った最初の北欧人、北欧の最初の天才」として「オージン」を想定することである。「オージン」こそ、北欧人を非有から有に、死から生へと覚醒せしめた「魔法使い・奇跡的祝福の贈与者・預言者・神[14]」なのである。

「このオージンは、彼なりの粗野で不分明な仕方においてではあるが、語るべき言葉を持っていた。この大宇宙とその中の人間生活を取り込んで、それについて偉大なる言辞を吐くだけの偉大なる心情が解放されていたのである。わたしに言わせれば、彼固有の荒っぽい流儀においてではあるが、一個の英雄であり、賢明にして天分豊か、高貴な心の持主であった。未開の北欧人にとって、オージンは高貴にして最も高貴な存在・英雄・預言者・ヴォータン・万物中の最も偉大な者であった。このオージンは本質において最大級の偉人と同種の本性を有していたにちがいない。彼の未開ながら深遠な心の中に宿る偉大なる思想！」[15]。

このように、カーライルによれば、「預言者」・「思想家」にして「偉人」・「英雄」たる「オージン」は、まさに「北欧人の典型、チュートン民族がかつて生み出した中で最も傑出した者」、「すべてのチュートン民族の主神であった」[16]。と同時に、まさにそのような意味において、「スカンディナヴィア神話はある意味ではこのオージンという人物の肖像」に他ならないのである。確かに「オージン」という人間そのものは歴史の中に完全に姿を消しはしたが、彼の巨大な影は現になおスカンディナヴィア民族の全歴史の上に投影されているのである。それゆえ、思想史上真に思惟を開始した者を「始祖」(beginner of all) とすれば、北欧思想史の地平においては「オージン」こそその名に相応しい存在であって、既述のように、カーライルにとっては、北欧思想圏において「真の思想家は今の瞬間に到るまで一種のオージン」であり、北欧思想史の諸断面に自らの似姿の影を伸ばしているのである[17]。

「オージン」は「魔術」とともに「ルーネ文字」の発明者である。カーライルも「オージンのルーネ文字は彼の重要な特徴であり、ルーネ文字とそれによって彼が行った魔術と奇跡は、スカンディナヴィア伝説上の一大特質である」[18]ことを躊躇なく了承する。しかし、さらに突っ込んで問えば、「思想家オージン」の告知する「古代北欧神話の根本的な特質」とは何なのか。カーライルによれば、それは可視的・物理的な自然現象の人格化・神聖化ということである。この点は次のようにも言われている。

「スカンディナヴィアの異教の本質は、自然の諸力を神のごとき、驚嘆すべき人格的行為者として─神々や悪魔として認識することである。これは、永遠の驚異たるこの宇宙をめぐって、畏怖と感嘆をもって吐露される人間の原初的な思想に他ならない[19]」。

スカンディナヴィア異教神話の本質は、このように自然の神性の「認識」のみならず、神秘的・可視的な諸勢力との「誠実なコミュニケイション」にあることをカーライルは強調する。彼によれば、この場合の「誠実さ」は他のいかなる神話におけるよりも際立っており、「誠実さがスカンディナヴィア神話の偉大な特質[20]」なのである。確かにこの神話には古代ギリシァの「優美さ」は完全に欠落している。だが、「誠実さ」は「優美さ」に優越しているのであって、このような神話を所有する北欧民族こそ「真に勇気ある古代民族」(a right valiant, true old race of men) と言わなければならない。

そして、まさにこの点と結びついてカーライルは北欧人の宗教における荒っぽいながら、真摯にして厳かな感銘を与え、その意味で「古代北欧人を満足せしめた」もう一つの根本的特質として、「勇敢さの神聖化」(Consecrtion of Valor) ということに注目する。[21] 彼によれば、『エッダ』神話を通して人間が獲得しうる「実際的信仰」の最たるものは、「不動の運命に対する、そして人間にとって唯一の必要事は勇敢であるという信仰[22]」であった。その根源は、カーライルが「北欧的信仰全体の魂[23]」と称する、北欧神話における「ヴァルキュリア女神群」信仰にある。誰が戦死すべきかを選択・指名する彼女らは戦場で倒れた勇敢なる者を天上のオージンの館「ヴァルホル」に導き、ベッドで息絶えた卑怯者は死の神ヘルの国に投げ込むという信仰である。「オージンの信条は、もしわれわれがその真の核心を解きほぐすなら、人間は勇敢たるべきであり、勇敢でなければならないということである[24]」。勇敢であることは人間の運命であり、義務であって、人間は従容として高次の力の指名と選択に身をゆだねなければならない。勇敢であることが永久不変の義務であり、今日においても「勇敢さは依然として価値[25]」なのである。そして、カーライルは、英雄として北欧民族に勇敢さの無限の重要性を説き、勇敢さこそ人間を神たらしめるものと宣告する「オージン」のメッセージが、まさに天上に由来するものと考えるところに、北欧民族にとって「オージン」が「神」として信じられるという根源的理由が存在しているのであり、その中にスカンディナヴィア宗教の「最初の種子」が発見されると主張するのである。[26]

なお、カーライルは、北欧神話において一般に主神「オージン」に次いで第二の位置を占める「雷神」にして「平和な産業の神」、「農夫の友」でもある「ソール神」についても各種のエピソードを通して触れつつ、この神が北欧人の質実剛健の気質を証明し、「勇敢さ」が「哀れみの、真理の、そして人間における偉大なるもの・善なるもの一切の根拠」であることを告知する典型的な北欧神であると語っている。

カーライルにとっても、古代北欧人の異教的信仰体系の真相を「古代の思想」として把握する原資料が『古エッダ』あるいは『韻文のエッダ』と『新エッダ』あるいは『散文のエッダ』、さらに各種の『サガ』であることは言うまでもないが、彼は、これら二つのエッダは「一つの首尾一貫した思想体系」ではなく、「継起した思想の総和」であって、北欧異教信仰が成立して以来の長い歴史的経過の中で、思想家によって絶えず新たな彫琢と増補が行われ、彼らの合作の結果として現に見られるごとき「完全な最終形態」に到達したと考える。

もっとも、筆者の掲げる主題に直接関連する問題ではないが、この点についてカーライル独自の北欧神話観の一端を物語るものとして留意しておくべき側面がある。それは、カーライルの言うように北欧神話が「継起した思想の総和」であることを証明する『古エッダ』の多くの詩篇の内、一般に「完全な最終形態」として、いわば北欧神話思想体系の頂点として位置づけられる『巫女の予言』（*Völuspa*）に関して、カーライルが「北欧神話の異色の詩的性質乃至価値を有する奔放な予言群」と見る一方、主題を弄んだ後代の詩人作者による「最内奥の心の感興」を欠落した「空疎な付加物」に過ぎないと突き放していることである。[27]『巫女の予言』という詩篇に関するこのような見方は、現代の北欧神話学では当然受け入れられないものとなっている。

もっとも、その『巫女の予言』に登場するが、「極めて古い予言理念」を思わせる「ラグナロク」（Ragnarok）の概念に対しては、カーライルは、正確には「神々の運命・死」が本義ながら「破滅」(Consummation) 乃至「神々の黄昏」(Twilight of the Gods) といった、当時一般的に受け容れられていた訳語を振り分け、この概念の内包についてもほぼ的確に把握している。神族と巨人族との間の世界戦争において相互に滅ぼし合い、「黄昏」は暗黒となり、破滅が全宇宙を呑み尽くす。かくて宇宙は神々とともに没し去るが、これは最後の終焉ではない。新たな天地が出現し、より高次の神と正義が世界を支配することになる。この歴史的に極めて古い由来を臭わす宇宙論的な予言思想は、カーライルによれば、古代と現代、思想家と一般人といった区別を問わず、あらゆる真摯な人間の魂の最内奥を刻印している「流転の法則」(Law of Mutation)、「根本的な存在の法則」(fundamental Law of Being) に他ならないのである。

カーライルは、次の言辞によって、北欧神話の、北欧人の本質を総括的に表現しようとしている。

「以上のごとき古代北欧人の詩歌には真理がある、内面的な永遠の真理と偉大さがある。それは単なる形骸や巨大な容積の偉大さではなく、魂の荒ぶる偉大さである。これら古代北欧人の心の中には崇高にして忍従的な憂愁を辿ることができる。思想の奥底まで見通す偉大な無垢の眼力がある。こういった勇敢なる古代北欧人は、古今を通してあらゆる人間が瞑想によって教えられてきた事柄を看破していたように思われる。つまり、この世は所詮一つの見せかけ-現象乃至幻影であって、現実のものではないということを」(28)。

インドの神話作家、ドイツの哲学者、文豪シェイクスピアといった「真摯な思想家」は例外なくこの世の真相を認識していたが、カーライルによれば、こういった真理認識はいち早く古代北欧民族によって、なかんずく「オージン」や「ソール」によってすでに達成されていたのである。その意味で、こういったカーライル的観点に立てば、古代北欧民族の歴史的伝統の延長線上に、キェルケゴールやグルントヴィは現世を貫く「流転の法則」「根本的な存在の法則」の真理、この憂鬱なる「ラグナロク」の運命の理念を典型的な「一種のオージン」あるいは「一種のソール」として完璧に認識していた「真摯な思想家」であったと言わなければならない。

以上のように、ナータン・セーデルブロームは「人格性」の理念を「北欧民族精神」の核心として洞察しつつ、キェルケゴールの中にその理念の絶頂を見出したが、一方トーマス・カーライルは、この「人格性」の本質を、超越的な神ではなく、すでに太古歴史的に実在したと見なされる「神格を帯びた偉人・英雄」としての「オージン」、さらには雷神「ソール」によってすでに実現された「誠実さ」「勇敢さ」の中に発見するとともに、最後に神族と巨人族を含む全宇宙の破滅と新生、この「ラグナロク」の表象を「北欧人の魂」として受け留めたのである。モンラーズの構築するキェルケゴール像、さらにグルントヴィ像の背景をなしているのは、セーデルブロームとカーライルのこのような「北欧民族精神」についての基本的把握であると言って差し支えないであろう。

〔Ⅱ〕　モンラーズにおける北欧神話とグルントヴィ及びキェルケゴールの接点

モンラーズは、「北欧人の魂」とも呼ぶ「北欧民族精神」を、時に「ゲルマン精神の北欧的分枝」と称する場合がある。これは、ゲルマン民族全体を貫く根本的な精神、いわば「全ゲルマン精神」を「一つの統一体」と見る立場からすれば、「北欧民族精神」という仕方で北欧人固有の精神構造を強調するのは、結局統一的な全ゲルマン精神の一面のみを強調することになるという恐れからである。しかしながら、北欧人の中に厳密に「北欧民族精神」と規定すべきまったく独自の精神形態が存在するのは紛れもない事実であって、それを根源的に証明するのが、モンラーズによれば、通常スノリ・ストゥルルソンの『新エッダ』乃至『散文のエッダ』に対して、『古エッダ』もしくは『詩のエッダ』と呼ばれる北欧神話原典の冒頭に位置する『巫女の予言』の詩篇である。前述のように、カーライルはこの詩篇を「後代の詩人たちによる空疎な付加物」としてまったく評価しなかったが、もとよりこういった理解の仕方は、カーライルの時代のみならず現代の北欧神話学においては完全な誤解と見なしうるし、また見なければならない。カーライルの北欧神話論に深い共感を寄せながらも、この点では真逆の立場に立つモンラーズは、この神話詩において われわれは「北欧民族精神の源泉」[29]にまで到達したことになると断言する。さらにモンラーズは、一般にデンマーク最大の抒情詩人の一人と評価され、「北欧神話」に題材を取って「バルドルの死」の悲劇を歌った天折の天才ヨハンネス・エーヴァルの詩（発刊は一七九三年）の中に、「未だ隠れてはいるが、北欧精神そのものの真の根本的な性格と根本的な力の顕現」を発見し、そこに必ずしも一般的・概括的な「ゲルマン精神」に包括し切れない固有の「北欧民族精神」の存在を確認して、このように語っている。

「この芸術的・美学的には容易に攻撃しうるエーヴァルの作品ながら、そこには、敢えて言えば、この時代のデンマークの最も深い精神の持主たちに重要な予感のリズムとして伝えられているもの、そして来るべき時代にとっても最大の意義を有するもの、が確かに存在していたのである。いまだベールに覆われてはいるが、これこそ北欧精神そのものの純粋な本性の顕現、根本的な力の示現に他ならないのである」[30]。

もとよりこのような北欧民族本性の特質のさらに突っ込んだ探索・叙述も最大の関心対象たりうるが、しかしながらモンラーズ自身にとってはこのような営為が「驚くべき意味」を所有する所以は、それが「キェルケゴール理解」に対して巨大な指標を提供しうるからである。どのような意味においてなのか?

「エッダ神話」を通して最も鮮明に認識しうるのは、モンラーズによれば、なかんずく「北欧固有の創造的才能の内奥」に他ならないのであるが、とはいえこのことを証明するためにモンラーズが利用するのは、「エッダ神話」の全体でもなければ、実は前述のように彼自身北欧異教精神の特質を最も鮮やかに告知していると見なす『巫女の予言』でもない。彼が先ず留意するのは、「エッダ神話」集の中で多くの場合『巫女の予言』詩篇の次に置かれる『高き者の歌』の詩篇である。なぜなら、この詩篇は、単なる個人的な道徳観ではなく、本質的に「現代ノルウェー農民の根本的な規定性」のみならず、「われわれの父祖の倫理的規定性[31]」全体を如実に表現しているからである。だが、モンラーズがまさに特別な関心を差し向けるのが、『高き者の歌』の全一六四節中第一三八節から第一四一節までの四節である。そして、彼が敢えてこの四節に限定して注目する理由は、「キェルケゴールを考慮した場合」これらから「最高に特異な心象」を引き出すことができるからである[32]。

モンラーズの引用する四節を彼の依拠するゲーリング版独訳に従って翻訳・紹介しておこう[33]。

（一三八）われは知れり、風吹きすさぶ樹に、九夜にわたり、槍に傷つき、オージンに、われ自らにわれとわが身を捧げて、（いかなる根より生えしか人間どもの知らぬ巨樹に）吊り下がりしことを！

（一三九）角杯にてもパンにても慰められず、われ眼下を窺えり、われうめきつつ持ち上げ、拾い上げしはルーネ文字なり、われたちまち地上に落下せり！

（一四〇）（ベストラの兄弟、ベルソルンの息子は、霊験あらたかなりし歌九つをわれに教えたり。われオース、レリルの容器より素晴らしき密酒の飲物を得て飲み干したり）

（一四一）われ成長を開始し、思慮深くなり始めたり、われ大きさを増し、幸いを感じたり、言葉は次々とわれに生れ、行いはわれに絶えることなかりしなり！

モンラーズは特に一三八節に注目し、そこで提出された「オージンに、われ自らにわれとわが身を捧げて」（geweiht dem Odin, ich selber mir selbst!）なる表現にまさしく「北欧固有の民族精神の根源的萌芽」を見出すと同時にまた、古代北欧の異教精神とキェルケゴールとの人格的・思想的出会いの原点を認識するのである。

しかし、直ちにモンラーズのこの見解を検討する前に、一端モンラーズの所論から離れて、われわれは『高き者の歌』の詩篇全体の構造と思想傾向、並びに先の四節の持つ特別な意味について北欧神語学の立場からごく一般的な解説を試みておきたいと思う。

作品としての「エッダ神話」は、既述のように、通例「神話詩」「格言詩」「英雄詩」に区分されるが、原典資料『王の写本』（*Codex regius*）版では、『巫女の予言』に続いて第二の位置を占める『高き者の歌』は、「格言詩」の領分に算入されるのが通例である。この「格言詩」の成立の背景を北欧神話学の権威フィンヌル・ヨーンソン（Finnur Jónsson, 1858–1934）の見解に従って辿って見よう[34]。

この詩篇が成立したと考えられる九三〇年頃までに、北欧人が人間生活のさまざまな形態と発達段階を経験し、その過程で現実の生活上の普遍妥当的な規則や原則を導き出すに到ったことは疑いえない。かくて、ヨーンソンの言葉を借用すれば、ここに「ある種の北欧的な生の哲学」（et slags nordisk Livsfilosofi）が生誕する契機が与えられ、この「哲学知」が短い格言的な文章、明確な語り口で表現されて、それが「無意識的な集大成」という意味での「一つの全体的な体系」にまで完成されて、そこに所謂「詩篇」が成立したのである。ただしこの場合注目されるのは、この「哲学知」の根源が「最も知恵ある神」・「オージン」自身に帰せられ、彼がこの「哲学知」の始祖・贈与者と見なされ、人類は彼から実践哲学的な知恵を獲得したと語られていることである。前述のように「オージン」を完全に歴史的人間に還元する点を除けば、カーライルの見解もほぼこれと軌を一にしていることが知られる。ヨーンソンはこのような意味での「格言詩」を敢えて「倫理詩」（etiske Digte）として特徴づけ、エッダ神話中唯一の「倫理詩」として『高き者の歌』を挙げている。なお、「高き者」（Háva）とは、主神「オージン」のことである。

『高き者の歌』の「単独的な詩」ではなく、多数の断片詩の「集大成」として誕生したという成立事情から、共通点はそれが「オージンの語り」ということのみであって、「内容」の面から見れば極めて多岐にわたっている。研究者が例外なくこの詩篇を複数の部分から構成されていると見るのはそのためである。モンラーズの信頼するゲーリング版『エッダ』の編集・発行で著名なフーゴー・ゲーリング（Hugo Gering, 1847–1925）は、『高き者の歌』が多数の部分から成立していることを最初に洞察した先駆的北欧神語学者カール・ミュレンホフ（Karl Müllenhoff, 1818–84）の説を踏襲しつつ、全体を六つの部分に分けているが、ヨーンソンは七つの部分にさらに細分化している。しかし、この区分の子細と観点は別として、圧倒的多数の研究者たちの見解は、先にモンラーズの引用した部分を含む第一三八節から第一四五節までの八節すら決して纏まった「一全体」を構成するものではなく、なお各種の断片詩の寄せ集めに過ぎないながら、それにもかかわらず各詩片が、「ルーネ文字」の「起源」と「魔力」の問題を取り上げている点において、やはり他の部分から独立した固有の領域を形成するものと解する点では、完全に一致している。それらが一括して「ルーネ詩句」（Runatal）とか「ルーネの歌」（Runenlied）と総称される所以である。なお、この点については、カーライルも、オージンのルーネ文字は彼の重要な特徴であって、スカンディナヴィア人の間では、「オージン」が魔術と文字の発明者であったと主張している。

しかしながら、これら四節の中においてのみならず、『高き者の歌』全体を通しても従来から神話学者に対して最大の問題を投げ掛け続けてきたのが第一三八・一三九・一四一の三節である。ヨーンソンも、これらの詩節が、いかにして、いかなる「自己犠牲」（Selvofring）によってオージンがルーネ文字を獲得したかを物語っているのは間違いないとしても、やはり内容の面からすれば、それらは非常にわかりにくいと主張している。特にこのオージンの「自己犠牲」という神話的表象の真意を把握することが極めて困難だからである。最初この表象を完全にキリスト教の視界から把握したのはノルウェーの神話学者ソーフス・ブッゲ（Sofus Bugge, 1833–1907）であった。彼は、名著『北欧の神話・英雄伝説の起源の研究』の中で、第一三八節を徹底的に論じる際、このように述べている。「中世初期の北欧では、北欧異教の最高神オージンがかつて樹に吊り下がったという神話は広く知られており、これが後に〝オージンの絞首台〟（Odens Galge）と呼ばれるようになり、聖樹、世界樹として把握されたのである。キリスト教の神も樹に吊り下がった。この樹・〝キリストの絞首台〟・〝キリストの十字架〟は聖なるものであり、全世界にとって意味を持っている。すでにこの点で北欧異教徒の表象とキリスト教徒の教説とは驚くほど一致している。……異教徒の北欧人はキリスト教の表象から影響を受けたのである[35]」。

しかし、第一三八節をこのように完全にキリスト教の影響によって成立したとするブッゲの見方に異を唱えたのが、モンラーズの倣うゲーリングである。現在では多くの点で「古臭く」なっていると言われてはいるが、その精密さにおいて匹敵するもののない「エッダ神話」註釈書の中で、「これら（第一三八－一四一節までの）四節で取上げられた神話が、聖書における十字架の死の伝説に由来するというブッゲの主張は疑いもなく間違いである」と反論し、「絞首台上のオージン」と「十字架上のキリスト」との共通点と同時に相違点を厳密に比較検討した後、後者に圧倒的なアクセントを置きながら、「それゆえ、われわれは無論この神話を純粋に北欧的な神話として用いなければならない[36]」、と結論づけている。そして、彼が自らの「仮説」として提出するのは、この神話が「若きオージンの将来における偉大な使命に備えるための準備・開眼と関係がある」という解釈である。これはいわばオージンの「自己犠牲」を「未開民族乃至半文明化しただけの民族の習慣」である「成年儀礼」、つまり所謂「イニシエイション」（initiation）として捉えることを意味している。

北欧神話研究の最高峰に立つヤン・デ・フリースもこの見解を自己有化しつつ、「成年儀礼を受ける者は先ず、彼がこれまで生きてきた世界から引き離されなければならない。それから彼は新たな社会に移されなければならない。

これはしばしば仮死状態、つまり死者の世界への到着とそれに続く再生という形式を取るのである」[37]、と述べるとともに、オージンの「自己犠牲」を中心とする『高き者の歌』第一三八節こそ、まさしくこの「イニシエイション」の図式を物語るものと考えている。

さて、モンラーズの注目する『高き者の歌』第一三八節-第一四一節は、以上のように、一般神話学研究の視座から見ても大きな、しかも極めて特異な問題を孕んでいるわけであるが、当面この視座からのより以上の論究は差し控え、いま指摘されたこれらの詩篇の特質と問題点を踏まえながら、改めて同詩篇に関するモンラーズ自身の解釈に立ち帰ることにしよう。彼は、前記四詩節の引用に続いて、全体をこんなふうに解読している。

最高神たるオージンが「自己」を吊るすのである！「ルーネ文字」を拾い上げて「高次の知識」を獲得するためにである。より広範な認識への聖なる衝動と、それによって人間を救済せんとする熱烈な願望ゆえに、オージンは「神的な栄光」の衣を脱ぐのである。彼は誰一人知らぬ根を持つ神秘の巨樹で九夜苦しむ。寒風が彼を凍てつかせ、傷と飢えと渇きが彼の魂までも責めさいなむ！　だが、彼はまさにこの「苦難」によって「本来のオージン」になり、「彼本来の自己」を発見・獲得したのである！　なぜなら、「オージンに捧げた」(geweiht dem Odin) という言葉を語るのはまさしくオージン自身に他ならないからである。その後で彼は「われ自らにわれとわが身を」(ich selber mir selbst) という「彼自身の聖なる秘義」の中に安らうのである[38]。

モンラーズのこの解釈には、オージンの「自己犠牲」を「キリストの十字架の死」と結びつける姿勢は皆無であり、この姿勢が「純粋に北欧的な神話」における「イニシエイション」の表象を物語っていると見るゲーリングやデ・フリースの解釈路線に倣うものであることは明白であるが、しかしここでわれわれが注目しなければならないのは、モンラーズが、「われ自らにわれとわが身を」というオージンの「自己犠牲」のイメージは「北欧民族精神」にとっての「理想的な自画像」を描くものであり、そこにはまさしく「北欧民族精神」そのものが存在していると見なすことである。「この自画像の特質の中には北欧民族精神の最内奥の本質が光を放っている」[39]とも表現している。さらに彼は、この「北欧民族精神の最内奥の本質」をより厳密に「自己自身のために、自己自身にかけて、自己自身において存在すること」（Fur-, Bei-, und In-sich-selbst-Sein）という在り方として特徴づけつつ、しかもこれが「知識欲」「認識欲」として発露するという特質を具体的に証明するのが、まさしく『高き者の歌』の第一三九節と第一四一節であると看破している。

そして、さらにモンラーズは、第一三九・一四〇・一四一節の全内容を具体的にこのように解読する。拾い上げたルーネ文字はオージンを「素晴らしき密酒の飲物」のごとく酔わせたが、しかしこの知恵が、「言葉が次々とわれに生れ」たということが意味するのは、敢えて現代風に言えば、オージンにとって、それは単なる「体系の知的所有」でもなければ、オージンの「弁証法的反省の結果」でもない。モンラーズは言う、「胸をえぐるような苦痛に耐えて獲得した知は生に、行為的な生に憧れの目を向けていた」[40]。この事実を物語るのが、「行いはわれに絶えることなかりしなり」の一句である。そして、ここからさらにモンラーズは、「生と行為のための知が存在するということ、これこそ純粋に北欧的な特質である。理想を仰ぐ北欧人の眼には、知恵は倫理のために存在するのである。それは方法であって、目的ではない」[41]、と語る。しかしながら、彼によれば、この北欧の「最高神オージン」の有する「パトス的特性」の根底に潜む最大の秘密を忘れてはならない。即ち、「われとわが身をわれ自らに」捧げるオージンの行為の根底には、自らが「罪に苛まれ、救いを求めている」という彼の深い自覚と誠実な告白が隠されているのである。とはいえ、オージンにおけるこの「悲劇的で雄々しく、自律的で厳しい正義感」は、もとより彼だけのものではなく、来るべき世界没落を、「ラグナロク」を罪なきままに迎えざるをえない「人間」にとっても必須のものであることをわれわれは予想しうるし、またそうしなければならないのである。

しかしながら、モンラーズによれば、オージンの「自己犠牲」の根底に潜むのは、このような倫理的な「罪責感」「正義感」のみではない。「オージン」という「神」は自らの犠牲によって「より高次の知」の獲得を要求しているのである。しかし、このことは、さらに深く洞察するなら、「愛」こそが知恵を求めるオージンの根本的モティーフであることを意味している。確かに北欧神話では、このことはさほど明確に語られ、あるいは描き出されているわけではない。とはいえ、「それでも北欧人は一向に驚かない」、とモンラースは言う。深遠な事柄については何としても沈黙すべきであるという姿勢、これこそまさしく北欧人の北欧人たる所以を開示する「卓越した真に北欧的な特性」[42]に他ならないからである。そして、モンラーズは、北欧諸国に「エリート哲学者」(Elitephilosoph)と称せられる思想家の「非常に少ない」理由として、「沈黙」に最大の意義を置く北欧人固有のこういった「謙虚な」、ある意味では「気難しい」気質を挙げるのである。その意味では、むしろ「キェルケゴール」のごとき多弁・多作な著作家は、一見例外的な現象であるかのように思われるかもしれない。だが、モンラーズが力説してやまないのは、キェルケゴールこそまさにこのような意味における「北欧的思想家」の典型、カーライル流に言えば、「オージンの後継者」「一種のオージン」「オージンの似姿」に他ならないということである。なぜなら、ヘーゲル流の「体系的知識」に関する理論的反省ではなく、「実践的生」における「行為的・倫理的知恵」の獲得に身命を賭し、かくて「宗教的に基礎づけられた倫理」の確立に献身した点において、まさにオージンの「自己犠牲」に匹敵する偉業を達成した「エリート哲学者」は、キェルケゴール以外、北欧には存在しないからである。しかも、彼の背後でこの献身を支えたのは他ならぬ「愛のモティーフ」であったというのが、モンラーズの見解である。

モンラーズは、キェルケゴールの思想家としてのこのような姿勢をセーデルブロームの言う「人格性への独特な傾向」として捉え、この視点から取り敢えずキェルケゴールについてこのように総括している。「ここには何ら概念的な格闘の要なく容易に得られる確信がある。われわれとともに（キェルケゴールという）驚くべき人物を考察した読者なら、偏狭な愛国主義によらずとも、ここ（キェルケゴール）には、人格性への異常なほどの傾向について語りうることに喜んで賛同するであろうという確信である。然り、われわれは、（キェルケゴールにおいて）北欧民族精神の中心点で鋭く明確な人格性への傾向が異様なまでの力で主張されていることを、ありのままの事実として断固定立しよう[43]」。

〔Ⅲ〕　北欧的「人格性」概念のさらなる内包と外延

モンラーズはここで、キェルケゴールによって最高度の明確さで表現されている「北欧民族精神」の本質としてのこの「人格性への傾向」をより精密に考察するために、先にわれわれが概説したカーライルの古代北欧人論・北欧神話論に向かい、先にわれわれも引用した、カーライルが自ら「スカンディナヴィアの体系」と称するものに注目している。

「わたしにとっては、古代北欧体系の中には、極めて純粋なもの、極めて壮大にして男性的なものがある……開けっぴろげな単純さ・純朴さが、このスカンディナヴィアの信仰体系の特質である。これは思想である。深遠で原初的かつ真摯な精神の純なる思想であり……ここには一種の朴訥な実直さ・野生の力・大いなる無骨な誠実さが披瀝されている[44]」。

ここでカーライルは二つの事柄に集中することによって、「北欧民族精神の一般的特性」を告知している、というのがモンラーズの見解である。

その第一は「外に向かっての勇敢さ」ということである。例えば、「かのスカンディナヴィアの宗教、荒っぽいながら、真摯にして厳かな感銘を与える勇敢さの神聖化（Consecrationof Valor）が、これら勇敢な古代北欧人を満足させたのである。勇敢さの神聖化は些細なことではない(45)」。

第二は「内に向かっての誠実さ」ということである。その証しとして引用されるのが、カーライルの次の主張である。

「スカンディナヴィア異教の本質は、あらゆる異教神話の本質がそうであるように、自然の神性の認識、周囲の世界で明らかに活動している見えざる諸力との人間の誠実なる交流（communion）である。この交流は、いわば、わたしの知るいかなる神話においてよりも、誠実になされており、誠実ということがスカンディナヴィア神話の偉大な特質である(46)」。

モンラーズは、『高き者の歌』が「オージン」の「自己犠牲」の理念を通して語った「北欧民族精神の特質」が、いまやカーライルの提出した「外に向かっての勇敢さ」（nach aussen Selbstbehauptung）と「内に向かっての誠実さ」（nach innen Selbstachtung）という二つのタームに接合することよって、改めてモンラーズ自身の「北欧民族精神」の本質規定をこのように行う。「外に向かっての自己主張」（nach aussen Selbstbehauptung）と「内に向かっての自尊心」（nach innen Selbstachtung）である。そして、モンラーズは、さらにこれら両契機を極めてキェルケゴール的色彩の濃厚なタームを用いて「二つの北欧的な自己–自己自身関係」（das nordische Selbst=sich=selbst Verhälnis）という独自の概念で表現している(47)。キェルケゴール的に解釈すれば、これら二つのタームはそれぞれ、根本的に人間の「精神」としての「自己」が自己自身に関わるという仕方でとことん「自己」になろうとするところに成立する「人格性」の究極的な二つの在り方を示しているのである。したがって、モンラーズの見解では、『高き者の歌』の前述の四節の語る真に北欧的な視座から把握すれば、最も厳密な意味における「人格性」は、「オージン」の「自己犠牲」の告知する「二つの自己-自己自身関係」、つまり「外に向かっての自己主張」と「内に向かっての自尊心」の二契機の総合としてのみ成立するということになる。

ところで、モンラーズの所論においてさらに興味深いのは、彼がカーライルから示唆された「外に向かって」と「内に向かって」の二重性が、北欧における「神話的事実」と「歴史的事実」の両者によって証明されていると考えることである。彼は、先ず「神話的」にはこの二重性は北欧神話の二人の最高神・「雷神ソール」と「主神オージン」によって代表されているとする。モンラーズによれば、外に向かって「勇敢な自己主張」を行うのが「ソール」であり、これに対して内に向かって「誠実な自尊心」を保持するのが「オージン」に他ならない。さらに「歴史的」観点から見れば、このような「北欧的な自己-自己自身関係」が多種多様な仕方で織り込まれているところに、「エッダ神話」の英雄物語のみならず、「古代北欧の全歴史」の注目すべき特質が存在するのである。この歴史の舞台でさまざまな役割を演じた主役たちの性格について、モンラーズはこのように語っている。

「(歴史上の) 卓越した人物たちの中に、われわれは、勇敢さや名誉を固有の本質とするばかりでなく、率直さや活動力といった明るい長音 (Durton) を本質とする多数の男女を発見するが、同時に多くのそれよりも遥かに深くて剛直な独立的人物にも出会うのである。彼らは、あたかもいわばルーネ文字を拾い上げて配列しようとするかのごとく、しばしば情熱的に思案しつつ歩き回ったのである。そして、人が彼らに近づくと、彼らからは異様な暗い短音 (Mollton) が聞かれるのである[48]」。

モンラーズは、以上のように、北欧神話の中で独自の意味と役割を持つ『高き者の歌』のいわゆる「ルーネ詩句」に依拠しつつ、「北欧民族精神」の特性を、明らかにカーライルに負いつつ、なかんずく英雄的人物にして神「オージン」によって具現されたと見る「北欧民族精神」の特性を、最終的に「勇敢さ」と「誠実さ」、あるいは「自己主張」と「自尊心」を二つの種概念として包摂する類概念を、この上なく深刻な実践的意味に貫かれた「自己‐自己自身関係」なる人格性概念として指摘するのである。そして、彼にとっては、この北欧民族固有の精神を表現しえた数少ない「エリート哲学者」の典型的存在がキェルケゴールに他ならない。しかしながら、このような「北欧民族精神」の具現者たる「エリート哲学者」として挙げられるのは、無論モンラーズの場合も、仮にデンマーク一国に絞ったとしても、キェルケゴール一人に限定されるわけではない。モンラーズによれば、デンマークでは「オージン」の「偉大なる太古の時代」以後、「北欧民族精神」の展開をめぐる情況は悪化し、なかんずく「中世」においては「真にデンマーク的な精神生活」はことごとく破壊されたかのごとき様相を呈したのであるが、それにもかかわらずこの「北欧的な自己‐自己自身関係」は決して消滅しなかった。この事実を見事に立証しているのが、すでに北欧の古代から中世にかけて存在していた、類いまれな美しさと力強さとを湛えるこの国の「民俗歌謡」(Volkslied) である。

さらにモンラーズは、「北欧的な自己‐自己自身関係がこの強靭な個性を有する国民の中にいかに強固に保持されていたか」[49]を証明するものとして、詩人のアダム・エーレンシュレーヤーと自然科学者・哲学者のヘンリク・ステッフェンスを挙げているが、この点においてモンラーズが最高度に評価するのはもとよりキェルケゴールである。そして、キェルケゴールに次いで評価するのが、時に「北欧最大の精神」とも称せられるグルントヴィである、「ステッフェンスの視野の下で若きグルントヴィの徹底的に北欧的に規定された人格が荒々しくも激しく形成された。グルントヴィは最初は反抗的ですらあった。なぜなら、この若き北欧人はなかんずく自ら独立不羈の人間たらんとしたからである。ステッフェンスがエーレンシュレーヤーについて語った〈わたしは彼に自分自身を与えたにすぎない〉は、さらに無限の深さでグルントヴィに当てはまるのである。なぜなら、グルントヴィにおいては真に北欧的な自己-自己自身関係が完全な意味で存在したからである(50)。

しかしながら、モンラーズによれば、グルントヴィにおける「北欧的な自己-自己自身関係」の具現形態は、キェルケゴールのそれから大きく質を異にする。モンラーズは、「明るい長音」と「異様な暗い短音」なる自らの独特のタームを用いて、この点を実に適確に次のように描出している。

「グルントヴィとキェルケゴール、何という違いであろう！　彼らは、然り、これら二人の人格性の力、両者は激烈と言えば余りに激烈な仕方で、〈独立不羈の人間〉であった。われわれとしては、深く自覚的な北欧人としてグルントヴィは、雷神ソールの持つ古代北欧的本性を、誉れを貴ぶ勇敢誠実な自己主張の猛り狂う長音を代表していると言いたい！　逆にキェルケゴールは、同じように決定的に北欧的な刻印を有するおのれの本性についてはまったく無知乃至無関心でありながら、グルントヴィ同様に勇敢誠実な、だが悲劇を願う半ば受動的に規定されたオージンの本性を、その微かで暗鬱な、だがそれ自体としては激しく強烈な短音によって代表しているのである！　彼らは理解し合うことはまったくなかった。然り、これら二つの人格性の力は互いに対して敵意しか感じなかったのである(51)」。

つまり、モンラーズによれば、最深の人格的な「自己-自己自身関係」という固有の「北欧民族精神」によって決定的に規定されている点において、グルントヴィとキェルケゴールとの間に何ら間隙は存在しなかったものの、この規定性を前者は明確な自覚を持って積極的に自己有化したが、後者はおのれのこの事実に関しては完全に「無知」乃至「無関心」だったというのである。また前者を具体的に規定したのは、「長音」に象徴され、外部に対して勇猛果敢かつ誠実に「自己主張」を実行する「ソールタイプ」（Thorstyp）の「北欧民族精神」であったが、逆に後者は自分自身の内部に向かって勇敢誠実に突き進む「自尊心」によって、だが内に異様にして暗鬱な短音のリズムを秘めた、悲劇的・受動的な「オージンタイプ」（Odinstyp）の精神によって規定されていたというのが、モンラーズの最終判断である[52]。

とはいえ、「明るい長音」あるいは「異様な暗い短音」の性格を特質とする「ソールタイプ」乃至「オージンタイプ」の何れかに属することによって、「北欧的な自己-自己自身関係」の様態をさまざまな様式で表現した一九世紀デンマークの思想家は、もとよりグルントヴィとキェルケゴールの二人に限定されるわけではない。両者に深く関わりつつ同様に「北欧民族精神」を表現したデンマーク思想家として、モンラーズはさらに以下のごとき哲学者・神学者を挙げている。J・P・ミュンスター（Jakob Peter Mynster, 1775–1854）、J・L・ハイベーヤ、H・L・マーテンセン、F・C・シッベヤン（Frederik Christian Sibbern, 1785–1872）、P・M・メラー（Poul Martin Møller, 1794–1838）、R・ニールセン（Rasmus Nielsen, 1807–84）等である。そして、モンラーズは彼らについても詳細な考察を試みているが、ここでは彼らのさらなる追跡は省略しよう。しかし、最後のラスムス・ニールセンに関するモンラーズの見解については若干言及の要があろう。

このラスムス・ニールセンのことをモンラーズは「確かに独創的で才能豊か、詩人的で雄弁ではあったが、カメレオン的性格の持主であった[53]」と述べている。それは、彼が長い間ヘーゲルの弟子でありながら、同時にグルントヴィ派に属し、本質的にはそれから一度も離れなかったものの、後にはキェルケゴールに心酔し、最後には「自分の口座を開設して」、未完ながら『根本理念の論理学』を完成したからであった。この著作及び特異な『宗教哲学』において、キェルケゴールの影響を残しながら、信仰と知は絶対に質を異にすればこそまさに同じ一つの意識の中で共存しうるとしたのである。こういったニールセンの「人格哲学」の特性を、モンラーズは、「彼の哲学的血管には冒険好きな古代北欧ヴァイキングの血が流れているように思われる[54]」という表現で語っている。

しかしながら、キェルケゴールとの関連でモンラーズが最も強調するのは、キェルケゴール的な「人格性の原理」に対するニールセンの関係である。なぜなら、「キェルケゴールを通しての、キェルケゴールをめぐる、悲劇的・暴力的な精神革命」の体験後、ニールセンはコペンハーゲン大学で、「人格的真理と真の人格性についての一二の講義」（一八五四年）を行い、彼がキェルケゴールからいかに多くのものを学んだかを語りつつ、同時に主体的に「人格性」について自論を披瀝しているからである。モンラーズはニールセンのこの人格論について次のように語っている。

「恐らくここに存在したのは、授洗したキリスト教的・哲学的ヴァイキングの港であったのであろう。この小著はいわば、国民の再生という最も激烈な時代に向けられた純粋にデンマーク的な精神活動全体への独創的な上書きであろう[55]」。

ここでモンラーズは、キェルケゴールの強烈な影響下で猛烈な著作活動を営むニールセンを「キリスト教的・哲学的ヴァイキング」と呼び、ニールセンにとって「人格性」論は彼の全思想が寄留する「港」のごときものであり、一八四八年のヨーロッパ革命の影響によって旧君主制崩壊という激動の中で祖国デンマークの再生を呼び掛ける活動全体にとっては、「人格性」の理念こそ師キェルケゴールの開拓した純粋にデンマーク的かつ独創的な拠点であったと主張しているのである。そして、ニールセンの前掲書から彼の人格性の理念を際立たせる九個の章句を引用することによって、モンラーズの『セーレン・キェルケゴール』の「序論」は結ばれている。

ここにおいて明らかなことは、モンラーズが、キェルケゴールの「弟子」ラスムス・ニールセンの「人格性」の理念の中に、「オージン」の「自己犠牲」を経てキェルケゴールにおいてに頂点を迎えた「北欧的な自己‐自己自身関係」の理念が豊かに結実し、それによって「北欧民族精神」が凝縮的に表現されていると考えているということである。

〔Ⅳ〕　特にキェルケゴールにおける「北欧的なもの」

『キェルケゴール』の本論で、モンラーズはこのように述べている。「本来のセーレン・キェルケゴールを見ようとするなら、もっとましな言い方をすれば、彼の本来の自己を窺おうとするなら、これはさほど難しいことではない。重大な意味連関の中につねに〈真理（非真理・虚偽）〉と〈誠実（不誠実）〉といった言葉が、いかに頻繁に登場するかに眼を向けさえすればよいのである。セーレン・キェルケゴールを最内奥において規定している実存的な精神力は誠実さである。彼が自分のアルファにしてオメガたるキリスト教を〈永遠性の誠実さ〉と呼ぶことに留意しよう[56]」。

つまり、キェルケゴールの本質を形成する「実存的な精神力」のカテゴリーは「誠実さ」であるという認識が、モンラーズのキェルケゴール論の文字通り「アルファにしてオメガ」をなしており、したがってモンラーズに課せられた課題は、「誠実さ」こそキェルケゴールの「生涯」と「著作」における「客観的に」かつ「一切を決定する最内奥の要素」たることの徹底解明でなければならなかったのである[57]。そして、さらにモンラーズは自著の「結論」において、「序論」と本論での展開を踏まえて、自らのキェルケゴール理解を次のように総括している。

「この誠実さの質と価値を明らかにするために、われわれは、この誠実さの歴史的発生源を、その根源を、北欧民族の中に探った。聖なる樹のオージンの中に！　誠実なるキェルケゴールの何と彼に似ていることか！　キェルケゴールも、知と真理と愛の行動力を憧れ、罪の不安に苦悩しつつ、彼自らを自分自身に吊下げたのである。そして、カーライル同様、古代北欧神話の中にわれわれが見たのは、他ならぬ古代北欧の物語の中で極めて明瞭に啓示されているもの、勇敢さと誠実さ、然り、〈高次の誠実さ〉である[58]」。

このような意味で、モンラーズは、キェルケゴールの「生涯」と「著作活動」の中に、まさしく「徹底的に北欧的に規定されたデンマーク民族精神の再生」を発見するとともに、キェルケゴールにおいて道徳のみならず一般に精神生活の意味を他国のいかなる思想家よりも高く評価する「強靭で力強いユラン（ユトランド）人」に遭遇するのである。モンラーズにとっては、キェルケゴールこそ「純粋に北欧的な人物」「徹頭徹尾宗教的に規定された短調の人物」であり、まさに「オージン」のごとく「知」と「真理」に飢え渇きつつ、「罪の不安」に駆り立てられながら、その「自己‐自己自身関係」を「決定的にキリスト教的な人格性」へと発展させた「北欧的誠実さ」の典型に他ならなかったのである。翻って言えば、キェルケゴールの「キリスト教的人格概念」には、彼の最内奥の特質としての「誠実さ」を通して「北欧固有のモメント」が付加されたのである。モンラーズはキェルケゴール論の最後に近い箇所でこのように述べている。

「一般に思惟されるかぎりの全力を尽くして、なかんずく民族の力とともに北欧固有の精神の中に宿る例外的な誠実さ、たとえ致命的に偏っていたとしても、強烈にキリスト教的に清められた誠実さ、際立った哲学的明敏さ・稀に見る心理学的な天才性、高尚な独自の詩人的才能・軽やかに戯れる機知・辛辣な穿つがごとき風刺といった彼の公式の手段を用いて、このキリスト教徒のソクラテスは、プロテスタントの原理を不断の戦いにおいて、ついには偉大な瞬間において、再び実存的に生き生きと表現したのである[59]」。

モンラーズによれば、現代の立場では、現実のキェルケゴールは純粋に客観的に「自由なキリスト教的人格性の実存的予言者」として把握されなければならないとしても、「このデンマークの実存的な人格性の証人」は、プロテスタンティズムの原理でもある「自由なる人格性」を、同時に「典型的な北欧人の心」から「北欧固有の根源的立場」として確立しようとしたのである。ここにおいてモンラーズが、キェルケゴールの思想と生涯の根本的特質を「北欧民族精神」と「キリスト教的精神」との総合として把握していることは明白であろう。その意味において、キェルケゴールの人格の基底を構成する根本的要素は二つ、「オージン」と「キリスト」なのである。キェルケゴールにおける「北欧的なもの」の根本的な特質は、このようにシンクレティックな重層性によって貫かれていることである。

カーライルの北欧神話論の中に次のごとき章句がある。

「英雄崇拝、神のごとき型の高貴無比の人間に対する衷心からなる賛嘆・熱烈なる無限の恭順、これこそキリスト教そのものの萌芽ではないのか！　あらゆる英雄の内最も偉大なる者は、ここではわれわれが名指すことなき彼の人である(60)」。

もとより崇拝・賛嘆・恭順の対象たる英雄、至高の神的な人間とは、カーライルにとっては「スカンディナヴィア異教の中心人物としてのオージン」であり、名指されざる最も偉大なる英雄とは「キリスト」である。そして、カーライルの場合、北欧異教における「オージン」信仰自体が、すでにキリスト教信仰の「萌芽」に他ならず、このようなカーライルの立場からすれば、キェルケゴールこそ、まさしく「オージン信仰」を始原・萌芽とする「キリスト教信仰」の最も典型的な思想家であり、北欧神話を根拠とする「北欧民族精神」の最大の表現者、「一種のオージン」「オージンの似姿」の立場の最高の具現者と言うことができるであろう。

既述の通り、キェルケゴールの人格と思想の源流を「エッダ神話」の物語る「北欧民族精神」の中にまで遡って探ろうとする試みは、筆者の知る限り、モンラーズのそれを措いては他にない。しかし、これほどまでに従来のキェルケゴール研究が度外視してきた観点であるにもかかわらず、モンラーズのキェルケゴール理解の投げかける問題の重大性は疑うべくもないのであって、「北欧民族精神」の伝統を豊かに、かつ純粋に継承・体現した、真に「北欧的な思想家」「北欧の思想家」としてのキェルケゴール像の創造と確立がいま改めて要請されていると言わざるをえないのである。

注

(1) Monrad, Olaf Peder, *Sören Kierkegaard. Sein Leben und sein Werk*, Jena 1909, S. 5. 以下 MSK. として記載。
(2) Söderblom, Nathan, *Uppenbarelsereligion*, Uppsala 1930, s. 67.
(3) ボストレーム（Christoffer Jakob Boström）については拙著『スウェーデン・ウプサラ学派の宗教哲学　絶対観念論から価値ニヒリズムへ』（東海大学出版会、二〇〇二年）第一章において詳細に論じた。
(4) Monrad, *op.cit.*, S. 6.　(5) *ibid.*, S. 7.
(6) カーライル『英雄崇拝論』老田三郎訳、岩波文庫、一九八八年（第二版）、四五頁。以下『英雄崇拝論』として記載。引用文中訳語を若干変更して用いている場合がある。
(7) 『英雄崇拝論』一〇頁。　(8) 『英雄崇拝論』一二頁。
(9) Monrad, *op.cit.*, S. 10.
(10) 『英雄崇拝論』二七頁。　(11) 『英雄崇拝論』二七頁。　(12) 『英雄崇拝論』三一頁。
(13) 『英雄崇拝論』三二頁。　(14) 『英雄崇拝論』三五頁。　(15) 『英雄崇拝論』四四頁。
(16) 『英雄崇拝論』四四頁。　(17) 『英雄崇拝論』五二頁。　(18) 『英雄崇拝論』四二頁。
(19) 『英雄崇拝論』三二頁。　(20) 『英雄崇拝論』四七頁。　(21) 『英雄崇拝論』六一頁。
(22) 『英雄崇拝論』四八頁。　(23) 『英雄崇拝論』四八頁。　(24) 『英雄崇拝論』四九頁。
(25) 『英雄崇拝論』四九頁。　(26) 『英雄崇拝論』五一頁。　(27) 『英雄崇拝論』五二頁。
(28) 『英雄崇拝論』五五頁。
(29) Monrad, *op.cit.*, S. 2.　(30) *ibid.*, S. 3.　(31) *ibid.*, S. 3.　(32) *ibid.*, S. 3.
(33) *ibid.* S. 3f., vgl. *Die Lieder der älteren Edda*, hrsg. von Karl Hildebrand, zweite völlig umgearbeitete Aufl. von Hugo Gering,

Paderborn 1904, S. 35.

（34）Jvf. *De Gamle Eddadigte*, udg. ved Finnur Jónsson, Kbh. 1932, s. 26ff..

（35）Bugge, Sophus, *Studier over de nordiske Gude- og Heltesagns Oprindelse*, 1–2, Christiania 1881–89, s. 135.

（36）Gering, Hugo, *Kommentar zu den Liedern der Edda*, 2 Bde. nach dem Tode Verfassers hrsg. von Barend Sijmons, Halle 1927–31, S. 234.

（37）de Vries, Jan, *Altnordische Literaturgeschichte*, Bd. 1.

（40）Monrad, *op.cit.*, S. 4.　（41）*ibid.*, S. 4.　（42）*ibid.*, S. 4.　（43）*ibid.*, S. 5.

（44）『英雄崇拝論』三二二頁。　（45）『英雄崇拝論』六七頁。　（46）『英雄崇拝論』四七頁。

（47）Monrad, *op.cit.*, S. 8.　（48）*ibid.*, S. 8.　（49）*ibid.*, S. 8.　（50）*ibid.*, S. 10.

（51）*ibid.*, S. 11.　（52）*ibid.*, S. 10f..　（53）*ibid.*, S. 18.　（54）*ibid.*, S. 19.　（55）*ibid.*, S. 19.

（56）*ibid.*, S. 112.　（57）*ibid.*, S. 135.　（58）*ibid.*, S. 135.　（59）*ibid.*, S. 149.　（60）『英雄崇拝論』二一一頁。

第五章　北欧神話・グルントヴィ・キェルケゴール

第一節　グルントヴィと北欧神話――グルントヴィの北欧的発展

〔I〕「宗教的危機」（一八一〇―一一年）以前のグルントヴィと「北欧民族精神」

前章で紹介したように、O・P・モンラーズは、自著『セーレン・キェルケゴール　彼の生涯と彼の著作』において、「北欧民族精神」をその思想と実存の根底に置く最も典型的なデンマークの思想家として、キェルケゴールの他、N・F・S・グルントヴィを挙げると同時に、両者の「北欧民族精神」に対する関係の在り方に決定的な差異の存在することを指摘した。そして、この差異は、「北欧民族精神」が、前者の場合、誠実な自尊心を自己の内部に向かって確証しようとする、重苦しく悲劇的な「短調」の趣を湛えた「オージン・タイプ」の精神として顕現するのに対し、後者においては逆に、自己主張を勇敢かつ誠実に外部に対して行おうとする、明るい「長調」の「ソール・タイプ」の精神として立ち現れるところにあるとされた。しかしながら、敢えて言えば、むしろこの点をめぐる両者の決定的な違い、そしてわれわれにとってより重要な意味を持つ違いは、自分が「北欧民族精神」によって規定されているという事実についてキェルケゴールがまったく「無自覚」であったのに反し、グルントヴィはこの同じ事実を明瞭な意識をもって捉え、徹底的に追求したことであろう。というのも、このことが、結果的には、あれほど膨大な著作・日誌の何れにおいてもキェルケゴール自身が「北欧神話」や「北欧民族精神」に言及することが皆無に等しいという現実をもたらした反面、グルントヴィにとっては「北欧神話」の探求による「北欧民族精神」の確認と再生が、彼の生涯にわたる最大の課題となりえたからである。本節での筆者の課題は、モンラーズが北欧神話の主神オージンの「自己犠牲」という神話的事実によって啓示されたとする「自己‐自己自身関係」なる「北欧民族精神」が、グルントヴィにおいて具体的にいかに把握されたかを発展的に跡づけ、彼によって展開された北欧民族のアイデンティティ、彼における「北欧的なもの」の実体を彼自身の眼を通して確認することである。

言うまでもなく、グルントヴィはデンマークの文学史・神学史・歴史学・政治史・教育史上の大巨人であり、少なくとも一九世紀にデンマーク人の精神生活が迎える「黄金時代」は、彼の超人的な全方位活躍を抜きにして語ることは不可能である。グルントヴィ乃至「グルントヴィ主義」（Grundtvianisme）に無関心なデンマーク人はいないと言われる所以である。彼は、激情的気性の人物であり、多作で情熱的な著作家、人間実存のさまざまな側面に生き生きとした関心を寄せた批評家、さらに熱烈な愛国主義者、終始一貫して北欧民族主義者であった。そして、「現代ヨーロッパにおいてデンマーク人ほど精神の国の豊かさを誇る国民は存在しない」、さらには「デンマーク人であり、同時にスカンディナヴィアの著作家であって、それ以外の何者でもないということ、これこそわたしが成人した時の燃えるがごとき願望であった」といった、デンマーク人・北欧人としてのグルントヴィの強烈無比な民族的誇りこそ、彼をして「古代北欧」とその神話・伝説の探求、そして「北欧民族精神」の発見と高揚に向かわしめたものであったし、また現にこの姿勢によって彼は他のいかなるデンマーク人にも勝ってこの国に強烈な民族意識を喚起したのである。

グルントヴィのデンマークに対する関係は、ヘルダー（Johann Gottfried Herder, 1744-1803）のドイツに対する関係に等しいと言われる所以である。

以下においては先ず、クリスチャンセンが「グルントヴィの北欧的発展」と称する、グルントヴィの「北欧民族精神」理解の過程を辿り、次いで彼における「北欧民族精神」概念の内包規定を探って、先にモンラーズの掲げたテーゼの真実に迫ってみたい(1)。

「北欧民族精神」に関するグルントヴィの業績は、一八一四年を境としてはっきりと分岐し、二つの流れによって特徴づけられる。その一つは「古代的に規定された神話的流れ」であり、その狙いは「北欧共通なもの」（det faellesnordiske）にある。いま一つは「現代的に規定された新北欧的なもの」であって、この流れの最深の意図は、北欧各国に北欧独自の「民族的覚醒」を、「デンマーク-北欧的覚醒」「ノルウェー-北欧的覚醒」「スウェーデン-北欧的覚醒」といった仕方で齎す点にある。そして、何れの流れも、同時代のいわゆる「スカンディナヴィア主義」（Skandinavianisme）形成に大きく与かったのみならず、こういったグルントヴィの運動が、現代北欧の文化の中に依然として強烈な余韻を留めていることは、改めて指摘するまでもないであろう。

かくて、何よりも先ずグルントヴィは、「北欧共通の民族精神」が古代から彼自身の時代に到るまで包摂するものを把握しようとした。そして、次にはそれに劣らぬ情熱を持って、それぞれ固有の内的な力と本質を有する北欧の各民族精神が厳然と存在することを証明したのである。グルントヴィは、後に詳説するように、「北欧共通の民族精神」を「戦いの精神」として把握することによって、北欧各民族にこの精神を覚醒させる上で最大の貢献を果たした代表的な思想家であった。端的に言えば、まさしくこの点に、「北欧民族精神」に関する彼の業績の民族的な深みと力が存在するのである。その意味で、グルントヴィの業績を理解することは、現代北欧をその精神的・持続的な強さにおいて理解することにもなるのである。

先ず一八一〇年から一一年にかけて「宗教的危機」が訪れる以前のグルントヴィと「北欧民族精神」との関係を探ることにする。

グルントヴィは、すでに少年時代から、古代北欧神話に題材を求めたエーヴァルやエーレンシュレーヤーの文学作品を通して北欧神話に強烈に注入された「北欧民族精神」に傾倒していた。彼は、子供の頃、同時代の視界から古代北欧の神々の姿が消え去ったことを知って非常な苦痛を覚えた反面、スーム（P. F. Suhm, 1728–98）のデンマーク史の中でオージンが物語られているのに非常な感動を覚えたことを頻繁に語っている。知人宛てのある手紙はグルントヴィの次のような告白を含んでいる。

「幼い頃から北欧の古代史と神話は私の全関心と興味を奪った学問的対象でした」。

さらに大学時代、古代北欧とその神話・伝説の研究への一層強力な衝動を親友スコウゴーァ（P. N. Skovgaard, 1783–1838）から得たグルントヴィは、各資料を古アイスランド語原典で解読し始めると共に、自ら北欧神話・伝説の世界を大きな詩で描く計画を立てたが、ついに彼自身及び彼の神との最初の激しい戦いを体験することとなり、「北欧民族精神」はほとんど火山爆発にも似た激烈さで彼の魂を捉えたのであった。この体験の結果、古代北欧の神話世界が彼の主体的実存と溶け合うことによって、いまやそこで開示された「民族精神」は、彼にとって単なる歴史的・学問的以上の大きな意味を獲得したのである。このように語っている。「わたしはまるで古代の神々の栄光の予感に照射されると同時に、彼らの当時の生が私の生の制約となるべし、という予言に照射されているかのようであった」。さらに彼は北欧神話についての子供時代の自分の印象を、「アース神の高い意義に対するわたしの信仰は、わたしの存在としっかり手を携えて成長した」、という言葉で総括している。

こうして一八〇六年にはいよいよグルントヴィの最初の北欧神話論である『エッダ詩歌小論』(*Lidet om Sangene i Edda*) が登場することになる。北欧神話のドラマを「アース神の罪の堕落」と、「ラグナロク」で終わる「ノルニルの活動」という二つの観点から展開する方法において、すでにわれわれはグルントヴィ独自の神話学的基礎理念に到達するのであるが、この理念は、さらに一八〇七年の彼の次なる北欧神話論・『アース神話について』(*Om Asalæren*) 及び一八〇八年の『北欧の神話』(*Nordens Mythologi*) の中でより詳細に展開されるとともに、続いて二篇の劇詩、つまり一八〇九年の『北欧における戦いの生の没落の始まり』(*Optrin af Kampelivets Undergang i Norden*) と一八一一年の『ノルニルとアース神の戦いの始まり』(*Optrin af Norners og Asers Kamp*) において一層深められ、そして北欧神話研究史上の記念碑的著作でもある一八三二年の『北欧の神話』(*Nordens Mytologi*) は、グルントヴィ自身にとっても彼の北欧神話論の完成を告知するものであると同時に、この神話を媒介とした彼の「北欧民族精神」探求の総決算でもあった。

ところで、この場合留意すべきことは、以上の諸著作が北欧精神の高みへの魅惑的な上昇と突然の崩壊を深刻かつ決定的に描いていることである。これは、具体的に言えば、少年時代から真に北欧的な足場を獲得しようとする多年の戦いが、一挙にキリスト教的方向に転じられるということである。以下、一八一〇年から一一年にかけてのグルントヴィの宗教的危機の時期をはさんで生起するこの「異教的‐北欧的立場」から「北欧的‐キリスト教的立場」への展開という注目すべき事実を見据えながら、彼の発展過程の根底にあるさらに深い契機を見極めてみよう。

当時のデンマークは「合理主義」一色に塗り潰されていたにもかかわらず、グルントヴィは、既述の通り、少年時代から、詩的に構成された古代的な神信仰、及び「自らの力と強さ」に対する古代人の信仰という二重の姿を取る父祖の異教的な人生観に深く捉えられた。この時代における彼のキリスト教信仰は非常に弱く、かつ悟性的な性格のものであった。むしろ彼が専心没入したのは、ひとえに世界の生成・神族と巨人族との戦い・ラグナロクにおける神々の没落・万物の父の力による彼らの再生という北欧神話固有の宇宙論的現実の問題に対してであった。なかんずくグルントヴィにとって最大有意味的な神話は、神々の没落によって時の扉が閉じられる壮大な「ラグナロク」のドラマの中で、実際に世界のカタストロフを準備した「運命の女神ノルニル」の活動の物語や「バルドルの死」のそれであった。例えば、前述の『エッダ詩歌小論』において、彼は「アース神は没落せざるをえない。しかも、彼らは自ら有限的なものと同化して、有限的なものの法に従わなければならない。彼らは自ら彼らの永遠性を失わざるをえないのだ」、と語ることによって、早くも彼の北欧神話学的な基礎理念を披瀝しているのである。

その際グルントヴィが全北欧民族のみならず、彼自身の人生を貫く世界観・人生観に遭遇したのはまさしく、北欧神話最大の雄篇と評価される『巫女の予言』においてであった。そして、彼はここから、生全体は戦いであり、アース神族と巨人族との、神々の精神と愚鈍及び悪意の精神力との間の絶えざる戦いであって、かつこの戦いは生が終末を迎えるまでは決して終結することがなく、北欧神話全体がこの「戦いとしての生」の理念を文字通り「普遍妥当的真理」にまで高めているという事実を認識したのである。彼がおのれの人格のほとばしるような力に駆り立てられて北欧神話的世界観・人生観に没頭したのは、まさにそれに内在するこのような「客観的真理」のためであった。

『エッダ詩歌小論』に次いで一八〇七年に登場した『アース神話について』は、総合的な北欧神話学に関するグルントヴィの最初の独創的な草案である。ここでも彼は、異教的北欧人の人生観における根本理念と呼ぶべきものが、「運命の女神ノルニル」の導きによって行われる「アース神族」と「巨人族」との戦いにあるという従来の視点を崩さない。この戦いに際して「アース神」は「万物の父」に反抗し、そのために没落と復活の運命を避けることができなかったが、しかしこれこそ「万物の父」の力の表現に他ならない、とグルントヴィは解釈する。例えば、このように語っている。

「アース神たちは永遠なるものの力の映像であり、自然的存在（巨人族）との戦いに導かれた……いまやこの力は分別と手を携えて登場した。ロキは時の誕生に際してオージンの義兄弟となった……この力は、分別と手を結んで登場したために、おのれの存在を独立的な個人として維持しようとした。しかしそのためには自然的存在と講和を結ばなければならなかった……アース神たちは万物の父から陥落して、彼の敵である巨人族と講和を結んだのである。いまやラグナロクは不可避となった……いまやアース神たちと戦士たちは戦闘を呼び掛けられる。戦いは始まり、そして全面没落をもって終わる……いまやあらゆる利己的な生は消滅した。そして、一切のものは永遠の生に満たされる……

だが、かの力はその根源に還元されなければならない。これが行われるのは、ラグナロクはアース神の黄昏であり、加えて真実の日の曙光でもあるからである。バルドルはヘルから蘇り、アース神たちは個性に対する欲求から浄化された。もはや彼らは支配者ではなく、どこまでもかの力の表現、永遠なるものの強い腕である」[2]。

一八〇七年六月二四日のグルントヴィの日誌記述は、『アース神話について』誕生に際しての彼自身の感激的な心理状況をこのように告白している。

「昼夜わたしの魂は戦った。わたしはアース神たちの中で生きた。このようにして私のアース神話概要が生れたのである……出来の善し悪しはともかく、これはわたしの精神の最高の、かつ最も自由な力の表示だった。エッダにはわたしの中に一連の理念すら形成しなかったような箇所は一つとしてなく、アース神話の全体的な印象によってわたしに生れたのがこの理念に他ならない」[3]。

『アース神話について』は、確かに厳密な意味では学問的著作ではないが、それの持つ画期的意味について、例えば、コペンハーゲン大学のグルントヴィ研究家F・ルングレーン＝ニールセン（Flemming Lundgren-Nielsen）は次のように語っている。

「この論文はアース神話の精神に富む叙述であり、信仰者のおのれの信仰とおのれの懐疑に対する告白である。それは強烈な情熱の爆発である……（ここには）グルントヴィのアース神観が極めて明瞭に、『北欧の神話』においてよりも遥かに明瞭に述べられている……この論文の特異な形式によってグルントヴィが語っているのは、紛れもなく、極めて人格的で、殆どの読者にはそれまであいまい模糊とした話たらざるをえなかった領域であり、アース神話の意義についての喜びの叫びであり、未だ不明瞭な諸点についての多くの問い掛けであり、アース神話を評価すべしという同時代への熱烈な要請、難解なエッダ詩を参照しつつ、無韻の古代北欧的な形式で書かれた完結的な詩、総じて語彙・シンタクスにおいて時代の学界の規範を逸脱している言語である[4]」。

『アース神話について』の後、グルントヴィはアース神について詩作する意図で資料をさらに研究するが、問題の新たな、より徹底した学問的論究を計画した形跡はない。しかし、結局前著同様『巫女の予言』を基礎資料としつつ完成されたのは、コペンハーゲン大学教会史教授にしてグルントヴィ研究の権威ハル・コック（Hal Coch）が「グルントヴィの最初にして最大の学問的業績[5]」とまで賛美する『北欧の神話　あるいは自らは神話学者でない教養人のためのエッダ論概観』（*Nordens Mytologi eller Udsigt over Eddalæren for dannede Mænd, der ei selv ere Mytologe*）である。

全体は次の四部から構成されている、

序　論　北欧神話の資料としてのエッダ詩

第一篇　神々の群れ・名前・区分・相互関係について

第二篇　アース神族と巨人族の起源・生・戦い・没落、あるいは真のアース神話について

第三篇　生の諸形式とそれらの相互交差について、同時に神々の本名と別名、あるいは真の神話論について

前述のように、ハル・コックはグルントヴィのこの著作を「学問的業績」と見なすのであるが、より厳密に言えばこの著作は、「詩的飛躍」と「非常に乾いた学問的思索」との驚くべき混合に他ならず、著者がここで「北欧民族精神」の再生に成功したのも、また著作固有の価値もこの混合という特質に負うているのである。

「序論」は北欧神話の資料の歴史的・批判的探求に費やされるが、これは北欧神話研究上画期的意味を持つものであった。信頼しうるのは『古エッダ』のみであって、スノリの『新エッダ』もサクソの『デンマーク人の事跡』(*Saxonis Gesta Danorum*)、『サガ』(*Saga*) 等はすべて二次的資料に過ぎないことを、グルントヴィは鋭い直感力をもって洞察したのである。

三篇よりなる「本論」では、「神々」「アース神」「寓話」が論じられるものの、グルントヴィが最大の関心を集中させるのは、第二篇の「真のアース神話」に対してである。そして、この「アース神話」論は、一般にデンマークでは「歴史‐神話研究におけるロマンティークの始まり」と称せられている。理由は、彼が北欧神話の多様な断片の中に全体的な性格と有機的連関を探り、『巫女の予言』の神話の論理と展開に則って、全断片を「ノルニルの律法によるアース神族と巨人族との戦い」「万物の破滅としてのラグナロク」「神々の黄昏から永遠の日の曙光へ」という壮大な歴史的・宇宙論的ドラマとして構成したからである。このドラマを詳細に展開した後、グルントヴィは第二篇全体を「回顧」して次のように述べている。

「アース神のドラマは終わった。神々の生はわれわれの眼前に展開された。われわれはここに留まって、後代としての詩的作為を忘れて、イメージを純粋に巫女の描くがままに見たいと思う。この見方は、つまり父祖が地上のあらゆる権力に反抗する一方では、その前に跪き、彼らの強力な精神が屈伏するところのものは、とりとめも

なく無秩序なファンタジー遊びなのか、それともひょっとして現存在の謎を解決しようとする抗い難い衝動に発しつつ、全時代を通してあらゆる偉大な魂を感覚界の彼方へ運んだ、そして現に運んでいる壮麗な意味深い詩篇なのか、ということをわれわれに教えてくれるであろう。アース神話の高度な意義に対する信仰は、わたしの存在とほとんど手を携えて成長した。そして、この信仰がなければ、異教時代の半ば消滅してしまった神秘を凝視することは、正真正銘の狂気とよばれても仕方がないであろう。多くの者がこの信仰に与かろうとしないのはわたしも承知している。だが、わたしの言葉に耳を傾けるにしろしないにしろ、偏見は抱かないように！　結論を出す前に吟味・熟考し給え。わたしだって語る前に吟味・熟考したのだから」[6]。

さらに続いてグルントヴィは、北欧神話のイデーを再検討しつつ、このようにも述べている。

「老練にして才気に溢れた詩人は世界と時間の始源について思索した。神性の火花が自由に発展しうる人間同様、詩人も永遠なるもの、万物の流出する隠れた奇跡の泉へと軽々と飛翔する。彼はおのれの求める調和的で壮麗なものを発見しようとして、深刻な目で見回した。しかし戦いこそ彼の発見したものであった……大地との、動物との、お互いとの絶えざる戦いの中に、彼は、人間が立ち、勝利し、倒れるのを見た。疲労困憊した眼を空に向けると、彼の眼に入ったのは、光が闇と戦い、自分自身と戦う姿であった。そして、人間の内部を、おのれの内部を見詰めた時、彼には、外部の戦いは、彼の本質をがっちり摑んで離そうとしない戦いの微かなシンボルのように思われた……こうして現存在の謎は解決されたのである」[7]。

さて、北欧神話の根本的なイデーに関するグルントヴィの以上のごとき解釈に対しては多くの反論が提出された。しかしながら、彼が北欧神話の本質を正しく把握していることについては異論の余地はないのであり、かつまた彼が「神話」と「歴史」との間に明確な境界を設定し、例えばサクソ・グラマティクスや前述のカーライルのごとく、「神々」

を現存した英雄の反映とする解釈を拒否する一方では、北欧の「寓話」を「自然神話」と見る見方にも徹底的に抵抗したのである。グルントヴィにとって、「北欧神話」はどこまでも「象徴」(Symbol)、しかも北欧人の内部で激しく燃えさかる「永遠なもの」に対する象徴であり、何にもまして「北欧民族精神」の業であり顕現に他ならなかった。

したがって、彼の場合、「北欧神話」は真に古代北欧人の生と思想に到達する道であって、それを「文学」として現代に再生させることは、かつて北欧で開花した「戦いの生」を再創造する道なのである。そして、事実、すでに挙げた現代デンマークにおけるグルントヴィ派の巨頭である教会史家ハル・コックも、このように「北欧神話」が人間の内なる「永遠なもの」の「象徴」であり、「北欧民族精神」そのものの流出であり、かくて「北欧神話」を文学という仕方で、現代へ再現することこそ、まさしく古代北欧人の「生」を決定的に規定した「戦い」の精神を現代に受け取り直す方途であると主張するところに、資料を批判する洞察力や宗教史的直感力のすべてに勝るグルントヴィの『北欧の神話』における最大の価値が存在することを指摘する。そして、その上でさらにこのように付言している。

「著者は自ら彼の描くものとともに生きたのである。〈なぜなら、北欧の奥深くにのみわが故郷はあるのだから〉。されば彼は〈異教時代の墳墓に語る石を立てる〉ためにおのが人生を捧げるのである。無気力に堕した民族の中に父祖の精神を蘇らせることができるようにである。この小著(『北欧の神話』)では、学問的研究と歴史的研究・詩的美しさと民族的覚醒とが独特の仕方で溶け合っている(8)」。

『北欧の神話』はデンマーク文学史にグルントヴィの名を刻印せしめた著作であったが、彼は一年後の一八〇九年には早くも、エーレンシュレーヤーに献呈され、エーレンシュレーヤーのスタイルで完成された三幕の劇詩『北欧における戦いの生の没落の始まり』(*Optrin af Kæmpelivets Undergang i Nord*)を発表する。これは一〇世紀中期から後期にかけてデンマークで活躍した三人の歴史上の人物の運命に題材を取ったドラマであり、したがって扱われる時代背景から主題は必然的にこの国における「異教」から「キリスト教」への移行に関するものになる。劇詩の三つの舞台に登場する主役は、第一幕では最後までキリスト教に抵抗したゴルム老王（Gorm den Gamle）である。彼の異教徒の息子クヌーズ（Knud）はキリスト教徒の弟に殺害された。この弟が父の死後デンマーク王となったハーラル青歯王（Harald Blaatan）である。そして、第二幕ではこの王と、キリスト教の侵入を差し止めようとした「最後の異教徒」・パルナトケ（Palnatoke）が主役を演じる。後者はハーラル青歯王を殺すが、ハーラルの息子スヴェン（Svend）は王に即位するやキリスト教に改宗する。そして、アース信仰の中でスヴェンを育てたパルナトケは自殺する。第三幕の主題は、ヴァイキング社会の解体と北欧における異教勢力の分裂である。パルナトケの孫で、ヴァイキングの最も勇敢な戦士ヴァイン（Vagn）は殺害される。キリスト教の僧侶がパルナトケの最後の子孫に洗礼を施す。キリスト教が勝利を占めたのである。グルントヴィのこのようなストーリーの展開は、若干の点を例外とすれば、ほぼ歴史的事実に忠実であると言ってよい。

以上三人の主役のみならず、劇中の全登場人物が彼らの生きた時代、二つの宗教間の移行の時代によって特徴づけられており、いわば「宗教戦争」が彼らの実存の根底を激しく揺さぶるものとなる。古い神々の栄光はいままさに消滅しようとする反面、新たな神への信仰はなおぐらつき、不安定な状態を脱しえない。人は何れを信頼すべきであろうか。オージンであろうか、はたまたキリストであろうか。それとも両方であろうか。恐るべき没落感が全北欧人を襲い、彼らは「ラグナロク」が目前に迫っているかのごとき恐怖を払拭することができない。

中でも古代・中世デンマーク人・北欧人を包むこのような恐怖と不安を象徴する英雄がパルナトケであった。彼はアース神の代表者・オージンの子孫として、まさに消滅の危機に瀕した北欧の「戦う生」を守ろうとして苦闘するのである。彼は息絶えんとする時にも、完全にアース神信仰に生きる最後の戦士である。彼の臨終の言葉は実に『巫女の予言』における「ラグナロク」の句であった。そして、ここにおいてわれわれは注目すべき事実に遭遇する。このことをルングレーン＝ニールセンはいみじくもこのように述べている。

「パルナトケはグルントヴィ自身の異教的映像となった。歴史の進展を変革することを使命と感じる宗教的理想主義者になった。グルントヴィはパルナトケの死生観によってアース神話における崇高なもの・調和的なものを表現しようと努めたのである。パルナトケの宗教は硬化したアース信仰ではなく、キリスト教への移行形式であり、純化した異教である。彼の宗教の異教的なる所以は、アース神崇拝者の信仰の熱烈さと彼らの行動力との関係を不断に強調するからである……彼は異教的理神論者（hedensk Deist）に近い。彼は、人間のあらゆる力はアース神に由来しているが、神々との結びつきは誕生と同時に断ち切られていると信じている。この力が遂に使い果たされた時、人間は死ななければならない。丁度泉が育まれなくなると、小川が流れなくなるようにである」[9]。

すなわち、ここではキリスト教に向かう歴史の流れを押し留めて、あくまで「異教」の立場に、ただし「理神論的」とも称しうるほど浄化された「アース神信仰」の立場に踏み留まろうとするパルナトケの「宗教的理想主義」が、まさしくグルントヴィ自身の「宗教的理想主義」に他ならないことが主張されているのである。いわばグルントヴィにとって「パルナトケ」は彼自身の「予言的自画像」であった。グルントヴィの「パルナトケ」には彼自身の心が刻印されており、そのかぎり「このパルナトケ」は純粋な古代北欧精神そのものに貫かれた英雄というより、むしろ「グルントヴィ的戦士」に転換された英雄と言わなければならない。

時代の子として「異教」と「キリスト教」の狭間の葛藤が、「パルナトケ」の運命となった。それにもかかわらず、この戦いを通しても彼がキリスト教に到達することはない。彼はあくまで純粋のアース神崇拝者として死を迎えたのである。そして、グルントヴィは自らがこの「パルナトケ」の子孫であることを疑わず、まさに失われんとするもののためにわれとわが身を捧げる悲劇のこの戦士との精神的な近親性を痛切に看取せざるをえなかったのである。かくて、グルントヴィにとっては、デンマーク国民を宗教的・民族的生活に覚醒せしめ、現代のデンマークを古代北欧の「戦う精神」によって再生せしめることこそ彼自身の戦いであり使命となったのである。われわれはまさしくこの点に、前述のようにモンラーズによって、グルントヴィの体現する「北欧民族精神」が「ソール・タイプ」の「自己-自己自身関係」として規定される根源的理由を見出したいと思う。

このような意味で、『北欧における戦いの生の没落の始まり』の序言では、自分の目的がデンマークにおけるアース神の神殿の崩壊とキリスト教の侵入と勝利を描くことであると述べてはいるものの、そして「歴史」を神の意志が実現される舞台であるとする彼の歴史観と「宣教」の手段としての「詩」という見解にもかかわらず、そしてそのかぎりでは彼は紛れもなく両者をキリスト教的背景において把握しているにもかかわらず、グルントヴィはこの詩篇を「純粋なキリスト教的精神」に則って創作することができなかったということが判明する。確かに形式的にはこの詩篇はキリスト教の表現ではあったが、実質的にはそうではなかった。パルナトケのごとく、グルントヴィもキリスト教を知りつつ、アース神信仰を放棄することができないからである。事実、詩篇第三幕は、キリスト教の勝利を歌いつつも、グルントヴィが長い間「キリストとオージンとの断絶の狭間」をさまよう悲劇的な姿を如実に物語っているのである。クリスチャンセンはむしろ、前記詩篇の本質を極めて「異教寄りに」、このようにすら指摘している。

「これらの詩的・ドラマ的対話では……彼（グルントヴィ）の心は、北欧の神々のために、北欧の戦いの精神のために最後の砦を築こうとする彼自身の父祖パルナトケとヴァイキングの下にある……（それは）グルントヴィが古代北欧の詩から創造したものの中で最大のスケールを誇るものであろう。彼が『戦いの生の没落』を捧げた詩王エーレンシュレーヤーが自分の詩人としての王位が足下で揺ぐのを感じたのも不思議ではない。ここには厳粛さがある。ここには単に詩作したのではなく、彼の創造したものの中で生き呼吸し、北欧の古代精神を携えて生死を賭してキリストの精神と戦った一人の人物がいたのである[10]」。

グルントヴィのキリスト教への接近は、差し当たっては、「北欧民族精神」を歌った彼の最後の劇詩、一八一一年の『ノルニルとアース神の戦いの始まり』（*Optrin af Norners og Asers Kamp*）において行われる。先の劇詩同様、北欧の神話伝説時代を取り上げ、その主要部分は『古エッダ』中の「ヴェルスング」（Vølsung）に関する伝説の再話を試みたこの三幕五景の劇詩からなるが、一八一一年に一挙に完成したものではなく、そのかなりの部分については、明確な時代策定は不可能ではあるものの、そのプランについては少なくとも一八〇七年にまで遡ることができる。その結果、この詩篇のイデオロギー的基底も「異教的・宿命論的」と「キリスト教的」という相対立する二つの方向によって規定されることとなるのである。ただし、この詩篇の根本的特徴は、それの持つ「キリスト教的な張出し部分」が極めて明確に抽出しうることであろう。ルングレーン＝ニールセンによって、この詩篇が「何れにせよイデオロギー的には同時にキリスト教的添加物をもって改作されたもの[11]」、と指摘される所以である。

このように複雑な理念を内含する『ノルニルとアース神の戦いの始まり』の詩篇ではあるが、アース神話に対するグルントヴィの眼はここにおいてもなお「共感的」と見ることができる。彼にとって、アース神信仰とそれに支えられる北欧民族の「戦いの精神」はやはりどこまでも完璧なもの・栄光に満ちたもの・真実なるものである。なぜなら、それは地上的なものの彼方を指し示し、かくて理想主義的行動への情熱を喚起しうるからである。それは紛れもなく真の神性からの閃光であった。だが、それならば、同一詩篇の中で、このようになお異教的なグルントヴィの立場を、それにもかかわらずキリスト教に接近せしめたものは一体何であったのか。それは、アース神話にはキリスト教徒にとって最も本質的なもの・「愛」（Kærlighed）が欠落しているというグルントヴィの発見であった。そのために、アース神話はもはや無条件には彼を感激せしめない。彼はついにキリスト教の告知する神の愛への無制約的信仰を自己有化することによって、このように歌うのである。

「主の導きをもはや思い惑うなかれ、
　遜りつつ塵の中にひざまずけ、
　そして、神の愛なることを信ぜよ」。

かくて、北欧の英雄的な戦う力を再生せしめることではなく、キリスト教的神愛を賛美することこそ、いまやグルントヴィの唯一の願いとなるのである。

〔Ⅱ〕「宗教的危機」以後のグルントヴィと北欧民族精神

『ノルニルとアース神の戦いの始まり』の刊行一年後、エーレンシュレーヤー宛の手紙で、グルントヴィはこの劇詩についてははっきりと、「キリスト教に奉仕することによって、それの詩的完成度を傷つけた」と告白しているが、この告白は逆に、『ノルニルとアース神の戦いの始まり』において、グルントヴィの「北欧異教精神」への感激を歌い上げた「北欧詩」は、いよいよ終末の段階を迎えるに到ったことを、はっきりと物語っていると言えよう。

実は、一八〇八年から九年にかけて、グルントヴィの胸中ではすでに北欧異教精神とキリスト教が分裂を開始し、神話的時期から神学的時期へと移行し始めていたのである。このことは、例えば一八〇八年の詩『わが北欧神話によりてわが父に』(*Til min Fader med min nordiske Mytologi*) や、翌年の『ノルと彼の一族の物語』(*Saga om Nor og hans Aet*) といった作品が暗示している。前者では、「われ、とキリスト者は、いにしえの北欧の神々を見詰め、彼らの内にわれ、キリストの降され給いし所以を、彼によりてのみこの世の救われしことを認識したり」と歌われ、後者でも「いまや新たな道義が北国に到来した時代である。その善なること、然り、かの古き道義に勝りて善なることは確かだった」、と語られているからである。しかしながら、グルントヴィにおいて両契機間の分裂が明確となり、彼が北欧異教信仰に暫定的に別れを告げるのは、一八一〇年冬から一一年にかけての彼のいわゆる「宗教的危機」を媒介としてである。彼の生涯を通して最大とも称すべきこの出来事について、彼自身は次のように告白している。

「もし誰かが、わたしが極めて長い間やっきになって踏み留まろうとした古代北欧をどうしてかくもあっさり捨てたのか、その理由を尋ねたいと思うなら、それはわたしが異教時代の姿を嫌悪すべきものと思っているからでも、別の事情でわたしがこのようなものに献身できないと自認するからでもなく、魂の救済に大して役立つとも思えない光景を解釈するよりも、現代のキリスト者の方がはるかに重要な課題を担わざるをえないからだ、ということをわたしが虚心に認めるからである[12]」。

とはいえ、グルントヴィの「宗教的危機」の背後には、このような彼の言葉以上に深刻な病的原因の存在したことについては、研究者たちの見解は一致している。特にイャルマー・ヘルベーゥ（Hjalmar Helweg）を筆頭に現代デンマークの精神病理学者、さらに宗教心理学者Ｅ・レーマン（Eduard Lehmann）等は、その究極原因を「純粋に病理学的性格の精神的動揺」に還元している。グルントヴィの家系に「そう鬱病」の傾向の存在することは広く知られた事実であるが、その最初の発作を彼は一八〇八年から一一年にかけて経験しているのである。これは、まさしく彼の中で北欧異教精神とキリスト教とが分裂し始め、ついに前者から後者への転換が行われた時期と重なっている。特に一八一一年夏には突然猛烈な「脱落感」と「不安」が彼を襲い、「現存在の暗欝さ」に彼の関心のすべてを集中せざるをえなくなるのである。なお一八二四年の自伝的・予言的な詩『新年の朝』（*Nytaarsmorgen*）は、当時グルントヴィに強烈な「罪」の観念の存在したことを証している。このことが彼をしてアース神信仰から「愛」と「恩寵」のキリスト教信仰に決定的に展開せしめたことは想像に難くないであろう。だが、この問題に関するこれ以上の詮索はここでは控えよう。われわれとしては、クリスチャンセンとともに、次のことを確認すれば十分であろう、

「この〔宗教的〕危機の背景の一つは、偉大な古代精神と詩人としての彼の深刻な人格的戦いであった……彼の〈キリスト教〉の神との出会いは現代における北欧の古代精神とキリスト自身との出会いであった。ヴァイキングの数世紀間何十万という人間がそれぞれソールと白きキリストとの出会いを体験したが、それと同じことをグルントヴィは数週間の戦いの過程で体験するのである(13)」。

けれども、ここにはさらに注目すべき事実がある。それは宗教的危機を通してキリスト教的立場と接近し、グルントヴィにとっては新たな生が開始されたにもかかわらず、彼の魂の中には失われた古代北欧民族精神を「受取り直す」ということが改めて大きな課題として浮上してきたということである。そして、ここから「北欧的・キリスト教的立場」という、すでにわれわれが古代・中世北欧人における「改宗」の問題をめぐって指摘した「シンクレティズム」という固有の視点が形成されてくることとである。この路線に則って登場するのが一八三二年の『北欧の神話』及び長篇詩『北欧の精神』である。

グルントヴィは一八二九年から三一年にかけてイギリスに三回旅行する。その目的は、キリスト教の北欧到来が異教的・神話的な世界観や考え方を完全に追放したのかどうか、あるいは伝統的な「北欧民族精神」が新しい信仰と並存しえたのかどうかを確認することによって、自分の思想に対して深い根拠を提供し続けてきたアース神信仰の意味をいま一度反省・吟味することであった。そこから生まれたのが一八〇八年の『北欧の神話』の新版を出す計画であった。ところが、実際には第二版はグルントヴィの思想的発展の転回点を示すまったく別の著作として現れたのである。というのも、すでにアース神信仰からキリスト教信仰への転回を遂げていたグルントヴィではあったが、いわば

第二の『北欧の神話』とも称すべき、この北欧神話論の決定版において、もとより単純に「異教的」でもなければ、かと言って単に「キリスト教的」でもない立場、つまり古代北欧神話をキリスト教的観点と両立せしめようという、「シンクレティズム」というまさに先の「北欧的・キリスト教的立場」を確立したからである。レーマンも、一八〇八年の第一神話論時代のグルントヴィを「対象の根源にまで迫り、その真の内容をテキストクリティークを通して客観的に発見しようとする若々しく初々しい人物」と形容する反面、第二北欧神話論を完成した彼については、「おのれの使命を自覚し、自分自身の見方を追及しつつ、大作の中に自分の本質を開陳した成熟せる精神」「素材を取り上げながらも、素材そのものの意志に倣うのではなく、自らの手で形成しようとする構成欲に溢れた精神」として把握し、さらにこのような精神の担い手としてのグルントヴィを、より詳細・厳密には次のように規定している。

「グルントヴィがキリスト者として異教精神を概観するに至った今こそ、彼はおのれの立場に自信を抱いたのである。以前には彼の中では、いにしえの北欧においてのように、二つの精神の力が分裂していたが、これらの力の間の葛藤はもはや彼の魂を震憾させることはなかった。〈高きオージン、白きキリスト〉は、あらゆる葛藤を和解せしめずにはおかない視界、すなわち全体的な自己展開の世界を通しての人間精神の歩みという視界の下で、いまや同列に置かれたのである。この場合、ある世代、古い世代は予感に満ちて次なる世代へと手を差し延べ、そして次なる世代は予感の実現をもたらすのである。このようにしてキリスト教の伝道者は、穏やかに、だが感激をもって消え去った異教信仰を回顧しつつ、その〈象徴性〉を解釈することによって、異教信仰の偉大さと知恵に夢中になりうるのである(14)」。

三回にわたるイギリス旅行の結果グルントヴィが発見したのは、キリスト教の北欧への到来にもかかわらず、北欧民族にとってアース神信仰はキリスト教と並行して意味を持ち続け、「シンクレティズム」の立場を最も根源的に披遷したという決定的事実であった。グルントヴィにとって、二つの宗教は神秘的合一・共通の神秘的根源を有するものであり、北欧のキリスト教の偉大さは、それがまさしく北欧独自の神話によって、ヴァイキング時代の生活と文化によって先行されていた点に存在するのである。グルントヴィにおけるこういったキリスト教とアース神信仰との相即融合の関係を、さらに北欧神話は地上の生の「北欧民族精神」に基づく解釈を包摂する象徴的な言語、古代北欧の父祖たちによって実践された「生の哲学」であるという視座から把握したのが、他ならぬ一八三二年の『北欧の神話』なのである。その意味では、既述のようにモンラーズがキェルケゴールの思想と生涯の根本的特質として捉えようとした「異教的北欧民族精神」と「キリスト教的精神」との総合という観点は、差し当たってはグルントヴィの新版『北欧の神話』の著者の立場に対して適用されるであろう。一八一〇年から一一年にかけての「改心」後の数年間彼の前に厳然と存在していた異教的北欧とキリスト教的人生観との対立は、ここについに消失したのである。クリスチャンセンの言う「北欧的・キリスト教的グルントヴィ」の誕生である。

さて、このように動揺と苦悶に満ちた試行錯誤の過程を経た後、いまや「成熟した精神」として立ち現れたグルントヴィが、自らの北欧神話論の総決算として完成し、文字通り「北欧的・キリスト教的詩」とも称すべき新版『北欧の神話』は、次のような構成を取っている。

北欧の血族への韻文書簡
緒　論
序　論
　世界史学
　神話と神話学

北欧の戦いの精神

解説

つまり、この書は、三節から成る「序論」と北欧神話の具体的内容を前記のごとき視点から分析した「解説」の二部門を主要な構成要素としている。そして、われわれの目論見にとって極めて有意味的なのは、なかんずく四回書き直したと言われる「序論」であり、特にその第三節「北欧の戦いの精神」である。ここにおいて初めて、これまで終始指摘され続けてきた「戦いの精神」としての「北欧民族精神」が総合的に陳述されており、したがってモンラーズの指摘した「外」に向けられた「ソール・タイプ」の「グルントヴィ的」北欧民族精神の特質も、ここにおいて一層鮮明になるからである。しかしながら、この問題は後に場所を改めて取り上げることにし、以下差し当たっては「序論」第一節・第二節に盛り込まれたグルントヴィの北欧神話観に暫時注目してみたい。

この「序論」は総じてグルントヴィの成熟した人間観・歴史観・学問観及び北欧の将来に対する彼の信念の総合的叙述を含んでいる。したがって、神々が地上で戦った偉大なる時代への「回顧」によって北欧民族を覚醒せしめようとするのが、一八〇八年版『北欧の神話』であるとすれば、一八三二年版の有する地平と視界はそれよりもはるかに広くかつ明瞭であって、神話は北欧民族のために輝かしい「未来」を創造しうる力をわれわれに提供できるという彼の信念、またそうあって欲しいという願望から誕生したのがこの新版であった。

グルントヴィは、「序論」に先立つ「北欧の血族への韻文書簡」で、「北欧精神の息子・娘たち」である誇り高き「戦士の子ら」に向かって、時代の要請と関心に基づきながら、「精神の武器」を用いて無精神的な群衆に戦いを挑むべきことを要求し、かつこの戦いの根本法則はあらゆる精神運動に対する「自由」であるとして、「自由を北欧におけるわれらの合言葉たらせしめよ」[15]、と声高らかに吟唱したのに続いて、「序論」第一節においては「北欧の学問的使命」

という理念を掲げる。これは、書物や印刷された言葉を崇拝するあまり、精神や生のすべての意味を見失い、民族を抑圧的・非自然的な「死せる文化」として敵視する「古典的なラテン文化」を放棄して、民族の原精神に立ち帰るべしという要請を意味する。グルントヴィにとって、「ローマ・イタリア的学問精神」は精神世界に「影の作品」を生むだけの「仮象の概念」に過ぎないのに反し、それらがまさしく「民族生活」の中に根源を有し、幾世紀にもわたって育成されてきた文化という意味で、「古代ギリシァ的・古代北欧的なもの」こそ、現代及び将来の北欧においてより高い秩序において再生せられなければならないものである。ここでグルントヴィが「古代ギリシァ的なもの」と「古代北欧的なもの」とを同列に置く所以は、両者何れも人間の精神と生の最も自由な展開と運動、また最高の自然的な輝きを民族生活の中に見出しているからに他ならない。

改めて言うまでもなく、グルントヴィの場合、「精神」と「身体」のいかんを問わず、人間の本性は民族的形式においてのみ存在する。そして、同時に彼は、この新版『北欧の神話』成立時代の彼の信仰を反映して、「古代ギリシァ的・古代北欧的なもの」は「モーゼ的・キリスト教的基本見解」の手を借りて「生ける世界史的なもの」になるとも主張するのである。次の主張にはまこと目を見張る力強さが溢れている。

「精神の世界をキリスト教の光に照らされつつ北欧的な目で見る時、普遍歴史的な発展・芸術・学問の概念を獲得する。これらは人間生活全体を包括しており、そのありったけの力・条件・活動を尽くして、個人の、民族の、人類の現世の幸せと結びついたすべてのものを解放し、力づけ、喜ばせ、かつ必然的にこの世で可能なかぎり最も完全な生解釈に導かずにはおかないのである。このギリシァ-北欧的乃至現代デンマーク的生の発展と生の形成こそ、すでにその萌芽を秘めていた北欧神話に普遍-歴史的重要性を、そしてなかんずくわれわれには評価を絶する価値を与えるものである。ここでわたしが、それ自体として、かつローマ・イタリア的な生活の苦労や精神の荒廃と対立させせながら、その輪郭を描かんとする学問がこれである」[16]（太字の部分はグルントヴィによる）。

そして、グルントヴィは、「偉大な芸術作品」としてのこのような「普遍‐歴史」の典型として、旧約聖書の創世記、ギリシァの歴史家ヘロドトスの作品、そして北欧ではスノリ・ストゥルルソン（Snorri Sturluson, 1179–1241）の作品を挙げている。[17]スノリこそいわば「北欧的・普遍‐歴史的学問」の巨匠であった。なお、グルントヴィはシェイクスピアを「普遍‐歴史的学問精神の偉大な予言者」と称えつつも、彼が「北欧神話」を滑稽に過ぎないものとして把握したという理由で、いまだ「普遍‐歴史的立場」には到達しなかったと考えている。

『北欧の神話』の「序論」第二節は「神話」と「神話学」との対比から出発する。グルントヴィによれば、両者の差異は、後者が「書物」の形態を取るのに、前者はそうではないといったところにあるのではなく、一方が「日常語」（Hverdags-Sprog）を用いるのに対し、他方が古代人によって厳粛にも「神々の言葉」（Gudernes Tungemaal）と呼ばれた、まさに「生ける口述語」としての「象徴の言語」（Billed-Sprog）によって書かれていることである。この違いは単に「言葉」と「文書」とのそれではなく、まさに「生死」を分けるほどの巨大な差異なのである。本来「言葉」の根源的な在り処とも言うべきものは、あくまで「口」であって「ペン」ではなく、その意味において「神話」こそ個人の、民族の、人類の思想と感情、信仰と直感を簡明に、かつ生き生きと表現し伝達するものである。「口述語は最初のものにして最も自然なものであり、イリアッドすら読まれるよりずっと以前から耳で聞かれた」のである。そして、まさしく「ギリシァ」と「北欧」においては、「神話」とはいついかなる場合にも根源的にこのような意味での「言葉」に他ならなかったのである。

さて、グルントヴィにとって、「神話」の本質は、「可視的なもの」を用いて「不可視的なもの」を、「現存するもの」に則って「不在のもの」を語ろうとする「象徴形式」の中にあり、かつステッフェンスを通して知ったヘルダーやシエリングの神話観の場合同様、神話の内容は根源的に「人間生活」についての象徴的な語りなのである。もとよりグルントヴィにとってはこの「人間生活」とは勝義において「民族生活」の謂であるから、神話の中に披瀝されるのは優れて「民族の人生観」であり、かくて「エッダ神話」の「象徴的な語り」の中に反映しているのも「北欧民族の人生観」以外のものではありえないのである。このような北欧神話の本質に関連して、グルントヴィはさらに次のように語っている。

「もし各民族の神話が彼らの精神の快適な表現、真の神殿であるなら、民族から何が生成しうるか、生成すべきであるかを告知するものたるそのかぎりにおいて、彼らの神話は必然的に予言的となる。というのも、その場合、全詩人のそれは言わずもがな、どんな個人の青年時代も予言的なのは確かだからである。そして、人間というものは、精神的な意味では、青年時代に願望・夢想したもの以下にはなっても、決してそれ以上にはならないものであるから、ギリシァ人・北欧人という二つの民族の豊かに実現した彼らの青年時代の夢想は、それらを自分たちの日常的な思想の単なる隠れ蓑にしようとする神話学者が想像だにできないような深さと充実を必然的に有することになるのである[18]」。

グルントヴィの主張は明解である。つまり、ギリシァ人の場合であれ北欧人の場合であれ、「神話」とは、彼らの歴史上の「青春時代」に、つまり「古代」に、その民族生活の深淵の中から、将来生成しうるもの、当然生成して然るべきものへの「予言」として、あるいは「願望・夢想」として誕生したものであって、まさにそのような意味においてギリシァ人・北欧人に固有の「民族精神」の肯定的表現として、むしろこの「民族精神」に対する崇拝・賛美の具体化として建立された「真の神殿」こそ「ギリシア神話」であり、なかんずく「北欧神話」であると言わなければならないのである。そして、この「神殴」の奥深くに息づく「北欧民族精神」が、改めて『北欧の神話』序論第三節で詳論される「北欧の戦いの精神」に他ならないのである。以下、この「北民欧族精神」の本質をなす「戦いの精神」に言及してみたい[19]。

〔Ⅲ〕　北欧の「戦いの精神」

「北欧精神」乃至「北欧民族精神」の本質をグルントヴィは「北欧神話」研究の過程で終始「戦いの精神」（Kanpens Aand）として把握した。彼にとって、「北欧民族精神」の本質が「戦いの精神」であるという体験と理念は、彼の北欧神話研究におけるアルファにしてオメガであって、本来グルントヴィにとっては、人間を真に人間たらしめるものは現存在との「調和」などでは断じてなく、まさしく生きんがためには常に戦わなければならないという闘争的な姿勢に他ならなかったのである。真に生きられる場合、生とは戦いであり、またそうでなければならないというのが、彼の人生観・世界観の根本的前提である。したがって、「戦い」の終わりは精神的な生そのものの終焉である。グルントヴィが「民族精神」と「民族の心」とを区別することを知って、「北欧の民族の心」をその深い差異性において理解するようになったのは後のことであったし、また一八一〇年から一一年にかけての「宗教的危機」以後、グルントヴィの「北欧民族精神」の理解は、彼のキリスト教に対する姿勢の変化に応じて新たな傾向を帯びてきたことは否定しえない。だが、「北欧民族精神」の本質が「戦いの精神」に他ならないという彼の見解は、若き日より生涯を通して不変のままであった。かくて、グルントヴィにとって「北欧的なもの」「北欧的アイデンティティ」の本質を構成するものは、最も厳密な意味においてまさしく「北欧民族精神」の抱懐する「戦いの精神」に他ならなかったのである。そして、われわれは、このような厳格な意味での「北欧民族精神」に関する彼の理解の余す所なき表現に出会うのが、既述のように一八三二年の『北欧の神話』序論第三節においてである。ここでグルントヴィは実に八八頁を費やして「北欧の戦いの精神」を徹底的に論じているからである。
しかし、われわれは先ず、序論を終えて本論に入った直後提出される、グルントヴィの「北欧的な戦いの生」に関する一節を長さを厭わず彼の言葉のままに引用し、ひとまず「北欧の戦いの精神」を考察するための方向定位的な作業を試みておきたいと思う。

「われわれが北欧人の本性を特別歴史的だと言う場合、それは無論、われわれが北欧の中に過去のものに取組もうとする固有の衝動と、異教時代の文化遺産を守ろうとする特別な努力を感知するという見方のことである。だが、これは偶然ではありえない。血の繋がりを上昇・下降の両路線において考察するのはまさしく北欧人の本性そのものなのである。過去と将来との関係は他の民族よりもさらに生き生きとしており、はるかに精神的な光に照らされている。だから、われわれは北欧的見解を特徴づける一切のものを正確に次のテーゼの中に総括するのである。つまり、北欧的見解とは、原因と結果の関係の、手段と方法の関係の、あるいは生ける活動に関する不動の根本法則の生き生きとした理解のことであるというテーゼである。

つまり、万物が原因を持たなければならないということ、どんな結果も新しい原因を創造するということは、この世のすべてがそうであるように、生と精神をもって理解されるか、それを欠いたまま理解されるか、生けるものとして把握されるか、死せるものとして把握されるかの何かでありうる。人間生活とそのさまざまな事象、その根源と目的、その価値と重要性に関するわれわれの自然的な考察は明らかにその点に依存しているのである。けれども、われわれが知っての通り、生の感情が極めて強烈であり、力強い活動への衝動が実に生き生きと存在している地、それは北欧であった。この地では活動の根本法則を与え、生き生きと表現する精神を吹込まれているからである。それゆえ、戦いの精神の創造する生に与かる者は誰一人として、死を生の根源ともその目標とも考えることはできない。なぜなら、こういう人は、生の真の原因が結果にも劣るものではありえないこと、あらゆる活動の最後の結末は必然的に作動している諸々の力に呼応せざるをえないこと、要するに時間的な生は永遠的なものを前提とするということ、永遠的なものによって鼓舞されて力が永遠的なものを目指して戦うところでは、またこの永遠的なものに到るはずであるということを深く確信するからである。

かくて、ここにおいて自然宗教の大きな根本的特徴が自ずと露になってくる。言葉や行為が人間の高貴さの感情を告知するところならどこででもこの特徴を感知しうる。そして、この特徴は、北欧戦士の祖国では、生全体を支配・統治する見解にまで必然的に発展せざるをえなかったのである。そこにおいて暗い背景を形成するのはアルファズル〔万物の父〕であり、中心に位置するのは注目すべき仕方で高貴な運命の女神によって支配される神々の戦いであり、さらに戦いの目標としてはるか彼方に仰ぐのは永遠の勝利の祝いに対する希望に他ならない。

尖った山頂のこの平地から北欧的な戦いの生全体が極めて自然に解釈されるために、われわれとしては神話の中に戦士自身のおのれ以外の本性を探る気にはとうていなれないのである」[21]（文中の太字は原著者）。

このように、グルントヴィにとって、北欧人の本性は格別「歴史的」と見なされなければならないが、それは彼らが「永遠的なもの」を目指し、「永遠的なもの」を前提としての時間的な生と戦う精神を持って、過去と将来とをまさしく「原因と結果」「手段と方法」のそれのごとく緊密な相関関係において把握する「戦士」の民族だからである。そして、この民族の生を「戦いの生」として規定せしめ、彼らの「生全体を支配・統治する見解」にまで発展した「戦いの精神」を、なかんずく「神々の戦い」という契機を媒介として具体的に展開したのが、北欧神話の擁する「自然宗教」に他ならないのである。グルントヴィにとって、北欧神話とは何にもまして「北欧的な戦いの生」の全体的解釈を提供するものであった。

しかしながら、このように「生」を「戦い」として把握する見方は、現代的視点からすれば、当然奇異にも危険にも思われるかもしれない。例えば、われわれは歴史上においても極めて多種多様な形態での「戦争神話」(Kampmyte)に出会う。その典型は、アドルフ・ヒトラー(1889–1945)の『わが闘争』(*Mein Kampf*, 1925–26)とともに、ゲルマン神話の理念を援用することによってドイツ・ナチズムの戦争イデオロギーの喧伝に努めたアルフレート・ローゼンベルク(Alfred Rosenberg, 1893–1972)の『二〇世紀の神話』(*Der Mythos des 20. Jahrhunderts*, 1930)である。ローゼンベルクは、この書で、世界史を基本的に民族間の戦いと見る。それは異なれる人種的特徴を有する民族間の戦いであるのみならず、異なれる社会内部の戦いでもある。なぜなら、ここでは異なれる血を持った人間が自らの属する人種の中で息づいている宗教的・道徳的・学問的・芸術的価値を各自それぞれに主張しようとするからである。ローゼンベルクは言う、「歴史と将来の課題とは、もはや階級間の戦いを意味せず、教義間の葛藤を意味せず、実に血と血、種族と種族、民族と民族との間の相互訣別を意味するのである。つまり、魂の価値に対する魂の価値の戦いである」。これこそ、「新たな生命の神話から新たな人間の型を創造すること」をもって、「われらが世紀の課題」と見るローゼンベルクのいわゆる「種族的歴史観」に他ならない。

このような解釈に則るかぎり、戦いが軍事的結論に導かれるのは当然である。しかしながら、われわれは、グルントヴィの場合「戦い」がこれとはまったく別種の視点の下で見られていることに注意しなければならない。例えば、歴史上匹敵するもののない古代最大の帝国主義的民族・ローマ人に対するグルントヴィの姿勢は注目すべきものである。彼はこの民族に対して、同時代及び後代の多くの北欧人がそうであったように、徹底的に非寛容であり、激しく憎悪・弾劾する。事実、彼はこの民族を『北欧の神話』では常時「強盗団」(Roeber Bande)、「手前勝手な目的」、つまり「あらゆる自然民族の奴隷化のために形成された芸術民族」とすら呼ぶのである。彼は、この巨大帝国の遂行した戦争を偉大なもの・崇高なものと見なすことができない。グルントヴィにとって、この種の戦争は総じて人間の尊厳の剝奪以外の何ものでもないからである。

一例を挙げよう。戦わずして「国土」(Land)を守るのは本来不可能という意味で、「国土防衛戦争」(Landkamp)は人類にとって不可避であるという口実の下に、従来から当然是認せられるべきものと見なされてきた。しかし、グルントヴィはこの種の戦いをすでに「危険」と見なす。「国土防衛戦争」なるものはいかに小規模なものに留まる場合でも「流血」をもって開始されるからである。彼は断言してはばからない、「だから、日常的な国土をめぐる戦争は、それが荒地を真に人間の住み家たらしめる場合にのみ、人間の精神に貫かれたものになりうる。なぜなら、国土戦争が必要悪になりうるのはこの場合に限定されるからである……つまり、このことから国土戦争が個人にとって善なる活動たりうるのは極めて希であって、国民の力や安寧の源泉たるどころか、人類を焦土に帰せずにはおかないのである[22]」。

しかしながら、それにもかかわらず、グルントヴィがここで一つの例外を設けて、強力な「海軍力」(Sømagt)の存在意義を強調する点は極めて興味深い。

「トュルスが海に沈み、カルタゴが砂の中に沈み、海軍力が人間精神の飛躍の主要な武器から人殺しの、ローマの盗賊の手の補助武器に転落した古代世界はどうなったかを見てみよ。あるいは、もしわれわれがあまりに近視眼的でなければ容易に推測できる事実に注目してみよう、つまり、もしナポレオンがイギリス征服に成功し、海軍力さえ補助武器にすることに成功していたら、それがヨーロッパに、全教養世界にもたらしていたであろう当然の結果を[23]」。

では、グルントヴィがこのように「海軍力」を人間精神の展開と飛躍の主たる武器と見なす所以、特に北欧においてそうであると想定する所以は何なのか。彼によれば、北欧においては「精神的な戦いの生の発祥の地」が「暗い海」の上にあることを発見するからである。なぜなら、吹き荒ぶ嵐・荒れ狂う波浪との戦いこそ、人間の精神の行う戦いの中で最も自然なものだからである。ここでグルントヴィは、先のO・P・モンラーズも注目したヨハンネス・エーヴァルの愛国的なオペレッタ『漁夫たち』（*Fiskerne*）に深い関心を寄せながら、この作品が北欧で普遍的共感を呼び起こしたのは何ら不思議ではなかったとする。理由は、同時代のある海難事件を主題としたこのドラマを通して、人間の生を救わんがために嵐と波浪と戦う「庶民」の英雄的な勇敢さと強さが、その意味において「人間の精神の旗」に対する厳かな誓いが描かれているからである。とはいえ、グルントヴィは、『漁夫たち』の最も注目に値する点としてはむしろ、まさしく「北欧的ドラマ」と称すべきこの作品が、北欧における「精神的な戦いの生」の始源となったことであるとしている。エーヴァルの『漁夫たち』においては、実に、詩人たちが「普遍史的英雄」の時代として歌う、「海」に始まり「海」に終わるドラマティックな時代、そして北欧民族があらゆる父祖の偉業をドラマティックに解釈し受取り直そうとする時代の開始を高々と宣言しているからである。なお、グルントヴィによって前記ドラマにこのような画期的意義が付与されるのは、客観的に見れば、もとよりエーヴァルがデンマークの「前ロマンティーク時代」の天才的著作家として、悲劇を基礎づけ、戯作と悲壮詩の両者を導入するなど多方面にわたって「先駆的役割」を演じたという事実が背景にあるからである。

　グルントヴィは『漁夫たち』から最終的に導かれるイメージをこのように総括している。

「とにかく海は英雄の発祥の地に留まらない。海は英雄の生涯の本来の舞台・コースでもある。だから、暗い海をデンマーク人の安寧と力に到る道と称するほど、詩人が自国国民に与える快い賛辞はありえない。したがって、この言葉がこれまでデンマーク人の耳に心地好く響いてきたし、またたとえ弱々しくともデンマーク人の心が英雄の生涯に対して鼓動を打つかぎりそのように響くとしても、一向に不思議ではない」[24]。

グルントヴィによれば、デンマーク人のみならず、全北欧人を包括的な古代的意味で捉えるなら、エーヴァルの教示する「暗い海」とその上での「戦い」こそ、彼ら北欧全民族に真に「平和」と「力」への道を告知しうるのである。そして、もしこのような洞察が遂行されるなら、同じこの「暗い海」が同時に「芸術」と「学問」を保護する垣根にもなり、その結果他ならぬ北欧の全国土が自由で普遍史的な精神の発展にとって「静かなアトリエ」ともなりうることが理解されようというのが、グルントヴィの主張である。

「歴史的な戦いの精神は、海をおのれの構成要素として、その偉業の舞台として、選択したのである。なぜなら、このことは、風雨・波浪との戦いこそ人間精神固有の戦いの唯一の自然像であり、漁夫の生活がこの戦いの始源であり、その魂でもあるということからの当然の帰結である」[25]、とも語られる。そして、グルントヴィが「海軍力」の重要性を説く理由も、まさにここに存在するのである。

彼は、「海軍力」は確かに「物の世界」を征服するには最も不適当だが、「精神の世界」の育成・保護にはこれほど有効なものは存在しないと考えるのである。つまり、「陸の戦い」に比して、「海の戦い」の場合、例外なく「個人」(Enkeltmand) の演じる役割は小さく、逆に決定的に大きな意義を開示するのが「共通の人間精神」(fælles Menneskeaand)、グルントヴィの場合、より厳密に言えば、まさしく「民族精神」に他ならないからである。「海の戦い」においては、「陸の戦い」においてのように個人の名誉欲や利己心が作動する余地は極めて少ない反面、「共通の栄誉」と「共通善」へのひたすらな配慮を絶対の制約とし、またそれを必然的に結果せしめるからである。グルントヴィの言葉を再度用いればこういうことになる。「力と栄誉の両者を有するのは陸の場合個人であるが、海にとっては共通精神である」[26]。かくて、「精神はこれによって最大の栄誉を獲得し、人類は最大の利益を得る」という仕方で、「海軍力」が単に容認されるのみならず強調されさえするのは、それがまさしく「民族精神」の育成と保護にとって最大・最強の武器たりうるからに他ならない。

自らも言うように、グルントヴィは決して単純な「非戦論者」でも「臆病者」でもなかった。事実、彼はいわゆる「軍歌」（Krigssonge）すら創作したのである。とはいえ、前述したところからも明白なように、彼が最勝義において「戦い」と呼ぶのは、直接「血」と「国土」に関わるものではなく、まったく別種のもの、すなわち「精神的な意味での戦い」なのである。このことはすでに一八〇八年版の『北欧の神話』でも「衰えた地上生活」を語る際明らかにしている。先ず、彼は自らの翻訳によって『巫女の予言』第三五〔四五〕節、「兄弟は相争い、そして互いに死に到らん。姉妹の息子どもは、血族の血を汚さん。この世は冷酷非情となり、不義密通はいかばかり。戦斧の世、剣の世、楯は裂かれ、嵐の世、狼の世、この世の瓦解するまで、皆無ならん、他人を気遣う者など」を引用する。そして、この節はグルントヴィにとっては、英雄の生が死滅し、同じ神的な根源から誕生した血族同志が共通の武器をお互いに向け合うという悲劇的状況を物語るものである。だが、このような「外的な戦い」はことごとく所詮内部の精神的戦いの象徴であって、彼の視界にあるのはまさしくこの精神的意味での戦いであり、いかに大きな苦痛を伴うとしても、われわれはこの種の戦いは断じて回避しようとしてはならないのであって、これから逃避することは、生を否定するに等しいのである。「内なる戦い」は生そのものにとって絶対的制約と言わなければならない。

グルントヴィは、一八三二年の『北欧の神話』では、「精神的なものをめぐる戦い」（Kampen om aandelige Ting）のみが人間に相応しいことを、次のように展開している。長さを厭わず引用してみよう。

「自由の問題である信仰に関するかぎり、戦う武器は手でもなければ剣やペンでもないというのなら、他ならぬ高貴な戦士に相応しい唯一の戦い、すなわち精神的なものをめぐる戦いに投げかけた影はすっかり消え失せよう。そして、われわれが全員理解しなければならないことだが、ある民族固有の人生観というものは、あらゆる敵からそれらの自由を擁護しつつ、全力を尽くしてそれを守らなければ、その生命は保ちえず、言語の場合もそれに加えられようとする一切の暴力に激しく抵抗しないかぎり、そこには精神は宿りえないのである。同様に個人の信仰と見解を支える生命・精神も、それと一つになりえないものと対立しつつ、自らを主張しようと努力しないなら、存在しえないのである。問題はひとえにやり方なのである。やり方はもちろん万人が同等の権利を享受し、普遍的な自由を楽しむようなものでなければならない。

そして、いまこそわたしは言おう、どんな謎を秘め、どんな過失を犯していようと、わが父祖に魂を吹き込んだ戦いの精神を人間の悟性は賛美し、人間の心情はそれを喜びとしなければならない、と」[27]。

「絶えざる戦い」(bestandig Kamp)、これが神々と人間の生に対する真に「北欧的」な見方である。問題なのは、この戦いをいかに高貴に、いかに強力に、いかに賢明に遂行するか、ということである。なぜなら、真の平和は勝利の女神として戦いそのものから生来するからである。グルントヴィによれば、このような見解は、いやしくも独立自治を主張しようとする民族の中には必ず存在しなければならないものである。彼は、事実このような見方が北欧においても死滅していないことを、「今世紀」つまり一九世紀が証明したと考えている。これによって、彼が、実際には一九世紀に入るや、ナポレオン戦争を契機として、デンマーク・スウェーデンさらにはノルウェーまでも襲った戦争状態を念頭に置いているのは明らかである。しかしながら、われわれにとって極めて興味深いのは、グルントヴィがこのように一九世紀北欧の証明した「戦い」の理解からはその「精神的特質」(aandelig Præg)がほとんど失われてしまい、そのために前記の「絶えざる戦い」という真に「北欧的な人生観」はより明瞭に展開されるどころか、ますます暗まされてしまったと考えることである。そして、その必然的帰結として、堕落した次のごとき見方が「一般的見解」となってしまったのである。つまり、略奪を好む民族が存在し、名誉欲にとりつかれた英雄、権勢欲の強い君主が存在するかぎり、確かに戦争は避けられない悪ではあるが、しかしそれにもかかわらずどんな戦争も究極において忌わしいものであり、その対象が精神的なものであればあるほど、それだけますます忌むべきものとなる、という見方のことである。

だが、グルントヴィはこのような「一般的見解」を「恐るべき誤解」(gruelig Vildfarelse) と言う。それが蔓延すれば、必然的にあらゆる「精神的組織体の腐敗」に導くからである。この「精神的組織体」としては「教会共同体」「市民共同体」「母国語」(Modersmaal) の三種が挙げられるのであるが、(28) それらはいずれも、「人間の国」と称されて然るべき国であるなら、当然その中で生き生きと活動しなければならない文字通り「不可視的・精神的なもの」である。もしこういった組織体が「生の精神」(Livsaand) によって魂を吹き込まれないなら、丁度霊肉が分裂した場合のように、それらは必然的に「無力」(Afmagt) に陥り、崩壊の道を辿る、というのがグルントヴィの主張である。そして、彼にとっては、前記「精神的組織体」を支える「生の精神」とはまさしく「戦いの精神」の意味に他ならないのである。

グルントヴィによれば、「戦い」をすべて「忌むべきもの」として拒否する誤った姿勢は、その根絶不可能な深い根を「甘え」「臆病」「無気力」の内に有する。しかも、こういった否定的傾向は、民族の大小を問わず時代の経過につれて増大するのであって、同時にまた「罪の報い」なのである。さらにそれは、「精神的組織体」を「空中楼閣」から区別しえず、「精神的なものをめぐる戦い」にはどこまでも無知をかこつわれわれの「精神的盲目」が伴うのである。グルントヴィは、まさにこのような「精神的盲目」によって、北欧人が「戦いの精神」を喪失してしまった事情を、痛恨の思いを込めてこのように語っている。

「北欧精神は衰弱し、その力を遠くに排泄してしまった。北欧精神の古い情景や戦場についての書かれた記念碑は、北欧の内外に散在しているが、しかし無視されないまでも、理解はされていないのである。若干の教会を除けば、この精神は存在しなかった。しかも、教会ですら無精神的な学問研究が天と地・時間と永遠との自然な結び付きに目を閉じてしまった……民族精神の最善の姿は、中世以来の俗っぽいナショナリズムによって締めつけられ、言論の最大の自由は、文字の生命とペンの全能に対する新時代の迷信によって拘束されてしまった」[29]。

グルントヴィにとって、「戦い」は生の、精神的生の、なかんずく「北欧民族精神」の絶対的制約なのである。「だからといって、アース神のソールを崇めたり、あるいは北欧の戦士が天使であるかのように、彼らの血を洗い清めるのが私の意図でないことはおわかりだろう。なぜなら、無垢の鎧を着けた英雄は一人しか存在しなかったように、キリスト教の戦いの精神が神の名と崇拝に値する唯一のものであるから」[30]という『北欧の神話』の言葉からも推測されるように、この神話論の執筆当時すでにグルントヴィは大きくキリスト教へ傾き、前述のようにむしろ「北欧異教精神とキリスト教精神の総合」という意味での「北欧的・キリスト教的立場」に到達していたのである。だが、この立場から主張したのは、基本的に、キリスト教が北欧民族にとって、彼らの心性にとって真理となりうるのは、あくまで彼ら固有の民族精神、その宗教、その異教的人間性を通して受け入れることによってのみ、ということを意味する。グルントヴィにとっても、もとよりキリスト教そのものは普遍的なものである。それは国境を知らない生である。グルントヴィと結び付いてよく「デンマーク的キリスト教」ということが言われるが、彼の場合この言葉の意味は、キリスト教の本質をデンマーク流に変革すべしということではない。否、そこで語られているのは、自らの生得的な、それにもかかわらず現代においては失われてしまった北欧的・デンマーク的な民族精神を媒介としてのみ、真に主体的・人格的にキリスト教の真理を自己有化しうるということに他ならない。

グルントヴィにとって、宗教的なものと民族的なものとの緊密な相即媒介関係こそ、それぞれの発展にとって決定的な役割を演じるものであったが、同時にそれらは、彼の意図するものが民族的エゴではないことをも証明している。キリスト教的なもののみならず、民族的なものを問題とする時彼の目に映じたのはどこまでも普遍的なものであった。

一般にグルントヴィにとって「民族的なものにおける普遍的なもの」(det Universelle i det Folkelige) の理念が重大な意味を持つが、その場合われわれは、これによって、通常考えられる「国際的なもの」「世界主義的なもの」を予想すべきではない。この「民族的なものにおける普遍的なもの」の理念を理解するためには、神の意志は個々の個人に働きかけるのみならず、地上の個々の民族に対しても向けられているという意味に解さなければならない。この意味において、民族的なものの中にはまさしく神的な規定が存在しているのである。民族的なものにおいてまさに民族的なものを超越するもの、神がこの民族の歴史を通して人類に贈与せんとするものが啓示されるのである。民族の宗教的憧憬がこの神的規定を把握する時、その時初めてこの両者が最高・最深の意味で了解されるのである。したがって、グルントヴィが民族的なものをキリスト教の主体的自己有化に対する前提として語る時、この前提を形成するのは単なる異教、異教的・世俗的民族主義ではなく、ひとえに民族の心が普遍的なものの精神・普遍的なものへの方向から受け取るものである。この観点から評価することを通して、グルントヴィは、地上のあらゆる民族の中で「ユダヤ民族」を最も宗教的な民族、最も強烈に普遍的に規定された民族として最高位に置く。しかしながら、同様に強烈な普遍的刻印は他の二つの民族精神の中にも発見しうるのである。「ギリシァ民族」と「北欧民族」である。(31) この視界から把握するかぎり、グルントヴィが北欧民族の「戦いの精神」を称える時、それは、基本的には、彼がこの精神こそ北欧人をしてキリスト教の主体的な中心からの把握を可能ならしめると信じるからであることがわかる。彼にとって、「生」を「戦い」と見るのは「北欧精神」のみではなかった。キリスト教が構築される現実がまさしく戦いなのである。

一八三四年の詩篇『北欧の精神』において、グルントヴィは、改めて、キリスト教徒として「北欧精神」をいかに称えるべきか、の問いを定立すると同時に、この問いに対して自ら、あらゆる「民族精神」が「時の充実において訪れるお方」を承認しなければならない、だが一旦彼を承認するや、「主の仲間に」加えられるべしと答える。そして、続いてこの詩篇は、「北欧神話」が創造したのは単なる「北欧性」(Nordished) ではなく、「普遍性」をメルクマールとする象徴語に他ならないことを証明しようとするのである。[32] この詩篇でも「アース神のソール」が「北欧的力」「北欧的特性」「北欧魂」に対する象徴たることは明らかではあるが、キリスト教的にも彼は決して大いなる虚言というわけではない。確かにこの点は、一八三二年の『北欧の神話』からはそれほどはっきりとは浮かび上がってこないが、二年後の詩篇においては、「ソール」はもはや「北欧人の真理への衝動」のみを意味するのでも、まして北欧人の誠実さを意味するのに留まるのでもなく、敢えて言えば生ける真理そのものへの、真なる現実の深淵に対する北欧的象徴として、まさに「北欧的なものとキリスト教的なものとの統一」として登場してくるのである。

晩年（一八六五年）グルントヴィが自らの過去を回顧しながら語っているのもこの見解であり、「北欧精神」が主の教会と学校を支配しなければならないというのである。彼は言う。

「北欧精神は神自身の霊と極めて多くの同等性を有しており、真理と虚偽、生と死、光と闇との間に介在する巨大な戦いを凝視する。そして、この戦いにおいて（北欧）精神は死共々それの虚偽と冷酷無情な心を克服する生の側に立つのだ」。[33] だが、その際グルントヴィは「北欧精神」の限界をも鋭く指摘する。この限界は彼が若き日には看破しえず、後々までも必ずしも十分には自覚しえなかったものである。『北欧の神話』以後彼の教会観との内的な繋がりの中でようやく「北欧精神」にその正当な位置を与え、同時にその力と無力の両方を洞察するに到ったと言ってよい。いまや晩年を迎えて彼は自らの最終的な見解を力強く、かつ単純明快に次のごとく表現している。

「北欧精神が見るものを、残念ながら北欧精神自身は実現する力がない。この精神が夢見るものは真理である。しかし、自分が行為を果たしうると思い込んでいるだけで、われわれの父祖の異教時代同様、それはあくまでアース神の夢に留まるのである。北欧の精神は浄福を与えるものではないが、しかしそれは母国語の、民族生活の精神的な力、したがってわれわれにとっては最良の教師、しかも間違いなくこの世で最も素晴らしい教師である(34)」。

第四章の二節で、述べたように、モンラーズの『セーレン・キェルケゴール　彼の生涯と彼の諸著作』は、キェルケゴールと「自己-自己自身関係」の理念によって特徴づけられる「北欧民族精神」との関係を探る過程でグルントヴィの思想圏に遭遇し、この「北欧精神」への関わりをめぐるグルントヴィとキェルケゴール両者の姿勢の重大な差異を認識した。そして、この差異は、後者における「北欧民族精神」の発露が無自覚的であるのに対し、前者においてはこの精神の探求が極めて自覚的・積極的に行われる点において、さらにキェルケゴールの場合この精神が「内に」向かっての勇敢さ・誠実さとしての「自尊心」という悲劇的・受動的な「オージン・タイプ」を取って現前するのに比し、グルントヴィは「外に」対する勇敢誠実な「自己主張」を行う「ソール・タイプ」の「北欧民族精神」を代表する点において決定的に露になるのである。そして、グルントヴィにおいては『北欧の神話』以降はますますキリスト教に接近しつつ、「北欧異教の限界」を看破し、その視界を超えて、むしろキリスト教にこの「ソール・タイプ」の「北欧民族精神」の実現を期待したのである。だが、彼のキリスト教からこの「北欧民族精神」が払拭されることはなかった。いな、むしろ彼にとって「キリスト教」と「北欧民族精神」のエッセンスとしての「戦いの精神」は、まさしく「北欧」の空の下で総合・統一されるべきものとなったのである。そして、これら両精神の和解に支えられたグルントヴィの「ソール・タイプ」の個性は、外に向かって具体的に「国民高等学校運動の創始者」・「デンマーク国民教会の改革者」「憲法制定委員会メンバー」「国会議員」等として具現されたのである。まさしくここに真にグルントヴィ的な「自己–自己自身関係」の現実的・具体的在り方の特質が見られ、かつ「北欧的なもの」の典型的な現象形式が披瀝されるのである。

注

（1）Christiansen, C. P. O. og Kjær, Holger, *Grundtvig, Norden og Gøteborg*, Kbh. 1942, s. 110.
なお、本章執筆上この著には多くを負っている。

（2）Grundvig, N. F. S., *Om Asalæren*, Kbh. 1807, s. 34.

（3）Citered i, Luudgreen-Nielsen, Flemming og N. F. S. Grundtvig, *Skæbne og Forsyn. Studier i Grundtvigs nordisk-romantiske dramatik*, Kbh. 1965, s. 30.

（4）*ibid.*, s. 30f.

（5）Grundtvig, N. F. S., *VÆRKER I UDVALG*, udg. ved Christensen, G., og Koch, H., *første Bind*, Kbh. S. XXIX.

（6）*ibid.*, S. 217.　（7）*ibid.*, S. 218.　（8）*ibid.*, S. XXX.

（9）Lundgreen-Nielseu, *op.cit.*, s. 101 f.

（10）Christiansen og Kjær, *op.cit.*, S. 14.

（11）Lundgreen-Nielsen, *op.cit.*, s. 134.

（12）Citered i, Lehmann, Edvard, *Grundtvig*, Kbh. 1929, s. 295.

(13) Christenseu og Kjær, *op.cit.*, s. 14.
(14) Lehmann, *op.cit.*, s. 24.
(15) N. F. S. Gruudtvig, *Nordens Mythologi*, Kbh. 1832, s. XI.　(16) *ibid.*, s. 6 f.
(17) *ibid.*, s. 34.　(18) *ibid.*, s. 58.
(19) 現在筆者が典拠としている『北欧の神話』は一八七〇年発行の第三版の覆刻版であるが、特筆に値するのは、この覆刻版が第三版から一世紀以上もの間隙を置いて一九八三年に刊行されたという事実である。同版の前言を執筆した国民高等学校校長ポール・エングベェーャ（Poul Engberg）は、まさに「現代」に対してこのように『北欧の神話』を再版する目的で一九八二年には「委員会」が設立された理由をこんなふうに述べている。「委員会は、グルントヴィのこの主著が北欧の青年たちの活動を鼓舞するために北欧の国民高等学校で採用して貰いたいという希望を表明するものである」。つまり、エングベェーャを始め多くのデンマーク国民高等学校関係者は、グルントヴィの『北欧の神話』が紛れもなく「現代」の北欧の青年たちにとって極めて有意味的と考えているのである。なぜか。その理由はエングベェーャの言う「国民高等学校の神話的堕落」という点にある。

　グルントヴィにとっては、普遍-歴史的視野と自ら執筆したごとき神話学こそ、学問全体の、したがってまた国民高等学校教育の基礎たるべきものに他ならなかったが、特に一九世紀後半以降北欧の国民高等学校は実証主義的学問と民族とを橋渡しして、通俗科学を推し進めるという方向を取り続けてきた。北欧の、なかんずくデンマークの国民高等学校に生起したこのような容易ならざる事態に対して、エングベェーャは次のごとき激しい批判を試みている。彼は言う。

「神話学の放棄及びそれと結びついた実証主義的学問への屈伏は、デンマーク国民高等学校の歴史における堕落と見なされなければならない。神話のみならず、人はあらゆる民族の歴史・全人類の歴史を神の導きによる各年代を通しての成長として把握することを放棄したのである……神話-語が放棄されれば普遍-歴史も崩壊し、歴史はローカルな地平で前進するとともに、われわれの問題はわれわれの絶えざる自己測定の対象となる」。

つまり、実証主義に傾くあまり学問から神話学を放逐することは、まさしく普遍-歴史的視界を喪失し、結局は民族の歴史も人類の歴史も止揚するに等しいのである。これは学問そのものの堕落以外の何ものでもないであろう。だが、エングベェーャは、今日のデンマークでは「神話」「詩」「物語」によってわれわれの魂の飢えを癒そうとする新たな風が吹き始めているところから、グルントヴィの名や神話学を含む彼の多彩な著作も新たな光の中に浮かび上がってきており、われわれの人間観・社会観の変革には彼の詩的・歴史的見方がまさにその基準として、導きの星として必要不可欠たることが再認識されてきていると見ている。そして、エングベェーャは、グルントヴィの北欧神話論とそれを支える学問論には、この要請に対応しうるだけの十分な力が秘められていることを、具体的に次の五点において指摘している。

(1)　グルントヴィの学問概念は、実証主義の偏狭な限界を超えて、人間を謎に満ちた存在として、自然を詩的現実として把握することによって、両者への敬意に溢れている。そして、このような人間観・自然観は他ならぬ北欧神話・ギリシァ神話の本質をなすものであった。

(2)　人間を謎に満ちたものたらしめる神話の視点こそ、自由にその唯一の生動的な根拠を付与するというのがグルントヴィの基本的主張である。理性に対して妥当する人間生活のモデルはたった一つ、理性的モデルのみである。しかし、個人のみならず、民族にも多彩な可能性を与えるのが謎というものである。

(3)　神話が個人・民族・全人類の歴史における青年時代の夢を表現するものであり、したがってそれらの歴史的活動における力としてデンマーク国民の歴史を世界史的連関の中へ入れるものであるというグルントヴィ的神話観こそ、あらゆる民族の神話と文化を評価するための制約と言わなければならない。

(4)　グルントヴィが、人間生活をアース神と巨人族との戦いとして描くのが北欧神話であると解釈する場合、これは今日デンマーク人のさまざまな生活環境を囲っている分裂的な抽象化の廃棄を意味するのである。例えば、デンマーク人は経済はもっぱら経済法則に、学問はひたすらそれ独自の法則に支配させるのである。その結果、民族的なものを卑しめる経済学者や科学者・芸術家が生まれたのである。だが、グルントヴィにとっては、「戦い」という条件は生のあらゆる領域に妥当するのである。いかなる領域においても巨人性との戦いが行われ、人間の尊厳が保持されるべきなのである。戦いにおいてこそ万人が理解し合えるのである。

(5)　生の真理は目覚めたすべての人間にとって到達可能であるが、それはあくまでも真理の前においてのみである。その意味において真理は民族的なのであり、かつこのことが民主主義の唯一支持しうる根拠なのである。

以上五点が、「いまなぜグルントヴィの『北欧の神話』なのか?」、という問いに対するエングベェーャの回答である。

(20) Christiansen og Kjær, *op.cit.*, s . 27.

(21) N. F. S. Grundtvig, *Nordens Mythologi*, s. 174.　(22) *ibid.*, s. 91.

(23) *ibid.*, s. 89.　(24) *ibid.*, s. 88.　(25) *ibid.*, s. 90.　(26) *ibid.*, s. 90.

(27) *ibid.*, s. 84.　(28) *ibid.*, s . 83.　(29) *ibid.*, s. 33 f..　(30) *ibid.*, s. 99.　(31) *ibid.*, s. 85.

(32) Sml. Christiansen og Kjær, *op.cit.*, s. 34.

(33) Citered i, *ibid.*, s. 87.

(34) Sinl. *ibid.*, S. 37.

(35) Citered i, *ibid.*, S. 37.

第二節　キェルケゴールの神話理解

〔I〕　キェルケゴールと「神話」一般

前述のように、カーライル的観点に立てば、チュートン民族が歴史上に送り出した最上の逸材、最も典型的な北欧人は通常ゲルマン異教の主神とされる「オージン」であって、北欧神話はこのような「オージン」という英雄的人物の肖像に他ならない。と同時に、オージンは「最初に物を考え始めた人」という意味においてまさに思想家の「始祖」でもあり、真の思想家は今日に到るも例外なく「一種のオージン」であるというのが、カーライルの基本的見解であった。だとすれば、現代北欧思想圏における「オージン」の最もよく知られた継承者がグルントヴィとキェルケゴールであることは断るまでもない。カーライルの言うように、「思想は死なず、ただ変化するのみ」[1]だとすれば、彼らは思想家オージンの変容に過ぎないと言わなければならない。

さらにカーライルによれば、スカンディナヴィアの神話において最大の特質をなすのは「誠実さ」、かつ「勇気」「勇敢さ」であり、したがってこの神話の肖像としての「オージン」こそこれら「北欧民族精神」の典型的な具現者であり、当然グルントヴィとキェルケゴールは「オージンの魂」としての「誠実さ」「勇敢さ」の継承者でもなければならないことになる。

『セーレン・キェルケゴール　彼の生涯と著作』の著者O・P・モンラーズは「北欧民族精神」の原型「オージン」の「誠実さ」「勇敢さ」の決定的証明を、北欧神話の一篇『高き者の歌』における「オージン」の様相に見出している。

すなわち、「ルーネ文字」獲得のために寒風吹きすさぶ巨樹にわれとわが身を吊り下るという「自己犠牲」を通して、「オージン」自らも彼本来の自己、固有の自己になる。「オージン」におけるこの「自己-自己自身関係」の成就にこそ、彼の「誠実さ」と「勇気」の最高度の激発が見られるのである。そして、「オージン」のこのような「自己犠牲」に基づいて実現された「誠実さ」と「自己-自己自身関係」という最深の人格的理念の中に、「北欧固有の民族的本性の根源的萌芽」(2)を認識すると同時に、古代北欧の異教精神とキェルケゴールのキリスト教的精神の遭遇の原点を探り出そうとしたのがモンラーズである。そして、これら二つの精神の遭遇を生涯を賭して自覚的に徹底追究したのがグルントヴィであり、逆に自らの本性がオージン的・北欧的に決定的な刻印を有しているという実存的根源性については、生涯にわたり無関心であり続けたのはキェルケゴールであった。以下の探索によって後の事実を浮かび上がらせると同時に、実はキェルケゴールの現代的な実存思想の背後に、極めて深刻な古代北欧神話的理念契機が潜んでいる事情を窺うことをもって本節の課題としたい。

先ず、極めて限られた資料に基づいてではあるが、「神話」一般とキェルケゴールの関わりについて輪郭的に辿っておくことにする。

キェルケゴールとグルントヴィの間にまったく異質の神話観が成立しうる可能性については、これまでの論述からもすでに十分推測できるところであるが、「ギリシァ神話」か「ゲルマン神話」かの区別はともかく、総じてキェルケゴールが「神話」(myte)乃至「神話的なもの」(det mytiske)一般についてどのような理解を所有しているかを確認するために、取り敢えずキェルケゴールの卓越した研究者G・マランチュグの『キェルケゴールの弁証法と実存』の一節を引用することにする。

「神話はキェルケゴールが最も早く終了した分野である。彼は一八三六年には特にこの主題に夢中になっていた。

キェルケゴールにとって問題なのは、神話の場合も他の分野の場合と同様、十分な概念規定を見出すことである。つまり、神話に関してキェルケゴールは、諸民族の神話的な観念の数々、彼らの伝説や童話の中に現れる全現象を納めうるのみならず、人類史上神話にとって可能な他の発生形式をも受け容れうるような包括的な概念を樹立しようとするのである(3)」。

キェルケゴールの「神話」への関与がそれの極めて包括的な概念規定を発見することであったこと、だが同時にそれは彼が早々に切り上げた分野でもあったということ、マランチュグのこの洞察に間違いはないであろう。だが、わずか一年間という期間の短さはともかくとして、マランチュグが言うように、一八三六年、つまり彼二三歳の年にキェルケゴールが果たして「神話」研究に打ち込んだかどうかは極めて怪しい。日誌記述（以下Pap.と略称）を見ても、キェルケゴールがこの年「神話」問題にさほど積極的に取り組んだことを臭わす形跡はないからである。一八三六年と七年の二年間を通しても、「神話」乃至「神話学」に関する言及は、「Pap.IA214」「Pap.IA264」「Pap.IA269」「Pap.IA285」「Pap.IA300」（以上一八三六年）、「Pap.IA319」「Pap.IC126」「Pap.IIA12」「Pap.IIA587」（以上一八三七年）といった箇所に散見される程度である。ただし、マランチュグは、キェルケゴールが特に「Pap.IA300」において満足すべき神話概念の規定に到達したので、それ以後この概念規定に変更の要を認めなかったというように判断している。

現に一八四一年の学位論文『イロニーの概念について』（*Om Begrebet Ironi*）の第一部第一章の中で展開された「初期プラトン対話篇における神話的なもの」についての論議は、もっぱら一八三六年に獲得された神話概念の規定を基底として作業が進められている。

しかしながら、キェルケゴールはそもそも最初から「神話」乃至「神話学」については本格的な関心がなかったのではないかという疑念を引き起こすのは、民族伝説・民族童話・民謡といったジャンルを除く、狭義の「神話」「神話学」関係の彼の蔵書が驚くほど少なかったという事実である。(4) 彼が神話知識を吸収したと思われるのは、せいぜいW・フォルマーの『全民族神話大辞典』とP・fr・A・ニッツの『新神話辞典』からであって、蔵書目録によるかぎり、彼がギリシァ神話・ゲルマン神話に関する高水準の研究書に親しんでいた痕跡は発見されない。目録に記載されてはいるものの、二つの神話を紹介したK・P・モリッツの『神話ハンドブック』は完全に初心者向きのものに過ぎず、しかもこれすら十分に活用したとは思われないのである。

確かにゲルマン神話乃至北欧神話については、当時デンマークで話題を提供していたN・F・S・グルントヴィの二つの北欧神話論とデンマークにおいてラテン語ではなく、現代母国語で執筆された最初の学位論文として注目を集めたM・ハメリック（Martin Hammerich, 1811–81）のラグナロク神話論（『ラグナロク神話と古代北欧の宗教におけるその意義について』（*Om Ragnaroksmythen og dens Betydning i den oldnordisk religion*, 1836））を所有してはいたが、日誌記述・公刊著作何れを調査しても、彼がそれらと真摯に取り組んだことを証明する記述は皆無である。さらに、ヤーコプ・グリムの『ドイツ神話学』（Jacob Grimm, *Deutsche Mythologie*, 1835）は無論、現代でもなお北欧神話学界における先駆的業績として高評価しうるフィン・マグヌッセンの『古エッダ』の翻訳（『古エッダ　北欧民族最古の伝説と歌謡』*Den Ældre Edda. En Samling af de nordiske Folks ældste Sagn og Sange*, 1821–23）や『エッダ神話とその起源』（*Eddalæren og dens Oprindelse*, 1824）すら備えていなかったという事実に留意するなら、ゲルマン神話・北欧神話にかぎらず、およそ「神話」「神話学」なるものがキェルケゴールにとっては決して主たる関心事ではありえなかったと判断されてもやむをえないであろう。

このように見てくると、例えば一般的意味でのいわゆる「神話論」のごときものが果たしてキェルケゴールの思想圏に存在したと言いうるか否かが先ず問題になるが、こういった一見消極的な姿勢にもかかわらず、鋭角的に対象の本質に迫る彼固有の直観力・洞察力によって、ある特定な視点に繫縛されているとはいえ、「神話」「神話的なもの」についても見事にその本質を抉り出しており、このことがすでに若くして彼を不動の神話概念の規定獲得に成功せしめた点に配慮するなら、やはりそこに一つの「神話論」の成立していることを承認すべきであろうし、事実またこの「神話論」は、キェルケゴールの著作家活動の特質の一面を前景に浮かび上がらせる上で、効果的な舞台装置となりえていることは間違いないであろう。

さらに「ゲルマン神話」「北欧神話」という領域についても、日誌記述・公刊著作何れにもキェルケゴールの積極的な関心の存在を示す箇所は見当たらない。それでは両者の間は「無関係」という意味での「断絶」として把握すべきであろうか。

以下、二つの小節を用いて、キェルケゴールの「神話」乃至「神話学」一般に関する見解と「北欧神話」に対する彼の関わりの可能性について吟味して行くことにする。

〔Ⅱ〕　日誌記述におけるキェルケゴールの神話概念

グルントヴィは「神話」を古代人の愚鈍さを示すものだと語る場合もあるが、「北欧神話」に限定して言えば、彼にとってそれが審美的妥当性以上の意味を有することについては疑問の余地がない。もとより彼も「神話」と「詩」との密接な結びつきを是認するが、彼にとって決定的な事柄は、この結びつきが人間の「不死性への願望」を反映しているということであった。神話表象は確かに詩的な表象には違いない。しかし、このことによって意味されているのは、神話的なものと詩的なものとが単に人間の創造的なファンタジー乃至原初的な認識の結実に過ぎないものではなく、それ以外の仕方では表現しえない本質的真理を告知しているということである。科学や哲学が表現しえない諸経験を不断に表現するものこそ、生ける機能としての神話に他ならないというグルントヴィ的な視点はデンマークの伝統的な立場と言ってよく、現代においても例えば北欧神話の理解者としても著名であったマーチン・ハンセン（Martin A. Hansen, 1909–55）などによっても踏襲されている。一九五〇年の文明批評的作品『レヴィアータン』（*Leviathan*）では、「伝説」の中に積極的な価値を発見しており、人間的なものと宗教的なものとは、そのあらゆる変革・発展を通して、常にわれわれの最古の父祖と堅く結びついていると主張している。このような文化史的関連の記念碑的研究とも言うべき彼の最後の作品が、北欧における異教からキリスト教への宗教の歩みに関する著作『オルムとチュール』（*Orm og Tyr*）であるのも決して偶然ではなく、そこでは彼固有の詩魂・宗教的情緒・学問的精神が見事な三位一体を構成しているのである。

ハンセンの前記二つの著作の提出した見解によれば、古代人の人生観においては宗教的シンボルと詩的シンボルとを分離したり、ランクづけをすることはできない。古代北欧では宗教を創造したのは詩であった。古代北欧人にとっては人間の魂の根本的特徴は、等しく神話と詩の中にのみ集約的に表現されており、こういう仕方で彼らの宗教と詩を包摂するものこそ神話に他ならないのである。

グルントヴィの主張もこのような見方と本質的に変わるものではない。

既述のように、彼は「神話」を「象徴語」（Billedssprog）と解し、かつこの「象徴語」は「見えざるもの」「神的なもの」について語るために人間が用いうる唯一の「自然語」（Natursprog）として把握する。しかも、詩人こそ生まれながらの神話創造者である。もし文化が、「象徴語」が疑われたり、解体されたり、さらに無用なものと解釈されるような発展段階に到達すれば、その文化の破滅が近い証拠である。グルントヴィにとっては、人間が象徴を通して語る能力を保有しうるということが、彼の高貴さなのである。

このように「神話」を詩人によって具現される唯一無比の人間の不可視的・神的なものの開示手段と評価するグルントヴィの立場を踏まえて、先ず日誌記述におけるキェルケゴールの神話理解に向かうことにする。

関心の深さの度合いはともかく、一八三六年乃至七年当時のキェルケゴールが伝説や童話を包みつつ、同時に全民族と全人類史に適用しうるような包括的な神話概念の規定に到達しようとしたのは、マランチュグの言う通りであろう。以下に一八三六年に認められた神話に関するキェルケゴールの全日誌記述を列挙しよう。

(1)「神話・神話学概念の本質はどこにあるのか——どの時代もおのれの神話を持っているのではないか——ノヴァーリスなど——どの点で詩〈仮定法的なもの–小説・詩的な散文〉＝直接法による仮定文から異なるのか」(九月一三日の記述)[5]。

(2)「わたしが歴史における神話的なもの–詩的なものと称するのは、歴史内のすべて真なる営みの上を漂う雲であって、抽象化ではなく、変容であって、散文的な現実ではない。すべて真なる歴史的方向はまたこのようなイデー神話をも生むであろう」(一〇月一七日の記述)[6]。

(3)「中世が生んだ神話は、敢えて言えば、人間的であった。つまり、本来の意味での神話は人間の姿をした神の創造なのである。換言すれば、この神話は人間を神のイメージによって(より叙事詩的に)創造するわけである。正体を現したのは人生だったのだ」(一一月三日の記述)[7]。

(4)「神話とは時間のカテゴリーと空間のカテゴリーによって永遠性の理念(永遠的な理念)を保持すること〈その中に押し込まれていること〉である——時間のカテゴリーによってというのは、例えば、千年期説(Chiliasme: 訳註・キリストが地上に再来して世界終末前の一〇〇〇年間この世を統治するという説)、つまり天上の国が時間の中で始まるという説のことであり、空間のカテゴリーによってというのは、例えば、ある理念が有限的な人格において把握される場合である。だから、詩的なものが仮定法的なものでありながら、（詩的現実）以上のものたることを要求したりしないように、逆に神話的なものは直接法による仮定文である（この書の一頁〔前述の Pap.IA241〕を参照せよ）。理念的なものがその重みを失いつつ、地上的な姿で固守されることによって、両者の間にはまさしく衝突が存在する。だから、ある意味では、〈ルターと同時代の〉牧師シュティーフェルがこの世の没落がある時刻に訪れることを予言して会衆を教会に集めたが、何も起こらなかったというのは思うだに滑稽そのものである。それどころか、民衆が憤激のあまり、彼をあやうく殺しかけたほどだから、それは彼の没落にさえなったであろう[8]」。

特に最後の日誌記述は最も首尾一貫した神話規定を暗示しているが、これ以外の記述をも参照しつつ、後の全著作家活動を通して保持されるキェルケゴールの最も包括的な神話概念の定義を引き出してみよう。

これらの記述に盛られた思想で、キェルケゴールの神話概念の内包を告知している最も重要な定義としては、特に二つの契機を挙げることができる。第一は、最後の記述で指摘された、「神話とは時間のカテゴリーと空間のカテゴリーによって永遠性の理念（永遠的な理念）を保持すること（その中に押し込まれていること）である」という契機である。ここで語られているのは、「永遠性」乃至「永遠的なもの」を「時間」と「空間」のカテゴリーによって把握し、まさしくそのことによって本来時間的にも空間的にも限界づけられないはずのそれらの本質を抑圧するものこそ「神話」に他ならないということである。換言すれば、「神的なもの」や「永遠的なもの」を直接時間・空間のカテゴリーによって現実化しようとする試みはことごとく「神話」なのである。その最も初期的な形式では、この種の見方は人類の幼児期に属しているが、どんな個人もまたおのれの幼児期に同じような経験をするのであって、幼児期に創造する神話的要素（神々や妖精といった）が、現実の直接的な表現と受け取られるわけである。

キェルケゴールの主張する要点は、完全なもの乃至永遠的なものを直接カテゴリーの中に取り入れようとすれば、その結果は常に神話だということである。例えば、時間に関連して形成された神話形態の典型は、この地上における政治・社会的な完全状態の実現を予言し約束する「千年期説」である。この説は、結局、永遠的なものが最後には時間の中で実現されうるという信仰に基礎づけられているのである。「有限な人格性」が神の属性を僭称する場合などもこれに含まれる。

さらに、完全な社会秩序を約束する社会主義的なユートピア論のごとき、この地上における「楽園の教え」もこの系列の神話に数えられる。「神話」としての「千年期説」については、当時デンマークでよく読まれていた、デンマーク・ロマン主義の哲学者ヘンリク・ステッフェンス（Henrik Steffens, 1773–1845）の有名な『至聖なるもののカリカチュア』（*Karikaturen des Heiligsten*, 1819–21）の、政治理念は神的・キリスト教的理念のカリカチュアーに過ぎないとする見方の影響を受けて執筆したと思われる、一八三六年一一月一二日の日誌記述があり、そこでも同様の考え方が提出されている。キェルケゴールも、ステッフェンス流に、進歩はことごとくそれ自身のパロディーをもって初めて終了するが、同様に政治もこの世の進歩へのパロディーになることが早晩明らかになるだろうと言う。そして、これが、本来の神話的なもののみならず、「最高善」なるこの世の目的をこの世で実現するという一種の「千年期説」の持つ意味であると考えている。(9) なお、『イロニーの概念について』でもステッフェンスの前掲書に言及した箇所があり、時間、空間的な「自然＝存在」が無時間的な「精神＝存在」についての神話になっている点に注目している。(10)

空間のカテゴリーに関連して生まれる神話は、単独の人間がその有限性にもかかわらず永遠的なものの可視的な代表者として登場しうるという信仰が根拠になっている。つまり、永遠的なものを「見えざるもの」ではなく、「見えるもの」に還元することによって神話を創造しているわけである。キェルケゴールにとっては、単独の人間にして神の属性を所有し、永遠的なものを実現していると言いうるのはただ一人「キリスト」のみである。しかも、彼の場合、その神性・永遠性は直接見うるものではないのである。このことは、翻って言えば、神話に登場する「神」なるものは、「中世のキリスト教神話」が証明しているように、所詮、神を人間のイメージに従って創造しているに過ぎないのであって、こういった営為は、結局、「神的なもの」と「人間的なもの」、「時間・空間的なもの」と「永遠的なもの」との混同、両者の質的差異の廃棄に帰結するであろう。キェルケゴールが「叙事詩的」(episk) と呼んでいるのはこのような営為のことであり、これが「本来の意味での神話」の本質なのである。

「永遠的なもの・見えざるもの」を時間的・空間的カテゴリーによって把握することを「神話」の特性とする点では、キェルケゴールの神話観はグルントヴィのそれと軌を一にするものの、グルントヴィが理性や哲学によらないで、ファンタジーを媒介とした永遠の本質的真理の根源的認識方法として神話を高く評価するのに対し、キェルケゴールは逆に神話を本質的真理の「抑圧」と見るわけであるが、両者の神話観をめぐる差異は、キェルケゴールの神話概念の定義における第二の契機、「神話」と「詩」との区別から導かれる。

グルントヴィは、前述のように、神話と詩、これら二者の間に根本的に何ら異質性も承認しない。先の日誌記述(2)の引用文において、すべて人間の真に歴史的な行為には、まさにそれを覆う「雲」として、それの「変容」として必然的に「神話的なもの」「詩的なもの」が伴うことが指摘されていることからもわかるように、キェルケゴールにとっても、いわば「神話的なもの」と「詩的なもの」とが不可分の同質的なものとして登場する場合がある。しかし、両者を画然と区別し、両者間に明確な境界を設定するのがキェルケゴール本来の姿勢である。確かに、彼にとっても、神話と詩はともに創造的なファンタジーの産物であり、いわゆる実在的な現実から異なる世界を構築するという意味で通約可能である。しかし、詩人が自分の関わっているものが単なる可能的な「詩的現実」に過ぎないことを自覚しているのに反し、神話は、それを創造した民衆によって「実在的現実」そのものとして把握される点において、両者は質を異にするのである。キェルケゴールが詩的産物を「仮定法的なもの」と称する所以は、それがファンタジーによって創造された可能性の世界を表現しているからである。逆に、神話的なものに与えられる「直接法における仮定文」という形容は、それが人間自身のファンタジーの創造世界であるにもかかわらず、それが「実在的現実」と解されることに由来するのである。

以上、「神的なもの」「永遠的なもの」を時間・空間のカテゴリーによって把握し、そのことによって結局両者の本質を抑圧・隠蔽するもの、さらに「詩」と異なって自らの世界の虚構性に対して無知、これら二つの契機を指摘することによって、キェルケゴールは彼なりに十分満足すべき神話の本質規定に到達したために、以後の著作家活動を通してもこの規定は変わることはなく、当然また神話概念の新たな構築を試みることはなかったのである。ここで獲得された神話規定が、一八四一年の『イロニーの概念について』における「神話的なもの」の展開の際にも基本理念として利用されていることからも、このことが判明するであろう。

〔Ⅲ〕『イロニーの概念について』におけるキェルケゴールの神話概念

『イロニーの概念について』の中で「神話的なもの」が注目される所以は、プラトンの対話篇においてこの「神話的なもの」が「極めて内容豊かな思弁」への暗示となっている事実にキェルケゴールが注目するからであって、必ずしも「神話的なもの」の概念自体を精密に論じるためではない。また、ここで提出された「神話的なもの」の理解は、先に分析した日誌記述「Pap.IA241」と「Pap.IA300」の神話概念を基礎にしていることは、「詩的なもの」(det Poetiske)と「神話的なもの」(det Mythiske)に関する次のような注釈からも判明する。

「神話的なものがそのように把握されると、詩的なものと混同されているように思われるかもしれない。しかし、この場合、留意されなければならないのは、詩的なものが自分自身を詩的なものとして自覚しており、この観念性の中に自らの現実性を有し、かつこれ以外の現実性は何ら所有しようとはしないということである。これに対して、神話的なものは、あれでもなければこれでもない状態（Hverkenhed）、二重性（Dobbelthed）、意識の諸々の関心がいまだ解決していない中間状態（Mellemtilstand）にその本質がある。詩的なものは仮定法における仮定文であり、神話的なものは直接法における仮定文である」[11]。なお、「神話的なもの」を特徴づけているこの「あれでもこれでもない状態」「二重性」「中間状態」というのは、より厳密に言えば、仮定法でもなければ直接法でもなく、また仮定法でもあれば直接法でもあるといった中間を動揺しているという意味であることが付加されている。

もっとも、『イロニーの概念について』には、プラトン対話篇をも貫いている「神話的なもの」の一般定義として、次のような定義も提出されているものの、表現こそ異なれ、日誌記述のそれをも含めて、各定義の間には何らの本質的な差異はない。

「一般にわれわれが、神話的なものとは何か、と問うなら、恐らくはこのような答えが帰ってくるであろう。それはイデーの追放状態、イデーの外面性、つまりイデーの直接的な時間性と空間性そのものである、と。対話篇における神話的なものもまったくこのような性格を担っている」[12]。

キェルケゴールに「イロニーの概念」を考察する糸口を与え、事実彼がたびたび言及・引用しているJ・E・エルトマン（Johann Eduard Erdmann, 1805–92）の用語を借用して言えば、「神的なもの」「永遠的なもの」のごとき宗教的イデーが、元来その本質を抑圧するはずの「感覚的・時間的な形式」で叙述され、かつその内容が「真理」の契機を含みつつも「真実」ではなく、本来の哲学的反省を媒介することなく所詮「考え出された」もの、「現実的なもの」

ではなく「虚構」に過ぎないということが、「追放状態」「外面性」「直接的な時間性・空間性」といった疎外形態でのイデーの在り方を表現しており、そしてこのことが「神話的なもの」の「神話的なもの」たる所以をなすのである。
それではプラトン対話篇の内にこのような「神話的なもの」が登場するのはいかなる必然性によるものなのであろうか。対話篇の研究がキェルケゴールに教示したのは、そこでは「神話的なもの」と「弁証法的なもの」(det Dialektiske) とが緊密に結び付いて一体となっているということであった。だが、キェルケゴールの見解によれば、両契機のこのような関係は解体に導かれなければならない。というのも、弁証法的活動は一切の不純物・無関係なものを自らの土地から掃き清めて、いよいよイデーに向かって上昇せんと試みるが、しかしそれが失敗に帰する時、その反動としてファンタジーが働き始め、そこに姿を現すのが「神話的なもの」だからである。つまり、弁証法的活動に疲れ果てるとファシタジーが夢想を開始し、そこから「神話的なもの」が登場してくるのである。キェルケゴールは言う。

「このような夢想に包まれてイデーは無限の継起の中を漂いつつ、たちまち過ぎてゆくか、あるいは静止して空間内に無限に現在しつつ広がってゆくか、その何れかである。神話的なものはこういう仕方で思弁に奉仕するファンタジーの情熱であり、ある程度まではヘーゲルがファンタジーの汎神論と称したものである。それは感動の瞬間に妥当性を有するものではあるが、反省には何ら関連せしめられない[13]」。

キェルケゴールによれば、ソクラテスが『パイドン』において、「神話が真実であるとは誰も主張することはできない」と言う時、これは自由のモメントである。だが、ソクラテスの神話からの解放は完璧ではなかった。ソクラテスは神話を信じ、それに縋り、献身する勇気を持つべきだとも語っているからである。しかし、それにもかかわらず、キェルケゴールにとっての課題は、ソクラテスを神話から解放・救済することであった。キェルケゴールの次の発言はこのような意図に由来する、「神話的なものはプラトンのものか、ソクラテスのものかという問いへの回答は難しくはならない。私は自分のためにも読者のためにも、敢えて答えるべきだと思う、それはソクラテスのものではない、と」[14]。そして、「神話的なもの」がプラトン固有のものたるのは、プラトンの場合弁証法的運動が完遂されていないことに起因する。確かに初期対話篇においては「神話的なもの」が「弁証法的なもの」と不調和のままに対峙せしめられているのに対し、後期対話篇ではこの対峙性が緩和されて、「神話的なもの」は「弁証法的なもの」の中に積極的に取り入れられて、両契機はもはや強固に対峙することなく、「神話的なもの」が「反省的意識」により「象徴的なもの」(det Billedlige) という新たな形態に変貌せしめられて、高次の事物の秩序の中に止揚されている。だが、この「象徴的なもの」たるや真の弁証法的運動の熱望・欲求する「イデー」ではなく、「イデーの映し」(Afglands af Ideen) に過ぎないのであり、プラトンにおける思弁的弁証法の展開が決して完全には成就されず、「思弁の果実」が熟し切らなかった理由がここにある。プラトンは「思惟」の世界ではなく、「表象」の世界に生きていたのである。

キェルケゴールのプラトン対話篇解釈についてはこれ以上ここで言及することは控えるが、このような考察を通して判明してくるのは、要するに、「神話的なもの」がたとえ「象徴的なもの」という新しい形態を取って登場したとしても、それは真に人間の実存に相応しい表現形式ではないとするキェルケゴールの「反-神話」(Anti-Mythe) の姿勢である。神話は現代においてはもはや何ら生ける機能ではない。それは歴史の壺にこびりついた「伝承」という名の一種の湯垢なのである。「伝承」というのはいわば人間を夢想に誘う揺り籠であって、「神話的なもの」はまさしく人間の精神が通り過ぎる瞬間であって、どこから来てどこへ行くのかは誰にもわからない。何れにせよ、「神話的なもの」をめぐるキェルケゴールのこのような見解が根本的に暗示しているのは、彼が明らかに神話を、「おとぎ話」同様、無意識的な心的生活の産物に過ぎないもの、「ファンタジーの薄明」の中でしか支配権を持たないものと考えていることである。とはいえ、キェルケゴールは決して「神話」の存在とかその価値を否定しようとするのではない。彼の作業は、あくまで真理認識の規範としての神話の意味を拒否することに限られているのである。

既述のように、一八三六年の日誌記述においてキェルケゴールは「神話」と「詩」を区別するが、これは『イロニーの概念について』の中でも反復されている。つまり、ここでも「神話的なもの」は夢遊病者の直接的なファンタジーに過ぎないが、詩は審美的脚色への自覚的意志に貫かれていると主張されているのである。この点は、日誌記述においてファンタジーの世界を直接「実在的現実」として把握するのが神話であるのに対し、詩ではそれがあくまで「可能性の世界」に過ぎないことが自覚されていることと厳密に対応している。詩は自身の「おとぎ話」の世界、純粋な可能性の世界以外の現実については関知しようとしない。詩は自分の本質を現実にまで高めたりはしない。現実を気取ったりはしないのである。現実は徹頭徹尾「非-詩的」(u-poetisk) だからである。

グルントヴィの場合、詩は人間世界の新しい次元を切り開くものであり、神話もまた人間固有の本質を啓示する。彼にとっては、人間の本性全体を可視的ならしめるような広い視界を開示するのは象徴的叙述のみであり、「神話的なもの」こそは詩の象徴形式によって描かれた人間精神の内面史に対する表現に他ならないのである。その意味で、神話が真摯に受け留められるためには、神話や詩が現代人にとっても生ける機能であることが前提となる。だが、キェルケゴールの見解によれば、現代社会においては神話は所詮「先祖返り」(Atavisme) であって、神話を受け入れる詩人は保守的であり、文明の進歩とは逆方向を取っているのである。初期日誌記述と『イロニーの概念について』のみならず、キェルケゴールの著作活動全体を貫いているのは、グルントヴィの場合とは逆に、詩や神話が実存の真理と関わりのあることを徹底的に拒否する姿勢である。彼の著作家活動には、それらの契機はあくまで「排除された可能性」として立ち現れるからである。

ここで筆者は、前記のような詩と神話をめぐるキェルケゴールとグルントヴィの姿勢の差異を総括したデンマークの文学史家ニールス・コフォーズ（Niels Kofoed）の卓抜な見解を引用しておきたい。

「キェルケゴールとグルントヴィのこのような神話観は射程の広い精神史的闘争を反映している。両者にとって共通なのは審美的問題への極めて意識的な姿勢である。キェルケゴールにとって問題なのは、神話や詩を不完全な思惟として拒否することである。彼の見解によれば、つまり、神話を含む芸術作品は現実世界のごく限られた断片を表現するにすぎない。真理のために、彼は、芸術作品は現実的たることを要求してはならず、あくまでそれ自身のファンタジーの領域に留まるべきだと主張するところまで突っ走るのである。キェルケゴールは、芸術と現実を区別することによって、古代ギリシァの理想から可能なかぎり遠ざかり、芸術作品を哲学的認識の成長への前段階たらしめるのである」[15]。

なお、コフォーズは、「グルントヴィは詩的なものを建徳的要素としてキリスト教の中に導入した。そのために、キェルケゴールと彼との間には論議が成立しうる余地が全然なかった」[16]とも述べている。既述のように、グルントヴィにとっては、キリスト教と詩と神話との三者間には何らの齟齬関係も発生しないどころか、むしろ詩や神話の象徴語こそ、キリスト教の抱懐する「見えざるもの」「神的なもの」を表現しうる唯一の自然語としての意味を持ちうるのである。しかし、キェルケゴールにおいては事情をまったく異にする。キリスト教と神話的なものとの間にはまさに乖離関係しか存在しないからである。一八三六年乃至七年以後の日誌記述は言うまでもなく、『イロニーの概念について』に続く『これか・あれか』をもって本格的に開始される著作家活動の隠れた底流の一つをなしているのが、他ならぬこのキリスト教と神話との断絶の意識であると言ってよいであろう。この意識についてさらに言及しておこう。

周知のように、キェルケゴールにとって、キリスト教とは永遠なる神が歴史の中で単独的な人間になったという、一切の人間的・理性的把握を峻拒する「背理」と「逆説」としての「絶対的現実」への信仰の中に成立する。もしキリスト教からこのような背理性・逆説性を廃棄して、キリスト教をこの世的なものと調和せしめようとする傾向が生まれるや否や、キリスト教は神話になる。キェルケゴールが彼の時代に進行・増殖しつつあると考えたのは、まさしくこの過程であった。「キリスト教は過去のものになってしまった。個人に代って〈人類〉が登場し、公けの説教ではキリスト教は神話・詩になってしまった[17]」、と言われる所以である。このようなキリスト教の神話と詩への変換を回避する唯一の手段は、徹頭徹尾キリスト教の背理性・逆説性を指摘・強調することによって、それが人間の思惟の狭い限界を突破し、あくまでこの世とは通約不可能であることを証しする以外術はないのである。「背理を受け入れなさい。一切の知解を否定することが人をしてこの世の外部に、背理に赴かしめるのである――そして、ここに信仰が存在するのである。……ここには神話的なものは一切存在しない[18]」、とも言われる。

このようにキリスト教と神話・詩との通約不可能性を強調する日誌記述は、晩年に到っても頻繁に書き付けられているが、以下にこの問題に関するキェルケゴールの姿勢を最も鮮明に告知していると思われる、一八五二年の「キリスト教的覚書」という上書きのある日誌記述を紹介しておくことにする、

「その生、その実存が新約聖書の規定する実存形式によって刻印されていない者はことごとく、まさにそのことによって、彼にとっては――たとえ彼の口が何をほざき、宣告し、保証しようと――彼にとってはキリスト教は神話であり詩である。

実存的なものこそが詩・神話―とキリスト教を分ける特質である。されば、キリストもキリスト教のことを倣い（Efterfølgelse）として告知し、単なるファンタジーによってキリスト教的なものに関わることを阻止しよう

としたのである。

個人が自分の人生を適宜意のままに方向づける自由をかなりの程度入手しうるのは、詩や神話との関係の中でのみなのだ。しかし、ここにはまた、個人がこの自由を行使しうる対象、それが彼にとっては神話や詩でしかないということも含まれているのである。

だが、もしキリスト教が単なる神話や詩でしかないなら、判断や理由説明の苦労からは免れてはいる。しかし、彼はキリスト教の永遠の救いの約束からも自分自身を排除したことになる。

個人が自分自身を解放しようとしてもできない唯一のものは、永遠が科さずにはおかない刑罰である。なぜなら、個人がたとえどのように解放しようとしても、それにもかかわらずキリスト教は、キリスト教が詩や神話ではないことを彼に理解せしめる自由を奪うからである[19]」。

注

（1）カーライル『英雄崇拝論』五一頁。

（2）Monrad, O. P., *Søren Kierkegaard. Sein Leben und seine Werke*, Jena 1909, S. 1.

（3）Malantschuk, Gregor, *Dialektik og Existens hos Søren Kierkegaard*, Kbh. 1968, s. 26.

（4）Jvf. *Søren Kierkegaards Bibliotek.En Bibrografi ved Niels Thulstrup*, Kbh. 1967, s. 93ff..

（5）Kierkegaards Papirer（Pap.）.IA241（日付九月一三日）.

（6）Pap. IA264（日付一〇月一七日）.　（7）Pap. IA269（日付一一月三日）.　（8）Pap. IA300.　（9）Pap. IA285.

（10）Kierkegaard, Søren, *Samlede Værker*（S. V.）Bd. 3, s. 148.　（11）S. V. Bd. 1, s. 146.　（12）S. V. Bd. 1, 145.

（13）S. V. Bd. 3, s. 146.　（14）S. V. Bd. 3, s. 148.

（15）Kofoed, Niels, *Myte og Intellekt*, Kbh. 1968, s. 93.

（16）*ibid.*, s. 62.　（17）Pap. X^4 A642.　（18）Pap. X^2 A529.　（19）Pap. XII^1 A217.

第三節　キェルケゴールと北欧神話

［I］日誌記述に見るキェルケゴールと北欧神話の関係――非連続性？

現実的な実存の立場を決定的に重視するキェルケゴールの場合、神話が「非実在的現実」に対する無自覚的受容態度であるという、神話一般に対する徹底的な拒否的姿勢が鮮明である。だとすれば、改めて北欧神話への彼の関心を問うのは、あるいは無意味な試みのように思われるかもしれない。事実、公刊著作・日誌記述の何れを探っても、北欧神話との積極的な関わりを暗示する箇所はどこにも存在しないからである。しかし、だからといって両契機を相互に無関係なものとして放置するというのは、先のモンラーズの見解に照らしても、大いなる誤解に連なる恐れがある。モンラーズの指摘する「北欧民族精神」の観点からすれば、逆に両者の間には重要な関係性を示す多くの証左を引き出すことができるからである。その根拠を以下の探索によって明らかにしてみよう。

前述のように、キェルケゴールが神話一般に多少とも興味を寄せた一八三六年は、実は北欧神話研究史上ある意味ではエポック・メイキングな年であった。マーティン・ハメリック（Mantin Hammerich, 1811–81）のマギスター論文『ラグナロク神話と古代北欧におけるそれの意義について』（*Om Ragnaroks mythen og dens Betydning i den oldnordiske Religion*）が刊行されたからである。この学位論文に先立っても、アイスランド出身の古代学者フィンヌル・マグヌッソン（Finnur Magnusson, 1781–1847［デンマーク語名 Finn Magnussen フィン・マグヌッセン］）によって、『古エッダ』のデンマーク語訳とその解説である『古エッダ　北欧民族最古の伝承・歌謡集』（*Den Ældre Edda: En Samling af de nordiske Folks ældste Sagn og Sange*, 1821–23）と彼の代表作で、北欧神話のロマン主義的・自然神話学的見解を提出した最初の研究と言われる『エッダ論とその起源』（*Eddalæren og dens Oprindelse*, 1824–26）が登場していたが、何と言ってもデンマーク国内で当時最も注目を浴びたのはハメリックの前掲書であった。それは、この書がラテン語による学位論文執筆の慣例を拒否して、母国語の現代デンマーク語で書かれ提出されたコペンハーゲン大学最初のマギスター論文だったからである。ハメリックからすれば、北欧神話の主題を「オージン」の喋らなかったラテン語で書くことの不条理さを強調しようとしたのである。ハメリックは、「オージン」について書くとすれば、彼の喋った古ノルド語を継承するデンマーク語こそが相応しいという「祖国と母国語に対する愛」の持主であった。そして、「同時代の神話学的立場から書かれた余す所なき優れた労作であって、彼のその後の全著作活動同様に豊かな精神性と美しく用意周到な叙述によって際立っている」[1]、というのが、いまなおハメリックのこの北欧神話論に対する一般的評価である。

また、内容的には北欧神話研究史上に登場した初めての本格的ラグナロク神話論であって、キリスト教に先立つ「原北欧的・異教的一神論」（unordisk hedensk Monotheisme）を予想し、それを「キリスト教的一神論」に媒介するところに「ラグナロク神話」の意義を承認するという独自の立論が際立っている。非国際語のデンマーク語で出版されたために、国外的にはそれに相応しい評価が与えられてきたとは到底言いえないものの、北欧神話を研究する上において現代でも避けて通れない重要文献であることには変わりない。

キェルケゴールが一八二一年に入学し、さらに三七年には一学期間ラテン語教師を勤めたのはボァガーデューズスゴーレ（Borgerdydskolen コペンハーゲン市内の公立学校）であったが、前記ラグナロク神話論の著者ハメリックは、一八四二年にはこの学校の校長になった人物でもあった。

さて、キェルケゴールはこのハメリックのラグナロク論を所蔵していた。彼が一八三六・七年に神話研究に対して一定の関心を抱いた背景に、ハメリックの著書からのある種の刺激がなかったとは言い切れないであろう。しかしながら、ハメリックに言及している一八三六年の日誌記述はわずかに「Pap.IC82」のみであり、しかもこの記述から推測されるキェルケゴールのハメリック・ラグナロク論への反応は文字通り「無視」乃至「冷笑」に近いものである。その中で、キェルケゴールは北欧神話に登場するソールの冒険物語をセルビア地方の「熊ッ子物語」と比較しつつ、「何とも単純・素朴・幼稚なトーンが物語全体を貫いており、数多の矛盾によって特徴づけられている」、と語った上で、ハメリック・ラグナロク論の注の一つを参照するよう訴えるに留まっている。

キェルケゴールの日誌記述全体を通してハメリックへの言及は、前記以外では一二年後の一八四八年と四九年、五〇年にそれぞれ一回、計三回を数えるが、もはやハメリックのラグナロク神話論はキェルケゴールの関心の外にあって、四八年の記述では、コルサー新聞に攻撃されたとの理由で、一教師を学校から追放処分に処したハメリック校長を「骨無し野郎」と罵り、また二人の間に交流のあったことを示唆する五〇年の記述では、キリスト教的主題を単独者の次元で把握しえないハメリックを揶揄している。またキェルケゴールはハメリックのラグナロク論のみならず、自ら所蔵していながら、ハメリックが「最高に独創的な業績」として激賞するグルントヴィの『北欧神話』についても何ら真剣な取り組みを示していない。その最大の理由が、先に述べたように、神話乃至神話的なもの全体に対するキェルケゴールの否定的認識・評価にあることは指摘するまでもないであろう。

以上、マーティン・ハメリックの注目すべきラグナロク神話論への冷笑的な姿勢を一つの具体的な事例として、北欧神話一般に対するキェルケゴールの無関心性を読み解こうとしたのであるが、事実彼が公刊著作・日誌記述何れを通しても、北欧神話への言及箇所はむしろ皆無に近いことは先に指摘した通りである。仮に「北欧神話」というタームが挙げられている場合でも、有意味性はまったく認められていない。例えば、一八四六年の「秋の賛歌」(Lovtale over Efteraaret) なる上書きのある日誌記述「Pap.VII^{1} B207」では、「北欧神話によれば、雲は周知のように巨人の脳から造られた」と述べ、この逸話を根拠としてさらに、「実際、雲にとって思想ほど優れたシンボルはなく、思想にとって雲にまさるシンボルはない――だから、雲は脳の紡ぎ物であり、思想以外の何ものであろうか。これが秋の季節、他のものに飽いても雲には飽かない理由であり、翻って言えば、秋は反省の時節なのだ」、といった文節に続いて長文の記述がなされているが、基本的には北欧神話の内容とはまったく無縁な話が展開されているに過ぎない。だが、それにもかかわらず前記日誌記述が北欧神話とキェルケゴールの連関性を考える上で極めて重大な契機を孕んでいることは後に改めて論じることにする。

何れにせよここまで論を進めることによって筆者は改めて主張したい。神話一般と北欧神話に対するキェルケゴールの一見このような無関心的・冷笑的姿勢は、彼と神話、なかんずく北欧神話との間にはいかなる意味においても積極的・有意味的な連関性は存在しないという証明にはならないと。そして、まさしくここに、冒頭で述べたように、キェルケゴールには確かに本来の厳密な意味での「神話論」が成立しうるか否かの問題が生起するにもかかわらず、それにもかかわらず彼の実存と思想に対する神話の、特に北欧神話の連関性を質すべき正当な理由が見出されるのである。では、本格的な神話論の存立が疑問視されるにもかかわらず、筆者がキェルケゴールと特に北欧神話との間に有意味的な結びつきの存在を想定する理由は何なのか。この問いにはすでに仔細に検証したO・P・モンラーズの所論がはっきりと答えてくれるはずである。

既述のように、彼・モンラーズは、いわゆるシュレンプフ版独訳キェルケゴール全集別巻『セーレン・キェルケゴール　彼の生涯と彼の諸著作』の著者として知られているが、筆者が知るかぎり、彼は恐らくキェルケゴールと北欧神話のエートスとの隠れた、だが極めて積極的な関係に注目した最初の、そして現在に到るまで唯一のキェルケゴール研究者と思われる。彼のキェルケゴール理解の最大の特質は、北欧神話の告知する「北欧民族精神」の最大の具現者としてグルントヴィを、そしてなかんずくキェルケゴールを挙げることである。[2]

そして、モンラーズによれば、「北欧民族精神」の最根源的特性は「自己」が「自己自身」に関わるという意味での「自己-自己自身関係」にあり、グルントヴィがこの関係を「外」に対する勇敢誠実な「自己主張」として現前せしめる明るい「長音」の「ソール・タイプ」の精神であるとすれば、逆に暗さ・陰鬱さの「短音」をもって特徴づけられる悲劇的・受動的な「オージシ・タイプ」の精神として立ち現れるのがキェルケゴールであり、そして、この精神は「内」に向かっての勇敢さ・誠実さ・自尊心という現象形態を取るというのである。[2] つまり、モンラーズは、「自己-自己自身関係」という主体的に自己自身の内部に向けられる勇敢さ・誠実さ・自尊心という「オージン・タイプ」の原北欧民族精神の特性こそ、他ならぬキェルケゴールの人格そのものの構成要素と見なすのであるが、この「オージン・タイプ」の基本理念はキェルケゴールの別の用語で言えばまさしく「真摯」（Alvor）の概念によって表現されるものであって、この概念が彼の全著作家活動を支える礎石乃至根本支柱となっていることについては改めて述べるまでもないであろう。だが、従来のキェルケゴール研究においては、彼の実存と思惟の両者にとって決定的な意義を持つこのような精神・理念が完全にキリスト教のエートスに還元されることはあっても、それらを北欧異教精神の中に基礎づけるといった試みは、前記モンラーズの例外的作業を別とすれば、およそ想像だにされないことであったし、そういう試みは大方のキリスト教的解釈の立場からすれば「狂気の沙汰」以外の何ものでもなかったであろう。これまでのキェルケゴール研究者の圧倒的多数がキリスト者であり、キェルケゴールにはキリスト教的立場からしか接近しえないとする立場を暗黙の前提とする反面、また北欧神話固有の諸理念については、所詮過去の「止揚された契機」、克服された立場と見なすキリスト教的視点からのものが大勢を占めてきた以上、そのような否定的応答もやむをえないことであった。キェルケゴール理解も北欧神話理解もキリスト教的視点に限定・密封されてしまうような閉塞状態では、古代ゲルマン異教信仰の次元で両者を結びつけることなど到底不可能であったわけである。一九〇九年刊行の前記モンラーズの著書が、特にドイツ語圏では信頼すべき最初の本格的なキェルケゴール伝として当時指導的役割を演じながら、キェルケゴールの実存と思惟の根源を原ゲルマン異教精神の中に探るモンラーズの意図を継承する者が、彼以後キェルケゴールと北欧神話の何れの研究領域にも出現しなかった最大の理由は、まさしくその点にあると見てよいであろう。

かのヤン・デ・フリースの『古代ゲルマン宗教史』研究に匹敵する業績である『古代におけるわが民族』(*Vor Folkeat i Oldtiden*, 1956) 四巻を著したデンマーク最高の精神史家V・グレンベック (Vilhelm Grønbech, 1873–1948) も、すでに序章の中で紹介したように、キェルケゴールとグルントヴィとを比較対照した一九三〇年の論文の中で、後者については「プロテスタンティスムとカトリシスムの彼岸にある新しい国を展望する予言者」、前者についても顔を後ろに向けて命の尽きた文化に処刑の歌を歌いつつ、「キリスト教と称せられるものから離れて、新しい生ける宗教を求めるように人々を駆り立てる、謎に満ちたスフィンクス」[3]と、何れも大胆な独自の判断を下してはいるものの、特にキェルケゴールと北欧神話の精神世界との有機的な結びつきについては、遺憾ながら立論するに到ってはいない。

しかし、前記の記念碑的大著の他にも、ゲルマン人の原精神に関するヤン・デ・フリースの夥しい論著の中には、『ゲルマン人の精神世界』(*Die geistige Welt der Germanen*, 1943) が含まれている。この著作でデ・フリースはエッダ神話・サガ・スカルド詩といった、「これら古代ゲルマンの文献は時代に制約された不可避的な限界にもかかわらず驚くほど豊かであり、研究者にゲルマン人の本質に進入する機会をしばしば提供する[4]という観点から、原ゲルマン精神の特質を特に「人間の栄誉」「縛られた自由」「峻厳なる律法」「近づき難き自我」「地は天に呼びかける」のごとき理念として提出しているが、これらの理念のすべてが、同時にキェルケゴールの人格と実存についてもそのまま妥当する重大な原本的モメントたることについては論証の要はないであろう。そのかぎり、公刊著作であれ日誌記述であれ、キェルケゴール自身の生の言明に基づいて、彼と北欧異教信仰との関連を、例えば後者から前者への直接的影響如何を問うといった方向で探る道は断念せざるをえないにしても、キリスト教とゲルマン異教という形式的・教条主義的な区別を越えて、前記のごとき両者の思想の根底を貫く共通の根源的理念を掘削するという仕方で、キェルケゴールの実存と思惟の原北欧的・ゲルマン的規定性を浮かび上がらせることは決して不可能ではないと思われる。そして、ここで筆者は、キェルケゴールが神話の問題に深い関心を持ったとされる一八三七年の日誌記述に基づいて、キェルケゴールと北欧神話との間に、直接的ではないまでも、理念的には極めて大きい連関性が成立しうる可能性を探ってみたいと考える。

先ずわれわれが注目するのは、キェルケゴールが基本的に神話概念の定義の試みを中心としている一八三六年の日誌記述に続いて、翌三七年には獲得した神話定義を人間の精神的発展に関連づけるという作業に関連して提出した見解である。つまり、一八三七年一月七日の日誌記述には、「神話の発展の中には、個が厳密に〈わたし〉と言えるほどには全体から分離していない前幼児期に対応するごとき一つの段階があるはずである[5]」という主張が書き留められている。この記述によるかぎり、個と全体の分離以前の幼児期的段階を起点として、いかにも「神話の発展」の内にはなお幾つかの段階が想定されているかのごとき印象を受ける。事実、二〇日後の覚書「Pap.IC125」の上書き「神話にも斟酌しつつ、人生の四段階について若干」を読むと、端的にはキェルケゴールの設定するいわゆる「審美的・

倫理的及び宗教的（A・B）」という人生乃至実存の四つの発展段階に呼応して、彼が神話自体にも四つの発展段階を想定し、その意味での神話の発展と実存の展開両契機間に厳密な呼応・相即関係が存在することを強調しようとしているかのように思われる。しかし、こういった想定はキェルケゴールの本意から乖離していると言わざるをえない。なぜなら、以下述べるように、キェルケゴールは確かに神話の発展過程に「東洋的」と「ギリシァ的」の二段階を区別するものの、完全にこれら二つの段階は人生乃至実存の第一段階、「審美的段階」に帰属させるとともに、倫理的段階・宗教的段階からは一切の神話的契機を払拭しようとするからである。

日誌記述「Pap.IC126」においても、「Pap.IA319」の見方を引き継いで、人生の発展段階には、幼児が周囲から分離しておらず、そのかぎりなお「わたし」を語ることのできない第一段階が語られている。この段階では「わたし」は与えられていない。いわば「わたし」は不明瞭で大雑把な輪郭で形成されているに過ぎない。しかし、その結果として無数の要素が並存し、お互いを駆逐することによって、「永遠なるわたしの現在」に高まろうとするのである。キェルケゴールはこのような幼年期の特質を「原子論的多様性」(atmistisk Mangfoldighed) と称している。要するに、ここにはなお厳密な本来の意味での「わたし」、「永遠のわたし」は現在していないのである。そして、キェルケゴールはこのような幼児期、人生の第一段階に対応する神話として「東洋の神話」(orientalske Mythologier) を挙げている。キェルケゴールは、近似値的に無限に「自己意識」に接近するけれども、いまだそれを獲得していない、「自らの中に重心を獲得していない」ために、結局多様性が重要となる「東洋の神話」のこのような状況を比喩的に次のように語っている。

「天井のあまり高くない（高くても相対的に同じ）部屋にいると、非常に錯綜し過剰に詰め込まれた天井の絵が、のしかかってきて今にも落っこちてきそうな感じを与えるものだが、東洋人の天もそのようなものである。反面、ギリシァ人の明るい絵画・美しい形式は調和と安らぎを齎すものである」。

ここでキェルケゴールが具体的にどのような作品をモデルにしてこのように主張の根拠にしているかは不明ながら、「天井絵」のいかにも狭い空間内に圧縮されて描かれた錯綜状態とも見える複雑な構図から「東洋人の天」を連想しつつ、さらにそれを媒介として「東洋の神話」の世界を、混乱した重圧感・崩落の不安感といった感覚的印象によって特徴づけているのは明らかである。

しかしながら、キェルケゴールによれば、「東洋の神話」の醸し出すこのような「混乱」と「不安」の後に続くのが、調和と光、平和と牧歌的な幸福を特質とするギリシァ芸術が根底となって成立するのが、神話の第二段階としての「ギリシァ神話」であるが、「東洋の神話」が人間の発達史における幼児期を意味するとすれば、「ギリシァ神話」は、少年が家族や学校、教会や国家の中に喜びを発見する青年期によって表現される。キェルケゴールは言う、青年期の人生の第二段階、「ここには本来の均衡がある。ここでは神的なものが世界の内に現れている。ただし、世界発展の中に後にも先にも決して現れたことがなく、また現れることもないような仕方においてである」。

なお、キェルケゴールはこの人生の第二段階のさらなる特質として「ロマンティークなもの」の登場を挙げ、ここに「この世を超え出るゆえに、この世には存在しないものの喜びについての問い」、つまりロマン主義が出現すると言う。しかしながら、「東洋の神話」と「ギリシァ神話」の特質を示す人間発展の第一段階であれ第二段階であれ、そこには厳密な「自己意識」としての「わたし」がいまだ存在していないゆえに、何れも「人生の四段階」中最も初期の「審美的段階」に留め置かれるのである。およそ「神話」乃至「神話的なもの」は、そこにいかに共同体のイデーのみならず、さらに神的なものや彼岸的な喜びの契機が発見されるとしても、確固たる「わたし」・「自己意識」が欠落しているかぎり、キェルケゴールにとってはそれらはことごとく「審美的」次元に還元されるのである。それゆえ、反面また、もし「わたし」・「自己意識」、キェルケゴール固有の最も厳密な理念としての「自己-自己自身関係」が存在するとすれば、そこではもはや「神話」・「神話的なもの」からは超出されており、それらが成立する可能性は当然皆無であって、したがってキェルケゴールにとっては、「倫理的神話」「宗教的・キリスト教的神話」といった表現は明らかに概念の混同であり、決定的な自己矛盾を孕むことになる。

しかしながら、すでに見たように、モンラーズ的解釈によれば、北欧民族精神の究極的本質としての「自己-自己自身関係」、この最も厳密な意味での「自己意識」は、北欧神話の主要な詩篇の一つ『高き者の言葉』の中で主神「オージン」の「自己犠牲」という形で提出されていたものであり、実際にこの詩篇の主要な内容を構成するのは、友情をめぐる義務と権利、冷静沈着な思惟、歓待の精神、信頼、多数の敵に敢然と立ち向かう勇気といった、根本的には現実的な処世術を中心としたプラグマティックな倫理・道徳である。そのかぎり「オージン」の箴言・訓話として語られた『高き者の言葉』も、それが北欧神話の主篇の一つである以上、そこにある種の「倫理・道徳的神話」の面影を看取することも不可能ではないかもしれない。とはいえ、『高き者の言葉』が前述のごとき内容以外にも、呪詩・魔術に関する詩・オカルト的な詩といった内容を含むからというのではなく、そもそもここで語られた、「処世術」という意味において完全に現世的であって、関心の対象がもっぱら時間的世界に限定されており、永遠的・絶対的なものとは何の関わりも持たず、その意味でキェルケゴール的にはまさに審美的な領域に還元されるべき有限な次元に留まっている倫理・道徳的内容と、自己の永遠的な意味を自覚しつつ、究極的には神とその現実性への絶対的関心を本質とする単独者の立場において初めて成立する、キェルケゴールの厳密な意味における倫理的内容との間には画然たる質的差異が存在すると言わなければならない。

したがって、モンラーズとともにわれわれが『高き者の言葉』第一三八節から第一四一節の語る主神オージンの「自己犠牲」の中に、「自己意識」・「自己-自己自身関係」が達成されている証左を看取し、さらにそれによってキェルケゴールにも連なる「北欧民族精神」顕現の様相を認識するとしても、キェルケゴール自身にとってはこのような解釈はもとより「ナンセンス」の一言で片付けられるであろう。

それでは、一体キェルケゴールは『高き者の言葉』を含む北欧神話そのものをどのように把握したであろうか。既述のように一八三七年の一般的な神話関連の日誌記述の中には、「東洋の神話」「ギリシァ神話」に関するコメントに混じって北欧神話に言及したものが散見されるものの、それに対する彼の関心は大きいとも深いとも到底言い難いものである。マランチュクは、「キェルケゴールは、神話・童話・伝説の世界に深く入ってゆき、その世界に生きて、素朴で純真な人間の魂の生活への洞察力を養った」(6)と言っているが、この発言は少なくとも北欧神話については妥当しないであろう。自分たちの父祖の神話伝説に関するキェルケゴールの知識はごく一般的な常識程度の枠を出ていないと思われるからである。

もっとも、キェルケゴールの北欧神話観の特質は、古代アテナイの名立法家、いわゆるギリシァ七賢人の一人ソロン（Solon, B.C.640c.–A.D.559c.）を引き合いに出しつつ、「ソロンは自分の法律は自分の死後一〇〇年経ったら焼却すべしと命令したが、丁度それと同じように北欧人の神話は自らを抹殺した」（Pap.IIA587）という一八三七年二月の日誌記述によって、最もラディカルに表現されていると言いうるかもしれない。「北欧人の神話は自らを抹殺した」（Nordboens Mythoilogie slog ihjel）という一節に盛られたキェルケゴールの真意を把握するのは確かに必ずしも容易ではないが、彼の「ソロン」理解の方向性を見極めることによって、それが可能になると思われる。

ソロンが存命当時のアテナイにおいて政治・経済・道徳の衰退を防ごうとして新たな法の制定に努めたいわゆる「ソロンの改革」は、結果的には短期間の内に失敗に終わったものの、アテナイのデモクラシーの基礎を築いたものとして高く評価されている。ところで、前記の日誌記述でキェルケゴールがソロンの命令として語っているのは、ソロンが改革の仕事を成就して国を去る時に、改革を維持するために以後一〇年間は法を変更しないことを義務づけたとされるものである。ただし歴史家ヘロドトスの伝える「一〇年間」という期間については、伝記作者プルタルコスや『アテナイ人の国政』の著書（通説ではアリストテレス）の「一〇〇年間」という異説があるにはあるが、現代の学者は概ね前者を歴史的に正確としているのに対し、キェルケゴールは「一〇〇年間」説を採用している。とはいえ、ここではこのように時限立法的に制定されたソロンの法の適用期間が問題であるわけではない。重要なのは、ヘロドトスにしろプルタルコスにしろ、ソロンの立法の有効期限自体にポジティヴな意義を与えて、期限到来による失効に対しては問題視されていないと見ることができる。他方、キェルケゴールは立法の有効期限そのものよりも、決定的にこの立法の効力喪失の可能性に力点を置くのである。したがって、この場合時限立法の時限立法たる所以を徹底的に強調し、立法の有限性・限界性を認識することを通して、さらなる新法成立の可能性を予想していると言って差し支えないであろう。通説と異なるキェルケゴールのこのようなソロン解読法が、キェルケゴール自身によるギリシァ語原典の読みに基づくものなのか、当時のデンマーク語訳を根拠にした解釈なのかどうかはわからないが、何れにせよキェルケゴールはこれと同一の解読法を「北欧神話」にも適用しているのは明らかである。

だとすれば、さらにキェルケゴールの「北欧人の神話は自らを抹殺した」というラディカルな否定的言辞はどのように解釈されるべきか。端的に言えば、彼にとって北欧神話の世界は前記の意味での時限立法的な効力喪失を運命づけられた有限的なものに過ぎず、キリスト教という高次の絶対的真理に遭遇すれば不可避的に自己解体の命運を辿らざるをえない相対的真理として限界づけられるということである。そして、古代北欧人にとっては、自らの神話的世界像を放棄・止揚することによって、初めてキリスト教への「改宗」が現実のものとなったのである。前記日誌記述の短い文節に盛り込まれたキェルケゴールの真意は恐らくこのようなものであったと考えられる。それゆえ、こういった意味で北欧神話とキリスト教との間に完全な断絶関係しか認めないキェルケゴールと、とことん北欧神話の異教的世界に対して共感的であり、むしろ北欧人のキリスト教信仰の独自性は、北欧神話によって、ヴァイキング時代の生活と文化によって先行・準備されていたと考えるグルントヴィとの間に決定的な亀裂が存在するのは自明的であった。

しかし、それにもかかわらず、以上のことから、通念通りに、そして現に前述内容の否定的方向性に基づいて、キェルケゴールと北欧神話との間にはいかなる意味においても結びつきの可能性はないと結論づけるなら、それは文字通り拙速に過ぎるであろう。確かにキェルケゴール自身は公刊著作・日誌記述の何れにおいても、北欧神話最高の雄編『巫女の予言』の詩篇についてすら一言も触れていないにもかかわらず、そのかぎりではこの『巫女の予言』のキェルケゴールに対する直接的影響といった側面を予想することはまったく不可能であるにもかかわらず、古代神話と現代的思惟の時間的・質的バリアーを超えて、両者間にはまさしく世界観乃至人生観をめぐる独創的な諸理念及びその根底を流れる固有の意識と心情、さらにそれらを表現する方法と方向性において極めて濃密な近親性乃至相関性を有するという意味において、間に八〇〇年を超える間隙を置きながらも両者は強固な理念的統一体を形成しているというのが、筆者の主張である。

［Ⅱ］　北欧神話とキェルケゴールを繋ぐもの――「原罪意識」

一般に西暦一〇〇〇年前後、つまり北欧ではゲルマン異教からキリスト教へ移行期に、いわば古代と中世が重なり合う時期にアイスランドで成立したとされ、通常『古エッダ』全詩篇の冒頭に置かれている『巫女の予言』は、同時期北欧人の精神世界の動向・特質を他のいかなる資料にもましてラディカルかつ鮮明に伝える最重要な文献であるが、既述のようにこの詩篇の構成契機は「世界創成論」、「世界構造論」、そしていわゆる「ラグナロク神話」の告知する「異教的終末論」の三契機である。そして、「巫女」がゲルマン宗教の主神「オージン」の要請に応じて世界の創成・神々の生活と運命・世界の崩壊と神々の没落・再生について想起と予言を通して語る構造を取っている。しかし、『巫女の予言』の全体的な構成の中では、「世界構造論」は、一見等閑視されているかのごとき簡単な数語での叙述に留まっているものの、すでに語ったように、このような処置はむしろ、古代・中世北欧人の間には、彼らの神話の構成する「宇宙誌」の知識がすでに語られざる前提として存在しており、彼らにとっては「世界創成論」「ラグナロク論」ともども北欧神話宇宙論の不可欠の構成要素として周知の事項となっていたという事実を物語るものと見て差し支えない。

なお、『巫女の予言』において「世界構造論」が置かれているこのように隠れた背後的な位置づけとは異なって、前面に立ってこの詩篇の全体を決定的に支配しているのは、「世界創成論」を直接前提とした上で「ラグナロク神話」によって語られる古代北欧人の異教的終末論である。つまり、『巫女の予言』のより本質的な主題は、究極において、宇宙・世界を構成する巨人族・神族及び人類の創成を経て、最終的に彼らことごとくが破滅・没落の運命を辿らざるをえないという、「ラグナロク」概念の意味する古代北欧異教固有の宇宙論的終末論であり、その意味で『巫女の予言』は全体として徹底的に終末論的に定位されているというのが正論である。しかも、「ラグナロク」という名の世界の壊滅的状況は、さまざまな宇宙現象の連鎖の一環に過ぎないのではなく、すでにはるかなる過去の世界創成の営為に際して犯された神々の罪業からの因果必然的な帰結に他ならないのである。『巫女の予言』詩篇の最大の特質は、このように宇宙・世界における過去から未来への移行過程を首尾一貫して一つの倫理的・因果的視点から考察していることである。デンマークの精神史家グレンベックも、ヴァイキング時代の北欧人のこのような終末論的な見方は、外部からさまざまな衝撃を受けたにもかかわらず、内実においては古代・中世北欧人の理想と倫理によって刻印されており、一つの「完結した全体」として世界史的ドラマ、つまり『巫女の予言』を生んだと語っている(7)。

ところで、筆者は、北欧神話最高の詩篇『巫女の予言』の全編を貫くこういった強烈な倫理的・終末論的世界観が見られるのは、決してヴァイキング時代を中心とした古代・中世北欧人に限定されるものではないと考えている。私見的には、この詩篇を刻印している「ラグナロク」神話の宇宙論的終末論・破滅論は、立場と様相を変えこそすれ、明らかに一九世紀北欧思想家によって受取り直されており、しかもそのような思想家の典型がキェルケゴールに他ならないとも確信している。具体的に言えば、彼の全著作家活動の中核的モティーフ、審美的・倫理的・宗教的という単独者の実存乃至人生の三段階論は、『巫女の予言』の「ラグナロク」という神話的・宇宙論的終末論が、まさに現代における実存的・人格論的な終末論・破滅論として受取り直され、生かし返されたものと見ることができるからである。別言すれば、『巫女の予言』における世界創成論からラグナロク論に至る神話的・宇宙論的展開過程論とキェルケゴールの審美的実存段階から倫理的実存段階へ、さらにA・Bの重層的な宗教的実存段階への展開過程論とは、その間に一〇〇〇年以上の間隙とゲルマン異教とキリスト教というイデオロギー上の隔絶、そしてカテゴリー上の異質性を超えて、共に徹頭徹尾終末論的に規定された「マクロコスモス」と「ミクロコスモス」の相即対応関係として規定しうると考えられるのである。筆者流に敢えて言えば、『巫女の予言』の作者はいわば古代北欧異教精神によって先取されたキェルケゴールであり、他方キェルケゴールは北欧神話の「ラグナロク」精神を受取り直して現代に復活させた新たな『巫女の予言』の詩人として把握することも可能だと思われる。もとよりわずか六十数行の詩篇を残しただけの『巫女の予言』の作者と、世界史的に見ても稀有の膨大な著作類を生産したキェルケゴールとの単純な比較は、量的な視点からすればほとんどナンセンスとも言うべき試みに過ぎないであろう。さらに終末論の思想内容の展開に関しても、「ラグナロク」論の後に豊潤詳細な世界復活論を継続させる『巫女の予言』の作者と異なり（もっともこの世界復活論は後世の添加と見なす見解もある）、キェルケゴールの場合、例えば『不安の概念』最終章のテーゼが証明するように、「救済」自体、「信仰」自体の内容展開が論述の対象ではなく、あくまで救済の、信仰に到る手段としての「不安」の解明を意図するのである。したがって、各種講話集の中にその片鱗を見ることはできるものの、救済された者の復活再生の具体的様相については基本的に沈黙しており、復活再生後の状況を世界没落の状況同様に色彩豊かに描出する異教的終末論者の詩人との間には量的にも質的にも画然たる落差がある、もとよりこのことは、著作家としての活動の本来の目論見を徹頭徹尾「キリスト者になる」弁証法的な動的生成過程の解明に向けたキェルケゴールからすればぱ当然の帰結ではあった。だが、それにもかかわらず古代・中世北欧の思想詩人と一九世紀の詩人思想家との間には両者を結び付ける強力な理念的契機が存在するのである。私見によれば、このことは、キェルケゴールの実存段階論と『巫女の予言』の擁する世界創成論・形態論・終末論との厳密な対応関係を跡付けることによって十分立証することが可能であり、筆者にとっては両者の比較検討を企てた時から抱えている主要課題の一つではあったが、この課題を果たすためには別個の作業が不可欠であり、ここでは断念せざるをえない。以下においては、『巫女の予言』の詩人とキェルケゴールは、世界観醸成上有する最も根源的な動機――「原罪意識」――についても共通項を有し、また両者は彼らの到達する世界観の最終場面についても、異教的・キリスト教的の区別を超えて同じ一つの理念――グレンベックの言う「ただ一人の宗教」――によって接合することができるという二点について注目するに留める。これによって、『巫女の予言』の詩人とキェルケゴールが、世界創成論的象面と終末論的象面において相即性・相関性を有することが窺えると思われる。

先に述べたように、ヤン・デ・フリースは、『ゲルマン人の精神世界』において、キェルケゴールにも妥当する原ゲルマン精神の特質として「人間の栄誉」「縛られた自由」「峻厳なる律法」「近づきがたき自我」「地は天に呼びかける」のごとき理念を挙げるのであるが、この書が類書を凌駕する画期的な名著であるにもかかわらず、彼の原ゲルマン精神の理解にはいささか疑問を残さざるをえない。というのも、先に挙げたキェルケゴールと薄いながら交流のあったデンマークの神話学者M・ハメリックも指摘したように、古代・中世北欧民族の意識の奥深く侵入していた終末論的な「世界没落意識」とその無制約的前提としての「原罪意識」こそが、先に例示した他のあらゆる諸理念に先行し、それらを決定的に制約する仕方で、古代ゲルマン精神の基底をなしている原事実については、何ら注目していないからである。しかし、私見によれば、没落の主体が神話上の世界乃至神々なのか、それとも実存する現実の人格なのかの差異こそあれ、「ラグナロク」の意識あるいは「不安」や「絶望」の概念によって告知される終末論的な「破滅意識」、そして同時にその根底をなす深刻無比な「原罪意識」こそ、『巫女の予言』の詩人のみならず古代北欧民族全体の精神を規定する本質的なパトスであり、かつこの民族的・全体的パトスとキェルケゴールの主体的・実存的パトスとを結びつける最根源的なリングと言うべきものだからである。

すでに本書第一章で示したように、北欧神話を決定的に特徴づけている世界没落・ラグナロクの理念の背後にあるのは、「アース神族」による彼らの始祖「ユミル」の殺害とその死体からの世界の創成という陰惨な宇宙論的物語に内在する、自らの根源からの断絶と分離としての「悪」「罪」、しかも「精神」が「自由」に目覚め、それ自体独立的な存在たるためには、この「悪」と「罪」を媒介せざるをえないというさらに深い悪なる、罪なる存在者としての自己の意識である。かつてO・P・モンラーズが「自己-自己自身関係」として指摘した北欧民族精神固有の特質は、先ず第一にこのような意味での「原罪意識」として規定しうるのであり、まさしくこの「原罪意識」の問題を通して、北欧神話とキェルケゴールとの最も深刻かつ濃密な血縁関係が露になるのである。なぜなら、父ミカエル・キェルケゴールの「原罪意識」も同様に自らの根源に対する罪過の意識であり、また自らの存在が徹頭徹尾このような父ミカエルの罪過に由来しているという意味での「原罪意識」こそ、他ならぬ息子セーレン・キェルケゴールの「自己−自己自身関係」を決定的に規定しているものと言わなければならないからである。このように、「原罪意識」は北欧神話とキェルケゴールを結び付ける出発点としての最根源的な契機であり、このことの確かな認識なくして両者の接合を図ることは不可能である。以下この点についていま少し細かく再考してみよう。

キェルケゴールは先にも引用した一八四六年の「秋の賛歌」(Lovtale over Efteraartet) なる上書きのある日誌記述「Pap.VIII¹B207」で、「北欧神話によれば、雲は周知のように巨人の脳味噌から造られた」と述べ、この逸話を根拠としてさらに、「実際、雲にとって思想ほど優れたシンボルはなく、思想にとって雲に勝るシンボルはない――だから、雲は脳の紡ぎ物であり、思想以外の何ものであろうか。これが秋の季節、他のものには飽いても、雲には飽かない理由であり、秋は翻って言えば反省の時節なのだ」と続けている。ここでキェルケゴールの言う、雲が巨人の脳から造られた逸話というのは、その要点は、本書第一章の「北欧神話の世界観」の中で言及した北欧神話の世界創成論に由来している。敢えて反復すれば、それは大略次のごとき内容である。

太古、「北」の霧氷の国「ニヴルヘイム」の氷と南の火炎の国「ムースペルスヘイム」の火花が無底の深淵・ギンヌンガガプの真ん中で出会って滴となり、その滴から人間の形をした「ユミル」とも「アウルゲルミル」とも呼ばれる原巨人が生まれる。このユミルは同じように滴から誕生した牝牛「アウズフムラ」の乳に養われるが、この牝牛が塩辛い霜で覆われた石をなめていると「ブーリ」という人間の姿をした者が生まれた。さらにこの「ブーリ」は「ボル」という息子を得たが、ボルは巨人「ボルソルン」の娘「ベストラ」と結婚し、「オージシ」「ヴィリ」「ヴェー」

の三人の子を得た。かくて北欧神話の主要な神族「アース神族」は巨人族を祖としているのである。問題は、この三柱のアース神は自らの始祖である原巨人ユミルを殺害し、その死体の各部分から宇宙・世界を創成したということである。海は彼の血から、大地は彼の肉から、岩や小石は彼の骨から、木や草は彼の髪の毛から造られ、そして頭蓋骨は天となり、最後に脳味噌を空中に投げ上げて雲を造ったのである。

これがキェルケゴールが何とも軽い口調で言及した北欧神話の世界創成論の冒頭部分の仔細である。しかしながら、実はこの世界創成論の中に、キェルケゴール自身は前記のように格別深刻な意味を見出してはいないものの、北方ゲルマン民族固有の土着的な意識の深層を形成することによって、キェルケゴールの実存体験をも規定する強烈な「原罪意識」が潜んでいることは、すでに指摘した通りである。北欧神話においては、アース神族に代表される「精神」の諸原理が、「自然」の中に自らの根源を有し、「自然」と血族的に結びついているにもかかわらず、この母なる「自然」の殺害行為によって創成されたものこそ宇宙・世界に他ならず、その意味で世界創成は「精神」の「自然」に対する尊属殺人にも等しい根源的な罪業、原罪的行為自体を指しているのである。かくて、神話的視界から言えば、北欧人にとって世界の本質は、太古神々が犯した最初の罪・原罪に基づく「罪」の結果、否、罪そのものと言わざるをえないのである。

さらに始祖ユミルの殺害を通して世界を創成したアース神族は、次には新たなトリアーデ、「オージン・ヘーニル・ローズル」によって樹木から人類の始祖「アスク」と「エムブラ」を形成し、特にローズルは両者に「生命の温かさ」としての「血」、「よき色艶」を付与するが、問題はこのローズルが、オージンと義兄弟関係にありながら、本来アース神に変装した巨人のロキであって、彼は本質的にアース神族の「堕落」を象徴する存在に他ならない。それゆえ、ローズル即ちロキから人類の始祖に付与されるものも単純に「生命の温かさ」「よき色艶」のごときものではなく、その中には同時に根源的に動物的な自然衝動、精神性の仮面を被った情欲と自愛という堕落への可能性が内蔵されているということである。ロキはバルドルの死の原因を作り、ラグナロクの世界最終戦争においては神々の不倶戴天の敵、巨人の船を操舵するという危険な役割を演じるが、このようなロキに堕落への可能性を仕組まれた人間の辿る破滅的運命の凄まじい様相については、『巫女の予言』第三五［四五］節の世界崩壊の到来を告知する予兆の一つ、「道義的世界の解体」としてリアルに描かれている。しかしながら、ラグナロクの悲劇を目前にして人間が陥落するそのような道義的・道徳的腐敗の根本原因は人間自身ではなく、自らの存在根拠、原巨人ユミルを殺害して世界を創成し、世界の本質を罪として措定した神々自身に他ならないのである。人間は、自らの原罪的行為によって根源的罪責を背負うに至った神々によって、ラグナロクの悲劇的運命に誘い込まれた受動的存在に過ぎないのである。そして、北欧神話・創成論におけるこのような人間の実存と同様の破滅的状況に置かれた一人の一九世紀デンマーク人こそが、まさしくセーレン・キェルケゴールであった。

セーレン・キェルケゴールが一八四六年の三三歳の時に記した日誌記述の中に、父ミカエルが一二歳の少年の頃遭遇した恐怖体験について記した一文がある。

「一人の男の恐るべきこと、彼は、かつて小さな少年のころ、ユラン半島の荒野で羊の番をしていたが、非常な苦しみに遭遇し、飢え、疲れ果てた時、丘の上に立って神を呪った――そしてこの男は、彼が八二歳になった時にも、そのことを忘れることができなかった」[8]。

セーレンの兄ペーター・キェルケゴール（Peter Christian Kierkegaard, 1805–88, デンマーク・オールボァ・ルター教会監督）は前記小文を一読するや、「これはわれわれの父親の来歴であり、またわれわれの来歴でもある」と叫ぶと同時に、さらに次のように言い続けたという。自分の父は一一歳頃の子供の時、ユランの荒野で羊の番をしていたが、飢えと寒さと孤独のために非常に苦しみ、絶望のあまり丘の上に立って、両手を天に差し挙げて、主なる神を呪い、もし主がそこにいますならば、無援無垢の小児を救いに来ることもなく、かくも多くの苦しみに彼を委ねるほど無情であるとは何たることであろうと叫んだ。「しかし、幼児におけるこの呪いの記憶は、彼が少年の時も、成人しても、家長となっても、去らなかった。そして、他ならぬあの瞬間以来……厳粛な憂慮と恐怖が彼の魂をこのうえもなく深く捕らえた。神はいましたのだ、そして彼はこの神を呪ったのだ――これは聖霊に対するもはや赦されえない罪ではなかったか？　この理由のために、老人の魂は不安な恐怖の内に留まったのであり、この理由のために、彼は自分の子供たちが〈静かな絶望〉へ呪われているのを見たのであり、この理由のために、彼はキリスト教の最も厳格な要求を、か弱い年頃の子供たちの肩に背負わせたのだ――これが原因で、彼は誘惑の犠牲となったが、絶えず霊魂の格闘を経験したのだ(9)」。

父ミカエルのセディング荒野における自らの創造主への「呪い」の行為は、兄ペーターの語るように、単に八二歳でこの世を去るまでミカエル一人の魂を憂慮・恐怖・不安によってさいなみ続けた原罪的行為たるに留まらず、彼に始まるキェルケゴール一族を以後「静かな絶望」の内に陥れるに十分な重大な犯罪であった。それは、北欧神話におけるアースの神々の始祖殺害にも匹敵する罪業であった。そして、ミカエルは毛織物商人として成功しながら、最初の妻の死、二番目の妻との暴力的な結びつきの結果生まれた三男三女の子供の内ペーターとセーレンを残して何れも夭折するという悲劇的運命をおのれのこの根源的な罪に対する「神罰」として把握するとともに、末っ子セーレンに対しては血にまみれた磔刑のキリスト像を用いて厳しい、ある種「気違いじみた」宗教教育を施し、「キリスト教の厳格な要求」を説き続けることによって、セーレンを自らの罪に対する贖いとして神に捧げる準備を施したのである。

それは、セーレンの心を捉えて離さなかった、アブラハムが一人子イサクを生贄として神に捧げようとしたのと同じ行為であった。父ミカエルの荒野での「呪い」の行為は、紛れもなく彼一人の原罪的行為であり堕罪であったばかりでなく、わが子セーレンにとってはまさに絶対的権威としての神的存在そのものに他ならない父が死に値する「聖霊に逆らう罪」を犯したのである。この恐るべき事実を知った時のセーレンのショックは、母親との不道徳な関係の中に父親の肉欲を発見し、自らに流れる罪の血を自覚した時の「大地震」にもまして、息子自身にとってもまさに「原罪体験」そのものであった。そして、筆者は、この体験によって植えつけられたセーレン・キェルケゴールの「原罪意識」の中に、北欧神話・ラグナロクの抱懐するのと同質の「破滅意識」・「没落意識」を見出しうると考えるのである。いわば父ミカエルの原罪的行為は生涯彼に「霊魂との格闘」を強制したばかりでなく、彼の堕罪の結果は息子セーレンの生涯と後の全著作家活動の根底を貫く深刻極まる「原罪意識」の源泉でもあり続けたことは間違いないであろう。

父ミカエルの「原罪体験」とそれに由来する息子セーレンの「原罪意識」がそれぞれ単独者としての彼ら自身の実存に限定される「質的弁証法的なもの」ではなく、むしろキェルケゴール一族の「運命」に関する「血族的なもの」、その意味で「量的弁証法的なもの」であり、したがってミカエルとセーレンの「原罪体験」・「原罪意識」はまさしく「ゲルマン的性格」のものと見なすことができる。なぜなら、ヤン・デ・フリースの言葉を用いれば、「ゲルマン人は彼の血族（Sippe）にしっかりと根付いており、ゲルマン人の思想は常に彼の生命全体の不動の中心点たるこの血族を枢軸としている[10]」からである。キェルケゴールは、『不安の概念』において、罪の堕落を終始個人の質的弁証法的飛躍の結果として把握する反面、同時にそこでは彼自身の実存が現実には「血族」の概念に集約される、『不安の概念』の言う「世代関係」や「歴史的関係」の客観的・量的弁証法の圧倒的影響下にあることを強調している[11]。むしろこのことへの痛切な自覚が、堕罪の単独者的な質的弁証法の性格を異常に強調せしめたと言っても過言ではないであろう。かくて、筆者は、キェルケゴールの抱いた根源的な罪の堕落における血族的連関意識の中に、古代・中世の北方ゲルマン民族の「原罪意識」との同一性、少なくとも近親性を直観し、北欧民族固有の「自己-自己自身関係」のキェルケゴール的展開の典型的な様相を認識するのである。

以上のごとき意味において、「原罪体験」と「原罪意識」を根拠とし、それに淵源するラグナロク的な「破滅意識」・「没落意識」は、『巫女の予言』を枢軸とする北欧神話の世界と実存の三段階説を中心として展開されるキェルケゴールの実存的思惟の世界を接合する根本的な共通理念であるが、同時にそれらを共に無制約的前提・根源的動機として展開される北欧神話体系とキェルケゴールの著作家活動は、それらの最終結論においてもほぼ同一の理念を共有することになるのである。それは、具体的に言えば、『巫女の予言』の最後の詩節に見られる特異な神概念とキェルケゴールの「絶対的逆説」の概念であり、これら二つの特異な信仰理念は、単独者に対してのみ妥当する「ただ一人の宗教」という「新たな宗教」の成立の可能性を暗示するのである。

「Ⅲ」『巫女の予言』の詩人とキェルケゴール

1　『巫女の予言』第五五節の問題――「大いなる者・強き者・すべてを統べる者」――「ただ一人の宗教」

すでに「北欧ロマン主義」と北欧神話の関係を考察する際、デンマーク最高の、彼自身「予言者的」とも言われる精神史家グレンベックの所論を紹介したが、ここで改めて彼が『巫女の予言』の詩人とキェルケゴールが宗教家として注目すべき固有の特質を共有することを指摘している点に注目したい。もともとグレンベックは、北欧圏のことを「自分一人のみ信仰する宗教」の創始者を生んだ特異な地域であると主張するとともに、こういった単独的な宗教創造者の代表格として彼が挙げるのが、『巫女の予言』の作者を筆頭に、スウェーデンの聖女ビルギッタ（Heliga

Birgitta, 1303–73）とスウェーデンボルイ、デンマークのグルントヴィとキェルケゴール、計五名である。この内、前二者をデンマークの精神史家ローセンベーャが「北欧民族精神」・「北欧的なもの」の偉大なる具現者と見なしたことは既述の通りである。そして、「聖女ビルギッタ」は、脱自状態で白い雲を見、その中から自分を彼の花嫁として、彼の言葉の人類への伝達者として呼びかけるキリストの声を聞くという独自の神秘的な幻想と啓示を自らの信仰の根拠たらしめたが、同時にキリスト教の内面化と聖書の重視を訴え、堕落した僧侶政治・教皇政治を指弾する彼女の神秘主義は、当然ローマ・カトリック教会から「異端」の烙印を押されたものの、グレンベックが言うように、まさにその点において聖女ビルギッタは本質的に単独的な彼女一人の宗教の創始者であった。

「エマヌエル・スウェーデンボルイ」（Emanuel Swedenborg, 1688–1772）も眼前に天国と地獄を見る神秘体験を発端として、天界・精霊界・地獄界と自由に交通するという神秘主義的・汎神論的な新しい、だが厳密には彼一人にのみ妥当する異端的キリスト教を樹立することによって、「ヨーロッパ最後の神秘主義者」と称されたのである。

しかしながら、聖女ビルギッタ・スウェーデンボルイ、そしてグルントヴィは生前か死後かはともかく、何れも結局はビルギッタ修道会・新エルサレム教会・グルントヴィ教会といった共同体が設立されたことによって、彼らの「単独者の宗教」の枠組みは解体されたと見ることができる。研究者の集団形成としての学会は別として、「ただ一人の宗教」の枠組みを堅持したのは『巫女の予言』の詩人とキェルケゴールのみであった。最も厳密な意味では両者とも彼ら自身以外ただ一人の「信仰者」も持たなかったと言うべきだからである。以下先ず『巫女の予言』の詩人の立場に関するグレンベックの所論を取り上げてみよう。

グレンベックは、傑出した精神史家としての出発点となった北欧宗教史論『古代におけるわが民族』（*Vor Folkeæt i Oldtiden*, 1909–12）においてこのように語っている。

「この（『巫女の予言』の）詩人は、ロマン主義の歴史家の世代が想像したごとき、オージンとソールを解釈する北欧出身の人物でもなければ、新たな信仰告白の聖人の中に数えられるような者でもない。彼は一つの宗教を説いてはいるが、この宗教はキリスト教的でもなければ異教的でもない。このような宗教は、ヴァイキング時代ノルウェー人の大部分を支配していた考えや感情と結びついてはいたが、最高度に独創的な個人の魂の告白なのである。恐らく『巫女の予言』の宗教は、この幻影を見た本人以外には一人として帰依者は持たなかったであろう。だが、それにもかかわらず彼は、世界の宗教的予言者の中に確固たる位置を占めるのである[12]」。

さらに『ゲルマン人』（*Die Germanen*）の中では、

「『巫女の予言』においてわれわれは、その思想が強烈に人格的に色づけられ、それゆえまさしく当時の人々の平均的な思想を超出した一人の詩人と関わることになる。この詩はキリスト教と異教の圏外にある新しい宗教の記念碑と称して差し支えないであろう。この宗教は、本来の意味では恐らくは単独的な人間の内でしか生きていなかったであろうが、しばらくはキリスト教と境界を接するある精神的雰囲気を表現していたのである。彼の詩の感情の強さと彼の思想の重々しい力は、強固な倫理的因果関連の中に窺われ、神々の生活のいにしえの出来事はことごとくここに溶かしこまれており、その結果はばらばらだった神話がいまや一つの主導的な思想の支配の下に完結した一全体を形成するのである[13]」。

以上二つの引用文は何れも、彼自身「予言者的」と称されるに相応しい、『巫女の予言』のエッセンスを見事に開示したグレンベックの洞察力の鋭さを証明している。彼は、『巫女の予言』の詩人のことを、文字通り世界的な「宗教的予言者」の一人に列せられるべきと見なすのであるが、その根拠は、前記の引用文からも窺われるように、詩人が圧倒的にゲルマン異教の精神的雰囲気を吸入する一方では、キリスト教と隣接しながらも、それにもかかわらずまさしくゲルマン異教でもなければキリスト教でもない、詩人自らを唯一の信仰者・帰依者とする「新たな第三の宗教」を創出したところに存在するのである。もとよりこのような新たな宗教の創造は、『巫女の予言』の作者が一般的な時代精神を超出して、当の宗教を彼自らの主体的・実存的体験に基づく「最高に独創的な個人の魂の告白」として提出してこそ可能なことは自明の理であり、その根本的な特質は、グレンベックも指摘するように、「強固な倫理的因果関係」の意識を基底とする感情と思想の激しさ・重々しさの中に認められるのである。

それでは、『巫女の予言』の詩人によって創出された宗教が「新たな第三の宗教」たることを具体的に証明する確たる根拠は存在するのか。グレンベックは『巫女の予言』全体を「新たな第三の宗教」の成立根拠と見なすのであるが、より具体的にはこの詩篇の第五五［六五］節が詩人作者の新たな独創的信仰形態を証言しているのである。当の詩節は、世界と神々の崩壊と復活の事象の後に降臨する一人の超越者の様相を描くものである。

「そのとき　大いなる者　天降る
神の国に
強き者が　上より、
そは、すべてを　統べる者なり」。

すでに筆者は、本書第一章において、G・V・リュングの北欧宗教論の主張に基づいて「北欧神話の世界観」を論述する際、リュングが基本的にはあくまでオーソドックスなキリスト教的立場に忠実な姿勢を示しながらも、この第五五［六五］節の解釈に関するかぎり、『巫女の予言』の詩人は一般的・通俗的なキリスト教的理念の次元を突破する形で、詩人一人の新たな独創的宗教観の樹立を構想しようとしているという独自の見解を発見した。しかし、筆者自身も賛同するこれと同じ解釈路線を取る研究者は、少数ではあるが、いないわけではない。すでに故人ではあるが、現代における『巫女の予言』研究の最高権威であるのみならず、広くアイスランド及び北欧研究において二〇世紀最大の影響力を持つアイスランド大学教授のシーグルズル・ノルダル（Sigurður Nordal, 1886–1974）によって、同じ見方が提出されているのである。彼は自らの見解を『巫女の予言』解説の最後の結論部において　このように提出している。

「発展と試練を通して世界が一定の完成段階に到達するや、彼（大いなる者）は自ら姿を現す。その時、現存在の目標は達成されたのである。――この一節は単独者としての詩人の最高の信仰体験から形作られた世界の運命に関する表象であって、そのような体験を幾分なりとも知っている者によってのみ完璧に理解されるのである。〈大いなる者〉とはキリストでもオージンでもなく、詩人自身の最高の神概念なのである」[14]。

つまり、ノルダルによれば、『巫女の予言』全詩篇の最後から二番目に位置し、「ラグナロク」の運命の成就を告知するこの詩節の中に、一見唐突とも思われる仕方で登場するこれら「大いなる者」「強き者」「すべてを統べる者」という概念は、文字通りたった一人の単独者としての詩人固有の主体的な信仰体験に基づいて導き出された独自の神概念であって、もとよりゲルマン異教の最高神オージンを意味するのでもキリストを指すのでもなく、彼らを超え出て厳密に『巫女の予言』の詩人以外いかなる信仰者・帰依者も持たない第三の神、ただし彼自身にとってはまさに「最高神」であり、孤立した一人の単独者に対してのみ成立する「新たな第三の宗教」誕生の根拠としての超越的存在に他ならないのである。

古典的名著『ラグナロク論』（*Om Ragnarok*, 1902）においてコペンハーゲン大学教授文学史家のアクセル・オルリック（Axel Olrik, 1864–1917）が主張するところによれば、「大いなる者」という概念は北欧人の抱くどのような既知の神概念とも結びつかないゆえに、心情的にはともかく、「叙事詩的に見れば、〈大いなる者〉はまったくの余計者[15]」

ということになる。もともとこの神は異教の神々の破滅と再生に対して何の役割も演じることなく、「ラグナロク」はあくまで『巫女の予言』を貫く倫理的な因果の法則乃至運命に則って自力内在的に行われ、そこには何ら超越的な力の働きかけを必要とせず、「大いなる者」「強き者」「すべてを統べる者」の登場以前に、すでに「ラグナロク」の運命は完成しているからである。さらに復活した世界を整備するのは若い神族自身であって、「大いなる者」「強き者」「すべてを統べる者」の登場以前に、彼らは世界復活の作業を完成しているからである。だとすれば、『巫女の予言』の詩人が前記詩節で新たな神像を持ち出す必然性は必ずしも明確ではないと言わざるをえない。

この点について、オルリックとは対蹠的に、極めて積極的な見解を導き出すのがノルダルである。「ラグナロク」現象を歌う『巫女の予言』は、紛れもなく破滅に瀕しているゲルマン異教の傑出した世界解釈の試みであるが、ノルダルの見解では、第五五［六五］節に突如として現れる「大いなる者」「強き者」「すべてを統べる者」の表象は、明らかに『巫女の予言』全編を統一的な思想体系として完成するという重大な役割を担うものである。それだけに『巫女の予言』第五五［六五］節解釈の中に頻繁に発見されるように、キリスト教の影響下に成立し、偶然『巫女の予言』の中に紛れ込んだ単なる挿入物ということはありえない。確かにこの詩篇が完成された一〇〇〇年頃には、北欧外部のキリスト教世界全体に黙示録的な来るべき宇宙の大変動に対する強い恐怖感が漂っており、これが北欧の異教信者たちに対して影響を与えたことは間違いないであろう。キリスト教の『マタイによる福音書』第二四章第二九節及び第三〇節の「しかし、その時に起こる艱難の後、たちまち日は暗くなり、月はその光を放つことをやめ、星は空から落ち、天体は揺り動かされるであろう。そのとき、人の子のしるしが天に現れるであろう……」、さらに『マルコによる福音書』第一三章第二六節等の表現は、明らかに『巫女の予言』第五五［六五］節を強烈に想起させるところから、オルリックも、「『巫女の予言』でしか知られていないラグナロクの場面は、すべてことごとく世界没落のキリスト教的モチーフに呼応している、それらはキリスト教からの借用によって北欧に入ってきたのである[16]と主張している。それでは、前記「大いなる者」「強き者」「すべてを統べる者」は、一般に「大いなる審判、最後の審判の日」と解されている前記詩篇の「神の国」(regindomr)に天の雲の中から現れて、生ける者と死せる者を裁く「キリスト」を意味すると解すべきであろうか? 確かに今日では『巫女の予言』第五五〔六五〕節をめぐって『巫女の予言』の詩人の面前に、前記福音書の語るごとき「キリスト」の表象がちらついていたこと否定する者は皆無と言ってよい。だが、それにもかかわらず、「大いなる者」「強き者」「すべてを統べる者」は決して「キリスト」と同一ではないのである。

この点に関してノルダルはさらに次のように考えている。

第五五〔六五〕節の神は、福音書のキリストの表象を模範としてはいるが、あくまで作者の詩人の側から主体的に『巫女の予言』の中に挿入されたものである。しかし、ゲルマン異教信仰には実際には何ら根を下ろしていない神の概念を『巫女の予言』に敢えて導入した理由には確たる根拠があり、しかもこの未知の神概念は、『巫女の予言』の詩篇全体の終末論的理念が、まさにその一点に凝縮されるごとき決定的な「要石」として位置づけられているのである。オルリックの先の「余計者」という表現に近く、ノルダルも、その登場の仕方の唐突なところから、一面では「大いなる者」「強き者」「すべてを統べる者」がいわば「機械仕掛けの神」(deus ex machina 急場しのぎの解決策)のごとき思惟展開上の単なる方便という印象を与えると一応断ってはいる。だが、それにもかかわらず、他方では『巫女の予言』の詩人にとって、このような神は現存在の問題を解決する上で必須の要件をなすというのがノルダルの把握であって、『巫女の予言』の詩人の立場からすれば、「この神こそは以前にあったことを直接的に完成するもの[17]」と見なされるのである。否、むしろゲルマン異教信仰にとって本来ならまったく未知の「大いなる者」「強き者」「すべてを統べる者」という超越的な唯一神が登場することが、異教信仰にとっては、ノルダルの言う「存在の目標は達成された」ことを意味するのである。この問題は、『巫女の予言』の詩人の擁する世界観固有の特性が深く関わっていると見なければならない。

『巫女の予言』の奉じる世界観の根本的な特質として、ノルダルも二つの相対立する原理乃至世界が完全に均衡を保ちつつ存在するという二元論を挙げる。その際最も根源的な二元論的対立契機をなすのは、G・V・リュングにおいては精神と自然・神族と巨人族であったが、ノルダルの場合は巨人族の代表する世界創成前の「原物質の世界」と、すべてを支配する「唯一神の国」である。ノルダルからすれば、巨人族を始祖とする異教の神々は、あくまで巨人の系譜の継承者である以上、決して巨人族に対して二元論的対立契機をなすものではなく、彼らはあくまで人間とともに巨人族と唯一神という両極の狭間にあって闘争を余儀なくされる中間的存在者に過ぎないのである。神々と人間の運命を規定するのは、彼らのこのような中間的存在性に起因する闘争であって、闘争の目的は、自らの始祖巨人族のしがらみから脱却し、彼らの重圧・影響から開放されることによって、唯一最高神との永久的な結びつきを獲得することである。そして、『巫女の予言』の作者は、どこまでも異教徒の立場に立ちながら、北欧神話の内容を具体的に構成する神々と巨人族との闘争・世界の最後・神々の滅亡といった主題をめぐるさまざまな物語を接合しつつ、同時に倫理的理念を枢軸として盲目的な運命の方向を見極めようとしており、ここに『巫女の予言』を決定的に特徴づける「ラグナロク」の物語が成立するとノルダルは主張する[18]。

このような意味で、ノルダルの解釈する『巫女の予言』の「ラグナロク」論の根本的特質は、その最初からすでに巨人族と対峙する仕方で唯一の超越的な最高神との結びつきが前提され、予想されているということである。『巫女の予言』の詩人のこの予想を確信にまで高めたのが、「恐るべき脅迫」と「栄光に満ちた約束」、キリスト教の音づれとの遭遇であった。この遭遇は『巫女の予言』の詩人から異教信仰を放棄せしめる契機とはならなかった。まったく逆に、彼は、異教信仰の「ラグナロク」の掲げる宇宙論的な「生の謎」を解決するために、キリスト教信仰を新しい光として利用するのである。したがって、ノルダルの見解では、「彼（『巫女の予言』の詩人）はアース信仰を破壊しなかった。彼はそれを完成した[19]」と言いうるのである。『巫女の予言』の詩篇が、芸術と世界観何れの視点から見ても見事な一個の有機的全体として完成されている所以は、このようにアース信仰とキリスト教信仰とが調和的に結合されて syncretism を構成しているからに他ならない。

かくて「大いなる者」「強き者」「すべてを統べる者」が自分の神国に降り立つということは、破滅と再生の両契機を含む「ラグナロク」によってあらかじめ予想され、準備されていた王国が到来することであり、『巫女の予言』の詩人の奉じる唯一神は「ラグナロク」の出来事には直接的には何ら関与しなかったにもかかわらず、彼の存在はこの出来事自体において無制約的に前提とされ、必然化されていたのである。再度ノルダルの表現を用いれば、「世界が苦難に満ちた前進の後にある完全状態に到達するやいなや、彼は自ら姿を現すのであり、それによってあらゆる実存の究極目標は達成された[20]」のである。

そして、このように「大いなる者・強き者・すべてを統べる者」を「『巫女の予言』の奉じる唯一神」、つまり「『巫女の予言』の詩人独自の最高神」として規定するノルダルの見解は、リュング同様具体的なタームとして提出してはいないが、結論的に『巫女の予言』の詩人においてグレンベックの言う「新たな第三の宗教」が成立する可能性を是認する点において、まさにリュングの見解とノルダルのそれは合致するのである。それによれば、『巫女の予言』の詩人の信仰形態は、あくまで彼ただ一人においてのみ生命を獲得する文字通り「単独者の宗教」に他ならないのである。

しかしながら、リュングとノルダルは、このように一人の単独者の中でのみ生きる新宗教誕生の可能性という結論を共有するものの、媒体とする北欧神話・北欧宗教を構成する原資料についての見解の相違から、新宗教成立の前提と結論に到る過程の捉え方が決定的に異なる点については注意を要する。通例北欧神話・北欧宗教の全体像を概観する場合、ほとんどの北欧神話学者は、北欧神話における『巫女の予言』の傑出した地位を認めた上で、基本的にはスノリの『詩のエッダ』の構成方式を踏襲して、『巫女の予言』の内容と『巫女の予言』以外の北欧神話の詩篇の内容とを折衷的に統合することによって作業を行う。事実筆者の依拠したG・V・リュングもその一人である。しかし、『巫女の予言』の詩人は『ヴァフスルーズニルの言葉』やそれに依拠しスノリの世界創成論に含まれる、三柱のアースの神々による自らの祖先の原巨人ユミルの殺害とその屍からの宇宙の創成という契機を省略する。その理由として、ノルダルは極めて聡明で高度な教養人としての詩人の眼には、このような創造物語はあまりにも稚拙で粗野な通俗的表象であって、堪え難い下劣さを写すものであったという点を挙げている。つまり、「彼（『巫女の予言』の詩人）は大地がユミルの肉体から創成されたことをまったく前提としていない[21]」のである。このことはもちろん、リュングの場合と異なって、三柱のアース神による尊属殺人的な原罪的行為を通しての世界創成、そしてそれ以後世界を規定することになる罪性とそれに基づく悪の発生といった否定的契機、最終的には巨人族側の復讐劇としてのラグナロクという契機は完全に止揚されることを意味する。だが、その場合、必然的にラグナロクの真相は解明されないままに、北欧異教の終末論の実体は解体を免れないことになるのではなかろうか。筆者はむしろノルダルとは逆に、アース神の原罪的行為とその破滅的結末への予感は、「ただ一人の宗教」の開祖としての『巫女の予言』の詩人にとっては、むしろ語られざる、だが無制約的な前提条件でなければならないことを強調したい。

さて、先のノルダルに先行して『巫女の予言』の詩人を彼一人の奉じる「単独者の宗教」の創設者としたデンマークの宗教史家V・グレンベックであるが、彼は、「キェルケゴールとグルントヴィ」の論考では、前記古代スカンディナヴィア詩人と並ぶ「ただ一人の宗教」の創建者としてグルントヴィを挙げ、プロテスタンティズムとカトリシズム両者の彼岸に第三の新たな宗教を想定する予言者と見なすのであるが、同時にキェルケゴールをこれら『巫女の予言』の詩人とグルントヴィに並ぶ第三の「ただ一人の宗教」の唱道者として規定するのである。すでに筆者は、グルントヴィとの対比でキェルケゴールの特性を取り上げた際、グレンベックが、キェルケゴールの立場の独自性が「直接的な事実としての宗教は失われた、キリスト教はもはや存在しない」という後ろ向きの解体宣告をなすことによって、この既存の伝統的キリスト教と称されるものから人間を脱却させ、それによって本質的に「単独者」と「逆説」に基づく「新たな生ける宗教」(en ny, levende religion) を創設しようとした点にあるというグレンベックの指摘に言及した。以下筆者は、この所論を、限定的ではあるが『巫女の予言』の語る「ラグナロク」の表象と連なる、キェルケゴールのいわゆる「教会攻撃」事件を背景として吟味し、この背景から誕生する「新約聖書のキリスト教」(det nye testamenteskristendom) の理念が、キェルケゴールをも「ただ一人の宗教」の創設者たらしめる所以を検証してみたい。ただし『巫女の予言』の詩人の新宗教の考察に比して、かなり長いスペースを取ることになる。

2　キェルケゴールの「教会闘争」の目指すもの——「新約聖書のキリスト教」による破壊と再生

a　「教会闘争」の推移と「新約聖書のキリスト教」

敢えて言えば、基本的にキェルケゴールの生涯は、キリスト教信仰を無制約的背景としながら、二つの個人的・心理的葛藤と三つの社会的・思想的格闘によって特徴づけられている。個人的・心理的葛藤の第一は、既述のように「原罪」体験をめぐって父ミカエルとの間に生起し、いま一つは婚約破棄事件によって恋人レギーネ・オルセンとの間に引き起こされたものであった。そして、社会的・思想的格闘の第一の対象は真理認識の問題に関して対決したヘーゲリアニズムであり、第二の格闘相手は、執拗な人身攻撃によってコペンハーゲン市民から侮辱と嘲笑を受ける契機となった風刺新聞『コルサール』であった。これらの葛藤・格闘こそキェルケゴールの魂に「単独者」の意識を生み付け、増幅・深化させせつつ、一貫してキェルケゴールの膨大な著作家活動の根幹を形成し、重要な駆動力として機能し続けたものである。しかし、キェルケゴールの「単独者」意識を極限まで高め、北欧神話の「世界最終戦争」としての「ラグナロク」に準えて言えば、キェルケゴール自身の人生のラグナロク的「最終戦争」へと導いたのが、第三の戦闘相手、デンマーク「国教会」とその支配下にあったデンマーク「キリスト教界」である。そして、同時にこの戦闘を通して鋳造・研磨されたのが、先鋭的なカテゴリーとしての「新約聖書のキリスト教」の理念であり、かつこの理念に基づくデンマーク「キリスト教会」及び「キリスト教界」の破壊・解体と再生の目論見に他ならない。したがって、「絶対的逆説」を実体とするこの「新約聖書のキリスト教」の理念こそ、まさにキェルケゴールが「教会闘争」を通して実現しようとした「最高理想」であり、同時に彼を『巫女の予言』の詩人同様「ただ一人の宗教」の創設者として現前せしめたものであった。以下、より厳密にこの「新約聖書のキリスト教」とそれと結びついた「絶対的逆説」の何たるかを確認するために、これらの理念と北欧神話のエピソードとのイメージ的な接点に留意しながら、キェルケゴール「教会闘争」「教会攻撃」の経緯を暫時追跡し、「新約聖書のキリスト教」の理念登場の背景を探ってみたい。

一八五四年一月三〇日聴罪牧師及び堅信礼の授与者としてキェルケゴール父子から深い尊敬を得ていたデンマーク宗教界の最高権威・シェラン教会監督Ｊ・Ｐ・ミュンスター（Jacob Peter Mynster, 1775–1854）が亡くなった。そして、二月七日の埋葬に先立つ二月五日に、コペンハーゲン大学神学教授のマーテンセン（Hans Lassen Maertensen, 1808–84 後にミュンスターの後継者としてシェラン教会監督）は故人となった高僧の徳を称えて追悼の辞を述べた。この中でマーテンセン教授は、ミュンスター監督は「言葉と職務においてのみならず、行いと真実において、真理の真正なる証人」であり、彼は「使徒の時代から続いている証人の聖なる鎖の一環である」と断言したのである。キェルケゴールは、自分が強調・称揚する「真理の証人」という言葉が軽々しく発せられたのは自分の憤慨を誘う強襲の合図と受け取り、一八五四年一二月一八日の日刊新聞『祖国』（*Fædrelandet* 295）紙上に、「ミュンスター監督は果たして〈真理の証人〉であったか。〈真正の真理の証人〉の一人であったか、それは真理なのか[22]」と題する攻撃的な論説を発表した。常に保守的で教会と国家の忠実な支持者と見られていたキェルケゴールだけに、デンマーク国教会の最高権威二人に対するキェルケゴールのこの告発は、特にコペンハーゲン市民の間に大きなセンセーションと激高を呼び起こした。確かにこの論説は発狂を疑わせるに十分な病的兆候を示してはいたが、ラゥリーによれば、キェルケゴールがこの時ほどに正気であったことはなく、また国教会への攻撃は彼のすべての思考の論理必然的帰結であった[23]。キェルケゴールのいわゆる「教会攻撃」「教会闘争」は直接にはまさにここから始まるのである。

北欧神話『巫女の予言』第一四［二四］節では、オージンが敵の軍勢目がけて槍を投げ込んだのがこの世で最初の戦となったと歌われている。古代北欧では、戦闘の開始に先立って指揮官が「オージンに汝らすべてを捧げん」と叫びながら、敵の軍勢に槍を投げ込むのが開戦の儀礼的慣習であったが、攻撃対象は最初こそミュンスターとマーテンセンの二人に限定されてはいたものの、両者に対するキェルケゴールの告発記事は、彼がデンマークの「国教会」と「キリスト教界」全体をいわば「真の神」に捧げんがために彼らに向かって投げつけた挑戦状・宣戦布告としてのまさに「槍」であった。

キェルケゴールは一八五四年一二月から一八五五年二月までに、『祖国』に同じ趣旨の攻撃的な論説二〇篇を掲載し、さらに五月二四日から九月二四日までの四カ月間には彼の最後の言葉を伝えるパンフレット『瞬間』が九冊刊行された。そして、第一〇号の印刷準備中路上に倒れ、四二歳の人生を終えたのである。

ところで、『祖国』の新聞論説同様『瞬間』が巻き起こした反響も巨大であったが、両者を貫くモティーフは根本的に同一であり、ミュンスター監督とマーテンセン教授を頂点とするデンマーク「国教会」とこの国の「キリスト教界」の実態に対するキェルケゴールの批判と弾劾、そしてそのための武器乃至尺度として用いた「新約聖書のキリスト教」という明確なカテゴリーの提示、この二つが「教会攻撃」・「教会闘争」の主要な動機と目的であった。なお、ここでの筆者の課題は、攻撃対象とキェルケゴール間の軋轢と闘争の軌跡を精密に辿ることではなく、端的にその特質と方向性を確認しつつ、最終的にはそこで用いられる「新約聖書のキリスト教」の何たるかを吟味することによって、彼の体現する「ただ一人の宗教」の実体を鮮明にすることにあるので、そのための重要資料としては、特に『祖国』の最初の論説とほぼ同じ時期に書かれながら、後の新聞論説のすべての主張を総括しつつ独立して発行された一編の文書と、『瞬間』の内、問題の本質を最もラディカルに展開している号の内容について吟味することに限ることにする。

すでに指摘したように、「教会闘争」が発生した直接的なきっかけは、ミュンスター監督を「真理の証人」として称えたマーテンセン教授の追悼演説を公然と非難するキェルケゴールの告発文が、一八五四年一二月一八日の『祖国』紙に掲載されたことであった。「ミュンスター監督は果たして〈真理の証人〉であったか。〈真正の真理の証人〉の一人であったか、それは真理なのか」という前書きに続いて、そこではさらに次のようなミュンスター−マーテンセン批判が行われたのである。キェルケゴールによれば、「真理の証人とは、その生涯が徹頭徹尾快楽と称されるものから一切関わりなき人のことであり……否、それとは逆に彼の生涯が徹頭徹尾苦悩と称されるものと深く繋がる人のことである」[24]。さらに「真理の証人」は、誤解され、嫌悪され、愚弄され、侮辱され、嘲笑され、日毎の糧すら持たず、鞭打たれ、虐待され、牢獄から牢獄へと引き回され、終には十字架に架けられるか、斬首されるか、焼かれるか、鉄格子の上で火あぶりにされるか、葬られることもなく投げ捨てられるか、さもなければ燃やされ灰にされて風にまき散らされ、要するに「人間の屑」であることの痕跡すら跡形もなく消去されなければならないような存在なのである。ところがマーテンセン教授は、ミュンスター監督をこのような「真理の証人」の一人として位置付けるのである。しかし、キェルケゴールからすれば、マーテンセン教授のこのような「真理の証人」理解は、逆にミュンスター監督のキリスト教がいかにキリスト教の本質を歪め、いかに異端と化しているか、いかに不真面目な遊びの対象としてキリスト教を愚弄しているかの証左に他ならなかった。

だが前記告発文は、このようなミュンスター監督・マーテンセン教授という既存の国教会に対する「真理の証人」の観点からの批判に留まらなかった。同時にそこでは「教会攻撃」全体を遂行する上での中核となる重要なカテゴリーが、「真理の証人」如何を判定するための「手段」乃至「尺度」あるいは「武器」として採用されているからである。キェルケゴールは、「真理の証人」の概念自体を古代教会における解釈の伝統に倣って「新約聖書」にまで遡って解釈し、そこから導かれる「新約聖書のキリスト教」(det nye testamenteskristendom) を、差し当たっては「ミュンスターのキリスト教説教」と対比しつつ、両者間に通約不可能な隔絶・差異の存在することを指摘した上で、以後「新約聖書のキリスト教」を「教会闘争」全体を遂行するための唯一の武器たらしめているのである。この「新約聖書のキリスト教」がキェルケゴールにおいてより厳密に何を意味するかは、彼の所有する「ただ一人の宗教」の内実を解き明かす上での最重要なキーワードであるが、それの理解にとって有益な、「教会闘争」の方向を決定づけている「これはいわれねばならない、それだからいまそれを言うことにする」（Dette skal siges; saa være ）という論考に注目しておきたい。

実は、一八五五年五月二四日に、短いながら独立した一著作として出版されたこの小論文は、前年の一二月の教会闘争開始時にすでに用意していたものであったが、出版直後『日刊新聞』に書評を書いた無名筆者は、直ちにキェルケゴールの「教会闘争」においてこの小論文の有する重大性を看破し、「この中で彼（キェルケゴール）はこれまでの新聞論説のどれにおけるよりもいっそう完全に牧師団に挑戦し、そして国教会を告発している。この書が、やがてはこの国の〈公的キリスト教〉の代表者たちに、彼らの非常に意味深い沈黙を破るように強いるだろう」と述べている。キェルケゴールの最も信頼しうる伝記を完成したホーレンベーャも、この小論文について、「この書はありったけ簡潔な形式で彼の言わんとしたことを語っているが、その文体の勢いとその表現の明快さにおいて、人間の精神史におけるユニークな文書となっている[25]」と語っている。

すでに「教会闘争」開始時にその後の経過を予見していたかのごときこの小著のエッセンスと思われる部分のみを引用すれば、以下の通りである。

「わが友よ、――現にあるような（新約聖書のキリスト教であるという主張を以ってする）公の礼拝に参加することを止めることによって、君は絶えず一つの、そして一つの大きな罪責を免れる、即ち、君は新約聖書のキリスト教でないものを新約聖書のキリスト教であると呼ぶことによって神を愚弄することに参加しないからである。

公の礼拝（新約聖書のキリスト教であるという主張を以って）は、キリスト教的には、偽造であり、虚偽である。だが、この虚偽は非常に深く染み込んでいるので、すべてが正当であり、新約聖書のキリスト教であるという妄想の内にまったく善意で生き続ける牧師たちが疑いもなくいる。というのは、この虚偽は幾世紀もの経過の内に出来上がった偽造であり、それによってキリスト教は少しずつ、それが新約聖書の中にあるものの正反対のものになったのである」[26]。

かくて、デンマーク国教会の巨頭二人をめぐる「真理の証人」論争から開始された「教会闘争」は、例えば一八五五年三月二六日の『祖国』第七二号では、視野がより拡大・普遍化され、「この国には、新約聖書のキリスト教はまったく存在していない」と宣言される。キェルケゴールにとっては、これこそが彼の唯一の「プロテスタント的テーゼ」なのである。いわゆる「キリスト教国家、キリスト教的な国、キリスト教国民、キリスト教世界」といった概念は、本来「精神」としてのキリスト教の観点からすれば、所詮「幻想」であるのみならず、「巨大な刑法上の犯罪」に他ならないのである。[27] 前記小論文では、こういった主張はさらにラディカルさを増し、国教会における公的礼拝ごときは「新約聖書のキリスト教」を正反対の「虚偽」に陥落させる牧師階級の長期にわたる偽造・詐欺行為であって、まさしく神を愚弄する犯罪行為として断罪すべきなのである。

『これは言われねばならない。それだからいまそれを言うことにする』と同じ一八五五年五月二四日に『瞬間』第一号が発行された。「瞬間」という名称は、周知のように、『不安の概念』の中で「瞬間は時間のアトムではなく、永遠のアトムである」という定義に由来する。「瞬間」はまさに「永遠が時間を切り裂く場」として、無限に継起する時間を切断するという歴史的意味を獲得し、究極において神が人となり、時が満ちることを意味する。そして、『瞬間』という小冊子の発行は、キェルケゴールにとってはいままさに「新約聖書のキリスト教」の語る真理を宣告すべき時が到来したという彼の宗教的実存の最深の自覚に基づくものであった。『瞬間』第二号がこの真理宣告の最初の対象として挙げているのは、デンマーク「キリスト教界」である。なぜなら、いわゆる「キリスト教界」において「人が思い込んでいるのはキリスト教ではなく、恐るべき錯覚であり、彼らは異教徒でないまでも、キリスト者であるという空想の内に幸福に浸っている」[28]からである。そして、『瞬間』の第一課題がまさしくこのような「錯覚」の払拭にあることをキェルケゴールは強固に主張する。この場合のキェルケゴールの出発点は、「新約聖書はもはや真理ではないという証明[29]」である。新約聖書においてキリストは「生命に至る道は細く、その門は狭い――これを見出す者は少ない」というのが救い主キリストの言葉であるにもかかわらず、今日のデンマーク「キリスト教界」においてはわれわれ全員がキリスト者であり、道は限りなく広いからである。ゆえに、新約聖書はもはや真理ではなく、本来の「新約聖書のキリスト教は存在しない」のである。

第一〇号に至る『瞬間』のその後のすべての号においても、「キリスト教界」において全員がキリスト者であるかぎり、まさにそれゆえに「新約聖書のキリスト教」は存在しないという主張が不断に反復され、「新約聖書のキリスト教」と「キリスト教界のキリスト教」とを峻別すべきことが厳しく要請されるが、特に『瞬間』全体の中で第八号が「最も重大」と言われる所以は、そこで「同時性が決定的なものである[30]」と主張されているからである。このことは、もし「長い間あらゆる種類の虐待と迫害を耐え忍び、ついに生命を奪われてしまう」殉教者としての「真理の証人」が存在したとすれば、キリスト教的には彼との同時的状況の中でその虐待と迫害、そして死にまつわるあらゆる苦悩を引き受けて生きる「真剣さ」こそ決定的なことであり、それこそが「新約聖書のキリスト教」の本質であることを意味する。

以上、一八五四年一二月一八日の『祖国』紙掲載の論文から翌一八五五年九月二五日の『瞬間』第九号に到るキェルケゴール教会闘争資料が提示するのは、教会人の「真理の証人」に関する転倒した理解の告発と、「新約聖書のキリスト教」の理念を基軸として、デンマーク「国教会」とそれを支柱とする「キリスト教界」の信仰形態を「瀆神」の犯罪を犯すものとして完膚なきまでに叩き潰そうとするキェルケゴールの鬼気迫る姿勢であった。

ところで、特に『瞬間』の一連の論説について、ホーレンベーヤは、それらは極端にまで先鋭化され、その形式は寸鉄人を刺すごとき、ほとんど合言葉とも言うべき説得力にまで推敲されている結果、一切が誤解や曲解の可能性を完璧に排除するごとき容赦なき激しさ・厳しさで表現されていると語っている。[31] しかし、ホーレンベーヤのこの主張は『祖国』掲載の諸論説についても同等に適用されて差し支えないであろう。キェルケゴールはこれら以前の諸著作においては、反対者たちに対しても何らかの説明・補足・緩和を施して、平和的申し出に対しては彼なりに最大限譲歩する姿勢を示してきたのである。しかし、特に『瞬間』の論説においては反対者を慮る気配は微塵もなくなり、自己を抑制・弁護しようとする「反省」や「弁証」の姿勢は完全な戦闘態勢へと変貌を遂げており、その結果どこまでもたった一人の「単独者」として戦う姿を際立たせている。ホーレンベーヤが『瞬間』の全体像を「戦記」(kampskrift)として捉え、「そこではどの文章もトランペットのファンファーレのごとく嚠喨と響き渡り、ルーアの轟音のごとく鳴り響いている」[31]と形容する所以である。

ルーア(lur)とは紀元前六〇〇年から一二〇〇年頃にかけて北欧の泥炭地帯で発見された青銅器製の楽器のことで、マンモスの牙を模して作られた長くひねったS字状の先端に平らな円板が付けられており、荒々しく騒がしい音が出ることで知られているが、北欧神話では、実際には「ルーア」ではなく「ギャラルホルン」(古ノルド語：Gjallarhorn, Giallarhorn ギャッラルホルン〈鳴り響く角笛〉の義)という楽器が用いられている。これは、「アース神族」の国「アースガルズ」の門番である「ヘイムダッル」(Heimdall)が所有する角笛で、神々に世界の破滅としての「ラグナロク」の到来を告知するという重大な役割を演じる。「ルーア」を持ち出したからと言って、ホーレンベーヤがここで「ラグナロク」の事象を念頭に置いているわけではないが、それにもかかわらず『祖国』掲載の論説や『瞬間』の齎す圧倒的な迫力を、デンマーク「国教会」と「キリスト教界」の破滅・没落をあからさまに告知する「ルーア」

乃至「ギャラルホルン」の凄まじい響音のそれに例えることは行き過ぎではないであろう。

さらにまたホーレンベーャは、一切の妥協を拒否して「国教会」や「キリスト教界」との不可避的な戦闘に決然と立ち向かうキェルケゴールの姿は、「全力を尽くし、いかなる犠牲を払っても徹底的に戦い抜くことを決意した一人の王子の姿を彷彿させる」[32]とも語っている。ここでホーレンベーャが「一人の王子」(en fyrste)によって具体的に誰を指しているかはわからないが、身体上のハンディーにもかかわらず、類まれな強靭さを誇るキェルケゴールの精神力を思う時、むしろ即座に筆者に連想されるのは、強力な二人の将軍に統率されるローマの大軍の真っ只中に剛剣を振りかざして単身切り込む勇猛果敢な古代ゲルマンの孤高の戦士の風貌であり、栄誉のために臆することなく敢然と死地に赴く誇り高きヴァイキングの英雄の面影である。もっとも、「教会攻撃」を敢行するキェルケゴールのイメージがどのようなものとして捉えられようと、それが徹頭徹尾キェルケゴールの「単独者」としての行為・行動であることは間違いないものであった。確かに「教会闘争」の期間中キェルケゴールに接近しようとする者は少なくなかったと言われている。しかし、彼は決して訪問客を受け付けず、届いた手紙には返事すら書かず、また散歩中は誰とも会話を交えず、自らの意志によってあくまでたった一人の「単独者」としての姿勢を貫徹したのである。ここには「新約聖書のキリスト教」という厳密に「ただ一人の宗教」の担い手としてのキェルケゴールの孤影が色濃く漂っている。

ところで、キェルケゴールが「教会闘争」開始直前に書いたと思われる注目すべき二つの日誌記述がある。一つは一八五四年の「教会攻撃」に突入する前日もしくは当日に、そしてもう一つは開始から数日後に認めたものであろう。「Katastrophe」(破滅・大惨事)という見出しのある「Pap.XI^{2}A263」と「破滅を引き起こすように行動すること」(at virke katastrophisk)という、まさに「教会攻撃」にかけるキェルケゴールの凄みを孕んだ不気味な目論見を窺わせる記述「Pap.XI^{2}A265」である。前の記述において、キェルケゴールは、相手との「衝突」が「カタストロフ」となるように全体を意識的・意図的に設定し準備する重要性を語っているが、これは具体的には「教会闘争」のごとき場面では、攻撃者が意識的に「生贄にされる」、つまり自らが「自由意志によって生贄となる」ように全体を仕組むことによって、攻撃対象との衝突が必然的に相手の破滅となるように行動するということを意味する。つまり、自ら殉教者的に行動することによって、「既存のキリスト教会」・「キリスト教界」を破局・解体にまで追い込むことこそ、キェルケゴールにとっては、「最初のキリスト教的なもの」・「本来のキリスト教的概念」に他ならないということである。確かにこういった事態が、厳密に新約聖書の立場からすれば、あらゆる人間と質を異にする「神-人」の立場においてのみ可能であり、したがって「新約聖書のキリスト教」から陥落してしまった「キリスト教界」にそれをあれこれ説明しても所詮無駄ではあろう。それゆえ、「キリスト教界」に「新約聖書のキリスト教」の精神を取り戻させるためには、この「キリスト教界」の「無性格性・詭弁・反省の戯言を終息させること」こそが不可欠ではあるものの、それは既存教会やキリスト教界の「破滅なくしては不可能」、というのがキェルケゴールの確固たる信念であった。換言すれば、「キリスト教界」に「新約聖書のキリスト教」を復活・再生させるためには、一度「キリスト教界」を「カタストロフ」に導き、全体を解体・破滅させることが絶対の前提条件となるというのが、前記「Pap.XI²A263」でのキェルケゴールの主張であった。それゆえ、後の日誌記述「Pap.XI²A265」の「破滅を引き起こすように行動すること」という表題は、「教会攻撃」を目前にしてのキェルケゴールのこういった断固たる決意表明の言辞である。もっとも、この表題に続く二頁を超える長い文章は、このような破壊的な危険行為の遂行が果たして神の意志なのか、あるいは公的な神礼拝は神を愚弄することであり、それに加わることは重大な犯罪行為であるといったキェルケゴールの「絶叫」をまともに受け留めるには、「国教会」や「キリスト教界」はあまりにも堕落し非道徳化しているのではないか、といった疑念が浮上し、積極的な破壊行動へのためらいが発生したことを示している。しかし、そのような躊躇逡巡する気持ちを断ち切って、決然と「教会攻撃」に突入したことを証明しているのが、一八五四年一二月一八日『祖国』紙上に登場した新聞論説であった。

ところで、このように「国教会」を含むデンマークの全「キリスト教界」に鉄槌を下す行動を決意するとともに、一連の新聞論説と『瞬間』一〇号を通してそれらの破壊行動計画を実践に移し、以後ほぼ九カ月間にわたってただ一人デンマーク「国教会」と「キリスト教界」に果敢に戦を挑み続けたキェルケゴールの形姿は、インド神話の好戦的な鬼神の名を借りて言えば、まさに「阿修羅のごとき」と表現しうるかもしれない。現に時には「幽鬼」をも連想させたと伝えられる晩年の戦うキェルケゴールの姿を描いたスケッチ画の中には、明らかに「阿修羅」像の凄まじい戦闘的な雰囲気に連なるものがある。とはいえ、「カタストロフ」さらに「カタストロフを引き起こすように行動すること」というタームをキーワードとする前記二つの日誌記述から抽出されるキェルケゴール像は、王子や古代ゲルマンの戦士・ヴァイキングの英雄あるいは阿修羅像を待たずとも、まさに北欧神話固有の表象によってはるかに鮮明かつ的確に浮かび上がらせることができるのである。「ラグナロク」の世界崩壊の場面に登場する「火の巨人スルト」の表象である。

確かに「スルト」が一義的な解釈を許さない複雑な問題点を抱えていることは、すでに本書第二章において指摘したが、世界の「カタストロフ」を目指して来襲する「スルト」と、「国教会」・「キリスト教界」の「カタストロフ」を目的として行動するキェルケゴールとの間には、確実に理念上の同一性が存在するのである。もっとも、「スルト」が「ラグナロク」の現場に「ムースペルの軍勢」を引き連れて登場する点は、「教会闘争」において徹頭徹尾「単独者」として行動することに徹したキェルケゴールとは異なるが。

キェルケゴールの「教会攻撃」は、「堅信礼」を施すことによって自らを「キリスト教徒」としてこの世に誕生せしめた当のデンマーク「国教会」とその支配下にあるデンマーク「キリスト教界」をまさに破壊・解体しようという、キェルケゴール自身も言うようにまさに「矛盾」と「狂気」を孕んだ破滅的な危険行動のことを意味する。既存の教会の立場に置き換えて表現すれば、彼の振る舞いは、紛れもなく「巨大な刑法上の犯罪」である。しかし、キェルケゴールのこの行動は、立場を違えこそすれ、理念的にはまさに「火の巨人・スルト」の破壊行動と軌を一にするであろう。「ムースペルスヘイム」の支配者として、自らの発する火花を「ニヴルヘイム」の氷と合体させることによって、生命誕生の根源的契機を提供した「スルト」が、太古神々の尊属殺人とも言うべき最も忌まわしい原罪的行為によって創成されたばかりでなく、宇宙時間の経過の中でこの原罪性によって神々の罪業・悪行を通してますます罪性と堕落の度を深めていった世界を、紅蓮の炎に包んで一挙に焼き払おうとするからである。世界が罪と悪にまみれた不浄なるものに堕したとすれば、その世界の創成に関わった「スルト」としては、もはや「知られざるもの」「隠れたもの」という自らの本性を突き破って、世界の一切を破滅の淵に追い込む巨大な破壊力・闇の力として現前せざるをえないのである。ここには万物を生成せしめた者が、ついには万物を裁き、破滅に追いやるものとして立ち現れるという矛盾的・逆説的事態が発生するが、キェルケゴールの「教会攻撃」も、ずばり同一の矛盾的・逆説的行為を意味している。

さて、スノリは、世界を「カタストロフ」に追い込む端緒の行動を具体的に「スルトは大地の上に火を投げて全世界を焼き尽くす」と表現し、さらに『巫女の予言』から特に次の一節を引用している。

「スルトは南方より攻め来るなり　枝の破滅を携えつ。
戦士の剣からは　太陽がきらめく。
岩山は音たてて崩れ　女巨人はよろめき倒れ

人間どもはヘルへの道をたどり　天は裂く」（第四二［五二］節）。

「戦士」（Valtíva）を含む二行目の文意についても諸種の解釈があるが、差し当たって筆者はその大意を次のように捉える。「スルトは一方の手に火を携えて焦熱の方角南方から来襲し、悪と罪にまみれた全世界に向かって放火し、炎上・崩壊せしめる。しかし、戦士としての彼のもう一方の手にある破邪顕正の剣は太陽の光にきらめき、一刀両断悪を絶つ」。そして、三・四行目は、『巫女の予言』第四三節以下において迫力ある筆致で詳細に語られる「ラグナロク」の世界崩壊現象の凄惨な内容と情景を先取する表現となっているが、筆者の眼には、「スルト」のこのような行動表象が、まさしくキェルケゴールの「教会攻撃」のそれとぴったりと重なり合うのである。つまり、「スルト」の片手で燃え盛る世界焼却の火炎は、キェルケゴールの立場に置き換えて言えば、まさしく「キリスト教界」に「カタストロフ」を齎らさんと、燃えたぎる憤怒の炎の表出として、具体的には『祖国』の新聞論説・『瞬間』の論文として把握することができるのである。そして、燎原の火のごとく大地の上に燃え広がる劫火の真っただ中に傲然と立ち続けつつ、打ち振るう「スルト」の破邪顕正の真理剣とは、キェルケゴールの場合は、まさに腐敗・堕落した「国教会」と「キリスト教界」を「カタストロフ」に追い込むための無双剣としての「新約聖書のキリスト教」のカテゴリーに他ならないであろう。

かくて、グレンベックの強調するキェルケゴールの「ただ一人の宗教」の成立は、少なくとも外形的には彼が「スルト」のごとき憤怒の炎を燃やす真理と正義の孤高の戦士として、誇り高き「単独者」として「教会闘争」を戦い抜いたという事実によって証明されているが、彼が『巫女の予言』の詩人同様の「ただ一人の宗教」の創設者たる所以は、さらに「教会攻撃」の武器として用いた「新約聖書のキリスト教」の何たるかをより厳密に吟味することによってさらに鮮明になるであろう。

b　「新約聖書のキリスト教」の本質

改めて指摘するまでもなく、「新約聖書のキリスト教」は、「公的キリスト教」「キリスト教界のキリスト教」「公認の国家教会的・国民教会的キリスト教」と無制約的に矛盾対立する概念である。後者は、全員が信仰者であるといった途方もない空中楼閣、キリスト自身の語る本来の信仰を不可能にしてしまうごとき土台の上に築かれており、まさしく死刑が宣告されなければならないものである。[33] そして、このように「公的キリスト教」に対して断固極刑をも言い渡しうる、いわば最高裁的な役割と権能を有する「新約聖書のキリスト教」の本質について、キェルケゴールはさらに、「牧師は食人種である」という「国教会」の全牧師に対する怒りの告発を極限まで激発させている『瞬間』第九号において、自らの掲げた「新約聖書のキリスト教とは何か」という問いに次のように自答している。そして、この自答の内容は、キェルケゴールの教会闘争関連文書のみならず、仮名著作・講話集・日誌記述を含むキェルケゴールの全著作家活動を通しても、まさに彼の宗教的‐キリスト教的思惟の極北を示す最重要思想を披瀝するものである。

「新約聖書のキリスト教とは何か？　それは苦悩する真理である。この凡庸な、悲惨な、罪深い、邪悪な、神を信じない世の中で、真理は苦悩せざるをえない——これがキリスト教の教えである。それゆえに、キリスト教は苦悩する真理である。というのは、それが真理であり、かつこの世にあるからである。したがって、キリスト教のためにその創始者は十字架上の死の苦しみを受け給うただけでなく、彼の人生全体が終始苦悩の連続であった。キリスト教のために使徒は苦悩し、キリスト教のために真理の証人は苦悩した。そして、救主はたったひとつのことを要求し給うたのであり、彼にしたがって使徒・真理の証人も同じことを唯一のこととして再び要求した、つまり、倣いを[34]」。

それでは、さらに問うなら「新約聖書のキリスト教」が「苦悩する真理」(den lidende sandhed) たらざるをえない所以は何なのか。その根拠は、前記のように「新約聖書のキリスト教」が「真理」であると同時に「この世」にあるという、キェルケゴール『哲学的断片』の固有のタームを用いれば、まさに絶対的に質を異にするものの相互の矛盾的・逆説的総合として成立している「絶対的事実」だからである[35]。この「絶対的事実」は、別言すれば、「神の永遠の本質が生成の弁証法的諸規定に曲げこまれる[36]」ということ、端的に言えば「神が生成した」という意味での「絶対的逆説」に他ならない。『哲学的断片への結びの学問外れな後書』でも、「絶対的逆説」は「永遠の真理が時間の内において生成した、これは逆説である[37]」として語られ、「その本質上永遠な者が時間の中に生成し、生まれ、長じ、死す、ということは、あらゆる思惟との断絶である[38]」とも語られている。さらにこれらの書に代表されるキェルケゴール宗教哲学の根本命題を意味するテーゼとして、「永遠の浄福がある歴史的なものへの関係の上に基礎づけられるという弁証法的矛盾[39]」として表現される場合もある。また完成作『キリスト教への修練』においては、「彼(キリスト)は、歴史が決して一般的な三段論法の内に消化したり変質させたりすることもできない逆説なのである[40]」と言われている。次の日誌記述が、絶対的逆説の何たるかを最も端的に表現していよう、「キリスト教は逆説的真理である、つまり、永遠なるものが時間の中に生成したという逆説である[41]」。ここにおいて「絶対的逆説」が「キリスト論的逆説」とも言われる所以である。

そして、キェルケゴールの場合、この「キリスト論的逆説」が「苦悩の逆説」と言われるものと一体的に結びついていることにも留意しなければならない。「注意せよ、本来の逆説において看過されてはならないのは、苦しむためにこの世に到来したということである[42]」。「神が苦悩において自らを啓示したということがまさに逆説であった[43]」。「逆説とは、キリストが苦悩するために世に来ったということである[44]」。しかし、このキリスト論的逆説は人間論的な図式で思惟することもできる。なぜなら、「真の宗教性の深い苦悩・考えうる最も深い苦悩」は、「神に対して絶対的に決定的に関係し、しかもそれに対して外面においては何の決定的な表現を持つことができないということ[45]」だからである。かくて、キリストの生涯についても、「模範としてのキリストは、神に絶対的に関係するということを自然的な仕方ではいかなる人間も理解できない仕方で絶対的に表現している。その結果、彼の生涯は無制約的必然性をもってこの世と、人間と衝突せざるをえないのである。かくて、キリストは最も憎まれる者・最も悲惨な者となったのである[46]」。

以上の意味で、キェルケゴールにおける「キリスト論的逆説」つまり「絶対的逆説」とは、次のように総括することができよう。キリストとは時間の内なる永遠の真理であるのみならず、時間の内で苦悩する永遠の真理である、と。そして、改めて指摘するまでもなく、「教会攻撃」に際してまさに快刀乱麻の切れ味を示したキェルケゴールの「新約聖書のキリスト教」が、こういった「絶対的逆説を本質とするキリスト教」に他ならないことが了解されるのである。そして、ここから、「公的キリスト教」を木っ端微塵に粉砕して「カタストロフ」と解体に導こうとする「新約聖書のキリスト教」の実体が「絶対的逆説」たることによって、ある意味では「絶対的逆説」の有する破壊力とその特性は、北欧神話において雷神にして最強の戦神「ソール」が振りかざし、古ノルド語で「粉砕するもの」を意味する「ミョルニル」のハンマーのそれに比肩すると言いうるかもしれない。もとより「絶対的逆説」がキェルケゴールの構築した最高度に洗練された宗教的・哲学的理念たる一方、「ミョルニル」は素朴な神話的・民俗的表象に留まるから、両者間に存在する隔絶が決定的たることは言うまでもない。とはいえ、両者の内に同じ方向に向かう動性を看取することによって、そこに「ソール」が北欧宗教中最高神の一人という地位に留まらず、まさに「二面性」「二重性」という特質を「絶対的逆説」と共有することによって、両者共に「ただ一人の宗教」の理念構築に与かりうる可能性を暗示するのである。

「雷神ソール」が凄まじい轟音と稲妻とともに敵に向かって投擲する「ミョルニル」というハンマーは、いかに激しい破壊行為を行ったとしても、それ自身が破壊されることは断じてなく、しかもあたかもブーメランのごとく、一端投擲した「ミョルニル」はいかなる的も外すことなく敵を粉砕して、再び投擲者の元に還帰し、彼はそれを受取り直すことができるという円環的・反復的性格を有する。「ミョルニル」にこの回帰的特性が付与された理由として、強力無比であると同時に、敵に奪われることなく手元に帰還するハンマーは、常時戦場のヴァイキングにとっては、まさに理想的な武器であったとする見方もあるが、筆者の見方は異なる。「雷神・戦神」という性格の外に、「ソール」には「豊穣神・農耕神」としての側面を備えており、それを根拠として「ミョルニル」には子孫繁栄に通じる象徴的意味が付与され、さらに結婚や葬儀の際には儀式を聖別し、死者の復活に対しても効果を持つと広く信じられた。キリスト教の伝来期には「十字架」に匹敵するほどの人気を獲得し、持ち主の「ソール」は「キリスト」のごとき役割すら与えられたのである。このような意味で、同じ一人の神「ソール」が「雷神」と「豊穣神」の二つの位格を有し、そこから彼の武器「ミョルニル」の同一の動作の中に積極的な「投擲」行為と受動的な「受取り直し」の行為の二つの動性が包摂されており、かくて「ソール」という単一の神格、「ミョルニル」という単一の武器からは、基本的に「破壊」と「聖別」といった相対立する行動の二面性・二重性が明らかとなるのである。

もとより農民階級を中心として拡大された素朴な神話的・民俗的地平で成立しているために、厳格な論理的連関性によって接合されているとは言い難い「ソール」のこのような二面性・二重性を、ましてキェルケゴールの主張する「絶対的逆説」固有の「逆説弁証法」のごとき高度な宗教的・哲学的論理の中に組み込むことはもとより極めて困難とはいえ、「雷神」と「豊穣神」という「ソール」の対立的な二つの人格と行動の理念を、単なる図式的・形式的意味合いを承知で「絶対的逆説」としての「神-人キリスト」の理念への対応を試みることによって、ゲルマン異教とキリスト教という枠組みの異質性・断絶性を超えて、両理念の相関性・相即性を探ることは必ずしも不可能ではないと思われる。『哲学的断片』のタームを用いて敢えてそれを試みるとすれば、両者の第一の理念的相即性は、敵を完璧に粉砕する「雷神ソール」と、人間が自らの責めによって真理から締め出された「虚偽」であり、神との間に無限の質的差異を有する「罪人」であることを「教示する」ことによって、人間を絶望と破滅の中に追い込む「教師」、より厳密には「審判者」としての「神」即「キリスト」との相即性であり、第二の理念上の相即性は、聖化し生命を付与する「豊穣神」としての「ソール」と、人間に真理理解の条件としての「罪意識」を与えて「悔い」と「回心」に導くと同時に、真理自体をも贈与することによって彼を罪から解放・救済し、神との同等な存在として再生させる「宥和者」としての「キリスト」との相即性である。(47) しかし、前記のように「ソール」における「雷神」と「豊穣神」との結びつきがなお厳密な論理性を欠く、いわば論理以前の素朴な神話的・民俗信仰的表象に留まるのに対し、「キリスト」における「審判者」と「宥和者」との関係は、次のごとき最高度に厳密な逆説弁証法的二重性の論理によって構成され、そのことによって両者の関係の担い手としての「神-人キリスト」は改めて「絶対的逆説」として登場するのである。「消極的には罪の絶対的な差異性を表すことによって、積極的にはこの絶対的な差異性を絶対的な同等性の内に廃棄しようとすることによって(48)」。キェルケゴールの『哲学的断片』という著作の根本的主題は、徹頭徹尾、逆説が消極的及び積極的の二重性を持っており、そのことによって逆説がまさに「絶対的逆説」として現前するというこの逆説弁証法的論理をめぐって展開されているのである。かくて、既述のごとき熾烈な「教会闘争」の中でキェルケゴールが確立した「新約聖書のキリスト教」の概念の最も厳密な内包を構成するのは、このように、一方では神と人間との質的差異性を罪の自覚において、他方では神と人間との同等化を悔い・回心・再生において成就するという、まさしくこの意味における「絶対的逆説」に他ならないのである。

こういったキェルケゴールの「絶対的逆説」の概念は、神学的には一般にいわゆる「救済論」（soteriology）のカテゴリーに数えられよう。しかし、筆者はそういった一般神学的な立場からではなく、「絶対的逆説」概念の真にキェルケゴール的な独自性・特異性に注目することにする。厳密な弁証法的な結びつき以前の素朴な神話的・民俗信仰的形式においてながら、「ミョルニル」は「雷神」として敵を破壊・粉砕する一方、再生を司る「豊穣神」として再び「ソール」の元に回帰するという円環的自己完結性を有する。しかし、このような神話的・民俗信仰的次元を突破・超越しつつも、基本的に方向性を同じくする「逆説弁証法」の論理によって、人間を破滅から再生への逆転を意図するキェルケゴールの「絶対的逆説」の概念は、ネガティヴには既存の「公的キリスト教」を破壊・粉砕した後には、反転してポジティヴにキリスト教の復活・再生に向かう。ここに「絶対的逆説」を実体とする「新約聖書のキリスト教」の本質がある。しかし、このような「絶対的逆説」と「新約聖書のキリスト教」のカテゴリーは、決して誰にでも使用可能な内在的・普遍的カテゴリーではなく、それを誰がいかなる方向でどのように使用したとしても、それは常にキェルケゴールのもとに回帰し、単独的に彼一人のみが受取り直すことのできる徹頭徹尾超越的な彼一人のカテゴリーなのである。したがって、「絶対的逆説」及びその実体化としての「新約聖書のキリスト教」は、普遍的な通約性を拒否し、厳密に単独者としてのキェルケゴール一人に還元され、ただ一人彼のみが所有し、受取り直すことのできる主体的信仰真理の実存形式に他ならないのである。彼以外の思想家がいかに「絶対的逆説」の概念を援用し、その上に自らの宗教的真理を基礎づけようとしても、それはもはやキェルケゴールの主張する「新約聖書のキリスト教」ではありえない。繰り返すまでもなく、「新約聖書のキリスト教」に唯一根拠を提供する「絶対的逆説」は、徹頭徹尾キェルケゴール一人に限定されるべき信仰真理の概念だからである。かくて、ノルダルの指摘する、『巫女の予言』

の詩人が「大いなる者」「すべてを統べる者」の概念に基づいて彼自身を唯一の信奉者とする「新たな宗教」を創建するのと同様の意味で、グレンベックが、『巫女の予言』の詩人とともにキェルケゴールを真に「ただ一人の宗教」の創造者として想定する唯一の根拠は、「絶対的逆説」の概念を基盤として構築される「新約聖書のキリスト教」が、単なる歴史的な「原始キリスト教」のごとき「普遍概念」ではなく、最も厳密な意味においては主体的人格として実存するキェルケゴール一人に対してのみ妥当しうる「単独概念」に他ならない点にある。換言すれば、徹頭徹尾「単独者」として行動した「教会闘争」を通して形成された「新約聖書のキリスト教」こそ、最も厳密な意味においてキェルケゴールの「ただ一人の宗教」の本質を立証するものと言わなければならない。

c 「新約聖書のキリスト教」の受取り直し

前記のように、「絶対的逆説」と「新約聖書のキリスト教」の概念のミョルニル的本質から、両概念に基礎づけられるキェルケゴール・キリスト教の「ただ一人の宗教」というグレンベック的規定を導き出したが、著者を「アンチ・クリマクス」とし、キェルケゴール自身は「刊行者」として登場する『キリスト教への修練』冒頭の「刊行者の序言」[49]において、若干異なった仕方によってではあるが、以上の点がより具体的に言明されている。一八四八年に起草、五〇年に出版され、したがって「教会闘争」に二乃至四年先行するこの著作は、もとより後にこの闘争においてさらに先鋭化される多くのカテゴリーを先取しているが、基本的前提とされているのは、後の教会闘争期同様、キリスト教界は「絶対的逆説」としての「神-人キリスト」を「廃棄し」、同時にキリスト教の本質的規定としての「キリストとの同時性」、彼に対する「躓きの可能性」をも廃棄した結果、キリスト教を「異教」に還元してしまったという「キリスト教界の不幸[50]」である。そして、『キリスト教への修練』におけるキリスト教の本質的諸規定が、数年後「新約聖書のキリスト教」の概念に凝縮され、さらに再構成されるのである。『キリスト教への修練』において注目されるのは、先ず第一に、この書の「刊行者」として登場するキェルケゴールが、「刊行者の序言」の冒頭、「一八四八年に起草されたこの著作において、キリスト者であることに対する要求は、仮名の著者によって、仮借なくその理念性の最高のところまでもっていかれた[51]」ことを告知し、この要求が、キリスト教的には断じて割引されたり、黙殺されたりすることなく、真にキリスト者たらんとする者すべてによって「言われ、示され、聞かれねばならない」と言明していることである。しかしながら、前述の「絶対的逆説」のミョルニル的本質に関連して特に留意すべきは、キリスト者たるべしというこの要求は、一切の譲歩や妥協を排するのみならず、当の刊行者キェルケゴールにとっては「自分自身に関して」、つまり「ただわたし一人に向かって」発せられたものとして受け留めることの決定的な重要性が強調されていることである。つまり、「刊行者の序言」の最後の第三段落の言葉を用いて言えば、キリスト者が真に「恩寵の許に逃れ、恩寵の働きに与ることを学ぶ」ために著者が提示する峻厳な要請は、キリスト者たらんとする者すべてによって「聞かれるべき」は当然ながら、同時に「仮名の著者アンチ・クリマクス」及び「刊行者S・K」として自分自身を「二重化」(reduplicere) することによって、著作家活動全体における『キリスト教への修練』の重要性と完成度を暗示するキェルケゴールは、これらの要請や理念性が本質的に著者及び刊行者としての自分自身の全実存に対決を迫るものであることを了解しているのである。換言すれば、キリスト者たらんとする人々を恩寵に駆り立てるためにキェルケゴールが執筆・公開する、いかなる妥協・譲歩も許さない容赦なき要請は、同時にミョルニル的に著者及び刊行者としてのキェルケゴール自身への反転攻勢に転じ、キェルケゴール自身の実存に対する厳格な要求として再来するのである。いわば「神-人」の「絶対的逆説」に由来する仮借なき要請を発する者とそれを受け取る者とが同一であることによって、文字通り代替不可能なキェルケゴール「ただ一人の宗教」の完成された立場が開かれているのである。

ところで、先に筆者は、『キリスト教への修練』の「著者」と「刊行者」の関係をキェルケゴールの「二重化」として把握したが、同書第二部伝達論の中では、本来の意味では、「人が理解していることの中で実存すること」[52]、「教師が己の教えていることの中で実存すること」[53]、まさしくこれが「二重化」であると語られており、「二重化」の本来の意味は、「言われ、示され、聞かれねばならない」ところの「要求」が、単に「教授的伝達」「理論」に留まるのではなく、人格的・実存的行為として実現されることへの要請の謂いに他ならないのである。そして、その最大の模範がアンチ・クリマクス、キェルケゴールにとっては「キリスト」であった。しかし、「一切を抽象化し、一切の人格的なものを廃棄する」現代は、「キリスト」の人格を教えから隔離して「キリスト」を廃棄し、結果的にキリスト教を廃棄してしまったのである。

このような意味での「二重化」ということは、教会闘争期の真っ只中の一八五二年から五四年にかけての日誌記述では、「キリスト教界」においてはキリスト教は廃棄されてしまった、キリスト教はもはや存在しないということを前提として、「キリスト教をキリスト教界に導入すること」(at indfre Christendomen i Christende)、「キリスト教界」にキリスト教を再導入すること」(at anbringe Christendommen igen)[54]という言葉で表現されている。換言すれば、「キリスト教界」にキリスト教を再導入することこそキェルケゴールのライフワークであり、なかんずく教会闘争・教会攻撃は、それを完成するための最後の総決算的行動であった。そして、「キリスト教界」に再導入すべきキリスト教はもとより「新約聖書のキリスト教」であり、その意味で「新約聖書のキリスト教」は教会闘争期には既成の公的キリスト教を没落・解体に導く破壊力抜群の最終兵器として、即ちキェルケゴールのライフワーク達成に対する唯一最強の手段として行使されたが、同時にまた「新約聖書のキリスト教」は達成すべき「目的」自体、追求すべき真の「理想」として、つまりデンマーク「キリスト教会」「キリスト教界」の再生・復活の理想として掲げられたことが判明するのである。

そして、さらに問うなら、「新約聖書のキリスト教」をキリスト教界に導入するという、このキェルケゴールが生命を賭して挑んだ課題はいかにして実現可能なのか。そのことについて、一八五二年の日誌記述ではこのように言われている。

「つまり、キリスト教が再導入されるべきなら、それは再び無条件に倣いとして、キリスト教が（われわれの大切な結びつきやわれわれの地上の幸福や営みのことごとくを神聖化する）接続的なものになるのではなく、一切を放棄し、父母や自分自身を憎むという分離的なものになるように、律法として宣告されなければならない。それゆえ、もしこれが実現されるべきなら、これはしかしある意味では神‐人自身によってのみ実現されると考えられよう[55]」。

ここでキェルケゴールが主張しているのは、キリスト教界へのキリスト教の再導入の課題は、神‐人キリストとの同時的状況の中に身を置きつつ、彼の生涯を「模範」とする「倣い」の実践を通してのみ可能であるが、そのためには先ずもって父母と自分自身を憎み、幸福や仕事等地上的なもの一切を放棄すべしという峻厳な律法的要求が「言われ、示され、聞かれねばならない[56]」ということである。それを前提として初めて、「キリスト教界へのキリスト教の再導入」は、「神‐人自身によってのみ実現されうる」という「絶対的逆説」に対する唯一可能な姿勢としての「信仰」の立場が成立するのである。

しかしながら、このような「キリスト教界へのキリスト教の再導入」の理念は、一般神学的には「新約聖書のキリスト教」の「再生」（genfødelse, regeneratio）「復活」（genoplivelse）という用語で表現しうるが、これら神学的概念を表現するキェルケゴール独自のタームは、周知のように、キェルケゴールの著作家活動における最重要なカテゴリーとして位置づけられる「受取り直し」(gentagelse) の概念である。つまり、「新約聖書のキリスト教」のキリスト教界への再導入の理念は、キェルケゴールの立場に最も忠実かつ的確に表現するなら、まさに「受取り直し」の理念によって代替しうるのである。もとより「受取り直し」の概念はキェルケゴールにおいても多様な意味を所有しているが、厳密に宗教的実存の第二形式「宗教性B」の立場からは、過去において原罪を根源的原因として喪失していた本来の永遠的自己を逆説的信仰によって再獲得するという、単独者の主体的実存の次元で把握されるのが「受取り直し」の原義である。しかし、この「受取り直し」の概念には、同時に「新約聖書のキリスト教」の実体たる「絶対的逆説」の特性を廃棄・喪失した現代の「公的キリスト教」が、自らの堕落状態を克服して、再び「絶対的逆説」に規定された「新約聖書のキリスト教」として復活・再生させるという意味も当然包含されているはずである。つまり、キェルケゴールの「受取り直し」の概念の中には、「絶対的逆説」への信仰を媒介として、単独的な個人の罪からの解放・救済・新生の意味と「公的キリスト教」が自らの破滅的状況から脱却して「絶対的逆説」を基盤とする「新約聖書のキリスト教」として再生する‐させるという意味が、同時的・相即的に含まれており、両契機は相互に媒介し合う関係として存在するのである。つまり、単独的な個人の主体的信仰の決断なくしては、「新約聖書のキリスト教」の再導入・「受取り直し」は存在しえないが、逆にまた厳密にキェルケゴールの立場に立つかぎり「新約聖書のキリスト教」の再導入・再獲得なくして真正の単独的な個人の信仰の立場も確立しえないと言わなければならないのである。しかも、前記日誌記述「Pap.X^{5}A42」において「受取り直し」は「ある意味では神‐人自身によってのみ実現されると考えられよう」と語り、『不安の概念』ではより根源的な仕方で「信仰において受取り直しは始まり……(それゆえ）受取り直しは宗教的範疇であって、自分にとってはあまりに超越的であり、背理の力による運動である」[57] と主張されている。つまり、キェルケゴールにとって、単独者の主体的信仰の獲得と「新約聖書のキリスト教」の再導入は、相互を無制約的に前提し合い媒介し合いながら、根本において同一の運動に他ならないのであって、しかもこの運動は単なる内在的な立場にとってはあまりにも超越的な課題であり、結局「神-人」の「愛」という自己犠牲的・下降的な「背理の力」によって成就される他ないのである。ここに「受取り直し」の最深の弁証法的事態が存在しているのである。このような意味での「受取り直し」の遂行は、キェルケゴールの「教会闘争」のみならず、彼の著作家活動全体の究極目標でもあった。

すでに明らかなように、「絶対的逆説」を内実とし、単独者の「受取り直し」によって導入される「新約聖書のキリスト教」の理念は、キェルケゴールの「教会闘争」「教会攻撃」の手段であり、かつ目標であったが、キェルケゴールのこのようなキリスト教理解は当然多くの批判に晒されてきた。二例を挙げれば、先ずデンマーク・ルター派の神学者で慈善活動家のA・T・ヨーアンセン（Alfred Theodor Jørgensen, 1874–1953）は、一九一四年刊行のドイツ語による小著『セーレン・キェルケゴールと聖書のキリスト教』の中で、「キェルケゴールはキリスト者であったか」（War Sören Kierkegaard ein Christ ?）といった驚愕的な問いを投げ掛けながら、彼の宗教思想のさまざまな側面に批判的な目を向けている。そして、ヨーアンセンは、この問いに答えるのが困難な理由として、「彼のキリスト教は聖書のキリスト教ではないから[58]」としている。ヨーアンセンによれば、キェルケゴールは主体的信仰論を主張する際、実際には聖書を利用しており、聖書の歴史-批判的研究の必要性を明確に打ち出しながら、聖書の真理内容の批判は一切しない。「教会闘争」では「公的キリスト教」と「新約聖書のキリスト教」を比較し、今日のキリスト教が古代のキリスト教とは似ても似つかぬものになっていると厳しく弾劾するとともに、個々のキリスト者は文字通り「新約聖書のキリスト」に倣うべしと要求するのである。しかし、ヨーアンセンは、このような無理難題を押し付けるキェルケゴールを「ほとんど俗物的」（fast philiströs）と称している。さらに、キェルケゴールは、キリストに倣う者は十字架を背負い、彼の苦難と殉教はキリスト自身のそれと同一でなければならないとして、「純粋に聖書的な根本思想」を強調するのであるが、ヨーアンセンによれば、罪の概念が重きを持たない今日にあっては、キェルケゴールの見解は「あまりに一面的・空想的」に過ぎるとして棄却している。また、キェルケゴールが、公的キリスト教を「苦悩するキリスト教」でないとして攻撃する背景に、当時の教会生活・教会活動が極めて脆弱であったという事情があったとして、「慈善活動家」としてヨーアンセンの立場から指摘している。そして、最終的にヨーアンセンは、キェルケゴールのキリスト教観は一面的ではあるが、魅力的でもあって、「キリスト者になる」ことの困難さを強調したところにキェルケゴールの最大の偉大さがあり、「新約聖書のキリスト教の先端があまりにも頻繁に折られてしまう今日では、セーレン・キェルケゴールの声が不可欠である」[59]としている。

さらに時代は降るが、キリストの人格論と十字架の神学で知られるスコットランドの神学者H・R・マキントシュ（Hugh Ross Mackintosh, 1870–1936）は、『現代神学の諸類型』の中で、近現代神学の類型として、シュライエルマッハーの「感情神学」、ヘーゲル及びヘーゲル学派の「思弁的合理主義の神学」、アルブレヒト・リッチュルの「道徳価値の神学」、エルンスト・トレルチの学的宗教史の神学」の五つの類型に次いで、キェルケゴールの「逆説の神学」を挙げ、最後にカール・バルトの「神の言葉の神学」を取り上げている。キェルケゴールの「逆説の神学」については、スコットランド神学という特異な観点からではあるが、逆説論を中心にキェルケゴールの生涯と神学的思想を綿密に考証している。そして、キェルケゴールの神学的立場に対するマキントシュの結論はこうである。

「現代の宗教思想のバランスを変えようとするあまり、キェルケゴールは神と人間の無限の質的差異を主張することによって、信仰に新しい強烈な歪みを導入し、新約聖書の神概念に対するわれわれの姿勢を重大な危険にさらすのである。その結果、彼の立場は、現実の宗教の理解を不可能にするほど極端なタイプの個人主義である[60]」、としている。だが、それにもかかわらず、マキントシュのキェルケゴール「逆説の神学」論の末尾の言葉を用いれば、「キェルケゴールにとっては、キリストの中に見る神の父性愛の確かさこそ〈アルキメデス的ポイント〉である、という彼の熱烈な肯定的言辞の真理を疑う理由は見つからない[61]」のである。

キェルケゴールの苦悩・苦難に満ちた峻厳なキリストの倣いの思想を「俗物的」とする見方であれ、絶対的逆説の成立根拠としての神と人間との無限の質的差異というキェルケゴールにとって最も根源的な宗教的真理も所詮「極端なタイプの個人主義」の証明に過ぎないとする見方であれ、思想史・神学史の中に同種の見解を探ろうとすれば、文字通り枚挙にいとまがないであろう。したがって、先に筆者が持ち出した、「絶対的逆説」としての「新約聖書のキリスト教」の「受取り直し」こそ、「教会闘争」はもとより、彼の著作家活動全体の最終目的であったとする解釈などは、なかんずく伝統的なキリスト教的立場から見れば、キェルケゴール思想の「俗物性」「極端な個人主義」に対する絶対肯定の姿勢としてさらなる反論を呼ぶであろう。およそ伝統的な固定されたイデオロギーに繋縛されるかぎり、同種の批判はいつまでも回避できないであろう。

ここで筆者はもう一つの文献に言及することにする。一九三三年の古い文献ながら、後にオランダの改革派教会の指導的神学者となったK・シルダー（Klaas Schilder, 1890–1952）の、ドイツ・エルランゲン大学の学位論文「〈パラドックス〉の概念史に寄せて　カルヴィンとキェルケゴール以後の〈パラドックス〉を特に顧慮しつつ」（Zur Begriffsgeschichte des 〈Paradoxon〉. Mit Besonderer Berücksichtigung Calvins und des Nach-Kierkegaardschen 〈Paradoxon〉）である[62]。そこでシルダーは、「Radikalismus」というタームを用いて、キェルケゴールの「絶対的逆説」概念の独創性・唯一性を指摘している。この書は、題名通り、「Paradox」の概念史研究であるが、著者は聖書・古典語・中世・近世・近代における「Paradox概念の一般的・慣例的意味」を確認した後、キェルケゴールが齎した「Paradoxという言葉の概念史における転回」に注目し、この「Paradox概念」の「キェルケゴール的転回のラディカリスムス」(Radikalismus der Kierkegaardschen Wendung)を検証している。シルダーによれば、新約聖書から古典語・中世・近代、さらに現代にまで連なる「Paradox」概念史の中で使用されてきた「一般的・慣例的意味」が、一九世紀にキェルケゴールの著作家活動を通して大転回を遂げ、「Paradoxという語が伝統的に所有していた意味」がradikalに切断され、キェルケゴールにおいてまったく独自の新たな意味付けが行われたと主張する。[63]そして、シルダーは、キェルケゴールの宗教的実存段階の二形式、内在性によって規定される「宗教性A」と超越性を本質とする「宗教性B」の区別を援用して、キェルケゴール以前の「Paradoxの一般的・慣例的意味」は「宗教性Aの中に与えられている」という観点から「Paradox A」によって総括する一方、「絶対的逆説」に集約される「Paradoxのキェルケゴール的意味」は「宗教性Bの中にのみ与えられている」として、「Paradox B」によって表現し、これら「Paradox」のAB二つのタイプの質的差異を明確にすることによって、「絶対的逆説」の概念が「新約聖書のキリスト教」をキェルケゴールの「ただ一人の宗教」として基礎づけうるラディカルな唯一的独創性を包摂することを示そうとしている。「Paradox A」と「Paradox B」についてシルダーの挙げる主要な対比関係を例示すれば、以下のごとくである。[64]

(1)「Paradox A」は同一の次元に横たわる現実に関してのさまざまな見解の衝突であり、したがって「悲劇的状況」が発生すれば、「出口」を探ることができる。しかし、「Paradox B」は本質的に「神の言葉」と「人間の実存」の、「永遠」と「時間」の衝突であり、それゆえ同一の次元に存在しないものの衝突であり、それゆえ「Paradox B」はあらゆる悲劇的状況を超越しており、求める出口はただ一つ、それを受け容れるか拒否するかの決断のみである。

(2)「Paradox A」は「知的刺激」(incitamentum intellectus)に留まるのに対し、「Paradox B」は「知の犠牲」

(sacrificium intellectus) を不可避とする。

(3)「Paradox A」の場合「Paradox」は克服されるべきもの、「Paradox B」の場合克服は不可能。

(4)「Paradox A」は知にとって恐怖であるが、「Paradox B」は知のパトス、本来的なパトスである。なぜなら、「Paradox A」はまさに背理から逃亡しようとするが、「Paradox B」は背理そのものだからである。

(5)「Paradox A」は思惟の法則が妥当性を持つ場合のみ可能であるが、「Paradox B」はこの妥当性が根本的に拒否された場合にのみ可能である。

(6)「Paradox A」は常に普遍者の事柄であり、思惟と行為の普遍的法則が存在するところに登場する。これに対して、「Paradox B」は普遍者に背を向け、単独者として孤立した存在である。

(7)「Paradox A」は矛盾の止揚を求めるが、「Paradox B」は矛盾の保持を求める。

(8)「Paradox A」は強弱の問題であるが、「Paradox B」は生死の問題である。

以上、シルダーの「Paradox」概念史探求から、一般的・慣例的意味での内在的な「Paradox A タイプ」に対し、超越性を決定的特質とする「Paradox B タイプ」という区別を引き出した、このような区別の正当性については、改めてキェルケゴール自身の著作に質す必要はないであろう。ここで筆者が、前記シルダーの「Paradox」論に留意する所以は、彼が、「絶対的逆説」が「宗教性B」の属性としての「Paradox B タイプ」たることによって、それによって構成される「新約聖書のキリスト教」の決定的な孤立的・唯一的性格を証言する格好の定義となっているからである。

すでに筆者は「新約聖書のキリスト教」の本質を窺った際、北欧神話のソール神所有のハンマー・「ミョルニル」の理念に関連づけながら、「絶対的逆説」のカテゴリーは、決して誰にでも使用可能な内在的・普遍的カテゴリーではなく、使用すれば常にキェルケゴールのもとに回帰し、単独的に彼一人のみが受取り直すことのできる徹頭徹尾超越的なカテゴリーであることを指摘した。したがって、「絶対的逆説」の実体化としての「新約聖書のキリスト教」も、普遍的な通約性を拒否し、厳密に単独者としてのキェルケゴール一人に還元され、ただ一人彼のみが所有し、受取り直すことのできる主体的信仰真理の実存形式に他ならないのである。彼以外の思想家がどのように「絶対的逆説」の概念を自らの宗教的真理の根拠たらしめようとしても、それはもはやキェルケゴールが自らの実存を賭す「新約聖書のキリスト教」ではありえない。繰り返すまでもなく、「新約聖書のキリスト教」に唯一根拠を提供する「絶対的逆説」は、あくまでキェルケゴール一人に限定されるべき信仰真理の概念だからである。

既述のように、アイスランドの『巫女の予言』研究の第一人者ノルダルは、『巫女の予言』の詩人の語る「大いなる者」「強き者」「すべてを統べる者」の三概念は、詩人自身を唯一の信奉者とし、詩人一個人の最高の信仰体験から形成された、したがってキリストでもオージンでもなく、詩人自身の最高の神概念であって、この概念を根拠として自ら独自の世界観を完成させた、と語ったのであるが、このことは、『巫女の予言』の詩人が、前記三概念のトリアーデによって、まさしく当の詩人のみが信奉する「新たな宗教」を設立しようとしたことを意味するであろう。

そして、これと同様の意味で、デンマークの予言者的思想家グレンベックは、既述の通り、『巫女の予言』の詩人とともにキェルケゴール及びグルントヴィを真に「ただ一人の宗教」の創造者として想定する。もちろんグレンベックは、彼自身の拠って立つ予言者的視点から、グルントヴィを「プロテスタンティズムとカトリシズムの彼方に新しい王国を凝視する予言者」として特別な共感を披瀝するのであるが、キェルケゴールについては、すでに指摘したように、「顔を後ろに向け、著作家活動では伝統文化に死の歌を歌う」と語るのである。そして、グレンベックによれば、キェルケゴールは、キリスト教はもはや存在しない、信仰は失われた、現存在は破滅したという悲劇的感情の中で、この空虚さを「逆説的なもの」を無限に渇望し、体験することによって補塡しようとするのである。しかし、そのための彼の行為・戦い・勝利は、「人間をいわゆるキリスト教から引き離して、新しい生ける宗教を求めるように駆り立てる」[65]のである。そして、キェルケゴールが、人々を伝統的なキリスト教から隔離して、改めて彼らに提示するこの「新しい生ける宗教」こそ「絶対的逆説」を実体とする「新約聖書のキリスト教」に他ならないのである。しかしながら、この「新約聖書のキリスト教」は、敢えてグレンベックがグルントヴィの宗教に対して用いる表現を援用すれば、「プロテスタンティズム」でも「カトリシズム」でもない、キェルケゴール一人に対してのみ通用する「第三の宗教」と言わざるをえないであろう。既成の伝統的な哲学的・神学的用語を用いて思惟・執筆しながらも、キェルケゴールはプロテスタント・カトリックの何れでもなく、その意味では先のヨーアンセンの驚愕的な、「キェルケゴールはキリスト者であったか」という問いかけには、厳密に「絶対的逆説を本質とする新約聖書のキリスト教を受取り直す」という厳密にキェルケゴールの用いるキリスト教信仰の定義を受け容れるかぎりにおいてのみ「キリスト者」であって、既成のカテゴリーで把握するかぎり、キリスト者の枠を超え出た信仰者と呼びうるであろう。キェルケゴールの語る「新約聖書キリスト教」は、単なる歴史的な「原始キリスト教」のごとき「普遍概念」ではなく、最も厳密な意味においては単独の主体的人格として実存するキェルケゴール一人が「受取り直す」ことのできる「単独概念」であり、換言すれば徹頭徹尾「単独者」として行動した「教会闘争」を通して形成された、最も厳密な意味においてキェルケゴール「ただ一人の宗教」なのである。

かくて、『巫女の予言』第五五［六五］節の「大いなる者・強き者・すべてを統べる者」のトリアーデ、そしてキェルケゴールが激烈な「教会闘争」を通して固められた「絶対的逆説・新約聖書のキリスト教・受取り直し」のトリアーデは、相互に内容を異にしつつも、「ただ一人の宗教」の理念が、古代から現代に到る北欧精神史の伝統を貫く最大の激流の一つであることを証明していると、筆者は考えたいと思う。

注

(1) *Dansk Biografisk Leksikon*, 16 bind. Forlaget Gyldendal. 3. udgave København 1979-84, bd5. s. 526.

(2) モンラーズのグルントヴィ・キェルケゴール論については本書第四章第二節を参照。

(3) Grønbech, Vilhelm, *Kampen om Mennesket*, 3.udg. Kbh. 1949, s. 137.

(4) de Vries, Jan, *Die geistige Welt der Germanen*, Halle a.d. Saale 1943, S. 15.

(5) Pap. I A319.

(6) Malantschuk, Gregor, *Dialetik og Eksistens hos Søren Kierkegaard*, Kbh. 1968, s. 26.

(7) Grønbech,V., *Vor Folkeætt i Oldtiden,ny udg.* Kbh. 1955, bd. 2, s. 132.

(8) Pap. VIII^{1}A5. キェルケゴールの「原罪意識」が父ミカエルのユラン半島セディングの荒野における「神」への呪い、その後の再婚をめぐる父のさらなる不行跡とそれに起因する息子セーレンの「大地震」的体験などに根差していることについてはすでに周知の事柄であるが、従来のすべてのキェルケゴール研究者は、父親のこういった原体験をあたかも当然のごとくキリスト教的背景に還元し、まるでそこに峻厳な「バルト神学」の始源でも窺うかのごとき偏狭な理解に終始してきた。ミカエルが一二歳でコペンハーゲンに出てきたのは一七六八年であるが、北欧におけるキリスト教の普及の後進性を踏まえて当時のセディング住民の信仰状況を鑑みる時、ミカエルを始め彼らの中に純粋に高度なキリスト教的意識のみを読み取ることが正当な姿勢であるか否かは非常に大きな疑問である。確かにその点に関する残されたごくわずかな資料すらセディングの「教区牧師」の手になるものだけに、一八世紀半ばのこの地の住民の精神生活を客観的に知ることは現在では不可能に近いわけであるが、筆者としては少年ミカエルにおける孤独と飢えと寒冷をもたらした神への呪いの中に、無論全面的ではないとしても北方ゲルマン民族の異教に由来する「運命信仰」の表象を看取することは決して不当ではないと考えている。

(9) 訳文は、ラゥリー、W『キェルケゴール小傳』大谷長訳、第二刷、創文社、昭和四四年、七二頁以下より借用。訳文には若干の変更を加えた。

（10）de Vries, *op.cit.*, S. 17.

（11）この点については次の二つの拙論において仔細に論じた。

(1)「キェルケゴール原罪論における〈量的弁証法〉の意義」明治大学人文科学研究所年報第二五号（一九八三年）、一二-二七頁。

(2)「キェルケゴール原罪論における〈歴史的関係〉の意義」明治大学教養論集通巻一七八号（一九八六年）、一二五-一六二頁。

（12）Grønbech,V., *Vor Folkeætt i Oldtiden, ny udg.* s. 262.

（13）Grønbech, V., Die Germanen, in: *Lehrbuch der Religionsgeschichte von Chantepie de la Saussaye*, II, 4. Aufl., Tübingen 1975, S. 597.

（14）Vølvens Spådom, *udg.og tolket af S.Nordal*, Kbh. 1927, s. 95.

（15）アクセル・オルリック『北欧神話の世界　神々の死と復活』尾崎和彦訳、第二版、青土社、二〇〇九年、一九一頁。

（16）同書。

（17）Vølvens Spådom, *op.cit.*, s. 116.　（18）*ibid.*, s. 150.　（19）*ibid.*, s. 155.　（20）*ibid.*, s. 153.　（21）*ibid.*, s. 29.

（22）S. V. Bd. 19, s. 9ff..

（23）ラゥリー、前掲書、二五一頁。

（24）S. V. Bd. 19, s. 9f..

（25）Hohlenbrg, Johannes, *Søren Kierkegaard*, Kbh. 1963, s. 276.

（26）キェルケゴール著作全集第一五巻、三五一頁以下。

（27）S. V. Bd. 19, s. 4.

（28）キェルケゴール著作全集第一五巻、三二一頁。

（29）同書、四三頁。

（30）同書、二四八頁。

(31) Hohlenberg, *op.cit.*, s. 276.
(32) *ibid.*, s. 280.　(33) *ibid.*, s. 280.
(34) キェルケゴール著作全集第一五巻、二八八頁。
(35) 同書第六巻、一三一頁以下。　(36) 同書第六巻、一一五頁。　(37) 同書第六巻、五一一頁。
(38) 同書第七巻、三七二頁。　(39) 同書第七巻、三六三頁。　(40) 同書第一三巻、五二頁。
(41) Pap. Ⅶ2B 235.　(42) Pap. Ⅷ2A273.　(43) Pap. Ⅶ2B235.
(44) キェルケゴール著作全集第七巻、三九六頁。　(45) 同書第七巻、二五九頁。　(46) Pap. X2A317.
(47) キェルケゴール著作全集第六巻、二五頁以下参照。　(48) 同書第六巻、六五頁。
(49) 同書第一三巻、一五頁。　(50) 同書第一三巻、一五頁。　(51) 同書第一三巻、一五頁。
(52) 同書第一三巻、一八五頁。　(53) 同書第一三巻、一七二頁。　(54) Pap. X5A42.　(55) Pap. X5A42.
(56) キェルケゴール著作全集第一三巻、一五頁。　(57) 同書第三巻、四六九頁。
(58) Jorgensen, Alfred Theodor, *Jörgensen: Sören Kierkegaard und das biblische Christentum*, Berlin-Lichterfelde 1914, S. 20.
(59) *ibid.*, S. 31.
(60) Mackintosh,Hugh Ross, *Types of Modern Theology*, London, 1956. p.267.　(61) *ibid.*, p.262.
(62) Schilder, Klaus, *Zur Begriffsgeschichte des 〈Paradoxon〉. Mit Besonderer Berücksichtigung Calvins und des Nach-Kierkegaardschen 〈Paradoxon〉*, Pampen 1933.
(63) *ibid.*, S. 115.　(64) *ibid.*, S. 116f..
(65) Grønbech, *Kampen om Mennesket*, s. 65.

※　北欧神話とキェルケゴールの関係は、一部の研究者のみならず北欧に少し突っ込んだ関心と知識を有する一般人にとっても、最高に関心をそそるテーマではなかろうか。しかし、これまでは北欧神話とキェルケゴールの両方の研究分野において、ほぼ完全に等閑

視されてきたのがこの主題であった。しかし、最新のキェルケゴール文献には北欧神話との関係如何を問う研究が散見されるようになった。例えば次のようなものである。

Henrike Fürstenberg: The Fenris Wolf. Unreal Fetters and Real Forces in Søren Kierkegaard's Authership (Kierkegaard Research: Souces, Reception and Resouces. Volume 16, Tome I: Agamemnon to Guadalquivir, edited by Katalin Nun and Jon Stewart, Søren Kierkegaard Research Center, University of Copengagen, Denmark, USA2014, pp.229–242).

この論文の執筆者スカンディナヴィストのヘンリケ・フュルステンベルク女史は、キェルケゴールの一八三七年の日誌記述に初めて登場する北欧神話の「フェンリル狼」の逸話に注目しているが、女史によれば、キェルケゴールがこの逸話に関心を寄せる理由は、フェンリル狼によってアース神の世界が絶えず脅かされるからではなく、ラグナロクの出来事における狼の役割でもなく、オージンとの敵対及び息子ヴィーザルによる復讐でもない。見えざる諸力による拘束という足枷グレイプニルの本質が単独者の実存における閉鎖的状況の比喩たりえているからに他ならない。また当然、フュルステンベルク女史自身も、すでにわれわれが指摘したごとき「悪魔的なもの」の理念をめぐる「フェンリル狼」とキェルケゴールの「絶望概念」の相関性如何といった突っ込んだ問題意識にまでは到達していない。

終章

わたしの「北欧学」の構成――「北欧的ヒューマニズム」の探究

以上、序論においては「北欧的なもの」に関わる学としての「北欧学」の基本理念を探り、本論においてはこの基本理念を充足しうる根源的な場を北欧神話の中に求め、そこからいわば「北欧的精神」とも呼ぶべきものの原初的形態を検証・確認した後、古代・中世における初期ゲルマン民族の「王権」という固有の問題に対する北欧神話の意義と役割を探った。そして、特に一九世紀黄金時代のデンマークにおいて、ロマン主義の影響下古代北欧への憧憬が北欧神話の精神世界の復興に貢献したことを指摘するとともに、最終的には、反ロマン主義思想家キェルケゴールと北欧神話という通常反極的立ち位置で把握される両者が、それにもかかわらず「たった一人の宗教」の理念を通して一つに結び付くに到る過程を仔細に探索してきた。敢えて言わせて戴くなら、量的には膨大な本書『北欧学』の極めてささやかな成果がこの発見である。

ところで、本書は「北欧学」という名称を抱えて取り組んだ筆者の最初にして、多分最後にもなるであろう試論であるが、「北欧的なもの」と最も本格的に格闘した最初の成果らしい成果は以下で触れる北欧神話論である。それ以後発表した論考は、神話とは異質の北欧における宗教批判・医療倫理・環境思想といった現代のラディカルな問題を扱ってはいるが、作業中は常に「北欧的なもの」とは何かという問題意識を絶やすことはなかった。そのために、筆者としては何れの主題も主要な構成要素として「北欧学」の中に取り込むことができると考えている。そこで、本書の最終章の内容としては、序論・本論の展開過程から若干逸脱することになることにはなるが、以下改めて筆者が「北欧学」の構想に達するまでの模索過程と、以後この構想を念頭に置いて現代のラディカルな諸問題に立ち向かっていった歩みを振り返ることによって、本書『北欧学』の「終章」に替えることにする。内容的にはささやかながらいわばわたしの「北欧学の体系」となっている。そして、この「体系」を辿ることによって、北欧神話に淵源する「北欧的なもの」が、さらに北欧人固有の人間理解・人間愛という最広義の意味での「北欧的ヒューマニズム」として現代北欧に生かし返され、具体的には福祉論・信仰論を経て宗教批判・医療倫理・環境思想の領域に世界的に見ても類を見ないラディカルさで受取り直されていることが諒解されるのである。

［I］ 北欧思想史の試み――デンマーク・スウェーデン・ノルウェー・フィンランド

「スカンディナヴィア哲学思想の諸傾向」ヨハネス・スレーク『実存主義』への訳者付論

（尾崎和彦訳、法律文化社、一九七六年、四六版、二〇九–二二三頁）

一九七一年にキェルケゴール研究の名目でデンマーク・コペンハーゲン大学に留学した時の筆者の目論見は、キェルケゴール自身の研究というより、北欧各国の哲学思想史から「北欧的なもの」の実体を窺うことであった。しかし、現地に赴いて驚愕・失望したのは、北欧の何れの国においてもキリスト教思想史としての教会史・文学史関連の研究文献の充実ぶりに比して、哲学的な思惟や流れの本格的解明に取り組んだ哲学史的文献の貧弱さであった。しかし、少なくとも北欧全体の哲学的思惟の営みを総括的に捉えた文献としては、以下の二著を入手した。その一つは、セーヤン・ホルム教授（Søren Holm, 1901–71）の『一九〇〇年以前の北欧の哲学』（*Filosofien i Norden før 1900*, Kbh.

1967）と『一九〇〇年以後の北欧の哲学』（*Filosofien i Norden efter 1900*, 1967）であった。フィンランドをも含む簡にして要を得たこの二巻本は、確かに北欧哲学史の全体を概観するには便利ではあるが、「北欧的なもの」の特性を探るという筆者の個別的な課題に必ずしも応えてくれるものではなかった。次に古書として、ノルウェー・クリスチアニア（オスロー）大学哲学・心理学教授アナトン・オッル（Anathon Aall, 1867–1943）の『北欧の哲学　最近の思惟と学の歴史の解明のために』（*Filosofien i Norden. Til oplysning om den nyere tænknings og videnskaps historie*, VSK Skr. I 1918 nr. 1, 1919）を手に入れた。北欧思想史の全体像を視野に収めた最初の大判三八〇頁の大著であり、スウェーデンの哲学的営みの過小評価と、逆に自国ノルウェーのそれに対する過大評価という問題は残るものの、キェルケゴール単独者論を中心としてデンマーク思想界を紹介しつつ、「北欧哲学の特質」といった視点を提出している点は斬新であった。

「北欧的なもの」の実体を探るという筆者の目論見に、前記二種類の北欧思想史・哲学史は十分対応してくれるものではなかったが、取り敢えず両書を基本的資料として、筆者がスウェーデン・デンマーク・ノルウェー・フィンランド四国における哲学的営みの歴史を素描したのが、デンマーク・オーフス大学ヨハネス・スレーク教授の『実存主義』に「訳者付論」として挿入した「スカンディナヴィア哲学思想の諸傾向」の論考である。極めて不備の多い文字通りの「拙論」であるが、筆者にとっては、付論としてではあるが単行本に載せた最初の記憶に残る論文である。

コペンハーゲン到着の数日後大学近くの古書店の最上段のA枠に発見したのがオッルの『北欧の哲学』であったが、すぐ隣のB枠にはハンス・ブレクナーの『信と知の問題・歴史–批判的論文』（Hans Brøchner, *Problemet om Tro og Viden*, Kbh. 1868）と同じくブレクナーの『人間的なものとの統一における宗教的なものについて・〈信と知の問題〉への積極的補遺』（*Om det Religiøse i dets Enhed med det Humane*, Kbh. 1869）の合本が鎮座していた。キェルケゴールの存命当時から彼が唯一心を許し、また死後も彼の思想を真に理解しうる唯一の存在として評価されていたのがブレクナーであり、彼の「人間的なものと宗教的なものとの統一」の視点からキェルケゴール思想との格闘を証明する二著は、すでに生起していた「信‐知論争」において決定的な役割を演じ、以後のデンマーク哲学思潮を実証主義的方向に定位したものであり、筆者自身にとってもキェルケゴールのみならずデンマーク的精神性の方向を把握する上で、まさにバイブル的な役割を果たしてくれたものであり、この二巻本を手にした時の興奮はいまなお胸に焼き付いている。

バイブル的存在という意味では、前掲書を入手して数日後、裏通りの別の小さな古書店の棚で発見したカール・ローセンベーャの『古代から現代にいたる北欧人の精神生活』三巻本（Carl Royenberg, *Nordboernes Aandsliv fra Oldtiden til vore Dage*, 3Bd. Kbh. 1878–85）がまさにそうであった。確かに現代からすれば古きに過ぎる文献かもしれないが、考古学・文献学・文学史・宗教史・思想史を包括する広範な学問的視野から、古代より一七二〇年までの北欧人の精神的営為を活写した古典的文献である。そして、現在なおこの三巻本に匹敵する、まして凌駕する北欧精神史は出現していない。筆者にとっては「北欧的なもの」の特性を把握する上においてもまさにバイブル的役割を果たしてくれたこの北欧精神史との取り組みの一端は、ようやく『北欧学』序論において果たすことができた。

［Ⅱ］　福祉論・信仰論――デンマーク

『北欧思想の水脈　単独者・福祉・信‐知論争』（世界書院、一九九四年、A５版、二八〇頁）

留学中の諸見分と帰国後の継続研究を経て、デンマーク人が「北欧的ヒューマニズム」とも呼びうる固有の精神構造に貫かれている事実を知った。それは、最も典型的には、「個と連帯」「信と知」といった対立契機の弁証法的な関係理解の仕方によって規定されているということである。何とか「北欧的なもの」の特質を見極めようと長い間右往左往する中で、ひとまず把握できたのは、神学者マーテンセン（Hans Lassen Martensen, 1808–84）と哲学者ヘフディング（Harald Høffding, 1843–1931）の公共福祉論乃至福祉倫理学を通して、キェルケゴールの「神の前にただ一人立つ単独者」という「個」の理念が、まさに弁証法的に「連帯」の理念へと連接され、「個」と「連帯」の相即性の思想として展開されてゆく様相が垣間見られたからである。そして、キェルケゴールの「絶対的逆説」の理念が提起した「信か知か」の Enten-Eller は、北欧各国において知的のみならず日常的な次元でも時代を揺るがす論題として「信仰-知論争」を喚起して、強い関心事になっていることに注目して書き上げたのが『北欧思想の水脈』である。しかし、何れの論考も意に満たない文字通り試論の域を出ておらず、改稿を予定している。北欧諸国の中で福祉思想を哲学的に最も深めたのがデンマークであり、その代表者が前記二人である。したがって、彼らを抜きにしてデンマーク福祉思想を語ることはできないにもかかわらず、この点が本邦においてもまったく認識されていない。またキェルケゴールを北欧デンマークの思想家として見るためには、「信-知論争」を背景として考察することが重大な意味を持つが、国際的な視野で見てもこの点が十分認知されているとは言えない。

〔Ⅲ〕　北ゲルマン異教宗教のコスモロジー——アイスランド・ノルウェー

『北欧神話・宇宙論の基礎構造——〈巫女の予言〉の秘文を解く』（白凰社、一九九四年、A5版、五八二頁）

「北欧的なもの」の実体を探索しようとして、結局その根源は北欧神話、なかんずくそのハイライトをなす異教的終末論としての「ラグナロク神話」に秘匿されていることがわかったものの、この神話の解読に取り組み始めて間もなく、そこで語られる宇宙論的没落論・破滅論がまさに当の没落すべき宇宙世界の存在とその没落の原因を告知する世界形態論と世界生成論を無制約的に前提としていることに気付き、ラグナロク神話の探索は一先ず脇において、宇宙形態論と生成論に挑戦した結果が本書である。神話や民間伝承の中でイメージ的に固定化されたままの宇宙誌を無造作に継承するのみで、北欧神話研究史においてこれまで十分検証されないまま放置されてきた北欧神話のコスモロジーに、語源学的考察を踏まえながら神話における時空論・方位観・太陽信仰・太陰信仰・数論などをぶつけて、筆者の力の及ぶかぎり精密な分析を加えるとともに、それに基づいて最終的に作成した筆者独自の世界乃至宇宙構成図は、北欧神話宇宙論研究に対して何らかの貢献を果たしうるものと自負している。しかしながら、この作業によって、筆者がキェルケゴールにおける「北欧的なもの」の決定的特質として把握してきた没落意識・破滅意識が、ラグナロク神話の異教的終末論に淵源するとの確信は得られたものの、引き続きこの終末論自体の徹底解剖に立ち向かうには、形態論・生成論の解析にかなりの時間とエネルギーを使ってしまったために、もはや筆者にはそのための十分な余力が残っていなかった。そこで、一端頭を切り替える必要を覚えて、現代世界が直面する危機的な諸問題に対する北欧思想家の取り組みの考察を通して、新たに「北欧的なもの」の現代的側面を改めて「北欧的ヒューマニズム」という観点を念頭に置いて掘削してみたいという思いに駆られて、得られた一応の成果が以下の三冊の著作である。

［Ⅳ］　宗教の徹底批判としての宗教哲学――スウェーデン

『スウェーデン・ウプサラ学派の宗教哲学――絶対観念論から価値ニヒリスムへ』

（東海大学出版会、二〇〇二年、A5版、七九〇頁）

スウェーデン思想史の確固たる底流をなしているのは、神秘主義的・観念論的思潮と経験論的・実証主義的潮流である。そして、いわば「北欧的なもの」の「スウェーデン的パターン」の一つを代表する前者は、『巫女の予言』の詩人の高度な異教精神に発しつつ、幻視に基づく聖女ビルギッタの独創的な宗教活動、さらにスウェーデンボルイの神智学（theosophy）、最後にこの神智学の影響下、深い宗教的人格意識に貫かれたC・J・ボストレーム（1797–1872）の絶対観念論の哲学として完成する。ウプサラ大学実践哲学教授の彼は、旧ウプサラ学派を創設し、一八世紀スウェーデン社会全体に対して巨大な影響力を行使した。

ボストレームが完成した神秘主義的観念論の伝統に対してコペルニクス的転回を施し、対極的な「北欧的なもの」の第二の「スウェーデン的パターン」を形成したのは、それまで傍流に留まっていた実証主義的経験論の潮流を一気にスウェーデン思想史の本流に転換したボストレームの後継者A・ヘーゲルストレーム（1868–1939）である。新ウプサラ学派の創設者となった彼の実証主義哲学の本質は、道徳や宗教的信仰の根拠をなす「価値判断」のごときは現実的な客観性を欠くゆえに真でもなければ偽でもなく、所詮非現実的なものに過ぎないとする「価値ニヒリスム」にある。徹底的に一切の主観的な価値判断・形而上学的思弁を排除して学問に厳密な客観性を要求するその方法論は、特に社会科学者を中心としたスウェーデンの知的社会に激震を齎し、さらに伝統的な既存の道徳や信仰の中で安逸を貪る市井の人たちにとっては、まさに天から降り注いで一切を焼き尽くすラグナロク神話の劫火に等しいものであった。だが、焼き尽くされた焦土の中から、ヘーゲルストレームを師と仰ぐ第一級の国際的な思想家、例えば哲学者I・ヘデニウス、法哲学者K・オリヴェクローナやA・ロス（デンマーク）、政治学者H・ティングステーン、経済学者G・ミュルダール等が輩出されてゆく情景はまことに壮観である。かつては本邦でも特に旧商科大学系の研究者がミュルダールの経済理論を盛んに論じ、現在では「北欧リアリズム」と呼ばれるオリヴェクローナやロスの法理論が注目されている。筆者としても、本書に引き続いてこれらヘーゲルストレームの弟子たちの学問的軌跡を追うつもりであったが、わずかにロスやティングステーンのデモクラシー論の考察しか発表できなかったのは残念である。

しかし、本書における筆者の最終目的は、ヘーゲルストレームの価値ニヒリスムの立場から宗教的信仰がいかに徹底的に批判・弾劾されるかを考察することであった。本質的に宗教批判を内実とするヘーゲルストレームの宗教哲学は、同じスウェーデンにおいてルンド大学を拠点に創設したアンデルス・ニューグレン（Anders Nygren, 1890–1978）、ルンド神学と激しく対立し、スウェーデン独自の「信仰‐知論争」を引き起こした。これについては先に挙げた拙著『北欧思想の水脈』において言及した。なお、「subjektivitet」は真偽判断とは無関係とするヘーゲルストレームの「価値ニヒリズム」と、「subjektivitet」が真理であるとするキェルケゴールの主体的真理観は対極に位置するが、それにもかかわらず一切の形而上学的・観念論的契機を排除して、内実は異なるものの徹頭徹尾「現実的なもの」に固執する点において両者は一致する（coincidentia oppositorum 反対の一致）。ここには「北欧的ヒューマニズム」をめぐる対極的な二つの立場が提出されている。

［Ⅴ］　医療倫理の窮境――スウェーデン他

『生と死　極限の医療倫理学――スウェーデンにおける安楽死問題をめぐって』

（創言社、二〇〇二年、A5版、四三二頁）

インゲマール・ヘデニウス（Ingemar Hedenius, 1908–82）はヘーゲルストレームからウプサラ大学実践哲学教授の座を引き継ぐとともに、スウェーデンでは特に公的な「制度としてのキリスト教」に対して最も攻撃的な批判を浴びせた最も著名な文明評論家として知られている。そして、彼を哲学研究上の師としたのが、北欧における最初の医療倫理学者となったクラレンス・ブロムクヴィスト・カロリンスカ病院精神科医長（Clarence Blomqvist, 1925–79）である。本書は、スウェーデンのみならず北欧全域にわたって医療倫理問題の考察に指導的役割を果たしたブロムクヴィストの基本思想姿勢と彼を取り巻く北欧各国の医療倫理学者のさまざまな見解を紹介したものである。以下、福祉の原点をなす「個と連帯」に最大のポイントを置くデンマーク型の「北欧的ヒューマニズム」と異なり、師の価値ニヒリスムを継承し、断固宗教的立場の導入を拒否することによって、徹底的に「個の尊厳と自由」を重視するスウェーデン型「北欧的ヒューマニズム」の立場から主張する、ブロムクヴィストの安楽死に関わる医療倫理思想の一端を紹介しておきたい。

「意識が決定的に排除されているのに、身体が生命を維持しているような場合、これはもはや人間ではない」（脳死の肯定）。

「もし患者が望まないなら、このような生き方を持続させる必要はなく、人工呼吸器の閉鎖を医師に要求して、死なせてもらうこともできる。もし患者が意識を喪失して、回復の可能性がゼロであることが確実なら、医師は自分自身の判断で、あるいは場合によっては肉親との合意の下に、機器を止めて患者を死なせることもできる」（尊厳死・消極的安楽死の肯定）。

「人間が自分の生命に対する権利を所有しているのであれば、もし彼がそれを望むなら、この権利を放棄する権利も所有しているのではないのか？　生きることを欲しない人間に一体誰が、そして何が生きることを強制できるのか？」（「死ぬ権利」の肯定）。

「自ら死を望んでいる人間が死なないようにすることは許されるべきではないし、またそれを弁護すべき強力な理由も存在しない。人間が死ぬのを幇助することが、生命を奪うことであるはずがない。これは死を提供することだと呼んでも差し支えない。つまり、死は結局われわれすべてに贈与される賜物なのである。もし人間が自分でこの賜物が提供される時期が決定できるなら、人生は個人にとっても、彼の家族・社会にとってもはるかに安らかなものになるはずなのだが」（「死の権利」の強調）。

「死」「人生の終末」に対するこのような沈着・冷静な受け留め方、否、それらを歓迎すべき賜物としてすら見なすブロムクヴィストの姿勢は、異教神話時代以来の北欧人固有の人生観の根幹である「個の尊厳と自由」の立場を鮮明に表明している。

［Ⅵ］　環境思想の北欧的特性――ノルウェー

『ディープ・エコロジーの原郷――ノルウェーの環境思想』（東海大学出版会、二〇〇六年、A５版、三二六頁）

スウェーデンやデンマークと異なり急峻な山岳地帯や渓谷に恵まれ、ダム建設と水力発電設備設置に対する絶好の条件に恵まれたノルウェーには、当然ラディカルな自然環境破壊の問題が発生する。その意味で、「ディープ・エコロジー」（deep ecology）はノルウェーでなければ誕生しなかった環境思想であり、創設者はこの国の世界的な哲学者アーネ・ネス（Arne Naess, 1912–2009）である。そして、彼の「ディープ・エコロジー」の思想的源泉は「北欧的ヒューマニズム」のノルウェー型とも言うべき「自然への畏敬」であるが、この自然への畏敬の念は根源的に北欧神話の語る古代ゲルマン宗教に根差しているところから、筆者は北欧神話こそ「ディープ・エコロジー」の最初期形態と考え、私見を本書において縷々述べておいた。もっとも、北欧神話はラグナロクにおける世界の没落そして復活の過程を前提とするが、ネスは、現代の危機的な環境破壊の現状に直面しながらも、自分はあくまでも「確信に満ちたオプティミスト」であると公言し、環境危機を克服した「グリーン・ユートピア」の実現が可能と考えている。

「自然への畏敬」はネスの弟子でペシミストのP・W・サプフェ（Peter Wessel Zapffe, 1899–1990）によって引き継がれ、さらに深刻化された。人間は地球環境が対応できないほど過剰な装備、「生物学的意味における過剰装備」（例えば、知性）を有する自然界の「はみ出し者」「癌腫瘍」たるところに環境破壊の原因・人間存在の悲劇性があり、反面このような過剰装備を許さず、地上の生をサディスティックな遊びの対象として弄ぶ神に対して「否」の咆哮を浴びせる「山岳自然」こそ、神に反抗する人間の盟友に他ならないというのがサプフェの世界観である。この世界観は現代環境危機問題と対決する上において大きな示唆を提供してくれると思われる。

以上の記述内容は、本書『北欧学』の最終章というより、結局は傘寿を超えた筆者自身の貧相な人生の歩みの決算報告のごとき趣になってしまったが、これも筆者なりの「終活」の在り方としてご諒解戴ければ幸いである。しかし、それだけに超高齢者の身でさらに将来の研究に言及するごときはナンセンス以外の何ものでもないかもしれないが、ご海容をお願いしたいと思う。

わが人生の残務整理の一つは、『北欧思想の水脈』で取り上げたマーテンセンとヘフディングの福祉論の徹底的な改稿の試みである。それは、デンマーク・ロマン主義者ヘンリク・フテッフェンスの「個と全」の公共福祉的理念が、前記二人の思想家を含む哲学的・宗教的・社会的・法的さまざまな立場から徹底的に練り直されながら、筆者が入手したかぎりでは最新の二〇〇四年デンマーク社会民主党マニフェストの「われわれの目標はあくまで自由・平等・連帯である――すべての者に対する」の理念にまで醸成されてゆくデンマーク福祉思想の流れを辿ることである。幸い大方の内容はすでに論文としてプリントしているので、本書『北欧学』の刊行時には全原稿が完成しているものと期待しているが、出版の見込みは立っていない。

本邦でもデンマークの福祉事情などについては盛んに言及されながら、そういった事情の歴史的背景の思想的根底についての考察はいまだ未見である。

人生の残務整理の二は、キェルケゴールの絶対的逆説論を契機として、隣国スウェーデン・ノルウェーまでも巻き込みながら、北欧全体に思想的喧噪を引き起こした「信仰‐知論争」を背景として、キェルケゴールを捉え直すことである。実はこの課題には八年前までは集中的に取り組んでいたが、妻が難病を発症し、自宅介護に踏み切ってからは、今後時間的・体力的に課題追究が厳しくなることを予感して、すでに何編かの論考を完成していた「北欧学」の構築に作業場を移したものの、意に反して多過ぎる時間とエネルギーをこの作業に消費し、やっと出来上がったのが本書『北欧学』である。一度放棄したキェルケゴール研究に、ハンス・ブレクナーの前掲書に負いつつ、「信仰‐知論争」を媒介として再度挑戦し、キェルケゴールの言う「受取り直し」の真実性を自らの研究を通して立証することが筆者の「終活」の最大の課題ではあるが、老いの身にはやはり厳しい過重な負担ではある。

付論

カッシーラー「神話の哲学」試論

［Ⅰ］ カッシーラー「神話の哲学」への神話論的問いと反論の可能性

一九二三年に発刊された第一巻『言語』（*Die Sprache*）、続いて一九二五年に刊行された第二巻『神話的思惟』（*Das mythische Denken*）、一九二九年に登場した第三巻『認識の現象学』（*Phänomenologie der Erkenntnis*）の計三巻から構成された『シンボル形式の哲学』（*Philosophie der symbolischen Formen*）が、エルンスト・カッシーラー（Ernst Cassirer, 1874–1945）の膨大な著作群の中でも最も傑出しているというのは衆目の一致するところであり、人間精神のシンボル化作用の過程を、言語の誕生におけるそれの最初の出現から、神話宗教を経て、現代物理学や数学といった抽象領域にまで辿ろうとする試みが、カッシーラーがそれとの対決を決して欠かしたことのないヘーゲルの『精神現象学』（*Phänomenologie des Geistes*, 1807）と並び称される所以である。事実、この点については、カッシーラー自身、『シンボル形式の哲学』の各所において明言している。

特にその第二巻『神話的思惟』は、人間の認識作用の発生論的解釈に対して神話理論の有する哲学的意義を了解しようとする営為の典型を示しており、独創的な洞察力によって創造されたその壮大な神話哲学体系は、疑いもなく二

○世紀が後世に送る最大の記念碑的遺産の一つと言っても過言ではないであろう。なお、カッシーラーの「神話の哲学」の領域に属する業績としては、この第二巻『神話的思惟』の体系的叙述の基礎論とも言うべき『神話的思惟における概念形式』（*Die Begriffsform im mythischen Denken*, 1922）及び『神話的思惟』と同年に出された『言語と神話・神々の名称の問題への寄与』（*Sprache und Mythos Ein Beitrag zum Problem der Göttermamen*, 1925）が挙げられる。さらにアメリカ亡命後発表した『シンボル形式の哲学』三巻の英語要約版とも言うべき『人間論・人間文化の哲学への入門』（*An essay on man. An introduction to ap hilosophy of human culture*, 1944）の第七章「神話と宗教」も本来の意味での神話論である。ただし、要約版とはいえ、この著作は、著者の言葉によれば、「多くの新事実を学び、かつ新しい問題に当面し……古い問題さえも、異なった角度から見、新しい観点から考えるに至った」結果による「まったく新しい書物」として書かれたものである（『人間』宮城音弥訳、岩波現代叢書、一九五三年、ix頁）。さらに『国家の神話』（*The Myth the State*, 1946）も広義においてはカッシーラーの神話論に属するが、厳密には前記の他の神話論から区別されなければならない。以下において改めて検討するように、カッシーラーの神話論の特質は、認識・言語・神話・芸術・宗教のごとき精神文化の主要領域は、それぞれ人間認識の異なったタイプを代表しており、それ自身の固有の論理を有するという独自の認識論の上に構築されている。そして、カッシーラーはその各々を「シンボル形式」（symbolische Form）と称するのであり、その意味においてカッシーラー神話論の最大の特質は、神話をまさしく「シンボル形式」の一つとして把握する点にあるが、注目されるのは、D・ヴェレネも指摘するように[1]、その際彼がこの「シンボル形式」を二つのタイプに区別することである。「原初的思惟形式としての神話」と「現代の政治力としての神話」である。もとよりこれら二つのタイプの神話理解が相互に無関係であるはずはなく、カッシーラーの「原初的思惟形式としての神話」の解釈が、彼の現代社会における神話の役割の解釈に対して基礎を提供していることは明らかである。そして、『神話的思惟における概念形式』『言語と神話』、さらに『シンボル形式の哲学』の第二巻『神話的思惟』及び『人間論』が前者のタイプに属し、『国家の神話』が後者のタイプを代表することは指摘するまでもないであろう。ただし、後者のタイプについては本書の視界の外部にある。

さて、筆者はかつて学位論文『北欧神話・宇宙論の基礎構造――〈巫女の予言〉の秘文を解く』（一九九四年）の執筆時、カッシーラーの神話理論に強烈に引きつけられながら、特定な哲学の立場に立った神話論に振り回される危倶を感じるあまり、むしろ意図的にカッシーラーから距離を置き、もっぱら語源学をベースにした文献学的神話研究に終始しようとして、カッシーラーの神話哲学については、ヨーロッパ中世史研究の権威・ロシアのアーロン・グレーヴィチ（Aron J. Gurevich）の歴史認識論の立場からの北欧神話理解との比較という仕方で、拙著注記の中で概略的に紹介するに留めた。(2) しかし、その際筆者が北欧神話宇宙論を構築する最も根本的なカテゴリーとして導き出した「時間・空間・数」の概念の把握が、基本的にカッシーラーのそれと多くの点で一致していることを発見し、おのれの神話理解の方向が間違いでなかったとの確証を得て、喜びと自信を与えられたことは正直に告白せざるをえない。確かに、学的営為の目論見の違いとはいえ、カッシーラーがその精緻を極めた神話研究に基づいて、現代の立場から改めて積極的に神話的宇宙像の再構築を試みるといった「神話学的作業」には手を出さないで、徹頭徹尾神話哲学的視点からの資料分析と、それを通しての重要な神話哲学的カテゴリーの確認作業に終始する姿勢にはいささかもの足らなさを感じはしたものの、もとよりこれは彼の新カント学派の哲学者としての学問的良心の厳しさに由来すると見るべきであろう。しかしながら、筆者としては、その時以来、カッシーラーの「神話の哲学」へのより真摯な本格的取り組みを自分に課せられた課題として受け留めると同時に、筆者の中には、固有の神話学的立場から見た場合、カッシーラーの「神話の哲学」は果たしていかなる評価を受けるであろうか、といった疑問も生まれたのも事実である。もとよりこういった疑問に対する正確な応答は、この「神話の哲学」との徹底的な取り組みを通して、そしてその後で初めて可能となることは言うまでもないが、以下においては、むしろこの本格的な取り組みへの指標を獲得するための予備的作業の意味で、現代の代表的な神話論者三人——K・ヒューブナー、J・デ・フリース、C・レヴィ＝ストロース——のカッシーラー神話論への関わりを吟味することから出発してみたい。

例えばドイツ観念論の代表者の一人F・W・シェリング（Friedrich Wilhelm Joseph Schelling, 1775–1854）を典型的な例として、およそ哲学的神話論の構築を試みようとする者の圧倒的多数は、ギリシァ神話のみを彼らの考察と思索の原素材とし、ゲルマン神話・ケルト神話を始めとして、ギリシァ神話以外の各種の神話世界に関してはほとんど関心を払わないというのが実情である。ギリシァ神話以外のさまざまな神話群は、およそ哲学的思惟の素材たりえないという一方的な思い込みが、神話研究上のそういった偏向を生む原因となったことは疑いえないであろう。ギリシァ神話とその他の神話とをほぼ同一の視野の中で把握しつつ、それを厳密に学問的分析の対象たらしめる作業は、現実にはもっぱら比較宗教学者・宗教史学者・神話学者に委ねられてしまっているのである。シェリングの神話論は、彼の絶対観念論の立場から神話を「絶対者の自己開示」として把握する典型的な思弁哲学的神話論であるが、カッシーラーの神話論は決してシェリングの場合と同じ意味での「神話の哲学」ではない。後述のように、カッシーラーは、神話論を構築する際、先ずカント哲学から厳密に「批判的‐超越論的」方法を継承する一方、同時に現代神話学生誕期の一九世紀後半から飛躍的な発展を遂げた経験的・客観的な比較神話学・比較宗教学を始め、言語学・心理学・人類学・民族学から得た知識を豊富に利用しつつ、神話的意識生成の普遍的法則性を認識しようとすることによって、まさにカント哲学の批判精神と現代文化科学の実証精神の総合として構築されているのがカッシーラーの「神話の哲学」なのである。まさにこのことが以下［Ⅱ］［Ⅲ］の論述において明らかにされるであろう。

しかし、カッシーラー「神話の哲学」の持つこのような独自の二元論的性格が、それへの接近を極めて困難ならしめているのも確かである。哲学の立場から迫ろうとする者には前記のごとき現代文化科学の諸分野への公平な目配りと洞察が要求される反面、逆にこのような個別科学の立場からカッシーラー「神話の哲学」への登頂を試みる者にとっては、カントを中心としたドイツ観念論と、さらにはカッシーラー自身のよって立つ新カント学派の哲学への正確な理解が無制約的な前提とされるからである。その著名さゆえにカッシーラーの著作は早くからイタリア語・スペイン語・英語に翻訳され、特に四年間の亡命生活を送ったアメリカでは大きな影響力をいまなお行使し続けているものの、少なくとも彼の「神話の哲学」については、雑誌論文の類は別として、それにふさわしい数の本格的研究はいまなお現れていないと言わざるをえず、筆者が入手した独語・英語のカッシーラー関連の文献について見ても、彼の神話論については、その骨格のみを指摘した要約的解説がほとんどであり、そのために、やむをえない仕儀とはいえ、結果的にはカッシーラー「神話の哲学」を満たしている見事なまでの知的豊潤さはすっかり止揚されてしまっているとの印象を受ける。

昨今、科学的思惟と神話的思惟の関連をめぐる問題について卓越した業績を発表し、カッシーラーを「最も重要な対立者・対話の相手」とすると宣言して大きな注目を浴びている、「批判的合理主義者」のドイツ・キール大学哲学教授クルト・ヒューブナー（Kurt Hubner, 1921–）は、世界的な規模で強烈な関心を集めている問題の書『神話の真理』第一部において、現代文化を神話と科学の分裂という視点を踏まえながら詳細な「神話解釈史」の叙述を試みる際、カッシーラーの「超越論的神話解釈」は、世紀の転換期に神話の儀礼論的‐社会学的解釈とそれに結びついたフィールドワークによって発掘された豊富な民族学的資料を眼前にして、これから得られる現実に関する実に多様な表象と、認識の形式はあらゆる意識にとってア・プリオリに同一でなければならないというカント的要請とをどのように調和せしめるか、換言すれば、神話がわれわれにはせいぜい夢想としてしか思われないような多数の表象を客観的なものとして把握するということはいかにして可能か、という問題に直面せざるをえない、と語っている[3]。ヒューブナーは、カント超越論哲学の継承者としてのカッシーラーにとっては、神話世界と認識の世界とはその内容・素材から見れば同一であって、何れにおいても「われわれが表象そのものの内に、表象の秩序が規定されているような規則を発見する」という点に注目し、カッシーラーの次の主張に注目する。

「表象がわれわれにとって対象的性格を獲得するのは、われわれが表象からその偶然性を剝ぎ取り、表象の内に普遍的なもの・客観的‐必然的な法則を提示することによってである。それゆえ、神話に対して客観性の問題が立てられるのは、われわれが神話にも、そこに内在する規則、それに固有の必然性が認識されるかどうかを探るという意味においてなのである[4]」。

つまり、ヒューブナーは、カッシーラーのこの発言の中に、神話の問題を認識の問題と同様にカント哲学の超越論的観点から把握し、宗教史や神話学・民族学・社会学などの提供する膨大な原資料の中から神話を神話たらしめる共通の客観的‐必然的法則を導き出そうとするところにカッシーラー「神話の哲学」の課題があり、カッシーラー自身この課題解決に見事成功していると語っているのである。例えば、

「以上の点から、カッシーラーはカント哲学の導きにしたがって進みながら、神話の根底には包括的・完結的な直観体系・概念体系が潜んでおり、それによって神話的経験の多様性が秩序づけられ、それが始めてこういった多様な経験を可能ならしめるということを発見したと言えよう[5]」。

しかしながら、ヒューブナーによれば、カッシーラーのこのような神話観は、「神話も、科学と同様に、特定の明瞭に存在論的な構造を指し示している」ということを語っているに過ぎないのである。同じような洞察は少なくとも

萌芽的にはヘーゲルやシェリングにも見られるのであるが、彼らからカッシーラーを区別せしめる根拠となるのは、「カッシーラーが始めて神話の存在論的構造を綿密に展開・説明しようとし、これによって彼は以後の研究に対してのみならず、なかんずく神話的存在論と科学的存在論との厳密な比較に対する基礎を置いた」[6]という点のみである。つまり、ヒューブナーは、基本的には、カッシーラー「神話の哲学」の理念がシェリング、ヘーゲル的宗教哲学の延長に他ならないことを指摘しているわけである。このことは、固有の神話学的視点からすれば、その肯定的姿勢にもかかわらず、カッシーラーが果たして前記文化諸科学の提出した客観的な資料に対してどこまで誠実でありえたか、という疑問が成立することを意味するであろう。次のデ・フリース（Jan de Vries, 1890–1964）のカッシーラー批判は、このような疑問をその根底に置いていると思われるが、何れにせよ、カッシーラーの「神話の哲学」がこのようにカント批判主義の哲学と比較宗教学・神話学などの現代文化諸科学の総合の上に構築された「神話的存在論」であるとすれば、この「神話的存在論」を理解しようとする側にも、それに対応しうる広い視野と理解力が要求されることになる。ヒューブナーの神話論が画期的業績であるとしても、第二部以下神話分析の材料が「ギリシァ神話」に限定されており、さらに第四部において「神話的なものの現在」を問う場合にも、対象はもっぱら現代絵画・ブルトマン神学の非神話化論・ヘルダーリンとリヒアルト・ヴァーグナーの神話論のみが考察の材料にされているという事実に目を塞ぐわけにはゆかない。とすれば、ヒューブナー自身の神話理解とカッシーラー「神話の哲学」批判そのものが問題となる。

オランダのヤン・デ・フリースはゲルマン神話学者として最高峰に位する碩学であるが、ゲルマン神話学・宗教史に関する古典的名著『古代ゲルマン宗教史』二巻本（*Altgermanische Religionsgeschichte*, Ⅰ–Ⅱ）の著者に相応しい、哲学ではなく宗教史学者・神話学者としての視座からのカッシーラー観を披瀝している。『宗教史のパースペクティヴ』

では、「神話は世界を各種のシンボルによって表現する。シンボリズムは現実を表現する。しかし、シンボリズムは現実を開示しもすれば、隠蔽もする。この事実はカッシーラーにとっては大して重要ではないのだ。彼の神話への関心は、科学において完璧に果たされるロゴスの観点からのものである」[7]。「カッシーラーにとっては、神話の主要特徴がそれのシンボルとしての性格の中に求められなければならないということは、われわれにも了解できないわけではない。このような性格は、例えば儀礼において実行することが何を意味するかと問うとき始めて生まれる。そして、たとえ彼の解答がいかに不条理に思われようと、それは将来この問いに対する意識的・合理的解答に連なる道の第一歩なのである。神話は仮の科学・幼稚な哲学だというのか？　エルンスト・カッシーラーほどの学者には、神話の問題に関する重要な視点を語ってくれるものと期待したいのはやまやまだが、彼はまだ神話の本質に迫っていない。カッシーラーはまさに神話の中心問題を回避しているのだ」。そして、デ・フリースは、自らのこのような否定的なカッシーラー評価の根拠を、Ｅ・ブュッスの次のようなカッシーラー批判から引き出している。「カッシーラーが神話に関心を抱くのは、実際には、神話が道なき世界に迷い込ませる暗く、混乱した道や回り道であり、この道を通って科学や芸術のロゴスが、あらゆる抵抗を克服しつつ自分を発見する、そのかぎりにおいてにすぎない」[8]。

端的に言えば、一部疑問形で表現されてはいるが、カッシーラーは卓越した研究者でありながら、基本的には科学的ロゴスの立場から、神話を科学や芸術以前の混沌たる世界、せいぜい「仮の科学・幼稚な哲学」として把握していると見なしているというヤン・デ・フリースやブュッスのカッシーラー神話論批判は、カッシーラー「神話の哲学」のカント哲学的背景への配慮が必ずしも十分ではない、もっぱら比較宗教学・神話学の視点からの批判の典型的なものであろう。

しかしながら、カッシーラー「神話の哲学」に対するこういった批判は批判として、恐らく現代において、「シンボル」(Symbol) という特異な方法論に則ってとはいえ、カッシーラーの営為を凌駕するスケールと視野とを持って「神話」の問題に真っ向から取り組んだ「哲学者」は皆無だという事実については疑うべくもないであろう。すでに明らかなように、彼の神話理論は、宗教史・比較神話学・民族学・言語学といった現代文化諸科学が人間や文化の源泉について露にしたさまざまなデータの哲学的意義を査定し、原初的な思惟のモードを一般認識論の本質的な部分として評価しようとする、真にエポックメイキングな試みに他ならないからである。確かに物理学・生物学・心理学に由来するデータを分析して、それぞれ独自の認識論構築に応用した二〇世紀哲学者は多い。だが、カッシーラーのごとく、これら二〇世紀哲学者と共通の路線を辿りながらも、同時になかんずく人類学的資料に強烈な関心を寄せた哲学者は存外少ないのである。

これと同じ状況はカッシーラーのシンボルの概念についても存在する。現代多くの哲学者が特に「信号」(Signal)・「記号」(Zeichen)・「シンボル」(Symbol) 三者間の差異という観点から「シンボル」の本質に関心を向けはするものの、その関心の対象はほとんど論理学や意味論の問題に限定されているのである。これに対して、カッシーラーのシンボル論は、シンボル化の能力を人間の思惟の際立った特質と見なし、あらゆる認識をシンボル的なものとして思量するという独自の視点から構築されている。カッシーラーにとって、「シンボル」の本質は認識論における特殊な一問題ではなく、まさに根源的にして中心的な問題なのである。著作中最大のボリュームを誇る彼の主著が「シンボル形式の哲学」(Philosophie der symbolischen Formen) と呼ばれる所以である。(9)

一方は哲学者、他方は文化 (社会) 人類学者という違いはあるものの、前記の事柄との関連で言えば、カッシーラーの神話哲学に比肩しうる神話論の構築者の代表としてクロード・レヴィ＝ストロース (Claude Lévi-Strauss, 1908–2009) を挙げても異論はないであろう。両者にとって神話研究は人間と文化を理解するための鍵であり、神話を「シンボル」として、精神と現実・自我と経験世界との間隙を媒介するものとして把握する点において、まさに両者の拠って立つ立場は共通していると言わなければならない。とはいえ、この間隙の内に成り立つ神話を探求・規定しようとする彼らの作業は同一であるにもかかわらず、哲学者と人類学者として、ある場合にはクロスしつつ、ある場合には分岐しながら、時には相対立する方向に向かうという仕方で、彼らの辿る路線にはもとより違いがある。

結局これは神話問題に立ち向かう際の両者の抱負の違いによると考えることができよう。一方は人類学者であるよりも決定的に哲学者であり、他方は哲学者であるよりもむしろ徹底的に人類学者である。カッシーラーが人間の普遍的精神に関心を寄せる所以は、それこそが彼の神話的文化現象考察のアルファにしてオメガだからである。彼の神話論に登場してくる「神話的意識の弁証法」というタームが示すように、カッシーラーはこの普遍的精神の考察に際して弁証法に規定された鮮やかな螺旋階段を上ってゆく。レヴィ＝ストロースの対象も人間の精神であり、その普遍性であるが、彼は堅実に、文化一般からではなく、さまざまな文化を有する経験世界から出発する。そして、その道程は優雅でもシンプルでもなく確かでもない。精神－シンボル－現実という基本的構造の観点から、カッシーラーは、精神の活動に依存しつつ現実を包含するシンボルの力学を組み立てようとし、レヴィ＝ストロースはさまざまな精神がすでに創造しており、それの了解を可能ならしめるような諸形式を探索する。一方はプロセスに力点を置き、他方は形式を強調する。一方にとっては感情の力が問題であり、他方にとっては合理的知性が課題である。しかしながら、このような比較対比は完璧と言うわけではない。それは所詮強調の問題に過ぎないとも言えるからである。当面、われわれとしては、視点と方法論の相違があるものの、神話とシンボルという対象に強烈な光を投射する点において、カッシーラーとレヴィ＝ストロースは、哲学者と人類学者のカテゴリーを超えてまさに「神話学者」であるという点において、学的探索の地盤を共有する現代の代表的な思想家であると言うことができるのである。

両者における神話学者としてのこの学的地盤の共通性が最も鮮明に表現されているのは、カッシーラーの『シンボル形式の哲学』第二巻『神話的思惟』とレヴィ＝ストロースの『野生の思考』（*La pensee sauvage*, 1962）における、未開社会の「神話的思惟」の本質の分析の中であろう。周知のように、後者の最も根本的な特質は、「神話的思惟」が高い文化段階の「科学的思惟」と質的に異なる低次の段階に属すると見なしてきた伝統的な見方に対立して、それを人間の思惟様式においてむしろ「科学的思惟」と相補う関係にあることを明らかにする点にある。同一の理解の方向は、文化哲学のより広いパースペクティヴから、『シンボル形式の哲学』第一巻『言語』の中で、カッシーラーは例えば次のような表現で述べている。「哲学的思惟はこれらの（精神が客観的と考えられるものに対して取る）方向のすべてに立ち向かう――単にそれらの方向の一つ一つを個別的に追求するとか、それらの方向を全体として概観しようといった意図からではなく、それらの方向をある統一的な中心点、ある理念的な中心に関連づけることが可能でなければならないという前提を持ってである。しかし、この中心は、批判的に考察すれば、決して所与の存在の内にではなく、ある共通の課題の中にのみ在りうるのである。かくて、精神文化のさまざまな所産、つまり言語・科学的認識・神話・芸術・宗教は、すべてそれぞれの内的差異にもかかわらず、唯一の大きな問題連関の一部となるのである」（PSF. I. 11f. 第一巻三三頁参照）。カッシーラーにとって、「シンボル形式の哲学」が究極において意図するのは、前記第一巻の「はしがき」によれば、単に世界の科学的認識の一般的諸前提を探求するだけでなく、右の引用文の語るごとく、言語・神話・芸術・宗教といった、世界を「了解する」（verstehen）さまざまな基本形式を相互に画定し、それぞれを可能なかぎり明確にその固有の傾向と精神的形式とにおいて把握することによって、「精神の表現形式に関する一般理論」を確立することであったが（PSF. I. V 第一巻九－一〇頁）、K・ノイマンは、彼のカッシーラー論の中で、科学のみならず言語・神話・芸術・宗教はすべて人間意識の根源的なシンボル化機能の表現であると解することによって、「カッシーラーは自分の文化哲学の完全なアスペクトを発見したと確信している。それゆえ、ここで論究されるカッシーラーの哲学の根本問題は、哲学的なシンボル論に基づく構造主義的な文化人類学の理念の内にある」[10]と語って、カッシーラーとレヴィ＝ストロース両者がまさに「構造主義」の理念において深く連なることを示唆している。

カッシーラーの死の翌年一九四六年八月、ニューヨーク言語学サークル雑誌『言葉』の第一巻第一一号に「現代言語学における構造主義」なるカッシーラーの論文が掲載されたが、この中でカッシーラーはこんなふうに述べている。「本論で明瞭にしたいと願ったのは、構造主義が孤立した現象ではないという事実である。むしろこれは、過去一〇年間に学問研究の分野でますます支配的となってきた一般的思想傾向を述べたものである」[11]。この中には、カッシーラー自身の言葉による、彼とレヴィ＝ストロースとの拠って立つイデー上の深い相関が語られていると言ってよい。

ロンドン大学ベドフォード・カレッジのロジャー・シルヴァーストーン教授は、彼の論文「エルンスト・カッシーラーとクロード・レヴィ＝ストロース　神話研究への二つのアプローチ」の中で、論文名通りのカッシーラーとレヴィ＝ストロースにおける神話とシンボルの理解をめぐる同一性と差異性についてこんなふうに述べている。「こういうわけで、レヴィ＝ストロースにとってはシンボルが文化であるが、カッシーラーにとってはその逆が真理であって、文化がシンボルだと言いえよう。なかんずくわれわれの到達する逆説というのは、精神の不変性に固執して人間の一貫性を探索しつつ、この一貫性が絶えず深刻に変化するものであることを発見するのがカッシーラーであるとすれば、レヴィ＝ストロースは、文化のヴァリエイションにこだわりながら、歴史の破壊行為すら決定的に壊すことは絶対不可能なごとき精神の一貫性を探るということである。カッシーラーの一貫性は動的で創造的であり、シンボル的なもの自体の中に発見しうるが、レヴィ＝ストロースの一貫性は究極において静的で、人間の思惟の生理学的遺伝子の中に見出される。それゆえ、カッシーラーは神話がその内部に位置づけられるべきシンボリックなものの空間を規定する。そうすることによって、レヴィ＝ストロースの営為にそれを際立たせると同時にその限界をも示すことのできる哲学を提供するのである。かくて、神話に対する二人のアプローチの違いは、表面的には、彼らの営為のコンテクストを明確にする哲学―人類学の対立にすぎない。この対立の下に、相互に依存し合いながらも別々のターゲットが横たわっているのである。つまり、カッシーラーは神話を創造する精神、精神の力の全体を探るのであるが、レヴィ＝ストロースは神話の伝えられた複雑さの中にメッセージを探るのである。一方における精神の統一的な力は他方における意味と対象の緊張関係に対立している」[12]。

シルヴァーストーン教授は、神話に対するカッシーラーとレヴィ＝ストロースの姿勢をこのようにごく一般的に比較対照した後、さらに『シンボル形式の哲学』と『構造人類学』（*Anthropologie structural*, 1958）や『野生の思考』（一九六二年）といった主要著作に盛られた思想をさらに細かく分析・対比してゆくわけであるが、これ以上の両者の本格的な比較検討のためには別稿を必要とするであろう。

なお、シルヴァーストーン教授のこの論文に触発されたR・M・ペプロウも、その著『人間に対する問いかけとしてのエルンスト・カッシーラーの文化哲学』の最終節（「レヴィ＝ストロースとカッシーラーにおける神話の位置をめぐって」[III. 5・5/1・5/2]）において、シルヴァーストーン教授の両思想家理解をほぼ是認しつつ、自身もカッシーラーとレヴィ＝ストロースの神話論の立場をこんなふうに対比的に把握している。ペプロウによれば、神話の取り扱い方に基づく比較が可能であって、追究するパースペクティヴは類似しているものの、アクセントの置き方において決定的に異なるのである。より厳密に言えば、カッシーラーはむしろ「生産的な主体性」に関心を抱き、したがって神話的意識の中で働いている「Energeia」（力）に狙いをつけるのだが、レヴィ＝ストロースは神話をロゴスの形式と見なす。彼の合理主義的な神話解釈は神話の「Ergon」（成果）、つまり「神話の作用」（Werke des Mythos）「神話の体系」（mythologica）を対象にするのである[13]。ペプロウがレヴィ＝ストロースの四巻本の大著『ミュトロギカ』（*Mythologica*, 1964–71）に特別な関心を払うのはそのためであるが[14]、結局ペプロウはカッシーラーとレヴィ＝ストロースの神話理解の特質を、シルヴァーストーン教授の見解を意識しながら、このように総括している。

「カッシーラーにとって神話的思惟はなかんずくシンボル化活動の一型式にすぎない。人間のシンボル生産の全体像を知る上で神話的なものは不可欠ではあるが、シンボル的なものの全アスペクトが神話的なもので探れるわけではない。それに対して、レヴィ＝ストロースの場合、神話の論理の発見は、神話によってすでに人間の思惟の論理そのものが表現されているという見解と結びついている。神話の論理的関連を追究する人類学者は自ら一つの神話を構築するわけであるが、一方神話を生み出す精神を探索する哲学者はロゴスによる神話批判のイデーを遵守するのである[15]」。

以上われわれは、カッシーラーの「神話の哲学」をめぐって、ギリシァ神話とゲルマン神話の研究を基盤として現代神話学を構築する卓越した二人の研究者——ヒューブナーとデ・フリース——の理解と批判、及び構造主義の代表的な神話学者——レヴィ＝ストロース——の立場との類似性・差異性に注目してきた。既述のように、カッシーラーの「神話の哲学」に対するこういった三人の神話学者のそれぞれの理解・批判・類似性・相違性などの厳密な確認、さらにはこれら以外のさまざまな立場からのカッシーラー「神話の哲学」に対する評価を吟味するためには、もとよりこの哲学の全体像を正確に把握する営為を通して遂行されるべきものであり、われわれにとっては今後の課題としたいと思う。

しかしながら、以上のごときカッシーラー「神話の哲学」に対する現代神話学・宗教学の視座からの否定的評価の反面、カッシーラーの「神話の哲学」自身が神話学・宗教学その他の現代文化諸科学に対するこのような懐疑と批判をその成立の無制約的前提としており、むしろこの「神話の哲学」全体が、まさにこのような懐疑と批判自体に他ならないと言いうるのである。われわれはこの点を差し当たっては『シンボル形式の哲学』第二巻「神話的思惟」の「はしがき」(Vorwort) を通して確認してみたい (PSF. II. VII–XIV 第二巻七–一八頁)。

カッシーラーによれば、この第二巻『神話的思惟』が本来意図するところは、批判的・超越論的哲学からの「神話的意識」の批判である。しかし、このような目論見は最初から「無謀な冒険」とも「逆説的な試み」とも見なさざるをえない。そもそもカント哲学の意味での批判は「哲学的な問いかけが向けられる事実 (Faktum) が現前している」ということを無制約的に前提としつつ、そのような「事実」についてそれが可能となるための条件を問うことに他ならないのである。だとすれば、そもそも神話世界はこのような批判の対象たりうるごとき、そして理論的認識や芸術・道徳的意識に比肩しうるごとき「事実」なのか、むしろ単なる「仮象の領域」に属するものではないのか、といった疑問を呈さざるをえないのである。そして、もし神話がかくのごときものに過ぎないとすれば、「本質学」(Lehre von Wesen) としての哲学、なかんずく「存在」(Sein) の思想を自らの根本的・根源的問題とする哲学的観念論の立場からすれば、神話世界は当然分離・放逐されるべき「仮象」の、「非存在」(Nicht-Sein) の領域に転落せざるをえないことになる。その意味で、パルメニデス以来哲学の歴史の中で神話世界が決定的に克服・忘却されてきたかの観があるのは当然であった。この思想的伝統を突き崩して、神話を長い忘却の彼方から呼び返したのが一九世紀初頭のドイツ・ロマン主義であり、その立場を代表するシェリングのごときは、積極的に自らの哲学体系において神話世界に確固たる位置を与えたのである。

しかしながら、神話世界に対するこういった長期にわたる否定的・無関心的状況を覆す上で決定的な役割を演じたのは、本付論の以下二つの節において詳しく検討するように、特にドイツ・ロマン主義とほぼ同時期に始まり、その後飛躍的発展を遂げることとなった実証主義的神話研究である。カッシーラーは「はしがき」の中ではいまだ具体的な研究者名は挙げていないが、それらの研究領域が比較神話学・比較神話研究・体系的宗教学・宗教史・民族学、さらに発達心理学・一般民族心理学であることを暫定的に明らかにしている。彼は、これらの学は確かに神話の「形式」(Form) の哲学的分析を行ったわけではないが、今日われわれに神話の「素材」(Materie) を極めて豊富に提供し、この領域で果たされた研究成果を通して、神話研究の抱える根本問題への関心を新たに活性化するという重大な貢献を果たしたのである。このような意味で、カッシーラーは、現代の実証主義的な文化諸科学が、神話世界への関心復活に対して有する重大な役割を躊躇なく承認する。『シンボル形式の哲学』第二巻におけるカッシーラーの「神話の哲学」全編が、前記のごとき文化科学から導き出された神話学的結論との対決乃至対話によって貫かれており、端的に言えば、カッシーラーの「神話の哲学」というのは、まさにこの種の神話学的結論の哲学的分析に他ならないと言っても差し支えないであろう。

とはいえ、カッシーラーが現代精神文化諸科学による神話関連の結論に敢えて哲学的分析を施す所以は、もとより新カント学派の哲学者としてのカッシーラーにとって、それらの結論が極めて不満足なものに留まらざるをえなかったからである。その理由は、カッシーラーによれば、比較神話学・体系的宗教学・宗教史・民族学等の現代文化科学が神話の「素材」に関連してもたらした成果は、実に豊富・多彩ではあるにもかかわらず、これら諸学の立場では、「この多様で不均質の素材の統一性という体系的問題が、もはや今日ではまったく立てられていないか、あるいは問題が提起されていても、もっぱら発達心理学か一般民族心理学の方法で解決しようと試みられている」(PSF. II. VI II 第二巻八‐九頁)、という点にある。つまり、現代実証科学の成果として神話に関する多くの材料が山積されながら、それらを厳密に学問的・客観的に体系づける統一的な視点が欠落しているという事態が問題なのである。この点に関しては、先に挙げた発達心理学や一般民族心理学の方法論を用いて、神話の起源を特定な「人間の本性」に還元し、この人間本性における「根源的萌芽状態」から神話が生成・発展してきた過程をつかさどる「心理学的規則」を発見したことで、神話世界の全体像を樹立しうる統一的視点が獲得したと解される場合がある。しかし、これは所詮単なる「心理学」乃至「心理学主義」(Psychologismus) の立場であって、「客観的妥当性」を自立的原理とする哲学の立場からすれば、むしろこの種の「心理学主義的解明」は徹底的に排除すべきものに他ならないのである。なぜなら、哲学の立場にとっては、神話の本質の認識を神話発生の心理的・心理学的諸条件の洞察の意味と解することは、結局、神話の自立的・客観的存在性を剝奪し、それを単なる「主観的幻想」と同義たらしめることに他ならないのである。その根拠を、カッシーラーは、次のような表現でも語っている。「神話的意識という直接的・無差別的統一体の中に安らっている段階……このように (神話的意識に) 囲い包まれている状態から、認識の理論的基礎概念……さらには経済・芸術・技術などの個々の形成物が、至極ゆっくりとのみ解き放たれるのである。そして、こういった発生的連関は、単なる発生的連関として考察され、受け留められるかぎり、その本来の意味と深さにおいては把握されていない。精神生活の場合いたるところでそうであるように、ここでもむしろ生成は一つの存在に立ち帰るように指示する。この存在なくしては生成は了解されず、それ固有の真理においても認識されないのである」(PSF. II. I X 第二巻一一頁)。こそして、精神の個々の所産の母体としての普遍的・無差別的な神話的意識は、決して「幻想」でも「不可解な謎」でも「形なきカオス」でもなく、それこそまさしくあらゆる形式の精神文化を「精神の形成作用の固有の様式」として生成・認識せしめる根源的な「存在」そのものなのである。

かくて、カッシーラーによれば、神話の問題は一切の心理学的乃至心理主義的隘路を超出して、知識は最も単純な感覚的意識の出発点から漸次生成発展しつつ絶対知に到達するという、ヘーゲル『精神現象学』における学的認識の生成のイデーに直接するのである。つまり、ヘーゲルにおける感覚的意識と学的認識の関係は、カッシーラーの主張する神話的意識と言語・認識・芸術・宗教といったシンボル形式の関係に当てはまるのである。否、カッシーラー的により積極的に言えば、シンボル形式を取る「精神文化の基本的諸型式」は、その真の出発点を、ヘーゲル的な「感性的なものの領域」というよりは、むしろ「神話的直観の領域」の中にこそ見出さなければならないのである。ヘーゲル『精神現象学』の用語を借りれば、「自己意識」がまさに「自己意識」として顕現する前には、それは「神話的意識の諸形象」の内にあり、その中で生きていると言いうるのである。「けだし、神話的な層を出発点とする精神の生成発展の過程を通観することによってのみ、われわれは始めて真理の体系を明らかにすることができると信ずるからに他ならない[16]」。

神話的意識の真理認識の過程に対する根源的・存在論的意味をこのように決定的に重要視することは、もちろん認識形式の内部におけるミュトスとロゴスとの厳密な区別を等閑視するとか、神話と歴史の区別は不可能と主張することによって、結局は歴史を有力な存在基盤として成立している精神科学の全体系をも完全に神話の次元に移してしまうといったことを意味するわけではない。だが、それならば、このような仕方での学の領域に対する神話の不当な侵入や干渉を防御する手段は存在するのか？　カッシーラーが提示する唯一の方法は、まさしく「神話をあらかじめ神話固有の領域の内部で、神話が精神的にいかなるものであり、精神的に何をなしうるかを認識しておく」というやり方である。なぜなら「神話の精神構造の分析を通してのみ、一面では神話独自の意味が、他面では神話の限界が規定せられる」（PSF. II. X 第二巻一六頁）からである。

カッシーラーは、「神話の克服は、神話の認識と承認に基づかなければならない」（PSF. II. X 第二巻一六頁）と言う。

かくて『シンボル形式の哲学』第二巻『神話的思惟』の掲げる課題が、まさしく神話的意識の徹底的な分析・解剖によるそれの「克服」にあることが鮮明に語られているわけである。そして、そのための方法論をカント批判哲学の精神に則ってさらに厳密に検討した部分こそ、第二巻『神話的思惟』「序論」の「神話の哲学の問題」の一章である。本付論の主たる目論見はこの「序論」におけるカッシーラーの方法論的見解を誠実に追思惟（nachdenken）することである。

注

＊　カッシーラーの著作の内『シンボル形式の哲学』三巻についてはその第一版 Cassirer, Ernst, *Philosophie der symbolischen Formen*. Erster Teil: Die Sprache（1923）, Zweiter Teil: Das mythischeDenken（1925）, Dritter Teil: Phanomenologie der Erkenntnis（1929）を用い、翻訳は木田他訳『シンボル形式の哲学』岩波文庫、全四巻を参照した。（PSF.I. 1　第一巻一頁）といったふうに記載表示している。なお訳文については必ずしも日本語訳のものと同一ではない。『シンボル形式の哲学』以外のカッシーラーの著作については、その都度本文中で表示した。

（1）　Verene, Donald, Cassirer's view of myth and symbol, in : *THEM ONIST*, L（1966）, p.554.

（2）　『北欧神話・宇宙論の基礎構造――〈巫女の予言〉の秘文を解く』白凰社、一九九四年、二五六―二六五頁。

（3）　Huber, Kurt, *Die Wahrheit des Mythos*, München 1985, S. 63–66.

（4）　*ibid.*, S. 64.

（5）　*ibid.*, S. 66.

（6）　神話論と科学論をめぐるカッシーラーとヒューブナーの比較研究については次の文献を参照。Tomberg, Markus, *Der Begriff von Mythos und Wissenschaft bei Ernst Cassirer und Kurt Hubner*, Münster 1996, insb. S. 202–218.

（7）　de Vries, Jan, *Perspectives in the history of religions*, London, 1967, p.170.

（8） de Vries, *Forschungsgeschichte der Mythologie*, München 1961, S. 347. Vlg., Buess, E., *Die Geschichte des mythischen Erkennens*, München 1953, S. 103.
（9） Cf. Verene, *op.cit.*, p.553.
（10） カール・ノイマン「カッシーラー象徴」シュペック編『大哲学者の根本問題〔現代Ⅱ〕』針生・駒井・柴田共訳、富士書店、昭和五八年所収、一一〇頁。
（11） Cassirer, Ernst, Structuralism in modern linguistics, in : *WORD*, Vol. 1, no. 11, Augaugust 1946, p.120.
（12） Silverstone, Roger, Ernst Cassirer and Claude Levi-Strauss. Two Aproaches to the Study of Myth, in : *Archives de Sciences sociales, des Religiones*, no. 41 (1976), p.27.
（13） Peplow, Ronnie, M. *Ernst Cassirers Kulturphilosophie als Frage nach dem Menschen*, Wurzburg 1998, S. 178.
（14） *ibid.*, S. 178–182.
（15） *ibid.*, S. 182.
（16） カッシラア『神話——象徴形式の哲学第二』矢田部達郎訳、培風館、昭和一六年、四頁。

［Ⅱ］ シェリング「神話の哲学」の受容と批判

カッシーラーが「神話の哲学」の成立問題に立ち向かう際のアプローチの特異性は、新カント学派の現象学的方法を窺わせる仕方で、その関心を神話自体よりも、神話を創造するに到る意識過程に向けることである。そして、例えば自然科学基礎論に関する数々の業績が示すごとく、本来経験的認識の根拠を探求しようとする彼の欲求も極めて強烈ではあったが、同時に経験的事物や特性の世界の認識には、神話的な力によって特徴づけられる世界が先行しており、ギリシァ哲学はその精神的な力をこういった神話的要素の基礎から引き出し、かつそのパースペクティヴをこのような基礎に基づいて創造したという歴史的事実に対して、カッシーラーは極めて誠実であった。『シンボル形式の哲学』第二巻『神話的思惟』の序論冒頭における、「神話的意識の内容の哲学的考察と、この内容の理論的把握と解釈の試みは、学問としての哲学の最も初期の始原にまで遡る。他の大きな文化の諸領域よりも早く、哲学は神話とその形成物に向かっている」(PSF. II. 3 第二巻二一頁)。というカッシーラーの主張がこのことを裏付けている。

神話の哲学の原理を探索する際のカッシーラーのこのような方法論的自覚は、実際には二つの方向を取って展開される。第一の方向は、なかんずくシェリングの『神話の哲学』の神話論を中心とした、若干の哲学的神話理解との対決であり[1]、第二の方向は、第一の方向を踏まえながら、いわゆる「比較神話学」に代表される経験的神話研究との対決である。これら二つの方向を媒介としてカッシーラーは自らの「シンボル形式としての神話」という独自の神話哲学の立場に到達するのである。われわれは、以下において先ず、特にカッシーラーのシェリング神話哲学との対決という第一の方向を確認してゆくことにする。

カッシーラーによれば、神話乃至神話的思惟と哲学との関係は、神話的思惟と対決して初めて哲学は自分自身の概念を把握し、自分自身の課題を明瞭に自覚することができると言わざるをえないほど緊密である。というのも、哲学的欲求が「世界考察や世界解釈」を理論的に行わんとした時、先ず対決せざるをえなかった相手は、「直接的な現象の現実」ではなく、むしろ神話的思惟によって把握・刻印された現実だったからである。この段階では、世界はいまだ経験的意識には与えられていない。「神話的思惟と神話的空想」の雰囲気に包まれつつ、「神話的な力、神話的な作用の全体」とし現前せざるをえない。このような状況の中で、哲学がそれ本来の独自の立場を獲得するためには、長期にわたる人間理性の苦闘を必要とせざるをえなかったからである。

カッシーラーは、このような神話的思惟と哲学的欲求との対決の最初の場面を、初期ギリシァ哲学の「アルケー」(αρχη) の概念の中に発見している。彼の見解では、この概念は、神話的な見方と哲学的な見方との中間的な立場の間、いわば「神話と哲学との境界線」上を揺れ動いている。というのも、「始原」という厳密には神話的な概念と「原理」(Prinzip) という哲学的な概念との移行点・中立点を意味しているのが「アルケー」だからである。存在概念そのものの中に「分離」を持ち込むエレア学派の「批判」の立場が登場するに及んで、「ロゴスの世界」が「神話的な諸力や神話的な神々の像」から明瞭に区別されるようになった。これによって確かに「logos」と「mythos」との単純な並列関係はもはや不可能になったものの、それにもかかわらず「ミュトス」が「ロゴス」の「前段階」であるという仕方で前者の存在根拠を主張し、正当化しようとする試みは廃れることはなかった。ここに誕生したのが「寓意的神話解釈」(allegorische Mythendeutung) である。

この「寓意的神話解釈」というのは、神話が真理自体を直接開示するものではないとしても、反省によってその本質の摘出が可能なごとき「合理的認識内容」を含んでいるという意味で、間接的には依然として真理を表現しているとする解釈の立場を表明するものである。この種の立場を典型的に表明しているのが、カッシーラーによれば、紀元前五世紀以降、つまり啓蒙時代以降のギリシァ哲学者、なかんずく「ソフィストたち」の神話解釈であった。彼らは、自らの新たに創建した「知恵学」(Weisheitslehre) によって、神話から経験的認識への転換を図ったのである。「神話は、通俗哲学の概念語に置き換えられることによって、思弁的真理であれ、自然科学的真理であれ、あるいは倫理的真理であれ、そういった真理を纏う衣装として理解されることによって、〝把握〟乃至〝解明〟されたのである」(PSF. II. 4 第二巻二三頁)。

カッシーラーから見れば、「ソフィストたち」や「修辞学派」のこのような寓意的神話解釈を、哀れむべき「機知の遊戯」に過ぎないものとして拒否したのは、自分自ら神話的なものを創造する独自の力を直接生き生きと発揮してやまなかった思想家プラトンであった。プラトンにとって、彼らのやり方での神話分析は所詮「垢抜けのしない無理な知恵をふり絞ること」（Phaedrus, 229D）でしかなかったのである。確かにプラトンは、神話的世界を、純粋認識全体と比較対照しつつ、「知の一形式・一段階」に過ぎないものとして見なしたことによって、神話的世界の意義を全面的には受け入れなかった。だが、神話が少なくとも「特定領域の対象に必然的に適合し、適切な表現としてそれに対応するような形式」として把握することによって、プラトンは神話が「一定の概念内容」を包含していることを承認したのである。「存在するもの」については論理的・数学的な「真知」を獲得することができるが、絶えず「生成するもの」に対しては神話的に表現する以外すべはなく、その意味において、神話とは、プラトンの場合、「ひとりそこにおいてのみ生成の世界が表現せられるような概念語」に他ならないのである。かくて、たとえ哲学や厳密科学は「真理」を表現し、神話は「真らしさ」（Wahrscheinlichkeit）を表現するものとして峻別されなければならないとしても、プラトンにおいては、神話が「世界把握の特定な、それなりに必要不可欠な機能の一つ」（PSF. II. 5 第二巻二四頁）として肯定的に受容されるのである。もっとも、プラトン学派の哲学にとっても、神話は真に創造的・形成的な動機としての役割を演じはしたものの、プラトン本人において獲得された、以上のごとき「深遠な見解」も、その後の思想展開の中では確固不動の真理としての地位を保持し続けたわけではなかった。事実、ストア学派や新プラトン主義のみならず、中世やルネッサンスの時代には、再度かの「寓意的神話解釈」に逆戻りしてしまうのである。そして、カッシーラーによれば、この新プラトン主義の思弁の根本的特徴は、さまざまな神話的形象の「実体としての客観化」（objektivierende Hypostase）であった。

近世哲学の神話理解において明確に「主観的なもの」へ方向転換が生起し、かくて「神話は哲学の問題となる」

(PSF. II. 6 第二巻二五頁)。神話が改めて「精神」(Geist)の根源的な方向の一つ、意識乃至認識を形成する本質的な方法の一つとして存在することが自覚されたからである。「精神の包括的な体系性が要求されるところでは、考察は必然的に神話にまで遡る」(PSF. II. 6 第二巻二五頁)、とカッシーラーは言う。と同時に彼は、この点で、イタリアの思想家ジャンパッティスタ・ヴィーコ(Giambattista Vico, 1668–1744)の哲学に特別高い評価を与える。カッシーラーによれば、ヴィーコは近代言語哲学及び神話学の創始者と見なしうるからである。精神の統一的理念の純粋にして真なる語義は、言語・芸術・神話のトリアーデによって可能になるというのが、ヴィーコの見解であった。

ところで、このようなヴィーコの思想を継承しつつ、さらに「体系的な厳密さ・明瞭性」にまで高めたのは、ドイツ・ロマン主義の文学と哲学であった。その代表的思想家としてのシェリングは、すでに二〇歳の時親友ヘルダーリン(Friedrich Holderlin, 1770–1843)の影響により、客観的精神の体系構築を企画することによって、「理性の一神論」(Monotheismus der Vernunft)と「構想力の多神論」(Polytheismus der Einbildungskraft)とを統合せんとして「理性の神話学」(Mythologie der Vernunft)の創造を主張したが、この目的実現のためにシェリングはカントの批判哲学の立場に立ち帰り、「カントが理論的・倫理的・審美的判断のために提起した〝起源〟という批判的問題は、シェリングによって神話と神話的意識の領域に移される」(PSF. II. 6 第二巻二六頁)、とカッシーラーは主張する。そして、カントにおいても、この問題は決してそういった判断の起源や初源を心理学的に問うことではなかったが、シェリングの場合も、問題は神話や神話的意識の心理学的発生にあるのではなく、それらの「純粋な存立と実質」(reine Bestand und Gehalt)こそが問われるべきであった。そして、シェリングにとって、このことは何よりも、「神話がいまや、認識・道義・芸術のごとく、外部から持ち込まれる価値や現実性の尺度によって測られるべきではなく、その構造上の内在的な法則によって把握されるべき、独立的・自己完結的世界として現れる」(PSF. II. 6f. 第二巻二六頁)

ことを意味するのである。かくて、神話の世界を単純な間接的な手段によって理解可能なものにしようとする一切の試みは、断固拒否されることになる。シェリングの「神話の哲学」においては「寓意の原理」は克服されるのである。

カッシーラーは、『シンボル形式の哲学』第二巻『神話的思惟』の「序論」において、青年期に始まるシェリングの神話理解の基本的傾向をこのように指摘した後、さらにシェリング後期哲学の展開にとって重要な役割を演じる『神話の哲学』（*Philosophie der Mythologie*）の神話理論に独自な立場から精密な分析を加えつつ、かつそれとの対決を通してカッシーラー自身の神話哲学構築へと向かってゆくのであるが、われわれは彼のこのシェリング神話哲学との取り組みをさらに詳細に辿ることによって、両者の神話哲学の同一性と分岐点を探ることにする。

カッシーラーは、シェリング神話哲学の基本理念がひとまず神話の「自意的解釈」（tautegorische Deutung）という立場に集約されていると考える。つまり、神話的創造を「それ自身から、それ独自の意味付与・形態付与の原理から把握されなければならない精神の自律的形成物と見なす」（PSF. II. 7 第二巻二六頁）という立場である。カッシーラーによれば、シェリング神話哲学の最も重要な功績は何よりも、このような「自意的解釈」の立場から「寓意的神話解釈」を拒否した点にある。しかし、さらにシェリングにとっては、寓意的解釈のみならず、神話を歴史の初期段階と解する「エウエメロス」（Euhemeros）説的解釈（神話の神々を英雄的人間の神化と見なす合理主義的・人間論的解釈の立場・筆者注）も、さらに神話を一種の原始的な自然解釈と見なす自然学的解釈も、神話の本来的な研究たりえないのである。何れの解釈も、「自意的解釈」の原理を無視して、神話的なものが意識に対して有している「独自の実在性」を説明しないで、むしろこの実在性を雲散霧消させ、否認するからである。真の神話哲学は、神話を「作り話」として貶めるのではなく、「独自な様式の必然性」に従う、精神の独自の産物と解することをもって開始しなければならない。もし神話が単なる「作り話」に過ぎず、それ自身の内に本質的真理を持たないものなら、それは「本質の学」

(Lehre vom Wesen) としての哲学がおよそ関知せざるところでなければならない。確かに一見、「真理と神話」、したがってまた「哲学と神話」との間には、媒介不可能な断絶が存在するかのごとくであるが、シェリング自身も言うごとく、「しかしながら、まさしくこのような対立の中にこそ、一見非理性と見えるものの内に理性を、無意味と思われるものの内に意味を発見すべしという明確な要請と課題が存在しているのである……その意図するところは、(神話の) 形式さえもが必然的なものとして、そのかぎり理性的なものとして現前してくるように仕向ける、というところにあるのでなければならない」(PSF. II. 7f. 第二巻二七–二八頁。Schelling, *Einleitung in die Philosophe, der Mythologie*, S. 222f.)。このように神話の「内なる法則」を探索することによって、神話の本質をめぐる二つの主要なアスペクトが提供される。⑴自己意識の一型式としての神話の基礎づけ、⑵絶対者の自己展開過程における一モメントとしての神話解釈。

第一のアスペクトは、神話を歴史に決定的に影響を与え、逆にこの歴史によっては規定されえない意識のダイナミックな形式として提示する。「ある民族にとっては、その歴史によって神話が規定されるのではなく、逆に民族にとってはその神話によってその歴史が規定されるのである。——あるいはむしろ、神話が歴史を規定するのではなく、むしろ神話はそれ自身がこの民族の運命であり、民族に最初から下された宿命なのである……シェリングは、発明家・詩人あるいは一般に個人といったものの代わりに、最初に人間の意識自体を置き、それを神話の発祥の地として、神話の Subjektum agens (作用主体) として証明したことを、はっきりと思想に対する自分独自の貢献として要求している」(PSF. II. 9 第二巻二九–三〇頁)。もとより、このように創造的な意識を通して神話を基礎づけるといっても、このことは、神話が単に恣意的に表象されただけの出来事によって構成されるということを意味しない。神話には、たとえ意識の中とはいえ、「現実に生起した」という実在的性格を欠くわけにはゆかないのである。カッシーラーは、神話が決して単に継起的に表象された神々の物語ではなく、神話の基盤をなす「継起的多神教」(Successiver Polytheismus) というのは、人間の意識がこの多神教のあらゆる契機を現実に継起的に体験するという仕方においてのみ成立するということを意味するのである。この点に関する証言として、カッシーラーは、シェリングの次のような発言を引用している。「次々に登場してくる神々は現実に意識を乗っ取ったのである。神々の物語としての神話は、生活自体の中でのみ生まれることができたのである。神話は体験され、経験されたものであったにちがいない」(PSF. II. 9f. 第二巻三二頁、Schelling, *op.cit.*, S. 127)。そして、神話がかくのごときものとすれば、それは、シェリングにとって、神話が「一つの固有にして根源的な生活形式」(eigentliche und ursprungliche Lebensform) に他ならないという意味であり、同時にそのことによって神話は所詮「単なる一面的な主観性」に過ぎないという外観から脱却することになる。というのも、シェリングの基本的見解に従えば、「生活」ということは単に主観的なものでも、単に客観的なものでもなく、まさに両者間の境界に立つこと、「主観性と客観性の無差別」の謂だからである。そして、「生活」というものがかくのごときものであり、かつ神話がこのような「生活」の一形式であるとすれば、神話自体当然、「人間の意識における神話的表象の運動と発展」という内的・主観的モメントに呼応する「客観的な出来事」としての側面をも持たなければならない。シェリングは、自らの「絶対的観念論」(absoluter Idealismus) という基本的立場から、この出来事、「神話的プロセス」を、「絶対者自身における必然的展開」として神々が継起的に発生する過程を意味する「神統記的プロセス」(theogonische Prozes) と称する。カッシーラーのシェリングからの引用文では次のように言われている。「神話が成立する過程としての神統記的プロセスは、それが意識の中で生起し、表象の産出によって証明されるかぎりでは主観的なものである。しかしながら、これらの表象の原因と、それゆえにまたこれらの表象の対象が、実際にはそれ自身神統記的な諸力であり、まさしくこれらの諸力を通して意識は根源的に神を措定する意識となるのである。このプロセスの内容は、単に思い描かれただけのポテンツ（Potenz）ではなく、ポテンツ自体なのである。このポテンツは意識を創造する。そして、意識が自然の最後のものであるから、このポテンツは自然を創造するのであり、それゆえにまた現実的な諸力である……だから、ここは、解明は完璧に客観的なものの中へ突入し、完全に客観的になる場なのである」（PSF. II. 12 第二巻三四–三五頁、Schelling, *op.cit.*, S. 209）。カッシーラーによれば、ここにおいて到達された立場こそ、一般にシェリング哲学体系が到達しうる「客観性の最高概念・最高形式」である。

このことは、シェリング哲学体系においては、「絶対者」の視点からのみ、つまり神話を「絶対者の自己展開の過程における必然的な一契機」と見なす場合にのみ、神話の本質的真理に到達しうるということを意味する。この哲学体系は、神話的意識の第一段階として、「単に存在するだけで、それとして知られていない」という意味での原初的な「神の単一性」（Einheit Gottes）を措定する。だが、これは神話的意識がいまだ何らの内的分裂を含まない未成熟な段階であって、この段階から分裂的な「多なる存在性」（Vielheit）の立場、神々の立場へと進みつつ、さらにこの「多」の立場への対立によって初めてすべての「多」を包括しつつ、「単に存在するのみならず、それと認識された真の神の単一性」、いわば絶対者としての神を発見するのである。シェリングのこのような神話的意識発展論は、言うまでもなく原始一神教から多神教を経て真の一神教への図式を示すものであるが、このような神話的意識の弁証法的発展過程を示すシェリングの典型的な証言として、カッシーラーは、シェリングの「最初の人間は現実に（actu）ではなく、その本性から（natura sua）神を措定する……しかも、原意識にとっては、この神をその真理と絶対的な単一性において措定するということ以外には、課題は何も残っていない」（PSF. II. 10 第二巻三二頁、Schelling, *op.cit.*, S. 207）という章句を抜粋・引用した後、さらに次のように説明を加えている。「しかし、これが一神教であるとしても、それは相対的一神教にすぎない。つまり、ここで措定される神は、いまだ彼自身の中にいかなる内的な区別も存在せず、彼が比較・対立せしめられうるようなものはいまだ皆無であるという抽象的な意味においての一者であるにすぎない。さらに、多神教への発展において始めて、これの他者が獲得される。つまり、宗教的意識はいまや自分自身の中に分裂・個別化・内的変質を経験する。こういったものの形象的‐対象的表現にすぎないのが神々の多という性格である。だが、他方では、この発展を通して、いま始めて、相対的な一者から、彼において本来崇拝されている絶対的一者へと上昇してゆく道が開かれるのである」(PSF. II. 11 第二巻三三頁)。

かくて、神話的意識は、絶対的一者を究極目標として、弁証法的発展過程を辿る。だが、シェリングの場合、このような発展過程をなすのは神話的意識に留まらない。「自然」もまたこれと同じ弁証法的発展をなすのである。神話的意識も自然も等しく「絶対者の自己開示」に他ならないからである。「自然哲学」の本来的な課題は、自然もまたそのような絶対者の自己展開の一段階たることを理解し、解明することなのである。われわれが「自然」と呼ぶものを「秘密と奇跡の文字に秘められた詩」と称したのはシェリングの『超越論的観念論』(一八〇〇年)であったが、しかしそこに潜む謎が解けると、驚くべきことに「自然」が「精神の漂泊譚」に過ぎないことを発見するであろう。この意味において、シェリングにとっては、自然は一種の神話であり、神話は第二の自然と見なしうるのである。彼のこのような自然と神話の無差別的同一性を可能ならしめるのは、両者の本質的な意味と真実性を、両者が等しく「絶対者の自己開示」であるという独自の客観性の中に発見しうるからである。

しかしながら、カッシーラーは、シェリングの絶対的観念論がこのように神話を「絶対者の単一性の概念」(Einheitsbegriff des Absoluten) から導き出すという方法論には、「独自の長所」も含まれれば、逆に「固有の限界」も内在していることを指摘することによって、シェリング神話哲学に対する批判も決して等閑にはしない。シェリング神話哲学は、一般的には人間の意識の絶対的単一性を初めて真実かつ決定的に保証し、そうすることによって、精神の行為固有の成果と方向を共通のこの究極的根拠から導き出したが、この点は、神話については、「その展開においては、自我意識によってと同じく、自然意識・世界意識によっても制約・媒介されている」（PSF. II. 13 第二巻三六頁）という、一見主観的にしか見えない神話の普遍的意味・宇宙的真理性を解き明かすという仕方で、見事に実証された。これはシェリング神話哲学の大きな意義であり「長所」であった。しかし、カッシーラーによれば、同時にシェリングのこの「絶対者の単一性の概念」には、これによって結局は「具体的・個別的な区別の豊かさが吸収されて、識別不可能なものにされてしまう危険」（PSF.II. 14 第二巻三七頁）も含まれているという否定的事態は看過すべくもないのである。そのために、神話的なものに固有の本質と真理、その独自の客観性に到達する道は遮断されてしまうことになる。つまり、神話の世界は一見その独立性と固有の法則を保持しているかのごとく見えながら、それにもかかわらず神話世界の具体的な多様性は、絶対者という統一原理の犠牲にされてしまったわけである。神話を創造的な主観の中に超越論的に基礎づけようとするシェリングの方法論にカッシーラーは全面的に同意する。しかし、絶対的主観の形而上学的構造とそれから神話を演繹する方法の代わりに、カッシーラーは神話の内在的構造の探究を要請する。だが、この内在的構造というのは、絶対的意識から論理必然的に演繹しうるようなものではなく、カッシーラーにとって、それはむしろ神話の経験的探究の客観的成果として提出しうるようなものでなければならない。だが、シェリング神話哲学の立場では、絶対者の自己開示としての客観性と経験的事実としての客観性との間には、何らの橋渡しをも見出すことはできない。その意味で、カッシーラーにとっては、近代の科学精神が思弁的観念論の弁証法を捨てて、神話生成の心理学的法則を求めようとするに到ったのは当然であった。「いまや神話発生の自然的原因への洞察が、神話の究極の絶対的根拠への洞察に取って代わったと言うべきであろう。つまり、形而上学の方法論には民族心理学の方法論が取って代わったのである」(PSF. II.14 第二巻三八頁)。

以上のごとく・カッシーラーは、シェリング神話哲学の成果をひとまず受け入れる。特に神話研究に「自意的解釈」の方法論を要請したところに、シェリングの画期的業績が存在することを躊躇なく承認する。しかし、シェリングに対立して、カッシーラーは、形而上学的方向から批判的-超越論的方向へという仕方で、神話に関する問題設定自体の変換を要求するのである。それは次のような問いかけとして表現される、「シェリング『神話の哲学』が提起した問いをそのまま堅持しながら、しかも同時にこの問いを絶対者の哲学という地盤から批判的哲学の地盤へと移し代える手段乃至可能性が果たして存在するのか?」。そして「この問いには、形而上学的問題のみならず、それ自体批判的-超越論的解決の可能なごとき純粋に超越論的問題が含まれているか?」(PSF. II. 14 第二巻三七-三八頁)。

以下われわれは、このようにシェリング形而上学的神話哲学の抱える問題性を、批判的-超越論的問題に変換する上で絶対的な前提となるものとして、カッシーラーがどのような条件を考えているかを要約的に指摘してみよう。

(1)　認識や芸術の場合同様、神話においても、「個別的なもののすべての形成を制約する意識の一般的法則性の存在を仮定すること」(PSF. II. 16 第二巻四〇頁) が必要である。だが、この場合の「意識」とは形而上学的な実体ではなく、カント的な意味での「規則の統一性」のことである。

(2)　それゆえ、この「規則の統一性」は神話的内容の中には発見されえない。「われわれが自然の統一性を有するのは、われわれが現象の内にこれを〝入れ込む〟ことによってである」という「批判哲学の基本的見解にしたがえば」(PSF. II. 16 第二巻四〇頁)、われわれがそれを有するのは、神話的意識の明確な構造形式の統一性の中である。

(3)　神話的意識のこの構造形式の統一性は、神話の内的形式の内在的探究によって解明されなければならない。「この統一性は、根拠としてではなく、まさしくこの形式の明確さそのものの別の表現として現れるにすぎない。この明確さは、純粋に内在的な明確さとして、その内在的な意味において把握されなければならない」（PSF. II. 18 第二巻四三頁）。

（4） 神話の内的形式は、神話固有の必然性と客観性を説明しうる「内在的規則」として解明されなければならない（PSF. II. 19 第二巻四五頁）。

そして、カッシーラーは、神話哲学の問題性をシェリングの形而上学的方向から自らの批判的‐超越論的方向に転換せしめる上で必須の前提となる、このような制約を充足した場合に到達する神話理解の究極的立場を、次のように語っている。しかしながら、カッシーラーによれば、この立場は、シェリングが神話哲学の基本的要請として提起したものと本質的に変わるものではなく、ただ問題の考察の方向が異なるだけだと指摘する。それは、「神話的思惟の進行過程のいかなる契機も、たとえそれがいかに非現実的に、いかにファンタスティックに、いかに恣意的に見えようとも、まったく取るに足らないものと見なすのではなく、この神話的思惟全体の中でそれが自らの理念的意味を受け取ることができるような一定の場を指定すべし、という要請である。神話的思惟の全体はそれ自身の内部に独自の真理を内包しているのである。神話的思惟は、人類がそれ特有の自己意識とそれ独自の対象意識へと前進していった道の一本を指し示しているからである」（PSF. II. 22 第二巻四九頁）。

注

（1） カッシーラーのシェリング理解については、Gaona, Franciscco, *Das Raumproblem in Cassirers Philosophie der Mythologie*, Tübingen 1965, S. 8–13.

［Ⅲ］ 経験的神話研究の受容と批判

カッシーラーは、『シンボル形式の哲学』成立当初、つまり一九二〇年前後ほぼ一〇年間における「神話比較」(Mythenvergleichung) を中心とした神話の「経験的研究」の到達段階を視野に入れながら、このような研究の内部にも、神話的思惟の範囲を策定するのみならず、この思惟の統一的な意識形式とその根本的な特性を記述しようとする傾向がますます明瞭になってきたと考えている。例えば、物理学のごとき自然科学の場合にも、「物理学的世界像の統一性」の概念が、この学の一般的原理の更新と深化に導いたごとく、ここ一〇年ほどの間に、民族学 (Volkerkunde) の内部でも、神話の個別的研究に代わって「一般神話学」(allgemeine Mythologie) という問題が浮上してきているのである。その理由は、学派間の衝突から脱出するのには、神話の唯一の根源を含む研究上の明確な目標設定によって考察する以外の手段は存在しないと思われたからである。このような路線の神話理解から生まれたのは、基本的な神話的世界観であった。その結果、「全地球上に広がっていることが発見され、しかも直接的な空間的‐時間的関連や直接の借用関係の可能性がことごとく欠落していると思われるような場所にも、相互の親近性が明らかになるごとき根本的な神話的主題のグループ分けによる概観に到達したのである」(PSF. II. 23 第二巻五一‐五二頁)。

しかしながら、皮肉なことには、このような基本的主題を切り離して、こういった主題そのものの内部で区分を行い、何れが真に根源的な主題なのかを発見しようとする試みが行われるや否や、対立し合う見解がふたたび前にもましてラディカルに表面化してきたのである。ここにおいて、カッシーラーによれば、「民族心理学」(Volkerpsychologie) と連携して、さまざまに変化する諸現象の中に普遍妥当的なものを確認し、個々のすべての神話的形成の根底に存在する一般的法則と原理を暴き出すことが民族学の課題となったのである。彼がその具体例としてここで挙げているのは、P・エーレンライヒ（Paul Ehrenreich, 1855–1914）の『一般神話学とその民族学的基礎』[1]やH・レスマン（H. Lesmann, 1873–1916）の『比較神話研究の課題と目標』[2]である。ところが、このような法則や原理の統一性は、またもや神話の豊穣な多様性に直面してたちまち見失われてしまったというのが実情であった。

ところで、数ある神話群の中で、いわゆる「霊魂神話」（Seelenmythologie）と並んで、「自然神話」（Naturmythologie）は最も典型的なものであるが、後者には例えば「嵐」や「雷雨」さらには「天体」全体といった「一つの特定な自然対象」を核・根源とする極めて多彩な神話が含まれている。そして、個々の神話が何らかの自然的な事物や出来事への明確な関係を持っているかどうかが、それらの真正性の根拠・基準と見なされたのである。課題に対してこのようなアプローチを取らざるをえなかったのは、「ファンタジーによる形成の恣意性」を抑え、厳密に客観的な立場に到達するためには、これ以外に取るべき手段はないと思われたからである。しかしながら、一見客観的と見なされる方法によって「天体神話」（Astralmythologie）のごとき「仮説」を形成する恣意の力は、厳密に客観的に見てみると、ファンタジーの創造そのものと同様に大きいことを示しているとカッシーラーは主張する。そのような事態を証明するのが、この「天体神話」そのものが再び「太陽神話」「月の神話」「星の神話」といったさまざまな形式に分裂していったという経過過程である。カッシーラーは言う。「これら諸形式のそれぞれが、他の形式を排除しながら、唯一の説明原理として構成し、そうだと主張する程度に応じて、ますますはっきりと証明されたことは、一つの特定な領域として与えられた対象に結びついても、求められているような説明そのものの客観的一義性を決して保証しうるものではないということであった」（PSF. II. 24 第二巻五二–五三頁）。

神話創造の究極的統一性を求めるいま一つのアプローチは、それを自然的統一性としてではなく、精神的統一性として見ようとする試みであり、しかもこの統一性を対象の領域ではなく、歴史的な文化圏の内部に発見しようとする姿勢である。そして、このような文化圏が神話の大きな基本的モティーフとテーマの共通の起源であり、そこを中心として全世界に広がってゆくといったことが仮にありうることだとしたら、これらのテーマやモティーフの内的関連や体系的整合性を説明するのはいとも簡単なことであろう。確かに派生的・間接的な形式ではこのような関連はなお不明瞭だとしても、もしこの関連を究極の歴史的根源まで遡ることさえできれば、この種の不明瞭さはたちまち氷解すると考えられたのである。例えば、このような解釈理論の古典的代表としてカッシーラーが挙げるのが、いわゆる「汎バビロニア主義」(Panbabylonismus) である。これは、基本的には、「文化の発祥の地を問うことによって、神話的なものの根源的・統一的構造の問題も答えが得られる」(PSF. II. 24 第二巻五三頁)、という推論的立場から、そのような世界文化の発祥の地を紀元前三〇〇〇年頃の南アジア・チグリス・ユーフラテス川下流の地方バビロニアに想定し、そして、この地において神話が単なる原始的・呪術的な表象や夢体験・霊魂信仰のごとき迷信的なものではなく、確固たる「世界観」として展開された理由として、この地に「天文学と宇宙論」の端緒が置かれていたという意味で、まさにそのための必要条件をこの地が満たしていたという点を挙げるのである。「このような思想的・歴史的な方向定位から、神話を単なる妄想ではなく、自己完結的で自ずから了解可能な体系として把握する可能性が開かれるように思われたのである」(PSF. II. 25 第二巻五四頁)。だが、カッシーラーは、この理論の方法論上の問題点をさらに指摘する。それは、この理論の拠って立つ所をつぶさに検討してみると、それが決して単に神話の実質的な歴史的起源を経験的に証明するものではなく、「神話研究の方向と目標に関する一種のア・プリオリな主張」に依存していることが判明するからである。換言すれば、汎バビロニア学派の神話理論は、世界のあらゆる神話が所詮天体に起源を有する「暦の神話」(Kalendermythe) に他ならないという視点を、神話研究の方法論上の根本的前提として独断的に要請したのである。この視点は、汎バビロニア主義の信奉者にとっては、神話の迷路のくぐり抜けを可能にする唯一の見方という意味で、ギリシァ神話においてクレタ島のミノス王の娘アリアドネーが恋人テセウスに迷宮脱出のために与えた糸玉、つまり「アリアドネーの糸」（Ariadnefaden）であったのである。確かにこの視点は、伝承によって経験的に実証することができないようなさまざまな空隙を満たすのには有用ではあった。だが、同時にカッシーラーの見解によれば、「神話的意識の統一性という根本的な問題は、単なる経験的な考察・歴史的-客観的考察という手段ではいかなる究極的な解決にもたらすことはできない」（PSF. II. 25 第二巻五四頁）ということを、却ってオープンに暴露するのがこの視点なのである。

ところで、このように、基本的な神話的理念の事実上の統一性を主張しただけでは、神話的想像や神話的思惟の構造形式を洞察することは不可能という事態がますます鮮明・確実になったわけであるが、そのような構造形式を規定するためには、単なる記述的省察の立場を放棄しないかぎり、「民族思惟」（Vokergedanken）といった概念に縋らざるをえなかったとカッシーラーは言う。そして、この概念は、神話への客観的アプローチとしては、単純に神話の対象や内容を考察するのではなく、例えば民族の内部において神話的なものの果たす「機能」（Funktion）に注目し、そこに神話の統一性の根拠を置く立場を暗示している。そこで前提とされているのは、各種神話の中にいかに多様な類似性が発見され、いかにさまざまな関係が証明されようと、「機能」という基本的方向はすべての神話において不変・同一であるという認識である。この「機能」を通して求められる神話の統一性のことを、カッシーラーは、「外から内への、事物の現実性から精神の現実性への」（PSF. II. 26 第二巻五五頁）方向転換によって確認される統一性と称している。とはいえ、彼によれば、もしこの「機能」を媒介とした精神的統一性の理念が純粋に心理学的に受け留められ、心理学のカテゴリーによって規定されるかぎり、満足な解答を期待することはできないという。だが、さらに神話を人類の精神の集合的表現と解し、この意味での統一性を人間の「心の統一性」及びそれに基づく行為の等質性に由来するものと見なすとしても、この「心の統一性」自体がまことに多彩なポテンツや形態に解体されるから、これらの中でいかなるポテンツや形態が神話世界の構築に際して決定的な役割を演じるかが問われるや否や、たちまち衝突・矛盾し合う説明が飛び交うことになるのである。

それにしても、一体、神話は主観的なファンタジーの戯れに由来するものなのか、それとも実在的な直観に還元されるものなのか？　あるいは、「認識の原初的形態」とはいえ「知性の所産」なのか、逆に感情や意志の領域に属するものなのか？　このような問いに対して、これまで科学的な神話分析はさまざまな答えを提供してきた。だが、結局は、以前の神話理論の区別の根拠となったものが、神話創造にとって決定的と見なされる「対象領域」の違いであったのに対し、いまの場合、各神話理論間の差異は、それらがどのような「心の基本的な力」を神話創造の根源として認めるかに還元されるのである。カッシーラーによれば、神話の本質を現象の合理的解釈の中に求めるべきとする「知的神話学」(Intellektualmythologie)のごとき立場もF・ランガー（一八八九年）[3]などによって再建されてきたが、これは所詮、神話的形成物の「自意的解釈」に対するシェリング的要請を拒否して、ふたたび「寓意と寓意的解釈」の復活を意図するだけのものであった（Vgl. PSF. II. 27, Note 1 第二巻五六頁）。

かくて、カッシーラーの立場に立てば、神話の統一性の説明原理は、これを「自然」という対象領域に求めようと、歴史上の特定の文化圏に求めようと、さらには「心」の個別的な固有の力に求めようと、結局その普遍妥当的な原理に到達しえないことが判明するのである。何れの解釈法も、「統一性」と「要素」とを取り違えた結果、単なる一要素によって構造全体を理解せんとする過誤を犯しているからである。カッシーラーが主張してやまないのは、およそ神話的意識という精神世界の構造は単なる要素の集合ではなく、逆にこれらの要素がそこから創造されるところのシンボル的な「意味」の世界であり、統一的・全体的な世界だということである。そこには、神話的意識が精神的現実を構成するに際して最初に設定した目的方向が働いている。したがって、それは因果的‐発生論的に理解されるべきではなく、あくまで目的論的に処置されなければならない。神話があくまで「一つの自足的な存在と一つの自律的な意味」を所有していることは間違いないからである。だが、神話がこのように決して個々の領域の事物や出来事に限定されるものではなく、徹頭徹尾「存在の全体」を包摂・貫通し、かつ各種の精神能力をおのれの道具として使用するものである以上、神話的意識を支え、自然と心、外と内を包みつつ、それらを新たな形象において示しうるような確固たる統一的な視点の樹立が急務とならざるをえない。このことは、カッシーラーによれば、民族学・比較神話研究・宗教史といった経験科学によって明るみに出された「神話形成の並走性」という「経験的な規則性」の背後に、この規則性が還元される「精神の根源的な法則性」を確認することが最重要課題であることを意味する。彼は言う、「認識の内部では、単なる〝知覚のラプソディー〟が思惟の一定の形式・法則によって知の体系に改造されるように、無限に多様な形態の神話世界は、恣意的な表象や関連なき思いつきの寄せ集めなどではなく、一つの個性ある精神的産物として総合されたものたらしめる、あの形式的統一性の特質が問われてよいし、また問われなければならない」（PSF. II. 28 第二巻五八頁）。カッシーラーにとっては、このように神話を「一つの個性ある精神的産物」として構成する「形式的統一性」を問うことこそが、彼自身の「神話の哲学」の究極課題があり、かつ「神話をシンボル形式の全体系の中に組み入れる」（PSF. II. 28 第二巻五八頁）ことによって、その問いに対する解答が得られるのである。

しかしながら、神話をシンボル形式の体系に帰属せしめるといっても、それは神話を認識や芸術・言語のごとき他のシンボル的・精神的形式に還元することを意味するわけでは断じてない。事実、そのような還元作業によって神話を「理解可能」ならしめようとする試みも多々存在したことをカッシーラーは指摘する。例えば、シェリングなどもすでに「言語」を「色あせた神話」と称して、神話を言語と関連づけたが、両者の関係をシェリングとは逆の方角から規定し、神話は言語から派生した二次的構造に過ぎないと見なしたのは、初期比較神話研究の代表者の一人マックス・ミュラー（Max Muller, 1820–1900）であった。[4] カッシーラーは、ミュラーのこの立場を、「〝派生〟という事実、つまり同一の単語がまったく異なった表象像に用いられるという事情が、ここでは神話解釈の鍵になる。あらゆる神話的意味の源泉と起源は、言語の二重構造である――それゆえ、神話自体〝言語の病〟にその究極の根拠を有する一種の精神の病に他ならない」（PSF. II. 28 第二巻五九頁）、という表現で定義づけている。

もとより今日では、こういった素朴な形で神話の言語起源説を説く者はいないが、それにもかかわらず言語こそ神話形成の本来の手段だという見方は、比較神話学・比較宗教史学といった分野の研究者の興味を捉えて離さなかった。その代表格はヘルマン・ウーゼナー（Hermann Usener, 1834–1905）であるが、彼の著作『神々の名前――宗教的概念形成論の試み』[5] の意義を、カッシーラーは、前記の意味における言語即神話の根底にある思想に「まったく新たな深みと豊かな実り」をもたらし、「神々の本質をその名前から、そして名前の歴史から読み解くというこの方法がどこまで足を踏み入れることができるか、そしてこの方法が神話的世界の構造にいかに明るい光を放つことができるか――これに対して素晴らしい実例を提供してくれる」（PSF. II. 30 第二巻六〇–六一頁）、と絶賛している。その理由は、カッシーラーの見方に立てば、ウーゼナーがギリシァの神々の名前の示唆する独自の意味と生成過程を言語学・言語史の観点から仔細に吟味したのみならず、「神話的表象作用と言語的表象作用自体における一定の普遍的・典型的な連鎖、並びに双方の発展における相関関係を証明しようとする試みがなされている」（PSF. II. 30 第二巻六一頁）という事実にある。さらにウーゼナーは、神話が「世界認識の最初の起点や最初の試み」を包含し、「審美的ファンタジーの恐らくは最初の、かつ最も普遍的な所産」であることを鮮明にすることによって、神話を通して「精神の直接的統一性」に遭遇しうるということを明瞭に指摘したのである。

しかしながら、カッシーラー神話哲学の一般的課題というのは、彼のさらなる表現を借りれば、このような「直接的統一性」のごとき「対立が溶解し、相互に混ざり合っているかとも思われる」混沌とした原初の直接的・未分化的統一性を求めることではなく、神話を含む精神の各領域乃至形式の独自性を保持しつつ、それぞれの領域や形式を明確に規定し限界づけるという、真に「批判的‐超越論的概念の統一性」を探究することである。では、そのための手段は存在するのか？　カッシーラーが提唱するのは、さまざまな精神現象の有する「対象」（Gegenstand）と「像」（Bild）、「内容」（Gehalt）と「記号」（Zeichen）という二つの側面を「結合」と「分離独立」の両方の観点から考察するというアプローチである。具体的にそれはどのようなアプローチを意味するのか？

精神の個々の領域や形式が前記のごとき呼応関係を通して相互に一致するという並行論の根底には、その基本的要因の一つとして、「記号」というものが、言語・芸術、さらには世界や世界への関係に関する理論的な基礎概念の形成に際してもそうであるように、神話においても卓越した創造力を発揮するというカッシーラーの洞察が潜んでいる。そして、彼はこの点を理解する上での絶好の手立てをK・フンボルト（Karl Wilhelm von Humboldt, 1767–1835）の言語哲学の中に発見するのである。[6]　フンボルトは「言語」（Sprache）について、それは人間が内外の対象世界を受容し加工するために、自分とこのような対象世界との間に設定する音声記号の世界であると語ったのであるが、カッシーラーによれば、これと同じことが他の精神的産物についても妥当するのであって、シンボル形式として把握される精神現象は、言語のみならず神話・宗教・芸術・科学等ことごとく、外部から精神に働きかける印象への単なる反応ではなく、むしろ真の意味における精神の自発的活動そのものなのである。神話の最も原初的な表出すらすでに精神の独特の加工であり、精神の表現なのである。もとより人類はその原始時代には精神のこのような活動を自覚することはできない。精神が「それを包み支配している事物世界」に「自分自身の独立的な像世界」を対置し「印象の力」が「表現への活動力」へと高まるには、さらに明瞭に意識化される必要がある。この意識化という創造作用はいまだそれ自身の中に自由意志の行為という性格を備えていないし、自然必然性、ある種の心理的メカニズムという性格を持つに過ぎない。このレベルではなお自律的・自覚的な自我、いわば自由に生きる自我は存在しない。したがって、この段階においては、自我と世界が相互に対立せざるをえない精神的過程の戸口に立っているに過ぎない（PSF. II. 32 第二巻六二頁）。

ところで、フンボルトは言語を人間と対象世界との音声的媒介機能としての「記号」と解したのであるが、われわれにとって重要なのは、この記号の世界を、前記のごとく、カッシーラーが神話理論の中に新たに登場せしめることである。この神話の契機としての記号ももとより一種の精神的加工物であることには変わりはないが、カッシーラーにとっては、原始的段階にある人類の精神活動の著しい特徴は、記号の世界の意識に対して「完全に客観的な現実」として現象せしめることである。このことを証明しているのがなかんずく「呪術的世界観」（magische Weltauffassung）であって、この種の世界観や最初期の神話は例外なく「記号の客観的存在と客観的な力への信仰」に貫かれているのである（PSF. II. 32 第二巻六三頁）。呪文や護符・像などの単なる抽象的記号に客観的に働く不可思議なる力が与えられるわけである。

ここで神話的意識をめぐって逆説的な問いが成立するであろう。それは、通例現存在のすべての要素を具体的・直観的に把握・開示しようとするのが、神話を支える根本的な生命衝動であると解されるにもかかわらず、呪文・護符・像のごとき生命なき最も非現実的な「影の国」（Schattenreich）が神話的意識に対してはなぜかくも強力な実在的な力を持って迫りうるのか、という問いである。正確にカッシーラー自身の言葉を用いれば、それは、「一般概念など無意味な存在であり、感覚や直接的な衝動・感性的な知覚や直観がすべてであるような世界において、このような抽象的なものへの信仰、こういったシンボルの崇拝がいかにして生まれるのか？」（PSF. II. 32 第二巻六三–六四頁）、という問いとして掲げられる。そして、カッシーラーからすれば、このような問いの立て方自体が不適切という認識こそ正解への道に他ならないのである。というのも、こういった問い方は、思惟・反省・科学的認識の段階において措定される、あるいは措定されざるをえない「区別」——例えば具体的・直観的なものと抽象的・概念的なものとの区別——を、区別以前の、区別には無縁な精神世界に持ち込んで、それによって神話的意識を分析しようとする不条理な試みを暗示しているからである。

そもそも神話世界が具体的・直観的であるというのは、それが感性的・対象的な内容にのみ関わり、科学的認識における知的なものと対立するとか、意味や記号といった抽象的契機をことごとく排除するからではなく、「神話世界においては、事物という契機と意味という契機、双方の契機が区別なく相互に溶け合って、両契機がここでは合体・癒着して直接的な統一体を形成している」（PSF. II. 32 第二巻六四頁）からである。否、神話といえども、それとしてもはや単なる「感性的-受動的印象の世界」ではありえない。神話自体すでに芸術や認識と同じく「形態化の根源的な様式の一つ」であって、直接的現実、つまり「端的に与えられているもの」からの「分離」「分裂」を孕んでおり、その意味においてはもはや「所与」を一歩超え出ていると見なさなければならない。いわば、神話は、本質的に精神的生産活動の一つとして、直接的所与を単に受容するに留まるものではなく、事物の世界を超越していることは間違いないのである。だが、カッシーラーがここで強調するのは、神話が創造し、事物に対する自らの超越性を証明する「形象」や「像」が、「別の形式の存在性や拘束性」を獲得することによって、「精神を事物の足枷から解放するかに思われた当のものが、いまや精神にとっては新たな足枷になる」（PSF. II. 33 第二巻六四–六五頁）ということである。

しかも、精神の経験するこの足枷はもはや単なる「物理的な力」ではなく、それ自身「精神的な力」であって、それの有する「存在性や拘束性」は、事物によって与えられる感性的・受動的印象のそれらが太刀打ちすべくもないほど強力である。

そして、ここでカッシーラーはさらに独自の認識を披瀝する。それは、「形象」や「像」を貫く精神的な存在性や拘束力そのものの中に、将来におけるそれら自身の廃棄の条件が内在しているという認識である。換言すれば、そこには、「呪術的‐神話的世界観の段階から本来の宗教的世界観への進歩」という精神的解放過程の可能性（PSF. II. 33 第二巻六五頁）が含まれているという洞察である。そして、このような精神的転換の可能性を現実化するための無制約的前提として、カッシーラーは、「〝像〟や〝記号〟の世界に対して精神が新たな自由な関係に入る」（PSF. II. 33 第二巻六五頁）ということを挙げる。この精神の到達する新たな事態をカッシーラーはさらに、「精神がいまだ直接に像や記号の中で生き、それらを使用しながら、同時に以前とは別の仕方でそれらを洞察しつつ、そうすることによって像や記号を超出する」（PSF. II. 33 第二巻六五頁）、と述べている。しかも、「精神が自ら創造した独特の像世界」を媒介としたこのような「束縛と解放」という発展過程を、カッシーラーは、「根本的関係の弁証法」と称するとともに、この弁証法的発展の関係が、「シンボル」の他の表現形式、例えば言語・芸術・科学の場合と比較してみると、「はるかに大きな規模と明瞭さ」で立ち現れるのが、神話的シンボル世界の特質に他ならないと見なしている。

もっとも、このように精神が自ら形成・創造した「シンボル」の世界に生活し、これを利用し、それによってこのようなシンボルの世界に対する新たな展望を獲得し、かくてこの世界を克服するというこの弁証法的発展過程の形相については、シンボル形式で表現される精神世界において異なるところはないのである。言語の場合にも、神話世界の場合同様、その初期においては、語と語義、表象された事柄の内容と記号内容とは未分化的な全体を構成している。

幼児において事物の本質と事物の名称が同一視され、自然民族においてはさまざまな言語的タブーの現象によって証明されている。このような自然で直接的な言語意識の立場にとっては、「事物の本質」は言語によって間接的に示されるのではなく、言語自体に含まれており、その中に現在しているのである。しかしながら、言語の精神的発達が進むにつれて、記号と内容、言語と存在、「意味するもの」（Bedeutende）と「意味されるもの」（Bedeutete）との分離がますますシャープに、自覚的になる。カッシーラーは、このような言語の発展過程を、前記のごとき神話世界の弁証法的発展構造との同一性に留意しながら次のように述べている。「言語の世界も、神話のそれと同様に、先ずは徹頭徹尾言葉と本質との、意味するものと意味されるものとの同一性に固執するが、しかしその自立的な思惟の基本形式として、ロゴスの本格的な力として、言語の中に登場する程度に応じて、一層明確な分離が生起するのである。他の一切の単なる自然的存在・あらゆる自然的な活動に対立しつつ、言葉は独自のもの・本来のものとして、その純粋に理念的な機能において、その意味付与的な機能において現れる」（PSF. II. 34 第二巻六六頁）。つまり、ここにおいて、言語は真にシンボル形式としての意味と役割を自覚する段階に到達したわけである。

さらに、このように言語に妥当することは、芸術や科学についても妥当すると、カッシーラーは言う。芸術においても、その始めには「観念的なもの」と「実在的なもの」との明確な区別は存在しなかった。そもそも造形活動の原点にしたところで、強烈に呪術的表象に根差している領域に遡るのであって、いまだ何ら独立的でもなければ純粋に審美的な意味も有しないような呪術的目的に向けられているのである。だが、それにもかかわらず、それが真に芸術的な形成作用の段階、真に精神的表現段階であるかぎり、すでにその初期においてさえ「新たな端緒」・「新たな原理」に到達しているのである。精神が単なる事物や事象の世界に対立することを意味する「像の世界」（Bildwelt）が、独立した純粋に内在的な価値と真理を獲得し、「自分自身の重心に安らう自己完結的な一つの宇宙」（PSF. II. 35 第二巻六七頁）が形成されていると言って差し支えない。そして、同時にそれによって精神自身もこの「像の世界」に対して真に自由な関係を発見しうるのである。それによって実現される「審美的世界」について、カッシーラーは、確かに実在論的な立場からすればそれは「仮象の世界」（Welt des Scheines）に過ぎないが、この「仮象」が「存在と活動の世界」としての「直接的現実」を放棄することによって、真理への新たな一歩を踏み出すところに「審美的世界」の本質が存在し、かつまたなおこのような「直接的現実」に身を置く「呪術的-神話的立場」から区別される所以があると見なしている。

また、科学が神話・言語・芸術・宗教といった他の精神活動の段階と区別されるのは、それが記号やシンボルによる何らかの「媒介」を必要とせず、単刀直入に「むき出しの真理・物自体の真理」に到達するからではなく、あくまで他の精神活動同様に「シンボル」を使用しつつも、その使用する「シンボル」の意義について、他の段階よりもはるかに深い自覚と認識と批判を有するからなのである。

カッシーラーにとって、神話・言語・芸術・科学というシンボル形式の世界相互の関係の内には、具体的な歴史的現象の中でそれぞれが形成されてゆく過程でいかに直接絡み合っているとしても、そこにはやはり「一定の体系的・段階的発展・理念の進歩」が披瀝されている。そして、「精神がそれ自身の形成物の中に、自ら創造したシンボルの中にあって生きるだけでなく、それらの真の本質を把握する」（PSF. II. 35 第二巻六八頁）ということが、このような発展・進歩の目指すところである。シンボル形式の精神的所産のこのような発展構造にとって、ヘーゲル『精神現象学』を貫くテーマが有効性を発揮するであろうとカッシーラーは言う。そこにおいても、ヘーゲルの場合同様、精神的存在が単に「実体（Substanz）としてのみならず、同様に主体（Subjekt）として」把握・表現されるということが「発展の目標」と見なされるからである。カッシーラーによれば、この意味において、「神話の哲学」から発する問題は、まさしく純粋に哲学的な問題でもあることが直ちに判明し、神話理論が真に「神話の哲学」として構築されるべき必然性が露になるのである。

カッシーラーは、以上をもって、「精神的諸形式の体系」、すなわちシンボル形式の哲学体系の中で神話が占める位置に関する暫定的かつ基礎的考察を終了する。そして、同時にこれによって、『シンボル形式の哲学』第二巻『神話的思惟』序論の掲げる「神話の哲学の問題」が詳細に展開されたわけである。ここで提出された視点を踏まえて、改めて「実在」（Realitat）と「客観性」（Objektivitat）という対象を「神話的概念」として把握し、それらの神話的意識に対する独自の構造を明確にするという、カッシーラー神話哲学の本格的課題は、前掲書第二巻本論を構成する四部「思惟形式としての神話」「直観形式としての神話」「生の形式としての神話」「神話的意識の弁証法」において徹底的に遂行されるであろう。

注

（1） Ehrenreich, Paul, *Die allgemeine Mythologie und ihre ethnologischen Grundlagen*, 1910, Vgl. PSF. II. 23, Note 1. 第二巻六九頁、注1参照。

（2） Lesmann, H., *Aufgaben und Ziele der vergleichen Mythenforschung*, 1908, Vgl. PSF. II. 23, Note 1. 第二巻六九頁、注1参照。

（3） Langer, Fritz, *Intellektuammythologie. Betrachtungen über das Wesen des Mythos und der mythischen Methode*, 1916, Vgl. PSF. II. 27, Note 1. 第二巻七〇頁、注4参照。

（4） Müller, Max, Über die Philosophie der Mythologie, in: *Einleitung in die vergleichenden Religionswissenschaften*, 2. Aufl. 1876, Vgl. PSF. II. 29f., Note 2. 第二巻七〇頁、注8参照。

（5） Usener, Hermann, *Götternamen. Versuch einer Lehre von der religiösen Begriffsbildung*, 1894, Vgl. PSF. II.30, 31, Note 1. 第二

巻六一頁、七〇-七一頁、注10参照。ウーゼナーについてはカッシーラーは『言語と神話』(*Sprache und Mythos*, 1925. 岡三郎・富美子共訳、国文社、一九七二年)において最も詳細に論じている。

(6)　フンボルトについては、『シンボル形式の哲学』第一巻『言語』第一部Ⅴにおいて本格的に論じられている(PSF. I. V [S. 98–106])。

[Ⅳ]　カッシーラー『神話の哲学』序論の哲学的背景の吟味——「結び」として

本付論の結びとして、われわれは、カッシーラーの指摘する「神話の哲学の問題」の背景に存在する哲学的前提の再吟味を試みてみたい。

カッシーラーは、『近代の哲学と科学における認識問題』の第一巻の冒頭に近い箇所で、カント哲学には「認識の批判の終りでなく、つねに新しく示唆に富む始まりがある」と述べている[1]。事実、カッシーラーの哲学は、多くの点でカント批判哲学の発展と批判乃至修正であり、その傾向については観念論的、その方法については超越論的であると言われる。カント同様カッシーラーも、客観的世界は、ただそのように捉えられ、秩序づけられるような直観の多様に、ア・プリオリな諸原理を適用することから成立する、ということから開始するからである。カッシーラーの方法は超越論的であるが、それは、彼が神話のごとき認識対象そのものを研究したというよりは、むしろこれらの諸対象をわれわれが認識するか、あるいは意識において構成する仕方を研究した、という意味においてそうなのである。

しかしながら、『シンボル形式の哲学』全三巻に注目する時、われわれはやはりカント超越論的哲学の修正的な側面に引きつけられざるをえない。周知のように、カント超越論的哲学は、形而上学の伝統的な内容を、その核心たる存在論に存在認識の可能性の条件に対する反省を直接接続させることによって変換する点に、その神髄を有している。『純粋理性批判』の中ではこのように言われている。「物一般のアプリオリな総合的認識を体系的な原則の中に与えることができるとうぬぼれる存在論という誇り高き名は……それに、純粋悟性の単なる分析に、謙虚に場所を譲らなければならない(2)」。

カッシーラーは彼なりにカント的命題をラディカルにした。四つの体系的な中心点において歴史的カントを踏み越えたと言うことができよう。

第一に、哲学は、カントにおいてのように、科学的認識のモデルによってのみ方向定位されてはならない。世界への科学的接近と並んで、むしろ世界を包み込んで、固定した形象へ結晶化する人間の機能の多数性を考慮しなければならない。科学と並んで芸術・言語・神話・宗教・技術等が登場することによって、カントの「純粋理性批判」の問題は文化批判に転換されるのである。カッシーラーの主張をそのまま引用しよう。「精神文化のさまざまな所産――言語・科学的認識・神話・芸術・宗教――は、かくして、それらすべての内的な相違にもかかわらず、唯一の大きな問題連関の各部分になる。そして、精神が最初はその中に囚われていたかに見える単なる印象の受動的世界を、純粋な精神的表現の世界に造り替えるという目標にすべて関連している多彩な発端になるのである」(PSF.1.12 第一巻三三頁)。

第二に、カッシーラーはカントの「物自体」(Ding an sich) の仮説を、新カント学派のスタイルで、形而上学的残滓として査定する。現実を認識関係から独立的に措定するのはナンセンスである (PSF. I. 7 第一巻二五頁)。それは思惟を実体概念に売ることである。実体的存在の国は存在しない。一切の存在概念は具体的な認識関係において初めて形成され、それに機能的に関係づけられているのである（Ernst Cassirer, *Substanzbegriff und Funktionsbegri. Untersuchlmg aber die Grundfragen der Erkenntniskritik*, Berlin 1910, 369ff., 411ff..）。

第三に、カントにおける直観的感性と概念性の二分法（対立関係）が、より広範でさまざまな充足を可能ならしめる感性と意味の図式によって取って代わられる。概念というのはわれわれの経験が受け取る形態の一つに過ぎない。意味構造は概念構造と運命を共にしたりはしない。

第四に、カッシーラーは、カテゴリー的・直観的形式に則って経験を概念化するカントのやり方が原則的には適切なことを承認する。カテゴリー的・直観的形式の容態がその時その時の意味領域に呼応して色づけされるという認識は正解であったからである。例えば、空間は、神話的意識では、科学的思惟の場合とは別の仕方で経験されるのである。カッシーラーの哲学をカントを見据えてごく一般的に特徴づけようとすれば、普遍的な経験理論を超越論的批判の基盤に基礎づけるという点を指摘することができる。しかし、カッシーラーの特異なところは、さらに二つのアスペクトを見ることによって初めてわかるであろう。

カッシーラーに従って、あらゆる意識過程をシンボル過程として解釈することができると考えれば、体系的・中心的な面が露になる。すでに『実体概念と関数概念』においても、『シンボル形式の哲学』の中でも、人間の意識的経験は「記号」に結びついているということが無制約的前提となっている。『人間論』では、人間は「シンボルを操る動物」（animal symbolicum）として規定されている（E・カッシーラー『人間』宮城訳、岩波現代叢書、一九五三年、三八頁）。シンボルを人間経験の理解の鍵と見なすことによって、カッシーラーは認識論と記号論とを統一するというモティーフを遂行しようとするのである。これが第一のアスペクトである。

カッシーラーの哲学の独自性を際立たせる第二のアスペクトは、ディルタイとの関係から明らかになる。人間精神のシンボル機能を明瞭に認識しようとすれば、文化的客観化の問題を考えなければならない。表現機能は幼児期の経験や神話の中に開示される。叙述形式は言語において把握しうる。意味機能は科学の体系において把握される。しかし、カッシーラーは哲学をディルタイ流に生の哲学と緩和させるようなことはしなかった。むしろ彼にとって意味を獲得したのは、カントの超越論的批判のパースペクティヴであった。なぜなら、このパースペクティヴではさまざまなシンボル形式の可能性の制約が問われるからである。

カッシーラー『シンボル形式の哲学』第二巻における神話論の背後には、特にカント超越論哲学とのこういった結びつきがある。彼にとっては、この結びつきを前提としてのみ、シンボル形式としての神話の成立が可能となるのである。『シンボル形式の哲学』第二巻『神話的思惟』の序論は、なかんずくカント批判哲学の精神を踏まえて、それを真にカッシーラー独自のシンボル論としての「神話の哲学」の構築に接合しようとする営為から成り立っていると言ってよい[2]。

もっとも、カッシーラーの「神話の哲学」も、やはり一つの根本的な問題の前に立たされていると言ってよいであろう。勝義においてはまさに「ロゴス」の認識たらんとする哲学が、一見それに対立し、それの他在性に過ぎないかもと思われる神話・神話的意識を把握することはできるのか？　これが、カッシーラーが『シンボル形式の哲学』第二巻『神話的思惟』の冒頭で掲げた問いであった。彼の死後編纂された論文集『シンボル概念の本質と作用』の中でも、「神話の概念形式について問うだけでもすでに、神話の到底許すべからざる合理化を自らの中に含んでいるように思われる――捉えようとする対象をむしろ変造し、それ自身の本性を疎外するように思われる」、と述べている（*Wesen und Wirkung des Symbolbegriffs*, Darmstadt 1959, S. 9）。このように、哲学と神話の有するそれぞれの絶対的性格は両者の関係を困難ならしめるのであるが、カッシーラーは、すでに考察したように、神話の哲学をめぐる各種の苦闘を簡単に通覧した後、関係規定の歴史的論理の中に自分の立場を獲得するのである。ギリシァ世界においては、神話的なものを解釈しようとする試みはすべて、世界の真理に対する非本来的ながら、場合によっては真の認識を準備する洞察として位置づけられ、原理的には知解・翻訳可能なものとしても了解されたのである。プラトンは、神話を生成の世界に帰属せしめることによって、それは「世界把握の特定なそれなりに必要不可欠な機能の一つ」（PSF. II. 5 第二巻二四頁）として一定の評価を与えたわけである。

神話には、認識・道義・芸術同様に、「その構造上の内在的な法則によって把握されるべき、独立的・自己完結的世界」（PSF. II. 7 第二巻二六頁）という位置が提供されなければならないというのは、シェリング『神話の哲学』において初めて獲得された洞察であり、神話世界の自意的解釈を方法論上の必然性たらしめたのはこの洞察であった。「神話的なものが意識に対して有する独自の実在性」（PSF. II. 7 第二巻二七頁）は、それが「信じられる」（PSF. II. 8 第二巻二九頁）という実在性であり、この信仰ゆえに神話的なものは意識にとっては必然的なものと解されるのである。シェリングにとって、「生活の形式」としての神話は「主観的なものと客観的なもの……との境界」（PSF. II. 10 第二巻三一頁）・「無差別」の次元にある。そして、この境界・次元を現出せしめうるのは神のみであり、またこの神の有する「絶対者の単一性」の概念こそ、同時にまた「人間の意識にその絶対的単一性を始めて真に、決定的に保証する」（PSF. II. 13 第二巻三七頁）ものである。

すでに述べたように、カッシーラーはこのようなシェリングの観念論的な絶対者の単一性の概念の中に「具体的・個別的な区別の豊かさ」を水平化するという危険を洞察する。神話が継起的自己開示としての「神統記的プロセス」を通して成立するという観念論的見方を過大視するあまり、シェリングにおける「自意的神話解釈」への折角の積極的、洞察を裏切る結果になるのである。この危険を救済する唯一の方法が神話の「批判的‐超越論的」分析であって、これは、神話的なものの形而上学的再構成か、それとも神話的なものの経験的心理学的解体かという対立乃至分裂を克服して、神話的なものの真の本質の認識を可能ならしめる第三の道である。この新たな方法論的自覚を見事に表現しているのが、カッシーラーの次の発言である。「神話的意識の批判的現象学は、形而上学的原事実としての神性から出発することも、経験的な原事実としての人間性から出発することもできない。この現象学は文化過程の主体を、すなわちそれの精神を、ひたすらその純粋な現実性において、その形成の仕方の多様性において把握し、形成の仕方のそれぞれが従っている内在的規範を規定しようとするであろう」（PSF. II. 18 第二巻四四頁）。

シェリングの神話哲学の方法論的パースペクティヴに対するカッシーラーの認識を改めて整理してみると、このようになるであろう。カント主義者としてのカッシーラーは、「知的直観」（intellektuelle Anschauung）を人間のすべての知の原理と見なし、かつこの知は芸術によって全面的に説明されるとする初期シェリングにも倣わなければ、後期シェリングの同一哲学の体系における「絶対者」の概念にも組しないのである。前記のように、カッシーラーはシェリング神話哲学を歴史的には頂点に立つものとして評価しつつも、この神話哲学の持つ同一論的体系性は拒否するわけである。かくて、カッシーラーにとっては、いまや、シェリングの問題提起をカント批判哲学の地盤に移行させることはいかにして可能か？　という問いかけが浮かび上がってくるわけである。(3)

もっとも、神話研究の超越論的方法に関するカッシーラーの前記のような発言を根拠にして、M・トムベルクは批判を込めてこんなふうに述べている、「先ず（神話研究史に関する）カッシーラーの三段階を踏んでの歴史的-体系的通過は決して分かりやすいとは言えないことだけは指摘しておこう。つまり、哲学的研究の方向づけは、その方法意識に基づきつつ、その自己批判に応じて行われている。シェリング以前の神話の哲学は、神話的なものの機能の多少とも混乱した認識にまで到達したにすぎなかった。次いでシェリングは、この機能を発見したものの、それを彼の形而上学的概念に従属させてしまった。カッシーラーの〝神話的なものの第三の形式規定〟が始めて、シンボル的なものの概念に忠実に、精神的なものの統一性の理論を、シンボルの分析を行った後にやっと樹立することができたのである。そのように、神話の理論は実際には神話の〝母体〟に根付かなければならない[4]」。

カッシーラーが強調してやまないのは、神話はあくまで「一つの事実」として見なした上で、その可能性の制約を「批判的-超越論的に」解き明かさなければならないということである。『シンボル形式の哲学』第二巻序論の二つの節における彼の主張の重要なポイントは、否定的に言えば、われわれはシェリング流に神話の形而上学的根拠を問うこともできなければ、またその歴史的・社会的・心理的原因を問うこともできないという点にある。そんなことをすれば、超越論的批判の地平を放棄することになるからである。そして、積極的にこの地平に立って言えば、カッシーラーの神話哲学の方法論的視点として決定的に重要なのは、神話的意識のあらゆる形成物を貫いている「精神的原理の統一性」（PSF. II. 16 第二巻四一頁）を問う「第三の方途」である。そして、この方途にカッシーラーは明らかに方法論的概念としてのヘーゲルの「弁証法」の理念を重ね合わせているのである。すでに一部引用した文において、カッシーラーは次のように述べている。「神話世界が具体的なのは、その中に事物という契機と意味という契機、双方の契機が区別なく相互に溶け合って、両契機がここでは合体・癒着して直接的な統一体を形成しているかぎりにおいてである」（PSF. II. 32 第二巻六四頁）。トムベルクも言うように、ここには、精神のさらなる解放過程（Distanzierung）たる呪術的-神話的なものから真正な宗教への「進歩」を実現するカッシーラー的「弁証法」（Dialektik）の論理の原点が存在している[5]。このようにカッシーラー神話哲学独自の方法論的観点として、形而上学的でも経験論的でもない第三の批判的-超越論的立場を構成するこの「弁証法」こそ、あらゆる形態の神話的意識を貫く「精神的原理の統一性」をなすものであり、神話のみならず、言語・芸術・科学・宗教といった他のシンボル形式の全領域において遂行される解放と統一化のシンボリックな根本関係の論理なのである。そして、カッシーラーは、『シンボル形式の哲学』第二巻『神話的思惟』序論の最後において、神話・言語・芸術の間に存在するこのような弁証法的根本関係について、神話的意識は「活動」（Wirsamkeit）の領域に始まり、言語記号は「意味」の領域を反映し、芸術は「像」それ自体の客観的な存在性を把捉するといった表現で、三者の間に、カッシーラーをして「実体から主体へ」というヘーゲルの弁証法論理の「有効性」を再確認せしめる機会ともなった、理念的進歩の体系的段階が存在することを暗示的に述べている。

神話・言語・芸術間の弁証法的関係についてのカッシーラーの発言は、『シンボルの哲学』第二巻『宗教的思惟』の最終章を構成し、その意味においてカッシーラー神話哲学の到達点を示すと言っても差し支えない「神話的意識の弁証法」（Dialektik des mythischen Bewustseins）を予想・暗示していることは指摘するまでもないであろう。そして、もっぱら「呪術的‐神話的世界観」から「真に宗教的な世界観」への進展の弁証法が透徹した洞察力をもって精緻に論じられているのがこの部分の特質である。もっともベツォルトは、ここでカッシーラーが留意しているのはヘーゲルの弁証法ではなく、カント『純粋理性批判』における「超越論的弁証論」（Tranzendentale Dialektik）だと語っている(6)。

周知のように、カントの「超越論的弁証論」は人間の理性が経験の範囲を超えてその諸原理を形而上学的問題に適用する場合に巻き込まれざるをえない必然的な矛盾・錯誤の総体を意味する。カントによれば、この弁証論は避けられない。逆に、人間理性は常に繰り返しこの弁証論の虜になる性向を抱えている。そして、理性の実践的使用が初めて矛盾・錯誤からの脱却への展望を提供するのである。理性はいまや道徳の原理となり、純粋理性は実践理性となる。カッシーラーの場合も、「神話的意識の弁証法」というのは、自らを解体することなしに、しかも自分自身の形式を超出して宗教に向かわんとする意識の内的傾向を意味する。神話と比較してみると、宗教はシンボル意識のさらなる変容乃至新しい段階ということで特徴づけられる。すべての宗教が神話的な要素を含んではいるが、同時に宗教は神話的な像の世界に対して批判的な態度を取る。カッシーラーは言う。「宗教は、神話自体にとっては無縁な切断を行う。つまり、宗教は感性的な像や記号を用いることによって、同時に像や記号をそれとして――この像や記号がある特定の意味を開示するなら、同時に必然的にその意味の背後に取り残されてしまう表現手段だということ、この意味を指し示しはするが、それを完全に把握し、汲み尽くすことはできない手段だということを知るようになるのである」(PSF. II. 294 第二巻四四五頁)。要するにここで言われているのは、宗教は神話から発生するが、同時に宗教は神話的な像や記号を利用し、利用せざるをえないにもかかわらず、神話的意識に対する批判的モティーフをも含んでいるということである。

しかし、神話と宗教との関係をめぐるこういった論議は、カッシーラーの場合、既述のように、思惟形式としての神話・直観形式としての神話・生活形式としての神話、という三つの視点からの神話的意識のさらなる徹底的分析に基づいてのみ可能である。だが、これは執筆者の今後の課題である。

注

(1) カント『純粋理性批判』JA247/B303.

(2) 『シンボル形式の哲学』第二巻『宗教的思惟』における神話論の以上のごとき哲学的前提については次の文献を参照した。Heinz, Paetzold, *Die Realitat der symbolischen Formen. Die Kulturphilosophie Ernst Cassirers*, Darmstadt 1994, S. 1ff., Paetzold, *Ernst Cassirer zur Einfuhrung*, Hamburg 1993, S. 43–57.

（3）Vgl. Paetzold, *Die Realitat der symbolischen Formen*, S. 4.

（4）Tomberg, Markus, *Der Begrlfvon Mythos und Wissenschaft bei Ernst Cassirer und Kurt Hübner*, Munster 1996, S. 52.

（5）*ibid.*, S. 53.

（6）Paetzold, *Die Realitat der symbolischen Formen*, S. 53.

謝辞

平成二十六年一月三十一日に妻・邦恵の絵画作品集『祈りの画集——尾崎邦恵の美の世界』（アートジャーナル社）を上梓した際、妻の医療と看護に力を尽くして下さっている関係者各位に夫としての立場から感謝の言葉を述べさせて頂きましたが、いままた拙著『北欧学　構想と主題——北欧神話研究の視点から——』を刊行するに当たり、それらの方々のご高配に対し改めて深甚なる感謝の意を表明させて頂きたいと存じます。

妻は十年前にレビー小体型認知症を発症し、七年前からは胃瘻を設置して寝たきり状態となり、残念ながら現在では発語能力も失われてしまいました。しかし、妻に徘徊など異常行動がなく、またわたし自身は時間的ゆとりのある定年退職者であることから、夫婦なら当然選ぶ道として自宅介護を決断し、今に至っております。とはいえ、妻の治療と介護に献身的に尽くして下さるのみか、介護者たるわたしの健康にまで心遣いをして下さる方々のお力添えがなければ、妻が不自由な身ながらここ七年間一度も危険状態に陥ることなく、安定した病状を保ちえているという幸運はもとより、介護の隙間を縫って辛うじて断続的に続けている覚束ないわたしの執筆活動も到底不可能でした。妻の治療・看護に献身して下さり、かつそれを通してわたしのささやかな生き甲斐をも支えて下さっている以下関係者の皆様方に真実心からなる感謝の想いを捧げさせて頂きたいと存じます。

近隣の複数の個人病院医師のあまりに不親切な対応や誤診に辟易・落胆しつつ、介護者の最高血圧二〇〇を超える危機的状況の中でようやく辿り着いたドクターが、袖ヶ浦市さつき台病院院長菊池周一先生でした。妻の容態をお話しするや先生は即座に妻の病気がレビー小体型認知症であると看破されました。診断が極めて困難な病気で、一〇年前にはこの病気を的確に把握・診断しうる医師は決して多くなかったと思われるだけに、菊池先生の医師としての見事な眼力・手腕に大いに感銘を受け、実際には難病であることをご指摘頂いたにもかかわらず、妻・わたし共に一先ず錯乱状態から脱し、以後どのように長期にわたろうともこの難病と闘ってゆく覚悟と勇気を与えて下さいました。菊池先生には今日まで七年もの間お世話になっておりますが、その間診察・治療に際しての先生の終始一貫変わることない謙虚さ・温かさ・真摯さに溢れたご診断、そして温厚そのもののお人柄から発せられる心和むお言葉の数々に触れることで、わたしどもは常に難病に立ち向かう大きな力と励みを頂戴しております。ご厚情に対しただただ深謝申し上げるばかりです。

さらに、個々の方々のお名前を挙げることは控えさせて頂きますが、以下の皆様方に対しても深甚なる感謝を捧げさせて頂きたいと存じます。

菊池内科の看護師スタッフの皆さんが、優しい笑顔と心温まる言葉で接して下さる診察時間は、妻・わたしともに真実 reflesh できる癒しのひと時です。本当にありがとうございます。心より感謝申し上げます。

また社会医療法人さつき会ケアマネセンターのケアマネジャーさん、同じくさつき台訪問看護ステーションの看護師・理学療法士の皆さんには、わたしどもが自宅介護、なかんずく老老介護の家庭だけに、介護の在り様について細かく計画立案して頂いた上に、自宅訪問を通して介護者の体調にまで気配りして頂くなど、いつも格段のご配慮と親身なアドバイスを頂戴しており、いかに感謝の言葉を尽くしても尽くし足りません。

同じくさつき会の特別養護老人ホーム袖ヶ浦菜の花苑のスタッフの皆さんには、週二回のデイサービスと月一回のショートステイをお認め頂くことによって、介護者が唯一介護の苦労から解放される貴重な機会を提供して頂いており、心底感謝に堪えません。

最後に、さつき会カトレアンホームのヘルパーの皆さんは、毎日朝夕二回の家庭訪問を通して、寝たきりで御礼の言葉すら発せられない妻をそれこそ肉親も及ばない温かく細かな心遣いでお世話下さり、覚えの悪い後期高齢の介護者に、介護というものがどのようなものであるかを身をもって教えて下さっております。本当にありがとうございます。そして、土日・祭日にはヘルパーさんが休まれるので介護家庭は大変だという話しを巷間よく耳にしますが、カトレアンのヘルパーの皆さんの完全休日は暮の一二月三一日と正月三日、計四日間のみというハードスケジュールをこなされており、介護に対するその熱い思いには真実頭が下がります。

御礼の言葉は到底語り尽せませんが、以上の方々のご厚志なくしては約十年間に及ぶ妻の闘病生活とわたしの介護生活、そしてわたしの最後の著作となるかもしれない『北欧学　構成と主題――北欧神話研究の視点から――』の執筆活動も到底成立することはできませんでした。

いまここに皆様方のご厚志に対し改めて深甚なる感謝の念を述べさせていただきたいと存じます。ありがとうございました。

あとがき

恐らく本書は、公刊されるものとしては、わたしの最後の著作になるであろう。それだけになお書き足すべき多くのものを残していることは否めない。特に、中学生のわたしに「北欧的なもの」の匂いの一端を嗅がせてくれた鈴木大拙師の『スウェーデンボルイ』に改めて注目することによって、『巫女の予言』の理念との近親性も指摘されるヨーロッパ最後の神秘主義者エマヌエル・スウェーデンボルイの思想に本格的に取り組む作業を放棄した結果、アクセル・ヘーゲルストレームの「価値ニヒリスム」とは反極的な、だがより根源的なスウェーデン観念論の伝統における「北欧的なもの」の展開を探る重要な課題は課題のまま残してしまった。スウェーデン語文献を中心とした重要な資料が入手済みであっただけに、今更ながら自らの怠慢ぶりが悔やまれる。

スウェーデンボルイに淵源するスウェーデン観念論固有の「北欧的なもの」に関しては探究の営為自体を怠ってしまったが、その他にも早くから意図しながら、結局十分に踏み込めなかったのが、『北欧神話・宇宙論の基礎構造――「巫女の予言」の秘文を解く』の方法論を用いて、北方ゲルマン民族の異教的終末論・破滅論の徹底解剖という課題である。わたしの北欧神話研究のそもそもの対象がこの終末論・破滅論であり、この主題にこそ「北欧的なもの」の最も根源的な在処を発見しうると確信する者にとって、それとの本格的な格闘を怠ったまま彼岸へ旅立つのは何とも口惜しいが、もはや如何ともし難い。

さらに、既述のデンマーク福祉論、キェルケゴール‐ブレクナー路線を枢軸とする信‐知論争の他にも、「北欧デモクラシー思想」の分析も個々の論考の段階に留まり、まとまった単著として完成させていないのも心残りである。

　このように「北欧的なもの」の理念を枢軸として北欧思想の特質を探る作業をライフワークとしながらも、年齢的に完遂どころか道半ばで頓挫せざるをえない限界点に到達しようとしているのが現在の自分である。しかしながら、わたしにとっては本書を含む七冊の自著は、とにもかくにも一生懸命愚直にわが道を歩み続けてきた証しであり、自ら建立した生前墓だと考えている。

　しかしながら、それにつけても思い出されるのは、細やかながらこれら墓標建立の営為を生き甲斐としてきた八十有余年の人生行路の中で実に多くの方々から受けた筆舌に尽くし難い大恩の数々である。本来ならこれらの方々すべてに対して個々に感謝の辞を捧げさせて頂かなければならないが、ここでは学部学生の時代から今日に至るまで終始温かい励ましのお言葉を賜ってきた二人の恩師、そして研究上の最大の恩師、さらに遡って高校生のわたしに今日に連なる貴重な教えと場を提供して下さった一人の恩師と一つの図書館に限定して、もはやあまりにも遅きに失しはしたが、賜った多くの学恩に対し、以下において改めて御礼を述べさせて頂きたいと思う。

　　聖心女子大学名誉教授　　道家弘一郎先生
　　名古屋大学名誉教授　　馬場　勝弥先生

　お二人の先生からは、学部学生時代以降今日に到る長い年月の間、常に温かい激励の言葉を賜ってきた。これまで賜ったご高恩に対し厚く厚く御礼申し上げるとともに、これからもますますご壮健にてお過し下さるよう切にお祈り申し上げる。

　わたしにとって学問上の最大の恩師は大阪外国語大学（現・大阪大学）名誉教授・故大谷　長博士（一九一一―九九）

である。博士は独創的な「大谷キェルケゴール学」の創設者として知る人ぞ知る国際的なキェルケゴール研究の権威であり、有体に言えば、デンマークのグレゴーァ・マランチュク博士とともに、世界キェルケゴール学界の最高峰に立つ碩学である。それだけにわたしごときが博士のことを軽々しく「恩師」と呼び、「教え子」を標榜するごときは、身の程知らずの「不逞の輩」として断罪されてもやむをえないかもしれない。仮に「不肖の弟子」とでも呼んで頂けるなら、もって瞑すべしであろう。博士には院生時代以降長期にわたりキェルケゴールという迷路を張り巡らした思想家に立ち向かう際の覚悟・方法論等について直接間接多くの貴重なご教示を賜ってきた。しかし、真に申し訳ないことであるが、浅学非才、生来の怠け者の悲しさ、結局このご教示を十分に生かすことができず今日に到ってしまった。真に慙愧に堪えない次第である。

「大谷キェルケゴール学」の神髄は、博士自身がわたしに直接語られた言葉で表現すれば、「キェルケゴールに倣う」という一言に凝縮されている。そして、博士は同時にこのテーゼをまさに「哲学すること」と同義に把握されるのである。「キェルケゴールに倣う」というテーゼが、『キリスト教への修練』を中心に展開されたキェルケゴールの宗教的実存論の中核理念「キリストに倣う」を受け取り直されたものであることは明らかであるが、周知のように「キリストに倣う」とは、キリストとの同時性の状況に身を置きつつ、この世にあって矛盾と不条理ゆえに躓きと苦悩を孕む真理自体としてのキリストに主体的に全身全霊を賭してつき従うという信仰的実存の在り方を意味する。博士はこの信仰的実存形式を「大谷キェルケゴール学」の基本図式として採用し、同時にそこに真理探究の学としての「哲学」の最根源的な成立場所をも見出されるのである。博士はかつてわたしに「キェルケゴールに従えば間違いはない」と吐露されたこともある。この発言は、キェルケゴールにとってはキリストが真理自体であったのと同様に、博士にとってはまさにキェルケゴールこそ人格化された具体的真理そのものに他ならなかったことを意味するであろう。それゆえ、「キェルケゴールに倣う」という意味での「大谷キェルケゴール学」が究極において意図するのは、キェルケゴールを外部から客観的に考察し、推理・分析を通して一定の結論を引き出す学問的操作とはまったく逆に、人格的真理そのものとして信仰の対象にまで昇華されたキェルケゴールに全身全霊を投入することによって彼との同時性を実現し、この同時性の状況の中でキェルケゴールの実存と思惟と信仰を無限の主体的情熱によって自己有化しつつ、それを改めて概念語に還元することによって表現するということである。「大谷キェルケゴール学」においては、両者が無限の主体的情熱によって媒介される以上、認識対象としてのキェルケゴールと認識主体としての研究者との間に断絶は存在しない、存在してはならないのである。その意味で、キェルケゴール研究に関しては、まさしく知と信が一体となるがごとき状況が実現されなければ、「大谷キェルケゴール学」の立場、したがってまた厳密な意味での「哲学する」という営為も成立しないのである。

かくて、結論的に言えば、「大谷キェルケゴール学」の根本的特質としては、「キリスト‐キェルケゴール」の契機と「キェルケゴール‐大谷博士」の契機との間に同時性・同一性の関係が成立し、同時にそこにまた「哲学する」根源的な場も開かれるということが挙げられるであろう。わたしは、二〇〇二年に刊行した『スウェーデン・ウプサラ学派の宗教哲学　絶対観念論から価値ニヒリズムへ』において、スウェーデンボルイの神秘主義に淵源するスウェーデン哲学的観念論の伝統にコペルニクス的転回を齎したアクセル・ヘーゲルストレーム（一八六八‐一九三九）の「価値ニヒリズム」の本質を、同書に巻いた帯上で、「信仰告白は学ならず、学また信仰告白ならず」という言葉で表現したが、「大谷キェルケゴール学」の場合、究極においてこれとは真逆の「信仰告白即学・学即信仰告白」が妥当し、また妥当しなければ「大谷キェルケゴール学」は存立しないのである。両者を分けるのは、「subjektivitet は真でもなければ偽でもなく」、真偽判断の根拠たりえないという前者の「価値ニヒリズム」の立場と、「subjektivitet こそ真である」という後者の宗教的実存の立場の相反性である。

主体性の無限の情熱が傾注されることによって、学的認識の対象としてのキェルケゴールは、同時に絶対的な信仰と帰依の対象に転換されるという「大谷キェルケゴール学」の視点は、特にデンマークとアメリカのキェルケゴール研究者の注目を浴び、ウクライナ出身のデンマークの研究者G・マランチュク博士やアメリカの神学者でキェルケゴールの最高の伝記作家・翻訳者として著名なウォルター・ラウリー師との深い親交を結ぶ動機にもなり、特に後者からはキリスト教への改宗を勧められたと大谷博士から伺ったことがあるが、もとより宗祖親鸞の末裔として、教団には厳しい批判の目を向けながらも、親鸞自身に対しては限りない尊崇の念を抱かれていた大谷博士にとって、この誘いは当然効力を発揮しなかった（大谷長「キェルケゴールと親鸞における絶対他者啓示信仰の普遍性」〔『大谷長著作集』第四巻所収〕参照）。

以上、わたしなりに「大谷キェルケゴール学」のエッセンスと思われるものを摘出してみたが、改めて認識されるのは、キェルケゴールというスフィンクスの謎解きに主体的な最高度の信仰的情熱を注いで挑戦するのには自分があまりにも無知・無力であり、そのかぎり「大谷キェルケゴール学」の継承者にはなりえないというわが身の情けない現実である。わたしにできる精一杯のことは、キェルケゴールを北欧の最高の思想家、だがあくまで北欧思想家の内の一人として考察し、すべてに通底する「北欧的なもの」の何たるかを探り出す作業を通して、最終的にキェルケゴールがこの「北欧的なもの」の最高の体現者たることを証明することに尽きている。

しかしながら、時には涙しつつキェルケゴールを語り、いまわの時も意識朦朧とした中でなお手をかざしてペンを求め続けられた大谷博士の姿にも象徴される、あらんかぎりの情熱を傾けてキェルケゴールという巨岩に立ち向かわれる博士の鬼気迫る相貌は、到底それに倣うことができないわたしにとっても、やはり脳裏から決して消え去ることのない偉大なる恩師の懐かしい面影である。

金光学園高等学校、故瀬良益夫先生（一九一三–八八）は、わたしにかすかながら学問というものの印象を植え付けて下さり、あるいは研究者としての今日のわたしに、一見極めて微小ではあるものの、それにもかかわらず最初の強烈なインパクトらしきものを与えて下さった方だと言えるかもしれない。もっとも、こうして先生に対する感謝の念を露わにすることは、同時にわたしの人生の何とも恥ずかしい過去をも告白することになるが、やむをえないであろう。

金光学園は、金光教によって岡山県南部備中地区に一八九四年（明治二七年）に設立された「神道金光教会学問所」を母体としており、やがて金光中学校となり、現在は中学・高等学校を有する中高一貫校として地域に根を張って活動している。創立以来、金光教の教えを基に、「学・徳・体」一体の全人教育が行われているが、一世紀を超える長い歴史の中で、教育界を中心に医学界・学界・実業界等さまざまな分野に多数の有為な人材を送り出している伝統ある私立の名門校である。

わたしはこの金光学園中学・高校に戦後間もない一九四八年から一九五四年までの六年間在学した。しかし、恥ずかしいことであるが、この六年間を影の薄い勉強嫌いの落ちこぼれ生徒として終始したのである。ただずっと後になって気付いたことであるが、このスタイルが若干崩れて、生徒としての良識を少し取り戻しかけたのは、高校二年時に瀬良益夫先生の古典国語の授業から受けた強い印象がきっかけであったように思われる。コンプレックスにまみれた暗い毎日に何かふとかすかな微光のごときものが差し込むのが感じられたからである。先生の授業には、受験的知識を上から目線で教え込むのに汲々とするごとき気配は微塵もなく、むしろ余裕しゃくしゃくとその深い学識と温和そのもののお人柄を通して、落ちこぼれ生徒にも、無味乾燥な受験的知識の背後に何か語られざる深奥な秘儀のごときものが潜んでいることを予感させる独特の雰囲気があった。もとよりコンプレックスに押し潰されそうな当時のわたしにとって、それが直ちに将来の夢に繋がるようなことはあるはずもなかったが、それでも先生の古典国語の授業には、暗々裏に受験的知識にもそれなりに奥深い真理に繋がる何ものかが包まれていることを身をもって示して下さったのは確かであった。

瀬良益夫先生は、神宮皇学館本科国漢専攻を卒業されて九州帝国大学法文学部国文科に入学、卒業を経てさらに京都帝国大学大学院に進まれたが、日本文化・日本古典のより専門的な研究のため、大学院を退学して財団法人日本文化中央連盟に古典研究員として勤務された。さらに終戦の年の三月朝鮮総督府農商局嘱託となり、旧朝鮮の農村習俗について調査研究されたが、翌年引き上げ帰国された。しかし、終戦直後の混乱期高等教育機関に然るべきポストを見出すことは極めて困難であったため、結局先生にとっても母校の金光中学校（後の金光学園高等学校）に赴任されたのである。高校教師としても、受験指導の傍らご専門の日本古代文学の研究を精力的に推し進められ、多くの論考を発表されるとともに、時には岡山大学で非常勤講師として古代文学を講義されたのである。さらに岡山地方で活躍している研究者や郷土史家・詩人等とも同人誌発刊等を通して密接な交流を持ち、地方文化の発掘と発展にも大きく貢献されたが、先生のこういった活動は当然早くから広く認識・評価されており、金光学園を定年退職後直ちに岡山就実短期大学（後に就実女子大学・就実大学）に迎えられ、さらに意欲的に研究に邁進されたのである。

瀬良益夫先生は三九歳、つまり高校教師時代にすでに文部省科研費一部助成によって『古代日本の言語と生活』（一九五二年、一一〇三頁）を出版されているが、私家版だったために発行部数も少なく、わたしもまだ入手できていないものの、歴史地理学の視点から見て、古代における環境・景観・空間認識の問題について重要な示唆が提示されていると評価されている。先生の主要論文を集めたものとしては一九九〇年に「瀬良益夫先生論文集刊行会」が編集発行した『古代文学と吉備』（非売品）があり、記紀・万葉の時代から平安朝末期に及ぶ長いスパンを包括する研究業績の中から、特に古代文学と筑紫、出雲、大和などと並ぶ古代日本の有力な地方国家であった吉備国との深い繋がりに関する極めてユニークな論考が収められている。しかし、わたし自身は、この論文集に含まれていないものの、先生が二七歳の新進気鋭の「日本学研究者」として最初に世に問われた著作『古代日本人に於ける現世の構造』（日本諸學研究10、刀江書院刊、一九四〇年）が先生の数ある論考の中でも最も秀逸な一編ではないかと考え、これまで常に机上において若き日の研鑽怠りない先生の面影を偲ぶよすがとしてきた。この論考は、上記のように、先生が京都大学大学院を退かれて財団法人日本文化中央連盟に古典研究員として勤務されるようになった翌年に早くも刊行された単著であるが、「日本の文化的地盤を基礎として樹立せらるる新しき世界的学問であって、日本国民の拠って以って国体自体を明確にする日本学の樹立を目的にする」（『日本諸學研究』発刊の辞）という日本文化中央連盟の目論見にピッタリ合致するものであった。そこには京都大学大学院時代の恩師、歴史学者西田直二郎の保守的な文化史観、同じく沢潟久孝の万葉学からの影響なども想定されるが、何れにせよ当時瀬良益夫先生が「日本的なもの」の特性確認を課題とする「日本学」に多大の関心を寄せられていたことは明らかであって、「古代日本文化の著しい特質」「古代日本民族固有の性格」として定説化されていた「現世的あるいは現実的傾向」を改めて厳密に「日本学」の立場から徹底検証しようとする大胆な試みであり、「現し世」の語源的意味の探索から記紀神話における「顕国」（現世）の構造の検証を経て、「現し身」の成立・「現し世」の自覚的構造へと理路整然と体系的に展開される論述は実に見事であり、瀬良益夫先生の日本学研究者としての才能の豊かさを遺憾なく披瀝している。確かに導き出される結論は、戦前の日本の「すめらみこと」を中心とした大伴家持的世界観・国家観への肯定的姿勢によって特徴づけられてはいるが、まさにこのような世界観・国家観が戦前の日本文化・日本文学の中にどのように熟成されていったかを洞察する上で、先生の上掲書は最良・最高の資料であることは疑いえないであろう。この貴重な文献が広く流布し、今日に到るもなお注目されている事実は、現在でも古書として流通しているということからだけでも容易に推察しえよう。わたしとしては、若き日の先生の構想された日本学と「日本的なもの」の現実肯定的理念に、わたしの北欧学における「北欧的なもの」の現実否定的理念をぶつけることによって、古代日本人と古代北方ゲルマン人の精神構造の比較対照という新たな主題が成立するが、わたし自身にはこの興味ある主題に打ち込むだけの時間が残されていないのが残念である。

瀬良益夫先生には金光学園高等学校卒業後も何かにつけ相談を持ち掛け、その都度的確なアドバイスを頂戴するなど、実際先生から受けた数々の御恩には実に計り知れないものがある。しかし、やはり高校生時代に受けた古典国語の授業の鮮烈な印象は、ある意味その後のわたしのものの見方を決定付けてくれたようにすら思われる。本質的には病弱だった幼少期、小学生時代の猛烈ないじめ体験等のせいですっかり「ネクラ」に育ってしまったわたし自身の性格に由来するのは当然ではあるが、わたしには古典を中心とした国語の授業を通して瀬良益夫先生が、華やかな表舞台の背後にある何か暗い影のごときもの・隠されたもの・謎めいたものにかえって深い真実が宿ることに眼を向けるように導いて下さったように思われてならない。確かにこのような受け留め方は授業に対する先生本来の意図を歪曲してしまっている恐れはあるかもしれないが、歪んだ自意識の反映のせいか、わたしのものの見方・感じ方が無意識に、忘れ去られたもの・顧みられないもの・見捨てられたものの中にかえって深い共感を見出すという性癖が定着してしまったようである。しかし、これは、密教寺院の黄金の仏像群が醸し出す圧倒的・神秘的な荘厳感の齎す暗さへの畏怖のごときものではなく、敢えて言えばむしろ果敢ないもの・滅びゆくものへの同感・近親感のごときものであった。かつて若い日、学士論文では「キェルケゴールの信仰論」、修士論文では「キェルケゴールにおける時間と永遠」、博士課程単位取得論文では「キェルケゴールにおけるキリスト論の問題」といったふうに、ヘーゲリアンなどからは暗に「刺身のツマ」的扱いを受けるきらいすらあったキェルケゴールに逆に懸命に取り組んだわたしが、さらにある高名な哲学者からは「北欧思想など所詮ゲテモノではないのか」と酷評されたことに煽られてますます当の北欧思想の探索にのめり込んでいった結果、今人生の終末期を迎えて、「北欧的心性」の探求という本格的な意味ではこれまで顧みられることなく、暗い未知の領域に留まっていた「北欧学」という概念に到達したが、そのルーツを辿ってゆけば、やはり瀬良益夫先生の古典国語の授業にまで遡らざるをえないようになるような気がするのである。なお、忘れ去られたもの・顧みられないものに対するわたしの執着心の最大の成果の一つは、本書第一章で取り上げた国際的にはまったく無名の一九世紀ノルウェーの若き哲学者G・V・リュングの『異教』の発見・入手であろう。コペンハーゲン・フレゼリクスベァ通りの同名古書店の地下西側書棚最上段右片隅でほこりを被っていたこの「忘れられた」文献こそ、わたしに『北欧学』執筆の動機を与えてくれた最大の恩人だからである。

さらに、中高校生時代を通してただただ勉強嫌いの落ちこぼれに終始してきたわたしが後年常識に反して研究者になり、研究者として終ろうとしているという不条理の発生動機としては、瀬良益夫先生の卓抜なご指導とご薫陶の他に、わたしとしてはさらにいま一つ「金光図書館」の存在を挙げなければならない。この図書館は、第四代金光教教祖金光鑑太郎氏（一九〇九-九二）が「戦後日本の荒廃を救済しうるのは図書館を中心とした文化の振興以外にはない」という信念に基づいて創設され（一九四七）、金光教が運営する私立図書館であるが、現在蔵書数約二十三万冊、児童図書一万六百冊、点字図書一万六千冊、録音テープ八千タイトル、計約二十四万冊の蔵書を擁する岡山県内屈指の公共性の高い図書館であり、さらに点字図書は全国規模で貸出を行う点字図書館としての活動も目覚ましい。わたしが中学生の時建てられた旧図書館は木造三階建てであったが、現在は七階建て大建築物として威容を誇っている。

わたしにとっては、自分が落ちこぼれだというコンプレックスに苛まれていた高校時代に、それから逃れられる唯一の駆け込み寺が金光図書館であった。人にではなく本に囲まれて一人図書館の片隅の机に向かう時の解放感、ある種救われたという感覚は、何ものにも替え難い貴重なものであった。特に書棚の暗い奥の方に何となく大きな秘密・真実が隠されているかのごとき妄想が脳裏から離れず、館員の皆さんの迷惑をも考えず、とっかえひっかえ図書貸出を行って乱読したのは、「ネクラ」高校生の病的性癖であったかもしれない。館員の方々はわたしが学校をさぼって来館していることはお分かりなのに、学校に通報されることもなく、つねに温かく見守って下さったご温情は、いまなお忘れ難い感謝の源である。乱読に留まったために、記憶に残る図書はごくわずかで、菊池寛の小説『恩讐の彼方に』、倉田百三の戯曲『出家とその弟子』等は感動的であったが、よく分からないままに、何か引き付けられるものがあって四苦八苦しながら通読したのは、ショーペンハウエルの主著『意志と表象としての世界』の抜粋訳『愛と生の苦悩』（片山泰雄訳、人文書院、一九四九）であった。同じく内容的には難解ではあったが、感動を抑えられなかったのは、弘津正二（一九一九-四一）の『若き哲学徒の手記』（一九四九）であった。彼は京都大学哲学科で天野貞祐のもと倫理学を専攻し、卒論『カントの実践理性批判』を完成したものの、一九四一年一一月五日乗船していた船が浮遊機雷に接触し沈没するという不運な事故で急逝した。事故発生時彼は下船を促す隣の乗客に「どうぞお先に」と譲り、自らは悠然と煙草をくゆらせていたという。残されていた膨大な量の日記の一部を編纂したのが上記日記であるが、わたしはこの日記に向かうことを通して、哲学というものがいかに深く青年の魂に食い込むものであるかを知って驚愕し、一瞬将来は哲学研究の道に進んでみたいという憧れを抱いた覚えがある。何れにせよ金光図書館は、勉強嫌いの落ちこぼれとして暗いコンプレックスを抱えながら、それでも幼稚ながら自分の人生と対峙することのできた貴重な体験の場であった。もしこのような場に遭遇していなかったら、わたしのような不出来な劣等生が研究者の道を辿るという不条理極まりないことは絶対に起きなかったであろう。金光図書館並びに当時の館員の方々のご温情に改めて深く感謝申し上げたいと思う。

以上、一般の著作の「あとがき」としては異例の内容と長さになってしまったが、道家先生と馬場先生、そしてすでに故人ではあるが大谷先生と瀬良先生、これら四人の先生方、そして金光図書館から数々の学恩を賜りながら、わたしの怠慢からこれまで十分に感謝の礼を尽くしてこなかったという悔恨の念と、何とかしてこれまでの不備・失態を補いたいという切なる思いが、このように常識外れの「あとがき」を残すことになってしまった。もし本書をお読み下さる方々がいらっしゃれば、お詫び申し上げる次第である。

最後になってしまったが、このようなほとんど未開拓の分野を扱っているために市販性が期待できない著書の出版を快くお引受け頂いた北樹出版の木村哲也社長と、膨大な分量ゆえに多大なご迷惑をお掛けしてしまった編集・校正ご担当の古屋幾子様に、お詫び旁々衷心より感謝申し上げたい。

追記　本書『北欧学』の校正と「あとがき」の執筆中、妻の介護に対するわたしの意識が大幅に変化してきているのにふと気づいた。胃瘻を設置した上に語ることも寝返ることもできない妻の状況は、確かに本人にとっては単なる不運では片づけられない悲劇以外の何ものでもなく、もちろん介護者としてのわたしにとっても、最初は妻のこのようないわれなき逆境に対して、怒りを筆頭にさまざまな感情が複雑に交差し渦巻くのは避けられなかった。しかし、介護生活が十年にも及ぶと、ある意味それが習慣化・常態化して、本来非日常的な状況であるはずの介護生活が、そのまま通常の日常生活と化してしまい、もはやそれほど深刻な悲壮感・違和感・重荷感を覚えなくなってしまったのは不思議である。認知症患者の介護が時に悲劇的結末を齎すほど大変なことはよく知られているだけに、わたしの場合は真に稀有な恵まれた例であろう。しかも、ここにきて本書刊行の最後の詰めの作業を行っている内に、いつの間にか妻の介護に大幅に時間と労力を割くマイナスの感覚よりも、一定時刻の胃瘻による栄養剤注入、訪問看護師・ヘルパーの皆さんの時間通りの来訪に合わせての準備等、介護者に要求される規則正しい時間厳守の生活のリズムが、却って長い介護期間中のわたしの執筆活動に不可欠の緊張感の持続と最低限の健康維持に大きく貢献してくれたのではないかというプラスの感覚が生まれてきたのである。実際、妻の何とも痛ましい現状に心震えつつも、一方では認知症特有の夜中徘徊で困らされることもなく、穏やかに熟睡しながら下手糞なわたしの介護にもじっと耐えてくれている妻の姿には、やはり感謝の言葉以外浮かんでこないのである。わたしとしては『北欧学』の完成は、この意図せざる妻の献身なくしたはありえなかったと考えざるをえない。その意味で、わたしにとっては『北欧学』はまさに妻との共同作業の結果に他ならないという思いが強く、この書を妻・邦恵に贈ることをお赦し戴きたいと思う。ただ残念ながら、妻が夫の新著が自分に贈られたことを理解できるかどうかは分からない。

晩秋、さつき台病院にいたる細い林道をぬけて、

落葉踏む　音のかそけく　病む妻の
夫《つま》を気遣う　声のごとくに

著者紹介

一九三六年岡山県金光町に生れる。一九六一年岡山大学法文学部哲学科哲学専攻卒。一九六七年京都大学大学院宗教学専攻博士課程単位取得。一九七〇年から一九七二年にかけてコペンハーゲン大学・ミュンヘン大学・テュビンゲン大学に留学。一九七七年明治大学政経学部教授。一九八九年コペンハーゲン大学・ウプサラ大学客員研究員。一九九六年文学博士（京都大学）。二〇〇七年明治大学定年退任。名誉教授。

著作については本書「終章」にて紹介。

■主要論文

○キェルケゴール関係

「キェルケゴールにおける時間と永遠―時間性の問題をめぐって」（『キェルケゴール研究』［4］一九六七）

「実存弁証法的自由の心理構造――キェルケゴール『不安の概念』における」（1）（2）（3）（明治大学人文科学研究所紀要［15］一九七七、［19］一九八〇、［23］一九八四）

「キェルケゴールとブレクナーの〈将来の哲学〉の理念――一九世紀デンマークにおける〈信仰―知〉論争の行方」（1）（2）（『キェルケゴール研究』［16］一九八六、［17］一九八七）

「質的弁証法と飛躍――キェルケゴールとヘフディング」（長谷・稲垣編『認識と超越』所収、北樹出版、一九九〇）

「H・ブレクナーのキェルケゴール理解――一〇世紀デンマークにおける〈信仰―知〉論争考察の方法論を求めて」（明治大学教養論集［427］二〇〇八）

○北欧デモクラシー関係

「北欧デモクラシーの哲学的基礎――価値ニヒリスムの立場から」（明治大学政経論叢［58］一九八九）

「ティングステーンのデモクラシー論――イデオロギーの死から超イデオロギーへ」（明治大学政経論叢［67］一九九八）

「北欧のデモクラシー思想——一九四五年前後のデンマークにおける展開を中心に」（明治大学教養論集〔306〕一九九八）
「ユートピアとしての現代デンマーク——H・フォンスマークとデンマーク社会民主党綱領」（1）（2）（明治大学教養論集〔460〕二〇一一、〔486〕二〇一二）

○北欧医療・福祉・環境関係

「スウェーデンにおける積極的安楽死の問題——論争とシンポジュウム」（明治大学人文科学研究所紀要〔34〕一九九二）
「アルフレーズ・Th．ヨーアンセンの博愛主義的福祉思想」（明治大学人文科学研究所紀要〔38〕一九九五）
「環境哲学序説——G・H・フォン・ヴリークトにおけるヒューマニズムと環境危機」（金子・尾崎編『環境の思想と倫理』人間の科学社、二〇〇五）
「腎臓病と死生観——末期腎不全・死生観（学）・延命治療」（『腎臓』通巻111号、二〇一四）

■翻訳

ヨハネス・スレーク『実存主義』（法律文化社、一九七六）
同「仮名著作におけるキェルケゴールの人間論」（1）（2）（3）（4）（明治大学教養論集〔447〕〔448〕〔456〕〔453〕）（ただし未定稿）
キルケゴール『野の百合と空の鳥——三つの敬虔な講話』キルケゴールの講話・遺稿集第6巻（飯島宗享編、新地書房、一九八〇）
キェルケゴール『愛の業』キェルケゴール著作全集（原典訳記念版）第10巻（佐藤幸治共訳、創言社、一九九一）
同『畏れとおののき』同著作全集、第3巻（二〇一〇）
同『受取り直し』同著作全集、第3巻（二〇一〇）
アクセル・オルリック『北欧神話の世界——神々の死と復活』（青土社、二〇〇三）

北欧学　構想と主題——北欧神話研究の視点から

2018年 7 月 25 日　初版第 1 刷発行

著 者　尾 崎 和 彦
発行者　木 村 哲 也

・定価はカバーに表示　印刷　中央印刷／製本　新里製本

発行所　株式会社 北 樹 出 版

〒153-0061　東京都目黒区中目黒 1−2−6
電話 (03) 3715-1525（代表）FAX (03) 5720-1488

ISBN978-4-7793-0558-0